Kreta ist ein Land inmitten des weinfarbenen Meeres, schön, ertragreich und wellenumflutet Es leben dort viele Menschen in neunzig Städten... Unter den Städten ist Knossos die größte, hier herrschte Minos der König; er pflegte mit Zeus, dem Gewaltigen, Rat.

Homer

Hans Einsle
Ich, Minos, König von Kreta

BASTEI-LÜBBE-TASCHENBUCH
Band 25232

© Casimir Katz Verlag, Gernsbach, 1987
Lizenzausgabe: Gustav Lübbe Verlag GmbH,
Bergisch Gladbach
Printed in Germany April 1994
Einbandgestaltung: K.K.K.
Titelbild: »Hades und Persephone« –
Archiv für Kunst und Geschichte, Berlin
Satz, Druck und Bindung: Ebner Ulm
ISBN 3-404-25232-2

Der Preis dieses Bandes versteht sich einschließlich
der gesetzlichen Mehrwertsteuer

In Verehrung
Herrn Professor Dr. Ioannis A. Sakellarakis

Die Tatsachen kulturgeschichtlicher, zeitgeschichtlicher und historischer Ereignisse sind in großen Zügen gewahrt, in Einzelheiten jedoch miteinander verschmolzen worden.

Der historische Hintergrund

Die Griechen der klassischen Zeit hielten die Mythen, die von Minos, dem König von Kreta, berichten, für die Wahrheit. Später, vermutlich schon bei den Römern, galten sie nur noch als Sagen. Heute suchen Historiker, Sprachforscher und Archäologen – Heinrich Schliemann ist das beste Beispiel – in den Mythen und in den Werken Homers, Hesiods und anderer antiker Autoren nach Hinweisen auf die genaue Lage versunkener Städte und vergangener Königreiche.

Wo ist die Grenze zwischen Geschichtsschreibung und Sage?

Die Bestätigung gewisser Hinweise des Alten Testaments über das alte Ägypten und über Mesopotamien wurde mit einiger Überraschung aufgenommen. Noch größer war das Erstaunen, daß Homers Epos über den Trojanischen Krieg teilweise der Wahrheit entsprach.

In Sagen und Mythen hören wir von der Existenz eines Minotauros und einer Prinzessin Europa. Die moderne Archäologie lehnt diese Berichte als Dichtung ab, erkennt jedoch an, daß manche Mythen nicht nur eine Erfindung der Dichter sind, denn es hat sich in vielen Fällen gezeigt, daß eine Legende oft einen Kern historischer Wahrheit enthält.

Homer schildert Kreta nach dem Trojanischen Krieg. Er stützte sich in seiner Erzählung auf Überlieferungen aus verschiedenen Epochen der Geschichte sowie auf Berichte seiner Zeitgenossen, die vielleicht Kreta kannten. Einige Quellen dürften sogar aus der Blütezeit der minoischen Kultur stammen.

War die Phäakeninsel, auf der Odysseus die schöne Nausikaa traf, Kreta? Treffen die folgenden Worte nicht auf die Minoer zu? »... was uns das ganze Jahr über erfreut, sind das Festmahl, die Leier und der Tanz...« An einer anderen Stelle heißt es: »... unsere Männer sind vortreffliche Seeleute...« und »... heute und in alle Zukunft wagt es niemand, sich uns feindlich zu nähern. Die Götter lieben uns sehr. Wir leben abgeschieden von den Menschen, hier in unserer vom Meer umspülten Heimat...« Phäaka mag eine imaginäre Insel gewesen sein, aber die Hervorhebung der Entfernung von den Menschen, der Seemannskunst und der uneingeschränkten Freude an den Genüssen des Lebens deuten auf eine minoische Zeit.

Es gibt keinen kretischen oder mykenischen Text, der Sicheres von König Minos überliefert. Alles, was seit Homer über ihn ausgesagt wird, verdanken wir der Sage – oder einer mythischen Überlieferung. Die ersten Geschichtswerke, die einen Hauch von Wahrscheinlichkeit aufweisen, die des Herodot und Thukydides, sind mehr als tausend Jahre nach der Epoche, die dieses Zeit- und Sittengemälde zu zeigen versucht, entstanden. Es war daher schwer, die Person des Minos zeitlich einzuordnen.

Nach Herodot hätte Minos drei Generationen vor der Einnahme Trojas (um 1200 v. Chr.) gelebt. Homer datiert ihn in die zweite Generation vor dem Trojanischen Krieg ein, mehrere Autoren sprechen sogar von der ersten Generation.

Wenn sich in den Überlieferungen ein so schwankendes Bild in der Datierung und Charakterisierung des Minos zeigt, gibt es nur die Antwort, daß es sich nicht um ein und denselben Minos handeln kann. Moderne Philologen meinen sogar, daß Minos nur ein Herrschertitel sei, entsprechend der Bezeichnung Pharao.

Sind die Berichte, die von einem König Minos künden, nur als Legenden zu werten?

Wenn man sich auf Fakten stützt, die als einigermaßen gesichert eingestuft werden können, haben wir die Parische Chronik, die auf einen König Minos in der ersten Hälfte des 15. Jahrhunderts v. Chr. hinweist. Sie läßt aber auch einen Minos noch einmal um 1294/93 v. Chr. erscheinen, so daß wir hier zwei kretische Könige mit dem Namen Minos fixieren können. Homer kennt diesen zweiten Minos als den alternden Monarchen Idomeneus. Eusebius von Caesarea verlegt den Raub der Europa, der legendären Mutter des Minos, in die Jahre 1445, 1433 und 1319 v. Chr. Der Prinzessin-Europa-Mythos hat mit der Gestalt des Zeus eine mykenische Herkunft. Wir dürfen daher im Fall des ersten Minos auf einen mykenischen Usurpator schließen.

Es steht fest, daß die Überlieferung Minos sehr präzise als Gesetzgeber, als Wahrer der Gerechtigkeit und als einen Herrscher zeigt, der in Knossos residierte und der sich von den anderen kretischen Königen sehr unterschied.

Wir wissen, daß unter der 18. Dynastie zwischen Kreta und Ägypten beste Kontakte bestanden. Die Fürsten des Landes »Keftiu«, wie man Kreta nannte, sind im Grab des Wesirs Rechmere in Gurna bei Theben symbolisch dargestellt. Rechmere diente dem Pharao Thutmosis II., der in das 15. Jahrhundert v. Chr. datiert wird. Die Bezeichnung »Keftiu« erscheint in etwa fünfzehn ägyptischen Texten, was ebenfalls auf überdurchschnittliche Handelsbeziehungen zwischen Ägypten und Kreta im 15. Jahrhundert v. Chr. hinweist. Die Geschichtsforschung sagt, daß Kreta besonders unter Amenophis II. und Thutmosis IV. beste Kontakte zu Ägypten hatte, was bedeutet, daß die Insel des Minos in dieser Epoche in einer Blütezeit stand, daß Minos als König von Kreta in diese Zeitspanne eingestuft werden muß.

Die Dokumente schweigen nach Amenophis III., woraus man schließen darf, daß Kreta seine Eigenständigkeit »unter den Inseln inmitten des Meeres« verlor. Amenophis III. regierte von 1408 bis 1380 v. Chr., und es ist anzunehmen, daß das Reich des Minos um 1400 v. Chr. erlosch.

Arthur Evans sagt, daß ab 1400 v. Chr. »Unwürdige« den Palast von Knossos bewohnten, in Phaistos, Malia und an anderen Orten das Leben endgültig erlosch. Professor Dr. Friedrich Matz stellt ebenfalls in seinem Werk über Kreta fest, daß die Paläste nicht wieder aufgebaut wurden, sich »kleine Leute« notdürftig in den weitläufigen Ruinen einrichteten. »Die einstigen Staatsräume bekamen Notdächer und wurden als Vorratskammern und Werkstätten benutzt.«

Der Niedergang der minoischen Kultur um 1400 v. Chr. bedeutete vorerst das Ende städtischen Lebens, und auch die Kunst des Schreibens und Lesens geriet vorläufig in Vergessenheit.

Texte und Bilder in Ägypten beschreiben einen Höhepunkt der minoischen Macht in der ersten Hälfte des 15. Jahrhunderts v. Chr., Überlieferungen, darunter die Parische Chronik, behaupten, daß in dieser Zeit der König von Kreta ein Mykener war, er jener Minos sei, der eine Glanzzeit schuf. Auch der große griechische Archäologe Spyridon Marinatos sagt, daß nach der Zerstörung durch den Vulkanausbruch auf Santorin Mykener die Insel Kreta besetzten und einen achäischen Fürsten an die Spitze stellten.

Fakten sind, daß um 1423 v. Chr. die Mykener kamen und Kreta eroberten, daß es zu einer Blütezeit der zweiten Paläste kam und in dieser Epoche die Europasage entstand. Es ist weiterhin bewiesen, daß um 1400 v. Chr. die Paläste und Herrenhäuser zerstört wurden, die spätminoische, die »Zeit nach den Palästen« begann.

Die Historiker datieren die Theseus- und Ariadne-Überlieferung in die Jahre von 1450 – 1400 v. Chr., was wiederum darauf hinweist, daß es in dieser Zeit Minos, den König von Kreta, gab.

Die Chronologie Ägyptens ist umstritten. Ich stützte mich bei der Erarbeitung dieses Zeit- und Sittengemäldes besonders auf das Werk des französischen Altertumsforschers Paul Faure »Kreta, das Leben im Reich des Minos« und das von Marianne Nichols »Als Zeus die Welt in Atem hielt«. Es ist nicht üblich, in einem zeitgeschichtlichen Roman Quellen anzuführen, doch muß gesagt werden, daß ich zur Erarbeitung dieses Anliegens die wesentlichste Fachliteratur verwendete.

Dieses Buch widme ich allen, die mir helfend zur Seite standen. Ihnen möchte ich an dieser Stelle meinen Dank aussprechen. Besonderer Dank gebührt Herrn Professor Dr. Ioannis Sakellarakis, dem Leiter des Archäologischen Museums in Heraklion, und Herrn Dr. W. D. Niemeier vom Deutschen Archäologischen Institut in Athen. Beide trugen wesentlich zur Klärung vieler Fragen bei.

Königsbrunn, September 1987

Hans Einsle

1

Ich war ein neunjähriges Kind und stand im Schutz einer Nische am Fenster und sah auf die Straße. Seit Stunden bebte die Erde, und aus dem Osten kam ein Lärm, als würden viele tausend Feinde im Anmarsch sein und jeder die Trommel schlagen oder das Horn blasen.

Das Haus ächzte und stöhnte. Mir war, als seufzten und weinten bei jeder Bewegung des Mauerwerks die Balken des Gebäudes.

War es noch Nacht oder schon Morgen? Ich wußte es nicht, ahnte es nur, sah dann mit einer gespannten Neugierde, daß sich ganz tief drohende Wolken heranschoben. Sie legten sich auf die Dächer, die Bäume und die Felder. Es schien, als rieselten vom Himmel weiße Flocken, die wie Schnee aussahen.

Was mich besonders faszinierte, war, daß die Nacht, das Dunkel, von Lichtbündeln, von einem geheimnisvollen Feuer – oder waren es Brände? – erfüllt wurde. Immer wieder grollte und brummte die Erde. Es hörte sich an, als wenn sie in wenigen Atemzügen explodieren würde. Und jetzt sah ich, wie unten an der Straße, in einer Niederung, die Häuser entlang der Hangseite in sich zusammenstürzten.

In diesem Augenblick kam Gaia aufgeregt in mein Zimmer, rief wie irr: »Minos, die Erde schwankt, wir müssen ins Freie!« Laut jammerte und weinte sie, weil sie mich nicht sofort sah. Ich mochte Gaia, die Sklavin aus Phönizien, die meine Eltern einst mit kostbaren Gefäßen aus Gold als Tributleistung erhalten hatten. Gaia war in ihrer Hautfarbe und in ihrem Wesen eine Mischung zwischen hellhäutigen hethitischen und bronzefarbenen anatolischen Ahnen. Ihre Haut hatte eine reizvolle Tönung, die sie hübsch machte. Gaia war mir Dienerin, Freundin, Beschützerin und fast eine Mutter. Jetzt suchte sie mich in einer ungeheuren Angst, als wäre ich ihr Kind.

Ich verbarg mich, denn im Heiligtum wimmerte eine Glocke. Schlug man dort Alarm? Ganz nahe wankte ein Haus, und laut polternd stürzte hinter mir die Säule mit dem Bild unseres Hausgottes in sich zusammen und zerbarst auf dem steinernen Fußboden.

Endlich hatte mich Gaia entdeckt. Sie riß mich an sich und lief mit mir ins Freie. »Minos!« weinte sie in tiefem Schrecken, »die Welt geht unter. Das Dorf drüben im Tal ist bereits völlig verschwunden.«

Meine Eltern waren nicht bei mir. Sie hielten sich im Königspalast in Athen auf. Die Lehrer und Diener hockten mit Gaia zusammen im Hof, warteten, wagten sich kaum zu rühren. Wenige Meter weiter saßen die Sklaven; manche beteten laut, andere zitterten vor Angst. Viele benahmen sich, als könnte die geringste Bewegung ihres Körpers ein neues Beben der Erde und ein weiteres Grollen des Himmels auslösen.

Die Ereignisse dieser Nacht waren erst der Anfang. Die Erde kam den ganzen Sommer nicht zur Ruhe. Nach einer nicht enden wollenden Serie unbedeutender Beben gab es im ersten Herbstmonat wieder zwei heftigere und vier Tage später drei sehr starke Erdstöße, die neben dem, was im Mai verschont geblieben war, auch das inzwischen Neuaufgebaute in Trümmer legten.

Das erste Beben hätte wahrscheinlich noch mehr Opfer gekostet, wenn es nicht in zwei Wellen gekommen wäre. Alle, die eine kurze Pause zwischen den Erdstößen nützten und ins Freie rannten, kamen einigermaßen glimpflich davon. Wer nicht handelte und in gefährdeten Gebieten und Gebäuden lebte, mußte sterben, wenn er diese Zeichen nicht beachtete.

Ich lernte in diesen Monaten die Erde und den Himmel erahnen, und Gaia war mir auch hier eine gute Lehrerin. Sie kannte die Natur und hatte für viele Gefahren einen Instinkt, der mir oft rätselhaft war.

Einmal bat sie mich, obwohl sie mir als Sklavin nicht befehlen durfte, daß ich das Haus nicht betreten solle. Sie ging jedoch aufrecht durch die Türe, hatte Angst. Wir alle sahen es. Tapfer folgte sie einer Anweisung ihres Herzens. Es dauerte einige Zeit, bis sie wieder, trotz ihrer bronzenen Hautfarbe sehr blaß, zurückkam.

»Minos, du kannst jetzt wieder in dein Zimmer gehen«, sagte sie leise, und ich sah, daß in ihren Augen noch ein Grauen lag.

»Was war?« fragte ich neugierig.

Hatten es ihr meine Eltern verboten, mir die Gefahren des Lebens und damit die Wahrheit zu zeigen? Sie gebrauchte Floskeln, lenkte ab. Stunden später erfuhr ich durch einen Sklaven, daß man auf dem Abfallhaufen im Garten eine sehr große, giftige Schlange mit völlig zermalmtem Kopf gefunden hatte.

Erahnte Gaia die Schlange? War sie mit beiden Füßen auf ihren Kopf gesprungen und hatte sie so getötet?

Wir alle wußten, daß Gaia vor Schlangen, Spinnen, Mäusen und Ratten Angst hatte. Warum bezwang sie diese, wenn sie in meiner Gegenwart mit einem dieser Tiere konfrontiert wurde?

Die Sklaven erzählten, daß sie Gaia oft belächelten, weil sie vor der kleinsten Spinne davonlief und auch sonst sehr furchtsam war. Warum zeigte sie mir ihre Angst nie, wenn wir in meinem Zimmer eine Spinne fanden oder eine Maus unter meinem Bett hervorhuschte?

Meist sprach sie mich mit Prinz an. Wenn sie ihre Gefühle jedoch nicht meistern konnte, nannte sie mich Minos. Mein Vater war zwar der Herrscher von Athen, mein Onkel der König von Mykene und ein anderer der von Tiryns; aber ich war doch noch ein Junge mit all den Schwächen und Unarten, die man in diesem Alter hat.

Es tat mir gut, wenn mich Gaia in kalten Nächten mit ihrem Leib wärmte. Warum dankte ich ihr dafür nicht? Gehörte es sich nicht für einen Prinzen, daß man eine Zuwendung anerkannte, die mehr als ein Zeichen der Ergebenheit war?

War Güte unwürdig, war Milde Schwäche und Zuneigung vielleicht der Beginn einer Unterwerfung?

Hatte ich die Herbheit von meinem Vater geerbt, der nur nickte, wenn ihm ein Abgesandter oder Händler Geschenke vor den Thron legte und ihm diese gefielen? Sollte ich zukünftig auch den Kopf senken, wenn mir Gaia Gutes tat?

Ich mochte es nicht, wenn man mir in irgendeiner Form widersprach, und wurde dadurch oft in Zorn und Trotz getrieben. Es war mir dann, als müsse ich schon jetzt beweisen, daß ich einmal König sein würde und man mir schon heute zu gehorchen hatte.

So mußte ich erst selbst in die Schneide eines Schwertes greifen, um zu wissen, daß man sich an ihr sehr verletzen konnte; ich mußte erst von einem wütenden Hund gebissen werden, um zu erkennen, daß es für mich, den Sohn des Königs, ebenfalls Grenzen gab. Ich hatte Phasen, in denen ich genau das tat oder wollte, was man mir aus irgendeinem Grund verboten oder vorenthalten hatte.

Oft und oft erlitt ich Wunden, bestürzte damit meine Lehrer, die mich seit dem sechsten Jahr erzogen, auch die Diener und Sklaven, so daß sie mich noch mehr mit einer unsichtbaren Schutzwand umgaben, um nicht in Gefahr zu geraten, von meinen Eltern gerügt und bestraft zu werden. Ich baute mir, das erkannte ich leider erst sehr spät, mein eigenes Gefängnis.

Und wieder kam eine Nacht mit Feuer und bebender Erde. Wir saßen im Hof und warteten. Einige Sklavinnen weinten, zwei Diener hockten geduckt vor mir; sie hatten Angst, es würde gleich Steine regnen. Patrikles, einer meiner Lehrer, saß jedoch so aufrecht, als könne ihm nichts passieren. Ein anderer lag – ich mußte über diesen Gegensatz lächeln – auf dem Boden und krallte sich hinein, als wolle er sich eine schützende Mulde in die Erde graben.

Wenige Zeit später verließ der Weinhändler Kelmis sein Haus. Es war heiß. Seine Frau, die das Kleinkind versorgte, hatte ihn gebeten, Milch zu holen. Augenblicke später, als er wieder zurückgekommen war, stand er vor den Trümmern seines Hauses; Frau und Kind lagen begraben unter Balken und Schutt. Seine Nachbarin, eine ältere Frau, bei der ihr Sohn mit seiner Frau und vier Kindern lebte, war in den Garten gegangen, um zu sehen, warum der Himmel grollte, warum es so dunkel war und die Erde bebte. Dann sah sie die einstürzenden Häuser der Straße, das Wanken des Viertels, in dem sie wohnte. Sie wollte zurücklaufen, um die Familie zu warnen. Doch plötzlich war um sie ein riesiger Knall, eine Explosion, und wenige Atemzüge später fanden sie sich alle auf einem Acker wieder. Sie waren in hohem Bogen durch die Luft geschleudert worden, aber wie durch ein Wunder unverletzt geblieben.

Die Plätze, breiten Straßen und die Äcker retteten in diesen Tagen und Wochen vielen Menschen das Leben. Jeder der Orte mit engen Gassen, gesäumt von alten Häusern, erfuhr schwere Zerstörung.

Erneut hockten wir im Hof. Gaia bewies Mut, brachte uns Wasser und Nahrung, trotz der schwankenden Erde und der unheimlichen Asche, die jetzt langsam und bedrohlich herabsank und uns wie Schnee bedeckte.

Auch die nächste Nacht verbrachten wir im Freien. Das Dunkel wurde immer wieder von flammendroten Blitzen erhellt. Mir machten sie Spaß. Als ich bei einem besonders grellen Feuerstrahl zu lachen begann, wurde ich von Pandion, einem meiner Lehrer, zum erstenmal in meinem Leben vor allen Leuten gerügt. Er sagte, daß ich zu den Göttern beten und nicht freveln solle.

Kindlich naiv, doch fast grausam sachlich stellte ich fest, daß die Nacht nach einem Blitz, der wie ein dämonisches Zeichen wirkte, noch viel dunkler wurde.

Irgendwann, ich schlief in den Armen von Gaia, hörte ich das Krachen einstürzender Häuser. Als ich aufwachte, rang ich nach Atem, weil mich dicke Staubwolken umgaben. Aus der Ferne, oder war es ganz nahe, hörte ich Rufe, Schreie und verzweifeltes Stöhnen.

Einige Tage hatten wir Ruhe. In mancher Straße klafften breite, tiefe Risse. Brücken waren eingestürzt. Von den Sklaven hörte ich, daß im nahen Umkreis über fünfzig Dörfer beschädigt und an die dreißig völlig zerstört worden waren. Eine Stadt bei Athen – ein Erzieher, den wir alle den »Philosophen«

nannten, hatte sie als »steingewordene Hymne an einen Gott« bezeichnet – bestand nur noch aus Ruinen.

Die Monate zogen dahin. Immer wieder wankte die Erde und grollte der Himmel. Gaia war es, die mich ununterbrochen wie eine Mutter umsorgte. Bebte die Erde sehr stark, glaubte sie, mich besonders schützen zu müssen, floh sie mit mir ins Freie, baute uns aus Decken und Fellen irgendwo ein Lager und bedeckte mich oft mit ihrem Leib.

In solchen Stunden ahnte ich, was die Liebe einer Frau einem Mann zu geben vermochte. Wohl war ich nun schon über zehn Jahre alt, aber immer noch ein Kind. Gaia hüllte mich so in ihrer Zärtlichkeit ein, daß ich oft beglückt, aber zugleich auch verwirrt wurde, diese Liebe jedoch froh annahm.

Mir waren die Arme und Hände Gaias, ihre Hüften und Beine, ihre Lippen und Wangen in jeder Sekunde, die Gefahr barg, ein solcher Schutz, daß ich von dieser Verbundenheit geprägt und geformt wurde.

Erstaunlich war für mich die Erkenntnis, daß sich gerade die alten Diener und Sklaven sehr bewährten. Sie waren es, die freiwillig aus den Häusern, die zusammenbrachen oder in Gefahr waren, die Verletzten und die Toten bargen.

»Poseidon hat uns gerettet«, sagte Gaia an einem Morgen dankbar und gläubig, und doch wußten wir alle, daß sie an andere Götter glaubte. Nur mir zuliebe lobte sie meinen Gott.

War es September oder Oktober? Ich wußte es noch nicht, sah jedoch, daß sich die Bewohner jener Häuser, die zerstört worden waren, Behelfsunterkünfte gebaut hatten, meist nur armselige Hütten. Der Spätherbst brachte fürchterliche Unwetter, Wolkenbrüche, Hagel, und einige Male verheerten sogar Schneestürme weithin das Land. Die Dörfer mit ihren schlechten Wegen lagen in einem Meer aus Schlamm. Dann kamen die Erdrutsche und zerstörten viele Häuser.

Vater hatte Arbeiter geschickt, um dem Dorf seiner Sommerresidenz wieder Leben zu geben.

Hier war man bereits dankbar, wenn die Sklaven Balken und Schutt wegräumten, um aus diesem Baumaterial wieder neue Häuser errichten zu können; dort sollten die Helfer zuerst einmal den Hausaltar, bestimmte Amphoren aus dem Weinkeller, den Schmuck, die Truhe mit den Kleidern oder gar nur das Spielzeug der Kinder bergen. Und so lachte ich, als ich die Naivität mancher Menschen erlebte, und mir war diese Unvernunft eine heilsame Lehre.

Es war Frühjahr, bis unser Dorf notdürftig wieder aufgebaut war und erneut schwere Erdstöße kamen. Todesopfer gab es diesmal zum Glück nur wenige, weil die meisten Bewohner sofort ins Freie geflohen waren.

Ich glaube, daß Attika mehrere Jahre immer wieder von Beben, Stürmen, Feuer und Asche heimgesucht wurde. Dann kam jene Nacht, die mir Prokas, ein alter Kreter, von dem man sagte, daß er weissagen könne, angekündigt hatte. Er war es auch, der auf meine Frage, ob nun die Welt unterginge, abwehrend den Kopf schüttelte. »Nein, mein Prinz«, antwortete er leise, »es sind die Götter der Meere, die eine Insel zerstören. Man nennt sie oft ›Kalliste‹, die ›Sehr Schöne‹. Ob sie lange noch schön ist? Sie ist vom Untergang bedroht und soll dadurch geläutert werden. Ich kenne nicht das Maß der Sünde, weiß nur, daß die Götter die Bewohner dieser Insel seit Jahren mahnen. Wird man dort jedoch ihre Zeichen beachten?« Kurz schwieg er und sprach dann gedankenverloren weiter. »Euer Poseidon will das Gute. Er ist der Gott des Meeres, er schuf, um uns zu helfen, das Pferd. Euer Zeus – wir selbst verehren Zagreus – ist der Herr des Himmels und der Erde, ist der Vater aller Götter. Poseidon handelt mit den anderen Meeresgöttern also in seinem Auftrag. Der Untergang von Kalliste[1] soll für uns alle eine Mahnung sein...«

»Und wie wird die Insel untergehen?« fragte ich in seine nachdenklichen Augen.

»Überall in der Erde glüht ein Feuer. Ruft euer Zeus nach ihm, bricht es aus und zerstört weithin alles Leben. In Kalliste wird es von vielen Göttern gerufen.«

»Prokas«, lächelte ich überheblich, »du wirst alt und bestehst nur noch aus Märchen.«

Er nickte geistesabwesend, antwortete dann nach einigem Schweigen eindringlich: »Ist es ein Märchen, daß die Erde sehr oft bebt und der Himmel zu uns spricht?«

Ich wußte keine Antwort.

»Merke dir, Prinz, die Götter wissen alles, sie sind es, die über Leben und Tod entscheiden. Es kann sein, daß Kalliste explodiert, daß die ganze Insel zerrissen wird und im Meer versinkt. Es kann aber auch sein, daß die Götter die Bewohner nur mahnen und Trümmer im Meer stehen lassen, die den Menschen der Zukunft zeigen, daß es hier einmal ein blühendes Land gab, dem die Götter zürnten und das sie bestraften. Warten wir es ab. Wir sind nichts, Prinz, die Götter allein bestimmen über unser Sein und unser Nichtsein.«

Als Prinz hatte ich überall Zugang, keiner durfte es wagen, mich abzuwehren, wenn ich auch nachts – oft nur aus Langeweile, weil ich tagsüber geschlafen hatte und nicht müde war – die Häuser betrat. Ich sah und hörte vieles, verstand aber auch vieles nicht.

Nie überlegte ich, ob ich das Recht hatte, fremde Räume zu betreten, da und dort Schränke und Kisten zu öffnen. Man hatte mir zu oft gesagt, daß meinem Vater, dem König, alles gehöre. War ich als der älteste Sohn nicht sein Vertreter?

Gaia kam, fragte, ob ich mit Rhadamanthys, meinem Bruder, spielen wolle, und erzählte, daß er ein reizendes, kleines Lamm geschenkt bekommen habe und es stolz wie ein Vater durch das Haus führe, daß es bestimmt auch mir gefallen würde.

Ich schwieg, antwortete dann eigensinnig: »Ich mag ihn nicht.«

»Dein Bruder Sarpedon hat einen hübschen Vogel, der sogar einige Worte sprechen kann«, warb sie. »Er geht nach dem Essen mit einem Sklaven auf die Jagd.« Etwas lächelte sie. »Kostas, der Jäger, sagte ihm aus Spaß, daß es bei uns Elefanten gäbe, und nun wollen sie mit Pfeil und Bogen einige Tiere erlegen...«

Ich wehrte sie ab, sah aus dem Fenster in den Hof und wußte, daß ich nachts wieder durch die Häuser gehen würde. Faszinierte mich nur das geheimnisvolle Dunkel der Korridore und Zimmer?

Hatte man mich nicht schon mehrmals ermahnt, daß ein

Prinz keine Neugierde, aber auch keinen Schmerz zeigen dürfe?

Wieder ging ich hinaus, als die Sonne hinter den Bergen versunken war, und begann zu suchen. Was wollte ich eigentlich finden?

Warum klagte da im Dunkel eines Baumes ein Mädchen? Warum knurrte dort befehlend ein Mann? Warum wimmerte auf einem Bündel Stroh eine Frau, winselte fast neben mir ein Mensch, als läge er im Schmerz?

Irgendwo weinte ein Weib, und eine tiefe, brummige Stimme antwortete besänftigend. In einer Kammer bettelte ein Mädchen um etwas, und als ich eintrat, lag es neben einer älteren Frau unter einer Decke. In einem kellerartigen Raum ohne Fenster flegelten völlig nackte Kinder auf dem Boden und benahmen sich, als wären sie bereits erwachsen.

Heute weiß ich, daß ich oft fast überheblich vor mich hin lächelte, wenn ich solche Dinge sah, als stünde ich über ihnen, dabei lagen sie erst vor mir und sollten mich noch sehr verwirren.

Lag es an Gaia, daß ich wunschlos in mein Zimmer zurückging?

Gaia?

Sie drängte sich, je älter ich wurde, immer mehr in meine Gedanken. Ich wußte wenig über sie. Die knappen Berichte, die es gab, besagten, daß sie einst als Sklavin aus Byblos kam, sie fast noch ein Kind war, als sie meine Betreuerin wurde.

Ich grübelte, überlegte, ob man sie mir bereits zugeteilt hatte, als sie in den Besitz meines Vaters kam?

In mein Denken mischten sich Bilder, die mich verwirrten. Waren es Träume, Phantastereien oder Wahrheiten? Hatte Vater sie nicht zuerst dem Verwalter des Gutes, den er sehr schätzte und der es als Sommerresidenz der Familie behütete, geschenkt? Gab es nicht Gerüchte, die behaupteten, daß Gaia einmal den Beamten geohrfeigt und ihm eine kostbare Vase an den Kopf geworfen hatte?

Man erzählte sich, daß sie damals, an einem hellen Sommertag, nackt aus dem Zimmer des Verwalters gelaufen war und jedem den Tod androhte, der sie berühre.

Was meinte sie mit »berühren«?
Berührte ich sie nicht oft, fast immerzu?
Ich liebte ihre Haut. Wenn ich über sie mit den Fingerspitzen strich, drangen sofort eigenartige Wellen der Zärtlichkeit durch mich, und Gaia sah mich schon nach wenigen Minuten mit glänzenden, fast brennenden Augen an.

Ich wurde von Gaia sehr geformt, von ihrer Weiblichkeit, von ihrer Demut und Opferbereitschaft. Obwohl ich seit Jahren die verschiedensten Lehrer hatte, die sich um mich mühten, war der Kontakt zu Gaia anders.

Was gab es für ein Mysterium, das uns so verband? Lag das Geheimnis in ihren Lippen, die mich oft suchten und küßten? Lag es in ihren Händen, die mich kosten und beschützten? War es nur der Geruch ihres Leibes, das Öl, mit dem sie ihre Haut salbte?

Immer wieder waren in mir Fragen, auf die ich selten Antworten fand. Ich war Prinz, war zumindest hier auf dem Gut der Stellvertreter meines Vaters. Alles gehörte ihm: das Land, die Menschen, die Häuser, die Schiffe und Güter. Zuvorderst natürlich alle Sklaven.

Hatte ich nicht das Recht, fragte ich mich oft, eine Sklavin, die mir gefiel, anzusprechen und in meine Zimmer zu ziehen? Mußte sie mir nicht, wenn sie nicht bestraft werden wollte, unbedingt gehorchen und zu allem bereit sein?

Eine Stimme in mir stellte sachlich fest, daß sich eine Sklavin restlos fügen mußte, daß ich sogar das Recht hatte, sie zu töten, wenn sie sich wehrte oder weigerte.

Bald erkannte ich, daß mich bei einem Mädchen das Gesicht und bei einem anderen die Hautfarbe oder die Haare faszinierten. Da gefielen mir die Beine und dort die Bewegung der Hände. Einige Zeit war ich in die Tochter eines Beamten verliebt gewesen, nur weil sie eine reizende Stimme hatte und mir ihr Benehmen gefiel.

Es war eine Nacht wie viele. In meinem Zimmer lag eine so drückende Hitze, daß Gaia alle Fenster und Türen geöffnet hatte, um Durchzug zu schaffen. Da es mir trotzdem nicht möglich war, zur Ruhe zu kommen, ging ich wieder hinaus in das

Dunkel, hörte Rufe der Liebe, hörte Seufzen und zärtlichste Worte.

Irgendwo kam ich dann in ein Zimmer, wo mehrere Männer im Kreis saßen und abwechselnd aus einer kleinen Amphore tranken.

Sie boten mir sofort von dem Wein an. Er war schwer, schmeckte sehr süß und ging mir schnell ins Blut. Bei jedem weiteren Schluck, den ich nahm, kroch eine Verzückung in mich, die mich geheimnisvoll beglückte.

Hatte man mir nicht gesagt, daß ich als Prinz Abstand wahren müsse, ich mich nie mit Dienern und Sklaven verbrüdern dürfe?

War es das, was mir verwehrte, Gaia aus ganzem Herzen gut zu sein? Wohl gab es Phasen, in denen ich bereit war, ihre Augen und Lippen zu küssen, doch war in mir eine Scheu, die ich nicht zu überwinden vermochte.

Und nun saß ich zwischen Männern, die ich noch nie gesehen hatte, war in etwa ihresgleichen. Einer hatte eine verkrüppelte Nase, als habe man ihm einmal das Nasenbein zertrümmert. Ein anderer war sehr mager, hatte das Gesicht eines Schakals.

Neben mir hockte ein Mann mit aufgedunsenem Gesicht, die Wangen schwabbelten bei jedem Wort. Warum mochte ich ihn auf einmal, obwohl ich sonst dicke Menschen ablehnte?

Mir gegenüber saß ein Mann mit unehrlichen Augen. Man sah es sogar seinen Händen an, daß er ein Lügner und Betrüger war und nur aus Täuschung bestand. Ich lächelte ihn an.

Der Wein war wundervoll, schuf ein nie gekanntes Glücksgefühl, alles wurde leicht. Die Erdbeben und die Stürme, das Schreien der Sterbenden und das Klagen der Verletzten war nur noch ein ferner Traum, und je öfter ich die Amphore an die Lippen setzte, um so heller und schöner wurde das Leben.

Ganz fern war eine Stimme, die von der Begegnung mit einer Frau erzählte. Ich hörte Worte, die von Brüsten und Beinen sprachen. Nahe, fast gegenwärtig, war mir die Gestalt Gaias. Lag nicht in jeder Pore ihres Leibes Liebe und Sehnsucht?

»Sehnsucht?« fragte ich.

»Ist nur Geilheit«, grinste der Lügner.

Ich glaubte ihm nicht. »Die Liebe ist Wärme, Glück und tiefste Freundschaft«, entgegnete ich.

»Hast du schon«, fragte der Mann neben mir, »einen Stier gesehen, der voll von Wärme und Glück«, äffte er meine Worte nach, »die Kuh bestieg? Das ist doch alles Krampf«, wehrte er ab.

»Sie ist lieb und gut«, verteidigte ich Gaia.

»Dann schlafe mit ihr. Sie wartet vielleicht schon viele Monate darauf. Das ist so und wird immer so sein . . .«

»Wir sind Menschen, müssen mehr sein, müssen edler denken.«

»Blödsinn«, grunzte einer trunken und bot mir die Amphore. »Die Frauen wollen ins Bett, so sind sie eben. Du bist ein Knabe, weißt noch vieles nicht, aber wir alle werden von Gesetzen gelenkt, die aus der Natur kommen.«

»Ich will lieben!« rief ich pathetisch.

»Und«, wieder rülpste der Mann, »ein Weibchen besteigen. Das will die Natur, ob du nun ein Hengst, ein Bock oder ein Mann bist.«

»Es muß aber mehr geben. Wenn sie mich an sich drückt, mich mit Armen und Beinen umhüllt . . .«

»Dann hast du ihr das zu geben, was sie braucht«, ächzte einer.

Ich trank und versank immer mehr in eine Traumwelt. Ich griff erneut, fast abwehrend nach der Amphore, trank, und wieder waren mir die Gespräche der Männer nahe. Einer erzählte, daß er aus Syrien Elfenbein gebracht hatte.

»Ich war fast zwei Jahre in Mykene«, sagte der Lügner.

»Dort residiert mein Onkel«, antwortete ich stolz.

Der Mann beachtete meine Worte nicht. »Ich war im Palast, in den Werkstätten der Handwerker tätig, schnitzte in Stein, Horn und Knochen, machte Siegel, und besonders verstand ich mich auf die Bearbeitung von Elfenbein.« Kurz schwieg er und sah mich mit prüfenden Augen an.

»Trink, Knabe«, mahnte der Lügner. »Du glaubst bestimmt noch, daß die kleinen Kinder aus dem Mund der Priesterinnen hüpfen oder in den Sümpfen wachsen, daß sie wie Blumen aus den Wiesen kommen? Ich arbeitete in Mykene im ›Haus der Künstler‹, und dort gab es einen Klebstoff, der gelblich aussah und aus Kolophonium und Schwefel gemischt wurde. Wenn man ihn stark erhitzte, wurde er schwarzbraun und sehr klebrig. In einer anderen Werkstatt verwendete man nur Fischleim.«

Er stutzte, sah mich wieder prüfend an. Scheinbar schätzte er mich gering ein; denn er fragte nicht, wer ich sei, meinte nur, daß ich noch kaum das Leben kenne.

»Hast du schon eine Freundin?« fragte der Mann neben mir.

Ich nickte heftig; denn Gaia war mir wirklich *die* Freundin.

»Wie oft hast du schon mit ihr geschlafen?« fragte er gütig.

»Ich darf doch nicht . . .«, entgegnete ich zögernd.

»In deinem Alter nahm ich jede, die in Reichweite war«, antwortete er fast brüderlich.

»Sie würde dadurch entehrt werden«, sprach ich nachdenklich vor mich hin.

»Dann beginnst du es blöd. Jede Frau will verführt werden. Gelingt dir das, wird sie dich lieben, auch wenn du schielst oder einen Buckel hast. All das andere ist dann nebensächlich.«

»Trink!« sagte einer der Männer und bot mir die Amphore an.

Es war eigenartig, wurde mir fast zu einem Rätsel, denn je mehr ich trank, um so stärker umtanzten mich nackte Mädchen, boten mir ihre Lippen und Hände, boten sich mir mit ihren Leibern an, als wären sie zu den absurdesten Dingen bereit.

Als ich aufstehen wollte, weil der Boden unruhig zu werden begann – ich wußte, daß Gaia mich jetzt suchen würde –, schwankte ich, torkelte dann in einer unendlichen Leichtigkeit und Süße in die Nacht hinaus.

In meinem Zimmer angekommen, zog ich mich aus und legte mich auf mein Bett. Ich war müde, als hätte ich schwerste Lasten getragen.

Sekunden später war Gaia neben mir.

War ich es, der sie entkleidete?

Ihr Leib war herrlich kühl, ich selbst glühte. Träumte ich nur, oder war es Wirklichkeit, daß ich Gaia auf mein Bett zog, sie an mich preßte und sie am ganzen Körper koste? War es Tatsache, daß ich ihre Lippen suchte und meinen Kopf an ihre herrlichen Brüste drückte?

Die Nacht war voll von Gaukeleien und wirren Träumen. Einmal hörte ich aus weiter Ferne ein Rauschen und Summen, das dann irgendwie in ein Wimmern überging. Unruhig warf ich mich nach links und rechts, krallte dann wieder meine Hände in Schultern und Hüften, küßte, koste und versank in der Seligkeit Gaias. Hatte ich geschlafen?

Ich wurde wach, weil das Haus klagte und stöhnte. Dann knirschte das Dach, die Erde bebte, und wieder vernahm ich, wie ganz nahe Holz splitterte.

Plötzlich war um mich ein schrilles Krachen. Ich fühlte, wie sich Gaia über mich warf. Dann schrie sie und röchelte.

Ich schlang meine Arme um sie, wollte beweisen, wie sehr ich sie mochte, als sich uns aufgeregte Stimmen näherten. Prokas und ein älterer Sklave standen neben mir und sahen mich entsetzt an.

»Minos?« rief vom Fenster her eine andere Stimme.

Erst jetzt spürte ich den verkrampften Körper Gaias, der quer über mir lag.

Eine Lampe erhellte zitternd das Dunkel, das mich umgab, zeigte, daß eine Wand meines Zimmers nur noch aus Trümmern bestand, das Dach herabgestürzt war und ein Balken den Rücken Gaias zerschmettert hatte.

In dieser Nacht starben auf dem Landgut sieben Menschen, alle waren sie von einstürzenden Mauern zerquetscht und zermalmt worden.

Es war Tag; im Hof, vor dem Altar, an dem wir den Göttern unsere Opfer darbrachten, lagen sieben Tote. Unter ihnen Gaia.

Als ich zu weinen begann, sagte Prokas mahnend und barsch: »Ein Athener weint nicht!«

Bei der Opferfeier sah ich nur Gaia. Ich war stolz auf sie; denn ihr Gesicht zeigte Freude und Erfüllung, war von einer heiligen Weihe beseelt. Ich wußte, daß Gaia mir in tiefer Hingabe bis zum letzten Blutstropfen gedient und mich unendlich geliebt hatte.

Warum ehrte man sie besonders? Dankte man ihr vielleicht, weil sie mich, den Sohn des Königs, mit ihrem Leben beschützt und damit gerettet hatte?

Wie konnte *ich* ihr danken?

Die Beamten des Vaters führten den Opferstier herbei. Er war vollkommen weiß. Die Frauen hatten das Tier gestriegelt und geschmückt, die Hörner bekränzt und vergoldet.

Der Verwalter vollzog das Voropfer: Wasser und Gerste wurden in einem Umgang um den Altar getragen. Dann versprenkelte man das Wasser mit den Händen und streute die Gerstenkörner in alle Winde.

Während der Stier geweiht wurde, erklangen die Flöten. Stratos schnitt dem Tier die Stirnhaare ab und warf sie ins heilige Feuer. Nun betäubte ein Sklave den Stier mit einem Schlag. Als er zusammenbrach, wurde er wieder aufgerichtet, und man durchschnitt ihm die Schlagader, fing das strömende Blut in einer Schale auf, goß es über den Altar.

Nachdem man das Tier ausgeweidet hatte, wurde die Haut abgezogen. Den Götteranteil, ein Schwanzstück, verbrannte man wie die mit Fett umlegten Knochen auf den Altarstufen. Gesang klang auf, und die Frauen begannen das rituelle Klagen, und die Männer sangen wieder die heiligen Worte.

Beim Totenmahl reichte man neben dem gebratenen Fleisch des Stieres Früchte, Honig, Milch, Gerste, Schrot, Kuchen, Wein und Öl. Sklaven begannen, mit Lorbeerblättern zu räuchern, der Verwalter stiftete zum Abschluß der Feier Weihrauch.

Während alle saßen und tranken, befand ich mich in einer anderen Welt, gehörte Gaia, küßte und koste sie, als hätte ich vieles nachzuholen.

Tagelang war ich wie krank, aß wenig, grübelte immerzu vor mich hin. Die Lehrer, die mich seit meinem sechsten Lebensjahr umgaben, hatten es nun schwer mit mir, wenn sie über etwas sprachen, Zahlen und Zeichen erklären wollten; ich sah und hörte sie nicht.

Fast jeden Abend ging ich nun in das Haus, wo die Männer saßen, würfelten und aus der kleinen Amphore den schweren Wein tranken.

»Er ist süß«, sagte ich schon nach dem ersten Schluck dankend, als müsse ich ihn loben.

»Bist du wirklich Minos, der älteste Sohn des Königs?« fragte einer der Männer ungläubig.

»Vergeßt es«, wehrte ich ab, »ich bin wie ihr ein Mensch und leide.«

Ich trank und versank bald wieder in eine Traumwelt. Auch die Männer wurden trunken, sprachen wieder vom Elfenbein.

»Wir spalteten es mit Steinmessern, meist aus Obsidian oder aus Silex. Manchmal hatten wir beim Schnitzen Klingen aus Bronze.«

»Wem gehören die Werkstätten?« fragte ich und benützte die Pause, um wieder aus der Amphore zu trinken.

»Dem König natürlich«, antwortete der Mann erstaunt. »Alle Werkstätten gehören ihm, er ist der Herr, er muß ja auch das Holz und Gold, die Edelsteine und das Elfenbein herbeischaffen. Besonders den Handel über die Grenzen hinaus können nur die Könige betreiben. Ein Beispiel«, er atmete erregt und trank gierig aus der Amphore, »um keramische Produkte zu erzeugen, sind Wasser, Holz oder Gebüsch als Brennstoff, eine oder mehrere Arten von Tonerde und erfahrene Handwerker nötig. Schwer ist die Herstellung von Metallwaren, besonders von Schwertern, Dolchen und Messern.«

»Ein wichtiges Handelsgut in Mykene ist auch das Olivenöl, das man in den charakteristischen Bügelkannen aufbewahrt. In der Unterstadt von Mykene sind zwei Gebäude, die der Ölgewinnung und der Wollweberei gedient haben«, erzählte ein anderer.

»Wir haben auch Bügelkannen«, sagte ich stolz.

»In den großen Kannen wird das Öl gehandelt, die kleinen dienen nur für die Lagerung, wenn man es für die Nahrung braucht, und die winzigen dienen zur Körperpflege. In Mykene wird es mit Duftstoffen, meist mit Salbei oder Rosen, versetzt. Besonders die Frauen lieben dieses parfümierte Öl.«

»Und woher kommt das Elfenbein, bei uns gibt es doch keine Elefanten?« fragte ich.

»Aus Syrien, vielleicht auch aus Ägypten. Ein Schnitzer sprach von Libyen.«

»Ich sah einmal in einem Tempel in Ägypten einen Fries, der zeigte, wie die Keftiu einem Pharao als Geschenk oder Tribut Elfenbein und Tiere übergaben«, erzählte einer der Männer.

»Keftiu?« fragte ich.

»So nennen die Ägypter die Bewohner Kretas.«

»Keftiu – Kreta?« wiederholte ich nachdenklich und versank in geheimnisvollem Grübeln.

»Du warst schon in Ägypten?« staunte ich.

Der Mann nickte. »Es ist ein Land voller Wunder. Ich sah riesige Städte mit schönen, breiten Straßen, herrlichen Häusern und ungeheuren Pyramiden.«

»Pyramiden«, wiederholte ich.

Der Mann nickte. »Die Pyramide bei Gizeh besteht aus Granitblöcken von meist fast 600 Talenten[2], die aus Entfernungen von oft bis zu 6000 Stadien[3] herangeholt und bis zu einer Höhe von über 4 Fuß[4] verbaut wurden. Die Steinmetze des Pharao Cheops brachten es fertig, die riesigen Steinblöcke so unerhört genau zu schneiden, daß sie über die gesamte Oberfläche bis auf die Breite weniger Haare aneinander gleich waren. Ägypten hatte weise Männer, die ein ungeheures Wissen besaßen. Allein schon die Anlage einer Stadt mit Tempeln, Häusern und Straßen ist voller Geheimnisse.«

Wieder verfiel ich in ein sonderbares Grübeln. »Die Anlage einer Stadt mit Tempeln, Häusern und Straßen ist voller Geheimnisse«, flüsterte ich fast ehrfürchtig.

Als ich in meinen Räumen war, formte ich mir aus Lehm Häuser und stellte sie an Straßen. Einmal ordnete ich sie um einen Tempel und ließ die Straßen sternförmig auf ihn zulaufen, dann wieder verwarf ich alles, sagte mir, daß eine Stadt am Meer oder an einem schiffbaren Fluß liege und einen Hafen brauche.

So begann ich Städte zu entwerfen, erdachte mir Verwaltungsgebäude, Magazine, erfand eine Häusergruppe für Händler, für Handwerker und Priester. Dann erträumte ich mir Häfen, formte aus Lehm Schiffe, Hallen für ihre Winterung und für die Lagerung der Waren.

In meinen Spielen wurde ich Städteplaner, Architekt, Baumeister, Handwerker, und es mehrten sich die Nächte, in denen ich von dem Traum erfüllt war, einmal Städte und Straßen anzulegen, aus ihnen ein blühendes Zentrum für die in ihnen wohnenden Menschen zu machen.

Sehr vermißte ich jetzt Gaia. Ich hatte mit ihr vieles, eigentlich alles besprechen können. Sie liebte das, was mir Freude machte, lehnte Dinge ab, die ich nicht mochte.

Mein Vater rief mich etwa zehn Tage nach dem Tod Gaias zu sich in die Burg nach Athen. Er gab mir gute Worte, stellte mich einem ägyptischen Würdenträger vor, und ich durfte dann sogar an dem Festmahl teilnehmen, das man zu Ehren dieses Gastes veranstaltete. Als ich mich verabschiedete, sagte der Ägypter, er werde mir ein Geschenk zuleiten.

Es war kaum ein Mond vergangen, wo man mir Shita, eine Sklavin, als Gruß dieses hohen Beamten übergab.

Der Verwalter brachte mir das Mädchen, sah mich dabei kritisch an, gebrauchte Floskeln und wies der Sklavin ein Zimmer an, das jenem Raum gegenüber lag, in dem ich schlief. Wenn ich nur etwas den Kopf hob, sah ich sofort, was sie tat.

Die ersten Tage und Wochen wurden für mich schwer, denn Gaia war so in meinem Herzen, daß ich Shita ablehnte, sie einfach nicht um mich haben wollte. Dann begann ich, sie allmählich zu sehen. Sie sprach wenig, umsorgte mich nur. Es beeindruckte mich, daß sie nie um mich warb, daß sie in mir nur einen Knaben von knapp sechzehn Jahren sah, der zufällig Minos hieß und Sohn des Königs von Athen war.

Im Hof hörte ich im Gespräch zwischen Sklavinnen, daß Shita mein Alter habe und sie besser zu mir passen würde als Gaia. »Der Prinz wird nun Mann, er braucht eine Bettgefährtin . . .«

Wieder war mir Gaia nahe. Als jedoch Shita leise in das Zimmer trat und neben mich ein Körbchen mit frischem Obst stellte, sah ich in ihr zum erstenmal das Weib.

Die Haut Gaias war bronzefarben gewesen, die Shitas zeigte helles Braun, was darauf hinwies, daß sie viel anatolisches Blut, aber auch das schwarzer Ahnen hatte.

Kaum eine Stunde später brachte sie mir einen Krug mit frischem Wasser. »Es ist heiß«, sagte sie schlicht, »ein frischer Trunk wird dir guttun.«

»Du trägst ein hübsches Kleid, es gefällt mir«, antwortete ich und lächelte sie an.

»Solche Stoffe werden bei uns am Nil gewebt, sie kühlen und wärmen zugleich. Ich liebe diese bunten Farbstreifen sehr.«

»Gefällt es dir bei uns?« fragte ich und sah sie bewundernd an.

Sie schwieg und suchte Worte. »Bei dir, Prinz, schon, doch liegt hinter mir eine schlimme Zeit, die ich lange nicht vergessen werde.«

»Du bist hübsch«, sagte ich und blickte sie erneut begeistert an.

Shita zuckte zurück, es war, als hätte ich sie mit diesen Worten verletzt.

»Tat ich dir weh?« fragte ich bestürzt.

»Nein«, antwortete sie zögernd, »doch...«

»Was?«

»Wenn Männer mir das sagten, hatten sie immer irgendwelche Wünsche. Und...«

»Sei ohne Sorge«, tröstete ich, »du stehst jetzt unter meinem Schutz.«

Sie setzte sich, mir mit einem Nicken des Kopfes dankend, neben mich und fächelte mir kühle Luft zu. »Du weißt noch nicht, wie grausam das Leben sein kann«, seufzte sie. »Es ist oft sehr, sehr schwer.«

Sie saß vor mir mit gekreuzten Beinen.

»Hast du schon einmal einen Mann geliebt?« fragte ich und war eifersüchtig.

Shita senkte den Kopf, suchte eine Antwort, dann sah sie mich offen an, und es schien, als blicke sie durch mich hindurch in eine nebelhafte Ferne.

»Eigentlich noch nicht. Ich bin aber auch noch sehr jung, obwohl Mädchen in meinem Alter oft schon heiraten. Es gab wohl Männer, die zu mir von Liebe sprachen, aber dabei andere Dinge im Sinn hatten. Es gab Momente, in denen ich einige Atemzüge lang glaubte zu lieben, doch war dann alles nur ein Traum, der so schnell, wie er gekommen, auch schon wieder vergangen war.« Wieder sah sie mich an. Ihre Augen waren rein. »Du bist gut, Prinz, dich könnte ich lieben«, flüsterte sie vor sich hin, »wenn ich keine Sklavin wäre.«

»Du bist nicht meine Sklavin«, wehrte ich ab.

Sie nickte. »Doch, ich bin es«, antwortete sie ernst. »Das ist auch die Grenze, Prinz.« Wieder schwieg sie und grübelte vor sich hin. »Es gibt Dinge, über die man nicht spricht«, sagte sie leise, blickte dann hoch, und mir war, als wolle sie mit den Augen die Tiefe meines Herzens ausloten.

»Man wünscht, daß ich morgen einen neuen Namen bekomme, Prinz. Es ist bei euch Sitte, daß der Herr diesen Namen bestimmt. Wie wirst du mich nennen?«

Wieder blickte sie mich fragend an. Ihre Augen waren klar wie Kristall, die Lippen kräuselten sich, als wolle sie etwas lächeln.

»Du kommst vom Nil«, sagte ich. »Den Gott dieses Flusses nennt ihr Osiris. Er war mit seiner Schwester Isis vermählt, gilt als Gott der Fruchtbarkeit. Du bist mir wie eine Schwester, bist daher meine Isis.«

Ich sah sie stolz an. »Weil du mir sehr gefällst, mache ich vielleicht aus Isis eine Isa? Noch schöner wäre der Name Aisa, das klingt geheimnisvoller.«

Ich stand auf, strich ihr über die langen, dunklen Haare. »Ja, weil du meine Isis, meine Isa aus Ägypten bist, werde ich dich Aisa nennen. Wäre dir das recht?«

»Isa, Aisa, Ägypten?« Shita strahlte vor Glück, ging auf mich zu und bot mir ihre Lippen.

Als wir uns lösten, wankten wir beide ein wenig, als befänden wir uns in einem Rauschzustand, der uns den Verstand nahm.

»Ich freue mich«, seufzte sie glücklich und bot mir wieder ihre warmen Lippen. »Ich würde gerne für immer bei dir bleiben«, seufzte sie, »doch bist du ein Prinz, wirst einmal König sein. Ein Fürst darf sich nie offen mit einer Sklavin abgeben. Wenn er sie liebt, darf es nur im Dunkel der Nacht geschehen, und dann, dann schämt er sich seiner Schwäche, schlägt die Frau, die er soeben geliebt hat. Ich will nicht von dir verachtet werden.«

»Nie könnte ich dir weh tun«, sagte ich ernst.

Shita nickte nachdenklich. »Stimmt. Heute nicht und morgen auch nicht. Was ist jedoch in drei, vier oder fünf Jahren? Um dich werden viele Mädchen aus edlen Geschlechtern werben, die schönsten Frauen werden bereit sein, mit dir das Lager zu teilen. Bald wirst du auch verheiratet sein; denn du brauchst eine Königin, wirst sogar mehrere Nebenfrauen haben. Ganz nahe ist schon die Zeit, in der ich bereuen werde, dich geliebt zu haben, oder meine Eltern hassen, daß ich geboren wurde.«

»Ich werde dich immer beschützen«, rief ich leidenschaftlich.

»Minos«, mahnte sie scheu, »die Dinge kommen, und die Dinge gehen. Nichts ist beständig.«

»Bitte, bleib bei mir, auch wenn ich einmal, auf Wunsch meines Vaters, eine Königin haben werde.«

Shita kräuselte zärtlich die Lippen. »Es wäre schön, wenn ich das dürfte, doch bestimmen die Götter unser Schicksal. Hast du, wenn du einmal König bist, noch die Kraft, mich in Güte zu sehen? Ich könnte es nicht ertragen, wenn ich dir nur noch das wäre, was ich bin: eine Sklavin. Ich will nicht nur benützt und dann weggeworfen werden.«

»Habe ich dich, seit du bei mir bist, je spüren lassen, daß du unfrei bist?«

»Minos«, entgegnete sie erregt, »ich bin noch jung und voll von Sehnsucht. Lange hast du mich nicht gesehen, mir nicht einmal einen Blick gegeben. Das könnte wieder kommen, wenn eine andere Frau in deinem Herzen ist. Ich habe Angst; denn ein König ist, auch wenn er alt wird, noch jung. Eine Sklavin wird jedoch in dem Augenblick alt, wenn sich ihr Herz mit Leid füllt.«

»Frage die Frauen«, sagte ich leise. »Sie werden dir von Gaia erzählen. Ihr verdanke ich viel, sogar mein Leben. Sie opferte sich für mich. Es hätte dich und mich nicht geehrt, wenn ich dich sofort, nur weil du mir gefielst, gesehen hätte.«

»Wer bin ich schon?« klagte sie nach einer Weile betrübt.
»Du bist das Leben und die Liebe. Du siehst wie eine ägyptische Göttin aus. Du bist Isis, die Große Mutter der Fruchtbarkeit.«
»Minos!« flüsterte sie glücklich.

Am nächsten Tag kam ein Händler, der Vater Vasen, Krüge und Schalen aus Kreta brachte. Er berichtete, daß es dort auch starke Erdbeben und gewaltige Stürme gebe. Besonders an der Nordküste war es zu großen Verwüstungen gekommen.

Wenige Stunden später durfte ich im Thronsaal des Palastes in Athen an einer Beratung teilnehmen. Rhadamanthys und Sarpedon mußten im Hintergrund bleiben, von dort aus zusehen, weil sie noch nicht würdig waren, offiziell in Erscheinung zu treten.

Meine Onkel aus Mykene und Tiryns waren gekommen, aber auch die Herrscher von Theben, Pylos, Sparta und Julkos.

Als mich ein Diener gegen Abend zum Landgut, wo ich lebte und erzogen wurde, zurückbringen sollte, erschien wieder der Händler aus Kreta und übergab meinem Vater als Geschenk eine wunderschöne Schale. Als Vater anerkennend nickte und die Bemalung mit den Fingerspitzen nachzog, meinte der Händler stolz: »Das ist Kreta.«

»Kennst du auch Knossos?« fragte Vater.

Der Mann lächelte. »Ich wohne sogar dort.«

»Erzähle mir«, befahl Vater und blickte mich dabei an, als übergebe er mir damit einen Auftrag. Seine Augen leuchteten, und so lauschte ich daher fast ehrfürchtig den Worten des Kreters.

»König, darf ich mir einen Vergleich erlauben?« fragte er demütig.

Vater nickte.

»Auch bei uns haben die Häuser, wie bei euch, einen Innenhof als Mittelpunkt. Um deine Stadt hier, König, liegen andere Städte und viele Dörfer, Landgüter und die Häuser der Bauern, die Tiere züchten, Äcker bestellen und dafür sorgen, daß die Weinstöcke und die Olivenbäume gut gedeihen. Wie bei euch dient auch bei uns das Öl nicht nur der Ernährung, sondern auch zur Beleuchtung und zur Körperpflege. Die Händler wohnen meist in den Hafenstädten. Wenn mein Vater nicht den Besitz in Knossos gehabt hätte, würde ich bestimmt in Amnissos leben, weil dort mein Schiff ankert. Seit Jahrhunderten besuchen wir mit unseren Seglern fast alle Küstenländer des Mittelländischen Meeres und liefern Geschirr, Lederwaren, Elfenbein, Wein, Öl und Honig. Besonders unsere Keramik ist überall begehrt, da sie edel und schön ist. Zweimal im Jahr komme ich auch nach Ägypten, bringe dorthin Getreide, Feigen und andere Früchte. Gut verkaufe ich auch aromatische und medizinische Kräuter, Gewürze und natürlich auch Sklaven.«

Er blickte fragend hoch und sagte dann liebenswürdig: »Die große Stadt des Festlandes ist dein Athen, König. Die älteste Stadt, die wir kennen, dürfte jedoch Knossos sein.«

Mein Vater sah jetzt fast kritisch auf den Händler. »Es gibt Überlieferungen«, mahnte er, »die Jericho und Ninive als die größten und ältesten Städte bezeichnen. In Ur soll es Gräber berühmter Könige geben. Man sagt, daß es in Phönizien, in Ugarit, eine Schreibschule gibt, in der die Kunst des Schreibens erfunden wurde. Hattusa ist die Hauptstadt der Hethiter, und da prahlst du mit Knossos?« Nach einer Weile sprach er immer noch spottend weiter: »Du sprichst von einer Stadt Knossos; dort ist doch nur der Palast von Asterion, dem König von Kreta?«

Der Händler nickte höflich und verbarg nur schlecht sein Lächeln. »Es gibt, du hast recht, König, drüben im Zweistromland gibt es Städte, die einige Berühmtheit haben.« Er sann vor sich hin und sah mich dann an, als könnte ich ihm helfen. »Kreta liegt in der Mitte zwischen Athen und Ägypten.«

Jetzt schmunzelte er offen. »Das ist für uns eine Entfernung, über die man nicht spricht.« Seine Hand erhob sich, als verscheuche er eine Fliege. »Es stimmt, das Zentrum von Knossos ist der Palast des Königs. Man hat ihn auf einem Hügel errichtet, und er wird von Weinbergen und Olivenhainen, aber auch von den Häusern der Beamten und Arbeiter umgeben, die nicht im Palast wohnen. Die Mitte des Palastes ist ein großer Innenhof, und um ihn erhebt sich ein Gewirr von über tausend Hallen, Zimmern, Kammern, Korridoren, Treppen und Lichthöfen. All diese Gebäude bedecken eine riesige Fläche, und an mancher Stelle haben die Häuser drei und vier Stockwerke. König«, meinte er nun lässig, fast überheblich, »allein der Palast ist größer als viele der Städte, von denen du eben sprachst.«

»Wie groß ist der Wall, der ihn beschützt?« fragte Vater.

Der Händler verzog heiter die Lippen. »Wir brauchen keine Mauern, wir brauchen keine Verteidigung. Was nützt es Feinden, wenn sie eine Stadt mit einem Palast erobern? Alle haben sie doch unendlich mehr, wenn sie ihn nicht bedrohen, denn ohne die Macht des Königs gäbe es nicht alljährlich jene Waren, die wir weithin liefern und die man überall liebt und benötigt.«

Als Vater schwieg, darüber nachdachte, sprach der Kreter werbend weiter: »Der König ist der Herr, ist der Herrscher, wie du es hier bist. Er besorgt durch seine Verbindungen zu anderen Ländern die Rohstoffe und die Nahrung, die wir brauchen. Es gibt auf Kreta eine sehr gute Tonerde, und sie ist die Grundlage unserer Töpferkunst. Die Hände jedoch, welche die feinen Vasen, Schalen und Krüge formen, sie bemalen und damit besonders begehrenswert machen, gehören dem König. Ihm unterstehen die Werkstätten der Gießer, Steinmetze, Holzbildhauer, auch alle, die das Leder und die Metalle weiterverarbeiten. Mit Knossos würde ein Eroberer auch die Kunst seiner Handwerker zerstören. Was nützt schon ein toter Töpfer? Nicht einmal ein toter Sklave ist noch zu etwas nützlich. Wir brauchen keine Mauern«, sagte er heftig. »Und gäbe es einen Feind, der Kreta schaden will, würde ihn unsere Flotte schon auf dem Meer abfangen und vernichten.«

Als Vater immer noch nichts sagte, sprach der Händler weiter, über die Architektur der Paläste, über die kretischen Götter, erzählte, daß die Wände und Decken vieler Räume mit farbigen Bildern verziert seien, daß sich die Frauen reich und raffiniert kleiden würden und daß es in den Palästen Baderäume, Aborte mit Wasserspülung, Abfallschächte und sogar eine ausgezeichnete Kanalisation gäbe.

»Und die Stadt?« fragte Vater.

»Der Palast ist von Höfen und Herrenhäusern, ist von einem Kranz von Unterkünften umgeben. Die besten Handwerker arbeiten natürlich im Palast, doch brauchen die Bauern auch Geschirr, geflochtene Körbe für die Ernte, sie benötigen auch Tische und Bänke, Betten und Fässer, wenn auch für die Aufbewahrung des Wassers, des Korns und des Öls die Pithoi genügen.«

»Über tausend Hallen, Zimmer und Kammern«, wiederholte Vater nachdenklich. »Das muß ja labyrinthisch aussehen?«

»Man baut bei uns in allen Städten so«, antwortete der Händler. »Wie soll ich es erklären?« Er suchte die passenden Worte. »Auf einem kleinen Hügel liegt an der Nordküste unserer Insel Gournia, eine Bürgerstadt. Ich kenne diesen Ort gut, weil zwei Brüder dort leben. Auch hier gruppiert sich alles um einen Mittelpunkt: Es ist der Palast des Gouverneurs. Er ist mit dem Zeremonienhof das Zentrum, und rings um ihn liegen die Häuser. Die Gassen sind eng, aber sehr gepflegt. Man baute auch hier Wand an Wand, suchte Schutz vor der Sonne, liebte die Nachbarschaft, den Kontakt mit den anderen. Es ist überall so, jeder braucht Hilfe. Das Haus meiner Brüder besteht aus sieben Räumen. Mein ältester Bruder wohnt mit seiner Familie ganz hinten in den letzten beiden Zimmern. Will er dorthin, muß er durch die Räume gehen, die mein anderer Bruder bewohnt. Es gibt nur eine Türe zur Gasse. Es mag labyrinthisch wirken, aber diese Bauweise hat ihren Sinn. Wenn wir auch keine Feinde haben, gibt es Raubtiere, Schlangen, Ungeziefer und diebische Menschen. Bei mir in Knossos ist es auch so. Man könnte mich, obwohl ich einigen Besitz habe, nicht bestehlen, denn der Dieb müßte ebenfalls durch viele Zimmer gehen und würde sofort gesehen werden.« Er atmete erregt. »Wir denken für die Familie und leben in der Familie. Jeder kennt jeden, und wir haben keine Scheu, durch die Räume zu gehen, was dort auch geschieht.«

»Knossos ist also eine Stadt?« fragte ich. »Ich meinte, daß dort nur ein Palast ist.«

Der Händler sah mich staunend an, hatte wohl nicht erwartet, daß ihm ein kaum sechzehnjähriger Jüngling eine solche kritische Frage stellt.

»Ja, Knossos ist eine Stadt«, sagte er entschieden. »Die Stadt ist wahrscheinlich eine orientalische Erfindung, konnte erst ab jenem Augenblick entstehen, als der Mensch in der Lage war, einen Acker zu bestellen und Vieh zu züchten. Mit dem Ackerbau und der Viehzucht war es möglich, ausgewählte Menschen von diesen Arbeiten zu befreien, um nur noch Erz zu fördern oder es zu schmelzen. Andere wieder spezialisierten sich als Handwerker. Man brauchte Priester und Soldaten, es waren Menschen, die ernährt werden mußten. Und so war die Voraussetzung aller Stadtbildung die Seßhaftigkeit der Menschen. Und so ist Knossos eine Stadt, nicht wegen des riesigen Palastes, sondern wegen der vielen Villen und Dörfer, die ihn umgeben. Mein Bruder besuchte einmal Ur, es ist die Hauptstadt von Babylonien. Du wirst es nicht glauben, Knossos hat fast doppelt soviel Einwohner. Eine Stadt muß ernährt werden. Man lebt in Knossos gut. Um die Entwicklung der Landwirtschaft und des Handels zu begünstigen, legte man sogar eine gepflasterte Straße an; es gibt bisher keine in den Ländern nördlich von Kreta. Sie führt von den Häfen der Südküste und den Dörfern der Mesara quer über die Insel nach Knossos. Die Straße gelangt zunächst zu einem Rasthaus und dann über einen als Säulenhalle gestalteten, gedeckten Aufgang zum Südeingang des Palastes. Eine andere Straße zweigt ab und führt westlich des Palastes durch die Stadt nach Norden zu den Häfen. Fast müßte ich nun behaupten, daß eine Stadt erst in der Freude steht, wenn sie mit guten Straßen das Umland erschließt.«

Als der Händler gegangen war, nahm Vater die herrliche Schale wieder in die Hand. »Das, was wir sind«, sagte er bedächtig, »empfingen wir von Menschen, die vor uns lebten. Ägypten hat uns geformt, aber auch Phönizien. Ein weiser Herrscher war Hammurabi von Babylon, der die Künste pflegte und seinem Volk gute Gesetze gab. Merke dir, Sohn, deine wichtigste Aufgabe wird einmal sein, weise Gesetze zu erlassen.« Er strich sich über die Stirn. »Die Hethiter haben viel Geschmack, und auch die Könige von Kreta – der Händler hat es uns ja bewiesen – geben der Welt sehr viel. Wir müssen uns bemühen, daß wir ihr Kunstgefühl erreichen, es kann sein, daß wir im Vergleich zu ihnen Barbaren sind.«

Wieder kam der Diener, der mich zum Gut zurückbringen sollte. »Warte etwas«, befahl Vater, weil soeben ein Kapitän gekommen war, den er sehr schätzte.

Ich stand in einem Nebenraum, sah im Hof den Reisewagen. Fremde Länder tauchten in meinen Gedanken auf, fremde Städte, und plötzlich begann ich mit Nüssen, die in einer Schale lagen, zu spielen; die große Nuß war ein Palast, um ihn gruppierte ich Häuser, und immer wieder achtete ich darauf, daß es schöne Straßen gab und sie zum Hafen führten.

Dann stand ich wieder neben meinem Vater. Demütig und mit einer tiefen Verbeugung übergab der Kapitän als Geschenk eine kostbare Elfenbeinschnitzerei. »Es ist ein Apis, ein göttlicher Stier«, erklärte er.

»Dieses Elfenbein ist fast weiß«, sagte Vater. »Ich habe ein Täfelchen aus dem gleichen Material, das wahrscheinlich aus Ägypten stammt; denn es zeigt eine liegende Sphinx, deren ausgebreitete Flügel, Seitenlocken und Krone etwas schematisch geschnitzt sind. Hier ist die Farbe jedoch gelblich.«

Der Kapitän nickte. »Die Farben unterscheiden sich nach dem Herkunftsgebiet. Das Elfenbein aus Ostafrika ist weißlich, das von Westafrika gelblich bis rötlich, das mittelafrikanische hat oft sogar ein weißliches Grün.«

»Ist das Elfenbein eigentlich nur der Stoßzahn des Elefanten?«

»Ja, Euer Gnaden. Manche verwenden aber auch für die Herstellung von Schmucksachen Tierknochen und Nilpferdzähne. Es ist verständlich, daß Völker, die Tribut entrichten müssen, Gegenstände oder Waren zu liefern haben, die der Empfänger benötigt oder besonders schätzt. Da besteht der Tribut aus Gold oder Sklaven, dort aus Edelsteinen und Elfenbein. Man sagte mir, daß die Äthiopier alle zwei Jahre zwanzig große Elefantenzähne an den Pharao als Steuer zu entrichten haben. Natürlich ist Elfenbein in den Kriegen mit afrikanischen Völkern immer eine höchst willkommene Beute, die von den Siegern im Triumph nach Hause gebracht wird.«

Voll Sorge erzählte nun Vater, daß Attika immer wieder von Erdbeben heimgesucht werde, die viel Not und Tod brächten.

Der Kapitän senkte den Kopf und sah dann betrübt hoch. »Ich weiß nicht, was los ist, aber seit gut zwei Jahren habe ich Angst vor den Seebeben, vor den Wellen, die plötzlich, fast von einem Atemzug zum anderen, um uns sind. Sie können bei Windstille tödlich werden. Es ist«, sagte er gedankenverloren, »als ob die bösen Geister die Welt in ein Unglück stürzen wollen. Ich bin schon über dreißig Jahre Besitzer eines Schiffes. Jetzt suche ich, wenn möglich, vor Einbruch der Dunkelheit einen Hafen auf; denn ich möchte nicht den Mächten der Unterwelt ausgeliefert sein, wenn um mich Nacht ist. Tagsüber kann ich die Wellen sehen, ihre Richtung einordnen und mich entsprechend verhalten. Ja«, meinte er ernst, »wenn es Nacht wird, suche ich einen schützenden Hafen oder ankere zumindest in der Nähe von Land, damit ich mich mit meinen Leuten noch retten kann, wenn etwas passiert.«

Es war wenige Tage später, als ich nachts hochschreckte, weil die Erde in einem leichten Beben zitterte. In meiner Angst fürchtete ich wieder, daß mein Zimmer zusammenbrechen und die Balken auf mein Bett stürzen könnten.

Als ich Aisa rief, kam sie sofort und legte sich neben mich. Sie war scheu, hielt mir nur die Hand, drückte sich mit einer Schulter an mich und versuchte, mir dadurch Frieden und Sicherheit zu geben.

War ich schon Mann, weil ich mich fast lustvoll an ihren Leib klammerte und ihn dankbar suchte?

Als mich die Sonne weckte, spürte ich, daß die Erde wieder bebte, sah aber auch Aisa, die erschöpft, in tiefem Schlaf, neben mir lag.

»Du bist schön«, flüsterte ich ergriffen und koste sie. Es dauerte viele Atemzüge, bis sie erwachte. »Du bist schön«, sagte ich erneut und suchte ihre Lippen.

Sie wehrte mich ab, als meine Küsse immer heißer und erregter wurden. »Minos«, bat sie, »bitte nicht . . .«

»Warum?« fragte ich, in meiner Eitelkeit und in meinem Stolz verletzt.

»Du wirst bald König. Die Götter wollen es nicht, würden uns bestrafen.« Sie schwieg, sah traurig vor sich hin, sprach dann leise weiter. »Ich warf meine magischen Stäbchen, sie wissen alles. Es darf nicht sein, die Götter sagen durch sie, daß ich dir Leid bringe. Ja, ich bringe dir Leid, wenn ich dich sehr liebe.«

»Werden alle bestraft, die sich lieben?« antwortete ich kritisch.

Sie schwieg.

»Werden wir nur bestraft, weil ich ein attischer Prinz bin, ein Mykener, und du nur eine Sklavin?«

Wieder sagte sie nichts.

»In unserer Götterwelt«, sprach ich fast beschwörend weiter, »vermählen sich Geschwister. Mütter lieben ihre Söhne, Väter ihre Töchter. Warum darf bei ihnen alles sein? Warum sollten sie uns bestrafen, wenn wir uns lieben?«

Als Aisa immer noch schwieg, rief ich ihr erregt zu: »Auch du stammst aus einem Land, in dem die Götter ihre eigenen Wege gehen. Euer Osiris«, jetzt klagte ich sie an, »vermählte sich mit seiner Schwester. Ich bin zwar kein Gott, doch habe ich als Prinz viele Rechte, und sie erlauben mir, dich zu lieben.«

Aisa drängte sich an mich und gab mir ihre Lippen. Als wir uns lösten, sagte sie leise: »Du bist kein Gott, sondern Mykener. Ihr seid Soldaten, und dein Onkel hat weithin den Ruf eines harten Kriegers. Ihr Männer seid alle Kämpfer. Wenn ihr für die Liebe Zeit habt, sind es nur kurze Momente. Kannst du ernsthaft lieben, kannst du Liebe für längere Zeit geben? Ich möchte nicht nur für einige Atemzüge geliebt und begehrt werden. Liegt die Gefahr vielleicht in mir, in meinem Wesen, daß ich dir Leid bringe?«

Jetzt lag sie fast trotzig neben mir. Das Kleid hatte sich am Hals so verschoben, daß ich erneut die Linien der Schultern, die glatte Haut des Rückens und die reizvolle Silhouette ihrer Brüste sah. Dann blickte ich auf ihr Gesicht, auf die langen Wimpern, die Hüfte, die sich zärtlich an mich schmiegte.

Was mir an Aisa besonders gefiel, war, daß sie nicht wie die anderen Sklavinnen aus Ägypten schwarzes Kräuselhaar oder wirre Stoppeln hatte, sondern langes, blauschwarzes Haar, das meist zu zwei schweren Zöpfen geflochten war.

Oft spielte ich mit diesen Haaren, strähnte sie, formte sie zu einem Bausch, umgab ihn mit einem hellen Band. Dann wieder flocht ich einen dicken, langen Zopf, der, je wie er hing oder lag, ihre Brüste oder ihren Rücken zierte. Manchmal löste ich ihr Haar. Es wirkte dann wie kleine Schlangen der Lust, schmückte die Wangen und gab Kontraste, die beglückten.

»Das tut gut«, stöhnte Aisa, als ich ihr durch die Haare strich und die Kopfhaut koste.

Einmal flocht ich aus ihrem Haar viele kleine Zöpfchen, die ihr Gesicht exotisch machten.

»So trägt man es bei uns am Nil, besonders, wenn man liebt«, seufzte sie und drängte sich an mich.

»Hast du schon oft an der Seite eines Mannes gelegen?« fragte ich und bangte vor der Antwort.

Sie lächelte wehmütig vor sich hin. »Ach, Minos, was weißt du schon vom Leben, von den Grausamkeiten, die sich die Menschen fast ununterbrochen zufügen? Unser Dorf wurde bei Morgengrauen von den Sklavenhändlern umstellt, und sie schleppten die Überlebenden gefesselt weg. Ich war fast noch ein Kind. Schon in der ersten Nacht machten sie aus Mädchen Frauen und aus Frauen Mütter.«

»Und du?«

»Ich hatte Glück, dürfte die einzige gewesen sein, der das erspart blieb. Seit Tagen hatte ich Fieber, war sehr geschwächt, oft fast ohnmächtig, wirkte vielleicht wie tot. Auf dem Schiff griffen die Männer erneut nach den Frauen; besonders die Mädchen fanden selten Ruhe. Meine Mutter versteckte mich unter Schiffstauen, und dort lag ich, erstickte fast in der dumpfen Hitze.«

»Und dann?« fragte ich scheu. »Welche Männer haben dich schon geliebt?«

Die Antwort war, daß mich Aisa mit den Händen suchte und koste, sich ihr herrlich warmer Leib an mich drängte. »In der

Nacht, bevor ich zu deinem Vater gebracht wurde, zerrte mich ein betrunkener Wächter auf sein Lager. Er machte mich zur Frau.« Sie richtete sich auf, saß neben mir und wirkte jetzt noch anmutiger. »Minos, bitte, frage nie mehr nach meiner Vergangenheit. Wichtig sind nur noch die Gegenwart und die Zukunft. Das, was einmal war, ist vorbei. Frage also nicht, denn damit belastest du mich und dich. Sehe in die Zukunft«, sagte sie eindringlich. »Du darfst mich anlügen, du darfst träumen. Wir alle leben in der Zukunft, auch wenn sie oft nur aus Träumen besteht.«

»Hast du diesen Mann auch geküßt?« fragte ich trotzdem und zitterte vor Eifersucht.

»Ich weiß es nicht mehr«, antwortete sie ausweichend. »Der Mensch ist ein Geheimnis, er besteht in vielen Dingen nur aus dem Jetzt, dem Heute. Ich sagte dir schon, daß der Mann betrunken war. Was mir guttat, verzeih mir dieses Wort, war, daß er eine gewisse Achtung, Zärtlichkeit und sogar Höflichkeit zeigte.« Sie senkte den Kopf und rang nach Atem. »Das milderte meine Not, machte mich dann sogar dankbar.«

»Dankbar?« rief ich verblüfft.

Sie nickte, beugte sich wieder über mich, koste mich mit ihrer Wange, ihrer Zunge, und ein tiefes Glück erfüllte mich, als sie mir wie eine Mutter mit den Händen über die Schläfen strich.

»Ich kann es dir schlecht erklären«, antwortete sie und suchte bestimmte Worte. »Wenn man dir sagt, daß du zwanzig Hiebe mit der Peitsche bekommst, wirst du dem, der dich schlägt, die Hände küssen, wenn er schon nach zehn Hieben aufhört.« Wieder grübelte sie vor sich hin. »Was ist schon Wasser, wenn man es in Fülle hat? Was ist schon Luft, man bekommt sie doch überall ohne Bezahlung. Trotzdem ist die Luft eine Kostbarkeit. Auch das Wasser; es ist sogar heilig. Wenn du sehr Durst hast, du in Not bist, wirst du dem, der dir einen Becher mit schalem Wasser reicht, dafür zutiefst dankbar sein. Du siehst nicht die schmutzige Hand, siehst nur das Gute und wirst dich ihm vielleicht sogar vor Freude schenken.«

Sie richtete sich auf, sah in weite Ferne und sinnierte vor sich hin. »Ein Mädchen aus meinem Dorf, gerade dreizehn Jahre alt, erlebte viel Leid, bis sie in Athen auf dem Sklavenmarkt verkauft wurde. Ein alter Bauer erstand es billig, weil es sehr krank war. Er pflegte es gesund, und seitdem liebt ein Mädchen, nicht einmal so alt wie ich, einen alten, schmierigen Mann, der nach Schafen, Ziegen und Eseln stinkt, der sich selten wäscht, der nur noch wenige Zähne hat und nicht nur ihr Vater, sondern sogar schon ihr Großvater sein könnte. Du siehst, Minos, in uns Menschen ruhen viele Geheimnisse«, sagte sie mahnend und erhob sich zögernd.

Sie stand neben mir, das Kleid mit dem großen Ausschnitt am Hals war über ihre Schulter gerutscht und gab die rechte Brust frei.

»Es ist so, Minos«, sagte sie, »in uns sind Dinge, die oft unverständlich sind, die wir gerade darum enträtseln sollten. Vielleicht fänden wir dann das Glück, das wirkliche Glück. Dieses Mädchen ist wieder gesund, liebt einen alten, verbrauchten Mann und ist in ihrer Hingabe glücklich. Fast müßte man fragen, was eigentlich Glück ist, aus was es entsteht und was man tun kann, daß es bleibt?«

Sie sah mich gedankenverloren, fast prüfend an.

»Ja?« fragte ich, als wollte ich wissen, was sie jetzt denke.

»Später einmal, ich kann jetzt nicht«, antwortete sie scheu und lief aus dem Zimmer.

Ich sah durch die offene Türe, wie sie sich entkleidete, wusch und ihren Körper mit Öl einrieb. Jedes Tun verfolgte ich kritisch, als müßte sie mich erst um Erlaubnis fragen, daß sie ihre Brüste salbte, sich das Haar ordnete und wieder Ketten um die Fesseln der Beine und Armreifen um die Handgelenke legte. Ich sah, wie sie das Haar verspielt in eine Richtung kämmte und den Sitz einer klobigen Halskette in einem Spiegel prüfte. Wußte sie nicht, daß ich sie beobachtete? War alles, was sie jetzt tat, nur Schau und weibliche List?

Lag es daran, daß ich keine Schwester, nur zwei Brüder hatte und in einer männlichen Umgebung aufwuchs, daß ich Aisa so erregt zusah? Warum ahnte, nein, warum spürte ich, daß das Weib sich schmücken will, dieses Tun ein Teil ihres Lebens ist? Warum wußte ich, daß Aisa schön sein wollte, schön für mich?

Wieder rieb sie ihre kleinen, festen Brüste mit Öl ein, koste ihre Spitzen und betrachtete sich erneut im Spiegel.

Ich begann, Aisa zu bewundern. Dieses Spiel gefiel mir, obwohl ich mir darüber klar war, daß es vielleicht nur Pose und Verführung war.

Wurde ich nicht immerzu verführt?

Ich dachte an Prokas mit seinen Weissagungen. Hatte er mich nicht mit seinen Mahnungen schwach gemacht und damit geprägt? Ich dachte an Kelios, der mir beibrachte, wie man wilde Hunde fing und mit einem Hieb des Schwertes köpfte.

Dann war Gaia in mir. Sie hatte mir eigentlich alles gegeben: Liebe und Erfüllung, Hunger und Sehnsucht, Durst und die Mahnung, immer in der Würde zu bleiben!

Erneut sah ich auf Aisa. Sie flocht sich jetzt wieder das Haar zu vielen kleinen Zöpfchen. Hatte sie nicht gesagt, daß sie Zeichen der Liebe wären?

Als sie aus ihrem Zimmer trat, hingen über jeder Brust zwei Zöpfe – war das typisch weiblich oder ägyptisch? –, und der Rücken wurde reizvoll von weiteren Zöpfchen geschmückt.

»Geschmückt«, wiederholte ich, sah auf Aisa und sagte ihr erneut, daß dieses geflochtene Haar sie sehr zierte.

Prokas, der alter Kreter, einer meiner Lehrer, kam und begann mit seinem Unterricht. Er lehrte mich einige Künste, zeigte, wie man höflich sprach, wie man rechnete und in Ägypten schrieb. Manchmal lachte ich, wenn er von seinem, dem kretischen Zeus sprach, den er Zagreus nannte, wenn er erzählte, daß dieser in Kreta in einer Höhle geboren und, als er starb, auf einem Berggipfel begraben wurde. »Er wird jedes Jahr neu geboren«, sagte er feierlich.

Wieder spottete ich.

Seine Antwort war, daß er gütig die Lippen verzog. Meist bestanden seine Rügen in Orakelsprüchen. »Du wirst es einmal selbst sehen und erleben, daß nicht alles Gold ist, was glänzt, und daß nicht alles schön ist, was so aussieht.« Oder: »Gewöhne dich an eine gründliche Achtsamkeit auf die Rede eines anderen, und versetze dich so viel wie möglich in die Seele des Redenden.« Seine Hauptmahnung war: »Oft ist der Arme reich und der Reiche arm.«

Fragte ich nach einer Sache, die er nicht kannte oder nicht beantworten wollte, meinte er nur, daß ich suchen und entdecken müsse. »Nur jene Antwort erkennst du an, die du dir selbst gegeben hast. Urteile nie nach dem Schein, suche immer erst den Kern, er ist die einzige Wahrheit. Erarbeite dir die Antwort, sonst weißt du nie, daß kein Wasser bergauf fließt.«

In Kelios hatte ich einen Lehrer, einen Krieger, der sich in vielen Kämpfen bewährt hatte, er brachte mir den Umgang mit dem Schwert, dem Speer und dem Bogen bei. Ich bewunderte ihn, obwohl ich seine Wortkargheit, seine herbe Sprache oft als plump und unhöflich empfand. Lange Stunden zeigte er mir, wie man das Schwert am schwungvollsten führt. Mit einem mächtigen, aus Oberkörper und Schultern heraus geführten Schlag durchhieb er oft blitzschnell die dicksten Äste.

»Mach es mir nach«, befahl er nur.

Ich brauchte viele Tage, bis auch ich jenen Schwung erreichte.

Als er eines Tages wieder einen dicken Ast mit einem Hieb abschlug, sah er mich herausfordernd an, und so suchte ich mir einen noch stärkeren Ast aus. Einige Sklaven, die zusahen, begannen verhalten zu lachen.

Ich packte das Schwert, schwang es und ließ die Klinge mit einem mächtigen Schlag, der mir fast die Schulter ausrenkte, niedersausen. Der Ast fiel zu Boden. Als ich auf die Sklaven blickte, senkten sie die Köpfe.

Kelios war hart, kannte kein Erbarmen. War er vielleicht ein typischer Mykener?

»Komm!« sagte er nur, band eine Ziege an den Baum. »Schlage ihr mit einem Hieb den Kopf ab.« Ich tat es. An einem heißen Nachmittag führte er mich in die Schlucht.

»Schlangen sind heilig«, erklärte er barsch.

»Sie können oft aber auch sehr giftig sein«, antwortete ich ängstlich.

»Nur für den, der vor ihnen Angst hat und so dumm ist, sich

beißen zu lassen. Man hält ja auch nicht die Hand in das Feuer. Du bist nun sechzehn. Lerne den Kampf, du wirst immer zu kämpfen haben«, mahnte er. »Kämpfe aber nicht nur mit dem Schwert, gebrauche auch deinen Verstand. Er ist oft eine noch viel bessere Waffe. Schau mir nur zu ...«

Auf einem Felsen sonnte sich eine Viper. Als Kelios auf sie zutrat, züngelte sie sofort erregt. Es währte kaum Sekunden, daß er einen Ast fand, ihn so brach, daß die Spitze zu einer Gabel wurde, die er wenige Atemzüge später über den Hals der Schlange drückte und ihn so auf den Fels preßte.

»Siehst du«, sagte er fast spöttisch, ergriff die Viper hinter dem Kopf, trug das sich heftig wehrende Tier zu mir. »Sie ist jetzt wehrlos. Denke immer an dieses Beispiel: gebrauche deinen Verstand.« Dann befahl er: »Nimm du sie!«

Als ich zögerte, sagte er streng: »Ein Mykener flieht nie vor dem Feind. Man stellt sich, bezwingt ihn. Du gehörst zur Sippe der Mykener. Lerne deine Feinde besiegen!«

Ich nahm die Viper, sie zappelte in meiner rechten Hand.

»Nimm sie jetzt in deine linke, lerne beide Hände zu gebrauchen.«

Die Schlange zischte, versuchte freizukommen.

»Halt sie weg von deinem Körper«, mahnte er. »Kräftige Tiere könnten sich sonst mit dem Schwanz an dir abstemmen, und das ginge gefährlich aus.«

Über eine Stunde dauerte der Schlangenunterricht. Ich mußte mehrmals die Viper wegschleudern, sie dann mit dem Gabelstock wieder fangen und hinter dem Kopf hochnehmen.

Als wir zurückwanderten, lehrte mich Kelios, die Muskeln zu üben, zeigte mir, wie man sie spannt, lockert und dadurch kräftigt.

»Du mußt härter werden«, sagte er eines Tages und lehrte mich den Handkantenschlag; mit ihm hatte ich Kaninchen, junge Hunde und Katzen zu töten.

Es war in der Stunde des Bogenschießens, als er abrupt fragte: »Schläft Aisa jede Nacht bei dir?«

Ich wurde verlegen, senkte den Kopf und antwortete schüchtern: »Nein.«

»Was heißt nein? Jede zweite Nacht, oder?«

»Sehr selten, nur wenn ich Angst habe, kommt sie«, flüsterte ich scheu.

»Ein Prinz lügt nicht; wir wissen doch alle, daß sie oft bei dir ist.«

Ich schwieg.

»Wenn sie dir nicht genügt, gib sie mir, sie gefällt mir. Du kannst dafür, wenn du meinst, keine Sklavin ins Bett nehmen zu dürfen, eine Freie haben. Ich bekam sie von einem Thraker; sie wird dir gefallen. Wollen wir tauschen?«

»Ich behalte Aisa«, antwortete ich sehr entschieden.

Kelios schwieg, schoß einige Pfeile auf den Baum, der uns als Ziel diente.

»Du brauchst Aisa ja nicht«, sprach er weiter. »Was willst du mit ihr, wenn du nicht mit ihr schläfst?« Nach einer Weile sagte er: »Du mußt allmählich Mann werden und die Liebe erlernen. Das ist für einen Mykener sehr wichtig. Ich schicke dir, wenn es dunkel ist, Helike.«

»Mir genügt Aisa«, wehrte ich ab.

Wieder schoß Kelios mürrisch auf den Stamm. »Aisa paßt nicht zu dir«, knurrte er.

Ich nahm meinen Bogen und legte den Pfeil ein. »Warum?« fragte ich, schoß und traf den Baum genau in der Mitte. »Ich bin jetzt sechzehn, Aisa ist in meinem Alter. Das genügt doch«, sagte ich fast feierlich.

»Was hast du schon von ihr, wenn sie nicht fähig ist, dein Lager zu teilen? Du brauchst Helike, sie kann es, sie weiß, was sie tun muß, damit du Mann wirst.«

Ich dachte an Prokas und seine Worte. »Kelios«, antwortete ich und lächelte zweideutig, »stehen in deinem Haus, weil du ein kunstliebender Mensch bist, nicht schöne Vasen und Schalen?«

»Selbstverständlich«, sagte er und sah mich an, als zweifle er an meinem Verstand.

»Welcher Wein ist besser«, fragte ich weiter, »der junge oder der alte? Jener, der vielleicht aus den Bergen, oder der, der aus den Tälern kommt?«

»Darauf gibt es keine allgemeine Antwort. Es kommt darauf an, was in ihm steckt. Mancher Wein braucht seine Zeit, sie erst macht ihn reif bis . . .«

Ich unterbrach ihn. »Stimmt, alles braucht seine Zeit. Auch die Reife. Erkennst du, daß es viele Dinge gibt, die uns durch ihr Sein erfreuen? Die Vasen und Schalen kann man nicht essen, ihr Anblick allein macht uns schon Freude. Der Wein zeigt uns, daß alles seine Zeit und damit sein Gesetz hat. Wisse, daß es immer auf den Kern ankommt. Aisa hat eine Seele, die auf mich wie edler Wein wirkt. Genügt das?« schloß ich herb, und mein Pfeil, den ich wieder abschoß, traf erneut den Baum, und ich ließ Kelios stehen.

Aisa brachte mir allabendlich immer einen Krug Wasser und frisches Obst für die Nacht. Warum kam sie heute nicht? Als ich in ihre Kammer trat, lag sie auf dem Bett und weinte.

»Was ist mit dir?« fragte ich zärtlich, beugte mich über sie und zog sie hoch.

»In der Küche erzählt man – nein«, sagte sie heftig, »alle wissen es, daß du mich Kelios geben willst und dafür Helike erhältst.«

Ich koste ihr die Schultern und küßte sie auf die Wangen. »Kelios wollte es, aber ich lehnte ab und sagte ihm, daß ich dich für immer behalten werde. Zufrieden?«

Aisa drehte sich auf den Rücken, sah mich glücklich an, und ich trug sie in mein Bett.

Warum wagte ich nur Küsse, erlaubte mir nur kleine Zärtlichkeiten? Ich spürte, daß sich Aisa mehr wünschte; ich fühlte, daß ich Mann war. Warum verwehrte ich uns jenes Glück, das wir uns ersehnten?

War es Gaia, die zwischen uns stand? Oder sah ich in Aisa die Sklavin?

Nein, ich wußte, daß viele Beamte meines Vaters Nebenfrauen hatten, sogar mit Sklavinnen Kinder zeugten. Gab es nicht wenige Häuser weiter den Vermögensverwalter? Er hatte zwei Nebenfrauen und vier hübsche Sklavinnen, die – alle wußten das – ebenfalls sein Lager teilten.

Hatte ich Angst?

Wovor aber? Dann dachte ich an die Worte Aisas, als sie mir sagte, daß die Götter unsere Liebe nicht wollten, wir durch sie Leid erfahren würden.

Beinahe hätte ich laut gesagt: »Was haben mir schon ägyptische Götter zu sagen?«

Nahe waren mir die Worte Aisas und ihre Augen, als sie mir gestand, daß sie die Stäbchen für ein Orakel geworfen habe.

Die Gedanken kamen und gingen, während ich Aisa küßte, ihr den Rücken und die Brüste koste.

Eine Stimme füllte mich aus, sie sprach eindringlich auf mich ein. »Aisa wird dir in zehn oder zwanzig Jahren nicht mehr genügen. Du wirst dann König sein und sie eine dumme, einfältige Sklavin. Es werden so viele kluge und schöne Frauen um dich sein, daß du Aisa nicht mehr sehen willst. Das geht nicht gut aus. Vielleicht wird sie dich aus Eifersucht töten, dir deine Lieblingsfrau nehmen oder sonst Schaden zufügen.«

Als ich mich im Licht der Morgensonne von Aisa löste, hatten wir uns alles Glück gegeben, das in unserem Blut lag. Wir wußten, daß wir zutiefst eine große Freude erlebten, und dieses Wissen gab uns eine geheimnisvolle Weihe.

Aisa schwankte wie trunken zur Türe, blieb dort stehen, kam noch einmal zurück, bot mir ihre Lippen in unendlicher Zärtlichkeit. »Du brauchst keine Angst zu haben«, sagte sie mit einer ernsten, abwehrenden und fast eigenartigen Stimme.

»Wovor?«

Verlegen wandte sie den Kopf, suchte Worte, versprach sich; dann blickte sie mich offen an. »Viele Sklavinnen tun alles, wenn sie das Lager ihres Herrn teilen dürfen, nur um schwanger zu werden. Sie glauben, dadurch ihre gesellschaftliche Stellung zu verbessern, wenn sie ein Kind bekommen. Ich verspreche dir bei all meiner Liebe zu dir, daß ich nicht einen Atemzug lang daran denke, dich durch einen solchen Trick an mich zu binden. Du darfst mir vertrauen, ich will dich nicht mit einer Lüge an mich ketten. Und«, jetzt lächelte sie fast wehmütig, »sollte unsere Liebe Folgen haben, darfst du mich mit einem Mann deiner Wahl verheiraten, damit unser Kind eine Heimat bekommt.«

Sie ging einige Schritte zur Türe, blieb wieder stehen und wandte sich mir zu. »Die Götter sind gegen uns. Ich bringe dir Leid«, flüsterte sie betrübt und ging in ihr Zimmer.

Es war am selben Tag. Aisa half in der Küche, ich lag auf meinem Bett, döste, wurde sofort wach, als sich leise die Türe des Zimmers öffnete.

Wenige Augenblicke später stand ein hübsches Mädchen mit langem, blondem Haar vor mir.

Ich wußte sofort, daß es Helike war.

Sie ging langsam auf mich zu, streifte sich dabei das Kleid von den Schultern, war darunter nackt.

Ich stand auf und überlegte. Aisa war um sechzehn, das Mädchen, das sich jetzt anbot, kaum älter. Warum wirkte es reifer, fraulicher, sinnlicher?

Ich liebte das dunkle, fast blauschwarze Haar Aisas, doch gefiel mir auch das blonde Haar dieses Mädchens, da es wie Goldfäden wirkte.

Dann verglich ich die Brüste und die Silhouette der Körper. Meine Gedanken waren sofort wieder bei Aisa, als ich sah, wie sich Helike obszön, wie eine Dirne, vor mich hinstellte.

»Ich möchte dir Freude machen«, sagte sie mit einer rauchigen Stimme.

»Schickt dich Kelios?« fragte ich und trat einen Schritt zurück.

»Ja und nein.« Kurz prüfte sie mich, warf dann mit einer heftigen Bewegung ihres Kopfes das Haar zurück. »Er wollte gestern, daß ich zu dir gehe, doch hattest du bereits Besuch«, sagte sie zweideutig. »Daß ich heute komme, ist mein Wille. Du bist schön und stark, ich liebe junge, kräftige Männer. Hast du Wünsche?«

Ich sah sie fragend an.

»Du wirst mich jetzt nicht verstehen«, antwortete ich nach einer Weile zögernd. »Du bist hübsch. Warum verkaufst du dich mit deinem Leib, der dein einziges Vermögen ist, nicht besser?«

Das Mädchen starrte mich an, als warte sie auf weitere Worte.

Ich sah sie erneut nachdenklich an. »In der Liebe liefert man sich aus. Überlege, wem du dich auslieferst, sonst wirst du mehr Leid als Freude haben.«

Als sie mich noch immer anstarrte, als spreche ich in einer ihr unverständlichen Sprache, sagte ich ernst: »Achte darauf, daß deine Liebe aus dem Herzen und nicht nur aus deinem Schoß kommt.«

Die Antwort war, daß sie sich eigenartig, fast spielerisch mit einem Kamm durch das Haar strich und eine Strähne von der Schläfe hochzog. Dann strich sie mit beiden Händen über ihre Brüste und Hüften. »Gefalle ich dir wirklich nicht?« fragte sie mit trockenen Lippen.

Ich lächelte und sah sie dabei sogar bewundernd an. »Doch, du bist sehr hübsch. Ich möchte jedoch Aisa nicht enttäuschen. Es ist besser, einem Menschen seine ganze Liebe zu geben, als sie zu teilen.« Ich zeigte mit den Augen, daß sie mir sehr gefiel. »Du bist dir doch darüber klar, daß alles, was zwischen uns geschehen würde, schon morgen, nein, keine Stunde später, bis in den letzten Hof und das letzte Haus bekannt wäre. Die Wände haben Ohren. Es gibt für uns alle Grenzen, besonders jedoch für mich. Und«, wieder sah ich begeistert auf das Mädchen, das verwirrend in meine Sinne drang, »auch für dich. Willst du wirklich immer nur zu Füßen eines Mannes liegen? Willst du mehr, mußt du auch mehr sein. Du bist hübsch, das ist deine Chance. Nütze sie.«

Als sie mich wieder werbend ansah, mahnte ich: »Jetzt bist du jung. Das ist deine beste Waffe im Kampf um dein Glück. Was ist jedoch, wenn du alt und krank bist? Sorge wie ein weiser Händler für dein Alter, bezahle schon jetzt dafür. Wenn du ernten willst, mußt du vorher säen.«

Die Antwort war ein nachdenklicher Blick, dann ging sie wortlos. Ich lief ihr nach. »Du hast dein Kleid vergessen«, rief ich mit rauher Stimme und streifte es ihr über. Als ich ihren Leib berührte, erschauerten wir beide und starrten uns wie hypnotisiert an.

»Gehe«, sagte ich kehlig und schob sie in den Hof.

Als ich an das Fenster trat und Helike nachblickte, klopfte

mein Herz. Ihr langes, blondes Haar reizte mich, ihr stolzer Gang, das tänzerische Wiegen der Hüften, die Linien ihres Leibes und das Wippen ihres Kopfes, mit dem sie mehrmals das Haar über eine Schulter warf, zwangen mich fast, ihr nachzurufen, daß sie zurückkommen solle.

Nun drängten sich zwei Frauen in meine Sinne: Aisa und Helike.

Am Abend ging ich wieder zu den Männern, die aus der Amphore den schweren, süßen Wein tranken.

Wußten sie, was mich bedrückte?

Sie würfelten nur, tranken, schwiegen, suchten mich jedoch immer wieder mit ihren Augen.

»War Helike bei dir?« fragte einer dann gleichmütig. Sofort sahen alle hoch und starrten mich neugierig an.

Ich nickte.

»Wie war sie?«

Ich wußte nicht, was sie damit meinten, nahm die Amphore und trank. Sofort wühlte sich Süße und eine angenehme Schwäche in meine Sinne. Nach dem nächsten Schluck wurde die Welt hell und licht. Farben zuckten hoch, wurden zu Bündeln, Gestalten tanzten; es waren immer nackte Frauen.

Warum machte ein Mädchen, in meinem Rauschzustand fast zum Greifen nahe, so obszöne Bewegungen, als wäre sie Helike?

Die Silhouette ihrer Brüste, das Tänzeln der Hüften, das Schwingen der Hände erinnerten mich ununterbrochen an sie.

Aus der Ferne, aus einem rosigen Nebel, nahte eine weitere Tänzerin. Ich erkannte sie sofort, es war Aisa. Ihre Zöpfchen schaukelten, zeigten – sie hatte es doch selbst gesagt – Liebe. Auch das Wiegen der Hüften war ihr Kennzeichen.

Ich nickte dankend, schwelgte im Glück, denn alles, was ich sah, war Aisa.

Die Träume, die mich bis zur letzten Pore meines Leibes ausfüllten und beseelten, wichen, als ich erneut gefragt wurde, ob Helike gut gewesen sei.

Was sollte ich antworten?

»Trink!« riet eine Stimme.

Ich setzte die Amphore an die Lippen und versank sofort wieder in sinnlichen Nebel.

»Wie war sie?« fragte mich erneut ein lüsterner Mund.

»Was meint ihr damit?« stöhnte ich und wehrte diese Frage, die mich schmerzte, ab.

»Trink!« sagte jetzt der Mann mit den schwabbeligen Wangen. Oder war es der Lügner?

Lügner, Lüge? grübelte ich. War die Lüge nicht oft eine Hilfe, war sie vielleicht sogar Geschenk?

»Ist die Lüge Betrug?« fragte ich in meiner Verzücktheit die Männer.

Einer nickte, tat, als kenne er alle meine Gedanken. »Wenn wir uns immer die Wahrheit sagten, wäre das Leben grausam. Die Lüge ist oft eine Hilfe, viele brauchen sie, könnten ohne sie nicht leben. Neben mir wohnt eine Frau, sie ist gut, erlaubt jedoch der Tochter alle Freiheiten, mahnt sie nicht, zeigt ihr nicht, daß das Leben kein Spiel ist. Da Mutter und Tochter die Wahrheit nicht begreifen, versuche ich sie mit einer Lüge zu retten.«

»Und wie sieht diese aus?«

»Ich sage ihr, daß sie, wenn sie nicht wieder Ordnung in ihr Haus bringt, mit Schimpf und Schande aus dem Palast gejagt wird.«

Ich begann zu grübeln, erkannte, daß die Lüge sogar zu einer Kraft und Macht werden konnte.

Wieder kamen Stimmen und drangen tief in mich ein. »Du bist zeitlebens für das verantwortlich, was man dir anvertraut hat«, mahnte eine. Eine andere sagte: »Eltern haben ihre Söhne zu Männern und ihre Töchter zu Müttern zu erziehen, die reinen Herzens sind. Sonst haben sie in ihrer größten Aufgabe versagt.«

Plötzlich sprachen sie von allen Seiten, ganz nahe war der Rat: »Eltern müssen streng bleiben, ohne hart zu werden. Das ist eine Kunst, die viele erbeten sollten.«

Der rosige Nebel hüllte mich immer mehr ein. Aus weiter Ferne kam schemenhaft ein Gesicht auf mich zu, war dann ganz nahe, bestand nur noch aus Augen. Dann sah ich den Mund dieses Gesichts, er sprach in unendlicher Güte, und die Worte drangen wie warme Hände auf mich: »Man fragte einmal den Adler: ›Warum erziehst du deine Jungen so hoch in der Luft?‹ Der Adler antwortete: ›Würde ich sie nicht zum Licht führen, sähen sie nur die Erde. Und das darf nicht sein!‹«

Weitere Gesichter tanzten auf mich zu, vereinten sich, verschwanden, und schon kamen neue.

»Trink!« sagte einer der Männer und hielt mir die Amphore an die Lippen. Dann erzählte er spottend, daß er ein Mädchen verführt habe und dieses nun ein Kind bekomme. »Ich muß in der Nacht, als ich die Kleine in mein Bett zog, betrunken gewesen sein.«

»Warum?« fragte ein Gesicht, das nur aus Ohren bestand.

»Sie ist häßlich, hat einen Mund wie ein Frosch. Das einzige, was mich reizte, war ihre Figur, und sie machte mich schwach. Dazu kam, daß das Mädchen mich immer ansah, als brodle es in ihr vor Lust.«

»Lust?« fragte ich.

»Wir alle sind doch schwache Menschen, scheinen von der Gier unserer Sinne beherrscht zu werden. Was tut ein Mann wohl, wenn sich ihm eine Frau unverhohlen anbietet? Wenn sie ihm sympathisch ist, macht er das, was eben geschehen muß.«

»Das Mädchen, von dem du sprachst, war aber häßlich und unsympathisch«, wandte ich ein.

»Das ist es, warum ich mich selbst nicht mehr verstehe. Der ganze Spaß dauerte keine fünf Minuten, und jetzt werde ich Vater eines Kindes, das mich ununterbrochen daran erinnert, daß ich blöd war und eine lüsterne Halbwüchsige mit ins Bett nahm. Ist es für einen Mann«, fragte er kritisch, »so schwer, einem läufigen Weib zu widerstehen?«

Ich trank, wollte eine Antwort geben, doch waren meine Lippen so schwer, daß ich sie kaum noch bewegen konnte.

»Helike hat doch bei dir geschlafen?« fragte mich einer und sah mich gierig an.

Der Lügner hatte nasse Mundwinkel, als er stolz in die Runde blickte und meinte, daß sie sehr schnell brenne.

Erneut konnte ich nicht sprechen, sah nur hilflos vor mich hin.

»Du bist ein Prinz«, sagte einer der Männer beschwörend, »aber trotzdem ein Mann. Ich kenne Helike gut, sie ist voller Glut.«

»Sie ist sehr hübsch«, lallte ich ausweichend.

»Küßte sie dich auch so leidenschaftlich?« fragte ein anderer.

Als ich ihn ansah, als verstünde ich seine Worte nicht, erklärte er ausführlich, daß Helike bei ihm einmal so von Zärtlichkeit erfüllt gewesen sei, daß sie ihn wie ein Tier ableckte.

»Wenn Kelios sie dir gibt, so nur aus dem Grund, weil er sie nicht mehr schafft. Du bist jung und kräftig, wirst ihr Freude machen«, sagte der neben mir Sitzende und legte mir eine Hand brüderlich, wie beruhigend, auf die Schulter.

Wieder bot man mir den Krug an, und der eigenartige Geruch des Weins, der nach Mohn schmeckte, drang erneut wie eine geheimnisvolle Kraft durch meine Glieder. Dann war wieder eine süße Schwäche in mir, die neue Nebel schuf. Ich sank in Träume, sah, wie meine Nerven sich in einem Strom wie Wasserpflanzen bewegten. Dann waren mir Rosenblätter nahe, und in jeder Blüte lag ein nacktes Mädchen. Hände schoben sie weg, nahe tanzten Gaia und Aisa, warben zugleich um mich, und ich stöhnte willenlos: »Ich liebe euch, ich liebe euch!«

Ich begann immer lauter, irre Worte zu sprechen. Ein Mann schob mir eine Schale mit Nüssen zu. Ich wehrte sie ab und lallte trunken: »Nein, ich will Blumen essen, ich will, daß sofort Aisa vor mir tanzt. Holt sie . . .«

»Trink, Prinz!« sagte ein Mann und bot mir wieder den Krug.

»Nein«, stöhnte ich, »es tut mir nicht mehr gut.«

»Alles, was Freude macht, ist gut. Gab dir der Wein nicht das Glück?«

»Doch, doch«, flüsterte ich. »Ich habe aber Angst, daß ich diese Freude mit einer Schwäche bezahle, die mir nicht liegt. Mir ist, als wenn ich keinen Willen mehr habe. Ich bin so müde, daß ich mich wie ein krankes Tier auf die Gasse legen könnte.«

Viele Augen starrten mich an, prüften, schätzten und spotteten.

»Ich bin jedoch Prinz, darf mich nicht wie ein Schwächling auf den Boden legen. Ich möchte auch keinen zum Freund, der nicht die Grenze sieht, der sich nicht bezwingt, sich nicht im Griff hat.« Jetzt schrie ich: »Es ist unmöglich, daß man nur aus Lust einem dummen, häßlichen Mädchen ein Kind macht. Solche Dinge dürfen nur in Liebe geschehen. Wir müssen edler werden, sonst sind wir nur Tiere. Das schlimmste Übel, an dem die Welt leidet«, sagte ich ernst, »ist nicht das Böse, sondern unsere Schwäche. Ohne Ideale ist die Menschheit nichts anderes als ein Haufen träger Würmer.«

Die Männer erhoben sich. »Komm mit!« sagten sie. »Du wirst nun etwas sehen, was du nie mehr vergessen wirst.«

Minuten später waren wir in einem Haus, in dem die leckersten Speisen, raffiniert zubereitet, serviert wurden. Männer standen um mich, die sonderbare Kleider, Schuhe und Haartrachten trugen. Flackernde Lämpchen zeigten Dinge, die mich erschreckten. Warum kleideten sich manche Männer wie Frauen und hübsche Mädchen wie Huren?

Ich hatte Durst, trank Wasser, und es schmeckte wie erlesener Wein. Warum wurde ich davon betrunken? Warum schmeckte wenige Atemzüge später das Fleisch wie ein Apfel und der Fisch wie eine Olive?

Plötzlich hatte ich keinen Geschmackssinn mehr, konnte beim Essen Fleisch und Früchte nicht mehr unterscheiden. Dann sah ich neben mir einen Mann mit langen Haaren. Seine Pupillen wurden so groß wie die einer Eule, seine Nase verlängerte sich zu einem Rüssel, und immer, wenn er den Mund öffnete, sah ich ein gewaltiges Loch.

Mir war es, als ob die Augen dieses Mannes in mein Herz sähen. Wenige Augenblicke später durchdrang eine fast schmerzhafte Wärme meine Glieder, wurde zu einer riesigen, schäumenden Woge, die sich an einer Klippe überschlug und dann wieder zurückschwappte. Mein Denken war wie gelähmt. Die Wellen kamen und gingen, manche Augenblicke war ich bewußtlos und dann wieder wach.

Jetzt erst bemerkte ich, daß der Raum, in dem ich mich befand, eine geschnitzte, vergoldete Wandtäfelung besaß. Ein

Gemälde, nein, es war ein Fries, zeigte Frauen, die durch Schilf krochen und von Männern gejagt wurden. Waren es nicht Kentauren?

Wieder wurde jeder Nerv von einer schmerzlichen Wärme erfüllt. Die Hitzewellen kamen immer häufiger und heftiger, lösten Empfindungen aus, die mein ganzes Sein in eine unaussprechliche Verzückung tauchten. Plötzlich war ich von einem Strahlenmeer umgeben, auf dem so reine und harmonische Farben spielten, wie sie nur dem Licht entstammen konnten.

Ein junges Mädchen ging nackt, fast unschuldig, durch den Raum und bot jedem mit einem Löffel einen grünlichen Brei an.

Minuten später glaubte ich zu fliegen. Unter mir sah ich eine gewaltige Pyramide, die im Sonnenschein wie Gold schimmerte. Ein Nebel zog über das Bild, und jetzt bestand die Pyramide nur noch aus riesigen Melonen. Ich starrte fassungslos diesen Berg aus grünen Kugeln an. Dann saß ich auf einem Kamel, dessen Fell man kaum sah, weil es überall mit funkelnden Juwelen geschmückt war. Der Sand, über den ich ritt, war voll von Goldkörnern. Köstlichste Wohlgerüche umgaben mich, und von allen Seiten drang Sphärenmusik auf mich ein. Regenbögen entstanden, flogen zu Tausenden an mir vorbei.

Ich begann zu jauchzen, denn ich hatte die Natur besiegt. Die Geister des Lichts, der Farbe, des Geruchs, des Klangs und der Bewegung waren mir nun untertan.

Das Mädchen, das die grüne Paste angeboten hatte, stand jetzt auf einer kleinen Bühne, begann für sich alleine zu tanzen. Ihr Leib bewegte sich wie der einer Schlange, ihr langes, schwarzes Haar flatterte um ihre Schultern und säumte die kleinen Brüste. Sie tanzte immer heftiger und begann dabei laut zu stöhnen.

Ich starrte fasziniert auf die kindliche Tänzerin. Einige Zeit war an ihr alles in Bewegung: die Hände, die Hüften, die Knie; nur ihre Füße bewegten sich nicht, waren starr.

Das Mädchen spreizte nun tanzend die Knie, die Oberschenkel, doch blieben weiterhin ihre Beine am gleichen Platz stehen. Einmal warf sie ihren Schoß vor, dann kreisten nur die Hüften.

Der Tanz wurde immer eigenartiger, wurde zu einem wilden

Schauspiel, und als der Körper der Kleinen von einem starken Zittern ergriffen wurde, schrie sie dumpf. Die Schreie wurden zu einem stöhnenden Röcheln, das mich aufwühlte, fast zerriß. War das der Sehnsuchtsschrei eines Weibes, der Urschrei der Lust?

Dann brach das Mädchen zusammen, klatschte auf den Boden, lag dort, als habe man ihm das Rückgrat gebrochen.

Als einige Männer sie wegtrugen, zitterte der Körper immer noch, und zwischen hastigen Atemzügen, als ersticke das Mädchen, lallte es fremde Worte vor sich hin, keuchte und wimmerte wie besessen.

Im Osten kam bereits der neue Tag, als ich in mein Zimmer wankte. Aisa lief mir entgegen, umklammerte mich angstvoll: »Ich habe dich überall gesucht«, flüsterte sie immerzu.

Es war Nachmittag, als mir Vater den kretischen Sklaven Ritsos übergab. Er sollte mein persönlicher Besitz sein. Ritsos humpelte auf mich zu, sein rechtes Bein war, vermutlich durch einen Schwerthieb, gekrümmt. Auch das Gesicht des Mannes war verstümmelt, denn vom rechten Ohr bis hin zur Lippe zog sich eine tiefe, entstellende Narbe.

Was sollte ich mit diesem Krüppel, er war doch zu nichts mehr zu gebrauchen? Wie kam Vater dazu, mir einen so häßlichen Sklaven zu schenken?

Als ich den Kreter ablehnend anstarrte, trat er, als wäre ich es, der ihm mißfiel, einen Schritt zurück und sah mich hochmütig, fast überheblich an.

Kelios, der zufällig neben mir stand, trieb ihn mit einer Peitsche zu mir. »Du Hund, hast du überhaupt einen Namen?«

»Ritsos«, stammelte der Mann.

»Du warst ein Pirat. Bete zu Zeus, daß dir das Leben leichter fällt als das Sterben.«

»Ich erfüllte nur meine Pflicht. Auch du hast die Befehle auszuführen, die man dir gibt«, verteidigte er sich furchtlos.

»Du hast gemartert und getötet«, rügte Kelios.

»Das war meine Aufgabe«, antwortete der Kreter stolz.

»Piraten verdienen immer den Tod«, sagte Kelios, friedlicher werdend. »Aus welchem Ort kommst du?«

»Aus Zakros.«

»Kenne ich nicht«, herrschte Kelios.

»Es liegt an der Ostküste meines Landes. In der Mitte von Zakros liegt der Palast des Königs.«

»Warum wurdest du Pirat? Wenn du zu etwas taugen würdest, hätte man dir verdienstvollere Aufgaben gegeben.«

Der Sklave schwieg.

»Sprich!« befahl Kelios und schlug ihn wieder mit der Peitsche.

»Ich war Lehrer im Palast des Königs.«

»Du lügst«, herrschte Kelios ihn an und schwang erneut seine Peitsche.

»Ich war Lehrer«, wiederholte der Kreter, »liebte ein Mädchen, das Eigentum eines hohen Beamten war.«

»Und?«

»Moia wurde schwanger, und das verzieh ihr Herr mir nicht. Wenige Tage später kam ich auf das Schiff.«

»Und wurdest damit zum Piraten und Mörder«, schimpfte Kelios.

»Herr«, seufzte der Kreter nun demütig, »ich lehrte die Malerei, erklärte die Blumen und Blüten, sprach über die Farben, die wir in der Keramik und bei den Wandbildern in den Palästen verwenden. Wenige wissen, daß die Farben ihre Gesetze haben; die Friese in den Prunkgemächern müssen in der Farbe anders sein als die der Kulträume. Auch wir Menschen haben unsere Gesetze.« Dann sah er mich wieder prüfend an. »Wenn man einem Schlächter befiehlt, ein Tier zu töten, tut er es ohne Bedenken. Ich liebe Vögel und edle Düfte, das Licht und die Harmonie der Farben. Das, was in mir war, lehrte ich und wurde«, einige Atemzüge grübelte er vor sich hin, »davon geformt. Es ist oft so, daß der Mensch von dem, was er zu tun hat, geprägt wird. Der Schlächter vom Töten der Tiere, die Sklaven vom Steinbruch, in dem sie stupide die Quadern meißeln, ich von meinem Traum, denn die Kunst wird immer ein Traum sein. Als ich auf das Schiff kam, zerbrach ich an mir, verlor meine Seele. Viele Menschen leben von Hoffnungen, die meist nur Träume sind. Als Moia, als Strafe für ihr Vergehen, vor meinen Augen von wilden Hunden zerrissen wurde, spürte ich, daß in mir etwas geschah. Seitdem bin ich leer, wurde zur seelenlosen Materie, tat alles, was man mir befahl. Ja«, er sah mich tapfer an, »ich tat alles, restlos alles, was mir aufgetragen wurde. Ich quälte und tötete, wollte damit Moia rächen, die ich sehr geliebt habe.«

»Wieder lügst du; diese Geschichte ist zu gut erfunden, um wahr zu sein. Nur ein Feigling versteckt sich hinter solchen Worten. Wenn du ein richtiger Mann wärst, würdest du für deine Taten einstehen.«

»Foltert mich«, antwortete der Kreter. »Tötet mich. Seit Moia wie eine billige Dirne von den Hunden zerfleischt wurde, bin ich ohne Licht.«

»Komm!« sagte ich und nahm den Sklaven mit, und mir war, als könne mir dieser Mann ohne Licht mehr von dem Himmel sagen, der in uns sein kann, wenn wir ihn suchen, als mancher Priester.

»Setz dich!« befahl ich, als man ihm sein Zimmer zugewiesen hatte und er wieder vor mir stand.

»Wie sehen bei euch die Tempel aus, in denen ihr zu euren Göttern betet?« fragte ich.

Der Mann überlegte. Als er dann die Antwort gab, begann ich zu ahnen, warum ihn mir Vater als Diener und damit als Gefährten meines Lebens gegeben hatte.

»Alle Kulturen außerhalb Kretas haben für ihre Gottheiten Tempel geschaffen. In Ägypten bestehen sie schon seit vielen hundert Jahren aus wuchtigen Steinen. Mesopotamien kennt große, aus Ziegeln erbaute Tempel und riesige Zikkurate. Die Babylonier und Assyrer, die Hethiter und viele andere Völker kennen Tempel. Der einzige Tempel, den meine Heimat besitzt, befindet sich in Acharna[5], südlich von Knossos. Unser Götterglaube kennt ansonsten keine, kennt auch keine großen Kultbilder, Reliefs und monumentale Darstellungen einer Gottheit. Auch wir verehren unsere Götter, brauchen jedoch dazu keine Gebäude. Uns genügt der freie Himmel, der Heilige Hain, ein Berggipfel; besonders nahe sind wir unseren Göttern jedoch in den Höhlen.

Wir lieben unsere Felder und Herden, bangen um sie, erflehen Fruchtbarkeit. Wir leben aus dem Boden und aus dem Meer, beten daher eine Naturgöttin an, eine Jägerin, Herrin der Tiere, Meeresgöttin, Göttin der Erdtiefe, besonders aber eine Göttin der Fruchtbarkeit.«

»Ihr kennt nur Göttinnen?« fragte ich erstaunt.

Der Kreter zögerte, sagte dann: »Wir kennen auch Götter, doch verbinden sie sich oft mit weiblichen Gottheiten, mit einer großen Gottheit. Sie ist die Herrin der Berge und der Tiere, des Meeres und der unterirdischen Kräfte.«

»Und die Höhlen sind auch Kultstätten?«

»Ja, Prinz. Besonders die Eileithyia-Höhle bei Amnissos ist seit undenklichen Zeiten heilig. Wir glauben, daß in den Höhlen die Göttinnen Zuflucht finden und daß dort die jungen Götter geboren und erzogen werden. Oft bringen wir Weihegeschenke dorthin. In manchen Höhlen gibt es gemauerte Eingänge, Räume für Wohnungen, Altäre und Kapellen. Dann kennen wir auch ummauerte Bezirke. In ihnen steht der Heilige Baum oder – alles unter freiem Himmel – ein oder mehrere Altäre. Auch auf die heiligen Bergspitzen bringen wir unsere Geschenke.«

»Und in den Palästen?« fragte ich.

»Dort dienen kleine Hausaltäre, Pfeilerräume und Nischen als Heiligtümer. Die großen Freitreppen und die Höfe benötigen wir für die Kulthandlungen, an denen immer ein größerer Kreis von Menschen teilnimmt. Der Palast von Phaistos besitzt eine wunderbare Schautreppe. Dann gibt es in den Palästen, wie in Knossos, heilige Straßen. Dort finden die Prozessionen statt.«

Eine eigenartige Faszination ergriff mich. In mir kam ein Staunen auf, ein Sehnen und der Wunsch, diese geheimnisvolle Insel einmal zutiefst erleben zu dürfen. Fast erregt fragte ich, ob man sich bei den religiösen Feierlichkeiten besonders festlich anzog.

»Die Frauen erscheinen barfuß, haben entblößte Brüste und einen vorne offenen Kultrock. Das ist eine unserer Eigenheiten, daß die kultischen Handlungen hauptsächlich von Frauen ausgeführt werden. Du fragtest vorher, ob wir nicht auch männliche Gottheiten kennen. Bei allen Gebeten, beim Darbringen der Opfergaben und beim Tanz glauben wir, daß während der Feierlichkeit ein junger Gott über den Menschen schwebt. Wir brauchen ihn für die Befruchtung in der Tier- und Pflanzenwelt. Er, dieser über allem schwebende Gott, ist der große Befruchter, ist jener Gott, der jährlich der Großen Priesterin die Liebe gibt. Er, der Unsterbliche, paart sich mit der sterblichen Königin, die oft die Hohepriesterin ist, um den Menschen einen Gottessohn zu geben. Diese Heilige Ehe zwischen Gott und einer Sterblichen ist für uns das Hohe Fest, das Heilige Fest.« Nach einer Weile, die wie ein Hauch des göttlichen Kretas zwischen uns lag, sprach er weiter: »Viele heilige Stätten sind oft mit den ›Hörnern der Weihe‹ und mit der ›Heiligen Axt‹, der Doppelaxt, gekennzeichnet.«

»Du hast von einer Fruchtbarkeits-, einer Muttergöttin gesprochen?« fragte ich. »Mein Vater bekam einmal eine Statuette geschenkt. Sie zeigt eine Frau, deren Gesicht, Unterarme und Busen unbedeckt sind. In jeder ausgestreckten Hand hält sie eine sich windende Schlange, und auf ihrem runden Kopfputz ist ein Miniaturleopard dargestellt. Ihr Mieder ist so eng, daß die Brüste in unnatürlicher Form hervortreten. Ein Falbelrock reicht von der Taille bis auf die Füße. Was bedeutet diese Figur? Sie muß doch einen Sinn haben?«

»Es ist eine Priesterin, Prinz, die der Schlangengöttin, der Erdgöttin, und damit der Fruchtbarkeit dient. Die Schlange ist zugleich Erde und Himmel. Auch in anderen Kulten«, erklärte er, als wisse er alles, »gibt es das Urbild der Muttergöttin, der Erdmutter. Es sind immer Statuetten, die sie mit nackten Brüsten, einem starken Gesäß und manchmal sogar mit einem aufgeblähten Leib zeigen. Ich malte schon Bilder, die die Muttergöttin darstellen, wie sie Löwen, Stiere oder Fabelwesen wie Greife und Sphingen zähmt. Überall bei uns sind die Paläste heilig, die Könige sind zugleich Götter. Das ist in Ägypten so, wo der Pharao auch zugleich Gott ist, und in den Ländern im Zweistromland.«

»Ein Händler erzählte, daß der Palast von Knossos aus tausend Zimmern, Gängen, Höfen und Staatsgemächern besteht. Stimmt das wirklich?«

»Ja, Knossos ist der größte Palast. Dort gibt es sogar Häuser mit zwei, drei und mehr Stockwerken. Alle Paläste, auch die in Malia und Phaistos, Zakros und Acharna, auch Siedlungen wie Gournia und Pelkin[6] haben eine ausgedehnte Kanalisation. Jeder Teil des Palastes hat seine Entwässerungsanlagen. Das ist eben Kreta«, sagte er stolz.

Ich wiegte zweifelnd, irgendwie ungläubig den Kopf.

»Das Regenwasser«, sprach er begeistert weiter, »wird vom Dach aus durch Röhren in den Wänden in unterirdische Kanäle geleitet, die durch Luftschächte belüftet sind. Das Wasser fließt durch Tonröhren mit passenden trichterförmigen Aufsätzen. So entsteht eine größere Wasseroberfläche, und es kann sich nicht viel Bodensatz bilden.«

»Aus welchem Material baut man bei euch die Häuser?«

»Alle haben holzverstärkte Steinwände, sich nach unten verjüngende Holzsäulen, Lichtschächte, große Hallen, oft sogar Baderäume und Aborte. Überall gibt es offene Höfe, die von Zimmern, Gängen und Treppen umgeben sind. In den großen Palästen befinden sich auch die Magazine, die Vorratsräume, in denen die Nahrung und die Handelsgüter aufbewahrt werden. Die Beamten haben im Palast oft ihre Zimmer und die Handwerker ihre Werkstätten. Baumaterial?« fragte er und sah mich an. »In den Dörfern sind die Keller meist aus Stein, die Obergeschosse jedoch aus Holz.«

»Dann ist der Palast nicht nur die Burg des Königs?«

»Nein, er ist auch Kultzentrum, Sitz der Verwaltung und des Handels und Herstellungszentrum der Handwerker. Das ist mit der Grund, daß unsere Palaststädte weithin berühmt sind«, sagte er wehmütig.

»Wie viele Städte gibt es bei euch?«

»Es dürften an die neunzig sein. Alle haben sie gutgepflasterte Straßen, an denen oft zwei- und dreistöckige Backstein- oder Steinhäuser stehen. Jedes Stockwerk hat Fenster.«

Wir schwiegen, sahen uns wie Brüder an. Kreta verband uns immer mehr, wir begannen bereits jetzt Freunde zu werden.

Plötzlich betrachtete ich ihn kritisch, fragend, dann überwand ich mich, sagte offenherzig: »Wenn ich einmal König bin, möchte ich Städte und Häfen bauen, Straßen anlegen. Schau«, meinte ich und führte ihn in ein Nebenzimmer.

Wir standen vor meiner Spiel- und Traumstadt. »Sogar nachts ist in mir der Wunsch, Städte als Handelszentren zu bauen, und die Straßen sollen mit beitragen, daß das Land weithin zur Blüte und Freude kommt.«

Ritsos sah mich froh an. »Städte brauchen Straßen, und erst mit ihnen beginnen sie zu leben. Der natürlichste Verbindungsweg von einer Küstenstadt zur anderen ist das Meer. Wenn es jedoch sehr stürmisch ist, nimmt der Händler den Landweg.

Es gibt bei uns Fahrstraßen, Karrenwege und sogar gepflasterte Straßen. Eine kommt aus dem Süden und führt auf Knossos zu, eine andere verbindet Knossos mit dem Hafen Poros. Es gibt Straßen zwischen Knossos und den Häfen an der Nordküste. Die Boten zu den anderen Städten benützen sie sehr. Auf diesen guten Straßen transportieren die Händler und wohlhabenden Bauern größere Lasten mit niedrigen Ochsenwagen. Meist packt man aber die Waren auf einen Eselsrücken oder läßt sie von Männern tragen, entweder an einem geschulterten Stock oder bei zwei Trägern an einer langen Stange.«

Er sah den Lehm, mit dem ich die Gebäude meiner Stadt formte. Schon nach kurzer Trocknung an der Sonne waren sie lange verwendbar.

»Darf ich?« fragte Ritsos.

Ich nickte lächelnd.

Er nahm etwas Ton, knetete ihn und formte Wagen und Schiffe. »Die Straßen müssen in den Städten so breit sein, daß zwei Wagen aneinander vorbeifahren können. Ein Hafen muß in den schlechten Monden Heimat für zwanzig und dreißig Schiffe bieten können.« Er nahm Lehm und drückte ihn in einen langen Streifen, den er um den Hafen legte, als wäre er ein schützender Arm.

»Wir müssen im Meer einen Damm schaffen, der die Wellen und Winde abwehrt. Ein guter Hafen gibt allen Schiffen Schutz, und das wirkt sich wieder gut auf den Handel aus. Viele

Menschen werden Arbeit finden und im Wohlstand leben. Darf ich dir weiterhin bei deinem Traum, eine glückliche Stadt zu errichten, helfen?«

Wenige Tage später bekam ich in Pandion einen Lehrer, der die Aufgabe hatte, mir meine Heimat nahezubringen. Das Gute an ihm war, daß ich ihn praktisch über alle Dinge befragen konnte.

»Stimmt es«, war eine meiner ersten Fragen, »daß mein Vater sehr reich ist?«

»Was ist schon Reichtum, Prinz«, war seine ausweichende Antwort. »Es stimmt, er hat Magazine, die voll von Weizen, Gerste, Olivenöl und Wein sind. Ihm gehören riesige Herden, vor allem Ziegen und Schafe. Außer den Tieren, die Fleisch, Käse und Wolle liefern, werden große Widderherden gehalten, weil sie reichere Wollerträge geben als die Mutterschafe. Ich glaube, daß besonders die Wolle für die Wirtschaft von großem Wert ist. Dann hat dein Vater Stiere, Ochsen und Kühe. Sie werden größtenteils als Zugtiere, für Kultopfer und als Geschenke verwendet. Der Reichtum deines Vaters gründet sich aber auch auf die große Zahl freier und unfreier Arbeiter, die ihm zur Verfügung stehen. Zu den Handwerkern mit hohem Können gehören besonders die Zimmerleute, Maurer, Töpfer, Schiffsbauer, Bronze- und Goldschmiede, aber auch die Bogenmacher, die Walker und Weber.«

»Wer ist berühmter«, war eine häufige Frage, die ich Pandion stellte, »mein Onkel in Mykene oder mein Vater?«

Der Lehrer begann nun zu schwärmen. »Wenn auch Mykene durch seine Kampfkraft weithin berühmt ist, so ist es Athen, das für die Weitergabe des Kulturgutes und der bildenden Künste eine dominierende Rolle spielt. Vielleicht wird man einmal sagen, Minos, daß Athen der Ursprung von Hellas gewesen ist.«

»Um die Burg meines Vaters gruppiert sich, wie überall bei uns, die Stadt?«

»Ja, Prinz. Warst du schon einmal in Mykene oder Tiryns? Die dortigen Burgen sind wohl die großartigsten, die wir kennen.«

»Als ich in Mykene meinen Onkel besuchte, war ich noch fast ein Kind«, entschuldigte ich mich.

»Die Burg ist dort auf einem ziemlich steilen Berg, den freilich die ihn überragenden Gipfel des Elias und Zara von der Seeseite her niedriger erscheinen lassen. Der Blick vom Brunnenhaus über die Küstenstriche ist grandios. Stell dir vor, Minos, die Mauern haben dort eine Stärke von meist dreihundert Daktylen[7].«

»Welche Töpfer sind besser, Pandion, die unseren oder die von Mykene?«

Der Lehrer lächelte. »Es ist eine Streitfrage. Darf ich ausweichend antworten?«

Ich nickte nur, und schon erzählte er, als wisse er wirklich alles: »Wenn man bei uns, in Mykene oder Tiryns, die Keramik ansieht, die bekanntlich unzerstörbar ist, wirst du feststellen, daß sie oft aus Ägypten, aus Phönizien oder aus Kreta stammt.«

»Wie kommt das, wie ist das möglich?« fragte ich erstaunt. Es schien, als hätte ich eine Frage gestellt, die den Lehrer in einen Gewissenskonflikt brachte. Dann sah er mich offen an. »Es mag daran liegen, Prinz, daß es vor deinem Vater bei uns noch keine guten Töpfer gab. Wir mußten die schöne Keramik einführen. Vielleicht ist auch die Zeit noch zu nahe, wo jene Völkergruppen in unser Land einwanderten, aus denen unsere Sippen entstanden.«

»Dann wohnten in Kreta früher auch andere Völker?«

Pandion nickte. »Kreta wurde einst von Anatolien aus besiedelt, auf uns trifft das ebenfalls zu. Denk daran, daß es vor wenigen Jahrhunderten bei uns noch keine Griechen gab, man also nicht griechisch sprach.« Er blickte auf den Boden, als suche er dort etwas. Dann hob er wieder seinen Kopf und sagte, daß es im Norden unseres Landes viele Magulen gebe.

»Magulen?« fragte ich.

»Es sind flache Hügel, es sind die mit Erde bedeckten Reste von Siedlungen, in denen vor vielen hundert Jahren Menschen wohnten. Sie stammen aus einer Zeit, zu der man noch keine Tongefäße kannte.«

»Was ist eigentlich an Kreta, daß es Vater so besonders liebt?« stellte ich wohl meine Schicksalsfrage.

»Dort gibt es eine Kultur, die schöner und besser ist als unsere. Was die Kreter auch hervorhebt, ist, daß sie der Religion eine bis dahin unbekannte Färbung gaben. Ihre Hauptsorge, und das, Prinz, ist auch wesentlich, gilt dem Leben, nicht dem Tod. Sie bitten selbst die unterirdischen Mächte, die sie auf eine eigentümliche Weise in ihren Kulthöhlen anrufen, um Fruchtbarkeit, Heilung, Gesundheit und Kraft. Was Kreta auch hervorhebt, ist, daß sie die Impulse, die sie aus Ägypten, dem Libanon und den anderen Ländern bekamen, verfeinerten und auf dem Gebiet der Architektur, der Keramik, der Stein- und der Metallgravur, der Kleidung und sogar in der Musik etwas Neues, etwas Besseres schufen. Die Kreter sind ein bewundernswertes Volk, das von Generation zu Generation niemals aufhörte, uns durch seine Spannkraft und Energie in Erstaunen zu versetzen.«

»Man hat mir gesagt, daß die Kreter roh und abergläubisch wären«, sagte ich abwehrend.

»Nein, Prinz, das stimmt nicht, das könnte eher auf uns zutreffen. Wir sind Krieger, die Kreter jedoch Künstler. Wir sind es, die Gesetze haben, die für Fremde grausam wirken, doch ist unser Leben dafür auch straff geregelt. Vielleicht findest du auf Kreta mehr Menschen von Adel und Größe als bei uns.«

»Ein Händler brachte meinem Vater einmal eine wundervolle kretische Schale.«

»Kreta greift in vielen Dingen nach uns, ob wir wollen oder nicht. Immer mehr Männer übernehmen die kretische Haartracht. Doch um bei der Keramik zu bleiben, Minos, sie ist besser und schöner. Den Unterschied zwischen uns und Kreta können wir auch an den Bestattungsbräuchen erkennen; hier müssen wir zugeben, daß das festländische Kuppelgrab von dem kretischen abgeleitet werden muß. Neben den frühen Gräbern in Mykene möchte ich besonders auch die bei Pylos, das bei Vaphio in Lakonien und die bei Kakavatos in Elis nennen.«

»In Pylos war ich vor gut einem Jahr, mein Vater nahm mich mit, als er dort eine Schwester besuchte.«

Pandion schwieg, sah mich an, als wisse er nicht, ob er weitersprechen dürfe. »Weil wir von den Bestattungen sprachen: In Pylos gibt es ein gutes Beispiel. Diebe raubten ein Fürstengrab aus, übersahen eine prächtige Gemme, die auf dem Boden der Grabkammer versteckt war. Das goldene Siegel, das der Fürst vielleicht an seinem Handgelenk trug, zeigt einen majestätischen Greifen mit reichgefiederten Schwingen. Neben diesem fürstlichen Siegel fand man auch in den Grabboden eingetretene Goldplättchen, die beweisen, mit welchem Luxus der Fürst einst dort bestattet worden war. Ganz nahe haben die Räuber ein Grab entdeckt, das wohl für mehr als ein Jahrhundert als Begräbnisstätte diente. Um für die neuen Toten Platz zu bekommen, nahm man die älteren Skelette mit ihren Beigaben heraus. Ein Gefäß, das man mit ins Grab gegeben hatte, war kretisch, eine andere Beigabe, auch ein Gefäß, zeigte in der Malerei kretischen Einfluß.« Er sinnierte vor sich hin. »Da finden sich in den Gräbern, wenn man sie für neue Bestattungen öffnet, kretische Dolche, dort Gefäße aus Kreta. Ein kretischer Künstler dürfte auch die goldenen Becher von Vaphio gefertigt haben.«

Wir sprachen über viele Dinge, kamen jedoch immer wieder zu kretischen Problemen. »Was vielleicht auch den Unterschied zwischen uns und Kreta zeigt«, meinte Pandion, »ist die mykenische Burg und der kretische Palast. Während wir Mykener unsere Macht auf die Gewalt unserer Waffen gründen, demonstrieren die Kreter in den Palästen und Villen ihren Reichtum. Die Festungen in Mykene, Tiryns, Midea und Argos sind nur verständlich, weil sie die Zentren einer starken, militärischen Macht sind, während die Zentren der Kreter unbefestigt in ihrem Land verstreut liegen.«

Pandion wollte soeben seinen Unterricht beginnen, als eine sehr hübsche Sklavin aufgeschreckt zu uns lief und schon von weitem rief: »Pandion, komm schnell, dein Haus brennt!«

Wir alle rannten zu dem Brand, atmeten erleichtert auf, als nur ein Nebengebäude in Flammen stand. Dann erfuhren wir, daß einer Sklavin ein Öllämpchen umgefallen war, das sofort Stroh in Flammen verwandelte.

Es war eigenartig mit Pandion, der sich – schien es mir – immer in der Hand hatte. Keine Stunde später bemühte er sich, mir, wie er sagte, die Treue, den Dank und den Anstand beizubringen. Er sprach auch oft über Vernunft, über das Gute und Böse im Menschen. Wenn ich bei ihm meine »Moralstunde«, wie ich es nannte, hatte, wurde er meist pathetisch.

»Minos«, sagte er fast beschwörend, »tue nichts mit Widerwillen, nichts ohne Rücksicht auf das Gemeinwohl, nichts ohne Prüfung, nichts im Hin und Her der Leidenschaften. Du wirst einmal König sein, zügle dich daher. Schmücke deine Gedanken nicht mit schönen Redensarten; sei nicht geschwätzig. Immer seien die Götter in dir Führer eines gediegenen, gereiften, staatsklugen Mannes, eines Herrschers, der sich selbst eine Stellung angewiesen hat. Merke dir eines, Prinz: sei heiter und nicht bedürftig der Dienste, die von außen kommen, auch nicht bedürftig des Friedens, welchen andere gewähren.«

Begegnete ich im Haus zugleich Ritsos und Pandion, kam es sofort zu den schönsten Gesprächen. Ich war oft nur begeisterter Zuhörer, wenn sie sich über Kreta unterhielten.

Einmal erzählte Ritsos stolz, sein König sei so mächtig, daß er mit seiner Flotte jeden Feind besiegen könne.

»Pandion, wir haben doch auch viele Schiffe?« fragte ich.

Ritsos wurde in seinem Stolz unhöflich, unterbrach die Antwort des Lehrers: »Nördlich von Knossos, an der Küste, befinden sich drei wichtige Häfen. Setaia[8], Zakros und Hierapytna[9] sind auch bekannte Stützpunkte für unsere Schiffe. In Nirou Chani gibt es Werften, aber auch bei Rhithymna[10].«

Während Ritsos erzählte, von einem Bruder sprach, der mit seinem Schiff viele Inseln besucht und auch schon mehrmals in Athen, Zypern, Ägypten, Phönizien und Malta gewesen war, sah ich einigen Sklavinnen nach, die große Körbe mit farbenfrohen, exotischen Früchten trugen.

»Wie sehen eure Schiffe aus? Unsere ...«, warf ich ein.

Er unterbrach mich wieder. »Ein wichtiges Handelszentrum an der Nordküste ist Malia.« Er entschuldigte sich, sah offensichtlich ein, daß er sich nicht richtig benahm, sprach dann weiter: »Unsere Schiffe haben einen hohen Bug, sind mit Rudern, aber auch mit Segeln ausgestattet. Die Schiffe transportieren Zedernholz nach Ägypten und von dort Waren in die Häfen deines Landes. Sie holen Kupfer aus den Erzgruben in Zypern und tauschen Wein, Oliven, Keramik und Leder in phönizischen Häfen wie Ugarit, Arwad und Byblos. Unser Wein, aber auch unser Olivenöl, sind weithin beliebt, werden in schönen Krügen befördert. Nahe der Südküste meines Landes gibt es den Palast von Phaistos. Er ist für den Handel mit Ägypten zuständig, während Knossos an der Nordküste vorwiegend mit euch handelt. Wir haben es sehr mit dem Meer«, sprach er leise vor sich hin, »leben von ihm. Im Palast von Knossos ist ein Fresko, das Delphine zeigt. Manche Amphore ist mit einem sich windenden Tintenfisch bemalt, der überall als ein Leckerbissen gilt.«

»Wachsen bei euch eigentlich Bananen?« fragte ich naiv.

»Ja, Prinz, sie sind jedoch klein, dafür aber sehr süß. Es gibt auch Äpfel, Granatäpfel und Feigen. In manchen Gebieten erntet man auch Mandeln, Pistazien, Birnen, Quitten, Musmula, Kastanien und sogar die süßen, schwarzen Schoten[11], die von den Kindern gerne gegessen werden.«

Als wir zu meinem Zimmer gingen, forderte ich beide auf, mitzukommen. Aisa bot uns sofort Obst und knusprige Fladen aus Gerstenkorn an.

Der Kreter wartete, da er Sklave war, bis ich etwas gegessen hatte, nahm dann dankend auch einen der Honigkuchen.

Kadmos ging nahe vorbei. Er war auch Kreter.

Als ich ihn rief und ihn mit Ritsos bekannt machte, prüfte er ihn kritisch, und seine Augen enthielten tausend Fragen.

»Du bist Kreter?« fragte er ihn gehässig.

Ein Nicken war die Antwort.

»Welche Farben haben die Säulen in Knossos?« fragte er skeptisch.

»Rot.«

»Welches Rot?«

»Da der Palast heilig ist, sind es auch die Säulen. An den Kulttagen bestreicht man sie mit dem Opferblut der Tiere. Sie sind also blutrot.«

»Wie heißt bei uns die Doppelaxt?«

»Labrys. Sie ist das Symbol der Göttlichkeit«, antwortete Ritsos knapp und herb.

»Was ist ein Pithos?« wollte nun Kadmos wissen.

»Ein großes Vorratsgefäß. In den Magazinen von Knossos, Phaistos, Zakros und wie die Paläste sonst noch heißen, stehen sie in langen Reihen in den Vorratskammern, doch braucht sie auch jeder Bauer, bewahrt in ihnen Wasser, Wein, Öl und Korn auf.«

»Was hast du gearbeitet, bevor du Sklave wurdest?«

»Ich war Lehrer, malte selbst und lehrte im Palast von Zakros kretische Kunst.«

»Wie sieht sie aus?« fragte Kadmos nun schon milder.

»Sie will die Natur zeigen, die wir sehr lieben. Oft bemalen wir die Wände in den Palästen und Herrenhäusern, die Vasen und Schalen mit Blumen und Tieren. Ich selbst malte einmal in einem Haus am Hafen von Amnissos den Empfangssaal aus. Eine Wand schmückte ich mit großen Büscheln blühender Lilien. Auch in Knossos schuf ich in dem kleinen Gebäude außerhalb des Südeingangs – man verwendete es als Gästehaus – Friese, die rotbeinige Rebhühner und Wiedehopfe zeigen. Besonders lieben wir jedoch die Lilien, und so werden die großen Vasen oft mit solchen Motiven bemalt.« Ritsos kam ins Schwärmen. Sein Gesicht strahlte, und trotz der häßlichen Narbe an der Wange wirkte er auf einmal sympathisch.

Pandion nickte und meinte, daß bei uns die Keramik meist mit geometrischen Motiven bemalt werde.

»Der Kunststil Kretas, und in ihm hatte ich meine Aufgabe«, antwortete Ritsos, »fordert einen matten Hintergrund, auf dem in sattem Braun und Rotbraun Delphine, Fische, Meeresmuscheln und Tintenfische, die die Fangarme schwingen, gemalt werden; die Lücken des Untergrundes füllen wir dann mit Seegras, Korallen und Felsgestein aus.« Er blickte mich stolz an. »Diese Dekoration und das Leben, das die Bemalung zeigt, ist besonders bei euch Mykenern sehr beliebt. Wir sehen aber nicht nur die Natur, sondern auch die menschliche Gestalt«, er stockte, sagte dann grübelnd, »mit kretischen Augen. Wenn wir ein springendes Reh oder eine sich anschleichende Katze zeigen, halten wir sie mitten in der Bewegung fest. So stellen wir auch den Menschen dar, ob er nun tanzt oder über einen Stier springt, ob er boxt oder sich einem Kult hingibt.«

Er wandte sich nun an Kadmos. »Wenn du schon einmal im Palast von Knossos warst, wirst du den Gabenbringer im Prozessionskorridor kennen, den ›Prinzen mit der Federkrone‹ und die Stierfangszene beim Nordeingang. Beide Bilder zeigen, daß wir oft auf Details eingehen.« Vorsichtig verzog er die Lippen zu einem Lächeln. »Auf vielen Bildern sieht man, daß die Palastdamen meist keine Kopfbedeckung, dafür aber eine kunstvolle Haartracht tragen. Meistens ist das lange Haar lose über den Kopf gefaßt, wird mit einem Band oder in einem Nackenzopf zusammengehalten und fällt dann lose über den Rücken.«

»Ja, bei den kultischen Feiern ziehen sie sich alle festlich an«, meinte Kadmos.

Ritsos sah überrascht hoch. »Bei kultischen Feiern?« wiederholte er. »Es stimmt. Die Männer und Frauen wechseln sogar ihre Bekleidung. Dann tragen die Frauen den kurzen Lendenschurz und die Männer lange Kleider.« Er sah uns fragend an. »Eigenartig ist«, sprach er vor sich hin, »daß es zu unserem Kunststil gehört, die Hautfarbe der Frauen blaß und die der Männer in rotbrauner Tönung zu zeigen.«

Als ich an einem Nachmittag in die Weinberge und Olivenhaine hineinwanderte, begegnete mir Pandion. Schon nach wenigen Worten war er wieder Lehrer und sprach voll von Sorge auf mich ein, als habe er Angst, daß ich einen falschen Weg in das Leben gehe: »Minos, merke dir: Handle nie ohne Ursache, ohne Zweck! Richte deine Endabsicht auf nichts anderes als auf das Ziel des gemeinsamen Nutzens. Du wirst einmal König sein. Ein richtiger König ist Diener seines Volkes. Du brauchst Gesetze, es geht nicht ohne sie. Merke dir: Wer strenger ist als die Gesetze, ist ein Tyrann!«

»Es ist schwer zu entscheiden, was im Leben gut oder schlecht ist«, antwortete ich gedankenverloren.

»Prinz, sieh dich nicht nach leitenden Grundsätzen um, sondern habe immer das Ziel, das du anstrebst, vor deinen Augen. Merke dir, je besser wir sind, desto besser werden die Menschen um uns.«

»Ich glaube«, sagte ich unsicher, »daß ich sehr auf die Hilfe guter Berater angewiesen bin. Sind sie weise, werde ich den Menschen Glück und Frieden geben können.«

Wir gingen einige Zeit schweigend dahin, dann blieb Pandion stehen und sah mich zwingend an. »Um dich werden gute und böse Dinge sein. Wenn dich Übel trifft, wirst du über die Götter murren und die Menschen hassen, die schuld daran sind. Das ist ungerecht, Prinz. Bedenke, daß du vielleicht die Quelle des Bösen warst. Es gibt also keinen Grund, die Götter anzuklagen oder gegen irgendeinen Menschen eine feindliche Stellung einzunehmen. Es hat seinen Sinn, Minos, daß uns die Götter nicht alles Verborgene zeigen; denn wir sollen selbst das Bessere finden. Wisse, das gilt besonders für dich, wenn du einmal König bist: Jedes Unrecht, das du erduldest, macht dich zum Mitschuldigen des Bösen.«

Ich hatte Helike in mein Frauenhaus aufgenommen, ich konnte nicht anders, sie war zu sehr in meinen Sinnen. Keine Stunde später traf ich Kelios.

»Helike ist bei dir!« herrschte er. »Dafür bekomme ich Aisa. So haben wir es abgemacht.«

»Vergiß nicht«, antwortete ich zornig, »ich bin Minos, Sohn des Königs. Ich habe zu befehlen und zu entscheiden. Aisa und Helike bleiben bei mir.«

»Kämpfe!« schrie er wütend. »Verteidige dich!« gellte er und nahm seinen Dolch, schwang ihn wie eine Sichel und drang auf mich ein.

Ich parierte. Ein-, zwei-, dreimal klang Metall auf Metall. Die Wucht unserer Hiebe und Stöße trieb uns durch den Hof. Dann standen wir einige Atemzüge wie erstarrt. Ich sah, wie Kelios den Dolch fester umspannte und zu einem neuen Angriff ansetzte. In mir war Angst, aber auch der Wille, mich als Sohn des Königs zu beweisen.

Kelios sprang mit einem Schritt auf die Seite, machte eine

Finte und stieß dann zu. Ich konnte gerade noch ausweichen, die Spitze des Dolches verfehlte meine Kehle nur um Haaresbreite. Sofort wirbelte er herum und stieß erneut zu. Wieder gelang es mir, gerade noch auf die Seite zu springen.

Angreifen und Parieren, Zustoßen und Ausweichen. Wir sprangen vor- und seitwärts, zertrampelten Blumen und Sträucher.

»Kämpfe!« schrie Kelios und drang erneut auf mich.

Ich versuchte, nach rückwärts zu springen, strauchelte und verlor das Gleichgewicht.

Wenige Atemzüge später drückte mich Kelios auf den Rücken und setzte mir seinen Dolch an den Hals. Ich erwartete den Tod und sah abschiednehmend auf eine schmale Zypresse.

»Ich könnte dich jetzt töten«, keuchte Kelios. »Schwöre mir, daß du sofort Helike freigibst, sie aus deinem Palast jagst. Ich will sie aber nicht mehr, sie soll auf der Straße wie ein Tier dahinsiechen und dann krepieren. Schwöre«, stöhnte er, »daß du mich, weil ich dich bedrohte, nicht dem Richter übergibst. Schwöre ...«

Diesen kurzen Aufschub des Todes benutzte ich, um Kelios auf die Seite zu werfen. Dann standen wir beide wieder auf den Beinen und kämpften weiter.

»Du hattest die Wahl!« brüllte Kelios. »Die Götter mögen mir vergeben, aber ich muß dich nun töten.«

Er griff erneut an, wir prallten mit den Leibern aufeinander. Nun war das Glück auf meiner Seite. Als ich eine Finte gebrauchte, sprang Kelios auf Blumen, strauchelte, fiel, und schon lag ich auf ihm und drückte die Spitze meines Dolches auf seine Brust.

Er sah mich erschrocken an, rang nach Luft, und durch eine ungeschickte Bewegung verlor er seine Waffe.

»Jetzt könnte ich dich töten«, sagte ich rauh. »Wir sind nun quitt. Ich will es vergessen, daß du mich, den Sohn des Königs, mit dem Tod bedroht hast.«

Als ich mich erhob, weinte Kelios vor Scham. Es waren seltsame Laute, sie fanden ein Echo an den Wolken. Ich wußte, daß vor mir ein Mykener klagte und litt.

Auf dem Weg in mein Zimmer begegnete mir Pandion. Er sah mich nur kurz an und sagte nachdenklich: »Verantwortung setzt voraus, daß der Mensch weiß, was er selbst ist, und daß er eine Vorstellung von der Unersetzlichkeit des anderen besitzt.«

Ich dankte ihm, ging weiter und begann zu grübeln: »Der andere ist unersetzlich?« sprach ich vor mich hin.

Ich kam zu keinem Schlaf. Lag es an dem Kampf mit Kelios, daß mich wieder die vielfältigsten Stimmen quälten? Um sie abzuwehren, stand ich mehrmals auf und ging an das Fenster. Eine Stimme war plötzlich tief in mir und meinte, daß ich mir an dem Pharao Amenophis, dem Sohn des berühmten Thutmosis, ein Vorbild nehmen könnte.

Amenophis? Ich versuchte, mir eine Antwort zu geben. Er war jener Pharao, bei dem die Hebräer in der Fron standen. Mit Hilfe der – wie man sagte – zehn ägyptischen Plagen gelang es ihnen, den Auszug aus seinem Land zu erzwingen. Er war jener Pharao, der den Ausbruch des Vulkans auf Kalliste[12] erlebte, und die Fluten, die Kreta fast ertränkten.

Ich begann zu rechnen und kam zu dem Ergebnis, daß vor einem Menschenalter Kreta das Unheil erlebte.

Wieder purzelten die Gedanken in mir durcheinander. Was wollte ich eigentlich mit Amenophis?

Dann wußte ich es wieder. Die Überlieferung berichtete von ihm, daß er ohne Rachsucht gewesen sei. Er verbot, Kriegsgefangenen die Augen auszustechen, sie zu schinden oder zu pfählen.

»Er war edel«, sagte eine Stimme in mir. Eine andere spottete: »Du könntest auch edel sein. Das Wollen allein genügt jedoch nicht, man soll nicht nur wollen, sondern auch tun.«

Lag es an Pandion oder dem Kampf mit Kelios, war es die Sorge meiner Mutter um mich, oder hatten die Berichte Ritsos' ihr Ziel erreicht? Ich wurde im Umgang höflicher, dankte sogar den Kindern, wenn sie mir Blumen oder eine Frucht schenkten. Ich begann zu fühlen, daß jeder Mensch eine Seele hatte, daß nicht nur der Leib, sondern auch sie der Nahrung bedurfte.

Ich war stolz und glücklich, mir war, als habe ich die größte Erkenntnis meines Lebens gefunden: Ein König hat dem Volk zu dienen, hat jeden Menschen zu lieben.

Ab diesem Tag begann ich mich zu prüfen, ob ich wirklich »diente« und »liebte«.

Ritsos saß mir gegenüber, erzählte von Kreta, und immer stärker wurde in mir die Sehnsucht, diese Insel einmal erleben zu dürfen. Sie ergriff mich so, drängte sich fast gewalttätig in meine Sinne, daß ich nachts vor mich hinsprach: »Kreta, ich möchte dir dienen!«

Als ich wieder mit Ritsos auf der Bank im Freien saß und er erneut von Kreta berichtete, wurde er mir fast zum Freund. Fühlte das Aisa? Sie kam oft zu uns und bot frische Honigfladen, verschiedene Früchte und kühlen Wein an.

»Gehört sie dir, Prinz?« fragte er.

Ich nickte nur, da meine Gedanken Kreta gehörten.

»Sie ist sehr hübsch, kommt bestimmt aus Ägypten?«

Ich nickte wieder, dachte an Knossos, an den kretischen Götterglauben und an die Eigenart, daß der Kult dort in den Händen der Frauen lag.

»Wie viele Frauen hast du?« fragte Ritsos warmherzig.

Trotz der Höflichkeit, die mich bewegte, waren meine Gedanken wieder woanders. Ich versuchte, mir den König von Kreta vorzustellen, dachte dann an den Pharao Amenophis. Wie sah dieser ägyptische König aus, wer war er? Er stand im Gesetz, das wußte ich, schuf selbst Gesetze und war mit den Gefangenen barmherzig.

Warum kam Aisa jetzt in kleinen Abständen, rückte da eine Schale und dort einen Krug zurecht, fächerte mir Kühle zu, weil die Sonne immer mehr unter das Dach kroch, unter dem wir saßen?

Ich kannte Aisa in jeder Bewegung ihres Leibes. Warum war mir auf einmal, als habe ich sie noch nie so nahe und so reizend gesehen?

Gab das Kleid nur etwas ihre Schulter oder den Nacken frei, unterbrach ich mein Gespräch und starrte Aisa an, beobachtete jeden Schritt, jede Bewegung ihrer Hände, bewunderte die wippenden Zöpfe und die Zierlichkeit ihrer Füße.

Es war Nacht, als sie mir den Krug mit frischem Wasser brachte. Sie kniete neben mir, ordnete die Früchte in der geflochtenen Schale, und bei jedem Bücken sah ich die Schönheit ihres Leibes.

»Aisa!« rief ich und wollte sie mit beiden Händen an mich ziehen. Sie erhob sich, hatte brennende Augen, nasse Lippen, stand einige Minuten und beugte sich über mich. Dann küßten wir uns scheu. Wie in Abwehr richtete sie sich auf, sah mich aber sehr glücklich an, und es war, als würden ihre Hände zu Schmetterlingen. Sie tanzten zuerst zu den Haaren, dann zu den Schultern, zögerten und streiften das Kleid ab.

»Du!« seufzte Aisa.

Wir hielten uns die Hände und starrten uns wie Durstende an. Unsere Lippen hatten sich gefunden, als um uns ein Grollen, Dröhnen und Zittern im Boden und im Haus begann.

Wir sahen, wie sich eine Wand bog und sich der Boden kurz hochwölbte. Das Öllämpchen fiel auf die Strohmatte, die wenige Atemzüge später in Flammen stand. Sofort brannten auch die Teppiche, Truhen, Tische und Bänke.

»Minos!« rief Aisa voll Angst, warf sich auf mich und versuchte, mich mit ihrem Leib zu beschützen.

Ich wehrte sie ab, wollte Mann sein, mich als Mykener beweisen. Es durfte nicht sein, daß ich, der Sohn des Königs, ein zweites Mal unter dem Körper einer Frau lag und sich so retten ließ.

Wir rangen. Aisa ermattete in ihrer Sorge um mein Leben erst, als ich sie mit dem Schlag, den mich Kelios gelehrt hatte, auf den Boden werfen konnte.

In diesem Augenblick brannte das Fell, auf das sie gefallen war. Ich beugte mich über Aisa, nahm sie auf meine Arme und lief mit ihr aus dem Zimmer.

Von allen Seiten loderten Flammen, drangen dunkle, übelriechende Schwaden auf mich ein, verwehrten mir fast den Atem. Als ich über einen Balken stolperte, stürzte ich, schlug mit dem Kopf an eine Wand. Aisa lag neben mir, blutete am

Rücken. Lange Sekunden brauchte ich, um die Kraft zu haben, mich aufzurichten. Ich torkelte erneut, hatte Aisa auf den Armen und tastete mich durch das Dunkel, das mich umgab. Wieder stand ich vor einer Feuerwand.

Hörte ich nicht Stimmen und Rufe?

Ich schloß die Augen, rannte wie von Sinnen in diese Richtung, fiel, stand wieder auf. Einige Schritte später hing ich in einem Geflecht aus Schilf und dünnen Stangen. Erneut drang ein übler Geruch auf mich ein, und wieder rang ich nach Atem.

Als ich frei war, Aisa aufheben wollte, quälte mich in der Schulter ein rasender Schmerz. Dann spürte ich auf meiner Zunge Blut, es schmeckte salzig.

Mir wurde schwindlig. Entsetzt sah ich, daß vor mir, an einem Balken, eine Schlange hing.

Ich sank erschöpft auf den Boden, und mir war, als hörte ich den Gesang von Frauen. War ich bereits auf dem Weg zu den Göttern? Waren es Priesterinnen, die schon jetzt meinen Tod beweinten?

Dann sah ich, daß die Schlange auf uns zukroch. Ihr Rachen war geöffnet. Ununterbrochen züngelte sie und starrte mich mit kalten Augen hypnotisch an.

»Minos!« schrie Aisa voll Angst und klammerte sich an mich, blickte entsetzt auf die Viper.

»Kelios!« stöhnte ich in meiner Not.

Dann wußte ich, was ich tun mußte. Hatte er nicht gesagt, daß Schlangen nur jenen gefährlich werden konnten, die sich von ihnen beißen ließen? »Kämpfe nicht nur mit dem Schwert, gebrauche auch deinen Verstand, er ist oft eine viel bessere Waffe!« hatte er gemahnt und war mir damit ganz nahe.

Ich machte beide Hände frei, hielt die linke Hand der Viper hin, bot sie ihr dadurch zum Biß an, beobachtete jedoch jede Bewegung ihres Leibes. Langsam näherte sich der Kopf der Schlange meiner Hand, als jage sie eine Maus. Sie sah nur auf die Hand, und schon griff ich mit der rechten Hand nach ihrem Nacken.

Wohl wehrte sie sich, stemmte sich mit heftigen Schlägen ihres Schwanzes an mir ab, doch hatte Kelios gelehrt, daß ich sie am ausgestreckten Arm halten müsse, dann sei sie völlig wehrlos.

Aisa kauerte in einer Ecke, sah mich erleichtert an, als ich den Kopf der Viper zertrat und das noch zappelnde Tier in die Flammen warf.

Erneut krachte und knirschte es von allen Seiten, und das Feuer begann, uns einzuschließen.

»Müssen wir sterben?« klagte Aisa und warf sich wimmernd auf den Boden.

Wieder nahm ich sie auf meine Arme, wankte in einen Raum, sah erneut den Himmel und die Sterne. Dann spürte ich, daß der Boden unter mir zitterte, schwankte und die Wände zusammenstürzten. Um mich waren Rauch und Staub. In einer letzten Abwehrhandlung zog ich eine Decke, die vor mir lag, über uns und versuchte, uns so vor der Hitze des Brandes zu schützen. Erneut brach ein Mauerwerk zusammen, ein Balken stürzte neben uns auf den Boden.

Wieder erfaßten mich Schwindel und starke Übelkeit. Mir fehlte jegliche Kraft, um zu atmen. Ich zog Aisa an mich, bemühte mich, sie zu schützen, und bot mich den Geistern des Todes an.

2

Enos war Händler, bewirtschaftete aber auch ein Gut. Das Haus, das er bewohnte, hatte ein Obergeschoß und mehrere Nebengebäude. Besondere Arbeiter bedienten die Einrichtungen für das Treten der Trauben, das Pressen der Oliven, die Herstellung der Stoffe und das Drehen, Formen und Brennen von Töpferwaren. Alle Keramik, die er herstellte, erhielt sein Siegel: Es war ein Stier, der die Hörner zum Angriff senkte.

Er war stolz auf sein Haus; denn es hatte einen schönen zweitürigen Eingang, zwölf Räume und einen breiten Korridor für die Verehrung der Götter; eine große Zisterne lieferte ihm das ganze Jahr hindurch Wasser.

Sein Haus lag in der Nähe des Palastes von Malia. In Blickweite führte die Straße in Richtung Osten nach Gournia und in Richtung Westen über Chersonissos nach Amnissos, einem der Häfen von Knossos.

Lato, seine Frau, öffnete den Pferch, in dem sich die Schafe und Ziegen nachts aufhielten, und trieb sie auf den nahen Hang.

Alko, die Tochter der Schwester Latos, hing den Kessel mit Wasser über die Feuerstelle im Hof. Meist aßen sie dort, wo sie mit Bastmatten vor der grellen Sonne geschützt waren. Vom Meer her konnten die Winde immer diesen schattigen Platz durchstreichen. Wenn sich die Schilfwand leicht bewegte, meinte Lato, daß das Meer das Diktegebirge und die Höhle der Diktynna, der Berggöttin, grüßen wolle, die dort mit ihrem göttlichen Kind wohnte.

Am fernen Horizont, vom Morgenlicht umrahmt, zeigte sich bei klarem Wetter der Palast des Königs. Enos liebte diese schönen Gebäude, wenn auch die Anlage kleiner war als die von Phaistos. Der prächtigste Palast, das wußte er, war jedoch der von Knossos. Lato hatte einmal gesagt, daß die Winde das Diktegebirge suchten. Er grübelte vor sich hin und nickte, erinnerte sich daran, daß diese Berge hier die Landschaft prägten. In Knossos war es das Jouchtas- und in Phaistos das Idagebirge mit der Kameres- und Idahöhle, welche dort die Landschaft beherrschten. Wieder sinnierte er. Ja, der Jouchtas beherrschte weithin die Landschaft von Knossos, und er hatte, als müsse das so sein, das Profil eines liegenden, bärtigen Gesichts. Malia war, für ihn fast eine Selbstverständlichkeit, eines der bedeutendsten Handelszentren an der Nordküste. Er sah stolz um sich, nach Norden auf das Meer und nach Süden auf die Berge mit den riesigen Zypressenwäldern, deren Holz man in vielen Ländern schätzte.

War es Apsu, sein ältester Sohn, oder Enuma, der jüngste, der meinte, daß die hohen Bäume die Wolken zwingen könnten, anzuhalten und Regen zu geben?

Was wären die Zisternen ohne Regen? Wasser bedeutete Leben, Fruchtbarkeit und Freude. Würde es noch Wachstum geben, wenn es einmal nicht mehr die Wälder gab, die die Wolken festhielten und sie zwangen, ihr Naß der Erde zu geben?

Sorgenvoll sah er auf die Wälder, die sich weit die Hänge hinaufzogen. Das Holz der Bäume brauchte man in Ägypten und in Phönizien zum Haus- und Schiffsbau. Ein einziges riesiges Feuer könnte alle Wälder in Flammen und Rauch aufgehen lassen. Vergingen alle Bäume, zögen die Wolken ohne Halt weiter; dann gäbe es kein Wasser mehr, und die Quellen müßten versiegen.

Er beugte, nein, er bückte sich nieder zur Erde. Es war, als ob die Sorge nach dem so notwendigen Wasser ihn erdrückte.

Als er sich wieder aufrichtete, sah er die blaue Silhouette der Berge. Im nahen Umkreis hatte die Erde eine rötliche Farbe, und oft meinte man, daß mancher Hang ein Teppich aus bunten Farben sei.

Die Olivenbäume schimmerten silbergrau. Die Bananenstauden hatten ihre eigene Farbe, auch die Weinberge und die Feigen-, Mandel- und Pistazienbäume. Dazwischen stand golden die reife Gerste.

Es war ein herrlicher Anblick, und alles wirkte wie Zauberei, wenn im Morgendunst der Nebel aus den Feldern stieg. Zuerst begann der blutrote Klatschmohn zu leuchten. Wenn sich dann aus den zarten Schleiern die Silhouette der Berge drängte, meinte man, einen Traum zu erleben.

Aus dem nahen Dorf tönten Stimmen. Man ging auch dort an die Arbeit. Esel schrien ihr Leid von sich, Schafe und Ziegen wurden auf die Wiesen und abgeernteten Felder getrieben.

Enos nickte froh. Sein Vater wohnte dort. Die Gassen waren wie überall in den Dörfern eng, schlängelten sich regellos dahin. Viele Häuser blinkten in ihrer weißen Tünche, und die Holztüren, alle ungestrichen, sahen aus, als sollten sie ein Geheimnis verhüllen. Hinter ihnen lag der Hof, und besonders Vater hatte den Ehrgeiz, in unzähligen Kästen und Töpfen Blumen und Pflanzen zu ziehen. Er band die Sträucher so, daß sie zu Bäumen wurden, Spaliere bildeten, bis hinauf zu den Dächern krochen und von dort, wie die Fransen einer bunten Decke, ihr Blattwerk mit den Blüten hängen ließen.

»Malia!« flüsterte er dankbar vor sich hin.

Dann sah er die Mauern seines Hofes. Treppen führten hinauf zum oberen Stockwerk des Hauses. Am Geländer hingen Blumen, schmückten es so, daß man kaum das braune Holz sah. Die weiße Steinmauer verbarg sich in einer Fülle von Blättern und Blüten. Zu beiden Seiten der Türe zur Straße standen riesige Rosensträucher. Hatte Lato sie gepflanzt?

Dann wußte er es. Alko hatte schon als kleines Mädchen Tiere und Blumen geliebt. Brachte man ihr einen Vogel, der lahm war oder einen Flügel gebrochen hatte, pflegte sie ihn gesund. Erstaunlich verstand sie sich mit allen Pflanzen, wußte, wann man sie beschneiden, gießen oder biegen mußte. Sie hatte, als sie sechs Jahre alt geworden war, die kleinen Ableger in den Boden gesteckt und sie seitdem behütet. Das Tor sah nun aus, wenn man es nach innen öffnete, als führe es in ein Wunderland.

Enos drehte wie suchend den Kopf nach allen Seiten, roch den Wind und die Erde, hörte das leichte Tappen der Esel, lauschte auf das Rauschen der Blätter, wenn sie in der Morgenbrise, die vom Meer kam, lustig tanzten.

Wurde es Tag, zogen die Bauern, als befänden sie sich in einer Prozession, mit ihren Eseln, an denen meist Schafe oder Ziegen angebunden waren, auf die Felder. Senkte sich die Sonne nach Westen, wurden die Schatten der Dächer zu langen Fingern, die tief in die Zweige der Olivenbäume griffen. Kamen die Prozessionen wieder von den Feldern, schlängelten sie sich friedvoll auf den Pfaden, die zum Dorf führten, heimwärts.

»Es ist weihevoll«, sprach er vor sich hin, »wenn die Bauern heimkehren.« Alle haben sie ihre Pflicht getan, folgen dem Geheiß Zagreus, dem Gott aller Götter, dem Herrn der Erde. Sie gehorchen aber auch der Göttin des Ackerbaues und der Ordnung. »Wir müssen säen«, sagte er feierlich, »um ernten zu dürfen.«

Dann sprach in ihm eine Stimme: »Denken ist Suchen und Graben. Viele Menschen haben nicht die Kräfte, um zu graben, andere hätten sie, doch fehlt ihnen der Mut.« Eine andere Stimme höhnte: »Um deinen Verstand und damit dein Wissen auszubreiten, mußt du erst deine Begierden einschränken.«

Als ihn sein Sohn Enuma rief, mahnte es in Enos: »Alles Schöne, das wir lieben, entstand aus mühevollem Suchen und Arbeiten. Auch du mußt finden und verwerfen, sichten, gestalten und ordnen. Wilder Wuchs zerstört. Jeder Baum muß beschnitten werden, wenn er gute Frucht bringen soll.«

Wieder rief Enuma. Enos stieg zu ihm auf das Dach. Der Junge zeigte ihm das Korn, das er dort zum Trocknen in der Sonne ausgebreitet hatte. »Schau, Vater«, sagte er stolz, »ich stecke in kleinen Abständen Zweige ein. Sie bewegen sich im Wind und wehren damit die Vögel ab. Wenn wir nichts tun, haben sie bald alles aufgefressen, und dafür arbeiten wir doch nicht?«

Er lobte den Jungen. »Sei weiterhin wach. Das ist der Schutz deiner Seele.«

An diesem Abend, es war Frühsommer, begann die Erde zu

wanken. Die Tage wurden oft zu Nächten, die Nächte wiederum fast zu Tagen, denn immer wieder wurden sie voll Lichtern und Flammen erhellt. Es war, als brenne der Himmel hinter den Sternen. Alle hatten sie Sorge, daß die Welt untergehe.

Enos pilgerte zur Heiligen Höhle, brachte dort seine Opfer dar, um die Wind-, Meer- und Mondgötter zu versöhnen.

Als er zurückwanderte, sah er, wie an der Küste die Wellen hochtanzten, sich überschlugen. Überall stauten sich die Wogen, es war, als wolle das Meer das Land weithin verschlingen.

Er dachte an die Opfer, die er in der Höhle dargebracht hatte, und wurde zornig. »Ich gab und habe zu bekommen«, sagte er laut. »Ich opferte, die Götter haben sich also meiner zu erbarmen«, forderte er.

Eine Stimme begann in ihm zu rügen: »Willst du mit den Göttern feilschen? Denkst du wirklich, daß sie käuflich sind? Bist du ein Kind, das eine Gabe hinlegt und sofort den Dank erwartet?«

»Dann haben meine Opfer ja keinen Sinn!« sagte er.

»Doch, aber sie sind kein Kaufpreis. In dem Opfer bietest du dich an. Der tiefere Sinn hat jedoch zu sein, daß du dich unterwirfst, dich für die Gnade bereit machst.«

»Für die Gnade?« fragte er.

»Spiele nicht den Dummen, du weißt, was ich meine. Die Götter sind barmherzig, doch haben sie auch zu strafen, oft bis ins dritte und vierte Glied. Tust du Gutes, machst du dich damit demütig, und bald spürst du, daß das Leid, das du trägst, und um dessen Befreiung du bittest, in Wirklichkeit dein Glück ist: denn du reifst, erfährst und erkennst. Du mußt lernen ...«

»Von wem?«

»Von den Göttern. Bei euch ist die Lüge zur Alltäglichkeit geworden und die Wahrheit zur leeren Floskel. Was du tust, ist federleicht, windverweht und ungewichtig. Wenn du zu den Göttern gehst, solltest du sagen: ›Es ist nicht gut, was ich spreche. Helft mir!‹ Bitte, daß sie dir Einsicht geben, Licht und Verständnis. Wenn du opferst, mußt du dich bücken. Weißt du auch, daß du dich damit beugst?«

Eine andere Stimme rügte: »Du bist oberflächlich. Wunderst

du dich, wenn dir die Götter nicht gut gesonnen sind? Du mußt sie erkennen, auf daß sie dich sehen.«

»Was habe ich denn getan?« fragte er verstört und klammerte sich an einen uralten Ölbaum, dessen Äste entlaubt waren.

»Ich sagte es schon, du bist oberflächlich. Es gibt keine Mondgötter, nur Mondgöttinnen. Wie du vom Stein kein Wasser verlangen und von den Winden keine Nahrung erwarten darfst, wie du weißt, daß es ohne Regen keine Frucht gibt, hast du zu wissen, daß es nur die Mondgöttin ist, die dir helfen kann.« Die Stimme schwieg, es war, als müsse sie eine neue Mahnung erarbeiten. »Merke dir«, sprach sie ernst weiter, »erst wenn du in dir eine Verbindung geschaffen hast, kannst du mit den Göttinnen sprechen. Man redet nicht mit einem Blinden über Farben, und wenn dein Sohn Enuma heißt, solltest du ihn nicht mit Anuto ansprechen.«

Enos beugte sich, als müsse er eine schwere Last annehmen und tragen. Dann richtete er sich wieder auf und sah dankbar auf seine Ölbäume. Seit vielen, sehr vielen Jahren gehörten sie der Familie. Sie waren gesegnet, bekamen aus der Erde den Saft und von der Sonne das Licht. Wanderte die Sonne dann über den Horizont, tauchte sie den Palast des Königs in ihren Schein, so daß er weithin wie ein edler Stein leuchtete. Enos nickte. Ja, die Sonne war Geburt und Tod, gab Leben, aber auch Chaos. Die Strahlen des Vormittags segneten die Frucht, die des Nachmittags hatten den sengenden Hauch der Flammen, die zerstörten.

Es vergingen viele Tage und Nächte, in denen die Erde grollte und bebte.

»An der Küste heben sich die Ufer«, sagte ein Nachbar ängstlich.

Ein Fischer meinte: »Nein, sie senken sich, das Meer greift immer öfter tief in das Land.«

Ein Kapitän trat zu ihnen. »Beides ist richtig«, erklärte er und zog nachdenklich die Spitze seines Schnurrbartes in die Lippen. »Es gibt einige Häfen, die jetzt im Landesinnern liegen, während andere völlig im Meer versanken. Ja, die Erde wird immer unruhiger.«

»Wir müssen den Göttern größere Opfer bringen«, sagte ein alter Bauer und sah sie mahnend, fast kritisch an.

»Welche?« fragte einer.

Der Kapitän sprach weiter. »Zu den Schäden, die die vielen Erdbeben verursachen, kommen noch die der Winde. Sie wehen oft den Humus weg. Dann gibt es auch seltsame Dinge: Hier befindet sich auf einmal eine Insel im Meer, die es bei einer früheren Reise noch nicht gegeben hat, und dort verschwindet eine.«

»Wir müssen Zagreus ein Opfer bringen, müssen ihn bitten, daß er uns nicht noch mehr bestraft«, mahnte eine alte Frau.

»Was sollen wir opfern?«

»Menschen?« fragten einige Frauen ängstlich, die vor einem Haus saßen und den Männern zugehört hatten.

Ein Greis meinte nachdenklich: »Wenn die Götter uns strafen wollen, sollten wir das ohne Widerspruch annehmen. Sie, die den Himmel und die Erde beherrschen, wissen, was sie tun.«

Viele Stunden sprachen sie darüber, ob ein Menschenopfer die Götter versöhnen könnte. Sie saßen bis zum Morgengrauen auf dem Dorfplatz. Dann hatten sie abgestimmt, und die Mehrzahl war der Ansicht, daß ein solches Opfer Zagreus besänftigen würde.

Dann stritten sie darüber, ob sie Gott einen Sklaven anbieten sollten oder einen Kranken, der sowieso nicht mehr lange zu leben hatte.

»Ihr beleidigt Thalos mit einem unreinen Opfer«, mahnte jene Alte, die geraten hatte, dem Meeresgott zu opfern.

Die Sonne begann schon, die Bäume in rotgoldene Farben zu tauchen, als vom Meer her plötzlich dunkle Schwaden kamen. Sie legten sich auf die Äcker und Häuser, hüllten sie so ein, daß man kaum noch die andere Seite der Gasse sehen konnte. Dann begann die Erde zu zittern, und von allen Seiten hörte man dumpfes Grollen und Donnern.

»Seht!« rief einer und deutete auf eine hohe Zypresse, die wie ein Finger durch die Nebel mahnte.

Die Spitze zitterte, und langsam neigte sich der Baum zur Seite. Im gleichen Augenblick verschoben sich die Häuser, knirschten, stöhnten und sanken in sich zusammen.

Das Erdbeben hatte kaum die Zeit gedauert, die man brauchte, um einen Krug Wein aus dem Pithos zu schöpfen, und trotzdem war fast die Hälfte des Dorfes zum Ruinenfeld geworden.

»Wir müssen schnell Zagreus und Thalos opfern!« schrien mehrere Frauen und liefen kreischend auf und ab.

»Ein reines Mädchen wird die Götter versöhnen!« flüsterte einer. Ein Hirte sagte: »Nein, wir müssen zwei Opfer darbringen; eines für Zagreus und eines für Thalos.«

»Zwei Kinder, sie sind noch rein«, sagte ein Mann, der schon oft bei den Feierlichkeiten geholfen hatte, die von den Priesterinnen zu Ehren der Götter abgehalten wurden.

»Zwei Kinder?« wiederholte Enos, und sein Herz wurde schwer.

»Es eilt«, klagte ein Bauer. »Vielleicht geht schon heute die Welt unter. Wir müssen jetzt opfern, sonst ist es vielleicht zu spät...«

Die fünf ältesten Männer des Dorfes zählten die Familien auf, die Kinder hatten. Es waren fünfundzwanzig. Dann suchte einer fünfundzwanzig Blätter von einem Feigenbaum, legte diese auf den Boden. Unter zwei Blättern verbarg er dann ein langes und ein kurzes Stäbchen. Das kleine Stäbchen besagte, daß der Vater das jüngste und das größere, daß er das älteste Kind zu opfern habe.

Einer der Alten bestimmte, welcher Mann ein beliebiges Blatt hochzuheben hatte. Als Enos seines nahm, lag unter ihm ein kleines Stäbchen.

»Du hast Enuma zu opfern«, sagte sein Nachbar und berührte gütig und teilnahmsvoll mit seiner Wange die von Enos.

Zu jener Stunde, als die Bauern des Dorfes Malia den Göttern einen Jungen und ein Mädchen als Bittgeschenk opferten, versuchten ein Priester, eine Priesterin und ein Tempeldiener im Heiligen Haus, der Kultstätte des Palastes von Acharna[1], ebenfalls, die Götter durch ein Menschenopfer zu versöhnen. Das Los hatte einen jungen Mann von achtzehn Jahren bestimmt, der gefesselt auf den Altar gelegt wurde. Mit einem Dolch, der geschärft worden war, durchschnitt ihm der Priester – wie es auch bei den Tieropfern das Ritual verlangte – die Kehle. Das Blut begann zu fließen, wurde zum heiligen, zum göttlichen Blut. Die Priesterin fing es auf, um damit das Spendengefäß, ein Rhyton aus Silber und Gold in Form eines Stierkopfes, zu füllen. Dann gab sie das Gefäß dem Tempeldiener. Als dieser durch die Vorhalle zur Kultstatue ging, zerbrach ein gewaltiger Erdstoß zuerst das Dach des Hauses und dann die Mauern. Balken und Steine fielen herab und töteten den Priester neben der Leiche des Opfers. Auch die Priesterin und der Tempeldiener fanden den Tod.

Vier Tage lang bebte die Erde. Aus dem Meer sprangen riesige Flammen, weithin kochten und brausten die Wogen. Da und dort tanzte auf dem Wasser eine rotglühende Masse.

Es war im Sommer, als der Tag plötzlich zur Nacht wurde. Aus dunklen Wolken, die in dichter Folge vom Meer her in das Land zogen, fielen stundenlang weiße Flocken, die wie Asche auf die Erde sanken. Schon nach wenigen Tagen waren an manchen Stellen die Felder bereits handhoch von ihnen bedeckt. Die Blüten und Früchte, die Saat und die Ernte erstickten. Es gab Bäume, die von der fallenden Asche alles Laub verloren hatten, und ihre Zweige waren von großen Steinen abgeschlagen worden. Manche Wolke bestand viele Stunden nur aus Dämpfen, die sich mit stickigem und beißendem Geruch auf die Menschen senkten.

Anuto humpelte auf Enos zu, stützte sich erschöpft auf seinen knorrigen Stock. »Die Felder und Bäume werden lange ohne Frucht bleiben«, klagte er. »Es ist, als ob alles Leben sterbe. Ich sah soeben Olivenbäume, die nur noch als verbrannte Stümpfe aus der Asche ragen. Man könnte meinen, daß vom Himmel Feuer falle.«

Wieder umgab sie ein donnerndes Geräusch. Eine Frau kam fast ekstatisch gelaufen. »Kommt alle zum Strand, kommt alle zum Strand!« rief sie schon von weitem. Als sie dann vor ihnen stand, gellte sie: »Das Meer ist ein großes Stück von der Küste zurückgewichen, am Strand liegen Fische und riesige Langusten. Wir brauchen sie nur aufzuheben. Die Götter haben uns geholfen, sie erbarmen sich unser.«

Von allen Seiten kamen Menschen mit Taschen und Körben, liefen zum Ufer, suchten und sammelten. Plötzlich, von einem Atemzug zum anderen, kamen die Wellen wieder zurück und warfen sich wie hungrige Hunde auf die Menschen, die in Gier und Glück die Fische aufhoben, nur diese sahen und nicht das Unglück, das auf sie zueilte.

Zuerst schrien wenige, dann viele, und als es Abend wurde, wußte man, daß über dreißig Bewohner des Dorfes von den Wellen mitgerissen worden waren oder zerschmettert auf den Klippen lagen.

Die Nacht war vergangen, der Morgen tauchte das Land in sein erstes Licht. Enos stand voller Unruhe auf. Als er langsam zur Küste ging, folgte ihm Alko.

»Laß mich bei dir sein«, bat sie, »ich habe Angst.«

Sie hielten sich an der Hand, wanderten dahin, lauschten auf das eigenartige Rauschen und Donnern des Meeres. Eine Weile standen sie dann auf einem kleinen Hügel, sahen auf das Meer, das von unzähligen riesigen Wellen aufgewühlt war, deren Dröhnen immer stärker wurde.

Wieder fiel Asche vom Himmel, die Luft wurde heiß, stickig und schwefelhaltig, hatte den Geruch glühender Schlacke. Plötzlich begannen die Wellen mit rasender Geschwindigkeit hochzuspringen. Dann bildete sich im Norden eine riesige Wasserwand. War sie vierzig, fünfzig oder mehr Bäume hoch?

Enos warf sich mit Alko hinter die Fundamente eines Herrenhauses, das vor Jahrzehnten durch ein Feuer zerstört und nicht wieder aufgebaut worden war.

»Komm!« schrie er und zwang das Mädchen in eine kleine Höhlung, die durch Quadern gebildet wurde. »Halte dich fest!« rief er. Selbst krallte er sich mit aller Kraft in den Boden, fand eine Wurzel, klammerte sich an sie und versuchte, neben Alko den Kopf in der schützenden Höhlung zu bergen.

»Du«, fragte Alko voller Angst, »ist diese riesige Welle, die auf uns zurast, der Tod?«

»Es sind Sturmfluten«, sagte er, als das gewaltige Rauschen und Donnern immer näher kam.

Dann sah er es: Die Wasserwand wogte heran, ihr folgte eine zweite, noch gefährlichere und schauerlichere. Die Mauern schwankten unter dem Anprall der riesigen Woge. Viele Erdstöße hatten bereits die Fundamente der Ruine gelockert, die ohnedies kaum die Chance einer Rettung verhießen. Der gewaltige, langgestreckte Bau, der auf einer Seite noch mit einigen Wänden hochragte, ergab sich wie ein Stier, der mutlos den Kopf senkte, um vom Priester den Todesstoß zu empfangen. Die Quadern verschoben sich, als wären sie nichts. Eine Wand brach zusammen. Holz splitterte, ein langer Balken ragte wenige Sekunden hoch, als wolle er sich wehren, und versank dann ebenfalls in den Fluten.

»Halte dich fest!« stöhnte Enos verzweifelt und versuchte erneut, auch sich in die kleine Höhlung zu schieben, wo Alko lag.

Er spürte, wie ihn Wasser umgab, und rang nach Atem. Das Rauschen und Heulen wurde zum Orkan, zu einem siegesgewissen Drachen, der seiner Beute sicher war, sie nur noch spielend umkreiste.

Aus einem Instinkt heraus löste Enos das Bastseil, das er um den Leib trug. Er hatte mit ihm den Pferch verschließen wollen, damit die Tiere in ihrer Angst nicht ausbrechen konnten. Es ging jetzt, das fühlte er, um das Überleben. Mit der linken Hand krallte er sich an die Feigenwurzel, zappelte in gurgelnden Wogen, rang nach Luft, versuchte, seinen Kopf vor den tobenden Wassermassen zu schützen, die ihn umwirbelten und fast ertränkten. Es gab Wellen, die zermalmend wirkten. Steine schwammen in ihnen, als wären sie Kork. Bäume trieben entwurzelt, verfingen sich. Irgendwo weinte in der Nähe ein Mensch, wimmerte und stöhnte.

Obwohl die rechte Hand wund war und zwei Finger wie gebrochen wirkten, versuchte Enos, das Seil durch die Wurzel zu ziehen, an die er sich klammerte, als wäre sie die einzige Rettung. Eine riesige Welle hob ihn hoch, warf ihn an die Felsen. Mit blutenden Fingern, die kaum noch dem Willen gehorchten, gelang es ihm dann doch, sich an der Wurzel festzubinden. Einen Atemzug später – es ging um Sekunden, weil wieder eine riesige Woge nahte – schlang er das Seil um die Hüfte Alkos, die vor ihm lag.

Es gurgelte und donnerte, als die Welle über das Mauerwerk brach und sich schmatzend auf sie warf. Enos drückte sich auf den Boden, versuchte, sich mit den Beinen an einer Mauer abzustemmen, um nicht zerschmettert zu werden. Wieder rang er nach Atem, brauchte einige Zeit, um festzustellen, daß der Schmerz, der sich in sein Herz grub, von einem Stein stammte, auf den er mit seinem Oberkörper geworfen worden war.

In fast regelmäßigen Abständen kamen nun Fluten, die – als wären ihre Schaumkronen die geifernden Mäuler riesiger Untiere – nach ihnen griffen.

Enos war es, als liege er in einem Fluß, der in einem gewaltigen Hochwasser überschäumte. Nahe trieb ein Baum vorbei, und an ihm hing eine Frau, die gellend schrie.

Wenige Minuten waren es nur, während derer die Wellen kleiner wurden. Als Enos über die schützenden Felsen sah, lag einige Füße entfernt das Wrack eines Seglers. Es schien, als wäre es vom Himmel gefallen, denn bevor die Flut kam, hatte er auf dem Meer weit und breit kein Schiff gesehen. Die Masten des Seglers hingen auf die Landseite, der Rumpf war aufgerissen, und in den Wassern trieben, wie spielerisch verstreut, einige Amphoren.

Am Horizont nahte wieder ein Schatten, der erneut zu einer vernichtenden Wasserwand wurde. Dann sah Enos, daß an den Fundamentresten des Herrenhauses, hinter denen er mit Alko lag, ein Baum hing, und an ihn sich ein Mann festgeklammert hatte. Seine Augen blickten wie irr. »Ich kann nicht mehr, ich kann nicht mehr!« begann er zu stöhnen.

Enos löste das Seil von der Wurzel, sprang über die Felsen und wollte den Mann zu sich holen, doch krallte sich dieser so an das Geäst, daß jede Hilfe aussichtslos schien. Es blieb Enos nichts anderes übrig, als einen Stein zu nehmen und ihm damit auf die Hände zu schlagen. Sie lösten sich in tiefem Schmerz, zuckten und zitterten.

Die Wasserwand nahte, es ging um Sekunden. So schnell er konnte, schleifte er den Mann an den Beinen zu den schützenden Felsen, warf ihn zwischen die Fundamente und versuchte, sich, den Mann und Alko wieder an der Wurzel, die hart wie Stein war, festzubinden.

Erneut tanzten und johlten tausend Geister der Unterwelt um ihre Leiber. Während die Felsen von ungeheuren Wogen umgurgelt wurden, stemmte sich Enos mit beiden Händen von den Felsstücken ab, damit die Wellen ihn nicht doch noch zerschmetterten.

Waren es Tage oder Stunden, in denen sich Enos hinter die Steine duckte und versuchte, sich, Alko und den Mann zu retten?

Dann ließen die Fluten nach. Doch der Himmel war noch dunkel, in der Ferne donnerte und blitzte es fast ununterbrochen.

Langsam erhob sich Enos, stützte Alko und auch den Mann. Erschöpft und durchnäßt humpelten sie dorthin, wo ihr Dorf gelegen hatte. Es war verschwunden. Kleine Hügel aus Steinen, Ziegeln und Balken kündeten davon, daß hier einst ein Haus gestanden hatte. Es gab keinen Dorfplatz mehr, die große Platane, die viele Festlichkeiten beschattete, war weg. Die Wogen hatten alles niedergerissen und glattgewalzt. Enos und Alko waren so schwach, daß sie oft schon nach wenigen Schritten zusammenbrachen, wie Tiere auf allen vieren weiterkrochen. Hunger quälte sie, und so suchten sie nach Wurzeln, Insekten, Käfern und Beeren, die die Flut überstanden hatten. Dann sahen sie einen Mann, der mit Schaum vor dem Mund schreiend wie irr einen Hang hinauftorkelte.

Enos hielt verzweifelt die Hand Alkos fest und zog das Mädchen wie ein Bündel hinter sich her. Es war ihm, als könne er nicht mehr denken; aus seinen Lippen kamen, wenn er sprechen wollte, unverständliche Worte. Die Brust schmerzte unter einem Druck, als hingen schwere Steine an den Lungen, als wollten sie diese herab in den Magen zerren. Die Hände zitterten, und in seinen Zehen hatte er kein Gefühl mehr, als wären sie abgestorben. Wenige Schritte nur ging er aufrecht, stolperte dann. Eine letzte Geste war es, daß er Alko auffing, die auf ihn fiel. Sie lagen auf glitschigem Boden, krallten sich wie Ertrinkende aneinander, klagten, rangen nach Atem und sahen sich mit Tränen in den Augen an. Als sie wieder aufstanden, hielten sie sich in den Armen und küßten sich. Dann wankten sie durch die Reste des Dorfes. So sehr Enos suchte, es gab auch sein Haus und damit Lato, seine Frau, und Aspu, den Sohn, nicht mehr.

Alko sank auf den Boden und wimmerte: »Hunger!«

Enos nickte nur, wußte, daß sie etwas zu essen brauchten. Zwischen geborstenen Mauern sah er eine alte Tasche aus Leder, in der die Hirten und Bauern ihre Nahrung auf die Felder getragen hatten.

Die Gedanken kamen schwerfällig, wuchsen aus der Hoffnung, daß sich in ihr noch Oliven befanden oder der Rest eines Fladens. Dann formten sich die Gedanken zu dem Wunsch, daß das Leder vielleicht vom Öl der Oliven durchtränkt war, daß es ebenfalls Rettung gab. Und so sammelte er Leder, das in irgendeiner Form den Menschen gedient hatte. Da war ein Riemen so eingefettet, daß er jetzt noch weich war, dort fand er einen ledernen Becher, der sogar noch etwas Honig enthielt.

Alko hatte einen Kessel entdeckt, suchte Holz für ein Feuer. Enos brauchte lange, bis er trockenes Hartholz fand, mit dessen Hilfe er eine Flamme schaffen konnte. Langsam begann dann das Moos zu glimmen, und es währte einige Zeit, bis es ihm gelang, daraus ein Feuer zu entfachen.

Alko schrie vor Glück, als sie auch noch einen Topf fand, der geschützt unter einer Mauer stand und Wasser enthielt. »Ich mache uns eine Suppe«, lallte sie, legte einige Lederstücke in das Wasser und rührte die entstehende Brühe. Enos suchte nach Kräutern, nach etwas Eßbarem, um die Suppe aufzubessern.

»Halt!« rief er, denn unter einem Felsen versuchte sich soeben eine Schlange zu verbergen. Er fing sie, schlug ihr mit einem Stein den Kopf ab und warf sie dann, so wie sie war, in den Kessel. »Es ist Fleisch!« ächzte er. Dann fand er einen kleinen Igel. Grob gehäutet wanderte auch er in die Suppe.

Es war nach vielen Tagen, als aus Malia ein Marin kam, der erzählte, daß er sein Schiff verloren habe, es von einer riesigen Welle mitten in die Gebäude des Palastes geworfen worden war.

»Das Meer ist weithin von großen schwimmenden Inseln aus Bimssteinbrocken bedeckt. Sie treiben langsam auf uns zu«, berichtete ein anderer. »Sie kommen aus dem Norden und schwimmen nach Süden.« Er nickte, als müsse er seine Worte bestätigen. »Um diese Zeit wehen die Winde aus dem Norden. Bei Südwind würden diese Bimssteinfelder zum Festland, hinüber zu den Mykenern, treiben.«

»Was geschah eigentlich?« fragte ihn ein Bauer, der zu den wenigen Überlebenden des Dorfes gehörte.

»Wir segelten hierher, sahen dann, wie die Insel Kalliste[2] von einem riesigen Feuer verschlungen wurde. Schon viele Tage hatte sie, erzählte man mir, unter dem bevorstehenden Ausbruch gebebt. Als der Vulkan dann die Insel zerriß, wurden ungeheure Massen feinster Asche ausgeworfen. Der Ausbruch schleuderte sogar große Steine in die Luft. Wir alle haben es gesehen. Ich bin überzeugt, daß nur noch kleine Reste der Insel übriggeblieben sind. Bei uns in Malia ist der Palast zerstört, auch der von Zakros ging unter. Ich erfuhr es gestern. Knossos steht noch, wurde nur teilweise vernichtet. Mein Bruder wohnt in der Nähe und übermittelte mir, daß der Ida mit einem dicken Aschenüberzug bedeckt ist, daß Tausende und Abertausende Menschen in den alles vernichtenden Seebebenwogen ihr Leben einbüßten.«

»Ein Seher sagte mir«, berichtete ein anderer, »daß, wo Thalos das Land berührte, es sofort schmolz. Als dann die Fluten kamen, ertränkten sie viele Städte und Dörfer.«

»Wenn ich schreiben könnte, würde ich alles aufschreiben«, meinte Enos.

Der Kapitän erzählte: »Dem ersten Ausbruch folgte eine

Pause. Dann kamen kleine Explosionen, die immer stärker wurden. Nun setzten die Explosionen mit voller Gewalt ein. Riesige Felsstücke wurden weit hinausgeschleudert.«

»Bei mir liegt die Asche auf den Äckern mehr als fünf Handbreiten hoch«, klagte ein Mann, den sie nicht kannten, der aber bei ihnen Zuflucht gesucht hatte, weil es auch sein Haus und seine Familie nicht mehr gab.

»Die Wogen kamen mit einer rasenden Geschwindigkeit, sofort war um mich tiefste Finsternis«, berichtete ein anderer.

»Wir sollten das alles wirklich aufschreiben«, lispelte ein Alter, »damit man später weiß, was bei uns geschah. Man sollte dann auch sagen, daß der Vulkan im Sommer Kalliste zerriß.«

Der Kapitän erhob sich und ging erregt auf und ab. »Ja, wir sollten alles aufschreiben und die Berichte sammeln. Ich erlebte am ersten Tag einen ununterbrochenen Regen von feinem Staub. Am nächsten Tag lag er auf meinem Schiff wie weißer Sand. Er deckte alles zu, man trat überall auf ihn. Und dann wurde es dunkel.«

Ein weiterer Kapitän sagte: »Ich kam mit meinem Schiff von Byblos nach Kreta. Die letzten zwei Tage waren um mich fast ununterbrochen große Mengen von treibendem Bimsstein. Schon vorher, als ich auf einer Insel Frischwasser holte, fand ich auf ihr eine Handbreit hohe Aschenschicht. Und«, er sah nachdenklich vor sich hin, »ich fand Treibholz und ein Fischerboot weit in die Insel hineingeschleudert, was bedeutet, daß es eine Woge von mehr als dreißig Zypressen Höhe gegeben haben muß.« Er stockte erneut und blickte hilflos auf den Boden. »Die Druckwellen des Vulkanausbruchs haben die Wände der Paläste in Zakros und Malia wie welkes Laub durcheinandergewirbelt. Sogar Phaistos soll zerstört worden sein.«

»Bei mir liegt die Asche teilweise zwei Handbreiten hoch auf den Feldern. Das besagt«, meinte einer lakonisch, »daß der Boden viele Jahre keine Saat annehmen und es daher auch keine Ernte geben wird.«

Eine ältere Frau erzählte und knetete dabei ununterbrochen die Hände: »Mein Haus, das von den Fluten verschont blieb, brach zusammen, weil auf ihm eine dicke Schicht Asche lag.«

»Überall liegen Tote«, klagte ein Handwerker. »Mir fehlt die Kraft, sie zu bestatten. Fast täglich kommen jetzt von den Bergen Hungernde. Die einen betteln, die anderen sind bereit, wegen einer Handvoll Korn zu töten.«

Ein Fischer von der Insel Anafi sagte so leise, daß man ihn kaum hörte, daß bei ihnen eine Aschenschicht von über die Höhe einer Zypresse liege und alles Leben erloschen sei. Er schluckte heftig und schloß: »Sogar die Bäume sind erstickt.«

»In Amnissos wurde ein Haus von den Fluten so vom Boden weggerissen, daß man meint, es hätte nie dort gestanden. Stellt euch vor«, berichtete ein anderer Fischer, »die Wogen waren so stark, daß sie riesige Quadern fortgeschleudert und oft weit ins Land hineingetragen haben.«

Enos nickte ernst und sagte mit schwerer Stimme: »Meine Familie ist tot, mein Haus nur noch ein kleiner Hügel. Es gibt dort keinen Stein und keinen Balken mehr, Schlamm und Asche bedecken alles. Die Wogen, die mein Haus und das Dorf zerstörten, müssen eine Höhe von über dreißig bis vierzig Bäumen gehabt haben. Manche sprechen von Wellen mit über fünfzig Bäumen Höhe.«

»Ich sah an mehreren Stellen Schiffe«, erzählte der Kapitän, dessen Schiff in den Palast von Malia geworfen wurde, »die weit ins Land geschleudert worden waren. Es kann sein, daß die ganze kretische Flotte unterging.«

»Ob wohl alle Bewohner von Kalliste ums Leben kamen?« fragte Enos und sah auf die Männer, die ihn umstanden oder erschöpft auf dem Boden kauerten.

Der Kapitän versuchte, eine Antwort zu geben. »Man sagt«, meinte er vorsichtig, »daß sich der Ausbruch des Vulkans anzeigte und dort die Städte von den Menschen verlassen wurden. Man muß jedoch damit rechnen, daß die Schiffe mit Flüchtlingen, die zu spät die Insel verließen, durch die riesigen Steine, die der Vulkan auswarf, versenkt wurden oder in den Wirbeln der Explosionswellen und in den Stürmen des Meeres untergingen.«

»Wie kam es eigentlich zu diesen riesigen Wellen?« rätselte Enos. »Es muß dafür doch eine Ursache geben.«

Wieder war es der Kapitän, dessen Schiff in den Ruinen des Palastes von Malia lag, der stockend, als fiele ihm das Sprechen schwer, die Antwort gab. »Der Ausbruch des Vulkans auf Kalliste dürfte ein unterirdisches Erdbeben verursacht haben, das dann diese riesigen Wellen auslöste. Ein Freund, der eine solche Springflut schon einmal erlebte, sagte, daß sie oft die Geschwindigkeit des Windes erreichen würden. Das Gefährlichste an ihnen ist, daß sie im Flachwasser zu hohen Sturzwellen werden, die durch ihre Gewalt in allen Häfen und küstennahen Städten verheerende Zerstörungen anrichten.«

»Ob auch Südkreta betroffen wurde?«

»Durch die Fluten nicht, aber durch den Aschestaub, der auch dort niederfiel und an vielen Stellen alles Leben bedeckte. Natürlich richteten die Beben im ganzen Land ungeheuren Schaden an.«

»Wie weit drangen die Springfluten wohl in das Landesinnere ein?«

»Bestimmt bis an die Berge. Südlich von Knossos liegt Acharna. Dort wurden auch alle Bauwerke und Pflanzungen, teils durch die Erdbeben und teils durch die Fluten, vernichtet. Die Landschaft hat sich«, meinte er eindringlich, »auf Kreta völlig verändert. Die Bäume, die Felder und die Quellen – sie erlauben ja erst das Leben – wurden fast völlig ausgelöscht.«

»Ist der Vulkan auf Kalliste nun wieder ruhig?«

»Ja und nein. In kleinen Abständen bricht er immer wieder aus, richtet jedoch keinen Schaden mehr an. Es gibt dort nun heiße Quellen, die aus einem der Krater vor der Insel zusammen mit schwefelhaltigen Gasen austreten. Alles Böse hat auch...«

»Was?« fragte Enos.

»Sein Gutes.«

»Verstehe ich nicht.«

»Die Fischer segeln nun dorthin, vertäuen für einige Zeit ihre Schiffe an den Felsen, warten, bis das Giftwasser der Quellen an ihnen den Algenbewuchs und die Bohrwürmer abgetötet hat. Dann fahren die Boote mit blanker Unterseite wieder zurück an ihre Arbeit.«

Man sah es dem Kapitän an, daß ihn der Verlust seines Schiffes tief getroffen hatte. Seine Lippen zitterten jetzt noch durch den Schock, und erregt knetete er seine Hände. »Auch die Winde machen uns Sorge, wenn sie das Meer aufwühlen«, sprach er vor sich hin.

Enos nickte. »Ja, die Winde . . .«, meinte er. »Sie können kalt und heiß, schwach und wild sein. Die Götter schicken sie. Es gibt Götter, die unser Kreta lieben, und solche, die es hassen.«

»Und diese haben uns die große Flut, die vielen Beben und die Asche geschickt«, klagte ein Bauer.

»Das Leben ist wie der Wind«, antwortete Enos. »Es kommt und geht, wechselt zwischen Licht und Schatten, zwischen Freud und Leid. Es ist, als habe es einen Rhythmus wie die Natur, wo es die verschiedenen Jahreszeiten gibt. Der Mensch ist Säugling, Kind, reift zum Manne, und kaum hat er das Leben wirklich begriffen, stirbt er schon wieder. Alles ist Wechsel, ist ein Auf und Ab, ein Hin und Her. Die Sonne entsteht im Osten und wandert nach Westen. Bald könnte man meinen, daß alles, was wir erleben, nur ein Traum ist. Habe ich wirklich einmal ein schönes Haus mit mehreren Räumen gehabt, oder träume ich das alles nur? Ist das Denken in uns vielleicht nur ein Traum, ein Zauber, gesponnen aus Zeit und Raum? Ist es Tatsache«, fragte er, »daß ich einmal eine Frau und zwei Söhne hatte?«

Er legte den Arm um Alko, die neben ihm saß. »Wenigstens habe ich dich noch«, sagte er leise. Dann sprach er wieder laut weiter: »Vieles ist aber Wirklichkeit: Die Erdbeben und die Flutwellen, die in Kreta viel zerstörten, der Ausbruch des Vulkans auf Kalliste und die Tatsache, daß es weit und breit keinen Baum und Strauch mehr gibt. Sogar die Quellen sind versiegt. In den Bergen hungern und verhungern die Menschen. Tatsache ist auch, daß wir nur noch für wenige Tage Nahrung haben; es sind die kümmerlichen Reste, die wir mühsam aus den Kellern und Vorratsgruben scharren konnten.«

Sie diskutierten, stellten Fragen, suchten Antworten, sprachen immer wieder von der Pein, die sie zu ertragen hatten, bis eine Frau ihnen mit der Hand drohte: »Ihr redet und redet«, rügte sie. »Davon werden wir nicht satt. Was nützt das Geschwätz, tut doch etwas, sonst verhungern wir noch.« Sie stand müde auf, nahm ein kleines Messer und versuchte, unter den umgestürzten Bäumen und unter den Felsen das dort noch stehengebliebene Gras zu schneiden. Dann barg sie es wie kostbarstes Gut in ihrer Schürze, trug es zu den Resten ihres Hauses und breitete es auf dem Boden aus, damit es bis Sonnenuntergang trocken werde.

Ein Mann ritt auf einem Esel heran. Man bestaunte ihn wie ein Wunder. »Du hast ihn retten können?« fragten sie ihn fast gleichzeitig.

»Ich bekam ihn von der Südküste, gab dafür meine Tochter. Ward ihr schon im Palast, wie sieht es dort wohl aus?«

Der Kapitän ging auf ihn zu. »Es gibt nur noch kümmerliche Reste. Da erheben sich riesige Quadersteine, dort führt eine Treppe nirgendwohin. An mancher Stelle sieht man Säulenstümpfe, doch fehlen die Säulen; sie liegen geborsten weit im Gelände verstreut. Vereinzelt kann man noch Wohnräume, Hallen, Korridore und Treppen erkennen. Der Mittelhof sieht nackt und kahl aus. Ich kannte die Gebäude, wo die Werkstätten der Elfenbeinschnitzer und Goldschmiede waren; sie sind weg. Hinten, beim Friedhof, fand ich, halb von Schlamm und Trümmern bedeckt, einen Berg von Toten. Da ragt eine Hand aus dem Schutt und dort ein Bein.«

»Und wo blieben der König, sein Hofstaat, die Beamten, Diener und Sklaven?«

»Ich weiß es nicht, sie werden wohl alle umgekommen sein...«

»Wir brauchen wieder einen König«, sagte ein Hirte, »alleine sind wir zu schwach, zu müde, um das Land wieder fruchtbar zu machen.«

»Zagreus schuf den Drei-Achtjahre-Zyklus, bildete damit das große Jahr, und dieses war die Regierungszeit des Königs. Zagreus wird uns wieder, wenn die Zeit gekommen ist, einen König geben«, antwortete Enos ernst.

»Ob man Malia wieder aufbauen wird?« fragte ein anderer.

»Wer soll es aufbauen?« riefen sie alle fast gleichzeitig. »Zu welchem Zweck, wenn wir keinen König haben? Mit welchen

Handwerkern? Wir selbst sind wahrscheinlich nicht einmal in der Lage, die Asche von den Feldern zu kratzen, in den Schluchten und an den Hängen Stellen zu finden, wo wir Gerste anbauen könnten. Die Olivenbäume sind verdorrt. Es wird viele, sehr viele Jahre dauern, bis wir wieder Öl haben. Nicht nur die Bäume und Felder erstickten, sondern auch die Tiere. Habt ihr in den letzten Tagen Mäuse oder Ratten gesehen? Starben nicht auch alle Vögel?«

Alko drückte sich an Enos, griff mit beiden Händen nach seinem rechten Arm. »Du«, hauchte sie, »ich habe Hunger und Durst. Gibt es denn nirgends etwas Wasser? Ich sterbe sonst.«

Ein Mann nahm eine Schaufel. »Wir müssen etwas tun, dürfen nicht nur reden. Wer hilft mir?«

Einige sahen ihn ängstlich und abwehrend an.

»Ich kenne eine Quelle«, sagte er und nickte zuversichtlich. »Sie wird wie die anderen zugedeckt sein. Wenn wir die Asche wegräumen und sie öffnen, haben wir wieder Wasser. Sie ist drüben, hinten im Tal. Natürlich werden wir das Wasser nicht bis hierher tragen können.« Nun wandte er sich an den Mann, der mit dem Esel gekommen war. »Bleibst du bei uns?« fragte er.

Als dieser nicht gleich antwortete, drängten sich einige an ihn. »Bleib, hilf uns mit deinem Esel. Wir könnten, wenn die Quelle wieder Wasser gibt, dich gut bei uns brauchen. Wenn auch die Äcker einige Jahre nicht bestellt werden können, sollten wir doch wenigstens kleine Gärten anlegen, aber sie brauchen Wasser.«

»Auch wir«, sagte einer mahnend, »brauchen das Wasser, sonst schaffen wir es nicht.«

Enos und ein Töpfer, der ihm half, organisierten das Leben der übriggebliebenen Bewohner des Dorfes. Vier Männer gingen zu der Quelle, acht Männer mußten aus den Trümmern Behelfsunterkünfte bauen. Die Frauen erhielten die Aufgabe, Stellen zu finden, wo die Asche niedrig lag, eine Hauswand oder ein Felsen die Winde mit ihrem Staubregen gemildert hatte. »Wir müssen kleine Äcker anlegen und dort all das anpflanzen, für das wir Saat finden«, befahl er.

Nach mühsamen Stunden kam Alko auf ihn zugelaufen und berichtete freudestrahlend: »Ich habe etwas gefunden, komm!«

Dann sah es Enos. Sie hatte unter einer Hauswand, die von der Flut umgerissen wurde und nur knapp von Lavaasche bedeckt gewesen war, fruchtbaren Boden entdeckt. Mit primitivstem Werkzeug bearbeitet, zeigte er bereits Furchen, die, wenn sie Samen und Wasser erhielten, eine Ernte versprachen.

Voll Freude blickte er auf die bereits vorbereitete Erde und dankte den Göttern, daß sie Kreta wieder die Hand reichten.

»Was nützt alles Beten, wenn wir kein Wasser haben«, sagte ein Mann, der erschöpft am Boden hockte und wahrscheinlich zugesehen hatte, wie Alko die Asche wegräumte, die Lehmwand zerschlug, um sie auf die Seite schieben zu können. »Die Götter sind gegen uns«, murmelte er eigensinnig vor sich hin.

»Sind sie wirklich gegen uns?« fragte Enos.

»Du siehst es doch«, war die lakonische Antwort. »Vorne an der Straße liegen wieder zwei Menschen, die vor Hunger umfielen und starben.«

»Ich opferte einen Sohn«, wehrte Enos die Hoffnungslosigkeit des Mannes ab.

»Was hast du damit erreicht?«

»Ich weiß es nicht«, flüsterte er. Dann sah er Alko zu, die erneut die Erde lockerte, und freute sich über ihre Tatkraft.

»Alko!« rief er leise.

Sie blickte hoch und lächelte ihn an.

»Jetzt habe ich nur noch dich«, sagte er. Dann begann er zu grübeln. Ena, die Schwester seiner Frau und Mutter Alkos, wurde getötet, als Piraten das Dorf überfielen, in dem sie wohnte.

Ihren Mann nahmen die Seeräuber als Sklaven mit. Lato hatte Alko zu sich genommen, als sie vier Jahre alt war. Lag es daran, daß er nur Söhne, selbst keine Tochter hatte, daß er sie annahm, als wäre sie sein eigenes Fleisch und Blut? So sehr er seine Söhne liebte, Alko war für ihn immer etwas Besonderes, und ein geheimnisvolles Band hielt sie zusammen. »Ja«, sagte er und seufzte, »jetzt habe ich nur noch dich. Du wirst es nicht leicht haben, bist noch Mädchen und sollst zugleich schon Frau sein. Werden wir die Kraft haben, uns zu achten und viele Jahre zu helfen?«

»Ich werde immer bei dir bleiben«, antwortete sie glücklich.

»Immer? Und wenn ein Mann kommt, der dich braucht und begehrt? Er wird dich lieben, wird dir gut sein...«

»Keiner braucht mich so wie du. Ich werde dich lieben, solange ich lebe.«

»Wie lange werden wir noch leben? Man sagt, daß bereits viele verhungern.«

»Wir schaffen es«, meinte sie zuversichtlich. Dann sprach sie leise weiter: »Ich schaffe es, weil ich dich sehr liebe.«

»Du!« sagte Enos und strich ihr zärtlich über den Kopf.

»Ja!« antwortete sie und lehnte sich an ihn und barg ihr Gesicht an seine Brust.

»Ich habe einst einen Sohn geopfert. Hast du nicht Angst vor mir?«

»Warum denn? Du gabst ihn ja den Göttern.«

»Sie haben aber dieses Opfer nicht angenommen; er starb also umsonst.«

»Du?« fragte sie nun.

Enos nickte nur und koste ihr den Nacken und den Rücken.

»Ja?« antwortete er dann und küßte sie auf die Schläfe.

»Wenn die Götter dein Opfer angenommen hätten, es dir damit gelungen wäre, sie für dich zu gewinnen, wärst du bevorzugt worden.«

»Wieso?« fragte er verblüfft.

»Andere, die nicht ein Kind geben konnten, wären dann weniger wert gewesen.«

»Wie meinst du das?« fragte er erneut bestürzt.

»Du hast Enuma den Göttern gegeben. Es gibt Väter, die nicht opfern durften. Sind sie darum weniger? Erhören uns die Götter nur, wenn sie reiche Gaben erhalten? Wenn ja, wären sie käuflich, und es wäre nicht gut, die Götter durch Opfer kaufen zu können.«

Als Enos verwirrt auf Alko sah, richtete sie sich auf, ordnete sich das Haar und stand vor ihm, als wäre sie Lato, seine Frau.

»Die Götter dürfen nicht benützbar sein«, sagte sie und strich sich eine Strähne aus der Stirn. »Es ist ein Wahn, wenn wir glauben, sie wie eine Truhe mit Kleidern gebrauchen zu können. Wir wählen aus der Truhe, ordnen und bestimmen. Wir sollten uns im Umgang mit den Göttern ein besseres Verständnis zulegen und immerzu wissen, daß sie nicht käuflich sind.«

Enos schluckte erregt, und ein ungeheures Glücksgefühl ergriff ihn. »Alko«, sagte er stolz, nahm sie jetzt fest in die Arme, suchte ihre Augen und Lippen, küßte sie, und als sie sich wieder trennten, rangen sie beide vor Herzklopfen nach Atem.

»Wir werden sehr glücklich sein«, flüsterte Alko feierlich und strich sich wieder das Haar zurecht.

»Was ist Glück?« fragte er verwirrt.

»Wenn wir wieder genug zu essen haben, wenn wir beide wieder gemütlich wohnen dürfen und wenn . . .«

»Was?«

»Ich immer bei dir bleiben darf.«

»Alko, glaube es mir«, antwortete Enos ernst und hatte noch immer eine seltsame Atemnot, »dein Glück wird sein, einmal einen Mann zu finden, der zu dir paßt, der dich liebt und dem du – weil dein Lebensbaum Früchte tragen soll – Kinder schenkst.«

»Du bist dieser Mann«, sagte sie leise und senkte den Kopf, tat, als wolle sie die Furchen in der Erde prüfen, ob sie tief genug seien, um die Saat aufzunehmen.

»Du sollst einmal Mutter sein. .«

Sie nickte und lächelte zärtlich. »Ich werde Kinder haben, das weiß ich, und ich werde sie besonders lieben«, flüsterte sie wieder feierlich.

Enos grübelte erneut, zeigte dann seine Gedanken. »Du bist noch herrlich jung«, meinte er. »Ich werde bald alt sein. Vor mir liegen viel Mühe und Sorge, ich will alles tun, daß wir bald wieder froh sind.«

»Das ist es«, sagte sie ernst.

Als Enos sie fragend ansah, meinte sie: »Daß ich immer bei dir bleiben möchte. Du brauchst mich . . .«

»Es gibt bestimmt Männer, die im Alter besser zu dir passen, die dich auch brauchen und dir mehr Glück geben können.«

»Ich will immer bei dir bleiben«, sagte sie wieder. »Du liebst mich, seit ich bei dir bin.« Jetzt verzogen sich ihre Lippen in Güte. »Gut, du warst streng, hast mich sogar manchmal geschlagen. Auch dafür möchte ich dir danken.«

»Für die Schläge?«

»Nein, für die Strenge. Kinder kennen noch keine Grenzen, leben in uferlosen Träumen. Wenn ich nicht alljährlich meine Rosen am Tor zur Straße beschnitten hätte, wären sie zu einem wirren Dickicht geworden. Du hast mir Grenzen gesetzt und Pflichten auferlegt, hast gesagt, daß dies und das gefährlich enden könne. Die Wertvorstellungen, die in mir sind, bekam ich von dir. Ich arbeite gerne, möchte etwas leisten, und das alles hast du mir vorgelebt.«

»Danke«, antwortete Enos und sah sie stolz an. »Auch die Götter werden es dir danken«, fügte er hinzu.

»Dann wären sie wieder käuflich«, antwortete sie ernst. »Der Mensch ist ein fragendes und suchendes Wesen. Vom ersten Erwachen seiner Vernunft an beginnt er zu fragen. Wir sehen es bei jedem Kind. Weil unsere Antworten immer innerhalb der sichtbaren Welt entstehen, sind wir oft in der Notwendigkeit, als letzte Antwort, als Ursprung und Ziel unseres Seins die Götter anzugeben.«

»Das stimmt«, meinte Enos und nickte. »Die Frage nach den Göttern ist zugleich die Frage nach dem Sinn unseres Lebens. Wir streben irdische Werte an, brauchen Wasser und Nahrung, brauchen ein Dach über dem Kopf und innerhalb der Wände, in denen wir wohnen, Frieden und Glück.«

»Wir brauchen aber auch Gerechtigkeit, Wahrheit und«, nun sah sie stolz hoch, »sittliche Vollkommenheit.«

»Was ist sittliche Vollkommenheit?« fragte er nachdenklich.

Alko kam ihm nahe. »Das Einssein mit den Göttern und ihren Gesetzen.« Wenige Atemzüge später sagte sie: »Das Einssein mit seinem Gewissen, mit der Ordnung seines Herzens. Wir dürfen dieser Ordnung nie widersprechen.«

»Wie meinst du das?«

»Wenn du viel trinken oder Mohn rauchen würdest, täte mir das weh. Ich kann es vielleicht einige Zeit übersehen, könnte seelisch meine Augen verschließen. Auf die Dauer könnte ich jedoch nicht ertragen, wenn du mir Schmerz zufügst. Das ist es, was ich meine. Keiner darf immerzu gegen eine Grundeinstellung oder Ablehnung des anderen verstoßen. Ich glaube, daß das den Kern einer Liebe ausmacht. Ich meine nicht jene Verbundenheit, die für einige Tage oder Nächte reicht, sondern von Dauer ist.«

»Tage oder Nächte?« wiederholte er und sah sie forschend an. »Was weißt du als Mädchen schon von diesen Dingen?«

Die klaren Augen waren eine erste, beruhigende Antwort. »Du weißt, daß viele in meinem Alter schon heiraten. Damit sage ich, daß es in meinem Leben Bekannte und Freunde gab, die Wünsche äußerten.«

»Welche?« fragte er verblüfft.

»Alle. Das Leben ist keine Amphore, die streng verschlossen bleibt, sondern es ist offen, und jeder, der Sehnsüchte hat – und wer hat keine? –, kramt und sucht. Man wollte auch in mir suchen, doch mochte ich das nicht. An der Ecke der Straße, die in den Dorfplatz mündete, wohnte Tetu, der Schmied. Der Sohn sah mich gerne, sprach sogar davon, daß ich einmal seine Frau werden sollte. Er«, sie lächelte, »tat alles, um mich schwach zu machen. Wir gingen an die Küste, und – das gefiel mir sehr – er zeigte mir dort Buchten, wo die Keramik untergegangener Schiffe angeschwemmt wurde. Dapu verstand einiges von ihr«, erklärte sie, »und dann begann er, mich zu suchen. Es kam zu«, sie zögerte, sprach dann tapfer weiter, »Dingen, die ich erlaubte, und zu solchen, die ich nicht wollte und abwehrte. Und daran zerbrach eine«, sie sagte es ironisch, »nicht allzugroße Liebe. Er wollte mich wohl noch immer heiraten, aber ich war nicht mehr bereit, das mitzumachen, was ihm anscheinend sehr gefallen hätte.«

»Und sonst?« fragte Enos mit schwerem Herzen.

»Es gab nur flüchtige Bekanntschaften.«

»Wollten diese auch mehr?«

Sie nickte. »Jeder Mann sucht das, und jede Frau antwortet, daß sie dazu bereit ist, wenn sie liebt.«

»Und du wolltest das nicht?«

Alko grübelte, kniete sich auf den Boden und strich da und dort mit einem Stöckchen die Furchen tiefer. »Ich brauche Gerste und Wasser. Wenn die Götter uns helfen, kommen wir durch den Winter.« Sie stützte sich mit beiden Händen auf den Boden. »Konntet ihr schon die Quelle freilegen? Ich möchte auch Gemüse und Zwiebeln, Rüben und Erbsen anbauen. Wenn du mich sehr magst, mußt du mir die Möglichkeiten geben, mich so zu bestätigen.«

»Du brauchst dich mir nicht zu beweisen«, wehrte er ab.

»Das ist lieb von dir und ist heute deine Ansicht. Was ist morgen oder übermorgen? Ich möchte etwas sein, will mich bestätigen. Jede Liebe will sich beweisen, sonst ist sie nur Phrase, nur Schall und Rauch.«

Als Enos abends erschöpft berichtete, daß es ihnen gelungen sei, die Quelle freizulegen und sie, wenn er den Esel für eine gute Stunde bekäme, nun Wasser haben würden, nickte Alko froh.

Wie immer, legten sie sich nachts hinter eine Mauer, die die kalten Nordwinde abwehrte. Bevor sie einschliefen, richtete sich Alko auf. »Es ist noch so heiß«, flüsterte sie vor sich hin, als müsse sie sich entschuldigen, »ich will mich etwas abkühlen.«

Enos sah, wie sie aufstand, wie trunken auf und ab ging, sich dann das Kleid abstreifte und ein Tuch um die Hüfte band. Im Licht der Sterne schimmerte ihr Leib in erregtem Wandern.

Als sich Alko wieder neben ihn legte, atmete sie hastig. »Ist dir auch so heiß?« fragte sie und knüpfte sich das Hüfttuch ab. »Es ist schön«, seufzte sie und umarmte ihn, »daß ich bei dir so geborgen bin. Was täte ich ohne dich?«

Enos sank in das Traum- und Schlafland. Seine Gedanken wanderten zum Euphrat und Tigris, eine Stimme war es, die ihn weckte: »Dort werden die Menschenfrauen zu Müttern, und sie bedeuten die unendliche Fruchtbarkeit. Das Neue und das Beglückende ist bei uns, daß diese Mutter zugleich Tochter, Schwester und Geliebte sein darf.« Eine andere Stimme nahm ihm restlos den Schlaf: »Damit bezieht die Göttlichkeit auch den Vater in den Bereich der Liebe ein. Als Tochter gehört sie dem Himmelsgott an, als Weib gibt sie sich dem Vater hin. Weil dies so ist und immer so sein wird, trägt die Tochter in ihrem mütterlichen Leib den Himmel auf die Erde nieder.«

Enos war wach, starrte hoch zu den Sternen. Neben ihm lag Alko und hatte sich im Schlaf so fest an ihn geklammert, daß er sich kaum bewegen konnte.

»Du?« fragte sie plötzlich und richtete sich auf.

»Ja?« antwortete er, streckte vorsichtig die Arme und Beine, doch gelang es ihm nicht, den Kopf so abzuwenden, daß er nicht ihre Brüste berührte.

»Es gibt Religionen, die von der Heiligen Hochzeit sprechen, in ihr die höchste Verbindung zwischen Mann und Frau sehen. Was ist die höchste Verbindung, was ist die Seligkeit, die sie gibt?« fragte sie.

Ehe er antworten konnte, meinte sie: »Vielleicht ist diese Verbindung das letzte Glück in der Liebe, und Liebe ist immer Seligkeit?«

Wieder rang er um eine Entgegnung.

»Seligkeit ist die letzte Bestätigung«, seufzte sie.

»Wofür?«

»Ich hörte einmal, daß bei der Heiligen Hochzeit der Gott Inanna und die Göttin Enki nicht persönlich nach Uruk kommen, sondern sich vertreten lassen. Für die Göttin erscheint dort die Hohepriesterin des Heiligtums. Weißt du«, erzählte sie leidenschaftlich, »daß jede Stadt ihren Stadtgott hat – es ist der Fürst –, und dieser vertritt den Gott Inanna? Wenn er . . .«, sie stockte, spielte mit einer trockenen Blume, die sie gefunden hatte und wie einen kostbaren Schatz hütete, wollte weitersprechen, doch unterbrach Enos ihre Gedanken und sagte zärtlich: »Du!«

Alko lächelte eigenartig, kniete sich neben ihn, suchte seine Lippen mit den Fingerspitzen und koste sie. »In der Heiligen Hochzeit wird die Liebe der Menschen dem Himmel und damit der letzten Seligkeit angeboten.«

Sie schwiegen. Alko hatte ihren Kopf auf seine rechte Schulter gelegt und streichelte ununterbrochen sein Gesicht.

»Liebst du mich?« fragte Enos und bedeckte den Nacken und die Schultern mit Küssen.

»Immer«, flüsterte sie und drückte sich eng an ihn. »Immer, solange wir wollen. Wir müssen dann aber täglich Quellen suchen und öffnen, müssen täglich die Saat legen. Die Liebe ist«, sie stockte, sprach dann zögernd weiter, »ein ununterbrochenes Säen. Wenn wir nicht versagen«, sagte sie mit einer Stimme, die fast rauh war, »muß die Saat aufgehen. Ja«, rief sie nun laut und richtete sich auf, »wir müssen immerzu säen und gießen, denn auch die Liebe braucht Demut und Opfer.«

»Wer lehrte dich das?«

»Das Leben«, antwortete sie bedächtig. »Vielleicht auch die Liebe.«

»Was ist Liebe?«

»Die Erfüllung eines Traumes.« Dann fragte sie: »Was ist Sehnsucht?«

Enos schwieg und suchte eine Entgegnung. »Du«, fragte er dann, »was ist schwerer, einem jungen Mädchen, das man sehr mag, oder einer Geliebten Antwort zu geben?«

»Gib sie einem Mädchen, das du sehr liebst.«

Wieder suchte er Gedanken und Worte. »Wir leben in einem Bauernland, in einem Land, in dem man den Acker bestellt und auf das Vieh achtet. Fast täglich, du wirst es schon als kleines Kind gesehen haben, erleben wir Tiere, die sich paaren. Wenn die Stiere die Kühe besprangen, standen wir als Jungen daneben und witzelten.« Wieder suchte er Worte, die zu Brücken der Gedanken wurden. »Es ist schwer, mit dir über solche Dinge zu sprechen.«

»Warum? Ich bin doch schon Frau, weiß alles . . .«

Enos sah sie erstaunt an.

Einige Zeit versanken sie mit den Augen ineinander, sprachen nicht, jeder trank den Atem des anderen. Dann legte sich Alko auf die Erde. Der Schweiß näßte den Körper, ihre Lippen bebten in einem Schmerz, und es schien Enos, als ob ihr Leib von Krämpfen zerrissen wurde. Plötzlich sprang Alko hoch, nahm ein Brett und schlug es, als wären sie ein Feind, gegen die Reste einer kleinen Mauer. Kalkputz und Flintschotter rieselten auf ihren Körper. Sie stand inmitten einer Staubwolke, die sie einnebelte. Wieder schlug sie auf die Mauer und kämpfte gegen unsichtbare Feinde, und erneut war sie, wie eine geheimnisvolle Göttin, von Nebel umgeben.

Von einem Atemzug zum anderen warf sie sich völlig erschöpft wieder auf den Boden und atmete heftig. Ihre Augen glänzten, als wäre sie von Sinnen.

Enos versuchte, sie zu beruhigen, legte eine Hand auf ihren Unterleib, der immer noch von Krämpfen durchwühlt wurde und koste mit der anderen ihre Brüste.

»Ja«, wimmerte und klagte sie. »Ja, ja . . .!«

Er zog sofort seine Hand zurück, ihm war, als habe er eine Glut berührt, sich an ihr verbrannt.

»Alko!« stöhnte er. »Al . . .«, seine Stimme zerbrach, als er den Kopf senkte und ihn auf ihren Leib legte.

Das Laub und Stroh, auf dem sie lagen, raschelte. Warum erregte es ihn? Blinkte nicht irgendwo grünes Gras, bedeutete das nicht Leben? Saat und Ernte waren doch Heimat, waren Frieden und Glück?

»Ja«, flüsterte Alko und koste den Kopf, der auf ihrem Leib lag, mit beiden Händen.

»Ja?« flüsterte er und küßte die Haut, die sich unter seinen Lippen an ihn drängte.

So lagen sie einige Zeit und waren glücklich.

»Es war einmal«, erzählte Alko, und ihre Stimme kam wie aus weiter Ferne, »da wuschen wir an der Quelle unsere Laken. Alle saßen wir dort halbnackt, walkten und schlugen die Tücher. Wenn es uns zu heiß war, hoben wir oft die Röcke, und sofort glaubten dann die Männer, daß wir uns ihnen mit dieser Geste anböten! Es war komisch«, spottete sie vor sich hin, »wenn ein freier Mann um Gunst warb, war das mehr, als wenn ein Sklave darum gebeten hätte. Manche von uns Mädchen waren bereit, den Mann anzunehmen. War es eigentlich immer so, daß die Knechte und Mägde in der gleichen Kammer schliefen? War es immer so, daß die Sklaven ihren eigenen Schlafraum hatten, dort kunterbunt durcheinander lagen, Männer, Frauen und Kinder? Ist es ein Naturgesetz, oder ist es Schicksal, daß die Männer und Frauen immer wieder zueinander kriechen und sich finden? An heißen Abenden schlafen viele im

Freien oder liegen auf den Dächern der Häuser. Ist es ein Gesetz«, fragte sie verzweifelt, »daß sich auch hier immer wieder die Männer und Frauen vermählen? Wie ist es möglich, daß eine Frau dem Mann ihre Liebe ins Gesicht flüstert, sie dann kaum eine Stunde später bereits einem anderen Mann die gleichen Liebesworte zuruft? Wie kann ein Mensch innerhalb weniger Stunden verschiedene Partner lieben? Wir sind doch keine Tiere.«

Als Enos schwieg, um eine Antwort rang, meinte Alko: »Ich sah Männer und Frauen, die nicht fragten, die kein Wort sprachen, sich jedoch umarmten und dann einander hingaben, als würden sie sich schon viele Jahre kennen. Ist das Liebe?«

Wieder fand er keine Antwort.

»Darf die Lust, die aus dem Blut kommt, die Ursache einer Begegnung sein, die eigentlich der Liebe vorbehalten ist?«

»Hast du schon eine solche Lust verspürt?« fragte Enos und hatte Angst vor der Antwort.

»Nein, eigentlich noch nicht.«

»Was meinst du mit *eigentlich*?« fragte er kritisch.

»Gibt es eine ›letzte‹ Lust?« war die Gegenfrage.

»Ja«, meinte er. »Es ist das restlose Ineinanderverschmelzen, das völlige Einssein zweier Körper.« Dann sah er erstaunt hoch. »Du fragst so eigenartig. Wie kommst du darauf, woher weißt du das?«

»Ich hörte und sah es«, antwortete sie leise. »Weiß es auch von Kontakten, die keine Liebe waren. Es ist sinnlos«, meinte sie sachlich, »wenn sich zwei Menschen mit den Lippen vermählen und sich nicht im Herzen finden. Es ist sinnlos«, sprach sie ekstatisch weiter, »wenn sich zwei Menschen mit ihren Leibern vermählen und nicht restlos in der Liebe aufgehen, sondern nur einem Trieb nachgeben.«

Die Tage und Wochen vergingen. Da und dort hatten sich Lebens-, Überlebensgemeinschaften gebildet, die sich in den kalten Nächten hinter Ruinen drückten, welche den Wind abhielten, und unter Dächer drängten, die den Regen abfingen.

Enos hatte eine vorläufige Unterkunft in einem Keller gefunden, auf dessen Ruinen das Dach eines anderen Hauses gefallen war und diese nun wie eine Haube beschützte.

Sobald das Licht die Landschaft erhellte, schwärmten sie nach allen Seiten aus, suchten Äcker, die man etwas von der Asche befreien und in die man Saat legen konnte. Die Frauen schleppten ununterbrochen Wasser und gossen. Eine Gruppe Männer errichtete neue Häuser. Die Alten hatten die Aufgabe, von den Ähren, die wie durch ein Wunder überlebt hatten, die Körner zu sammeln.

Täglich war es schwierig zu entscheiden, wie viele Körner gegessen werden durften und welcher Anteil sofort als Saat verwendet werden mußte.

In den Nächten sanken sie alle erschöpft zu Boden, und es gab wohl keinen, der nicht von gebratenem Fleisch, von Honigfladen und einem Gerstenbrei träumte.

»Du«, sagte Enos nur, wenn die Nacht kam und er sich neben Alko auf den Boden legte.

»Du«, antwortete sie und klammerte sich wie eine unendlich Liebende an ihn. Es war immer die gleiche Gestik, das gleiche Spiel. Und das seit vielen, vielen Tagen.

Enos war es, der sich schuldig machte. Der Regen hatte einen Fremden in ihren Keller getrieben. Dieser hatte sich neben Alko gelegt und war sofort eingeschlafen. Irgendwann in der Nacht fühlte Enos, wie der Körper Alkos zusammenzuckte, weil neben ihr ein Schatten kniete und nach ihr griff.

»Nein«, flüsterte sie nur, doch schien es, als rücke ihr Leib, trotz des »Neins«, auf diesen Fremden zu.

Enos war zu müde, um einzugreifen. Seine einzige Abwehr war, daß er Alko an sich zog und ihren Leib mit beiden Händen beschützte. Wie sie auch lag, immer hüllte er sie mit beiden Armen ein und drückte ihren Körper an sich.

Dieses allabendliche In-die-Arme-Nehmen wurde nunmehr zum Ritual, und in ihm waren sie glücklich. Dann kamen Stunden, wo Alko mehr forderte, und er nur sagte: »Es darf nicht sein!«

»Warum nicht?« war die ewig gleiche Frage. »Die Götter erlauben es«, bat sie.

»Ich bin kein Gott«, hauchte Enos.

»Doch, doch, doch«, antwortete sie leidenschaftlich. »Du bist für mich alles.«

»Liebe braucht Ordnung«, wehrte er ab. »Liebe braucht Gesetze«, sagte er müde.

»Welche?«

»Ich weiß es nicht, doch spüre ich, daß jene Verbundenheit, die bis zum Ende unserer Tage dauern soll, eine Ordnung braucht.«

»Bis an das Ende unserer Tage«, wiederholte sie nachdenklich. »Was ist aber, wenn wir verhungern? Überall sterben Menschen. Wir verwehren uns ein Glück, das uns vielleicht retten könnte.«

»Wie meinst du das?« fragte er verwirrt.

»Wir leben in einer Notsituation, stehen an einer Grenze, hinter der das Ende wartet. Grenzsituationen sind gefährlich, denn sie fordern Entscheidungen. Es geht um Leben und Tod...«

»Ja?« fragte er und wußte immer noch nicht, was Alko meinte.

»Liebende entwickeln – darum ist die Liebe auch ein Mysterium – geheime Kräfte. Gut, sie ersetzen keine Nahrung, doch werden sie zu einer Würze, die manches leichter macht. Tief Liebende empfinden den Hunger nicht als unendliche Qual. Das Leid ist nicht mehr eine erdrückende Last.« Sie sann vor sich hin, sprach dann weiter: »Es ist leicht zu lieben, wenn man jung, gesund und voller Freude ist. Schwer wird es, und das ist die Bewährung, den anderen noch zu lieben, wenn dieser krank ist oder ihn die Kräfte verlassen.«

»Wirst du mich noch lieben, wenn ich alt bin?« fragte Enos und grübelte über die Worte Alkos nach.

»Wirst du mich noch mögen, wenn ich welk bin?« orakelte sie.

»Ich werde dich immer lieben«, sagte er ernst, »ob du jung oder alt, gesund oder krank bist.«

»Warum?« rätselte sie. »Nur, weil ich mit deiner Frau verwandt bin?«

»Bitte«, rügte er, »sage so etwas nie mehr. Wir dürfen nicht einmal in Worten oberflächlich werden.«

Als er am Abend zu der freigelegten Quelle kam, wartete Alko dort. »Es ist schön, es ist wunderschön«, jauchzte sie. »Schau weg, ich möchte mich abkühlen und waschen.«

Es war Enos, als wäre dieser Anruf eine Aufforderung. Bis zur letzten Einzelheit erlebte er, wie sie sich wusch. Ihre Schultern hoben und senkten sich, der ganze Körper kam ihm wie ein Wunder vor.

»Es ist schön«, jubelte sie wieder, und als sie tanzte, glitten ihre Füße im Schlamm aus. Alko fiel, suchte Halt, und für Sekunden ragten ihre Brüste hoch.

Lag in dem Wasser nicht eine Mutter, die den Gefährten suchte? War Alko nicht sogar die Urmutter, die Ursehnsucht?

Enos' Gedanken wanderten in die Vergangenheit. War die Zeit nicht noch erschreckend nahe, als Alko ein Kind gewesen war?

»Sie ist noch Kind!« sagte er laut.

Wer war es aber dann, der mit reifen Brüsten auf ihn zukam?

Leise, fast fragend, rief er: »Du!«

»Du!« antwortete Alko und warf sich in seine Arme. Dann stellte sie sich auf die Zehenspitzen.

Als er kosend mit der rechten Hand über ihren Rücken strich, drängte sich in ihn die Frage, ob auch in ihm ein Geheimnis liege.

Dann waren sie wieder in ihrem Keller. Das zerstörte Dach schützte ihn wie eine Haube und gab dadurch in kalten Nächten etwas Wärme. Immer, wenn die Dunkelheit nahte, kroch Alko zu Enos, koste ihm mit beiden Händen und mit den Lippen die Wangen, die Schultern und die Hüften.

Die Morgensonne leuchtete früh und hell ihren Keller aus, und sie gingen an den Strand, um dort Fische, Muscheln und Treibgut zu suchen. Als sich Enos auszog, um seine Kleider zu schonen, wandte er sich ab. Alko stand in Atemnähe vor ihm, sah ihn zärtlich an und streifte sich lässig und unbekümmert das Kleid über den Kopf. »Schau!« rief sie, watete ins Meer und legte sich in die Schaumperlen der auslaufenden Wellen.

»Schau!« bat sie und drehte sich wie eine Schlange, jauchzte, breitete die Arme aus und rief voller Freude: »Komm, komm!«

Beide liefen sie durch Wellen und Gischt, rangen, und der Sieger, dem es gelang, den anderen in den nassen Sand zu drücken, bekam einen zärtlichen Kuß.

Warum ließ sich Enos gerne besiegen? War es, weil es schön war, wie sich Alko in Siegerpose über ihn stellte und sich dann auf ihn kniete?

»Du?« fragte er glücklich.

Alko nickte zuerst, sagte dann mit einer weihevollen Stimme: »Ja.«

»Es darf nicht sein, das ist nicht mehr Liebe«, rief er und warf trotzdem ihren Körper neben sich.

»Gerade hier würde und müßte sie sich beweisen«, keuchte sie dumpf.

»Komm!« mahnte er, stand auf und zog sie hoch. »Wir brauchen Nahrung. Die Handvoll wilde Gerste, die wir an manchen Tagen finden, ist zum Leben zuwenig und zum Sterben zuviel. Wie könnten wir nur ohne Netz und Speer Fische fangen?«

Sie wanderten durch die auslaufenden Wellen und führten sich an den Händen.

»Erzähle von deiner ersten Liebe«, bat Enos eifersüchtig.

»Es gab eigentlich nur eine«, sagte sie leise und drückte sich scheu an ihn.

»Wer war es?« fragte er nachdenklich.

»Alles andere waren nur nebensächliche, unbedeutende Spielereien.«

»Wer war es?« fragte er hart, blieb stehen und krallte sich mit beiden Händen in ihre Schultern.

»Du«, antwortete sie stolz.

»Ich?«

Alko nickte. Ein zärtliches Kosen ihrer Hände wirkte wie eine Bestätigung.

Enos schwieg und grübelte.

»Bitte, sei wahrhaft«, forderte er und drückte ihren Kopf zärtlich an sich.

»Ich habe dich eigentlich schon immer gemocht, sah dich in

einem neuen Licht, als wir hinter den Mauern des abgebrannten Herrenhauses lagen. Die Wellen wirbelten uns durcheinander, mehrmals waren wir dabei zu ertrinken. In deiner Sorge um mich hast du mich mit beiden Händen immerzu zwischen die Felsen gedrückt. Wir wurden oft getrennt, fanden uns aber immer wieder. Als wir die große Woge überstanden hatten, küßten wir uns wie noch nie. Du bist meine erste, meine große Liebe«, sagte sie innig.

Enos strich ihr verwirrt über den Kopf. »Was ist nur mit mir?« klagte er. »Ich kannte vor dir Lato, meine Frau, zeugte zwei Söhne. Warum ist mir, als ob ich auch dich gezeugt hätte und du meine Tochter bist?«

»Ich bin aber nicht deine Tochter«, antwortete sie feierlich. »Was bin ich?« Sie schwieg und grübelte. »Ich bin nichts. Doch«, korrigierte sie sich, »ich bin etwas. Ich bin du.«

Sie küßte ihn erneut zärtlich. »Ein Mann weiß nichts von der Frau, wenn er nicht ihre Seele liebt«, sagte sie leise. »Suche mich, entdecke mich«, lockte sie nun mit lauter Stimme. »Wenn du den Himmel suchst, will ich dein Himmel sein. Suchst du die Erde, bin ich deine Erde. Wenn du eine Heimat suchst, ich bin sie. Soll ich Brunnen sein? Schöpfe mich aus.« Sie rang nach Atem und sagte rauh: »Trink mich aus, leere mich, ich möchte restlos in dir sein.«

»Wir müssen Nahrung suchen . . .«, mahnte er abwehrend.

Als sie nach einigen Stunden, die sie halb im Schlaf, halb im Spiel verbracht hatten, zurückgingen, war das einzige Ergebnis ihrer Suche eine Handvoll Muscheln.

Welche Macht zwang sie, als es Nacht wurde, in jene Ecke ihres Heims, wo Laub und Stroh als Lager dienten?

»Komm!« forderte Alko und zog Enos neben sich.

Nach einer Weile sagte er: »Sei vernünftig, so schaffen wir das Leben nicht.«

»Ich habe Hunger«, war ihre Antwort, und sie begann zu weinen.

Nun war er es, der »Komm!« sagte, sie an sich zog und ihren Kopf in seinen Schoß bettete. Seine Hände kosten, gaben Freude und Glück.

»Du?« fragte sie nach einer Weile.

»Ja, Liebes?«

»Wenn du der Stadtkönig und damit der Stadtgott wärst, dürftest du mich doch lieben?«

Er nickte.

»Wenn ich im Tempel der Mondpriesterinnen bin, ihn an dem Tag besuche, an welchem die Heilige Prostitution stattfindet, dürftest du mich dann auch lieben?«

Erneut nickte er.

»Wenn es wieder Götter und Könige gibt, werde ich eine Heilige Dirne. Ich sage es dir vorher, dann kommst du?«

»Alko«, mahnte er, »du machst es mir sehr schwer. Ich bin kein König und du keine Mondpriesterin ...«

»Aber ich kann doch an dem Tag, an welchem die großen Feiern stattfinden, eine Heilige Dirne sein?«

Er schwieg und küßte sie auf die Augen, Wangen und Lippen. Alko klammerte sich mit beiden Armen an ihn, lag fast auf ihm und flüsterte in seine Haut: »Ich warte auf Antwort.«

Als er wieder nicht antwortete, sprach sie in seine Augen und sah ihn dabei in tiefer Liebe an: »Kommst du, wenn ich der Mondgöttin, der Göttin der Fruchtbarkeit, diene? Du mußt natürlich dafür bezahlen. Wirst du, wenn alles wieder so sein wird, wie es werden soll, soviel Geld haben, daß du mich immerzu kaufen kannst?«

»Ja«, flüsterte er und küßte sie leidenschaftlich.

»Gibt es keine Möglichkeit, daß ich jetzt schon der Mondgöttin diene, du mich zur Heiligen Dirne machst?«

»Nein«, antwortete er ernst und abwehrend.

»Wenn du mich sehr lieben würdest, fändest du eine«, meinte sie trotzig.

»Gerade weil ich dich liebe, muß ich berücksichtigen, daß du noch sehr jung bist.«

»Ist es Liebe, wenn du mich erst als Tempeldirne siehst?«

Seine Antwort war, daß er sie wieder zärtlich küßte.

»Die Welt ist komisch«, ächzte sie. »Als Dirne würdest du mich lieben ...«

»So sind eben die Gesetze.«

»Gesetze«, höhnte sie. »Ich habe Hunger. Jede Arbeit, sogar die leichteste, fällt mir schwer. Wir haben täglich nur zwei Eimer Wasser. Die Saat braucht jedoch mehr, ich wage kaum noch etwas zu trinken. Ich weiß es . . .«, rief sie und weinte.

»Was?« fragte er und nahm sie fest in seine Arme.

»Du magst mich nicht mehr, weil ich mich kaum wasche. Vielleicht hast du mich einmal geliebt, aber jetzt . . .?«

»Alko, ich liebte dich noch, wenn du alt und welk, krank und schmutzig wärst.«

»Schwöre es.«

»Ich verspreche es, das genügt«, sagte er feierlich.

»Die Überlieferung berichtet«, erzählte sie nun, »daß es in Babylonien, wenn man sich liebte, sehr frei zuging. Oft bestimmten die Würfel die Partner.«

Enos staunte. »Sag' mal, woher weißt du das alles?«

»Vom Vater einer Freundin. Er war über zehn Jahre dort als Sklave und konnte fliehen. Apau war im Tempeldienst eingesetzt und kannte sogar noch das Ritual der Worte bei der Heiligen Hochzeit.« Sie richtete sich auf, überlegte, sagte dann: »Am Liegetage hat man, es war der Neujahrstag, der Orakeltag, der Herrin ein Ruhebett aufgestellt. Man hat ihr ein Kissen zurechtgemacht, damit es Herzensfreude gebe und das Ruhebett angenehm mache.« Wieder grübelte sie, suchte die weiteren Worte. »Dann wäscht man sie für den Schoß des Königs mit Wasser.«

»Und das wußte der Vater deiner Freundin so genau?« fragte er skeptisch.

»Ja, er konnte sogar die Gesetze Wort für Wort auswendig aufsagen. Apau war sehr klug und lehrte mich vieles. Warte«, sagte sie, »es gibt noch einen schönen Ausspruch: ›Gleich einer treuen Frau bestieg sie sein Lager. Gleich dem Tigris, wenn sein Wasser hoch ist, blieb sie neben seinem Ohr und schenkte ihm Überfluß!‹«

»Der tiefere Sinn dieser Vermählung dürfte doch gewesen sein, daß ein Kind gezeugt wird?«

Sie nickte. »In Ägypten sind es Isis und Osiris, die am Nil Hochzeit feiern. Im Zweistromland wächst jedoch alles Leben aus dem Muttergeist der ewigen Liebe.«

Sie schmiegten sich wieder aneinander, und Alko gab sich den kosenden Händen hin. »Apau erzählte«, berichtete sie weiter, »daß das Tempeltor im Zweistromland die Himmelspforte, zugleich aber auch der Zugang zum Mutterleib ist. Eine Matte aus Schilfrohr ist über die Türöffnung gebreitet. Zu beiden Seiten des Liebeslagers steht je ein Bündel aus vier Schilfstengeln, an ihrem oberen Ende sind die Stengel in einen Ring gebunden; die vier Stengel symbolisieren die vier Weltrichtungen und werden damit zur Einheit. Das ist also die Heilige Hochzeit«, sagte sie erregt. »Die Göttin ist zugleich Geliebte, Tochter und Gattin. Mit der Hörnerkrone auf dem Haupt, die sie als die Herrin des Mondes und des Lebens ausweist, steigt sie zur Unterwelt hinab, aus der bisher noch nie ein Lebewesen zurückkehren durfte. Die Heilige Geliebte ist so von der Aufgabe erfüllt, Freiheit und ewiges Leben zurückzubringen, daß sie dabei fast stirbt«, seufzte sie vor sich hin und legte sich auf den Boden. Erst nachdem sich Enos neben sie gelegt hatte, konnte sie weitersprechen.

»Es gibt einige Mythen über das Verhältnis Mutter und Sohn, und das zwischen Vater und Tochter. In vielen muß die Göttin gegenüber einem männlichen Gott, der ihr Bruder sein könnte, zurücktreten. Er hat das Vorrecht.«

»Man will uns mit diesen Geschichten etwas zeigen«, meinte Enos nachdenklich.

»Bestimmt. Es gibt immer Schwierigkeiten im Verhältnis zwischen Mutter und Sohn sowie zwischen Vater und Tochter. Vielleicht deuten diese Symbolaussagen an, daß alle Probleme nur in Liebe gelöst werden können?«

»Damit meinen sie aber das Bett«, sagte er hart.

»Jeder hat einen Herrschaftsanspruch«, sprach Alko gedankenverloren vor sich hin. »Sowohl der Vater als auch die Mutter. Du!« rief sie stolz. »Ich habe den tieferen Sinn. In diesen Geschichten wird dem Vater gesagt, daß die Tochter Mutter werden und sein will. Das Gefühl der Mütterlichkeit, des Zeugens und Empfangens, ist das Wesentliche. Die Tochter hat in der Auseinandersetzung um ihr Ich ihre Weiblichkeit einzusetzen.«

»Das bedeutet wieder das Bett«, rügte er.

»Der Mondkult – denk nur an das Tun unserer Mondpriesterinnen«, mahnte sie, »ist ein Fruchtbarkeits- und damit ein Mutterkult. Wenn ich dich in einer Heiligen Hochzeit, in einem kultischen Geschlechtsakt, empfange, wird unsere Sinnlichkeit auf eine höhere Ebene gestellt. Du sagtest doch, daß du zu mir kämst, wenn ich eine Tempeldirne sein würde?«

»Seltsam, man braucht den ›männlichen Gott‹ und die ›weibliche Göttin‹.«

»Am Schluß ist es doch das gleiche; man liebt sich.«

»Das ist der letzte Sinn, das eigentliche Anliegen.«

»Wie meinst du das?«

»Daß sich die Frau nur *einem* männlichen Gott hingeben soll. Damit meint man wohl, daß eine billige Tändelei nicht sein darf. Man deutet damit an, daß die Liebe ein hohes Fest zu sein hat.«

»Der tiefere Sinn dürfte auch sein, daß nach diesem Geschehnis die Frau nie mehr in der Lage ist, sich nur dem Trieb gehorchend mit einem Mann zu vermählen.«

»Die Göttin zeigt in der Mondsichel ihre Kuhhörner, ähnelt damit Diyktinna. Sie wird zur Heiligen Kuh, die sich mit dem Heiligen Stier vermählt.«

»Alko!« mahnte Enos, weil sie sich plötzlich an ihn krallte und von Krämpfen durchwühlt zu zittern begann. Lange Minuten umklammerten sie sich, gaben sich gute Worte und zärtliche Küsse.

Als sie sich lösten, ordnete sich Alko die Haare, obwohl beide in der Dunkelheit lagen. Dann richtete sie sich auf und weinte leise vor sich hin.

Enos zog sie wieder an sich, koste und küßte sie.

»Du sagtest einmal«, seufzte sie, »daß das Leben mit einem Menschen begann, der ein Zwitter, der zugleich Mann und Frau war. Vom Mann geht ein eigenartiger Zauber aus«, hauchte sie nachdenklich vor sich hin.

»Auch von der Frau«, sagte Enos leise und koste ihren Nakken und ihren Rücken.

»Ist der Kontakt zwischen Mann und Frau nicht Magie?«

»An dir, Liebes«, sagte Enos beschwörend, »ist alles Magie.«

»Jedes Kind erkennt einmal das Leben«, entgegnete Alko, »indem es den Vater entdeckt. Das kann zur Höhe und zur Tiefe führen. Gibt es jungfräuliche Väter, jungfräuliche Mütter? Tatsache ist – obwohl ich meinen Vater nicht kannte –, daß vom Vater alle schöpferischen Impulse ausgehen. Für mich war das wenigstens so, weil ich in dir meinen Vater sah. Wie diese Impulse aussehen, wußte ich noch nicht, doch war diese Erkenntnis so überwältigend in mir, daß mir fast schwindlig wurde. Phantasien entstanden...«

»Alko!« mahnte er und drückte sie erneut fest an sich.

»Ich darf doch wahr sein? Darf ich dir nicht sagen, daß ich oft von dir träumte und die abstraktesten Dinge ersann?«

Er lächelte und sagte zärtlich: »Du Träumerin. Das, was du sagst, stimmt in gewissen Bereichen. Es gab eine Zeit, in der es den Frauen vorbehalten war, die schönen kretischen Tontöpfe und das andere wichtige Geschirr zu formen. Dann wurde der Mann zum Töpfer, obwohl...«

»Ja?«

»... der Mann selten die Geschicklichkeit und Feinfühligkeit der Frau erreichen wird. Man sollte Mann und Frau als eine Einheit sehen. Der Mann ist der Kopf, der schöpferische Impuls also, wie du sagtest, die Frau der Arm, die Ausführung, die Tat. Die Mondgöttin war früher eine jungfräuliche Muttergöttin. Die Entdeckung des Vaters machte diesem Mythos ein Ende. Daraus entstanden die Motive, die drüben auf dem Festland zum Selbstmord der Priesterinnen führten. Nicht der Umstand, daß sie nur mit *einem* Mann verheiratet sein durften, sondern daß sie in diesem Mann den Erzeuger ihrer Kinder zu respektieren hatten, wurde von ihnen als eine ungeheuerliche Mißachtung des Weibes empfunden.« Er stockte, wollte weitersprechen, es schien, als ob ihm die Worte fehlten.

»Ja?« fragte sie wieder und drückte sich eng an ihn.

»Du weißt, daß ich dich sehr mag. Vergiß es, wenn ich dir sage, daß du auch sehr in meinem Blut bist. Wenn wir vernünftig sind, sollten wir beachten, daß du, wenn ich alt bin, noch sehr jung sein wirst. Vielleicht suchst auch du dann den Tod, weil dir ein Mann nicht mehr genügt.«

»Es gibt nur eine Antwort.«

»Welche?«

»Gib mir viele Kinder. Ich werde von ihnen dann so ausgefüllt und müde sein, daß ich nicht einmal in den entferntesten Träumen noch einen anderen Mann sehen werde. Warum auch? Ich liebe dich, ich respektiere dich so, daß es Verrat wäre, wenn ...«

»Wir müssen vernünftig sein, Alko«, mahnte er, sprach fast mehr zu sich.

»Welcher Zauber teilt sich der Frau mit, wenn sie durch einen Mann, den sie sehr liebt, Mutter wird?« hauchte sie, und es war, als ob auch sie mehr mit sich spreche. Dann flüsterte sie in die Nacht: »Es gibt in manchen Tempeln den Phalluskult; ich könnte hier nie zu einer Gottesnähe kommen. Davon abgesehen, wäre dieser Lingam eine Entweihung. Das, was ich bin, soll bis zur letzten Pore, bis zum letzten Atemzug dir gehören. Du bist für mich der Anfang und das Ende, meine Sehnsucht steht also in einem hohen Licht. Jede Liebkosung durch deine Lippen und Hände ist ein Fest, wird für mich immer etwas Schönes und Hohes bleiben.«

Er antwortete durch ein scheues Kosen ihres Körpers. »Es gibt Kulturen, die ein Nebeneinander der Geschlechtsorgane kennen, es gibt da den ›Weib-Mann‹ und dort das ›Mann-Weib‹«, erzählte er. »Man sieht oft in einer Person zugleich die Zeugung und die Geburt.«

»Dann bin ich Mann!« rief Alko in einem neuen Glück, »und du bist Frau. Unsere Seligkeit beginnt in dem Augenblick, wo wir zugleich Mann und Frau, das in einer Person, in einem Leib sind. Das Ergebnis ist ein ›Übermensch‹, ein ›Übergott‹, ein Mann, der gebären kann, und ein Weib, das ihre Kinder selbst erzeugt.«

»Es gibt bei uns auch Kulte, wo an bestimmten Festlichkeiten der Mann Frauenkleider und die Frau männliche Kleidung trägt. Was ist Vaterschaft, was ist Zeugung?« fragte er nach einer Weile. »Was ist Tochter oder Schwester, Vater oder

Sohn? Die Menschen der Frühzeit, also vor vielen Jahrtausenden, kannten diese Begriffe nicht, sie wußten nur, daß sie, um zu überleben, Kinder brauchten...«

»Das ist es«, antwortete sie kehlig. »Wir wissen nicht, ob wir unser Überleben schaffen. Schenke mir Kinder, dann haben wir die Pflicht, weil sie zur Aufgabe wurden, alles zu tun, damit sie glücklich werden.«

Tag für Tag suchte Alko immer wieder ein Stückchen Erde, das sie als Acker verwenden konnte. Sie zog Furchen und bettelte um jedes Korn, das sie dann, trotz des Hungers, sorgsam in die Erde senkte.

War die Geschlechtlichkeit, die viele Liebe nennen, wirklich eine Kraft, eine Macht? Enthielt der Leib einer Frau ein Geheimnis, wurde er zu einem Mysterium? Enos grübelte vor sich hin. Saß Alko erschöpft neben ihm auf dem Boden, genügte schon die kleinste Zärtlichkeit, um ihr wieder Leben einzuflößen. Sekunden später kniete sie wieder neben den Furchen, die Saat bekommen hatten, und rief leidenschaftlich: »Ich bin Mutter, ich bin die Urmutter«, streichelte dann die Erde. »Ich bin das Leben, ich werde Mutter«, sagte sie weihevoll. Wieder strich sie sorgsam über die geschlossenen Furchen, die nun die Saat bargen, und flüsterte innig: »Nur wer sät, erntet, nur wer empfängt, gebiert!«

»Duuu?« fragte Enos und dehnte sehr das »u«.

Sie lauschte der Frage nach, sah ihn an und sagte dann auch: »Duuu!«

Er nickte. »Du bist für mich die Erd-, Mond- und Fruchtbarkeitsgöttin. Wenn ich ›Duuu‹ sage, ist in mir alle Zärtlichkeit, die ich dir geben kann.«

»Dann darf ich dich auch ›Duuu‹ nennen, wenn ich voll von Sehnsucht bin?«

»Du hast eben das ›Duuu‹ so gesprochen, daß es wie ein Ruf, wie ein Seufzen klang; so hast du auch geseufzt, als uns beinahe die Flut ertränkte.«

»Ja, es stimmt. Ich fürchtete mich damals sehr, als um uns die Wellen tobten und uns fast zermalmten. Du aber hieltest mich, und ich war trotz des Grauens, das uns umgab, auf einmal ohne Angst, war glücklich. Ich fühlte mich geborgen, und deine Sorge um mich war wunderschön«, sagte sie andächtig.

Er grübelte über diese Worte nach und sah zu, wie sich Alko immer wieder bückte und die Erde bearbeitete. »Ein Frauenrücken hat sein Geheimnis«, sagte eine Stimme in ihm und war voll von Güte.

»Du weißt doch«, sprach eine andere, »daß die Biegung des Rückgrats bis hinab zur Taille verläuft, jeder Rückenwirbel seine Eigenart hat? Sahst du auch die Schulterblätter, die hellbraune Haut?«

Wieder kniete sich Alko auf den Boden, das Kleid gab eine Schulter frei, zeigte den Rücken und die Brüste. Enos glaubte plötzlich, Alko noch nie so schön gesehen zu haben. Er ging zu ihr, zog sie hoch und bedeckte ihr Gesicht, den Nacken und die Schultern mit Küssen.

Dann drehte sich Alko um, lehnte sich mit dem Rücken an ihn, bot sich so seinen Liebkosungen an. Beide waren sie in einer eigenartigen Atemnot, und Enos sah kaum, daß eine ältere Frau zu ihnen getreten war und wimmerte: »Ich kann nicht mehr, ich habe Hunger, bitte schenkt mir etwas!«

Sie teilten sich den kleinen Fisch, den er durch einen Zufall gefangen hatte.

»Morgen gehe ich mit Alko schon früh ans Meer. Vielleicht hat die Brandung einige Fische hinter die Klippen geworfen«, sagte er beruhigend.

Wieder kamen der Abend und die Nacht. Alko legte sich nackt neben Enos. Als er sie kosen wollte, merkte er, daß sie eingeschlafen war. Die Nähe ihres Leibes ergriff ihn so, daß er erneut nach Atem rang. Lange Stunden lag er und starrte auf die Silhouette ihres Körpers. Irgendwann schlief dann auch er ein, wurde jedoch wach, als sich Alko vorsichtig, um ihn nicht zu wecken, erhob. Ihr bräunlichweißer Körper war wieder voller Schönheit. Die ersten Sonnenstrahlen tauchten ihn in Licht, und erneut erkannte Enos ihre Weiblichkeit. Ihm war, als sehe er ein herrliches Kunstwerk. Ihr straffer Körper bewegte sich so natürlich, als sei die Nacktheit selbstverständlich.

Enos begann, mit offenen Augen zu träumen. Er liebte das Kleid, das sie trug, da es wie eine Tunika wirkte. Man sah die Arme bis hinauf zu den Schultern und oft sogar die Brüste. Er mochte auch die Schürze sehr, die sie nur bei den Feierlichkeiten im Palast getragen hatte. Sie bestand aus einem Tuch, das sie meist links knotete. Wenn sie ging, wirbelte es oft hoch in dem Wind, der vom Meer kam, ver- und enthüllte zugleich.

Eine neue Lichtwoge verschönte den Leib Alkos. Die Beine wurden zu Säulen der Liebe, und wenn man sie mit den Augen verfolgte, die Schenkel hinauf, vereinigten sie sich geheimnisvoll mit dem Körper. Wieder prüfte Enos die Silhouette des von der Sonne angestrahlten Leibes.

Sie mußten sich als Mahlzeit eine Handvoll Wildgerste teilen.

»Hoffentlich haben wir heute Glück«, sagte Alko mit gebrochener Stimme. »Ich kann bald nicht mehr . . .«

»Das Meer war in den letzten Stunden sehr stürmisch. Bestimmt liegen hinter den Klippen Fische«, tröstete Enos.

»Ob ich zu Loskas gehe?«

»Dem Ölhändler?« fragte er. »Loskas hat keinen guten Ruf, ist immer noch dick und fett, daß schon ein Blinder sieht, wer und was er ist.«

»Ich werde von ihm ein kleines Säckchen Gerste verlangen.«

»Wofür?«

»Wenn ich eine Nacht sein Lager teile.«

»Könntest du das?« fragte er verblüfft.

»Für dich tue ich alles. Ich wäre sogar bereit, bei ihm mehrere Tage und Wochen zu bleiben, wenn er bereit ist, dir beim Aufbau eines Hauses zu helfen.«

»Was bin ich ohne dich?«

»Ich käme ja wieder.« Sie verzog spöttisch die Lippen. »Mit einiger Wahrscheinlichkeit werde ich ihm nicht die Geliebte sein, die er sich wünscht. Das bedeutet, daß ich einmal zu gehen habe. Dann wäre ich wieder bei dir.«

Als er schwieg und sie unglücklich ansah, meinte sie nachdenklich: »Ich möchte, wenn du es willst, mehr als tausend Wochen bei dir sein. Ist es bei dieser großen Zahl nicht fast nebensächlich, wenn ich zwei oder drei Wochen fehle? Bestimme du es: Brauchen wir das Säckchen Gerste, brauchst du Hilfe beim Aufbau eines Hauses? Ich übernehme die Bezahlung...«

»Das mußt du entscheiden«, antwortete er leise. »Du bist nicht meine Frau.«

»Bin ich nicht sogar mehr?« fragte sie.

Als er sie verwundert ansah, sagte sie schlicht: »Ich bin mehr als deine Frau.«

»Wieso?«

Sie antwortete nicht sofort, sagte jedoch dann mit fester Stimme: »Weil ich es weiß!«

»Nimm du den Korb«, bat er verwirrt und nahm selbst eine aus Binsen geflochtene Tasche. Dann ging er noch einmal in die Ecke des Kellers, der zur vorläufigen Heimat geworden war, und rang wieder nach Atem, da ihn von Kopf bis Fuß ein ungeheures Glücksgefühl bedrängte. Alko durfte ihn so nicht sehen. In ihrer unbekümmerten Weiblichkeit glaubte sie sonst, daß ihre Beine und Arme, ihre Lippen und Brüste alles seien.

Die Brandung hatte wirklich eine Menge Fische hinter die Felsen geschleudert. Dort lagen sie, zappelten noch in zurückweichendem Wasser. Einige lagen im Trockenen, waren tot, wirkten prall und dick.

Dann saßen sie und schwelgten im Glück.

»Wir haben für einige Tage zu essen«, jubilierte Alko.

»Dieser hier ist gedunsen«, sagte Enos abwehrend, »er enthält Gift«, und legte ihn zur Seite.

»Nein!« rief sie und warf sich auf den Fisch, als wolle sie ihn mit ihrem Körper retten.

»Glaube mir, in ihm ist der Tod.«

Als sie zurückwanderten, erzählte er von den Festen im Palast, von der Taube, die ein Symbol der Fruchtbarkeit war. »Weißt du«, sprach er weiter, »die Axt ist heilig, die Doppelaxt ist noch heiliger.«

»Warum?«

»Das Doppeldreieck ist im Kultischen die Scham der Frau.«

Wieder sprach er von der Ordnung, die der Mensch brauche, von der Notwendigkeit der Gesetze, sagte, daß man Charakter haben und immer in der Ehre stehen müsse. Er sprach und sprach, wagte nicht auf die Seite zu sehen, denn Alko ging aufreizend neben ihm, war stolz auf ihre Nacktheit, fühlte, daß diese eine Macht war, mit der sie vieles bewirken konnte.

»Denkst du an Leskas?« fragte er.

»Wer ist das?«

»Der Händler«, antwortete er, »dem du dich für ein Säckchen Gerste hingeben wolltest.«

»Warum sagst du das?« fragte sie ernst und blieb stehen. »Darf ich dich um etwas bitten?«

»Selbstverständlich.«

»Beleidige mich nie, denn in solchen Dingen bin ich sehr empfindlich. Du kannst mich als Weib mißachten, du kannst mich zur Hure machen, du darfst mich schlagen, aber . . .«, sie stockte kurz und sah nachdenklich auf den Boden, blickte wieder hoch und sah ihn eindringlich an, »nie darfst du mich demütigen.«

»Habe ich das getan?«

»Kennst du uns Frauen so wenig?«

»Wie meinst du das?«

»Wir wollen immerzu die Grenze des anderen erkunden, das ist unsere Urnatur im Kampf ums Überleben. Wir spielen vielleicht gerne Theater. Deine Eifersucht freut mich, nütze jedoch meine Gedanken nicht aus. Ich bin echt, sei du es auch. Wenn du wahr bist, brauchst du nie um mich in Sorge sein.«

Als er sie fragend ansah, sprach sie leise vor sich hin: »Es mag sein, es kann sein«, suchte sie die Gedanken und Worte, »daß ich mich einmal den Göttern anbiete. Vielleicht muß ich das tun, weil ich dadurch meine Liebe zu dir bestätige. Weißt du«, wieder rang sie nach Worten, »ich möchte die Sehnsucht meines Blutes immer wieder auf eine hohe, auf eine festliche Stufe stellen. Ich möchte mich in diesem Tun erheben und meinen Schoß damit heiligen.«

Sie saßen im Hof, hinter ihnen lag der Keller, der wieder ihr Heim geworden war. Alko sortierte die Fische, Enos nahm sie aus.

»Dieser ist giftig«, sagte er und warf einen Fisch auf die Seite.
Alko sah hoch. »Wenn wir ihn heute essen, könnten wir die anderen bis morgen aufheben, wir müssen sie aber dann in die Grube legen, dort ist es kühl.«
»Er gefällt mir nicht«, mahnte er.
»Was bin ich schon?« sagte sie leichthin, nahm den gedunsenen Fisch, legte ihn in die Asche des Feuers. »Diesen hier bekommst du«, scherzte sie, »er ist ungiftig, ich nehme den giftigen Fisch. Ich bin jung, werde ihn überstehen.«
Der Mond zeigte, wie sich Alko erbrach und in schweren Krämpfen wand. Enos legte sie auf den Rücken und auf den Bauch, schob sie in Hockstellungen, auf daß sie sich besser übergeben konnte.
Die Morgensonne, die sich langsam im Osten erhob, sah, wie er Alko ins Freie schleppte, sie reinigte und wusch, sie bettete, hochrichtete und stützte.
Der Fisch war, jetzt wußten sie es beide, tatsächlich verdorben gewesen.
Über zehn Tage kämpfte Enos um das Leben Alkos, tat alles, was er nur geben und tun konnte. Dann nährte er sie, indem er Gerste im Mund kaute und ihr den Schleim mit der Zunge zwischen die Lippen schob.
Oft stöhnte Alko Atemzüge von sich, die klangen, als ob sie die letzten wären.

Ganz langsam gehörte Alko wieder dem Leben, hockte jedoch schwach im Schatten. Was wog es schon, daß sie sich besudelte, sie kaum Kontrolle über ihre Organe hatte? Was wog es schon, daß sie sich bis zur letzten Pore ihres Leibes zeigte und offenbarte?
Am ersten Tag, an dem sie wieder gehen konnte, stützte sie sich mit beiden Händen auf seinen Arm. »Ich könnte nun tausend Worte sagen«, lallte sie mit schwerer Stimme. »Ein Satz muß genügen: Ich liebe dich. Ich liebe dich, nicht nur, weil ich dir mein Leben verdanke, sondern weil ich restlos ›DU‹ wurde.« Nach einer Pause von mehreren Atemzügen sagte sie feierlich: »Ich bin du!«

Enos führte sie zu einem Felsen, der von der Abendsonne in goldenes Licht getaucht wurde. »Setz dich«, sagte er zärtlich, »schau um dich, die Welt gehört wieder dir.«

»Und ich gehöre jetzt bis zur letzten Faser meines Leibes dir, auch das ist schön.« Sie streifte sich, als befände sie sich in einem Traum, langsam das Kleid von den Schultern und ließ sich die Brüste und den Rücken wärmen. Nach einer Weile fragte sie leise, fast zögernd: »Welche Wünsche hast du einmal, wenn ich wieder ganz gesund bin? Wir haben noch nie darüber gesprochen. Sage mir, was ich tun soll, um dir immer zu gefallen?«

»Es genügt, daß es dich gibt, mehr brauche ich nicht«, antwortete er, stellte sich hinter sie und koste ihren Kopf, den Nakken und die Schultern.

»Weißt du«, sprach sie weiter, »ich erzählte dir von dem alten Mann, dem Vater einer Freundin, der mir viel gezeigt und erklärt hatte. Er wußte vieles von der Heiligen Hochzeit und der Heiligen Prostitution, zeigte alles mit sauberen und netten Worten. Oft sprach er – ich verstand ihn dabei nicht ganz, du mußt es mir einmal erklären –, von der kultischen Keuschheit und der kultischen Unkeuschheit. Er sprach von dem Gesetz des Hammurabi, der vor rund zweihundert Jahren in Babylonien herrschte, und sagte, daß Frauen, die sich kultisch hingeben, geweihte Frauen sind. Ob er das mit Utna auch so sah?«

»Wer war Utna?«

»Seine Tochter. Ich erzählte dir von dieser Freundin. Wenn ich sie besuchte, ergab es sich, daß ihr Vater für uns zu einem sehr weisen Lehrer wurde.«

»Was war mit Utna?« fragte er und wurde unruhig.

»Sie war einem Mann versprochen. Als dieser zu Besuch kam und dem Vater die Brautgabe überreichte, segnete dieser seine Tochter. Was ich eigenartig fand, was mich störte, war, daß der Besucher Utna vor unseren Augen liebte, wir zusahen. Ich sollte zusehen«, sagte sie nachdenklich, »muß man die Liebe gelehrt bekommen?« fragte sie. »Lehrst du sie mich?«

»Das ist nun eben so in einem Bauernland«, versuchte er das Gesagte abzuschwächen. »Wir alle wohnen eng beieinander, oft lebt in einem Raum die ganze Familie. So sieht, hört und spürt man alles.« Wieder suchte er Beispiele und Entschuldigungen. »Als Knabe besuchte ich mehrmals einen Onkel, schlief mit ihm auf der Matte, auf der er seine Frau liebte.«

»Ja, ja«, antwortete Alko, war mit ihren Gedanken woanders. »Könntest du zusehen, wie mich ein anderer liebt?«

Enos schmunzelte. »Meine Antwort kennst du. Nicht einmal mein bester Freund dürfte dich intim berühren.«

»Komm«, bat er dann, »ich möchte in den Häuserresten nach Holz suchen. Setz dich neben mich, sieh mir zu, erhole dich.« Am Rand des Ruinenfeldes, durch das er suchend ging, sah er eine kärgliche Behausung, in der Menschen lebten. Als er in die primitive Unterkunft trat, saßen im Hintergrund zwei Frauen, die sofort vor Angst schrien.

Ein Bauer eilte herbei. »Das sind meine Töchter«, erklärte er, als müsse er sich entschuldigen. »Sie haben schon lange keinen fremden Mann mehr gesehen.«

Kurze Zeit darauf sprach der Bauer am Rand eines Ackers, der mehr aus Asche als aus Humus bestand, mit zwei jüngeren Männern. »Das sind meine Söhne«, stellte er sie vor.

»Warum wohnen sie nicht bei dir?« fragte Enos.

»Es ist besser so. Ich genüge.«

»Wie meinst du das?«

»Drei Männer und zwei Frauen . . ., das gäbe viel Streit.«

Als Enos mit dem Bauern wieder in die armselige Behausung trat, war Nopina, die jüngere Tochter, an der Hausarbeit. Er wunderte sich, daß sie keinerlei Vorstellungen von Sauberkeit hatte. Der Boden war dicht mit Essensresten wie Knochen, Zwiebelschalen und den verfaulenden Stengeln von Kräutern bedeckt. Auf dem Tisch lagen verschimmelte Pilze und Beeren.

»Was macht ihr mit den Zedernnüssen?« fragte Enos, weil er überall ihre Schalen sah.

»Wir quetschen Fett aus ihnen.«

Dann wunderte er sich über die vielen Birkenspäne, die in einer Ecke lagen.

»Wir stecken sie in die Wand, und sie geben für einige Zeit Licht«, erklärte der Bauer.

Nopina trat zu ihrem Vater und drückte sich kindlich an ihn. Er nahm sie fürsorglich in seine Arme, dann kämmte er ihr das Haar und ordnete ihr Kleid. Wenige Atemzüge später fragte sie, ob sie Holz suchen solle, und sah Enos an, als liege in der Frage die Bitte, daß er ihr dabei helfe.

»Warte«, befahl der Bauer, »bis deine Brüder weg sind.«

Das Mädchen ging gehorsam in den Hintergrund des Raumes und setzte sich mit gespreizten Knien vulgär auf den Boden.

»Warte«, mahnte der Bauer erneut.

»Nein«, klagte sie eigensinnig.

Es war fast Nacht, als Enos und Alko ihren Keller erreichten und sich erschöpft auf den Boden betteten. Alko war so schwach, daß es ihr mehrmals nicht gelang, sich das Kleid über den Kopf zu streifen. Dann rutschte sie in der Hocke zu Enos, und er half ihr, strich dabei unabsichtlich über ihre Brüste; sofort begann ihr ganzer Leib zu zittern.

»Ja, ja!« wimmerte sie, legte sich auf den Rücken und streckte ihm wie hilfesuchend beide Hände entgegen.

Enos trug sie dann vorsichtig auf ihr Lager, und der Mond begann bald, ihre Schlafstätte festlich auszuleuchten.

»Weißt du noch«, fragte sie, »wie du mich in deine Arme nahmst, du mich beschützt hast, als damals der Mann bei uns schlief?« Er nickte, hing in einem Traum, war zugleich wieder in Ägypten und in Babylonien. Seine Gedanken suchten Hathor und Isis. Ein Priester hatte sie ihm einmal als schöngewachsene, junge Frauen beschrieben. Beide trugen die göttliche Krone, es waren zwei große, geschwungene Kuhhörner, die eine Scheibe umschlossen. Waren sie Mondgöttinnen, kannte man dort auch Mohngöttinnen? Wieder grübelte er, da ihm der Priester erzählt hatte, daß beide ein Kind mit jungfräulichem Leib empfangen hatten. Dann wanderten seine Gedanken weiter, waren bei der Heiligen Hochzeit, die durch den König und die Oberpriesterin in den Palästen vollzogen wurde. Er konnte sich noch gut daran erinnern, daß der Priester feierlich sagte, die Kinder, die nach neun Monaten zur Welt kamen, seien Gotteskinder.

»An was denkst du?« fragte Alko plötzlich und holte ihn in die Gegenwart zurück.

Er zeigte sein Sinnieren, das halb schon den Träumen gehörte.

»Ist nicht jeder Mann Gott, wenn er liebt?« fragte sie. »Ist nicht seine Gefährtin immer Göttin oder Hohepriesterin?«

»Die Götter verlangen das Ritual«, mahnte er. »Alles hat seine Zeit, alles hat sein Gesetz«, sagte er, und ihm war, als spreche er nicht selbst, sondern eine Stimme aus ihm. »Alko, alles Große ist nur groß, wenn wir es so einstufen und es damit erheben.«

Sie klammerten sich aneinander wie Kinder, die Schutz suchten, und schliefen ein.

Wie aus weiter Ferne war in Enos eine Stimme, die mahnte: »Sei vernünftig, sehe dein Alter und das Alkos. Du könntest ihr Vater sein. Wenn ihr euch binden würdet, ginge das nie gut aus.«

»Es geht gut aus«, antwortete er eigensinnig, stand auf und deckte Alko vorsichtig mit einer Matte zu.

War sie dadurch wach geworden? »Kommst du zu mir, es ist kalt geworden«, fragte sie schlaftrunken.

»Liebes«, tröstete er, »der Tag wird schwer, wenn wir aufwachen. Du bist noch nicht ganz gesund.«

Die Antwort war, daß sie ihn mit heißen Händen zu sich unter die Matte zog.

Als die Morgensonne den Keller ausleuchtete, erhoben sie sich fast gleichzeitig.

»Was war nur heute nacht?« rätselte das Mädchen, und der Mann antwortete: »Ich habe seltsame Träume gehabt.«

Lange Minuten sahen sie sich scheu an. »Was hast du geträumt?« fragte Alko.

»Ich weiß nur noch Bruchstücke«, antwortete er. »In Malia, im Palast, war ein großes Fest. Der König zog mit der Heiligen Prozession durch die Straßen, und ihm folgten die Mondpriesterinnen. Einige trugen nur dünne Schleier, viele gingen völlig nackt. Du warst die Schönste . . .«

»Ich träumte, daß ich Priesterin in einem Tempel in Babylon

war, der Großen Göttin, der Erdgöttin, zu dienen hatte. Irgendwie gefiel mir das Ritual dann nicht mehr . . .«

»Warum?«

Alko stockte, zögerte zu antworten. Dann sagte sie ausweichend: »Um mich war der Lingamkult, ich wehrte mich und floh.«

Es war in den Nachmittagsstunden. Sie schleppten gerade einen großen Balken in jene Ruine, die einmal ihr Heim werden sollte, als sie sahen, daß auf der Straße von Amnissos her ein Reiter kam, dem ein nubischer Sklave mit einem schweren Ballen auf dem Rücken folgte.

»Ist es noch weit bis zum Palast?« fragte der Mann, als er bei ihnen anhielt. »Ich komme aus Memphis, aus Ägypten, bin Oberpriester und will zum König.« Hochmütig starrte der Ägypter auf die beiden, deren Kleidung zerrissen und schmutzig war, und auf den Keller, der in seiner Kärglichkeit schmerzte.

»Der Palast ist zerstört«, antwortete Enos vorsichtig.

»Wo ist der König, wo leben nun seine Beamten? Ich habe einen wichtigen Auftrag«, fragte er eindringlich.

»Ich weiß es nicht. Man sagt, daß die Flut und die vielen Beben dort besonders wüteten.«

Wieder blickte der Ägypter geringschätzig auf den Keller und dann auf Enos. »Ich bin müde; kann ich bis morgen bei euch bleiben? Mein Pharao will einen Bericht. Für uns ist Malia ein wichtiger Umschlagplatz für den Handel mit den nördlichen Ländern. Wir wollen euch helfen, haben aber natürlich auch Wünsche. Ich soll dem Oberpriester des Heiligen Hauses im Auftrag des Pharao zehn Jungfrauen anbieten, wenn er uns dafür zehn Mädchen für unseren Tempel gibt.«

Enos legte in die glühende Holzkohle einen Fisch, und Alko bot ihn dann dem Priester auf einem Balken an, den sie ihm zuschob. Dieser dankte, und der Sklave hatte ihnen Fleisch und Fladen aus Gerste zu geben. Sie sprachen über den Ausbruch des Vulkans auf der Insel Kalliste[3], diskutierten über die Zerstörungen, und Enos erzählte, daß er sogar, um die Götter zu versöhnen, einen Sohn geopfert habe.

Der Ägypter sah ihn nun prüfend an, öffnete den Mund, um zu sprechen, schloß ihn wieder, als sei er sich über die Wahl seiner Worte noch nicht klar. Mit einem Blick, den er kritisch um sich warf, schien er auch anzudeuten, ob dieser Kreter, der vor ihm in ärmlicher Kleidung hockte, überhaupt seiner Zuwendung wert sei. Dann sagte er zögernd: »Vor den Erdbeben und dem Vulkanausbruch kamen zu uns oft Griechen, um unser Wissen zu studieren. Wir haben einige Kenntnisse über Krankheiten ...«

»In Knossos wohnte ein Arzt, der weithin berühmt war, ich weiß nicht, ob er noch lebt«, unterbrach ihn Enos nachdenklich.

»Nach unserer Lehre besteht der Mensch aus drei verschiedenen Seinsebenen: dem sexuellen Sein, der körperlichen Existenz und dem geistigen Bereich. Jede dieser Ebenen besitzt einen eigenen Körper mit den entsprechenden Organen, die sich gegenseitig durch den Fluß der Säfte und durch die Nervenströme beeinflussen. Die Pyramiden beweisen, daß es bei uns Menschen mit geheimen Kräften gibt, die riesige Bauwerke genau durchrechnen und astronomisch ausrichten können. Du mußt wissen«, sagte der Ägypter eindringlich, »daß jede Pyramide in ihrer Form eine Lehre, eine Erkenntnis darstellt, die im Totenbuch schriftlich festgehalten ist.«

»Was ist das Totenbuch?«

Der Ägypter sprach stolz weiter, als habe er diese Frage nicht gehört: »Die Pyramiden enthalten symbolisch und allegorisch das geheime Wissen der Eingeweihten und die Gesetze, denen unsere Welt bis hinauf zur Sonne und zum Mond unterworfen ist. Wir Menschen können unser Sein, glaube es mir, nur philosophisch begreifen.« Er stand auf und ging erregt hin und her, blieb dann vor Alko stehen, streifte ihr das Kleid von den Schultern und betrachtete ihre Brüste. Dann ging er wieder auf und ab, begann dabei zu sprechen: »Wenn man mich fragte, unter welchem Himmel sich der menschliche Geist zur höchsten Blüte und zu seinen größten Fähigkeiten entwickelt hat, er am tiefsten die Probleme des Lebens durchdacht und dabei Lösungen gefunden hat, dann muß ich den von Ägypten nennen. Wenn man mich fragen würde, in welchem Land man am umfassendsten und universalsten denkt, man das Leben menschlich macht, sich jedoch nicht nur auf das Diesseitige beschränkt, dann kann ich wiederum nur Ägypten nennen. Zeige mir ein Land, in dem die Kunst, die Architektur, die Sprache und die Religion so gepflegt werden?« Er beugte sich, bog Alkos Kopf zu sich und prüfte die Augen, Ohren und Lippen. »Gut, gut«, sagte er sachlich und sprach dann weiter: »Ägypten ist die Quelle, aus der weithin die Völker und Länder ihr Wissen und ihre Religion schöpften. Unser Land ist«, er legte eine Pause ein, sah wieder prüfend auf Alko, tat nun, als spreche er zu ihr, und endete stolz, »die Wiege aller Zivilisation und Kultur.«

Er wandte sich um, suchte seinen Sklaven, setzte sich dann neben Enos und begann Alko zu tätscheln. »Ich nehme sie mit, gebe dir dafür mein Pferd«, sagte er befehlend.

Alko zuckte erschrocken zusammen, sah ängstlich auf Enos, gab ihm die Hand. Erst als dieser ihr beruhigend zunickte, richtete sie sich wieder auf.

Der Oberpriester sprach vor sich hin, als wäre er in der Tempelschule und habe Priesterinnen zu belehren. »Es ist völlig undenkbar, daß in der Verbindung von Körper und Geist, die eine wesentliche Grundlage aller Lebensformen ist, nur der Körper den Gesetzmäßigkeiten unterworfen ist, die in den verschiedenen Organen Wachstum oder Verfall, das bedeutet Gesundheit oder Krankheit, bestimmen. Auch der Geist hat seine ihm eigenen Gesetze. Gelingt es jedoch nicht, Geist und Körper aufeinander abzustimmen, entsteht in uns ein Chaos.«

»Der menschliche Geist wird uns immer ein Rätsel bleiben«, wehrte Enos ab.

»Ja, ja«, entgegnete der Ägypter. »Aber wenn wir nicht darüber nachdenken, wenn wir uns nicht erforschen, werden wir nie Frieden und Glück erreichen. Wir dürfen nicht nur unseren Körper sehen, wir müssen auch auf die Gesundheit unseres Geistes achten.«

Mit einem Wink befahl er den Sklaven zu sich und wies auf eine Ecke des Hofes. Der Nubier verbeugte sich und begann dort, eine Strohmatte auszubreiten.

»Bei uns in Ägypten ist es das ehrenvollste Geschenk an den

Gast, daß man ihm seine Frau oder Tochter für die Nacht anbietet. Du erweist mir doch die Ehre, mit deiner Tochter schlafen zu dürfen?«

Enos versuchte, ihn abzulenken, sagte, daß Alko nicht seine Tochter sei, und fragte nach der Größe Ägyptens und nach seinen Göttern.

»Unser Land reicht vom Kretischen Meer bis zur Nubischen Wüste, das ist eine Strecke von über zwölf bis vierzehn Kamelreisen. Unser Leben empfangen wir vom Nil, der das Wasser für das Weideland und die Äcker liefert. Er ernährt damit die Menschen und Tiere. In jeder der vielen Landschaften lebt ein selbständiger König. Früher bekriegten sich die Städte. Seit es nun ein Nord- und ein Südland gibt, in denen bestimmte Städte und Königssippen zur Vorherrschaft gelangten und diese die Rechte ihrer Gottheiten betonen, kam es zu einem Ausgleich. Hathor ist für uns die Große Göttin. Der Sohn der Isis erhielt in Dendera den Namen ›der Stier seiner Mutter‹, was besagt, daß er ihr Geliebter und Gatte gewesen ist.«

Er wandte sich nun Alko zu, sprach nur noch für sie. »Wir leben in einer Welt, die vom Mysterium bestimmt ist, und in der es – trotz allen Wissens – in der Religion keine Logik gibt. Wir leben in einer Welt, in der das Wunder keine Grenzen kennt. Nur so ist es erklärlich, daß Osiris im Kreise der Götter zunächst der alljährlich auferstehende Fruchtbarkeitsgott ist, er der Fruchtbarkeit in allen Feierlichkeiten dient und an der Seite seiner Schwester-Gemahlin die Menschen weise und wohltätig regiert.«

Alko wagte es zum erstenmal, mit dem Priester zu sprechen.

»Isis ist die Herrin des Mondes?« fragte sie. »Trägt sie deshalb auf der Krone die Mondsichel?«

»Ja«, antwortete der Ägypter und befahl ihr, daß sie sich das Kleid bis auf die Hüften abstreife.

Sie wagte nicht zu widersprechen, und Enos' Herz wurde schwer, als er sah, wie sie sich fast kokett freimachte. Er versuchte, die Wortbrücke, die zwischen Alko und dem Priester entstand, zu stören und erzählte, daß einmal ein Kapitän aus Ägypten zu Gast gewesen sei.

»Hast du ihm die Ehre erwiesen und ihm deine Tochter angeboten?« fragte der Oberpriester und sah mit eigenartigen Augen auf die jungen Brüste Alkos.

Enos wollte ihm nicht erneut sagen, daß sie nicht seine Tochter sei, hoffte, daß er sie so besser schützen könne, und sprach weiter: »Der Kapitän kannte ein Gedicht, das auf die Liebe zwischen Bruder und Schwester eingeht.«

Der Ägypter nickte heftig. »Die Schwester ist nach dem religiösen und gesellschaftlichen Bewußtsein die berufene Geliebte und die einzige rechtliche Gemahlin. Isis und Osiris werden damit für uns zur Heiligen Familie, sind damit das Vorbild für die zahllosen Geschwisterehen in den Herrscherfamilien.«

»Ob diese Ehen immer so gut waren?« fragte Alko. Man sah ihr jedoch an, daß sie nur das Wort und nicht eine Antwort auf ihre Frage suchte.

»Ich bin überzeugt, daß es in einer Geschwisterehe weniger Streit gibt als in einer anderen.« Kurz blickte er auf Enos, schätzte ihn mit den Augen ab. »Ihr seid in Not, kämpft um das Überleben. Wenn jetzt ein Bruder die Schwester als Weib suchte und fände, ergäbe das beste Kontakte, überdurchschnittliches Einvernehmen, denn beide wollen ja das gleiche. Es geht um die Sicherung des Alltags, um den inneren Frieden, um die Regelung der grundsätzlichen Bedürfnisse. Und so sind sie sich in fast allen Dingen restlos einig, bis hin zu der Notwendigkeit, daß man Kinder braucht. Sie sind Segen, werden Helfer, in welchem Beruf auch der Erzeuger, der Vater, stehen mag.« Wieder prüfte er mit den Augen Enos. »Ihr schlaft doch auf einer Matte?« fragte er und hatte das »einer« besonders betont.

Alko gab die Antwort. »Ja«, sagte sie schlicht. »Heute haben wir unser Fest, unseren Hochzeitstag. Immer wenn der Mond voll am Himmel steht, heiraten wir. Als Kreta fast in den Erdbeben und Flutwellen unterging, wir an die Felsen geschleudert wurden und beinahe mehrmals ertranken, erkannten wir einander. Heute ist der fünfundzwanzigste Mond.« Herb beugte sie sich und schauspielerte gekonnt. »Ich bitte dich, Herr, um die Ehre, diese Nacht zu segnen.«

Der Priester nickte nur, als bestätige und genehmige er die Verbindung.

Wieder sah er auf Alko, winkte dann dem Sklaven, der in einer Amphore ein Getränk brachte. Auf einen weiteren Befehl goß der Nubier einen Becher voll und bot ihn Alko an.

Nach einer Weile sagte er: »Ich weiß nicht, wie es bei euch ist, aber bei uns bekennt man sich offen zur Vereinigung von Mann und Frau. Es gibt Städte und Dörfer, wo die Frauen Prozessionen zu Ehren des männlichen Zeugungsgliedes veranstalten. Sie tragen den Phallus wie ein Heiligtum in riesenhafter Vergrößerung voraus. Man sagt, daß die Göttin Isis die Schöpferin dieses Phalluskultes sei, was darauf hinweist, daß sie einst als Mensch, als Frau, existierte. Bei uns waren mit einiger Sicherheit die Götter einmal Menschen und weilten in dieser Gestalt unter uns. Die Freude und Verzückung über ihre Ausstrahlung machte dann aus Menschen Götter.«

Nach einigem Schweigen antwortete Enos grübelnd: »Bei uns wurden die Naturgewalten, ob sie nun als Beben oder Vulkanausbrüche auf uns kamen, als Dürre- oder Regenzeit, als Seuchen und verheerende Krankheiten, zu Göttern. Wir stellen sogar den Kontakt zu unseren Frauen unter ihre Gunst. Braucht nicht auch die Zeugung die Hilfe der Götter?«

Der Priester ging nicht auf diese Frage ein. »Um uns und in uns sind viele Geheimnisse«, sagte er. »Ist nicht auch Gott ein Geheimnis? Das Mysterium der achtundzwanzig Tage im Leben einer Frau, dieses Geschenk des Mondes, wurde auch für mein Land bestimmend: Jede Göttin des Lebens muß daher eine Mondgöttin sein, und jede Schöpfung nimmt den Weg, es geht nicht anders, über die Geburt.«

»Ist das der Grund?« fragte Alko, als wolle sie die Gedanken des Ägypters auf eine andere Ebene bringen, »daß die Mondgöttinnen bei euch eine Krone aus zwei riesigen Hörnern tragen? Sollen sie damit den zu- und den abnehmenden Mond symbolisieren?«

»Damit zeigen sie sich eingeordnet in den Lauf des Mondes«, antwortete er. »Alko ist doch deine Tochter?« fragte er Enos, »sage die Wahrheit.«

»Nein, sie ist die Tochter der Schwester meiner Frau, ist mir aber wie eine Tochter, nein, sie ist mir mehr.«

»Wir werden tauschen«, wiederholte der Ägypter sein Angebot. »Du erhältst mein Pferd, und ich bekomme sie. Alko gefällt mir sehr. Sobald ich Malia und Zakros besucht und dort mit den Königen und Priestern gesprochen habe, gebe ich dir mein Pferd. Weißt du«, sagte er eifrig, »wir wollen euch helfen, wollen euch Anregungen geben, wie ihr die Not aus der Seele, aus der Hingabe an die Götter – alle haben sie die unterschiedlichsten Namen, sind aber trotzdem eine Einheit – lösen könnt.«

Nun sah er erneut lüstern auf Alko und wandte sich dann sofort wieder Enos zu. »Ich gebe dir mein Pferd, du machst einen guten Tausch, denn ihr kennt ja nur Esel. Mit einem Pferd kannst du schnell ein mächtiger Mann werden. Gut«, er lächelte vulgär, »du brauchst eine Frau, doch ist sie jetzt leicht zu bekommen, besonders wenn du ein Pferd hast.«

Ausweichend antwortete Enos: »Wir sprechen noch darüber!«

Alko versuchte ebenfalls, den Ägypter auf andere Gedanken zu bringen, und fragte: »Isis war mit Osiris verheiratet. Sie waren doch Bruder und Schwester?«

»Sogar Vater und Tochter, berichtet die Überlieferung.«

»Horus war aber auch der Sohn von Hathor-Isis?«

»Dieses Verschmelzen dürfte nicht ein Einzelfall gewesen sein«, meinte der Priester. »In Notzeiten, in den Grenzen unseres Seins, gibt es keine Moral.« Er entschuldigte und korrigierte sich: »Was ist schon Moral?«

»Wenn man in der Ordnung steht«, antwortete Enos sofort.

»Was ist schon Ordnung? Schiffbrüchige sollten sie vergessen, wenn sie an eine einsame Insel geschwemmt werden. Da ist die Frau eben Frau und der Mann eben Mann. Das will die Natur.«

»Eure Königin Hatschepsut war doch die Tochter von Thutmosis? Als der Vater starb, heiratete sie ihren Bruder, und der Sohn aus dieser Ehe ist Amenophis, der jetzige Pharao. Hatschepsut ist also nicht nur seine Stiefmutter, sondern auch seine Tante, ist als Frau des Großvaters auch seine Großmutter?« fragte Enos kritisch.

»Es geht noch weiter«, schmunzelte der Ägypter. »Als sie mit Thutmosis verheiratet war, verlobte sie ihn zusätzlich mit ihrer Tochter aus der Ehe mit Thutmosis.«

Enos schwieg und grübelte.

»Unser Kult«, sprach der Priester weiter, »ist mit allen Überlieferungen eine Sonderheit. Bei uns sinkt jeden Abend die untergehende Sonne in den Schoß der Mutter, und an jedem Morgen wird sie aus dem gleichen Schoß wiedergeboren. Hathor wird zur Göttin der Sonnenscheibe und mit dem Hörnerpaar zur Schicksalsgöttin. Die Kuhhörner, welche die goldene Sonnenscheibe einschließen, sind nach außen gerundet wie die Sicheln des zu- und abnehmenden Mondes. Du?« fragte er Alko und sah sie hypnotisierend an.

»Ja?« antwortete sie sehnsüchtig, als suche sie eine neue, eine für sie interessantere Welt.

Der Ägypter sprach gedankenverloren weiter: »Wir müssen uns darüber klar sein, daß Osiris und Isis, oder wie wir sonst noch diese Geschwister-Ehe nennen, einst Menschen waren. Aus diesen göttlichen Menschen wurden menschliche Götter. Bei euch in Kreta dürfte es nicht anders gewesen sein.«

»Dendera wurde zur Stadt der Hathor?« fragte Alko, und ihre Augen brannten in einem sonderbaren Licht.

»Das Kind der Hathor ist auch der Horus der Nachbarstadt«, antwortete er. »Du mußt das politisch sehen, denn damit wurden Ober- und Unterägypten zu einer politischen Einheit.«

»Du siehst alles aus der religiösen Sicht«, kritisierte Enos. »Wir, die wir hier in Not sind, haben uns in das Jetzt zu fügen.«

»Ich bin müde, wollen wir uns hinlegen?« fragte der Ägypter. »Bekomme ich Alko vor dir oder erst später?«

»Wir haben heute unseren Heiligen Tag«, wich Enos aus.

»Und dann? Alko ist doch noch jung.«

Enos nickte. »Sie ist ja fast noch ein Kind...«

»Was ist das schon?«

Als Enos nicht antwortete, meinte der Priester: »Ich hatte lange Zeit eine Bettgefährtin mit zwölf Jahren.«

»Ein Kind also?« fragte Enos abwehrend.
»Mit diesen Jahren heiraten bei uns schon viele Mädchen.«
»Es sind aber noch Kinder«, antwortete er. »Sollten wir, wenn wir nicht nur aus Lust bestehen . . ., sollten wir, die wir älter und reifer sind . . ., nicht eine Grenze kennen? Wir werfen junge Mädchen in eine Gewalt, in eine Erregung, die so zur Urkraft und Urmacht werden kann, die sie so in ihren Bann zwingt, daß sie glauben, in der Geschlechtslust alles zu finden. Das Leben besteht aber aus mehr.«

Der Priester lächelte verhalten. »Eine junge Partnerin kann dieselbe Freude erleben wie eine erwachsene Frau.«

»Das darf, nein«, korrigierte sich Enos, »das dürfte aber nicht sein.« Dann dachte er an das Dorf, in dem vor der Flut seine Eltern wohnten und das jetzt nur noch eine Ruinen- und Hügellandschaft war. Auch dort hatte es Mädchen gegeben, die auf die Geschlechtsbegegnung warteten, als wäre sie das große Wunder.

»Wir müssen die Lust unseres Leibes als Naturgesetz ansehen und erkennen«, sagte der Ägypter vorsichtig. »Das trifft auf Menschen jeden Alters zu, ob sie nun Mann oder Frau sind. Wichtig ist, besonders bei frühen Liebesbeziehungen, daß der junge Mensch einen Partner hat, der mithilft, persönliche Werte zu entfalten, der mithilft, die soziale Entwicklung zu fördern. Aus diesem Grunde wünsche ich jedem jungen Mädchen, daß ihr erster Partner kein brünstiger Bursche ist, kein inhaltsloser Spieljunge, sondern ein Mann mit Erfahrung und Feingefühl. Gerade ein reifer Mann kann einem Mädchen wertvolle Anleitung und Gelegenheit zu einer emotionalen Entwicklung geben. Wichtig ist«, nun deklamierte er fast, »daß der Partner dem Mädchen nach diesem tiefgreifenden Erlebnis beisteht und sich um ihr weiteres Wohlergehen kümmert. Junge Burschen sind nur Trieb, nützen aus, benehmen sich meist wie lüsterne Böcke. Ein Mädchen kann durch eine solche Partnerschaft fürs ganze Leben verdorben werden. Die Tragik der Mädchen ist . . .«, nun sah er Enos an, als habe dieser eine schiefe Nase oder einen schrecklichen Mund, »die Tragik der Mädchen ist«, wiederholte er, »daß sie von Gefährten ihres eigenen Alters verführt werden, die seelisch und auch sonst nichts geben können, wodurch sie mehr Leid als Freude erfahren. Bei uns ist es so, daß fast alle Mädchen mit ungefähr dreizehn bis vierzehn Jahren mit Burschen ihres Alters die ersten Beziehungen haben. Immer steht am Anfang des Lebens vieler Mädchen ein Knabe, der mehr Kind als Mann ist. Für einen Burschen in diesem Alter ist die Frau nebensächlich, der Geschlechtsakt alles. Ihm ist es gleich, ob es eine Alte ist, die sich ihm hingibt, oder eine Jungfrau mit vierzehn Jahren. Ein Mädchen in diesem Alter braucht jedoch keine Zufallsbegegnung, sondern eine echte, tiefe Zuwendung.«

Alko hatte starr, wie hypnotisiert zugehört, erhob sich, ging in jene Ecke, wo die Krüge mit Wasser standen. Enos sah ihr nach, fragte sich, ob sie durch die Worte des Ägypters eine Bestätigung ihrer Einstellung gefunden hatte.

Der Priester nützte die Abwesenheit Alkos zu einem weiteren Gespräch über die Macht des Triebes bei jungen Mädchen.

Enos wollte ihn ablenken und bat Alko um Wasser. Sie reichte den Krug, und alle tranken sie, als enthielte er ein heiliges Getränk.

Sie schwiegen einige Zeit, dann nahmen sie wieder einen Schluck aus dem Krug.

»Wasser«, sprach der Priester gedankenverloren vor sich hin, »es ist Aufgang und Niedergang. Das unbegreifliche Ereignis ist für uns der Nil. Das Steigen und Fallen des Flusses sind die Voraussetzungen für das Kommen und Vergehen der Pflanzen und damit für das Leben und Sterben, für das Keimen und Welken. Zweiundsiebzig Tage herrscht bei uns Dürre. Im Juli beginnt dann der Strom zu steigen, überflutet das ackerfähige Land und die Weiden, bedeckt Pflanzen und Kräuter. Er bringt für sie alle den Tod. Ende Oktober beginnt der Nil dann wieder zu fallen, und im Mai hat er seinen tiefsten Stand erreicht. Jetzt beginnen wieder Wachstum und Leben. Mein Ägypten...«, klagte er. »Vor rund zweihundertsiebzig Jahren wurde es von den Hyksos[4] besetzt. Mit ihnen kamen nicht nur neue Könige, sondern auch eine neue Gesellschaftsordnung, eine neue Verteilung des Grundbesitzes und ein neues Recht.

Vor rund einhundertzehn Jahren gelang es dann, sie wieder zu vertreiben, und seitdem regieren erneut ägyptische Herrscher.«

»Eure Götterwelt ist genauso veränderlich und sich überschneidend wie unsere«, meinte Enos. »Bei euch haben die Götter die verschiedensten Namen, und oft kann man sie schwerer beschreiben als die Formen der im Wind treibenden Wolken.«

»Ihr habt doch heute euren Heiligen Tag?« fragte der Priester.

Enos nickte nur.

»Ist sie gut?«

»Was meinst du damit?«

Der Ägypter verzog die Lippen ironisch.

»Ja, sehr«, antwortete Enos herb.

»Nütze deine Chance.«

»Was meinst du damit?« fragte er wieder.

»Eine solche Vermählung kann erheben und in den Abgrund stoßen. Wenn ihr euch erhebt, werdet ihr in diesen Minuten die drei Dimensionen der Zeit durchwandern.«

»Drei Dimensionen?« fragte Enos verblüfft.

Der Ägypter nickte. »Die der Gegenwart, der Vergangenheit und der Zukunft. Der Mensch kann in einer hohen Ekstase, die ein Rausch ist, über sich hinauswachsen. In unserem Tempel lebt eine wahrsagende Priesterin; ein Freund gerät während des Gottesdienstes so in Ekstase, daß er oft zwei Handbreit über der Erde schwebt. Wir verehren Isis als die Göttin der Liebe. Bei einem sehr hohen Fest, das wir zu ihrer Ehre veranstalteten, ging ein Mann durch Feuer und Glut, ohne die geringste Brandverletzung zu erleiden. Das ist es auch, was ich euren Priestern in Malia und Zakros sagen will; man kann in einer ekstatischen Hingabe an die Götter das Leben mit seinem Leid besiegen. Man ist dann nicht mehr schwach, man ist dann nicht mehr dumm, man kann seherisch Häuser bauen, auch wenn man es nicht gelernt hat. Wir wollen euch aufrichtig helfen, wieder Leben und Freude zu finden.«

Gütig sah er auf Alko, beugte sich, als befände er sich in einem

Trancezustand, wiegend vor und zurück. »Isis möge euch segnen, auf daß dein Leib Frucht trage.«

Enos sank zusammen, als trage er an einer riesigen Last.

»Es ist ein Naturgesetz«, mahnte der Ägypter, »denkt daran, die Götter wollen es.«

Enos sah ihn an und dankte ihm. »Wir Kreter glauben, daß die höchste göttliche Macht weiblichen Ursprungs ist und durch eine Frau verkörpert wird, die wir darstellen dürfen, als wäre sie eine gewöhnliche Sterbliche. Obwohl bei uns die Große Göttin viele Gestalten annimmt, darunter auch die der Hohen Jungfrau, schließen wir in der Verherrlichung auch das Geschlechtliche mit ein.« Kurz sah er auf Alko und nickte ihr zärtlich zu.

»Das Geschlechtliche steht bei uns im Dienst der begehrten Fruchtbarkeit, das ist auch der Grund der vielen Symbole.«

»Ihr verehrt als Attribut der Göttin auch die Taube?« fragte Enos nachdenklich.

»Sie gilt immer schon, bestimmt auch bei euch, als der Vogel der Zärtlichkeit, der Verliebtheit.«

»Für uns ist vieles heilig: die geweihten freistehenden Säulen und Pfeiler, die Bäume, die Doppelhornzeichen, mit denen die Altäre, Schreine und Gebäude geschmückt werden, die Hörner lebender Stiere, die Bergspitzen, die Stalagmiten, denen in den Höhlenheiligtümern Weihegaben dargebracht werden. Sie alle sind für uns Ausdruck phallischer Macht. Sagte ich es schon«, fragte er den Priester und zeigte Alko mit den Augen, daß er gleich bereit sei, »daß das Doppeldreieck der Heiligen Axt weitgehend als Zeichen der Frau gilt und der durch die Mittelöffnung getriebene Stiel eine sexuelle Ausdruckskraft hat? Du wirst es auf deiner Reise kaum mehr feststellen können, weil Kreta unterging, doch sah man überall in den Palästen und den Heiligtümern, daß die Doppelaxt sehr oft zwischen die Doppelhornzeichen gesetzt wurde. Doppelaxtsymbole schlug man in die phallischen Stalagmiten in den Höhlen von Psychro ein. Immer und überall wurde die Doppelaxt mit der Göttin, nie mit einer männlichen Gottheit verknüpft.«

Als Enos zu seiner Schlafmatte ging, wartete Alko auf ihn. Ihre Augen brannten, und ihr Leib glühte.

»Sei ein Mann!« rief ihm der Ägypter zu und ging in die Ecke, wo der Sklave für ihn das Schlaflager bereitet hatte. Dann war Stille.

Nach etwa drei Wochen kam der Priester von seiner Reise nach Malia und Zakros zurück.

»Wie sieht es in den Palästen aus?« fragten Enos und Alko fast gleichzeitig.

Der Ägypter senkte verzweifelt den Kopf. »Überall ist Chaos und Untergang. Teilweise liegen die Toten noch jetzt unbestattet auf den Feldern. Es ist fürchterlich«, klagte er. »Ich sah die Ruinen von Gutshöfen und ländlichen Villen, Herrenhäusern und Straßenposten. Viele Dörfer sind nur noch Lehmhaufen, die, von Unkraut bedeckt, langsam zu kleinen Hügeln anwachsen.«

Er schwieg und sah auf die Erde, schien zu beten. »Auffällig waren für mich die hochliegenden Kultplätze auf den Bergen und Kuppen.« Wieder versank er in murmelnden Worten. »Oft sind es nur aschebedeckte Gebilde, die manchmal noch die Umrisse der darunter begrabenen Häuser zeigen. Für mich waren die Hügel Hinweis dafür, daß unter dem Schlamm und der Asche Siedlungen liegen. Ich fand, von einer brutalen Gewalt aus der Erde gerissen, Bruchstücke von tönernen Urnen – wir nennen sie Larnakes – oder von großen Grabgefäßen, die euren Pithoi ähneln. Die Erd- und Seebeben zermalmten alles, warfen den Untergrund nach oben und die Erde nach unten. Ich wollte auch die Grabstätten eurer Könige besuchen, doch waren sie, obwohl ich die Führer gut bezahlte, selten auffindbar. In einem Dorf bei Zakros sah ich Kinder, die sich damit vergnügten, die Flamme eines Feuers zum hellen Aufleuchten zu bringen, indem sie Bronzegegenstände hineinwarfen. Sofort verfärbten sich die Flammen grün. Ein Mann, der eure Heimat sehr liebt, sagte mir, daß die Villa der Lilien immer, auch wenn sie nur noch eine Ruine sei, für Amnissos Zeugnis ablegen würde.« Er stockte und grübelte. »Alles muß leuchten, sonst ist es sinnlos«, sprach er leise vor sich hin. »War in euch das Licht, als ihr eure heilige Zeit erlebtet?« fragte er dann.

Ohne die Antwort abzuwarten, erzählte er weiter. »Es ist seltsam, daß wir viele Errungenschaften fast als nebensächlich und selbstverständlich betrachten. Der Pflug ist eine der größten Erfindungen des Menschen, vielleicht begann erst mit ihm das eigentliche Menschsein. Ein Beweis, daß ihr Kreter uns in manchen Dingen voraus ward, ist der Unterschied zwischen unserem und eurem Pflug. Der ägyptische Pflug hat zwei Handgriffe, muß also mit beiden Händen geführt werden, was bedeutet, daß die Zugtiere durch eine weitere Person gelenkt werden müssen. Euer Pflug hat nur einen Griff, eine Hand ist also frei für das Lenken und Antreiben der Ochsen. Euer Stierkult dürfte wiederum von uns inspiriert gewesen sein. Man sagte mir, daß der Urstier weit und breit als das imposanteste, stärkste und potentiell gefährlichste Tier gilt, und er damit zum Symbol für Kraft und Männlichkeit wurde. Auch in Anatolien huldigt man der Großen Mutter als der Göttin der Fruchtbarkeit. Der Händler, der mir davon erzählte, sprach von Tempeln, in denen Auerochshörner aufgestellt sind, fein modellierte Stierköpfe aus Gips die Wände des Heiligtums zierten. Die Große Mutter selbst stellte man oft dar, wie sie einen Stier gebiert. Wir selbst verehren den Stiergott, und ihr habt in euren Festen sogar das Stierspringen.«

»Steht der Palast in Zakros noch?« fragte Enos voller Sorge.

Der Ägypter verneinte. »Es gibt nur noch schlammbedeckte Ruinen, die sich von Jahr zu Jahr immer mehr in Hügel verwandeln werden. Was mir auffiel, im Gegensatz zu Malia...«

»Was?« fragte Alko und drängte sich wie schutzsuchend an Enos.

»Malia wurde geplündert. An vielen Stellen sah ich, daß man Löcher grub. Teilweise legte man Gebäude so weit frei, daß man in die Kellerräume kam.«

»Das waren Hungernde«, meinte Enos. »Viele sterben, weil die Felder keine Frucht mehr geben, hoffen wohl, daß in den Magazinen noch Nahrungsmittel wie Gerste, Erbsen, Linsen, Bohnen, wilder Weizen und Hirse liegen. Bei uns waren die Paläste auch die Handels-, Herstellungs- und Verpflegungszentren.«

»Malia wurde geplündert, Zakros dagegen nicht. Das wundert mich, denn bei diesem Palast war jener Hafen, von dem aus der Handel mit uns und mit Kleinasien betrieben wurde. Was kann es nur für eine Ursache gegeben haben, daß man in Malia die Phitos mit den Nahrungsmitteln suchte, die in Zakros jedoch nicht beachtete? Die Überlebenden werden dort noch mehr in Not gewesen sein, weil der östliche Teil Kretas nicht unbedingt einen fruchtbaren Boden hat. Huni, mein Sklave, war es, der durch Zufall ein Magazin in Zakros fand. Es war natürlich zerstört und von einer dicken Schlammschicht bedeckt. Als er dort mit einem Stock in den Trümmern stocherte, fand er einen Pithos, der fast bis zum Rand mit Bohnen gefüllt war.«

Sie sahen sich an, schwiegen, rätselten und deuteten Möglichkeiten an.

»Es können doch nicht alle umgekommen sein«, meinte Alko hilflos und drückte sich wieder schutzsuchend an Enos.

»Vielleicht glaubten die Wenigen, die nicht starben, daß zürnende Götter die Zerstörungen brachten und meinen nun, daß dort Geister aus dem Jenseits ihr Unwesen treiben?«

»Nein«, entgegnete der Ägypter. »Hunger ist ein Urtrieb, der wie die Geschlechtlichkeit zur Sucht und Gier werden kann. Es gibt nur eine Antwort«, sagte er düster, »viele fanden den Tod, und die wenigen Überlebenden vergingen im Leid und verhungerten.«

»Die Paläste wurden schon einmal zerstört«, sprach Enos vor sich hin, »das war vor über zehn Generationen. Man baute sie dann noch größer und schöner wieder auf. Die Hauptmacht lag jedoch seitdem beim König von Knossos.«

»Was mir bei Malia auffiel, als ich unter Thutmosis die Könige besuchte, waren die zahlreichen Altäre in der Ebene, die den Palast umgaben. An diesen brachte man vielen seltsamen Göttern Dankopfer dar. Was ich jetzt nicht mehr fand«, er grübelte vor sich hin, »war der ›Kernos‹, der sich links neben der Schautreppe an der Südwestseite des Mittelhofes befand. Er wird wohl unter einem der vielen Schlammhügel liegen.«

Enos nickte stolz. »Es ist ein kleiner Rundaltar, der wie ein großer Mühlstein aussieht. In der Mitte ist eine kreisrunde Vertiefung, und entlang des Randes sind vierunddreißig kleinere, runde Mulden angebracht. In diese legten wir bei Feiern für die Erdgöttin die ersten Früchte des Jahres. Wir boten sie der Göttin an, damit sie uns weiterhin Fruchtbarkeit schenke. Natürlich spendeten wir auch Olivenöl und Wein.«

»Ihr habt also eure erste Ernte symbolisch geopfert?«

Enos nickte und sagte ernst: »Und wenn der Priester die Gaben segnete, sahen wir hinaus zu den Dikte-Bergen, zur Heiligen Höhle.«

»Der Palast von Zakros sah so anders aus als der von Malia.

Als ich damals im Auftrag von Thutmosis hier die Könige besuchte, war ich auch in Phaistos, Knossos und Acharna[5]. Alle haben sie wohl irgendein Grundschema, unterscheiden sich jedoch trotzdem voneinander. Was mir bei Malia schon beim ersten Mal auffiel, war, daß der Palast sich im Gegensatz zu Knossos nach allen Seiten ungeschützt auf die Ebene hin öffnet. Sein Innenhof gibt südwärts den Blick auf die Berge frei. Damals sah ich ein prächtiges Hofleben, die Gebäude waren stolz und wuchtig, wirkten geradezu majestätisch. Und jetzt«, er seufzte, »sind überall nur noch kleine und große Hügel, aus denen vereinzelt die Reste von Bauwerken wie mahnende Finger ragen. Ich erinnere mich noch gut an das Haus der Goldschmiede, habe den Männern, die dort arbeiteten, immer wieder zugesehen. Jetzt ist das Gebäude ein Ruinenhaufen, dick mit Ascheschlamm bedeckt, auf dem nicht einmal Unkraut wuchert. Überall sind Steindämme, durch die Flut zusammengedrängt, teilweise mehrere Handbreiten mit Schutt und Sand bedeckt. Einstmals gab es auf drei Seiten Wohnräume, Säle, Hallen, Treppenaufgänge und Korridore.«

Er lächelte schmerzlich und knetete seine Hände. Als ihn Enos fragend ansah, meinte er, daß er eine alte Frau gesehen hatte, die in dem Chaos nach Nahrung suchte und unter Balkenwerk eine große Wassermelone fand. »Sie weinte vor Freude, lief schreiend weg, hielt die Melone an ihre Brust, als habe sie einen ungeheuren Schatz gefunden.«

Dann sahen sie, wie Alko mit zwei Amphoren den schmalen Pfad herunterkam, der von der Quelle her zu ihrer Notunterkunft führte. Huni, der nubische Sklave, wollte ihr immer wieder helfen, die schweren Krüge zu tragen, doch wies sie ihn brüsk ab.

»Die beiden scheinen sich nicht gerade zu lieben«, spottete der Priester, dann wandte er sich wieder Enos zu und berichtete, daß man an den Hügeln des Westhofes noch gut die Prozessionsstraße erkennen konnte.

Enos antwortete grübelnd: »Der Haupteingang von Malia lag im Norden, und von ihm aus führte eine gutgepflasterte Straße in den Palasthof. Im Süden lag das Archiv, im Südwesten waren die Zimmer des Königs und dahinter die der Königin. An der Westseite des Hofes befanden sich der Thronsaal, die Empfangshalle und dahinter das Heilige Haus. Es gab Festsäle, Säulenhallen, Versammlungsräume, Wandelhallen, Magazine, Küchen, Zisternen und dann natürlich die Häuser der Handwerker.«

Wieder sahen sie, wie Alko den Nubier auf die Seite drückte, ihn verächtlich von sich wegschob.

»Was ist?« rief Enos.

»Er ist schlecht, er ist sehr schlecht«, klagte sie und begann zu weinen.

Der Priester erhob sich und ging auf sie zu. »Hat er dir etwas getan?«

»Nein, aber . . .«

»Was war?« fragte er nun den Sklaven.

»Ich habe nur . . .«, war die Antwort, dann konnte er nicht mehr weitersprechen, denn er wurde geschlagen und getreten. Sofort warf er sich auf den Boden, kroch auf allen vieren unterwürfig auf seinen Herrn zu. Wollte er ihm wie ein Hund die Füße küssen, so um Verzeihung bitten? Der Priester trat mehrmals heftig auf seinen Hinterkopf, trampelte ihn fast in die Erde.

»Was tat er dir?« fragte er erregt Alko.

»Nichts, nur . . .«

»Was? Sprich schon, gackere nicht wie eine blinde Henne herum. Was war?« schrie er.

»Er belästigte mich oft. Sobald ich mit ihm alleine war, sah er mich als Frau und hatte seine Wünsche«, antwortete sie leise.

»Komm!« befahl er mit einer Stimme, in der der Tod lag, und trieb den Sklaven mit Fußtritten vor sich her. Dann fand er einen Stock und prügelte mit ihm Huni zur Küste. Dort zwang er ihn auf die Spitze einer Klippe. Unten rauschte und gurgelte die Brandung, aus der Gischt ragten spitze Felsen, manche sahen wie Dolche und Schwerter aus.

»Spring!« befahl er hart.

»Herr?« der Sklave wandte sich um, wollte noch einmal um Verzeihung bitten.

»Spring, oder ich erwürge dich wie einen räudigen Hund!«

»Mein Gott, mein Gott«, betete Huni, schloß die Augen und ließ sich nach vorne fallen.

Kurz hörten sie noch einen Schrei, als sein Körper auf einer Klippe aufschlug. Dort lag er, krümmte sich in unendlichem Schmerz. Dann schwemmte ihn eine Woge weg und warf ihn in einen tobenden Strudel.

»Mußte diese Strafe sein?« fragte Alko und weinte.

»Er war ein Sklave«, antwortete der Ägypter herrisch. »Wenn wir uns heute von ihnen alles gefallen lassen, bringen sie uns morgen um. Mein Bruder bewirtschaftet einen königlichen Hof. Sieben Ägypter stehen etwa zweihundert Sklaven gegenüber. Die geringste Nachsicht kann als Schwäche ausgelegt werden und tödlich enden. Davon abgesehen ist es unmöglich, muß es unmöglich sein, daß sich ein Sklave an einer freien Frau vergreift. Das wird bei uns grundsätzlich hart bestraft. Strafe muß sein, sonst lohnt sich ehrliche Arbeit nicht mehr. Dieben hackt man die Hände ab, Betrüger blendet man, schwere Vergehen ahnden wir, indem man den Täter den Krokodilen zum Fraß vorwirft oder den Heiligen Schlangen übergibt.«

Als sie wieder in ihrem Keller waren, bot Alko frisches Wasser an. Der Priester dankte knapp und sagte dann zu Enos: »Ich schlafe heute nacht mit ihr. Du bringst mich morgen nach Amnissos zu meinem Schiff, übergibst sie mir und darfst dafür mein Pferd mitnehmen.«

Enos versuchte ihn abzulenken, auf andere Gedanken zu bringen und fragte: »Warum gehst du nicht auch nach Phaistos und Knossos? Besonders in Knossos dürftest du zu wichtigen Erkenntnissen kommen.«

»Ich kam mit zwei Oberpriestern unseres Tempels, teilte das Aufgabengebiet zwischen uns auf. So besuchte ich Malia und Zakros, versuchte dort Kontakte aufzubauen.« Er senkte den Kopf, seine Finger spielten mit kleinen Bimssteinen. »Unser Land hat auch Schweres durchgestanden. Weil wir wußten, was wir wollten, gelang es uns, wieder ein freies Ägypten zu schaffen. Der erste Thutmosis ließ am Ufer des Euphrat ein Siegesdenkmal errichten und kam aus der Schlacht mit dem zerschmetterten Körper des feindlichen Prinzen zurück, der mit dem Kopf nach unten am Bug seines Schiffes hing. Dem dritten Thutmosis[6] gelang es, Ägypten wieder zur Großmacht zu machen, und viele feindliche Fürsten knieten vor ihm und baten um ›Atem für ihre Nasen‹. Ich könnte euch viele Tage und Nächte vom Ruhm dieses Pharao erzählen.« Der Priester rang nach Atem, weil er sehr erregt gesprochen hatte. »Und so wurden wir zu Eroberern und Kolonisatoren. Die Siege halfen mit, daß unser Land vermehrt Handelsbeziehungen aufnehmen konnte, und in einigen thebanischen Gräbern sehen wir Bilder von Abgesandten ferner Länder, sogar von eurer Insel, die ihre Erzeugnisse zum Tausch gegen ägyptische Waren brachten. Viele Prinzessinnen aus anderen Völkern kamen in den Harem des Pharao. Sogar Mitanni-Prinzessinnen befanden sich in seinem Frauenhaus, sie waren einige Zeit die Favoritinnen. Als einmal die Ärzte ihm bei einer Erkrankung nicht helfen konnten, bat er den König von Mitanni um eine Statue der Ischtar, der Liebesgöttin von Ninive, und hoffte, daß ihre berühmten Heilkräfte auch ihn gesund machen würden.«

»Ischtar?« fragte Enos. »Der Name kommt mir bekannt vor.«

»Man sagt auch Istar, beides sind die assyrischen Bezeichnungen für die Göttin Astarte.«

Als sich die Nacht wieder auf das Land und damit auf die Notunterkunft legte, in der sie wohnten, sah der Ägypter, wie sich Alko neben Enos auf die Matte legte. Sorgfältig hüllte sie ihn und sich in eine Decke ein, und bald war der Keller nur noch von dem Schatten von zwei Menschen beherrscht, die mehrmals ihre Plätze wechselten.

Enos wachte auf, weil der Mond den Boden so erhellte, als brenne er. Dann fühlte er, daß Alko nicht mehr neben ihm war. Als er vollends wach geworden war, sah er, daß sie neben dem Priester lag, sich an seinen Körper preßte.

Es war Tag, als er sich erhob, frisches Wasser in die Trinkschalen füllte und wilde Gerste als Nahrung in die Mitte der Eßmatte schüttete.

Zuerst kam Alko, rückte sich das Kleid zurecht und begrüßte ihn scheu mit einer kurzen Umarmung. Dann saß der Ägypter neben ihr und trank einen Schluck Wasser. Als er die Gerste erblickte, schüttelte er den Kopf, ging zu seinem Gepäck und brachte einen getrockneten Fladen, den er teilte. »Alko bringt mich nach Amnissos«, sagte er nach einigem Schweigen.

Enos nickte nur.

»Als die Erdbeben kamen und der Vulkan Kalliste ausbrach, muß bei euch wirklich die Welt untergegangen sein«, sprach der Priester sachlich und gütig vor sich hin.

»Drei Tage lang herrschte eine totale Finsternis, und dann kamen die riesigen Wellen«, antwortete Enos stockend. »Es donnerte, als wären um uns die fürchterlichsten Unwetter. Schlimm war auch der Aschenregen. Ein Kapitän sagte mir vor wenigen Monden, daß sein Schiff, mit dem er aus Ägypten kam, mehr als drei Handbreiten hoch mit Lavastaub bedeckt war. Weithin sah man, wie der Vulkan kochte, er tagelang Wolken aus Dampf und Asche produzierte. Was noch schlimmer war, und wohl die wesentlichste Schuld an den Zerstörungen bei uns hatte, war ein schrecklicher Sturm, der bis hinauf in die Wolken reichte. Dieser riß Bäume und Häuser weg. Schlimm war auch eine ungeheure Staubwolke, die lange Zeit immer wieder die Menschen bedeckte.«

»Wir haben diese Staubwolke ebenfalls erlebt«, meinte der Ägypter. »Auch bei uns wurden die Tage zu Nächten, und es fiel Feuer vom Himmel. Wann . . .?« er rechnete, sprach dann grübelnd weiter, »wann brach der Vulkan Kalliste aus?« Wieder sinnierte er vor sich hin und sagte dann: »Es muß vor gut siebzig bis achtzig Monden gewesen sein. Unser Pharao[7] regierte im zweiten Jahr.«

»Vom Himmel fiel immer wieder Asche, und im Meer trieben mehrere Monde lang Schutt, Schiffsteile, Baumstämme, Leichen und die Reste von Häusern. Wahrscheinlich wurde ein großer Teil von Kalliste in die Luft geschleudert, ein weiterer Teil dürfte im Meer versunken sein, aus dem immer wieder Lava und kochender Schlamm oft bis in die Wolken hochgeschleudert wurden. Der Zusammenprall von Wasser, Erde und der kochenden Glut der Erde schuf dann jene unheimlichen Flutwellen, die mit einer mörderischen Gewalt viele Städte und Paläste wegwischten.«

Es war, als habe das Chaos der entfesselten Naturgewalten, von dem er sprach, eine Brücke geschaffen. Alko bot ihm ein Stück ihres Fladens an, der Ägypter schob ihm Gerstenkörner zu, und sein Gesicht war voll von Güte und Wärme.

Als der Priester dann sein Pferd beladen hatte, nahm er Alko vor sich auf den Sattel, prüfte noch einmal den Sitz des Halfters, die Taschen und Bündel, die auf beiden Seiten baumelten. »Ich bete für dein Kreta«, sagte er schlicht und gab dem Pferd mit einem Klatschen des Zügels die Anweisung, loszutraben.

Alko hockte vor dem Ägypter, beugte sich nach vorne, als erleide sie Schmerz, als zerrissen Krämpfe ihren Leib.

Als Enos fragen wollte, ob sie wiederkomme, übertönte das Wiehern des Pferdes seine Stimme.

Langsam, als trüge er eine ungeheure Last, ging er in die Wohnecke der Ruine, die sie freigeschaufelt hatten. Dann setzte er sich auf den Platz, wo die Matte des Priesters gelegen und auf der sich Alko an den Ägypter gepreßt hatte.

Immer wieder strich er scheu über den blanken Boden, weinte, seufzte und gab sich einer tiefen Trauer hin. »Alko!« rief er immer wieder. »Alko!« klagte er in unendlicher Qual.

Es war fast Abend, als Enos von der Küste zurückkam, einige Fische, welche die Flut hinter Felsen geworfen hatte, auf den

Holzblock legte, der als Tisch diente. Dann kramte er sorgfältig die Körner der wilden Gerste aus der Tasche, die er gesammelt hatte, füllte sie behutsam in einen Krug und ging zur Quelle, um frisches Wasser zu holen.

Als er wieder zurückging, betrübt den Weg zwischen den Schlammhügeln suchte, weinte er erneut wie ein Kind, blieb bei jeder Ruine stehen und fragte sich, ob das weitere Leben in dieser quälenden Einsamkeit noch einen Sinn habe.

Wie ein Schlafwandler bog er zu jenem Hügel ein, aus dem er mit Alko die Reste jenes Hauses geborgen hatte, das nun schon seit über zwanzig Monden zur vorläufigen Heimat geworden war.

Das Wiehern eines Pferdes weckte ihn. Dann sah er, daß es an einem Balken, der wie der Ast eines Baumes quer aus dem Boden ragte, angebunden war.

»Ich warte schon einige Zeit auf dich!« rief eine Stimme, und stolz, ohne die geringste Scheu, stand Alko vor ihm und warf sich in seine Arme.

»Ich habe es geschafft«, seufzte sie glücklich.

»Was?« fragte er und wehrte ihre Küsse ab.

»Daß wir das Pferd bekommen, ohne daß ich mitgehen muß.«

Sie setzten sich auf den Boden, sahen sich wortlos an. Nach einiger Zeit sagte sie leise: »Ich hatte Angst, daß du mich als Tausch für das so wichtige Pferd geben würdest. Ich hätte mich vielleicht getötet, wenn du das von mir verlangt hättest, obwohl ich . . .«

»Was?« fragte er mit schwerem Herzen.

»An deiner Stelle diesen Tausch gemacht hätte. Mit einem Pferd bist du reich, wirst du mächtig. Du kannst mit ihm unser Leid besiegen und«, sie verzog die Lippen und strich mehrmals mit einer Fingerkuppe über sie, »mithelfen, Kreta zu retten.«

»Es tat mir sehr weh«, sagte Enos, »als ich dich auf der Matte des Ägypters sah. Mußtest du dich ihm so zuwenden?«

Sie schwieg und tastete mit der Hand wie suchend über den Boden. »Ich hatte, als ich bei dir lag, einen bösen Traum.«

»Erzähle.«

»Ich war eine Gefangene, man glaubte, daß ich eine Spionin

sei. Plötzlich stand ich zwischen zwei Männern, die eine eigenartige Kleidung trugen, wohl Krieger waren. Beide tasteten mich ab, als wäre ich ein Tier. Sie hielten mich so, daß ich mich kaum wehren konnte. Als mir das Suchen der Hände zum Grauen wurde, schrie und strampelte ich. Der Mann auf meiner rechten Seite, das spürte ich bald, wollte mich nur erniedrigen. Warum«, fragte sie ängstlich, »gibt es Menschen, die andere erniedrigen wollen?«

Sie atmete erregt. »Immer wieder tasteten sie mich ab, als wäre ich eine Sklavin, die sich nicht wehren durfte.« Sie atmete erneut erregt. »Die Männer verstanden ihr Tun.« Nun wandte sie sich Enos zu, beugte sich zu ihm. »Kann die Liebe, ich meine die Verbundenheit der Körper, zum Handwerk werden? Darf sie Alltäglichkeit sein? Ich spürte es, daß ich ›alltäglich‹ ausgeliefert war, sie mich bei ihrem Spiel demütigen wollten. Mehrmals war mir, als ob Kinder, die sich ihres Tuns nicht bewußt waren, mit mir spielten. Das für mich Beschämende war zu spüren, daß ich nur Objekt einer Lust, einer Laune war. Können Träume so real, so nahe sein und so in die Tiefe eines Menschen dringen?«

»Träume sind Ahnungen, sind Hoffnungen, sind Erzeugnisse einer Not. Vielleicht war in deinem Denken das Wissen, daß du dich ›ohne Liebe‹ einer Lust ausliefern willst?«

Nach einer Weile fragte Alko leise: »Ist mein Geschlecht nur Haut, nur eine zufällige Öffnung meines Körpers, wie das Ohr und der Mund?«

»Was meinst du mit diesen Vergleichen?«

»Ist mein Geschlecht etwas Besonderes oder nur eine Zufälligkeit, eine, sagen wir, Notwendigkeit in meinem Leib?«

Enos sann vor sich hin. Was sollte er antworten? »Deine Scham ist etwas Besonderes«, antwortete er feierlich.

»Dann darf nicht alles mit ihr geschehen?« fragte Alko.

Er nickte. »Du mußt dir bewußt sein, daß du deine Seele verlierst, wenn du dich nicht achtest.«

»Was hat meine Seele mit meinem Geschlecht zu tun?«

»Für einen Liebenden ist es der Zugang zu deinem Herzen, zu deinem Ich, zu deinem letzten Sein.«

Als die Nacht kam, legten sie sich auf die Matte, sinnierten in die letzten Strahlen der Sonne, betrachteten die Wolken, die sich vor die Sterne legten, sprachen und schwiegen, hielten sich dabei an den Händen, als wären sie seit Urzeiten ein Leib und ein Blut.

Fünfundachtzig Monde nach der großen Hut, in der Kreta unterging, bezogen Enos und Alko ihr Haus.

Mit dem Pferd war es ihnen möglich gewesen, dort Hilfe zu leisten, wo Menschen in größter Not waren. Diese halfen dann auch ihnen, und als sie zusammensaßen und feierten, mischte sich in die Freude auch Trauer. Es gab keinen, der nicht Angehörige verloren hatte. Einige sprachen immer wieder von dem unerbittlichen Hunger, der Gesunde wie Kranke wegraffte.

»Wenn die Winde kommen«, sagte eine ältere Frau, »habe ich oft Angst, meine, daß sie wieder Unglück bringen.«

»Die Winde kommen von den Göttern«, sagte ein Bauer ehrfürchtig. »Die Götter geben, die Götter nehmen.«

Unter den Gästen war auch ein Kapitän, der für Enos als Zwischenhändler tätig war. Kreta konnte noch wenige Ware anbieten, doch lohnte sich das Sammeln von Steinen, Schnecken und Muscheln. Achat und Jaspis waren überall bei den Siegelschneidern und Fetischmachern begehrt. Der Bimsstein, den das Meer unaufhörlich anschwemmte, war Baumaterial, Reinigungsmittel, Entfetter bei der Töpferei, Heilmittel bei Geschwüren und Trunkenheit. Kenner unterschieden eine männliche grauere und eine weibliche weißere Art. Für viele waren die Steine belebt wie die Verhärtungen, die durch die Steinbildungen in der Gallenblase, den Nieren und den Harnorganen entstehen. Die Kinder halfen beim Sammeln der Muscheln. Fast überall fand man Gehäuse-, Schlüssel- und Porzellanschnecken oder Venusmuscheln, Strandschnecken, Venusherzen und Trompetenschnecken. Die Tiere selbst dienten der Ernährung, die Gehäuse dem Handel. Die Tritonmuscheln schenkte man den Heiligtümern, wo sie als Rhyta und auch als Trompeten verwendet wurden; die Hirten riefen mit ihnen die Menschen oder die Tiere. Kostbar waren die Purpurschnekken. Jede Schale ergab ein Tröpfchen dieses begehrten Farbstoffes. Auch die Amethystschnecke lieferte eine Farbe, die bei den Färbern sehr begehrt war.

Stolz sah Enos auf seine Gäste, denn er konnte jedem sogar einen Becher Wein anbieten. Wein? Sie kannten ihn seit sehr langer Zeit nicht mehr.

Wieder suchte Enos den Kapitän. »Adeso«, fragte er, »wird die Schiffahrt wieder erstehen?«

»Es ist schwierig. Die kretischen Schiffe hatten einen geringen Tiefgang. Das war ein Vorteil«, er schwieg, grübelte, »und ein Nachteil. Durch einen Zufall bekam ich einen griechischen Segler. Es ist eine Galeere mit zwei stark hochgeschwungenen Enden, ohne Kiel und Schiffsschnabel, mit einem Heck, das etwas höher ist als der Bug. Bei günstigem Wind kann ich den Mast aufrichten, der mit Stagen und Pardunen befestigt wird.« Er sinnierte vor sich hin und sprach dann weiter: »Mit diesem Schiff habe ich einige Sorge, wenn die Winde kommen. Schlimm ist der Nordwind, er richtet viel Unheil an. Jedes Land hat für ihn einen bestimmten Namen. Wenn dieser Wind auf die warme Meeresluft trifft, entstehen schnell heftige Stürme, die schon viele Schiffe, besonders, wenn sie schwer beladen waren, auf den Meeresgrund geschickt haben.«

»Der Wind, der Wind«, orakelte einer der Gäste. »Er kann, nein, er trägt an vielen Schiffsuntergängen schuld.«

»Ein Onkel war Befehlshaber einer Gruppe kretischer Schiffe, die an der phönizischen Küste operierten«, erzählte ein älterer Mann. »Ihr wißt ja, daß sich der König vor der großen Flut immer mehr Hafenorte und damit Handelsplätze schuf. Auch der Handel funktionierte nicht ohne kriegerische Auseinandersetzungen. Man rechnete auf vier in einer Schlacht gesunkene Schiffe mindestens eines, das durch ein Unwetter verlorenging. Bei den Seeleuten gibt es ein Sprichwort. Man sagt bei ihnen, daß es ›für eine Flotte vier Häfen gäbe‹.«

»Wie meinten sie das?« fragte Enos.

»Der eine Hafen ist der Juni, der andere der August. Das Meer ist ein Hafen und«, er verzog bitter die Lippen, »die Klippen sind der vierte.«

»Die Kapitäne werden doch schon nach wenigen Jahren Seefahrt die Tücken der Küsten, Meerengen, Klippen und bestimmter Winde kennen? Vernünftige Schiffer werden in gefährlichen Nächten die Häfen meiden und auf freier See bleiben?«

»Ja, ja«, seufzte der Kapitän. »Es stimmt schon, wir brauchen gute Ortskenntnisse, wir müssen aber auch unser Schiff durch und durch kennen. Der einfachste Bauer weiß, daß man einen Esel nur bis zu einer bestimmten Grenze belasten darf und daß die Tragfähigkeit eines Balkens im Haus begrenzt ist. So muß ein Kapitän wissen, was er seinem Schiff zumuten darf. Unnötige Tapferkeit kann tödlich ausgehen. Eitelkeit macht sich bei uns wenig bezahlt. Doch was nützt alles Wissen, was nützt alle Erfahrung, wenn ein Fallwind kommt, der, wenn man die falschen Segel gesetzt hat, das Schiff rasch zum Kentern bringen kann? Diese Fallwinde verwandeln oft sehr schnell die kleinste Brise zu einer Sturmböe. Besonders gefährdet sind durch diese Böen die Südküsten Kretas und nördlich einige Inselgruppen.«

Ein anderer erzählte, daß der Wind, der aus Afrika kommt, sehr gefährlich sei, man von ihm sage, daß er »Möbel spalte, die Seele zerbreche und die Seeleute nach Norden treibe«, das bedeute südlich von Kreta auf die Klippen.

Der Kapitän nickte bestätigend: »Ich könnte die Segler, die bei diesem Wind bei Gavdos oder in der Nähe von Hierapytna oder Matalonia, um nur drei Orte zu nennen, auf den Grund sanken, nicht zählen. Es dürften seit der ägyptischen Königin Hatschepsut, der Mutter des jetzigen Pharao, mehrere Hunderte sein.«

Der Kapitän sah sich fragend um, als brauche er eine Zustimmung, um weiterzusprechen.

»Was ist, Adeso?« fragte Enos gütig und öffnete ihm damit seine Gedanken, doch verneinte dieser und setzte sich wieder.

Ein jüngerer Mann, der im Palast als Töpfer gearbeitet hatte, verzog zynisch die Lippen. »Winde, Winde, Winde«, sagte er und sah spöttisch um sich. »Wir Menschen können doch, wenn wir wollen, wir richtig wollen, die Natur besiegen. Wir beschneiden Bäume, züchten Tiere, veredeln die Weinreben, mischen Kupfer und Zinn, bekommen daraus die Bronze, aus der wir Waffen, Schmuck und schöne Geräte machen können. Es muß doch eine Möglichkeit geben, die Winde zu nützen?«

»Was wäre das schon?« war die Antwort einer Frau. »Können wir mit ihnen den Tod besiegen, können wir mit ihnen die Erdbeben und Vulkane abwehren? Es ist uns nicht einmal möglich, die Trockenheit und die Überschwemmungen zu besiegen. Was können wir eigentlich? Sind wir nicht nur ein hilfloses Blatt, das in einem Fluß treibt und jedem Hauch ausgesetzt ist?«

»Es stimmt«, meinte der Kapitän, »wir können die Winde nicht besiegen, aber auf dem Meer sehr nützen. Wir haben einen Zeitplan, der uns ermöglicht, das Kretische und das Libysche Meer nach allen Richtungen zu durchsegeln. Problematisch ist nur – wegen der Nordwinde, die oft Mordwinde sind – die Rückkehr. Gut, wir können dann kreuzen, wir können rudern, können ankern und auf einen günstigen Wind warten. Tatsache ist jedoch, daß in großen Teilen des Meeres der Handel praktisch im Oktober aufhört und die Schiffe bis zum folgenden Mai auf Kiel gelegt werden müssen. In Rhithymna[8], in Herakleia[9], Setaia[10] und an vielen anderen Plätzen sind Anlegestellen, die wir nützen. Erst im Frühling gibt es dann wieder jene Winde, die uns erlauben, nach Norden und nach dem Osten zu segeln.«

»Ich würde bei diesen Gefahren nie Kapitän werden«, sagte der Töpfer lächelnd.

»Man muß nur die Eigenheiten einer Sache kennen. Das trifft auf alles zu, ob man nun Weinberge oder Olivenplantagen hat, ob man mit Gewürzen, Keramik, Salz oder mit Sklaven handelt.«

»Sklaven?« fragte Alko ängstlich.

»Sie sind eine gute Ware, man kann sie fast überall in Tausch geben, aber ich sagte es schon, man muß immer die Eigenheiten einer Sache kennen und sie berücksichtigen.«

»Wie meinst du das?«

»Wenn es mir gelang, sie in Byblos, Athen oder Knossos gut zu verkaufen, hat es sich gelohnt. Übernehme ich jedoch – und das ist mir schon einige Male passiert – Sklaven, die bei der Gefangennahme so mißhandelt wurden, daß ich sie an Leib und Seele krank an Bord bekomme, kann es mir passieren, daß sie mir auf dem Transport wie die Fliegen wegsterben. Habe ich Sklaven als Ladung, kann mir und auch ihnen der Wind gefährlich werden. Segle ich in einem afrikanischen Wind, ist im Rumpf meines Schiffes eine solche Hitze, daß dort fast schon Gesunde ersticken. Dumm sind aber auch oft die Methoden der Sklavenfänger...«

»Warum?« fragte Enos und zog Alko schützend an sich.

»Wenn ich am Nil einen Stier einhandle, um ihn, weil er weiß und damit heilig ist, nach Knossos oder Malia zu verkaufen, wäre es falsch, ihn nicht zu tränken, ihm keine Nahrung zu geben oder ihm sonst eine Qual zuzufügen. Man schadet nicht nur dem Tier, das man gut verkaufen will. Bei Menschen treffen diese Dinge noch mehr zu, denn sie sind verletzlicher. Warum sind so viele bereit, Gefangene und Sklaven zu entwürdigen und zu peinigen? Es ist doch mehr als dumm, mit Mühe Sklaven zu fangen und sie dann totzuprügeln. Dann bräuchte man sie doch gar nicht erst zu fangen?«

»Gib einem Macht, und du weißt, wer er ist«, sagte ein älterer Handwerker. »Vielleicht sind manche Menschen krank, müssen aus einer Idee, einer Manie heraus, anderen Qual zufügen, freuen sich, wenn sie Leid und Tränen sehen?«

»Ob die Lust, anderen Schmerz zuzufügen, aus einem Trieb kommt? Vielleicht ist diese Freude an der Pein eines anderen Ersatz für einen Trieb?«

»Das dürfte bei kranken Menschen zutreffen. Ich könnte mir aber auch vorstellen, daß ein häßlicher Mann verbittert ist, weil man ihn verabscheut, und er nun im Dunkel der Nacht eine Ersatzlust, eine Ersatzfreude sucht. Sehr, sehr oft sah ich aber, daß gesunde Menschen sinnlos Sklaven quälten. Da mußte ein junges Mädchen tanzen, war jedoch so ausgehungert und halb verdurstet, daß es schon nach wenigen Schritten zusammenbrach. Man peitschte es hoch, erschlug es fast, als es wirklich nicht mehr konnte. Ich erlebte, wie man aus Langeweile alte Frauen vergewaltigte, Männer entwürdigte, sie zu den abscheulichsten Dingen zwang. Ich könnte euch stundenlang schlimmste Ausschreitungen aufzeigen, wo der zufällig Mächtige – der oft nur ein Aufseher, ein Beamter oder ein Seemann war – den Schwachen ununterbrochen demütigte. Ich spreche nur aus meiner Welt, doch kommen unendliche Grausamkeiten bei Kriegen vor. Ihr glaubt nicht, was der ›Sieger‹ im Blutrausch oder in einer Trunkenheit alles tut, um zu zeigen, daß er Macht hat. Seltsam, die Peitsche kennt jeder Sieger, jeder Mächtige, und versteht, sie zu gebrauchen. Der Alkohol verfälscht besonders an heißen Tagen sehr. Da werden Menschen, die sonst sanft und gütig sind, zu Wölfen, jagen dann Frauen und Mädchen, fangen und quälen sie, wollen sie am nächsten Tag als Sklaven verkaufen und machen ein dummes Gesicht, wenn ein Händler an einem menschlichen Wrack kein Interesse hat.«

»Dann sind die Sklavenfänger aber schlechte Geschäftsleute«, meinte der Töpfer. »Ich habe sehr auf die Qualität meines Tons zu achten, auf die Magerung und auf die Hitze des Brennofens. Der ganze Tag ist ausgefüllt, daß ich dies und das richtig mache. Und so sollte man die Sklaven hätscheln, gut ernähren, weil gesunde und frohe Sklaven bessere Preise erzielen.«

»Das wäre mehr als vernünftig«, antwortete der Kapitän. »Leider gibt es viele Menschen, die Dummköpfe sind. Die Unvernunft führt zu Kriegen und zu Morden. Wenn es mehr Vernunft gäbe, hätten die Eltern oft brave Kinder und diese wieder brave Freunde.« Er blickte in die Runde, als erwarte er eine Bestätigung. »Es gibt Jugendliche, die ihre Eltern schlagen, sie mit den Füßen treten und oft quälen.« Wieder sah er auf die Gäste. Als sie schweigen, sprach er weiter: »Ich erlebte einmal in einem nordafrikanischen Hafen, daß mir die Sklaven, die ich zu übernehmen hatte, singend entgegentanzten. Man hatte ihnen ein Rauschmittel gegeben, das sie ›froh‹ machen sollte. Es muß ein verrücktes Zeug gewesen sein, denn lange Stunden waren sie in einer fast unheimlichen Ekstase. Männer bettelten um ein Messer, weil sie sich unbedingt einen Finger oder eine Zehe abschneiden wollten, um damit ihre Tapferkeit zu beweisen. Frauen wurden zu Huren, liefen den Matrosen nach und wollten immer wieder geliebt werden. Schlimm war es bei den Kindern, denn auch sie waren zu jedem Unsinn bereit, wollten zeigen, wie sehr sie schon erwachsen seien. Und wenn man sie mahnte, vernünftig zu sein, sprachen sie von der hohen Seligkeit, die in ihnen wäre, von dem großen Glück, das sie erfülle, und meinten, daß der Schmerz, den sie sich wünschten, der Beweis ihrer Demut sei.«

»Gibt es wirklich Mittel«, fragte einer, »mit denen man das Leid, das in vielen Menschen ist und sie seelisch krank macht, besiegen und vielleicht sogar den Schmerz in Freude umwandeln kann?«

»In Knossos erlebte ich Priesterinnen, die dem Mond und damit der Fruchtbarkeit dienten. Alle nahmen sie bei ihren Tänzen Mohn. Es gibt sogar Mohngöttinnen, und bestimmt gibt es auch einen Mohngott.«

»Mohngöttinnen«, wiederholte ein Alter nachdenklich.

»Was meinst du?« wurde er gefragt.

Der Mann senkte verlegen den Kopf. »Es ist eigenartig«, sagte er leise, »daß der Kult meist in den Händen von Frauen liegt.«

»Sie sind das Leben, gebären uns.«

»Wir sind jedoch die Zeugenden, die Frauen empfangen nur«, meinte der Töpfer. »Warum haben eigentlich die Frauen bei uns so viele Rechte?«

»Was ist ein Samen ohne den Boden, der ihn annimmt?«

»Der erste Mensch war ein Mann, sagen die Überlieferungen.«

»War er wirklich schon Mann?« fragte sofort der Kapitän ernst. »Es gibt Mythen, die davon sprechen, daß er ein Zwitter, also zugleich Mann und Frau war. Dann kam erst die Trennung. Liegt hier nicht der Urgedanke, das Ursein, der Urbeginn des Menschen?«

»Mann und Frau in einem?« mahnte Enos. »Bleibt am Boden, verliert euch nicht...«

»Es gibt Götter, das mußt du zugeben, die wir geschlechtslos sehen. Viele Sagen sprechen von den Sirenen und Nymphen. Sind sie männlich oder weiblich? Wenn wir das Beiwerk streichen, das die Überlieferungen umrankt, erkennen wir, daß die Götter meist ohne Geschlecht sind. Warum liegt daher der Kult in den Händen der Frauen? Von Pelkin[11] angefangen und bei den kultischen Tänzen in Knossos endend, ist der Dienst an den Göttern meist die Aufgabe von Priesterinnen.«

»Pelkin?« fragte eine Frau. Dann nickte sie. »Jetzt weiß ich es, wir nannten es früher Selinou. Doch zu deinen Priesterinnen. Wahrscheinlich sind sie als Frauen Gott näher?«

»Kann sein«, meinte der Kapitän. »Bestimmt trifft es zu, daß sie durch ihre Gefühlsbetontheit die Götter besser erkennen und annehmen. Man sagt, daß die Frauen dem Mond und der Sonne eng verbunden sind, sie den Tag und die Nacht besser erfühlen, die guten und bösen Geister eher erahnen. Wir Männer sind zu herb, zu hart, sehen oft nicht einmal den Nachbarn. Ich hatte eine Nebenfrau, die krank wurde . . .«

»Durch deine Schuld?« spottete einer und milderte seine Frage durch ein Lächeln.

»Nein, nein«, wehrte der Kapitän ab, »durch die Schuld der Umgebung.«

»Du warst doch auch ›Umgebung‹?«

»War jedoch noch zu sehr ›Ich‹. Jeder muß erst aufgeweckt werden, um wach zu sein. Man erfährt erst das Licht, wenn man zutiefst die Nacht, das Dunkel, erlebt hat. Man erkennt erst das Glück, wenn man das Unglück mit all seinen Schrecken verspürt hat.«

»Kann nicht eine Frau für die geheimen Naturgesetze empfänglicher sein? Kann sie nicht durch ihre andere Wesensart empfindsamer reagieren?«

Der Töpfer wehrte ab. »Es muß die Art der Männer und die Art der Frauen geben. Wir Kreter sind es, die seit Jahrhunderten eine Kultur entwickelten, um die man uns weithin beneidet. Wir bauten Städte und Paläste, erkannten, daß wir keine Mauern und Wälle brauchen, weil unsere Schiffe in der Lage waren, das Land gegen jeden Angreifer zu verteidigen.«

Der Kapitän erhob sich dann als erster. »Ich muß morgen nach Athen«, sagte er dann, »will die guten Winde nützen, brauche noch einige Stunden Schlaf.«

Ihm folgten bald die anderen Gäste. Alle dankten sie Enos und gingen in die Nacht hinaus, der ein neuer Tag mit Arbeit und Mühe folgen sollte.

»Du«, sagte Alko, als sie allein waren. »Ich danke dir für alles: für das schöne Haus, für den Frieden, den du mir gibst, für die Freude und«, kurz schwieg sie und endete, »für das Glück.«

Enos nahm ihren Kopf in beide Hände. »Nein, Liebes. Ich habe dir zu danken. Du gabst mir die Kraft für vieles. Ohne dich hätte ich das alles nie geschafft.«

»Du«, seufzte Alko stolz. »In uns ist alles.«

3

Lag es an den Stürmen, die das Haus umheulten, daß ich nicht schlafen konnte? Ich fand keine Ruhe, wälzte mich hin und her. Irgendwann mußte ich dann eingenickt sein, denn ich träumte von Pandion. Er stand mit erhobenem Finger vor mir und mahnte: »Minos, denke daran, daß die Menschen kommen und gehen, daß alles vergeht.« Dann sah er mich gütig an, sprach belehrend weiter: »Immer wird bleiben, daß ein Dreieck die Hälfte eines Rechteckes ist, daß der Mond die Sonne verdecken und kochendes Wasser einen Stein in die Luft schleudern kann. Die Welt ist vergänglich, ewig bleibt jedoch die Weisheit, und wehe dem, der wegen vergänglicher Dinge die ewigen verläßt.«

Wieder mußte ich eingeschlafen sein, doch plagten mich wirre Träume. Ich warf mich hin und her, glaubte, daß auf mir eine riesige Last liege, die ich nicht wegschieben konnte. In einem Alptraum stöhnte ich vor mich hin, dann glaubte ich, daß Pasiphae vor mir stehe.

Vor wenigen Tagen hatte ich sie auf Wunsch meines Vaters geheiratet. Er sagte eindringlich, daß diese Ehe zwei Fürstenhäuser verbinde, Pasiphae die einzige Tochter eines wichtigen Verwandten wäre.

Und so fügte ich mich. Das Zeremoniell hatte bestimmt, daß ich sie mit großem Gefolge in einem goldenen Wagen abholte, die Hochzeit dann in Athen, in der Burg meines Vaters, stattfand. Widerlich waren die Priester, die mit einigem Pomp die Trauung durchführten. Der eine sprach davon, daß Pasiphae ein wertvoller Edelstein sei, den ich nun in den schönsten Ring zu setzen habe. Ein anderer sagte pathetisch, daß Pasiphae das

Liebste wäre, was ihre Eltern mir anvertrauen würden. Ein Minister zählte in langweiliger Folge ihre Tugenden auf. Den Lobhudeleien nach mußte Pasiphae ein Stern sein, und der Mann, der sie besitze, im Paradies leben. Dann wurde ich geehrt. Ein Minister zeigte, welche Einnahmen ich zu erwarten habe, welche Güter mir zugesprochen wurden, auf daß ich als ältester Sohn meines Vaters würdig leben könne.

An der Hochzeitstafel beweihräucherte man die gute Erziehung Pasiphaes, ein Minister meines Vaters würdigte meine Verdienste und pries mich als Vorbild eines Sohnes und Ehemannes.

Plötzlich wachte ich kurz auf, legte mich auf die rechte Schulter, um von diesen wirren Träumen loszukommen, doch drang das Zeremoniell der Trauung immer wieder wie eine Pfeilspitze in mich: Sie schmerzte, beunruhigte.

Was mich sehr ärgerte, war der Hinweis des Vaters von Pasiphae, daß ich Geduld haben müsse, da seine geliebte Tochter gewöhnt sei, ihren Willen durchzusetzen. Dann trank er, als falle ihm nun eine Last von seinem Herzen, einen ganzen Becher Wein, sah mich an, als wäre ich ein Kind, dem man soeben ein widerspenstiges Fohlen übergeben habe.

»Minos«, sagte er pathetisch, »habe Geduld, wisse, daß meine Herrschaft über meine Burg und mein Reich immer an der Gartenpforte meiner Tochter ihr Ende fand. Möge deine Erfahrung mit Frauen dir helfen, mögest du auf sie mehr Eindruck machen als ich.«

Meine Gedanken weilten bei dem herrlichen Bankett. Dann dachte ich wieder an Pasiphae. Als der Priester sie mir übergab, musterte sie mich eindringlich, machte dabei den Eindruck eines bereits sehr erfahrenen Mädchens.

Während die Musik ertönte und die Tänzerinnen unter die Gäste Wein und Blumen trugen, lobte mein Vater Pasiphae. »Du bist hübsch«, sagte er. »Je länger ich dich ansehe, um so mehr meine ich, daß du mehr einer Erzpriesterin ähnelst als einer glücklichen Ehefrau.«

»Ich bin glücklich, König«, antwortete sie herb. »Nicht, weil ich deinen Sohn ehelichte, sondern ...«

»Du freust dich nicht über die Ehe?«

»Nein, sie lockt mich nicht.«

»Warum gehst du dann diese Ehe ein?«

»Ich tue es meinem Vater zuliebe. In der Hauptsache aber, weil du es willst.«

»Könnte dir denn Minos nicht gefallen?«

»Doch, er ist schön, er ist dein ältester Sohn, wird also einmal König werden. Aber«, sie sah ihn kritisch an, »wenn nicht der Wunsch meines Vaters wäre, würde ich nicht sein Weib werden. Ich werde das tun, was er von mir verlangt, werde ihm Kinder gebären, aber das andere, das findet er bei seinen Geliebten.«

»Weiß er das?«

»Ja, ich sagte es ihm schon am ersten Tag. Ich werde meine Pflicht als Ehefrau erfüllen, aber lieben kann ich ihn nicht.«

Als mein Vater sie ratlos ansah, sagte sie schnippisch: »Ich bin bereits zwanzig, habe seit sechs Jahren Verehrer. Ich weiß also, wie kurzlebig die Liebe sein kann.«

Als ich aufwachte, erinnerte ich mich noch sehr an den Traum. Mir fiel auch ein, daß während des Banketts und auch die Stunden darauf Tauros immer in ihrer Nähe war und sie sich oft zärtliche Blicke gaben. Wenn ich in den folgenden Tagen und Monden Pasiphae suchte, fand ich sie meist in der Nähe ihres Freundes Tauros, den sie offiziell zum Kämmerer und Offizier ihrer Leibwache ernannt hatte.

Als ich den Hof des Sommersitzes betrat, den ich mit allen Ländereien als Hochzeitsgabe von meinem Vater geschenkt bekommen hatte, rannte ein Läufer auf mich zu und berichtete atemringend: »Minos, wir haben ein ganzes Schiff mit kretischen Handwerkern!«

»Gab es Kämpfe, Verluste?« fragte ich.

»Nein, Prinz. Unsere Krieger gingen nachts an Land, schlichen sich in die Stadt. Wir wußten, wo die Töpfer und Goldschmiede, die Gießer und Steinmetze, die Werkzeugleute und Wagenbauer wohnten.«

Bald darauf kam der Anführer der Soldaten, die in Kreta die

Handwerker gefangengenommen hatten, und berichtete meinem Vater, der mir die Ehre eines Besuches gegeben hatte: »König«, sagte er höflich und verbeugte sich, wie es das Zeremoniell befahl, »die Götter halfen uns. Ich konnte sogar zwei Männer erbeuten, die die Kunst des Schreibens beherrschen.«

Er verbeugte sich erneut und erzählte dann erregt von Wagen, von herrlichen Schwertern und von einem Mann, der wunderhübsche Stühle, Fußschemel und Tische herstellen konnte. »König, stell dir vor, die Stühle, die ich mitbrachte, sind aus Ebenholz und wurden mit fein gezeichneten Einlegearbeiten aus Elfenbein verziert.«

»Was hast du in dem Korb?« fragte ich, weil der Offizier ihn trug, als enthielte er zerbrechliche Kostbarkeiten.

»Wundervolle Krüge, Becher und Tassen.« Er lächelte stolz und sagte, daß er auch den Töpfer habe, der diese einzigartige Keramik herstellte.

»König!« rief er glücklich. »Ist dieser Schnabelkrug nicht herrlich? Eigenartig sind die Augenspiralen, die in einer Scheibe mit breitem Punkt in der Mitte enden.« Er zeigte uns dann Becher und Tassen. »Das ist echte kretische Kunst. Du siehst schräg gestellte Gräser und Olivenzweige. Das hier sind henkellose Tassen, die es in jedem kretischen Haushalt gibt, bei uns sind sie nicht üblich. Hier ist ein Gefäß in Korbform, es ahmt gekonnt einen geflochtenen Korb nach. Seine Bemalung mit Reihen von Doppeläxten zwischen hügelartigen Gebilden zeigt die gleichen Motive, die zum Schmuck der Altäre verwendet werden. Eine Kostbarkeit dürfte dieses Kultdoppelgefäß mit einem Betenden sein. Auf Grund seiner Form ist das Gefäß eine Saugflasche. Interessant ist die plastische, wohl männliche Gestalt am Übergang des Henkels in den Gefäßhals.«

Ich koste die Keramik, gab sie dann meinem Vater und ging ergriffen zu meinen Gemächern.

Im Korridor kam mir Pasiphae entgegen. Wir begrüßten uns kurz. Wie immer trug sie Kleider, die bis zum Hals geschlossen waren. Die Ärmel hingen bauschig über die Hände, verdeckten sie oft so unglücklich, daß man nicht einmal die Finger sah.

»Warum schaust du mich so eigenartig an, ist etwas an mir?« fragte sie verletzt.

»Du bist doch mit deinen zwanzig Jahren noch eine junge Frau. Warum kleidest du dich immer wie eine Mumie?«

»Das ist Mode«, antwortete sie schnippisch. »Was verstehst du schon von uns Frauen?«

»Vielleicht mehr als du von uns Männern.«

»Wie meinst du das?«

»Die Kleidung soll schmücken, verjüngen, verschönen und Freude machen. Zu den Aufgaben einer Frau gehört es doch zu gefallen? Wenn du dich hübsch kleidest, ehrst du deine Familie, ehrst du den Kreis, in dem du lebst, und damit mich. Warum benimmst du dich wie ein altes Weib? Die Mädchen wollen mit frohen Kleidern einem Mann Freude machen. Nun hast du einen Mann und glaubst, daß du dich für ihn nicht mehr zu schmücken brauchst. Das ist ein sehr großer Irrtum.«

»Warst du bei Sarpedon?«

»Nein, warum?«

»Er ist krank, eigentlich solltest du ihn besuchen.«

»Ich will auf die Jagd«, wehrte ich ab. »Mein Bruder hat Ärzte, einige Frauen und Sklaven, die jedem Wink gehorchen. Was soll ich da noch?«

»Anteil nehmen. Aber Anteilnahme«, sie sah mich nun spottend an, »scheint dir fremd zu sein.«

»Willst du mit, ich habe den Wagen bestellt?«

»Du weißt doch, daß ich das Töten von Tieren hasse . . .«

Ich nickte nur und ging. Während ich mich umzog, meldete der Sklave, daß Kelios im Hof mit dem Jagdwagen warte.

»Sag ihm, daß ich gleich komme«, befahl ich.

Als ich dann vor Kelios stand, fragte er: »Fährt deine Frau mit?«

»Nein, aber . . .«

Er lächelte und deutete mit dem Stiel der Peitsche auf ein Fenster. »Aisa?«

Eigentlich hatte ich schon einige Tage nicht mehr an sie gedacht, doch wußte ich, daß sie die Jagd und das schnelle Fahren mit dem Wagen liebte.

»Hole sie«, befahl ich, suchte meine Waffen und überprüfte sie.

Als ich wieder in den Hof trat, lehnte Aisa kokett an einem Wagenrad und lächelte mich glücklich an. »Wohin fahren wir?« fragte sie, streifte mich scheu und trotzdem bewußt mit ihrer Schulter.

»Hast du einen Vorschlag, Kelios?«

Dieser sah in die Ebene hinaus, tat, als rieche er die Tiere, die dort zu jagen waren. »Fahren wir los«, meinte er. »Kaninchen, Rebhühner und Wildgänse finden wir immer. Wir könnten nach Rehen und Wildschweinen Ausschau halten. Auch kenne ich ein Tal, wo es wilde Rinder gibt, doch bräuchten wir dort Windhunde.« Dann sah er mich etwas zweifelnd an. »Du hast keinen Speer, nur Pfeil und Bogen, damit schaffen wir höchstens einige Rehe.«

»Der Wagen ist gut«, lobte ich und stieg hinauf. Aisa sprang, behend wie eine Gazelle, hinterher und stellte sich so nahe hinter mich, daß ich ihren Atem spürte.

»Dein Vater bekam ihn vor einem Mond von einem Gutsbesitzer«, antwortete Kelios knapp. »Er gehörte zum Jahrestribut. Dazu erhielt er noch zwei Pferde, fünfzig Schafe, einige Krüge mit Honig und vier Sklaven, von denen jeder einen großen Kessel mit Weizen trug.«

»Schau!« rief ich, als Kelios die Pferde antrieb und sie aus dem Stand losgaloppierten.

Aisa stützte sich mit der linken Hand am Wagen, mit der rechten an meiner Schulter ab.

»Das sind wir«, jauchzte ich. »Waffen, Pferde, Hunde, Kampf, Jagd und schöne Frauen.«

In einer Kurve, die Kelios nahm, als befände er sich im Wagenrennen, verlor Aisa ihr Gleichgewicht und klammerte sich mit beiden Händen an mich. »Liebst du mich noch?« fragte sie ängstlich und bot mir ihre Lippen.

»Sehr«, antwortete ich leise.

»Und Pasiphae?«

Ich verzog bitter meinen Mund. »Du kennst sie ja. Sie kleidet sich wie eine Mumie, ist in vielen Dingen ohne Leben und

Freude. Ich mußte sie heiraten, weil sie die einzige Tochter eines Königs ist, den mein Vater sehr schätzt, und der darüber hinaus zu den Großen von Mykene zählt. Ich habe meinem Vater zu gehorchen und«, ich küßte sie innig, »so habe ich eine Frau, die starr und klotzig ist wie die Quadern des Palastes, in dem sie aufwuchs.«

»Kommt Helike noch zu dir?« fragte sie ängstlich und sah mich fast unterwürfig an. War es Einbildung oder Tatsache, daß sie an Kelios stieß, um ihn auf unser Gespräch aufmerksam zu machen? »Ich mag Helike nicht«, sagte sie trotzig.

Als ich antworten wollte, sah ich, daß sich das Gesicht von Kelios verhärtete, er sein Kinn vorschob, als sei er wieder zu jedem Kampf bereit. Hatte ich vor ihm Angst? Mit Grauen dachte ich an jene Stunde, als wir mit Dolchen kämpften, dann stand ich verwirrt vor der Frage, warum ich ihn nicht hatte hinrichten lassen.

Kelios stand vor mir, lenkte die Pferde, sein Gesicht wirkte wie aus Stein gemeißelt. Als er mich Tage nach jenem Kampf wieder angeklagt hatte, daß ich Helike in meine Gemächer aufgenommen und ihm nicht, wie es vereinbart war, dafür Aisa gegeben hatte, war meine Antwort erneut gewesen, daß ich Sohn des Königs sei und er das nie vergessen dürfe.

War es nur eine Laune, daß Aisa wissen wollte, wie viele Handwerker in Kreta erbeutet werden konnten? Wenige Atemzüge später fragte sie: »Woran denkst du? Warum machst du ein so böses Gesicht? Ich durfte doch sagen, daß ich Helike nicht mag?«

War es nur Zufall, daß sie sehr laut sprach?

Dann nahm sie meinen Bogen und prüfte ihn. »Er wurde doch aus den Hörnern der Wildziege gefertigt?« fragte sie, und wieder war mir, als seien die Worte nur Floskeln.

Ich nickte und sah zu, wie Kelios geschickt die zwei Pferde lenkte.

Wir fuhren an einem Hang vorbei, der mit buschigem Strauchwerk und kleinen Bäumen bedeckt war.

»Rehe!« rief er knapp und zeigte mit der Peitsche auf die rechte Seite. Dann schrie er plötzlich: »Hoi, hoi, hoi!« und ließ seine Peitsche tanzen. Die Pferde wieherten, und ein Rudel Rehe huschte wie ein Schatten über den Talgrund.

»Schieß, schieß!« rief Aisa begeistert, trampelte im Wagen vor Freude und umarmte mich immer wieder, so daß erst mein vierter Pfeil traf.

Wir kamen mit einem einzigen Reh als Beute wieder zurück.

Seit meinem einundzwanzigsten Lebensjahr durfte ich an wichtigen Sitzungen und Verhandlungen teilnehmen. So kam einmal ein ägyptischer Minister, der meinem Vater wunderschöne Felle, zwei riesige Elefantenzähne und drei Sklavinnen als Gruß seines Landes überreichte.

»Zeige mir die Mädchen«, bat Vater und sah mich kurz an. Ich kannte ihn. Wenn er mich so dringend anblickte, war damit meist eine Absicht verbunden.

Ein kleines, dickliches Mädchen stammte aus Anatolien, ein zweites war so schwarz und hatte so dichtes Kräuselhaar, daß man ihre Herkunft nicht eine Sekunde zu raten brauchte. Dann sah ich die dritte Sklavin. Sie war blaß, hatte langes, dichtes, schwarzes Haar und gefiel mir sehr.

Ich bat meinen Vater mit den Augen um Erlaubnis. Er nickte, und in seinem Gesicht lag ein verzeihendes Lächeln.

»Wer bist du?« fragte ich das Mädchen und wollte ihre Hand ergreifen.

»Sei nicht so kühn«, wehrte sie mich herb ab.

»Sie ist Hebräerin«, erklärte der Ägypter.

»Eine Hebräerin?« rief ein Beamter des Hofes erschrocken. Ein anderer spottete: »Was schadet das? Denkst du, daß eine Hebräerin weniger süß als eine Ägypterin ist? Sie sind nur stolzer und daher«, er suchte das richtige Wort, »schwieriger, was ihrer Liebe besonderen Reiz verleiht.«

Ein Mann aus dem Gefolge des Vaters, das den Thron umstand, sagte gehässig: »Eher stirbt eine Frau aus Israel, als daß sie kuscht. Die Hebräer essen Schweinefleisch und erschlagen Katzen. Meiner Meinung nach ist das durchaus nicht das Schlechteste, denn das Schwein . . .«

»Unsinn«, meinte ein Beamter. »Sie essen kein Schweinefleisch und erschlagen auch keine Katzen. Ich würde liebend gern eine Hebräerin in mein Frauenhaus aufnehmen.«

Ich sah das Mädchen werbend an. »Wie heißt du, wie alt bist du?« fragte ich.

Als Antwort sah sie mich trotzig an. »Wage es nicht, mich zu berühren. Ich werde nie deine Geliebte werden...«

»Wie kommst du denn darauf?« fragte ich verblüfft.

»Du siehst mich an, als läge ich bereits in deinem Bett«, sagte sie abwehrend.

Das Mädchen begann mir immer mehr zu gefallen. »Wie alt bist du?« fragte ich wieder.

Sie schwieg kurz, öffnete die Lippen, und fast fürchtete ich, daß sie mir die Zunge zeige.

»Als mein Volk aus Ägypten zog, war ich sechs. Ich weiß nicht, ob du rechnen kannst. Ich bin dreißig Jahre.«

»Nein«, antwortete ich erstaunt, »das glaube ich nicht!«

»Warum?«

»Du bist noch fast ein Mädchen.«

Ich sah sie zum ersten Mal lächeln.

»Wie bist du Sklavin geworden?« fragte ich nun.

»Willst du das wirklich wissen?« war ihre spöttische Antwort.

Wieder sah ich sie bewundernd und werbend an.

»Einer unserer Ahnen hieß Jakob. Er wohnte in Beerseba und wandte sich nach Haran. Im Traum erschien ihm unser Gott Jahwe und sagte zu ihm: ›Ich bin Jahwe, der Gott deines Vorvaters Abraham und der Gott Isaaks.‹ Als Jakob wieder weiterzog, begegnete er erneut Jahwe. Dieser sagte zu ihm: ›Du sollst künftig nicht mehr Jakob, sondern Israel heißen.‹ Schon immer haben kleine Gruppen von Aramäern, die Vorfahren der Hebräer, aus dem Zweistromland kommend, das Land am Jordan gesucht. Und so kam auch Jakob mit seinen Frauen, seinen Mägden und seinen elf Kindern und zog zum Jordan, schuf dort mit seinem Stamm das Land Kanaan. Sie hatten einen Gott, waren ein Volk und hatten ein Gesetz. Und dann kam die große Trockenheit und mit ihr der Hunger. Viele Stämme suchten in Ägypten Zuflucht. Da die Ägypter die

Hyksos sehr haßten, sie auf einmal mit uns identifizierten, weil auch sie aus dem Land um den Tigris kamen, zwangen sie mein Volk in Frondienste. Immer wieder trieb man meine Brüder und Schwestern zusammen, und sie mußten mit anderen Flüchtlingen, mit Gefangenen und Dieben zusammenleben und die härtesten Arbeiten verrichten. Die Vorratsstädte Pitom und Ramses, man nannte sie oft auch Tanis und Quantier, wurden von meinem Volk erbaut. Das Leben wurde von Jahr zu Jahr unerträglicher, weil die Ägypter vor uns Angst bekamen, da wir zahlreicher wurden als das einheimische Volk. Als uns die Flucht gelang, verfolgte uns der Pharao mit sechshundert auserlesenen Kriegswagen, besetzte auch noch die anderen Streitwagen des Landes mit Soldaten, und diese folgten uns bis hinein in das Meer.«

Ich starrte sie an, meine Augen und Lippen waren voller Fragen und Antworten. »Ich war gerade sechs Jahre alt«, sagte ich gedankenverloren, »als die Erde anfing zu zittern und zu beben. Nach einigen Jahren fielen Feuer und glühende Asche vom Himmel. Dann wurde durch den Vulkan die Insel Kalliste[1] zerrissen.«

Jetzt sahen wir uns wie suchend an. »Wie heißt du?« fragte ich erneut und hatte irgendwie Hemmungen.

»Sarah«, antwortete sie nun leise, und ihre Augen bettelten, als könne ich ihr wieder Mut zum Leben geben. Zögernd sprach sie weiter: »Es war unter dem zweiten Pharao Amenophis, als unser Gott Jahwe die zehn Hilfen sandte, die es uns ermöglichten, Ägypten zu verlassen.«

»Und du?«

»Meine Familie hatte Pech. Wir waren erst wenige Tage auf der Reise, als Vater von einer Schlange gebissen wurde und starb. Meine Mutter brach zusammen; wir lagerten, und plötzlich waren die Soldaten des Pharao um uns. Seitdem bin ich Sklavin.«

»Du sagtest, daß ihr im Lande Gosen wohntet?«

Die Hebräerin nickte. »Es ist ein schönes, fruchtbares Land. Obwohl die Vögte uns sehr quälten, die Männer und Frauen immer wieder Frondienste leisten mußten und manche Sippen viele Jahre nur Ziegel formten, baute mein Volk Städte. Wir liebten unsere ägyptische Heimat sehr. Wenn die Sonne im Zeichen des Sirius stand, schwoll der Nil an, und er begann zu fallen, wenn sie sich dem Sternzeichen der Waage näherte. Um das so lebensnotwendige Wasser das ganze Jahr über zu bewahren, schufen die Bauern ein riesiges Kanalnetz, und um sich gegen übermäßiges Hochwasser zu schützen, erbauten sie Dämme. Das Bewässern der Felder, das Säubern der Kanäle, das Ausbessern der Deiche verlangten eine Organisation. Es gab bei den Ägyptern ausgezeichnete Baumeister, sehr gute Astronomen, und unter den vielen Beamten waren einige sogar menschlich.« Sie blickte um sich, als erwache sie aus einem Traum, und sagte dann sachlich: »Das Volk der Ägypter gleicht einem Körper, in dem der Pharao den Willen, der Stand der Priester den Gedanken und der Mensch selbst den gehorsamen Leib darstellt. Der Gehorsam wäre dann, wenn ich von einem Bauwerk spräche, der Mörtel.«

Wieder schwieg sie traumverloren. Dann verzog sie die Lippen und sagte herb: »Der Pharao befahl und lenkte, die Priester planten, und das Volk mußte arbeiten.«

»Und ihr liebtet das Land, das ihr in Ägypten bewohnt hattet?«

»Ja, sehr«, antwortete sie sofort, »obwohl es seine Eigenheiten hat. Nahe ist die Wüste. Die Grenze zwischen unserem Land, in dem wir siedelten, und der Wüste bildeten zwei Verbindungswege. Der eine war der Transportkanal von Memphis zum See Timrah, der zweite die große Straße. Der Kanal befand sich noch im Lande Gosen, die Straße bereits in der Wüste, die beide Wege im Halbkreis umgab.«

»Und dieses Gosen soll schön sein?« zweifelte ich.

Sie nickte nur. »Trotz der nahen Wüste, die nur aus Kalkhügeln und sandigen Tälern besteht, sieht Gosen wie ein riesiges Schachbrett aus, dessen grüne und gelbe Felder sich durch die Farben des Getreides voneinander abheben und durch die auf den Rainen wachsenden Palmen begrenzt sind. Schön sind auch die vereinzelt im rötlichen Wüstensand und auf den weißen Hügeln wachsenden Palmen, Baum- und Strauchinseln.

Dort liegen oft kleine Paläste mit niedrigen Säulenreihen, aber auch die gelben Bauernhütten. Manchmal breitet sich bei einem Hain ein weißes Städtchen aus, die Häuser mit flachen Dächern, oder es ragen über die Bäume wuchtig die pyramidenförmigen Torsäulen der Tempel empor. In der Nähe der Straße, aber bereits in der beginnenden Wüste, verbergen sich geheimnisvolle Oasen, trinken den himmlischen Tau der Nacht, so daß dort noch Gerste, Weizen und Wein wachsen.«

»Du sprachst von einer Hilfe, die euer Gott Jahwe sandte, um euch die Flucht aus Ägypten zu ermöglichen?«

»Er schickte dem Land eine Finsternis, die Tage wurden zu Nächten, und das Wasser des Nils färbte sich rot wie Blut. Ungeziefer, Stechmücken, Frösche und Heuschrecken quälten das Volk. Dann fiel Feuer vom Himmel; eigenartige Krankheiten peinigten Mensch und Tier. All das hatte der Führer unseres Volkes dem Pharao prophezeit und ihn vor weiterer Ungemach gewarnt, wenn er uns nicht ziehen ließe. Nun erst erlaubte er uns, das Land zu verlassen.«

»Ja, ja!« rief ich erregt. »Es war genau ein Jahr nachdem bei euch der zweite Amenophis Pharao wurde. Zur gleichen Zeit waren bei uns fürchterliche Erdbeben; dann zerriß ein Vulkan die Insel Kalliste, und weithin zerstörten riesige Fluten viele Inseln. Auch bei uns färbte roter Regen die Flüsse. Seen und Sümpfe entstanden, wurden Brutstätten für Krankheitserreger. Von hier aus nahmen Massenerkrankungen ihren Ausgang. Weißt du«, sagte ich, und mir war, als wäre ich zu einer großen Erkenntnis gekommen, »die zehn Hilfen, von denen du sprachst, waren die Begleiterscheinungen des ungeheuren Vulkanausbruchs auf Kalliste.«

Sarah sah mich an, ihre Blicke durchdrangen mich, weilten dann wieder in weiten Fernen. »Wir zogen von Ramses über Sukkot aus Ägypten«, sprach sie traumverloren, »hatten alles Klein- und Großvieh mitgenommen. Als wir in Etam am Rande der Wüste lagerten, passierte das mit meinem Vater; wir kamen in Gefangenschaft und wurden Sklaven.«

»Komm«, sagte ich zu ihr und führte sie in mein Empfangszimmer, befahl, uns allein zu lassen.

Das Zeremoniell forderte, daß ich voranzugehen hatte, doch reizte es mich, diese hebräische Sklavin von hinten zu sehen. Als sie vor mir die Treppen hochstieg, hob sie ein wenig das Kleid, und ich sah ihre hübschen Beine.

»Setz dich!« bat ich und deutete auf einen Sessel.

Sarah blieb jedoch stehen, lehnte sich mit dem Rücken an die Wand. Ihr Mund war leicht geöffnet, beide Hände hingen wie gelähmt herab.

Als ich zu ihr trat und sie in die Arme nehmen wollte, schob sie mich herrisch weg und rief: »Nein, nein!« Sie stand erregt vor mir, ihre Haare flatterten, und es war, als ringe sie nach Atem.

»Willst du dich nicht setzen?« fragte ich erstaunt.

»Nein, laß mich in Frieden. Ich mag Männer nicht, die glauben, daß eine Sklavin nur Spielzeug ist.«

»Ich bin Minos«, sagte ich ernst. »Meinem Vater, dem König, gehört das ganze Land, gehören alle Häuser und Felder, alle Flüsse und Berge. Ihm gehört sogar dein Kleid, dein Mund und – dein Schoß.«

Sie lehnte sich wieder an die Wand und stützte sich mit der rechten Hand auf einem Tisch ab.

»Ich könnte dich auspeitschen lassen, ich könnte dich töten, keiner würde mich richten«, sagte ich, zornig werdend.

»Bitte, wenn du einen solchen Charakter hast. Lasse mich foltern. Gewalt gegen Gewalt. Liebe gegen Liebe.«

»Liebe gegen Liebe?« fragte ich und sah sie überrascht an. Dann nahm eine eigenartige Unruhe von mir Besitz. Lag der Grund darin, daß sich eine Sklavin wehrte? Ich grübelte, wußte nur, daß sich keiner einem Befehl widersetzen durfte; wagte es einer, wurde er dafür getötet. Versagte ich als Prinz? Hatte ich zuwenig Erfahrungen mit Frauen, obwohl ich verheiratet war und in meinem Frauenhaus neben Aisa und Helike noch weitere Frauen hatte?

»Zieh dich aus, du bist sehr schön«, sagte ich fast bittend, »ich möchte dich anschauen.«

»Nein.«

»Komm zu mir, schlafen wir zusammen.«

Als sie mich immer noch abwehrend anstarrte, sagte ich hart: »Ich befehle dir, daß du dich neben mich legst.«

»Ich ziehe mich jedoch nicht aus, das ist meine Bedingung«, antwortete sie leise, und ihre Stimme zitterte dabei.

Ich schloß die Vorhänge, so daß das Zimmer im Halbdunkeln lag. Als ich zu der Liege ging, auf der ich mittags immer eine Stunde ruhte, legte sich Sarah neben mich auf den Rücken und hielt mit beiden Händen den Saum ihres Kleides.

Wieder verstand ich mich und die Frauen nicht mehr, denn die Hebräerin ließ sich ohne die geringste Abwehr bis zu den Hüften entkleiden, zeigte reizende Brüste, doch erlaubte sie nicht, daß ich ihr das Kleid völlig abstreifte.

Schon nach den ersten Küssen hing sie wie eine Ertrinkende an mir, ließ zu, daß ich sie am ganzen Rücken koste.

Sarah gab mir all ihre Sehnsucht, wurde Wachs in meinen Händen, doch erlaubte sie weiterhin nicht, daß ich sie völlig entkleidete.

Als ich sie am nächsten Tag in meinen Palast aufnahm, freute sie sich. Lange Zeit blieb mir ein Rätsel, warum dort alle um meine Gunst buhlten, während sie nicht um mich warb, sondern sich benahm, als wäre ich ihr als Mann gleichgültig. Bat ich sie jedoch, mit mir das Bett zu teilen, war sie schnell eine lodernde Flamme, die in uns alle Feuer der Liebe entzündete.

Es war an einem Nachmittag, als sie vor mir im Licht der Sonne stand und sich selbst das Kleid bis zu den Hüften abgestreift hatte.

»Bin ich eigentlich gelb – ich meine«, stotterte sie und suchte die richtigen Worte, »habe ich eine gelbe Hautfarbe?«

»Wie kommst du denn darauf?« fragte ich verblüfft.

»Die eingeborenen Ägypter sind stolz auf ihre kupferne Haut und verachten die schwarzen Äthiopier und die Weißhäutigen aus den Ländern nördlich von Kreta. Von uns behaupten sie, daß wir eine gelbe Hautfarbe hätten.«

»Du hast eine Haut, weiß wie Alabaster. Ich finde nicht die geringste gelbliche Tönung«, sagte ich froh.

»Es ist eigenartig, die kupferne Hautfarbe der Ägypter erlaubt ihnen, ihr Volk von Fremden zu unterscheiden. Diese

Hautfarbe festigte die nationale Einheit mehr als die Religion, die man annehmen, oder die Sprache, die man erlernen kann.«
Nach einer Weile sprach sie nachdenklich vor sich hin: »Ich war sechs Jahre alt, als Jahwe die Wunder schickte...«

»Ich war auch sechs Jahre alt, als die Erdbeben kamen und das Feuer vom Himmel fiel.«

»Dann sind wir beide dreißig Jahre alt«, sagte sie ängstlich.

»Warum betrübt dich das?«

»Weil ich dann zu alt für dich bin. Du als Prinz kannst immer die schönsten Mädchen zwischen fünfzehn und zwanzig Jahren bekommen. Ich bin nicht mehr jung genug.«

»Weißt du auch, daß du die Hübscheste in meinem Frauenhaus bist?« beruhigte ich sie.

»Aisa ist schöner, auch Helike hat eine sehr gute Figur«, wehrte sie ab. »Doch was ist schon die Zahl der Jahre? Eine Zwanzigjährige kann schon alt und eine Dreißigjährige noch sehr jung sein.«

»Du bist jung und schön«, sagte ich werbend.

»Die Welt ist sonderbar«, flüsterte sie und schüttelte nachdenklich den Kopf.

»Wie meinst du das?«

»Wenn die Ägypter in den Krieg ziehen, nehmen sie meist eine riesige Menge von Fahrzeugen, Dienern und Sklaven mit. Fast jeder Offizier läßt sich in einer Sänfte von vier Sklaven tragen, hat hinter sich einen zweirädigen Kriegswagen, der vollgepackt ist mit einem großen Zelt, mit Truhen voll von Kleidern, reichstem Proviant und sogar mit Krügen voll Bier und Wein. Hinter den Offizieren befindet sich immer eine große Gruppe von Sängerinnen und Tänzerinnen mit Musikanten, und gar manches Mädchen tut so, als wäre es bereits eine große Dame und brauche einen Wagen für sich allein. Fast geht es auch bei euch so zu. Jeder Mann, der glaubt, etwas zu sein, hält sich Nebenfrauen. Junge Mädchen scheinen überall die Favoritinnen zu sein.«

Wenige Tage später wurde ich zu meiner Mutter nach Athen gerufen. Pandion fuhr mich. Immer, wenn ich die Heilige

Straße, die Eleusis mit Athen verband, benützte, nahm ich jede Biegung in tiefer Ergriffenheit auf. Überall vermischte sich die salzige Meeresluft mit dem Duft der Pinien, die den Straßenrand säumten.

Der Sommersitz meiner Eltern befand sich nahe dem Heiligtum des Apollons. Ich war schon oft von hier aus nach Athen gefahren, und trotzdem hielten wir kurz an, wenn wir die Paßhöhe des Aigaleos erreichten. Vor uns lag dann die Ebene von Athen und in ihr der Burghügel mit dem Schloß meines Vaters, das von der Oberstadt umgeben war.

Drei Berge beherrschen die Ebene: der Hymettos, der Parnaß und der Pentelikon, und jeder hat seine eigenen Farben und seinen eigenen Charakter.

Der Hymettos ist nackt, ist seit urdenklicher Zeit so zerklüftet, daß er wie das Rückgrat eines an der Küste gestrandeten Wales aussieht. Unten, an den Hängen, wachsen rings um die Quelle hohe Platanen und Eukalyptusbäume. Trotz seiner Kahlheit ist der Berg durch seine Bienen berühmt. Das Volk sagt, daß hier die Kunst, Bienenkörbe zu bauen und die Bienen zum Arbeiten zu bringen, erfunden wurde.

Der Parnaß ist höher und wilder, ist weithin von dichten Wäldern bedeckt. Die Jäger lieben ihn sehr, weil es dort Wölfe, Bären und Wildschweine gibt.

Der Pentelikon ist der eindrucksvollste der Berge, die Athen umgeben. Hinter dem Dorf befinden sich die Marmorbrüche.

Besonders schön ist der Fernblick von der Höhe des Hymettos. Man sieht hinein in die attische Ebene der Mesogeia. Die ganze Landschaft von Athen, mit den sie rings einschließenden Bergen bis hinunter zum Meer, liegt wie ein Spielbrett zu unseren Füßen. Oft sieht man sogar hinüber zu den Inseln Salamis und Ägina.

Immer wenn ich den Palast meiner Ahnen sah, dachte ich an die Göttin Athena, die den heiligen Ölbaum sprießen ließ. Die Burg war uralt, diente schon Königen wie Kekrops, Kranaos, Amphiktyon und Erichthonios als Herrschersitz und den Göttern des Pantheons als kultischer Mittelpunkt.

Einmal im Jahr begleitete ich meine Eltern nach Eleusis, zu

den Mysterien. Hauptstätte des Kultes war das Telesterion, ein großer, fast quadratischer Saal, dessen Decke auf zweiundvierzig Säulen ruhte. Gegen die Felswand zu erhoben sich acht Stufenreihen aus Marmor, die zum Teil in die Felsen gehauen waren. Über dem großen Saal war ein Obergeschoß nur über eine Außentreppe und die Felsenterrasse zu erreichen.

Ein Priester hatte mir einmal feierlich erklärt, daß man sich in die Mysterien durch besondere Riten einweihen lassen mußte und die »Mysten« völliges Stillschweigen zu bewahren hatten. Alle Eingeweihten wurden streng beobachtet, ob sie auch dieses Versprechen hielten.

Als wir auf den Burghügel zuführen, dachte ich an Mykene. Auch dort war der bebaubare Raum so beengt, daß er gleichzeitig den Palast, die Wohnhäuser, die Heiligtümer, Vorratskammern und einen Friedhof aufnehmen mußte. Trotzdem war Mykene der Mittelpunkt der Argolis, der Ebenen von Argos und Korinth, über denen die Berge aufragten. Vom Königsschloß aus sah man bis nach Nauplia und an das Meer.

Pandion gebrauchte einen kleinen Umweg. Meist fuhren wir an einem verfallenen Gebäude vorbei, das aus einer grünen Mulde voll von blühendem Unkraut aufragte. Ein Meer der verschiedensten Pflanzen – Malven und Wicken, Wolfsmilch und Disteln – hatte die verwitterten Mauern schon zur Hälfte überwuchert. Der schmale Weg war glatt. Die Sonne leuchtete, der Himmel war strahlend blau. Die Goldfinken zwitscherten über den Lavendelbüschen, und die gesprenkelte Schlange, die über die Erde glitt, war so schön wie sie.

Es gehörte zum Ehrgeiz von Pandion, daß er im Galopp in den Hof des Palastes fuhr und dann plötzlich anhielt. Ein Beamter erwartete mich, sagte, daß mein Vater mich zu sprechen wünsche.

Nach dem üblichen Zeremoniell trat ich in den Thronsaal, und mein Vater begrüßte mich wohlwollend, sprach zuerst von Nebensächlichkeiten. Dann schien er zur Sache, zu seinem Anliegen zu kommen. »Es ist gut«, meinte er, »daß du die Freude suchst. Frauen sind für einen Mann Medizin. Wie du weißt, habe ich neben deiner Mutter, Zeus möge sie segnen, mehrere

Nebenfrauen. Dann leben in den Frauengemächern Sklavinnen, die auf mich warten. Jede Frau, der ich meine Gunst schenke, meint, dadurch mehr zu sein. Sie braucht nun eine Dienerin, braucht Sklaven für die Sänfte, Sklavinnen für die Räume, sie braucht sogar Liebhaber, und es wird Kinder geben.« Er atmete einige Male tief durch, als liege auf seinem Herz große Sorge. »Als ich einmal einen Ort besuchte, an dem ich schon lange nicht mehr gewesen war, trat mir eine Frau entgegen und zeigte mir ein kräftiges, dreijähriges Mädchen, sagte, es wäre meine Tochter, und ich soll ihr, damit sie einen guten Weg in das Leben gehe, einige Felder vermachen. In einem anderen Ort sprach mich ein Mädchen an, fast noch ein Kind, bat um Mitgift, weil sie heiraten wolle und ich ihr Vater sei. Du erkennst daran die Gefahren der Liebe.« Er hüstelte kurz, sprach dann weiter. »Du bist der Thronfolger, ich habe dich für eine große Aufgabe vorgesehen. Ich gab dir gute Erzieher. Lerne von ihnen. Wisse am Morgen, daß der auf dich zukommende Tag nicht schön werden kann, wenn deine ersten Gedanken es nicht sind. Wisse am Abend, daß dein letzter Gedanke die Kraft hat, diesen Tag zu vollenden oder zu zerstören.«

Er neigte den Kopf, winkte mit der Hand abschiednehmend, und ich war entlassen.

Dann ging ich in den Audienzraum meiner Mutter. Sie war immer noch eine schöne, hochgewachsene Frau. Vor allem aber war in ihren Augen, ihrem Antlitz und ihrer ganzen Gestalt so viel Majestät, daß die Menschen, selbst wenn sie einsam im bescheidenen Gewand einer Priesterin durch die Gassen gegangen wäre, vor ihr das Haupt geneigt hätten.

Als ich zu ihr trat, saß sie auf einem mit farbigen Einlagen geschmückten Sessel. Zu ihren Füßen lag auf einem Polster ihr Lieblingshund, auf der linken Seite kniete eine schwarze Sklavin mit dem Fächer. Auf der rechten Seite stand ihr Sekretär, ein Priester.

»Wie geht es dir?« fragte sie. »Was macht deine Frau?«

Als ich nicht sofort antwortete, lächelte sie: »Ich habe Verständnis, daß du deine Frauengemächer füllst, aber muß es eine Hebräerin sein, die dein Herz entzückt? Aisa gefällt mir gut. Es ehrt dich nicht, daß du Gaia, die für dich ihr Leben gab, so schnell vergessen hast.«

»Es ist nicht so, Mutter«, wehrte ich ab.

»Wenn nicht diese Sarah mit ihrer gelben Haut...«

»Sie hat keine gelbe Haut, ihr Leib ist weiß wie edelster Marmor«, unterbrach ich sie.

»Wenn nicht diese Hebräerin mit ihrer gelben Haut gekommen wäre«, sprach sie unbeirrbar weiter, »hätte ich dir heute eine sehr hübsche phönizische Sklavin gegeben, die dein Vater vor wenigen Tagen mit goldenen Gefäßen als Tribut erhalten hat. Du hast eine solche Schönheit noch nie erlebt. Aber eine Hebräerin ist dir anscheinend lieber...«

»Es ist eine Lüge«, wiederholte ich, »wenn man behauptet, daß die Hebräer gelbhäutig seien.«

»Du sprichst wie ein Knabe aus der untersten Priesterschaft«, sagte sie schulterzuckend. »Weißt du nicht, daß unsere Priester künden, das gelbe Volk sei zahlreicher und mächtiger als das unsere?«

»Ach, Mutter«, antwortete ich fast spöttisch. »Die Hebräer sind, als die Insel Kalliste explodierte, aus Ägypten geflohen. Sie suchen noch immer Land, irren in den Wüsten umher, sehnen sich nach einer neuen Heimat. Wo ist ihre Macht und ihr Reichtum?«

»Vergiß nicht«, mahnte sie sachlich, »daß die Hebräer mehr Schätze aus Ägypten fortgetragen haben, als die Arbeit einiger Generationen ausmacht. Man sagt, daß die Töchter dieses Volkes eher den Tod erleiden, als daß sie das Lager eines fremden Mannes teilen, den sie nicht lieben. Und wenn sie sich trotzdem hingeben, so nur mit dem Ziel, ihn sich geneigt zu machen und ihn für ihre Interessen zu gewinnen.«

»Mutter!« rief ich abwehrend. »Du siehst die Dinge in falschem Licht.«

»Mein Sohn«, antwortete sie nachdenklich, »wer aus Hochmut sich nicht an die Meinung vernünftiger Ratgeber hält, den trifft alsbald Ungemach, und das Glück verläßt ihn.«

Kritisch entgegnete ich: »Für dich bin ich noch immer der kleine Junge. Vergiß nicht, daß ich schon bald dreißig bin.«

»Ja, ja«, philosophierte sie. »Die Bilder des Lebens sinken in dich nicht wie Schätze, um in dir zu ruhen, sondern wie Samen, die in dir wachsen wollen. Weißt du, erst gestern hat mir ein Priester, den ich sehr schätze, einen guten Satz gesagt: ›Wer klug und ehrlich ist, den soll man aufsuchen; wer klug und falsch ist, vor dem soll man auf der Hut sein; wer dumm und ehrlich ist, den soll man bemitleiden; wer dumm und falsch ist, den soll man auf jegliche Art meiden.‹ Deine Hebräerin ist dumm und«, sie schwieg, sah mich prüfend an und endete hart, »falsch.«

»Wie meinst du das?« fragte ich voll Sorge.

»Sie ist dumm, weil sie meint, als Sklavin bei dir auf die Dauer ihr Glück zu finden. Es kann sein, merke dir das, daß sie zugleich Liebende und Intrigantin ist, dich nur benützt. Aisa ist da vernünftiger und weiser. Diese Neue ist falsch, denn wenn sie es nicht wäre, würde sie nie dein Lager teilen. Ach«, seufzte sie, »wann wirst du endlich vernünftig? Dein Vater, der König, macht sich große Sorgen.«

Als ich mit den Augen fragte und ihr beruhigend die Hand koste, sprach sie leise, so daß ich sie kaum verstand, vor sich hin: »Unter den Priestern ist Unruhe. Es darf zu keiner Empörung gegen deinen Vater kommen.«

»Empörung? Aber warum..., aus welchem Grund?«

»Es gibt sogar drei Gründe«, antwortete sie sarkastisch. »Der erste heißt Minos, der zweite Sarpedon und der dritte Rhadamanthys.«

»Und was werfen die Priester den Söhnen des Königs vor?«

»Du bist ein Spielkind, interessierst dich mehr für die Jagd, für das Glücksspiel und für schöne Frauen. Sarpedon ist sehr jähzornig, macht immer wieder große Dummheiten; dein Vater kann ihn bald nicht mehr beschützen. Und dein jüngster Bruder, Rhadamanthys, gibt sich so sehr den absonderlichsten religiösen Kulten hin, daß man ihn empört ablehnt. Drei Söhne, und keiner ist als Nachfolger deines Vaters geeignet. Was soll aus dem Thron werden?«

Als ich wieder in meinen Zimmern war, lief ich wie ein gefangener Löwe auf und ab. Dann sah ich das Gesicht des Vaters vor mir, als stünde er bei mir im Zimmer. Oft und oft hatte er von Kreta gesprochen und meine Gedanken dorthin geführt. Warum eigentlich?

Man sagte doch, daß große Teile dieser Insel von Erdbeben und riesigen Sturmfluten zerstört worden waren? Die Nordküste war wie tot, nur an der West- und Südküste gab es noch Leben. Dort hatte man auch die Handwerker erbeuten können, die jetzt im Palast Silbergefäße, Goldringe und Schwerter mit Darstellungen von Jagd und Kampf erarbeiteten, während unsere Künstler noch sehr an ihrem eigenen Geschmack hingen.

Hatten wir uns nicht wie Piraten benommen, fragte ich mich, denn man erzählte sich, daß die Soldaten, die damals den Auftrag gehabt hatten, Handwerker zu erbeuten, auch die kultischen Schreine in dem Palast suchten, fanden und ausgeraubt hatten?

»Hole mir Sarah«, befahl ich dem Sklaven.

Minuten später stand sie vor mir, schöner denn je. Immer wenn sie zu mir kam, war sie zuerst Abwehr, und es bedurfte einiger Mühe, diese zu lösen.

Hatte sie nicht einmal gesagt, daß sie nur durch Liebe zu bezwingen sei?

»In Ägypten leben noch Teile deines Volkes?« fragte ich. »Ich hörte, daß nicht alle flüchteten, als die Tage zu Nächten wurden.«

Sie nickte nur und sah mich mit leicht geöffneten Lippen an.

»Die Ägypter sind ein kluges Volk. Es muß doch Aufzeichnungen geben über die Plagen, die euch zur Flucht verhalfen?«

»Alles, was sie aufzeichnen und in die Wände der Tempel und Grabkammern einmeißeln, dient der Lobpreisung für den jeweils regierenden Pharao. Wortreich sprechen sie von seinem ›göttlichen‹ Wohlwollen, als ob ein Pharao Gott sein könnte«, sagte sie spöttisch. »Wenn es um harte Tatsachen geht, werden sie meist sehr schweigsam. Außerdem registrieren sie nur in sehr geringem Umfang, was außerhalb Ägyptens in der Welt vor sich geht. Sie interessierten sich auch für uns kaum, wir waren Menschen, die zu arbeiten hatten. Alles dreht sich bei ihnen um ihr Land und ihr Wohl. Gewiß«, sie nickte, als müsse sie diese Aussage bestätigen, »wurden fremde Eindringlinge, wenn sie wie die Hyksos eine wirkliche Bedrohung darstellten, hin und wieder erwähnt, aber im allgemeinen kümmerte sich der einfache Ägypter wenig um auswärtige Angelegenheiten.«

»Aber sie haben doch weithin Handelsbeziehungen?« fragte ich. »Sie brauchen viel Holz.«

»Und die Sprossenflechte«, ergänzte sie.

»Sprossenflechte?« fragte ich erstaunt. »Ist das ein Gewürz?«

»Nein, damit stopfen sie die Mumien aus. Man füllt die von Eingeweiden befreite, leere Körperhöhle des Toten mit dieser Flechte, verspricht sich von ihr eine das Gewebe erhaltende Wirkung, dazu duftet die Flechte sehr aromatisch, was der Mumie einen guten Geruch gibt. Dann brauchen sie für Bestattungszwecke auch Pinienharz und Zedernholz. Man sagt, daß sie das aus Kreta und dem Libanon beziehen.« Sie sah mich grübelnd an, öffnete mehrmals die Lippen, um zu sprechen. »Ich hörte in Memphis, wo ich als Sklavin diente, einen Priester klagen: ›Woher sollen wir Zedernholz bekommen, um für unsere Mumien Särge zu fertigen?‹ Darin bestattete man die Priester, deren Körper mit Zedernöl einbalsamiert wurden. ›Doch die Keftiu, unsere Lieferanten, kommen nicht mehr. Weniger wird auch das Gold...!‹, war eine andere Klage.«

»Keftiu, das waren doch die Kreter? Diese Klagen sind also mit ein Hinweis, daß die Handelsbeziehungen nach Kreta unterbrochen waren, diese Insel als Lieferant ausfiel.«

»Du!« Sie schrie mich fast an.

»Was ist?« fragte ich erstaunt.

»Der Priester, von dem ich dir erzählte, las an bestimmten Feiertagen aus einem Papyrus vor: ›Plage ist im ganzen Land. Blut ist überall‹ oder ›Fürwahr, Tore, Säulen und Mauern werden vom Feuer verzehrt‹. Hier zeigt ein ägyptischer Schreiber, vielleicht ein Priester, die zehn Plagen, mit deren Hilfe mein Volk Ägypten verlassen konnte.«

Wir schwiegen, und immer wieder suchten meine Gedanken Kreta. Als errate Sarah diese, erzählte sie, daß sie die Grabkammern hoher Beamter gesehen habe mit Wandmalereien, auf denen Keftiu-Leute abgebildet waren, daß ein Bild sogar zeigte, wie Männer aus Kreta dem Pharao einen Tribut überreichten.

»Waren es wirklich Kreter?« fragte ich.

»Ja. Alle hatten die üblichen kurzen Röcke und die für den Keftiu charakteristische Phallustasche. Ein anderes Bild zeigt, wie einer der Kreter ein Stierkopf-Rhyton trägt, und auch hier haben die abgebildeten Männer die gleiche Bekleidung. An eine Wandmalerei kann ich mich besonders gut erinnern, weil hier vierzehn Männer einem Minister Gaben überreichen, darunter Kupferbarren in Form einer Rinderhaut und den Stoßzahn eines Elefanten.«

»Wie kommen die Kreter dazu, einen Tribut zu überreichen, sie waren doch vor dem Vulkanausbruch auf Kalliste sehr mächtig?«

»Der Vater und der Großvater des jetzigen Pharao waren aber mächtiger. Dadurch waren die Ägypter die Besitzer der Häfen, die von den Kretern benutzt wurden. Um weiter Zugang zu diesen Häfen zu haben, erkauften sie die Gunst des Pharao durch großzügige Geschenke. Daß es sich um friedliche Tribute handelte, besagt eine Inschrift, die etwa so lautet: ›Sie kommen in Frieden von den Fürsten des Landes Keftiu...‹«

»Du bist nicht nur schön, sondern auch klug«, lobte ich und nahm sie stolz in die Arme.

Als ich mit Sarah in den Hof trat, um dort spazierenzugehen, wurde ich wieder zu meiner Mutter nach Athen gerufen.

Nach dem üblichen Zeremoniell durfte ich mich setzen. Zuerst sah sie mich nachdenklich und prüfend an. »Minos«, sagte sie dann, »sei nie vorwitzig und gib dich nie eitlen Sorgen hin.«

»Wie meinst du das?« fragte ich, weil ich ihre Mahnung nicht verstand.

»Du willst weise sein«, sprach sie vor sich hin, »merke dir jedoch, ein Weiser ist man nur, wenn man unter Narren lebt.«

»Hat sich Aisa beklagt?«

»Aisa?« Mutter verzog die Lippen. »Die ist sehr vernünftig, doch deine Sarah scheint dich immer mehr zur Marionette zu machen. Ob du willst oder nicht, du hängst an Drähten und mußt tanzen, wie sie es befiehlt.«

»Hat sich Sarpedon über mich beklagt?« fragte ich nun.

»Er ist nur ein Narr. Ach, Minos«, seufzte sie, »wer nicht weiß, was er will, dem helfen kein Rat und keine Mittel; wer nicht den Ernst des Lebens begreift, wird nie vernünftig werden; wer nicht die Grenzen unseres Menschenseins sieht, wird nie in der Lage sein, Verantwortung zu tragen. Dies gilt auch für Eltern und Geschwister, dies gilt auch für Mann und Frau.«

Einige Zeit saß sie da und erweckte den Eindruck, als träume sie. Dann richtete sie sich auf und sagte gütig: »Du wirst bald dreißig Jahre alt. Wir machen uns Sorgen um dich.«

Wenige Atemzüge später gerieten wir in Streit. Mutter warf mir vor, daß ich mich mehr um Sarah kümmere als um meine Aufgaben als Sohn und Stellvertreter des Königs. Ihre Hand hob sich, als verbiete sie mir jeden eigenen Gedanken, und sie sagte feierlich: »Dein Vater schickt dir ab morgen Männer, von denen du vieles lernen kannst.«

Es war noch früher Morgen, als mir ein Sklave Papos meldete.

Er kam aus Mykene, sollte mir das Fechten mit kleinen und großen Schwertern beibringen. Obwohl mir Kelios ein guter Lehrer gewesen war, erkannte ich schon nach kurzer Zeit, daß Papos ein Meister war. Wir fochten immer mit ungleichen Waffen. Viele Tage hatte ich geglaubt, daß das nur aus Edelmut, aus Ritterlichkeit geschah, spät, fast zu spät, erkannte ich, daß es für den Lehrer den Tod bedeutet hätte, wenn er mich im Kampf mit dem Schwert auch nur mit einem winzigen Schnitt verletzt hätte. Er lehrte mich, das Schwert links-, rechts- und beidhändig zu gebrauchen. Oft schrie er mich an: »Schlage mir das linke Ohr ab!« oder »Versuche, mir die rechte Schulter zu spalten!«

Papos war mir ein Rätsel. Durch Kelios kannte ich bereits das Schwert, konnte mit einem Hieb eine Ziege oder ein Kalb köpfen, dicke Äste abschlagen und grobe Klötze spalten. Ich war also kein Anfänger mehr. Papos verteidigte sich trotzdem nur mit einem groben Knüppel. Oft höhnte er, stachelte mich an, so daß ich manchmal vor Empörung bereit war, ihn zu töten, doch war er der bessere Kämpfer und mir sogar mit dem Knüppel überlegen.

Neleus war ein alter Athener. Das weiße Haar hing ihm bis auf die Schultern. Lange überlegte ich, ob er ein glattes oder ein runzeliges Gesicht habe. Als ich keine Antwort fand, schloß ich mit der Feststellung: Sein glattes Gesicht ist runzelig.

Bei Neleus bestand der Unterricht eigentlich nur aus Gesprächen.

»Was ist das Leben?« fragte er.

»Eigentlich nur das Wissen, daß man lebt«, war meine Antwort.

Bald erkannte ich, daß jede Frage ein Merksatz war, sie zugleich eine Lehre und eine Mahnung enthielt.

»Werde weise«, riet er.

»Warum?« war meine übermütige Antwort.

»Ein Weiser sieht gelassen zu, wie ein gedankliches Gebäude verbrennt, denn er weiß, daß es sofort und verjüngt wieder neu erstehen wird.«

Schon nach kurzer Zeit kam ich mir wie ein unreifer Knabe vor. Dann begann ich, Neleus zu verehren. Ich spürte, daß es ihm gelang, in mir ein Licht zu entzünden.

Meine Freude darüber, durch ihn zu reifen, zeigte ich, indem ich begann, höflich und dankbar zu werden.

Als könne er Gedanken lesen, sagte er einmal zu mir: »Durch Höflichkeit kann man die Dankbarkeit sogar auf eine höhere Ebene heben. Oft sind wir aber zu ungeduldig, um Dank aufblühen zu lassen im Staunen, in leuchtenden Blicken und in freudiger Erregung.«

Irgendwann sprachen wir erneut über die Dankbarkeit.

»Warst du schon einmal aus tiefstem Herzen heraus dankbar?« fragte er nachdenklich.

»Ja, als Gaia mich rettete, sie für mich starb. Damals war ich sehr dankbar.«

»Aber nein«, meinte er betrübt, »ein Dank ist schöner, wenn er aus dem Herzen kommt, ist wertvoller als nur schnöde dahingesprochene Worte.«

»Warst du schon einmal so richtig glücklich?« fragte er dann.
»Ja, als mir mein Vater das erste Pferd und die ersten Hunde schenkte.«

Der Athener schüttelte mißbilligend den Kopf. »Das war kein Glück. Richtige Glückseligkeit ist nichts anderes als Freiheit und Friede.« Er korrigierte sich und sagte: »Ich meine natürlich die innere Freiheit und den inneren Frieden. Sie sind die Ursehnsucht des Menschen«, erklärte er. »Man braucht für den Begriff Freiheit nur das Wort Glück zu setzen. Glück ist Freiheit, und Freiheit ist immer Glück.«

Eines Tages kam ich aus dem Stadion vom Unterricht zum Kampf mit kurzen Dolchen zurück. Als mir Ritsos begegnete, zog ich ihn erregt und stolz in mein Zimmer und sprach mit ihm über Sportstätten, Häuser, Paläste und Türme. »Wenn ich einmal König bin, werde ich viele Burgen errichten«, prahlte ich. »Komm zu mir, wir bauen dann eine Stadt, die nicht nur Tempel, Häfen, Straßen, sondern auch Sportstätten enthält.«

Der Kreter sann vor sich hin, zupfte an einem Wollfaden, der aus einer Decke hing, drehte und zog ihn. »Die Schnecke baut ihr Haus nicht, sondern es wächst aus ihr heraus. Lasse alles in Würde wachsen, Minos, sonst haben deine Städte und Paläste keinen Bestand.«

Neleus trat zu uns. Er nickte Ritsos zu, und ich spürte, daß sich die beiden gut verstanden. Als ich begann, meine Brüder zu kritisieren, sagte Neleus weise: »Spricht eine Blume oder ein Baum zum anderen: ›Du bist häßlich und dunkel, ich mag nicht neben dir stehen?‹ Wachsen sie nicht alle aus dem gleichen Boden, leben sie nicht alle von der gleichen Sonne?«

Ein Sklave bot Wein und frischgebackene Fladen. Wir tranken, schwiegen, sprachen über die verschiedensten Probleme, sahen dann auf Pandion, der auf der Terrasse gestanden und uns zugehört hatte.

»Ja, Euer Gnaden«, sagte er eindringlich, »du wirst einmal Städte bauen, damit vielen Menschen Glück bringen. Doch«, er suchte die richtigen Worte, »mußt du auch daran denken, daß die Menschen, die in diesen Städten wohnen werden, in der Ordnung stehen können.«

»Was meinst du damit?« fragte ich ihn nachdenklich.

»Ein Land kommt nur zur Blüte, wenn alles geregelt ist, wenn alles seine Ordnung hat. Sie braucht der Bauer und der Städter. Die Häfen, die Küstenwachen, der Bau und die Reparatur von Schiffen, der Fischfang und der Bergbau brauchen ebenfalls ihre Gesetze, die schützen und alles regeln. Minos, denke immer daran, du hast diese Ordnungen, wenn sie nicht gut sind, zu verbessern. Es muß«, nun sah er mich mahnend an, »sogar Rang- und Rechtsordnungen geben, da ein Staat nur aus der Ordnung heraus existieren kann.«

Ritsos nickte. »Der Staat hat Rechte, er muß aber auch Pflichten haben«, kritisierte er.

Pandion grübelte vor sich hin, sprach dann weiter: »Es gibt die verschiedenen Gruppen der Gesellschaft: die Priester, Krieger, Bauern und Handwerker. Eine Ordnung, ein Gesetz, muß sorgen, daß sie sich nicht bekämpfen.«

»Prinz«, wandte Ritsos ein, »hilf auch den Klassenlosen, den Fremden, den Leibeigenen und den Sklaven. Warum hat ein Sklave wie ich keine Rechte?«

Impulsiv, aus einem Ehrgefühl heraus, rief ich sofort: »Sollte ich einmal König sein, sorge ich dafür, daß der unfreie Mensch die gleichen Rechte besitzt wie der Freie.«

Und so begann ich neben dem Spiel, aus Tonmodellen Städte, Häfen und Straßen zu bauen, mir das Wissen anzueignen, welche Gesetze es bei uns und in anderen Ländern gab.

Es war wenige Tage später, daß Pandion zu mir in das Zimmer trat und schon im Türrahmen sagte: »Euer Gnaden, der Mensch sehnt sich nach Gerechtigkeit; denke daran bei allem, was du tust.«

»Gerechtigkeit«, wiederholte ich und nickte. »Ja, ich will gerecht sein, ich will einmal weise Gesetze erlassen.«

»Stell dir vor, Minos, vor rund zweihundert Jahren gab es in Babylon einen König, er hieß Hammurabi. Er war der größte König Babylons, weil er gute Gesetze erließ. Schon der König von Ur, er hieß Urnammu, war nicht nur ein gewaltiger König, sondern auch ein berühmter Gesetzgeber. Von ihm wird gesagt, daß er ungerechte Steuern abschaffte, das Böse und die

Gewalttat bekämpfte. Er bestimmte die sieben Maßeinheiten und sorgte dafür, daß der Überhebliche sowie der Betrüger seinen Meister fand.«

»Wann lebte dieser Urnammu?«

»Vor rund sechshundert Jahren. Übrigens hatten auch die Hethiter vorbildliche Gesetze.« Nach einer Weile sagte er: »Es wäre gut, wenn es einmal Stammesgerichte gäbe, denn nur die Weisen eines Stammes können beurteilen, was gut und schlecht ist. Auch der Ehemann sollte neben seinen Pflichten ein gewisses Recht haben. Wenn er nun eine Frau hat, die sich – man spricht immer wieder von solchen Dingen – unnatürlichen Liebesverbindungen hingibt, die die Familie entehren, muß er die Möglichkeit haben, die Frau mit aller Härte zurechtzuweisen, ohne sich strafbar zu machen«, schloß er.

Warum dachte ich dabei an Pasiphae?

Ritsos hob die Hand. Als ich bejahend nickte, sprach er leidenschaftlich, daß die Frau mehr geschützt werden müsse. »Wir wurden alle von einer Frau geboren, sie gab uns das Leben und verdient daher Dank.«

Als ich ihn fragend ansah, sagte er, daß es Länder gäbe, in denen die Kinder sich nach dem Namen ihrer Mutter und nicht nach dem ihres Vaters nennen. »Wenn einer von ihnen seinen Nachbarn fragt, wer er ist, so gibt der Gefragte den Namen seiner Mutter an und zählt die weiblichen Ahnen der Mutter auf. Ja, die Mutter erhält sogar besondere Rechte. Wenn sich eine freie Bürgerin mit einem Sklaven verbindet, gelten die Kinder als von edler Abkunft. Bei uns auf Kreta oblagen den Frauen als Priesterinnen, Tänzerinnen und Beterinnen die wichtigsten Funktionen des Gottesdienstes. Früher, als die Menschen noch keine Kultur hatten, war alles Allgemeinbesitz, auch die Frau; sie war ein Besitz wie der Acker. Prinz, das ist nicht gut, gib auch den kretischen Müttern Gerechtigkeit.«

Auf dem Weg zum Heiligtum begegnete uns Sarah. Als sie vor mir stand, erinnerte ich mich der Anschuldigungen meiner Mutter und der Mahnung Ritsos', die Frauen mehr zu schützen.

»Was siehst du mich so eigenartig an?« fragte sie fast erschrocken.

»Dein Leben war bisher schwer; du kamst als Kind in Gefangenschaft, wurdest Sklavin. Wann begann eigentlich eure Not in Ägypten?«

»Unsere Knechtschaft fing vor rund einhundertzehn Jahren an, als die Hyksos von den Ägyptern vertrieben worden waren. Bald behandelten sie uns wie Gefangene, obwohl wir freie Menschen waren.«

»Keiner ist ohne Schuld«, meinte ich. »Ihr habt bestimmt in eurer Wesensart etwas, was man euch nicht verzeiht? Tut ihr Dinge, die im Zusammenleben mit anderen Völkern nicht sein dürfen?«

Hatte sie meine Frage nicht gehört? Fast im Plauderton erzählte sie, daß schon ihre Großeltern Frondienste leisten mußten und unter der Peitsche von Aufsehern litten. »Man trieb uns zuweilen mit Gewalt zusammen, behandelte uns wie Verbrecher, zwang uns zu den härtesten Arbeiten, zu Verrichtungen, die den Ägyptern ein Greuel waren. Die Führer meines Volkes verhandelten immer wieder mit den Ministern. Diese versprachen vieles, hielten jedoch nichts. Dann kam der Auszug, und um uns waren Wunder.«

»Wunder?« fragte ich.

»Mein Volk zog durch das Sumpfgebiet des Schilfmeeres. Das Wasser wich plötzlich so weit zurück, daß wir fast trockenen Fußes hindurchschreiten konnten. Dann kamen die Soldaten des Pharaos mit ihren Streitwagen.«

»Und?«

»Als sie in das Sumpfgebiet jagten, nahte aus dem Westen eine riesige Woge, wischte sie weg und ertränkte sie.«

»Man sagt, daß auch Kreta von einer riesigen Flut fast weggewischt wurde«, meinte ich. »Vernichteten die gleichen Wogen Kreta und die euch verfolgenden Ägypter?«

»Völker des Meeres«, sprach sie vor sich hin.

»Welche meinst du damit?«

»Die Menschen aus Kaphtor, das ist dein geliebtes Kreta, von dem du sooft sprichst, und dann die Libyer, die Aramäer, Phönizier und die Hethiter.« Plötzlich kam Aisa aus einem nahen Zimmer und brachte eine Schale mit frischem Obst. Sie grüßte mich mit einem Nicken ihres Kopfes, starrte dann Sarah an und sagte vorwurfsvoll: »Der Prinz hat dich gefragt, was an euch Hebräern ist, daß man euch nirgends mag? Warum antwortest du ihm nicht? Ihr seid ein Volk mit steifem Nacken. Das ist es. Ihr beugt euch nicht, wollt nicht dienen, nur herrschen.«

Sarah preßte ihre Lippen zusammen. »Es gibt eine Menge zwei- und vierbeiniger Wesen, die zu nichts zu gebrauchen sind, als da zu sein. Dazu gehörst auch du. Du willst nur da sein, bist zu allem bereit, beugst und bückst dich fast ununterbrochen. Gut, auch ich bin eine Sklavin. Weißt du, was ein devoter Sklave ist? Er ist«, sie verzog hämisch den Mund, »oft nur ein Gebrauchsgegenstand, nein«, sagte sie hart, »eine Sitzgelegenheit. Du als Frau bist nicht mehr, willst auch nicht mehr sein. Ich aber wehre mich, habe wirklich einen steifen Nacken, will nicht nur Sitzgelegenheit sein.«

»Auch du wirst Kloaken reinigen, wenn man es dir befiehlt«, antwortete Aisa trotzig. »Auch du mußt dich beugen, wenn es die Peitsche befiehlt.«

»Stimmt, aber trotzdem stelle ich mich darüber, stelle mich in eine Moral.«

»Wie meinst du das?«

»Du, nein, wir alle haben Fehler und Schwächen, oft müssen wir uns erst entwirren, um uns zu finden. Doch, und das ist es, sollte trotz der Peitsche eine Ordnung in uns entstehen.«

»Wir sind Sklaven, sind Besitz, haben keine Rechte ...«

»Willst du denn nie *mehr* sein?« fragte Sarah erstaunt.

»Warum denn?« antwortete Aisa fast hilflos.

»Nur aus dem Grund«, Sarah stockte, »weil du mehr sein willst. Das nicht, weil du jemanden liebst und dich ihm zu beweisen versuchst. Es muß jedoch so sein, daß sich Liebe beweisen will – und das ist vielleicht das Edelste an ihr.«

»Ich kann doch auch lieben, ohne ununterbrochen mein Ich, meine Existenz, beweisen zu müssen?«

»Das ist Ansichtssache«, antwortete Sarah ironisch. »Du kannst ja zu Zagreus oder Zeus beten, nein«, sie unterbrach sich, grübelte und sagte, »du verehrst ja andere Götter, wirst also Osiris und seine Schwester und Gattin Isis bitten, dir eine gebratene Taube zu schicken. Dann könntest du dich auf den Boden setzen und auf diese Gabe des Himmels warten. Das liegt mir nicht. Wenn ich eine Taube will, erarbeite und erwerbe ich sie mir. Braten muß ich sie mir auch immer selbst, da ich nicht glaube, daß die gebratenen Tauben vom Himmel fallen. Das unterscheidet uns.«

Einen Atemzug später rauften sie. Aisa schlug sie ins Gesicht, Sarah trat Aisa in den Unterleib. Dann schrien sie beide, kämpften, als wollten sie sich gegenseitig töten. So oft ich sie auch voneinander trennte und sie sich etwas beruhigt hatten, bedurfte es nur des geringsten Wortes, um sich erneut aufeinander zu stürzen, sich an den Haaren zu reißen und wie besessen aufeinander einzuschlagen.

Ich rief die Sklaven, befahl, Wasser zu bringen, und mit Freude gossen die Männer einige Amphoren über sie aus. Als die Frauen wieder vernünftig waren, sahen sie wie gerupfte Gänse aus, doch erschien mir Aisa in ihrer erregten Leidenschaftlichkeit noch reizender als vorher. Sarah spürte nicht, daß sie aus dem Mund blutete. So sehr sie auch nach Atem rang, stand sie trotzdem stolz vor mir, hatte die Fäuste geballt und war kalkweiß im Gesicht. »Ihr Ägypter wißt nicht, was ihr wollt«, sagte sie zu Aisa, während ihr Zorn langsam verebbte.

»Und ihr Hebräer meint, alles zu wissen«, wehrte diese ihren Angriff temperamentvoll ab.

»Wir glauben nur an einen Gott, es ist Jahwe. Es darf nur einen Gott geben«, sagte Sarah ernst. »Es ist doch fast Dummheit, an was ihr alles glaubt. Da ist Chepre, der Urgott in Käfergestalt, dort die löwengestaltige Göttin Mahit. Ihr sprecht von Geb, dem Erdgott, und der Himmelsgöttin Hathor, von Isis und Osiris.« Sie schüttelte nachdenklich den Kopf. »Thot, den Gott des Mondes, den Gott der Zeitrechnung und der Weisheit, stellt ihr mit Ibiskopf oder in Gestalt eines hockenden Pavians dar. Wie kann man Gott überhaupt darstellen? Dazu noch als Pavian?«

War es nur Höflichkeit, daß sich Aisa verteidigte? Hatte Sarah nicht auch meinen Götterglauben angegriffen? Für uns, die wir aus Thessalien kamen, war die Flut die Geburtsstätte der Götter und Schauplatz der Schöpfung. Der Olymp war der höchste Berg, und auf ihm wohnten für uns die großen Unsterblichen.

»Ihr habt doch auch eine Göttin?« fragte Aisa und bat mich mit den Augen, daß ich diese Frage bejahe.

»Ja und nein«, antwortete ich zögernd. »Bei uns sind die Gottheiten sowohl männlich als auch weiblich, also geschlechtslos. Es ist«, ich grübelte und suchte die richtige Antwort, »als ob es eine Bestimmung, eine Zensur, gegeben habe. Übrigens«, nun sah ich beide an, »auch andere Völker haben die Neigung, dasselbe göttliche Wesen bald als männlich, bald als weiblich erscheinen zu lassen. Es gibt sogar eine Insel, wo man Aphrodite mit einem Bart darstellt. Athene ist die Göttin der Stadt, ist eine Gottheit, deren Tempel, Statuen und Feste viele Orte beherrschen.«

»Ich sah einmal eine Darstellung von ihr«, sagte Aisa, »in der sie mit einer Schlange gezeigt wird«, ihre Augen leuchteten, und um ihre Lippen lag ein triumphierendes Lächeln.

»Ja«, meinte ich. »Sie trägt einen goldenen Schild, und hinter ihr lauert eine Pythonschlange. Sogar ihre Ägis wird von Schlangen eingefaßt.«

»Schlangen?« fragte Sarah und zeigte Ekel über diese Darstellung.

»Athene ist die Mutter«, entgegnete ich, »damit die Beherrscherin der Schlangen und somit die Hüterin von Haus und Palast.«

»Bei uns ist Neith die Kriegsgöttin, trägt daher auch einen Schild«, sagte Aisa stolz.

»Athene ist für uns auch die Siegesgöttin; sie wacht über das Streben der Männer und zugleich über die Webkunst und andere häusliche Handfertigkeiten der Frauen.«

»Haben die Kreter nicht auch eine Schlangengöttin?« fragte Sarah.

»Kreta?« antwortete ich und begann wieder zu träumen. Ich sah geheimnisvolle Höhlen, hohe Berge, lauschige Täler und tanzende Menschen. Mir war, als sinke ich in eine Vergangenheit, die irgendwie Gegenwart und damit Zukunft werden wollte. »Wir Mykener haben eine kriegerische Tradition, errichteten Burgen und befestigten die Fürstensitze. Ein echtes Stadtleben kennen wir nicht, hier sind uns die Kreter voraus. Es ist«, sagte ich nachdenklich, »als ob sie auf einer höheren Kulturstufe stünden. Die Paläste von Knossos, Phaistos und Malia konnten sich vor der Zerstörung durch den Vulkan auf Kalliste mit denen der Phönizier und Hethiter an Komfort messen, waren diesen künstlerisch und sogar architektonisch überlegen. Wir alle waren schon als Halbwüchsige von der kretischen Kultur fasziniert, und die Händler importierten kretische Waren, und die Handwerker begannen, sie nachzubilden. Obwohl wir unsere Tradition als Kämpfer hochhalten, können wir im menschlichen Bereich mit Kreta nicht konkurrieren. Daran ist vielleicht mit schuld, daß wir nicht die Lebensart der Kreter erreichen, weil unser Land in kleine Königreiche unterteilt ist und jedes ein eigenes Herrscherhaus hat.« Stolz blickte ich auf die beiden Sklavinnen. »Mykene ist allerdings«, sagte ich überheblich, »das reichste und militärisch stärkste unter ihnen.«

»Die Paläste in Kreta müssen riesig gewesen sein«, schwärmte Aisa.

»Sie bestanden aus vielen Räumen, die sich um einen Mittelhof gruppierten. Es gab jedoch keinen festen Herd in der Mitte und keine große Vorhalle. Wenn ein Besucher zu meinem Vater will, muß er über einen offenen Hof und durch eine Säulenhalle gehen. Die Halle, das Megaron, ist ein Kennzeichen unserer Architektur.«

Prokas trat zu uns, grüßte höflich.

»Er ist Kreter«, sagte ich und sah ihn lobend an.

»Prinz«, begann er, stockte dann.

»Was ist?«

»Nimmst du mich mit? Bitte . . .«

Ich lachte. »Ich nehme dich mit, denn du bist ein Teil meiner Jugend. Vielleicht wäre ich ohne dich nichts . . .«

»Du bist der Sohn des Königs«, antwortete er würdevoll.

Wieder lachte ich. »Und wohin reisen wir?«

»Man spricht im Palast davon, daß du nach Kreta gehst.«

»Was?« Ich sah ihn verblüfft an. »Meine Mutter sagte mir erst vor wenigen Tagen, daß ich nur aus Unvernunft bestehe.«

Er legte grübelnd den Kopf von links nach rechts und antwortete nachdenklich: »Auch eine schlechte Tat ist ein lehrendes Schicksal, Prinz. Und eine Last, die man trägt, kann zur lebendigen Kraft werden.«

Ich dachte über diese Worte nach, fragte ihn dann: »Warum gibt es schlechte Menschen?«

»Wir brauchen sie zu unserer Reinigung. Wenn wir nicht immer wieder Schlechtes sähen und hörten, könnten wir uns nicht läutern.«

»Kreta...«, sprach ich vor mich hin, und ein geheimnisvolles Ahnen ergriff mich. Als ich aus meinem Grübeln wieder erwachte, sagte ich zynisch: »Das mit Kreta ist doch nur Geschwätz. Man redet viel im Palast.«

»In meiner Heimat wohnen seit vielen Jahren Leid und Hunger. An die zehn Jahre konnte man kaum säen und ernten. Langsam zerfällt die Asche, die weithin den Boden bedeckt, und wird zu Erde. Man tötete um den Besitz einer Handvoll Körner. Dein Vater, Prinz, meint, daß mein Volk der Welt noch einiges geben könne, und so will er – man stellt bereits die Kampfgruppen zusammen – dich dorthin schicken. Du sollst Kreta erobern...«, er senkte den Kopf und sah mich wehmütig an, »vielleicht brauchst du meine Heimat gar nicht zu erobern, sie gehört dir, wenn du kommst, ist wie eine Frucht an einem Baum. Du berührst sie kaum, und schon fällt sie in deine Hand.«

»Was willst du denn in Kreta?« fragte Sarah, und ihr Gesicht zeigte Geringschätzung. »Die Menschen dort sind doch plump und roh, betreiben die eigenartigsten Kulte. Sie lieben den Stier so sehr, daß man nur Abscheu empfinden kann. Besuche lieber unser Ägypten, der Pharao wird dir sehr geneigt sein. In Kreta gibt es nur Berge, keinen Nil.« Sie begann zu schwärmen, sah nicht, wie Prokas unruhig wurde und Aisa immer öfter die Hände zu Fäusten ballte.

»Denk daran, Minos«, warb Sarah weiter, »der Nil ist der

längste und gewaltigste Strom, den die Menschheit kennt. Selbst in Oberägypten ist er breiter als jeder Fluß, den ihr kennt. Er fließt dort durch Luxor mit seinen vielen Gärten, schmückt und verschönt die Tempel. Was ist dagegen schon Kreta?« fragte sie erneut kritisch. »Seit undenklicher Zeit kennen die Ägypter die Schrift mit Bildern, ein Maßsystem, die künstliche Bewässerung und die Grundlagen der Astronomie. Dem Pharao Menes gelang es einst, Ober- und Unterägypten zu vereinigen und Theben zur Hauptstadt zu machen. Man muß die Pyramiden gesehen haben. Auch die Stadt Memphis ist weithin berühmt. Während man bei euch hier in Griechenland noch in primitiven Dörfern hauste, erfreute sich Ägypten bereits einer glänzenden, raffinierten Kultur. Was ist schon Kreta?« rief sie spöttisch. »Der Tempel von Luxor hat vier Zypressen[2] hohe Säulen. Der kleinste Zehennagel der Statue eines Pharao ist noch so groß, daß man darauf sitzen kann. Und dieser Tempel ist im Vergleich zu dem kolossalen Tempel in Karnak nichts. Dort ist das Eingangstor zehn Häuser[3] hoch und fast vier Zypressen tief. Die Halle umschließt einen Wald von riesigen Säulen. Am Westufer des Nils liegt die Totenstadt von Theben mit vielen in die Felsen gehauenen Gräbern. Im nahen Tal der Könige sind über fünf mal zwei Hände Pharaonengräber.« Sie schwieg, starrte verzückt vor sich hin und sagte dann feierlich: »In den Sockel der Statue einer Göttin aus dem berühmten Saeís ist ein denkwürdiger Satz eingemeißelt: ›Ich bin alles – Vergangenheit, Gegenwart, Zukunft.‹ Merke dir das, Minos«, flüsterte sie geheimnisvoll. »Auch ich bin Vergangenheit, Gegenwart und Zukunft.«

»Du bist eine Spinnerin!« rief Aisa. »Ich komme ebenfalls aus Ägypten, liebe meine Heimat, doch würde ich mir nie erlauben, das schlecht zu machen, von dem Minos, unser Herr, träumt. Seine Träume haben unsere Träume zu sein. Begreifst du das nicht?«

»Du wirst nie mehr sein als eine Sitzgelegenheit«, antwortete Sarah überheblich.

Ich ging mit Prokas in mein Empfangszimmer und bot ihm einen Sessel an.

»Herr«, sagte er demütig, »glaube der Hebräerin nicht. Ihr Herz ist voll von Lüge.«

»Das, was sie sagte, könnte jedoch stimmen«, antwortete ich gütig und legte ihm meine rechte Hand beruhigend auf die Schulter, um ihn von dem Haß, der aus seinen Augen sprach, abzulenken. »Sarah ist echt«, meinte ich. »Sie ist jedoch sehr stolz, verletzt damit viele, doch wird sich das bald legen.«

»Nimmst du sie mit nach Kreta, Prinz? Das geht nicht gut aus.«

»Zunächst weiß ich noch nicht, daß mein Vater in dieser Richtung Wünsche hat. Wenn ich dorthin gehe, nehme ich natürlich alle meine Frauen, meine Diener, Sklaven und meine Freunde, auch dich, mit. Das ist so und muß so bleiben.«

»Sie wird sich nicht beugen, wird bald, wenn du dich nicht in ihre Vorstellungen fügst, gegen dich arbeiten.«

Ich lächelte stolz. »Prokas, der Herr bin ich, du wirst es sehen...«

»Man sagt«, warnte er, »daß schon ein Frauenhaar ein Schwert besiegen kann. Diese Frau aus dem Stamme Israel läßt sich nicht wie ein wildes Pferd zähmen.«

»Sie wird kuschen«, sagte ich und verzog spöttisch die Lippen. »Was soll ich nur in Kreta?« sprach ich dann vor mich hin. »Ich habe ja auch noch zwei Brüder. Gehen diese mit? Ich verstehe mich mit ihnen nicht besonders!«

Während ich mich mit Prokas über Knossos, Malia, Phaistos, die Landschaft und die Menschen von Kreta unterhielt, kam ein Bote, der mich zu meinem Vater holte. Der Palast in Athen, in dem er residierte, war auf Felsen erbaut und, man sah es an vielen Dingen, mehrmals vergrößert worden. Der offene Hof führte zur Vorhalle, hinter der sich das Hauptgebäude befand.

Prokas, der mich begleitete, hatte mir ununterbrochen Mahnungen erteilt. »Sei höflich, Minos. Höflichkeit ist Klugheit.«

»Dann müßte Unhöflichkeit Dummheit sein«, war meine Antwort.

Als er mich verwirrt ansah, meinte ich: »Höflichkeit ist oft, davon bin ich überzeugt, eine falsche Münze, meist sogar Lüge.«

»Stimmt«, entgegnete er. »Es wäre trotzdem unvernünftig, mit ihr sparsam zu sein. Freigebigkeit ist auch hier meist Weisheit. Wer die Höflichkeit bis zum Opfern realer Interessen treibt, gleicht jedoch dem, der Gold für eine billige Münze gibt. Doch lohnt sich Höflichkeit sehr oft, so komisch das auch klingen mag«, sagte er abweisend und wieder mahnend.

Als ich ihn ansah, weil ich den Sinn der Worte nicht ganz verstanden hatte, meinte er: »Es ist wie mit dem Wachs, das von Natur aus hart und spröde ist, durch ein wenig Wärme jedoch so geschmeidig wird, daß es jede beliebige Form annimmt. So kann man selbst störrische und feindselige Menschen durch ein bißchen Höflichkeit und Freundlichkeit biegsam und gefällig machen. Sonach ist dem Menschen die Höflichkeit, was die Wärme dem Wachs.«

Er sah mich an, als erwarte er eine Antwort. Als ich nichts sagte, sprach er mit langsamer Stimme, als müsse er erst die Worte formen: »Eine schwere Aufgabe ist die Höflichkeit insofern, als sie verlangt, daß wir allen Leuten die größte Achtung bezeugen, obwohl die allermeisten gar keine verdienen.«

»Kann ich Sarah durch Höflichkeit zähmen?« fragte ich.

»Sie kommt aus einem Volk, das sich eigene Gesetze machte. Ich weiß es nicht.«

Als ich im Thronsaal zu meinem Vater ging, saß er wie immer, wenn er Gesandte und wichtige Besucher empfing oder Tribute entgegennahm, auf seinem Thron. Ich verbeugte mich höflich, wie es das Zeremoniell bestimmte, und sah versonnen vor mich hin.

»Träumst du, Minos?« fragte mich Vater.

»Wieso?« antwortete ich.

»Du stehst vor mir, weißt, worum es geht, und siehst mich kaum an.«

»Ich weiß von nichts«, sagte ich, um mich zu entschuldigen.

»Dann bist du dumm«, klagte er. »Was ist nur mit euch? Sarpedon gefällt mir nicht, Rhadamanthys ist auch ein Träumer.«

»Vater«, antwortete ich bescheiden, »wenn ich um die Gerüchte aus dem Palast etwas gäbe, könnte ich vielleicht nicht mehr schlafen.«

»Was meinst du damit?«

Ich wußte, daß Angriff immer die beste Verteidigung ist. »Man spricht davon, daß die Priester immer mehr ihre eigenen Wege gehen und dir zur Gefahr werden könnten. Man sagt auch, daß die Sklaven einen Aufstand planen, weil sie frei sein wollen. Wo ich auch bin, flüstert man dies und das. Du hast Handwerker aus Kreta entführt, damit sie dir dienen und uns mit ihrer Kunst bereichern, aber...«

»Wir können viel von Kreta lernen«, unterbrach mich Vater, zeigte, daß er seine eigenen Gedanken und präzise Vorstellungen hatte. »Die kretische Keramik ist weithin berühmt. Keftiu-Schiffe waren bis zur Explosion des Vulkans auf Kalliste in vielen Ländern begehrt. Städte wie Knossos, Amnissos, Omali[4] und Setaia[5] wurden berühmt. Die Ägypter sprechen von sechsunddreißig Städten«, sagte er eindringlich. »Man spricht davon, daß es sogar einmal neunzig waren. Wir müssen erkennen, Sohn, daß uns die Kreter in ihrer Kultur um einiges voraus waren. Was ist eine hohe Kultur, Minos, was ist eine Hochkultur?«

Als ich wieder nicht antwortete, sprach er weiter: »Hochkultur ist der Besitz von Techniken; ist eine stabile politische und wirtschaftliche Organisation; ist eine geistige und sittliche Haltung, die besser und stärker ist als die vieler anderer Völker. Hochkultur ist«, er atmete tief, »daß man eine Seele hat, die vor allem in der Religion und Dichtung, in der Kunst und in einem eigenen, bodenständigen Handwerk sichtbar wird. Merke dir noch etwas, Minos: In Kreta baute man besser als bei uns, pflanzte und lebte man auch besser. Was wir sind, entstand in Kreta. Dort begann eine große Kultur, vor der wir Respekt haben sollten. Merke dir«, sagte Vater wieder eindringlich, »vieles, was wir an menschlichen Werten kennen, was für uns Ordnung und Schönheit bedeutet, kommt aus Kreta.«

Er wandte sich an einen hohen Beamten, sprach mit ihm; es schien, als flüsterten sie sich Geheimnisse zu.

»Ich glaube, daß dort die Zeit für uns arbeitet«, sagte mein Vater nachdenklich und sah mich erneut prüfend an. »Die Kreter sind sich, obwohl sie viele Probleme haben, uneins, bekämpfen sich gegenseitig. Fast ist es so, daß jeder jeden totschlägt. Man streitet sich um Rechte, feilscht um Nebensächlichkeiten, man neidet sich das Wasser und die Äcker, dabei hungert man, denkt nicht daran, daß es immer vier verschiedene Kretas geben wird.«

»Vier verschiedene Kretas?« fragte ich verblüfft.

Vater schüttelte mißbilligend den Kopf. »Du bist jetzt dreißig und hast außer der Jagd und dem Spiel mit Frauen keine ernsthaften Interessen. Kreta wird von Ebenen und Bergen beherrscht. Es ist, als ob diese die Insel vierteilen. Dann gab es vier große Herrschaftszentren, deren Mittelpunkt die Paläste, die Königsstädte, waren. Da ist ein Gebiet, das vom Ackerbau bestimmt wurde, und dort eines, in dem die Viehzucht vorherrschte. Schon vor der großen Flut führten die Leute von Larissa[6] beständig Krieg mit denen von Knossos. Jetzt soll es besonders schlimm sein. Die Nordkreter streiten mit den Südkretern, die Menschen des Ostens mit denen des Westens. Das sind auch wieder die vier Kretas. Was mich jedoch an den Kretern sehr fasziniert, ist, daß sie der Religion eine bis dahin unbekannte Färbung geben. Ihre Hauptsorge, und das finde ich gut, gilt dem Leben und nicht dem Tod. Selbst die unterirdischen Mächte, die sie auf eine eigentümliche Weise in ihren Kulthöhlen anrufen, bitten sie – wo die Luft am erfrischendsten, das Licht am reinsten ist – auf den Berggipfeln um Hilfe. Ihre großen Heiligtümer richten sie nach den Aufgängen der Gestirne aus. Wohl widerspricht es sich, ergänzt sich jedoch in Kreta glücklich, daß in diesem Bauernland die Kultur von Künstlern geprägt wird. Das ist es«, sagte Vater erregt, »ein Volk, das sehr an irdischen Gütern hängt, entwickelt ein Zartgefühl, eine Poesie, eine Eleganz und einen Sinn für Erlesenes, daß man das alles fast als Wunder bezeichnen könnte.«

Am Eingang des Thronsaals erschien ein Offizier, blieb höflich stehen, sah mich an und sagte: »Prinz, deine Mutter möchte dich sprechen.«

Vater nickte und gab mir die Erlaubnis zu gehen.

Als ich in den Empfangssaal meiner Mutter trat, lag zu ihren Füßen wieder ihr Hündchen auf einem Kissen, eine schwarze

Sklavin vertrieb die Fliegen und fächelte frische Luft. Ein Beamter des Hofes hatte anscheinend nur die Aufgabe, darauf zu achten, daß Mutter nur Dinge erfahre, die sie wissen durfte, daß man das Zeremoniell beachte und ihr genügend Höflichkeit erweise.

»Du wirst nach Kreta gehen«, sagte sie, nachdem sie mich begrüßt hatte.

Ich schwieg, verzog nur die Lippen.

»Freust du dich?«

»Worauf?« fragte ich irgendwie störrisch.

»Auf Kreta«, antwortete sie erstaunt.

»Wie soll ich mich über etwas freuen, von dem ich nichts weiß, über das nur der Hofklatsch berichtet? Dieses Geschwätz ist meist voll von Phrase und Lüge!«

»Vater wünscht, daß du Kreta eroberst.«

»Dann sollte er das mir und nicht Leuten sagen, die daran nicht interessiert sind. Jeder Sklave weiß mehr als ich. Ihr wundert euch, daß ich mich sehr der Jagd und den Frauen zuwende. Habt ihr schon je versucht, mich für andere Dinge zu erwärmen? Du gebarst drei Söhne und bist mit ihrem Lebenswandel unzufrieden. Hast du schon einmal etwas dazu getan, daß deine Söhne auch eine Aufgabe bekamen? Gut, ich weiß, daß ich der älteste Sohn des Königs bin. Das ist aber auch alles...«

»Dein Vater ließ dich mehrmals an Besprechungen und Gastmählern teilnehmen, zeigte dir oft und oft seine Huld.«

»Schau, Mutter«, sagte ich friedlich, »ich sah vor wenigen Tagen in den Handwerkerstuben den Lederbearbeitern zu. Sie fertigten Sandalen, Schürzen, Kultgewänder, Schilde, Helme, Köcher und Futterale, Takelwerk und vieles andere. Die Häute gerbten sie mit Öl und verschiedenen mineralischen und pflanzlichen Substanzen. Mit Meersalz lösten sie das anhaftende Fleisch und entfernten es, mit Kalkmilch vollzogen sie die Enthaarung. Da wurde die Haut gewaschen und dort mit Eichenrinde gegerbt. In großen Gefäßen lagen Galläpfel, Eicheln und Akazienschoten, um die Haut unverweslich und wasserundurchlässig zu machen. Bestimmte Stücke wurden mit Olivenöl eingerieben oder geräuchert. Ich sah, wie mehrere

Männer im Kreis standen und die Haut eines großen Stieres abzogen. Eine Gruppe von Männern fertigte nur die muschelförmigen Phallustaschen. Alle wußten, bis hin zum kleinsten Jungen, was sie zu tun hatten, was sie tun mußten; das ist es, Mutter«, sagte ich fast zornig. Ich wiederholte: »Alle wissen, was sie zu tun haben, nur ich, der Sohn des Königs, weiß es nicht. Und jetzt sagt ihr, daß ich Kreta erobern soll. Wäre es nicht an der Zeit, Mutter«, sagte ich ernst, »daß man offen mit mir spricht?«

Die Sklavin reichte ihr das Hündchen, und als es im Schoß lag und dankbar die kosenden Hände leckte, sagte Mutter so nebenher, als spräche sie mit dem Hund, daß das eine Sache der Männer sei, sie darüber nicht zu entscheiden habe.

»Warum fragst du mich dann, ob ich mich auf Kreta freue, wo du bestimmt durch deine Höflinge weißt, daß man noch nicht mit mir darüber gesprochen hat?«

Wieder gab sie keine Antwort, koste das Hündchen, tadelte dann die Sklavin, weil sie eine Fliege, die sie belästigte, nicht wegjagte.

»Kreta kennt die universellen Wahrheiten, jene Wahrheiten, die nicht dem Wandel der Zeit unterworfen sind. Man liebt dort das Leben, hat Freude am Theater, an den Mysterien, nimmt an vielen Wettkämpfen teil. Die Ägypter beneiden die Kreter ob ihrer Erkenntnisse in der Pflanzenheilkunde, im Umgang mit den Zahlen und ihrer Freude am Tanz.«

Ich verneigte mich. »Ist das alles, was du mir zu sagen hast?«

Die Antwort war ein knappes Lächeln. »Jeder Mensch hat seinen Weg zu gehen. Um zu wissen, wohin man will, muß man wissen, was man will.«

»Und was will ich?« fragte ich trotzig.

»Endlich etwas leisten, etwas Gutes tun.«

»Und das in Kreta?«

Mutter nickte. »Diese höchst interessante Insel ist in Not. Rette die Menschen, führe sie zum Glück. Du wirst dort Feinde und Freunde haben. Man wird über dich spotten, aber jede Freude, die du gibst, soll dir überwältigender Lohn sein.«

Ein Beamter kam und sagte, daß ich noch einmal zu meinem Vater kommen solle.

Wieder stand ich vor ihm und wartete, bis er mich ansprach.

»Ihr werdet in vier Tagen aufbrechen und Kreta erobern«, befahl er hart. »Du hast die Aufgabe, in Herakleia[7], dem Hafen von Knossos, zu landen, ihn und Knossos zu besetzen. Ich gebe dir vier Kampf- und zwei Versorgungsschiffe. Dein Bruder Sarpedon wird Malia nehmen und Rhadamanthys Phaistos.«

»Ich kann doch meine Familie, meine Diener und Sklaven mitnehmen?« fragte ich, zeigte in meiner Stimme, daß ich nicht bat, sondern forderte.

»Sie sind dein Eigentum«, war die einzige Antwort.

»Hast du besondere Befehle, Wünsche?«

»Ehre uns.«

Seine Augen winkten den Oberpriester herbei. Dieser neigte etwas den Kopf, sprach mit Vater und riet mir dann, alle Dinge gütig zu sehen. Vater sah ernst auf mich. »Ich freue mich, daß ich dir die Aufgabe zuteilte, Knossos und damit Kreta in unseren Herrschaftsbereich einzubeziehen. Besprich mit Kladissos die weiteren Dinge. Sehe alles rein und kraftvoll. Wenn du dich über die Probleme stellst, die auf dich zukommen werden, wirst du siegen. Wenn du nicht weißt, was du willst, wird man dich besiegen.« Dann stand er feierlich auf, nahm mich in seine Arme und küßte mich herzlich. »Mein Sohn, ich wünsche dir viel Glück. Ehre uns.«

Als wir uns trennten, ich mich an der Türe des Thronsaals umwandte und noch einmal verbeugte, sah ich, wie Vater mir ergriffen nachwinkte.

4

Es war Nachmittag, als wir die Häfen verließen und uns auf freier See sammelten. Langsam wurde es dunkel, und die Segel blähten sich im Wind, der uns nach Kreta bringen sollte. Majestätisch begann uns die Mutter Nacht einzuhüllen. Einige Wolken schlichen sich wie Luchse mit grauen Läufen vor die letzten Strahlenbündel der untergehenden Sonne. Als sie völlig verschwunden war, traten die ersten Sterne hervor; es erschien ein feingesponnenes Netz aus unzähligen funkelnden Punkten und daneben perlmuttfarben die geschwungene Mondsichel.

Der Wind frischte auf. Die Seeleute enterten die Wanten, und schon lag das Schiff schräg unter dem Druck der Segel. Das Bugspriet wies nach Kreta, der Klüverbaum tanzte zwischen den Sternen und den Wellenkämmen auf und ab. Das Schiff wurde immer mehr zum Pflug, der das Meer tief aufriß. Dann sah ich, daß der Segler den Namen »Tholos« trug.

»Tholos«, sprach ich verblüfft vor mich hin. »Das als Name für ein Schiff?« fragte ich und sah auf den Kapitän.

Dieser trat höflich auf mich zu und antwortete sofort: »Ja, Euer Gnaden. Wir bezeichnen damit die mächtigen Rundgräber, die es bei uns in Kreta in der Ebene am Südfuß des Ida gibt, das ist der höchste Gebirgszug der Insel. Solche Grabanlagen gibt es aber auch in Ostkreta. Es sind bienenkorbförmig gewölbte, aus Steinen gefügte Kuppeln mit einem niedrigen Eingang im Osten. In Platanos, ich stamme übrigens aus diesem Ort, ist auch ein solcher Tholos. Er hat einen Durchmesser von fast dreißig Schritten. Schon vor vielen, sehr vielen Generationen baute man bei uns in Kreta solche Grabstätten, und alle wurden sie für die Bestattung ganzer Sippen benützt. Den Toten gab man, zur letzten Ehre, immer ihren Schmuck, ihre Waffen und Gefäße mit.«

»Ich kenne die Tholoi«, antwortete ich. »Warum nahmst du für dein Schiff einen Namen, der ...«, ich wollte weitersprechen, doch verboten mir Höflichkeit und Achtung die Worte. Konnte ich ihm sagen, daß ich einen solch düsteren Namen nie für ein Schiff gewählt hätte?

»Zum Gedenken meiner Ahnen. Ihre Seelen begleiten mich. Wenn ich nicht berühmte Vorväter hätte, gäbe es dieses Schiff nicht, wäre ich nie geboren worden. Ich stamme aus einer Sippe, die in Kreta weithin berühmt ist. Alle unsere Toten bestatten wir in unserem Tholos; in ihm befinden sich also meine Ahnen mit ihren sterblichen Resten. Dort wird einmal auch meine letzte Heimat sein; mir ist, als werde ich dann heimkehren, als trete ich in die letzte Geborgenheit. Ist das nicht ein schönes Wissen?«

Wir schwiegen und sahen auf die Wellen, dann fragte er mich, irgendwie erstaunt: »Prinz, gibt es bei euch auch Tholoi?«

Ich nickte und sah einem Delphin zu, der seit einiger Zeit neben uns schwamm. Spielte er oder wollte er uns nur zeigen, daß er unsere Geschwindigkeit auch erreichte?

»Die Menschen Kretas leben aus dem Diesseits, wir Mykener denken dagegen sehr an das Leben nach dem Tod. Wahrscheinlich brachten diesen Kult meine Vorfahren mit, die dem ägyptischen Pharao bei der Vertreibung der Hyksos halfen.« Ich schwieg, grübelte, sagte dann, als müßte ich mich bestätigen: »Anfangs bestatteten wir unsere Toten in Schacht- und Kammergräbern. Etwa zwei Generationen nach der Rückkehr unserer Krieger aus Ägypten kam es dann auch bei uns zum Bau von Tholosgräbern. – Es kann sein, daß das Tholosgrab von Mykene der mächtigste Grabbau meiner Kultur ist. Nachteil dieser Tholosgräber ist ...«

»Was?« fragte der Kapitän.

»Daß sie weithin sichtbar sind und schnell geplündert werden.«

»Man sagt, daß auch Kreter bei der Vertreibung der Hyksos aus Ägypten halfen?«

Ich sah ihn an und sagte zweifelnd: »Kann sein, ich persönlich glaube es nicht.«

»Warum, Euer Gnaden?«

»Die Kultur deiner Heimat ist unkriegerisch; die wenigen Soldaten, die ihr habt, sind keine guten Kämpfer. Eure Hilfe bestand mit einiger Wahrscheinlichkeit in der Bereitstellung von Schiffen, mit denen ihr als See-Erfahrene die Achäer nach Ägypten brachtet. Seitdem sind wir einander verbunden.«

Ich grübelte und sagte dann, daß die Krieger, die aus Ägypten zurückkamen, von dem dortigen Totenkult beeindruckt waren und anfingen, die Kistengräber in kleine und größere Räume abzuändern. Bis dahin hatte man bei uns den Toten nur eine kleine Tonvase ins Grab mitgegeben. Nunmehr bekamen sie alles für das Weiterleben Notwendige: die Waffen, den Schmuck und das Tafelgeschirr. Man legte manchem Toten, wie bei den Ägyptern, Goldmasken auf das Gesicht, teilweise wurden die Fürsten auch einbalsamiert. Ich blickte wieder hoch und sah den Kapitän an. »Es ist eigenartig«, sagte ich, »du als Kreter, der einmal im Tholos von Platanos sein Grab finden wird, dienst uns Mykenern?«

Während er nachdenklich auf die Wellen sah, die das Schiff umtanzten, antwortete er leise: »Mein Volk kann sich, weil es den Glauben an sich verloren hat, nicht mehr selbst helfen. Es ist in sich uneins geworden, streitet sich um Nebensächlichkeiten, wird von angeblichen Königen ausgenützt, die oft nur Schwätzer und Schwindler sind. Als Kreta unterging, war ich als Zwanzigjähriger auf einem griechischen Schiff, das nach Westafrika segelte. Das war meine Rettung, denn die große Flut erreichte uns nicht. Wenn ich als Kreter euch diene, tue ich das nur, verzeih mir, edler Prinz«, entschuldigte er sich, »weil ich glaube, damit meiner Heimat zu helfen. Kreta wird wieder erwachen, wenn es eine starke Hand spürt, die barmherzig führt. Man sagt von dir, Minos, du seiest weise.«

Nach einer Weile sprach er weiter. »Ich fahre nun schon über dreißig Jahre zur See, habe seltsame Dinge gesehen, die ich nie vergessen werde: Ungeheuer, die ein Schiff verschlingen konnten; ebenholzschwarze Frauen mit Leibern, edel und rein, als wären sie Göttinnen. Ich sah Regenbogen, die wie paradiesische Straßen schimmerten, und Tiere, wie man sie nicht einmal erträumen kann. Das alles ist nichts, edler Minos, gegen das Glück, das ich empfinde, weil ich es bin, der dich nach Kreta bringen darf.«

»Du weißt«, antwortete ich bedächtig, »daß wir kommen, um deine Heimat zu erobern. Trotzdem freust du dich?«

Er blickte mich feierlich an. »Du wirst Kreta retten, wirst es wieder zum Glück führen. Bei uns hungern viele Menschen. Bitte, edler Minos, lehre meinem Volk wieder das Lachen und zeige ihm die Freude.«

Ich wanderte langsam auf und ab, begann zu grübeln. Ein Blick zeigte mir, daß das Schiff gut im Wind lag und daß wir an Fahrt zulegten. Mir war, als ob sogar die Wolken, die aus allen Himmelsrichtungen aufzogen, uns guten Wind senden wollten. Als ich dann dem Tanzen der Wellen zusah, war es mir, als hüpften auf ihnen dunkle Schatten.

»Das sind Geisterschiffe«, flüsterte der Kapitän geheimnisvoll und trat auf mich zu. »Sie sind verdammt, bis ans Ende aller Tage die Meere zu durchfahren. Und wenn der Sturm die Wasser aufwühlt, tauchen die bleichen Knochen der Ertrunkenen aus der Tiefe und hüpfen wie Bimsstein auf den Wellen.«

Es dämmerte, auf dem Meer lag Dunst, als zehn Tage später schemenhaft vor uns die Küste Kretas auftauchte. Dann sah ich die Berge, die für die Insel immer schon eine wichtige Rolle spielten. Von ihnen kam das so notwendige Wasser, kamen die Wolken und die Kühle. Sie waren Zuflucht, Beobachtungspunkt und Tempel. Für uns, die wir von Norden her auf sie zusegelten, sahen sie aus, als wären sie die Wiege der Götter.

In mir war ein Widerstreit der Gefühle. Vater wünschte, daß wir Kreta, so weit es möglich war, unblutig eroberten. Immer wieder hatte er mir eingeschärft, uns so zu verhalten, daß die Bewohner in uns Befreier und Retter sehen würden. Was war jedoch, wenn sie sich verteidigten und es zu harten Kämpfen kommen sollte?

Jedes Kampfschiff hatte seinen eigenen Landeplatz und seinen besonderen Auftrag. Als die Küste Kretas immer näher rückte, dachte ich an Krieg und Frieden, an Leid und Freude. Was würden wohl die nächsten Stunden bringen?

Der Kapitän trat neben mich. »Die Bewohner unterscheiden sich durch ihre Aufgaben«, erklärte er. »Die erste und wichtigste Gruppe sind die Priester, die zweite die Krieger, die dritte die Bauern und die vierte die Handwerker.«

»Krieger?« fragte ich. »Man sagte mir, daß Kreta keine Soldaten braucht, man die Städte ohne Wälle baute ...«

»An vielen Stellen befinden sich Wachen.« Er drehte sich um, gab einige Anweisungen. »Die Insel selbst kennt kaum Soldaten, da der Krieg für uns keine Notwendigkeit, sondern nur eine Schutzmaßnahme ist. Kreta hatte sich jedoch immer gegen Piraten und Handelskonkurrenz zu wehren. Neue Märkte wurden geschaffen, das ging nicht immer ohne Waffengewalt. Vergessen wir nicht, daß jeder Palast der Mittelpunkt eines Herrschaftsbereiches war und es zwangsläufig zu Auseinandersetzungen kam. Zu allen Zeiten gab es Streit um Jagd- und Weiderechte, um den Besitz von Quellen und die Nutzung fruchtbarer Ebenen. So benötigte jeder König Soldaten. Die Schleuderer, Bogenschützen und Schwertkämpfer genügten für Handstreiche, Raubzüge und zur Abwehr von Überfällen. Größere Unternehmungen machte man nur während der schönen Jahreszeit, also vom Frühjahr bis zum Herbst. Eroberte Orte wurden geplündert und dann meist vollständig niedergebrannt, die Bewohner machte man zu Sklaven. Das ist übrigens überall so«, sagte er sachlich.

»Ich dachte«, antwortete ich zögernd, »daß die Kreter – weil sie eine so hohe Kultur hatten – einst ein friedliebendes Volk waren?«

»Prinz«, antwortete er bedächtig. »Jeder Mensch ringt um seine Existenz, ob er nun Bauer oder Hirte, Fischer, Handwerker oder Händler ist. Überall gibt es Herren und Knechte, Sieger und Besiegte, und eine alte Weisheit ist, daß der Sieger die Macht und damit alle Rechte hat. Es gibt aber noch ein Motiv, daß man Dörfer erobert«, sagte er zweideutig.

Als ich ihn fragend ansah, meinte er, daß eroberte Dörfer mit den in ihnen wohnenden Bauern von dem Sieger, der meist der Palastherr ist, den Priestern der Tempel und den Soldaten zugeteilt werden. So bezahlt er die geleisteten Dienste. »Wir landen«, sagte er betrübt, »in wenigen Stunden auf einer Insel, deren Bewohner heute noch vom Hunger gequält werden. Vor fast einem Menschenalter wurden die Städte und Paläste zerstört. Viele Menschen starben. Ich könnte mir vorstellen, daß die Überlebenden um eine Handvoll Gerste kämpften. Und nun kommen wir, die Satten und Reichen; wir, die Fremden. Es würde mich sehr wundern, wenn sie liebend auf uns zugingen.«

»Wir helfen ihnen«, antwortete ich ekstatisch. »Wir reichen ihnen die Hand, geben Arbeit und Brot. Vergiß nicht, daß wir ihnen eine Zukunft bieten.« Nach einer Weile sagte ich weihevoll: »Ich liebe seit vielen Jahren Kreta, werde alles tun, daß es wieder glücklich wird, will den Hunger beseitigen und die Menschen mit Freude füllen.«

»Es wäre zu schön, um wahr zu sein.«

»Anderen Leid zu ersparen oder ihnen in ihrem Leid zu helfen ist doch eine schöne, vielleicht sogar die schönste Aufgabe? Dieses Helfen darf jedoch nicht etwas sein, das man dann und wann einmal aus Laune oder Mitleid tut, sondern es sollte ein Grundanliegen unseres Lebens sein.«

»Ja«, meinte der Kapitän nachdenklich, »wir sollten einmal anfangen, das Menschsein zu erlernen.«

Als sich die Berge und steilen Ufer Kretas vor meinen Augen erhoben, sah ich stolz auf Ritsos und Prokas, meine beiden kretischen Lehrer, und auf Kelios und Pandion, die wie ich Mykener waren. Ich hatte sie mitgenommen, nickte ihnen zu, sah weihevoll auf die nahende Küste, und mir war es, als liege meine Heimat vor mir, fühlte, daß man dort einmal mein Herz begraben wird.

Unsere Schiffe glitten wie dämonische Riesenfische ans Ufer. Händler hatten berichtet, daß die Hafenanlagen in Herakleia zerstört seien und die Küste sich teilweise verändert hatte. Wir sollten daher in einigem Abstand ankern, um dann mit kleinen Booten oder schwimmend an Land zu gelangen.

Die Segel knarrten und rauschten. Dann wurden sie eingezogen, und der beginnende Tag war von knappen Befehlen erfüllt und dem Ächzen des Schiffes, das in den Wellen auf und nieder tanzte.

Kladissos, ein bewährter, tapferer Mykener, befehligte meine Kampfgruppe. Seine Anweisungen waren hart und präzise. Die Soldaten sprangen mit ihren Stoßlanzen und Kurzschwertern ins Wasser; in die wenigen Boote stiegen die Bogenschützen mit Köchern voller Pfeile und die Schleuderer, die mit ihren Säcken, gefüllt mit Steinen, nicht hätten schwimmen können.

Als wir an Land waren, trug jeder seine Waffe, denn hinter den Felsen, den Ruinen, hinter jedem Haus konnten kretische Krieger lauern, um uns zu überfallen.

Langsam, Schritt für Schritt, jederzeit zum Kampf bereit, gingen wir auf eine Häusergruppe zu.

Ich hatte die Anweisung gegeben, keinen Menschen zu töten, sich nur bei einem Angriff zu verteidigen, jedem Kreter, der sich uns friedlich näherte, zuzurufen, daß auch wir den Frieden wollten.

Das Hafengelände war spärlich bewohnt. Wir fanden nur Fischer mit ihren Familien, einige Händler und Bauern.

Unser Ziel war der Palast von Knossos. Wir wußten, daß viele Räume den Flammen zum Opfer gefallen waren, ein Teil der Gebäude jedoch unversehrt geblieben war.

Immer wieder fragten wir, ob es in Knossos Soldaten gebe, wie viele es seien, wer dort herrsche. Es gab die widersprüchlichsten Antworten. Doch konnte uns keiner sagen, ob wir mit einem Kampf zu rechnen hatten und wie groß die Zahl der eventuellen Verteidiger sei.

Plötzlich war Ritsos, mein kretischer Sklave, mit glänzenden Augen und geröteten Wangen neben mir, lauschte und lauerte wie ein Jäger.

»Kommt!« sagte er zu einer Gruppe Krieger und schlich mit ihnen zu einem Gebäude, das nur noch eine Ruine war, jedoch im Rest eines gewaltigen Turmes zeigte, wie es einmal ausgesehen haben könnte.

»Dort wohnt der Vater eines Bekannten. Er muß schon alt sein; ein Bruder ist oder war Beamter in Knossos. Vielleicht lebt dieser Bruder noch, wohnt jetzt bei ihm und weiß, ob es in Knossos Krieger gibt und wie viele es sind.«

Wir umstellten die Ruine. Ritsos betrat einen kleinen Raum, suchte und zog dann einen alten Kreter ins Freie.

»Wohnt dein Bruder in Knossos oder bei dir?« fragte er.

Der Bauer, der nicht wußte, was wir von ihm wollten, nickte, sah uns ängstlich an. Vielleicht glaubte er, daß wir Piraten seien, weil er immer wieder beteuerte, daß er arm sei, das Haus von den Erdbeben und der großen Flut zerstört worden war, seine Felder und Bäume kaum Frucht tragen.

»Wie viele Soldaten verteidigen den Palast?« fragte Ritsos.

»Ich weiß es nicht«, sagte der Alte.

»Du wirst es bis heute abend wissen«, drohte Ritsos und baute aus Ästen und Mauerstücken einen kleinen Käfig. Dieser war so nieder, daß man in ihm kaum sitzen konnte. Dann drückte er den Bauer hinein, den Kopf hatte er ihm nach vorne gebunden.

»Das erträgt er nur kurz«, meinte er. »Sein Rücken wird bald so schmerzen, daß er sprechen wird. Er ist zu alt, um die Pein lange zu ertragen.«

»Was macht ihr mit ihm?« fragte ein Bogenschütze, dem man ansah, daß er schon viele Kämpfe durchgestanden hatte.

»Wir wollen wissen, ob Knossos verteidigt wird, wie viele Krieger dort sind und ob wir mit besonderen Waffen zu rechnen haben.«

»Besondere Waffen?« fragte ich.

Ritsos nickte. »Kochendes Öl im Straßen- und Häuserkampf, Körbe mit giftigen Schlangen oder glühenden Steinen, die man auf uns schleudert.«

»Diese Folterung ist nicht gut«, mahnte der Bogenschütze. »Der Mann ist alt. Was ist, wenn er nichts weiß?«

»Sein Pech«, meinte Ritsos. »Ich hatte auch einmal kein Glück. Das Leben ist für viele ein bitterer Trank, den wir schlukken müssen, ob wir wollen oder nicht. Es stimmt, was wir tun, ist nicht gut. Es ist aber auch nicht gut, wenn die Hälfte unserer Leute bei der Besetzung von Knossos umkommt.«

Der Alte hockte gekrümmt, mit nach unten gebundenem Kopf in dem Verschlag und begann zu klagen.

»Darf ich?« fragte mich Ritsos.

»Was?« antwortete ich unsicher.

»Gib mir eine Stunde Zeit, und ich weiß dann, was uns in Knossos erwartet.«

Um mich standen Krieger, Matrosen, Beamte, Diener, Sklaven und Priester. Aus einem Boot stieg soeben Pasiphae mit den Kindern und einigen Dienerinnen, aus einem weiteren Aisa, Helike, Sarah und die anderen Sklavinnen meines Frauenhauses.

Viele Augen starrten mich an, und ich fühlte, daß ich als Sohn des Königs zu entscheiden und mich jetzt sogar zu beweisen hatte. Zwei Soldaten, die fast aufdringlich meine Antwort erwarteten, zeigten Gier, weil sie ahnten, daß im Palast von Knossos große Schätze zu finden seien.

Die Gedanken, Fragen und Antworten wirbelten in meinem Denken kunterbunt durcheinander.

Hatte ich auf dem Schiff nicht gehört, wie sich meine Krieger nach dem Sieg aufteilen wollten, um schnell an Gold zu kommen? Eine Gruppe beabsichtigte, das Schatzhaus, eine andere die Magazine zu durchsuchen. Zwei Matrosen hatten von Ritsos, der den Palast kannte, gehört, daß es auch im Ostflügel des Palastes eine Schatzkammer gäbe; einige Soldaten waren der Überzeugung, daß die Räume unter der Sechssäulenhalle des Heiligtums reiche Beute ergeben könnten.

»Darf ich?« fragte Ritsos erneut.

Ich wußte nicht, was er wollte, erkannte jedoch, daß wir jede Chance nutzen mußten.

»Ja«, sagte ich zögernd und nickte.

Ein Schwertkämpfer zog den Bauern ins Freie, ein anderer öffnete ihm die Kopffessel.

»Komm!« befahl Ritsos leise und zog den Alten hoch. Er sah dem Bauern in die Augen. Wenige Atemzüge später holte er mit dem linken Arm aus und schlug ihm mit der gewölbten Handfläche auf das rechte Ohr. Es gab einen dumpfen Knall. Der Geschlagene winselte mit schmerzverzerrtem Gesicht.

Gleich darauf folgte ein Hieb mit der rechten Hand auf das linke Ohr. Der Bauer begann zu klagen und massierte verzweifelt Ohren und Unterkiefer.

»Wie viele Krieger verteidigen Knossos?« fragte Ritsos. Als der Alte nicht sofort antwortete, bekam er einen Schlag in den Nacken.

»Wie viele Soldaten beschützen den Palast?« fragte Ritsos erneut.

Der Alte stöhnte nur, und so riß ihm Ritsos den linken Arm hoch, verdrehte ihn und bog die Finger nach hinten. »Wie viele Soldaten?« flüsterte er, und in seiner Stimme lag Grauen und Tod. Als der Alte noch immer nicht sprach, zog Ritsos eine dünne Nadel aus seiner Tasche.

»Setzt den Mann dort auf den Felsen und bringt mir einen dicken Ast«, befahl er.

Wenige Augenblicke später waren beide Hände an einem klobigen Prügel festgebunden.

»Du wirst sprechen«, sagte Ritsos mit dumpfer Stimme, »du mußt sprechen, wenn dir dein Leben lieb ist.« Einen Atemzug später stach er die Nadel unter dem Daumennagel der rechten Hand tief in das Nagelbett.

Der Alte heulte auf.

»Wie viele Krieger?« fragte Ritsos.

»Ich weiß es doch nicht«, stöhnte der Kreter. »Der Palast ist fast eine halbe Tagesreise entfernt. Wie soll ich dorthin kommen? Ich bin alt! Wie soll ich wissen, ob es dort Krieger gibt?«

»Aber dein Bruder wohnt doch in Knossos, und Brüder erzählen sich alles?« antwortete Ritsos höhnisch.

»Mein Bruder!« rief der Alte klagend.

»Wie viele Krieger?« fragte Ritsos erneut.

Als der Mann schwieg, nur schmerzerfüllt aufsah, nahm Ritsos einen Stein und schlug mit ihm die Nadel tief in den Daumen.

Der Bauer schrie entsetzlich. Ein Matrose hatte ihm nun auf den linken Handrücken die Spitze eines Dolches gesetzt und begann, diese einzudrücken.

Der Alte zitterte, murmelte unverständliche Worte vor sich hin, gab jedoch immer noch keine Antwort.

Jetzt glaubte auch ich, daß er etwas wußte, denn er hätte sich sonst bei diesen qualvollen Schmerzen anders benommen.

Mit genau berechneten Schlägen, langsam und durchdacht, trieb Ritsos die Nadel in das Daumengelenk. Jeder Schlag wurde von dem Gequälten mit entsetzlichem Geheul beantwortet.

Auch Ritsos begann zu schreien. Das Gesicht des Alten wurde rot; Schweiß bedeckte seine Wangen, Tränen rannen aus den Augen.

»Oh!« stöhnte er, und die Luft zog röchelnd durch seine Lungen. Dann zitterte er wieder, weinte und stieß nervenzermürbende Schreie aus.

Ich spürte, daß sein Widerstand gebrochen war.

Als das Geheul verstummte, fragte Ritsos erneut: »Wie viele Krieger?«

Der Alte bäumte sich in einer letzten Abwehr auf. Zwei Seeleute hatten Mühe, ihn wieder auf den Stein zu zwingen. Dann sackte er zusammen und keuchte: »Wasser!«

Man gab ihm einen kleinen Schluck.

Als der Bauer zu sprechen begann, kamen die ersten Worte pfeifend aus seiner ausgetrockneten Kehle.

»Wie viele Krieger?« fragte Ritsos und hob den Stein, als wolle er die Nadel noch tiefer in den Daumen schlagen.

Nach mehreren Fragen und Antworten wußten wir, daß der Palast von etwa vierzig Kriegern und der gleichen Anzahl von bewaffneten Sklaven verteidigt wurde.

»Zufrieden?« fragte mich Ritsos und sah stolz um sich.

Da ich nicht anders konnte, antwortete ich mit: »Ja!« Durfte ich, als Sohn des Königs, für den das Ziel alles war und der Mensch nichts galt, anders als mit »Ja« antworten?

Es war noch nicht Abend, als wir die Verteidiger niedergemacht hatten und den Palast besetzen konnten.

»Wo ist der König, wo ist die Königin, wo sind die Priester und Beamten?« fragte ich immer wieder, ging durch die rußgeschwärzten Gassen, deren Gebäude durch Erdbeben und Feuer zerstört worden waren.

»Was war denn hier los?« fragte ich einen Sklaven, der aus einem Keller verängstigt zu uns kroch und sich unterwürfig anbot.

Als der Kreter mich ansah, als verstehe er meine Worte nicht, fragte ich: »Wie kam es zu diesem furchtbaren Brand?«

»Das waren die Bergbewohner. Sie hungerten und verhungerten, in ihrer Not überfielen sie den Palast. Auch gab es immer wieder Seuchen, die das Land in Bedrängnis brachten. Viele glaubten, daß die Magazine Korn und Öl enthielten und wüteten...«

»Warst du schon hier, als damals die Erdbeben und die riesigen Wasserfluten die Insel zerstörten?«

»Nein, ich war noch bei meinen Eltern, erlebte den Untergang in der Nähe von Acharna, wo wir im Gutshof des Königs wohnten. Wir erwachten, als die Erde grollte und alles im Haus zu zittern begann. Dann bröckelte der Gips von der Zimmerdecke, langsam wellte sich der Boden, und die Mauern rissen. Wir rannten voll Schrecken aus dem Haus, andere, weniger Glückliche, wurden auf die Erde geschleudert, konnten nicht mehr ins Freie gelangen und wurden unter ihren einstürzenden Häusern begraben. Es gab Erdstöße, die von unten nach oben, und Stöße, die von der Seite kamen.«

Er knetete die Hände und sah mich leiderfüllt an. »Dann kam das Feuer, weil Lampen umfielen und Öfen auseinanderbrachen. Stoffe, Stroh- und Bastwaren, Holz, Heu, getrocknete Körner und Öl – alles ging in Flammen auf. Die unter den Trümmern Verschütteten erstickten oder verbrannten. Seither beachten wir stets alle Zeichen.«

»Was meinst du damit?«

»Wenn die Haustiere unruhig werden, die Ratten fliehen, die Hunde heulen. Auch das ängstliche Aufflattern der Vögel und das Schwingen aufgehängter Gegenstände ist eine Warnung.«

Ich sah ihn an, meine Gedanken waren jedoch bei Gaia. Der Sklave erzählte weiter: »An der Nordküste sah man an manchen Ufern, daß sich das Meer viele hundert Schritte zurückgezogen hatte. Dort sind alle Molen, versunkene Häfen und Häuser einer früheren Zeit wieder aufgetaucht. An einigen Stellen, besonders bei Poros, hob sich die Küste um fast zwei Handbreiten.«

»Wo ist der König, wo sein Hofstaat?«

»Alle wurden bei dem Überfall getötet. Ein Priester leitet jetzt mit einigen Priesterinnen die wenigen Dinge, die hier zu regeln sind«, sagte er wehmütig.

»Wo wohnen sie?«

»Unten im Priesterhaus. Aus Respekt vor dem toten König und seinem Gefolge betritt man die Reste der königlichen Gebäude nicht.«

Ich sah im weiten Rund Häuser, Ruinen, brandgeschwärzte Mauern. Obwohl ich viele Städte und Burgen kannte, hatte ich mir eine so stolze Anlage nicht einmal in meinen Träumen vorstellen können.

»Und hier wohnten immer nur die Könige?« fragte ich ergriffen. »Oder war vielleicht ein Teil für einen Kult bestimmt, diente etwa als Mittelpunkt bestimmter Mysterien?«

Der Sklave lächelte verhalten. »Wenn die Gebäude nur einem Kult gedient hätten, wo wären dann die Paläste der Könige, die Häuser der Verwaltung, die Magazine, die Arbeitsräume der Handwerker? Schaue dir das Kuratostal und den Kefalahügel an. Ja, hier wohnten immer die Könige mit ihrem Hofstaat.«

Dann sah er mich fast stolz an. »Auch die Priester hatten für den Kult ihre Bereiche, aber von den über tausend Räumen gehörten dem König und den Beamten bestimmt sechshundert, wenn nicht sogar siebenhundert. Willst du das, was von den Erdbeben und dem Überfall der Bergstämme übrigblieb, sehen? Ich zeige es dir gerne.«

Wir suchten uns mühselig einen Weg, stolperten, stiegen über Schutthalden und kletterten über Mauern.

»Der Zugang zum Palast ist auf der Nordseite«, erklärte der Sklave. »Das hier ist der Mittelhof, es ist«, sagte er nachdenklich, »als ob diese große steinerne Plattform der Landschaft etwas sagen möchte. Dort ist«, er wies mit der Hand auf einen Platz, der wieder von Ruinen gesäumt war, »der Westhof. Du siehst, er liegt niedriger, ist voller Schönheit und Harmonie; wir alle haben ihn sehr geliebt. Und wo wir auch stehen, immer sieht man zum Jouchtasberg. Er ist ein geheiligter Berg, versinnbildlicht die Erdgöttin.« Nach einigen Schritten sagte er: »Dort das Gebäude ist der Heilige Schrein. Die Ruine nach Osten, die mit der Rückwand wie ein Pfeil in den Himmel ragt, war die Halle der Heiligen Doppeläxte.«

Wir wanderten durch Gänge und Korridore, bestiegen Treppen, suchten Pfade und Durchgänge, weil manche Straße von zusammengestürzten Gebäuden verschüttet worden war.

»Hier wohnte die Königin«, erzählte der Sklave, der einen guten Eindruck machte und Bildung zeigte. »Dort drüben sind die Magazine und die Vorratsräume.«

Dann standen wir vor einer Badewanne mit Schilfdekor. Ergriffen sah ich auch auf die Fresken, die viele Räume schmückten.

»Hinter diesen verkohlten Säulen lagen die Gemächer des Königs«, hörte ich wie aus weiter Ferne Worte, während ich staunend auf die Ruinenstadt sah.

»Die Baumeister des Palastes haben sich hier außerordentlich bemüht. Allein schon das große Treppenhaus ehrt sie«, sagte der Sklave, der wieder neben mir stand. »Auch das Klima haben sie beachtet; im Sommer sind die Räume kühl und im Winter warm.«

Immer wieder sah ich Abbildungen von Priesterinnen, oder waren es vielleicht Göttinnen, die Opfergaben empfingen, und ich überlegte, ob hier die Königin, also eine Frau, die Macht besaß und nicht der König?

»Das ist der Prozessionskorridor«, erklärte der Sklave weiter.

Dann gingen wir durch einen kleinen Innenhof im Ostflügel der Anlage, und ich sah ein Fresko, auf dem ein Jüngling mit einem Salto über einen Stier sprang. Eine andere Darstellung zeigte den Kampf eines Athleten mit dem göttlichen Stier. Immer wieder stand ich vor Altären, Reinigungsbecken, Opfertischen, heiligen Stätten, geschmückt mit Doppeläxten und Doppelhörnern.

»Diese Räume dienten einem Kult«, hörte ich, »gehörten

Göttern, denen der König an Festtagen mit großem Gepränge huldigte und opferte.«

Kladissos, der Führer meiner Soldaten, kam auf mich zu und meldete, daß es keine Verteidiger mehr gebe, er das ganze Gelände abgesucht und die Dinge in Ordnung gebracht habe. Ich verstand zwischen den Zeilen den Hinweis, daß er »die Dinge in Ordnung gebracht habe«, und dankte ihm.

Der Sklave führte mich nun zu einem gepflasterten Platz im Nordwesten. Von achtzehn Stufen auf der Ost- und neun von der Südseite aus hatte man früher wohl die Möglichkeit, Kulttänze zu beobachten.

»Hier fand immer die Heilige Hochzeit statt«, erklärte er feierlich.

Als ich ihn fragend ansah, meinte er, daß dieses hohe Fest nicht wie in anderen Ländern im geheimen, sondern vor aller Augen stattfand, sich hier der König mit der Oberpriesterin vermählte.

»Die Heilige Hochzeit«, erklärte ich, »kannte man auch im Zweistromland. Dort fand sie auf der Spitze der Zikkurat, im geheimen also, statt. Unten feierte das Volk das Geschehnis, jubelte und machte daraus ein großes Fest.«

»In allen Palästen gab es Bühnen, von denen aus man dem kultischen Tanz und der Heiligen Hochzeit zusehen konnte.«

»Gab es nicht unter den Priesterinnen Unruhe, ich meine einen Machtkampf«, fragte ich, »wenn sich der König eine Partnerin für diese Vermählung aussuchte? Es kann doch sein, daß die Wahl auf die Schönste, in den Augen der anderen jedoch vielleicht nicht auf die Würdigste fiel?«

»Sehr oft sogar. Der König durfte, ich sagte es schon, nur die Oberpriesterin lieben. So wechselten sie, und dadurch entstanden Palastintrigen. Viele meinten, Oberpriesterin sein zu dürfen, forderten es, und das gab oft großen Streit. Es ist schon viele Jahre her«, sagte der Sklave betrübt, »daß ich eine Heilige Hochzeit erlebte.«

»War sie denn ein so großes Erlebnis?«

»Sie diente der Fruchtbarkeit. Wir alle – der Bauer und der Hirte, der Bürger und auch wir Sklaven – sind von ihr abhängig.

Alle leben wir aus unseren Kindern, denn sie sichern unsere Zukunft.«

»Die Kinder?« fragte ich erstaunt.

»Du bist kein Kreter, sonst könntest du nicht so fragen. Wir leben in der Sippe, in der Familie. Ich sorge für die, die sich mir anvertrauten, und sie sorgen, wenn ich einmal nicht mehr kann, für mich. Bei mir lebt eine Schwester. Sie ist Witwe, war erst wenige Monate verheiratet, als ihr Mann hier im Palast bei einem Aufstand der Bergstämme umkam. Wovon soll sie leben? Wo soll sie als Mutter mit einem Kleinkind wohnen? Sie ist kaum dreißig und schon ohne Mann. Frauen, die wie sie allein stehen, fallen leicht in Unehre. Witwen dürfen nicht alleine wohnen, denn schon nach kurzer Zeit betrachtet man sie als halbwertig. So lebt sie bei mir. Vielleicht«, meinte er nachdenklich, »werde ich einmal, wenn es meine Familie nicht mehr gibt, bei meinem Bruder wohnen?«

»Kannst du mich zur Oberpriesterin führen? Ich möchte sie bitten, mir zu helfen, wenn ich hier die Macht übernehme.«

»Gehe lieber zuerst zum Oberpriester«, meinte der Kreter und sah mich eigenartig an.

»Was ist er?« fragte ich. »Ich meine, wie ist er als Mensch?«

»Der Oberpriester ist zu alt, und die Oberpriesterin ist zu jung. Er wird bald sterben, doch wo ist ein Nachfolger, der die Kraft hat, wieder Ordnung in die Kulte zu bringen?«

»Merkwürdig«, sagte ich und sann vor mich hin, »beide dienen den gleichen Göttern, haben die gleiche Aufgabe und verstehen einander nicht?«

Der Sklave sah mich wieder eigenartig an, mir war, als wolle er in meine Seele sehen.

»Man kann eine Frau, die einem nahesteht, vielleicht nur sympathisch finden, eine andere jedoch sogar lieben«, antwortete er ausweichend. »Man kann eine Freie hübsch finden, jedoch eine Sklavin, eine Unfreie, in die Tiefe seines Herzens aufnehmen. Der Mensch ist ein Spielball von Mächten und Kräften, denen er fast hilflos ausgeliefert ist.«

Als er mich wieder prüfend anstarrte, fragte ich: »An was denkst du?«

»Ich bete jeden Abend zu den Göttern«, sagte er überlegend, »daß mir nur verständige und tugendhafte Menschen an Kräften und Kenntnissen überlegen sein mögen.«

»Was?« fragte ich, weil ich den Sinn seiner Worte nicht verstand.

»Ich bete jeden Abend zu den Göttern«, wiederholte er, »daß mir nur verständige und tugendhafte Menschen an Kräften und Kenntnissen überlegen sein mögen.«

»Warum willst du nur tugendhafte Menschen um dich haben?«

»Weil wir nur so das Glück erreichen. Tugend ist«, er sann vor sich hin, »sich in allen Gelüsten und allen Trieben zu beschränken. Wir sollten uns auch im Trinken beschränken. Trinken?« wieder sann er vor sich hin. »Man hat so viele Anweisungen, den Wein recht zu bauen, und noch keine, ihn recht zu trinken.« Wieder schwieg er und grübelte. »Wir wissen einiges«, sagte er dann, »doch ist Wissen oft ein Denken ohne Gewissen.«

»Wie alt bist du?« fragte ich ihn anerkennend, weil er soviel Reife und Weisheit besaß.

»Vierundachtzig.«

»Ich bin dreißig.«

»Dann bist du noch herrlich jung, hast jene Kräfte, mit denen du dir die Macht der Priesterinnen dienstbar formen kannst.«

»Jung?«

Er nickte. »Wenn die Erinnerung an die Jugend nicht wäre, so würde man das Alter nicht verspüren. Nur, daß man nicht mehr zu tun vermag, was man früher vermochte, macht das Alter aus. Glaube mir«, sagte er eindringlich, »ein alter Mensch ist ein ebenso vollkommenes Geschöpf wie ein junger.«

In einer Gruppe von Beamten, Dienern und Sklaven entdeckte ich Sarah. Ich rief ihr zu.

»Ist das deine Frau?« fragte der Kreter.

Ich lächelte verneinend.

»Sei vorsichtig«, mahnte er.

»Was meinst du damit?«

»Sie könnte dir zur Gefahr werden.«

»Warum?«

»Sie ist sehr hübsch, jedoch kein Mädchen mehr. Man sieht ihr an, daß sie denken kann. Sie wird wissen, daß sie an der Grenze zum Altsein steht, wird daher mit allen Mitteln um deine Gunst ringen. Eine Frau ist«, er suchte die Worte und sagte dann offen, »zu vielen Opfern bereit, um dann, wenn es darauf ankommt, keine Opfer zu kennen. Sie wird tanzen, wenn sie glaubt, dich damit zu gewinnen, um dann einmal nicht mehr zu wissen, daß sie tanzte. Sie wird dir Worte geben, die sie nicht mehr kennt, wenn du ihr Besitz geworden bist. Dann«, wieder stockte er und sah mich mahnend an, »wirst du, wenn du sie geliebt hast, sehr einsam sein.«

»Wer bist du?« fragte ich erstaunt.

»Ein Sklave.«

»Warst du es schon immer?«

»Vielleicht ja, vielleicht nein.«

»Wie meinst du das?«

»Ich komme von der Südküste, wuchs in Larissa[1] auf. Der König von Knossos hatte Streit mit dem meiner Heimat, war der Stärkere. Am Abend war ich noch frei und arbeitete als Töpfer.« Er blickte zu Boden, sagte leise: »Meine Keramik war weithin berühmt.« Dann sah er mich wieder an. »Am nächsten Morgen war ich Sklave.«

»Ihr wurdet überfallen?«

»Werden wir nicht immer überfallen? In der Liebe, im Handel, in unserer Arbeit? Jetzt gehöre ich dem Dienst in den Heiligtümern, diene den Priesterinnen. Viele sind gut, viele sind aber auch schlecht. Sie sind, wie auch wir, nur Menschen.«

»Priesterinnen müssen doch Jungfrauen sein?« fragte ich. »Ich hörte einmal, daß das eine Bedingung ist.«

»Ja und nein.«

»Ja oder nein?« forderte ich.

»Aus einem Egoismus heraus, das ist meine Ansicht, bestehen die Oberpriester auf die Jungfräulichkeit, doch...«

»Was?«

»Machen sie Ausnahmen«, sagte er zweideutig.

»Wann?«

»Wenn die Bewerberin interessant ist.«

»Was verstehst du unter ›interessant‹?«

»Man wird«, meinte er philosophisch, »eine Frau oder ein Mädchen nie abweisen, wenn sie sehr hübsch und besonders attraktiv ist. Man wird immer gerne auch Mädchen annehmen, die klug sind.«

»Du hast angedeutet, daß die Priester aus einem Egoismus heraus Jungfrauen bevorzugen würden?«

»Muß ich dir eine Antwort geben?« antwortete er und lächelte vielsagend.

»Eigentlich nicht«, sagte ich ausweichend, sah ihn jedoch so fragend an, daß er antworten mußte.

»Für jeden Mann hat eine Unberührte einen besonderen Reiz. Stelle einem Freier fünf Witwen vor Augen und eine Jungfrau, er wird meist nach der Jungfrau greifen.«

Als ich über diese Worte nachdachte, meinte er, eine Jungfrau sei für den Mann immer ein Sieg, bedeute einen Triumph. »Er kann sie in die Liebe einweisen, kann sie führen und richten. Ein unberührtes Mädchen hat selten Eigenwünsche, gibt sich hin, erlebt die Freude und glaubt, daß alles, was sie erfahre, der Himmel sei. Das ist der Gewinn für jeden Oberpriester, denn auch er ist ein Mann.«

Der Sklave stand, trotz seines Alters, stolz vor mir. Dann beugte er langsam den Kopf und sagte demütig, daß er in seinem Leben schon zweimal besiegt wurde.

»Einmal, als du in Larissa Sklave wurdest?« fragte ich.

Er nickte bedächtig. Dann zuckte er plötzlich zusammen. »Was habe ich eben gesagt?« fragte er erschrocken.

»Daß du in deinem Leben schon zweimal besiegt wurdest.«

»Nein, nein«, antwortete er fast eigensinnig. »Ich sollte zweimal besiegt werden, doch wehrte ich mich und machte mich frei.«

»Wie meinst du das?«

»In Larissa bin ich Sklave geworden. Es gelang mir, die Umstände zu besiegen, und der Dienst in den Heiligtümern gibt mir viel Freude. Ich diene und mache mich dadurch frei.« Kurz sah er mich an, als wolle er wieder meine Seele prüfen, dann sagte er leise, daß das Leben ihn bereits im Kindesalter besiegen wollte.

Ich sah ihn fragend an. Er antwortete fast stolz: »Als Kind war ich an einem Bein gelähmt; ich war auf dem Weg, ein Krüppel zu werden.«

»Du hast dich also besiegt?«

Der Alte nickte. »Ich wehrte mich, bewegte das lahme Bein, brauchte viele Jahre. Sieht man mir noch etwas an?« fragte er. »Ich bilde mir ein, normal gehen zu können. Das ist mein Sieg. Ich bin als Sklave frei und stehe über meiner Erkrankung, habe mich darüber hinaus entwickelt. Ich gewann sogar«, sagte er freudig, »denn ich wurde Töpfer und konnte mich beweisen.«

Im nächsten Augenblick stand Sarah neben mir und warb mit ihren Augen, Lippen und mit ihrem ganzen Wesen um mich.

Aus der Gruppe von Menschen, die neben einer mächtigen Ruine stand, trat Aisa, lächelte ironisch und deutete auf Sarah: »Nie wird sie Kreta werden«, sagte sie gehässig.

»Warum?«

Sarah hetzte: »Ägypten kommt«, meinte sie, doch der Sklave widersprach und sagte weihevoll: »Kreta!«

Verwirrt sah ich, daß sich Aisa wie eine kretische Priesterin gekleidet hatte, ein offenes Leibchen trug, aus dem ihre Brüste ragten.

Meine Augen wanderten zu Sarah, die völlig bekleidet war, doch sah man durch den dünnen Stoff deutlich die Konturen ihres Körpers.

»Minos«, sagte Sarah und blickte stolz um sich. »Hier ist fast in jedem Raum Ägypten. Ich sehe Vasen und Statuetten, Bilder und Säulen. Mir ist, als sei ich schon ein großes Stück meiner Heimat näher gekommen.«

»Auch ich wurde in Ägypten geboren«, wies Aisa sie zurück. »Ihr ward Eindringlinge ...«

»Nein, Flüchtlinge«, wehrte Sarah ab. »In jedem Land ist der Vertriebene, der aus dem Unglück Kommende, Gast.«

»Ihr habt aber vieles übertrieben«, hetzte Aisa.

Diener und Sklaven kamen auf mich zu. Dann sah ich Pasiphae sowie meine Töchter Ariadne und Phaidra. In mir stiegen ungute Gedanken auf, weil Pasiphae mir bisher nur Töchter und keine Söhne geboren hatte.

»Wo sollen wir wohnen?« fragte sie schon von weitem hochmütig.

Nahe bei ihr stand Tauros, der ihr seit Wochen auf Schritt und Tritt folgte.

Ich tat, als hörte ich ihre Frage nicht, wandte mich ab, winkte dem Anführer der Leibgarde und befahl ihm, die Räume, die wir bewohnen würden, durch Wachen zu schützen.

Obwohl ich meine Brüder Sarpedon und Rhadamanthys nicht mochte und mich mit ihnen nicht verstand, hoffte ich, daß sie bei der Besetzung von Malia und Phaistos ebenfalls schnell zu einem Sieg gekommen waren.

Einem Beamten rief ich zu, er solle sich um die Unterkunft meiner Familie, meiner Nebenfrauen und Sklavinnen bemühen, da ich andere Sorgen hätte.

Nach einigen Tagen zeigte sich, daß der Wechsel in der Macht fast ohne Gewalt vollzogen worden war und es nur noch wenig Widerstand gab. Auch von meinen Brüdern kamen Nachrichten, die besagten, daß sie erfolgreich waren. Ob sie sich selbst auch besiegen konnten? Ich spürte es an mir, grübelte sehr darüber nach, denn mit dem Tag, an dem ich kretischen Boden betreten hatte, war ich ein anderer Mensch geworden. Ernst und gewissenhaft entschied ich, immerzu war in mir das Wissen, daß ich mich jetzt zu beweisen hatte.

Kreta gehörte nun uns Mykenern. Im ganzen ägäischen Bereich stand jetzt einem Aufblühen unserer Macht und Kultur nichts mehr im Wege.

So sehr ich auch darüber nachdachte, fand ich keine Antwort auf die Frage, warum sich die Bewohner fast kampflos unterworfen hatten. Eine weitere unbeantwortete Frage war, warum Kreta trotzdem in seinem Denken und Fühlen, in seiner Kultur und Kunst in uns weiterlebte. Ich spürte, daß wir als die Sieger immer mehr zu Kretern wurden. War es ein Geheimnis oder sogar Mysterium, daß wir, die Eroberer, von den Besiegten in ihren uns doch so fremden Kulturkreis hineingezogen wurden?

Ja, wir begannen sogar nach einiger Zeit, Teile ihrer Kulte zu übernehmen. Unser Zeus und unsere anderen Götter behielten wohl weiterhin ihren Platz, doch nahmen wir die kretische Muttergöttin, die »Große Mutter«, als Beschützerin unseres Königshauses auf und brachten ihr an den ihr geweihten Stätten Opfer dar. Manchmal nannten wir die Göttin sogar Athena. Athena? Ich begann zu grübeln, denn der Name war nicht griechisch. Hatten die Kreter ihn auch gebraucht? Hatte Athena von der kretischen Muttergöttin die Schlange, den Vogel, die Säule und den Schild übernommen? Stammte Athena vielleicht von der Großen Mutter der Kreter ab? Auch setzte mich in Erstaunen, daß die Frauen, die mit mir nach Kreta gekommen waren, sich sofort heimisch fühlten.

»Hier herrscht trotz des Elends so viel Lebensfreude«, sprach eine Stimme in mir, »daß sie von ihr fast magisch angezogen werden. Hier ist eine Welt der Sonne und des Friedens. War dagegen nicht euer Land von der Verherrlichung des Krieges und vom Kampf geprägt?«

Die kretische Erde flößte mir, das spürte ich täglich mehr, auf wunderbare Weise neue Kräfte ein.

Schon nach wenigen Monden trugen Ochsenwagen bereits Lasten zu den wieder entstehenden Häfen. Esel und Sklaven dienten als Transportmittel für den Verkehr mit den Dörfern, deren Händler und Handwerker uns ihre Dienste anboten. Die Sklaven trugen die Körbe und Ballen entweder an einem geschulterten Stock oder an einer langen Stange, die zwischen zwei Trägern schwankte.

Fast täglich bewarben sich bei uns Kreter und baten um Arbeit. Wir gaben ihnen Nahrung dafür. Die Handwerker ließen sich in den erhalten gebliebenen Teilen des Palastes nieder, und als arbeiteten sie schon seit Generationen für mich, fertigten sie Amphoren und Schüsseln, Teller und Becher, Stoffe und Lederwaren. Ich verfügte auch schon bald über Baumeister und Maurer, Schlachter, Gerber, Schuhmacher, Wagenbauer, Köche und Bäcker. In Herakleia und Amnissos ließen sich Schiffshandwerker, Ruderer und Segelmacher nieder.

Innerhalb kurzer Zeit wurde der Palast wieder das weltliche

und kultische Zentrum, wurde zum Beherrscher der Bauern- und Fischerdörfer, der Märkte und Häfen. Er umfaßte die Wohnstätte für mich, meine Familie, meinen Hofstaat, war die Heimat für die verschiedensten Werkstätten, für die Verwaltungsräume und die großen Lagerhallen.

Bewunderung erregten die Pferde, die wir mitgebracht hatten. Auch die Streitwagen bestaunte man immer wieder fast ehrfürchtig. Ich war stolz und glücklich, schwelgte in der Überzeugung, es sei allein mein Verdienst, daß sich mein Herrschaftsgebiet so gut entwickelte. Weniger stolz war ich auf die Tatsache, daß Pasiphae immer mehr ihre Wege ging und daß zwischen Aisa und Sarah ununterbrochen Streit war. Helike machte mir insofern Kummer, als sie ausgerechnet in jenen Nächten mein Lager teilen wollte, in denen entweder Aisa oder Sarah bei mir war. Man sagte mir, daß Helike hübscher geworden sei. Ich überlegte. Sie war die Leidenschaftlichste; ich spürte, daß sie, wenn ich sie abwies, sich einmal dafür sehr rächen würde.

Der Oberpriester war gestorben, und fast über Nacht hatte ich einen Nachfolger zu bestimmen. Ich war so mit dem Wiederaufbau der Häfen in Herakleia und Amnissos beschäftigt, daß ich einem meiner Minister die Aufgabe übertrug, die Nachfolge zu regeln.

Schon am nächsten Tag stand Manolis vor mir, stellte sich als der neue Oberpriester vor.

War er Zeuge eines Streites mit Pasiphae gewesen, oder konnte er Gedanken lesen?

»Ein Haupthindernis im Fortschritt des Menschen ist, daß die Leute nicht auf die hören, welche am gescheitesten sind, sondern auf jene, welche am lautesten reden«, sagte er und tat, als spräche er zu sich.

Als ich ihn fragend ansah und meine Augen ihm zeigten, daß ich ihn nicht verstand, meinte er, daß eine Frau Glück und Leid bringe. »Zwei Frauen«, sagte er mahnend, »bringen zweifaches Glück, aber auch zweifaches Leid. Die neue Sklavin, ich meine jene, die du von Kelios bekamst . . .«

»Helike ist keine Sklavin«, unterbrach ich ihn. »Sie ist eine Freie, kam aus eigenem Entschluß zu mir.«

Der Priester nickte nur. »Sie begab sich freiwillig in deine Macht, wurde dadurch unfrei.«

»Suchen wir alle nicht das Glück?« entgegnete ich.

»Stimmt. Unser Leben ist so arm, daß keine Schätze der Welt es reich zu machen vermögen. Alle Quellen des Genusses werden bald als seicht empfunden, und vergeblich gräbt und sucht man nach der Urfreude, dem eigentlichen Glück.«

Um dem Gespräch eine Wendung zu geben, fragte ich: »Kreta war vor der großen Flut dicht besiedelt. Wo sind nur all die Menschen geblieben? Kann es sein, daß so viele den Tod fanden?«

»Gestern traf ich in Herakleia einen ägyptischen Kapitän. Er sagte, daß viele Kreter während der Erdbeben, die an die sieben Jahre dauerten, ausgewandert seien, teilweise auf andere Inseln oder hinüber zum Festland. Besonders im Peloponnes sollen sich viele niedergelassen haben, aber einige Stämme sind auch nach Phönizien gezogen, bewohnen nun im Land der Philister Städte wie Asdod, Ascalon, Eyron, Gath und Gaza.«

»Die Kreter, die in meinem Herrschaftsbereich wohnen, haben sich erstaunlich schnell unter meine Macht gebeugt«, sagte ich nachdenklich.

»Die Götter halfen dir, aber auch die Uneinigkeit der ausgebluteten Bevölkerung; ihre Not und Angst waren deine Wegbereiter«, berichtigte er mich fast überheblich.

»Viele Höhlen in den Bergen werden noch bewohnt. Ist man dorthin nur geflüchtet, weil die Häuser zerstört waren?« fragte ich nach einer Weile.

»Ja. Langsam aber kommen sie zurück. Es dürfte aber noch viele Jahre dauern, bis die Menschen hier wieder im Licht stehen. Die Höhlen waren immer schon beliebt, man suchte dort Schutz bei schlechtem Wetter und bewohnte sie im Sommer, weil sie kühl sind. Bei kriegerischen Ereignissen dienten sie als Versteck, als Wach- und Spähstationen; man benützte sie als Viehstall, Heuschober, als Standort für Bienenkörbe, als Verbannungsort, Gefängnis, Totenstadt, Ort für Hinrichtungen, als Steinbruch und als Wasserstelle. Oft waren sie auch Weiheort und Heiligtum.«

Ich kam auf den Kern meines Gesprächs zurück und sagte, daß mein Bruder Sarpedon in Malia und mein Bruder Rhadamanthys in Phaistos ebenfalls siegen konnten.

»Auch ihnen halfen die Götter«, antwortete Manolis trotzig. »Bei uns auf dem Festland gibt es einzelne Königreiche. Mein Vater wünscht, daß es auch hier so sein soll. Ich bin der König von Knossos, Sarpedon der von Malia und Rhadamanthys der von Phaistos. Hoffentlich geht es mit den beiden gut, sie machen mir Sorgen.«

»Wir kamen und siegten; fast glaube ich, daß wir kamen und uns besiegen ließen«, meinte der Oberpriester.

»Du sagst ›wir‹, bist aber doch Kreter?«

Er nickte. »Ich kam mit euch, bin jedoch Kreter«, flüsterte er abweisend.

»Wie meinst du das, wir ließen uns besiegen?«

»Der Einfluß der kretischen Kunst auf die Königreiche des Festlandes war groß. Besonders die Gold- und Bronzearbeiten der kretischen Handwerker genossen weithin hohen Ruhm. Ob sie alle auf dem Weg des Handels auf das Festland kamen? Und jetzt, wir erleben es ja fast täglich, werden wir wieder von der kretischen Kunst überwältigt.«

Ich verzog die Lippen. »Wir haben mehrmals kretische Handwerker gefangengenommen und als Arbeiter in unseren Palästen eingesetzt. Sie stellen Waffen und Geräte, auch Keramik, nach ihrem Geschmack her. Fast ist es so, als ob Kreta uns in vielen Dingen wesentliche Impulse gegeben hat. Und das dürfte wieder der Fall sein.«

Der Priester sah mich abwägend an. »Kreta ist durch seine Kultur bereits seit langer Zeit ein wichtiges Land und stand immer schon über der Kultur der Festlandsgriechen. Was auch ein wichtiger Grund war, ist die Tatsache, daß die kretische Geschichte zwar eigenständig emporwuchs, aber dennoch Teil eines gewaltigen Aufruhrs des menschlichen Geistes war. In Kreta kannte man bereits den Wunsch, etwas zu leisten. Diesen – sagen wir Ehrgeiz – dürften die Kreter aus den Niederungen des Nils und aus den Tälern des Euphrats und Tigris in Mesopotamien empfangen haben. Übersehen wir nicht, edler König, daß es dort schon Jahrtausende vor uns berühmte Städte und wichtige Handelsplätze gab.«

Ich nickte. »Der Handel dürfte die Verbindungen geschaffen haben«, ergänzte ich. »Die Ägäis, das Mittelländische Meer, verlockten zur Seefahrt, denn dank der vielen großen und kleinen Inseln blieben die Seeleute fast immer in Sichtweite des Landes. Zudem fand man auf den Inseln Obsidian und Feuerstein, aus denen man Messer, Sicheln, Ahlen und andere Werkzeuge fertigen konnte. Besonders der Obsidian, diese schwarze, glasartige Substanz aus den Vulkanen, eignete sich sehr für die Herstellung von scharfen Klingen und Spitzen.«

»War wohl der Obsidian oder das Salz – das alle Menschen brauchen – die erste wesentliche Handelsware?« fragte der Priester.

Ich hatte die Frage nicht gehört. Meine Gedanken waren bei der Möglichkeit, daß aus dem Zusammentreffen der Neugriechen, die sich zu »Mykenern« entwickelten, mit den Kretern das Wunder einer Kultur entstehen könnte, die noch stärker als die kretische weithin die Welt zu befruchten vermag.

Als habe Manolis meine Gedanken gespürt, sagte er nachdenklich: »Alle Kulturformen entwickelten sich auf Kosten anderer. So mögen in einem Volk großzügige Anschauungen geherrscht haben, während sie in einem anderen strenger gehandhabt wurden; so schätzte das mykenische Volk das Kriegshandwerk, das kretische dagegen das friedliche Kunstschaffen; da stehen Kampf, Tod und eine prunkvolle Bestattung als Ehrung der Helden, dort die irdischen Freuden als beherrschender Mittelpunkt. Ja«, flüsterte er, »wenn es euch gelänge, hier eine Verbindung zu schaffen«, nun sah er mich fordernd, mahnend und kritisch an, »wenn es euch gelänge«, wiederholte er eindringlich, »Kreta und Mykene zu einer Kultureinheit zu verbinden, zu einem neuen Denken zu führen, zu einem neuen Schönheits- und Lebensbegriff zu lenken, würdet ihr etwas begründen, das weithin die Welt beseelen und beglücken könnte.«

Die Worte standen vor mir, als seien sie riesige Gebäude, als seien sie mächtige Säulen. Stimmen wuchsen in mir hoch und riefen, daß dieses meine große Aufgabe werden müsse.

»In vielen Kulturen, besonders den Ackerbau und Viehzucht treibenden Gemeinschaften«, erklärte mir der Priester, »ist die Fruchtbarkeit die Grundlage allen Lebens. Man fleht die lebensspendenden Götter um Hilfe an, verehrt sie, erhebt ein Mutterbild in menschlicher Gestalt zur ›Hohen Göttin‹. Hier brauche ich, edler Minos, deine Hilfe. Wir müssen die Kulte erneuern, auf das weibliche Element, die Göttinmutter, die ›Große Göttin‹, ausrichten.«

»Wir Mykener schätzten Kreta und waren zugleich voll Neid«, sagte ich. »Unsere Frauen trugen seit Jahren kretische Gewänder und bevorzugten die prächtigen Stoffe aus Knossos. Wir Männer wehrten uns, vielleicht aus Eitelkeit, aus übertriebenem Stolz, gegen diese Bevorzugung und kleideten uns weiterhin in Tuniken statt in die auf Kreta üblichen Gewänder mit engen Taillen. Wir ließen uns Bärte wachsen und zogen im Gegensatz zu den Kretern den Krieg dem Sport und Spiel vor.«

»Und jetzt wäre es vernünftig, solche Unterschiede zu beseitigen. Ihr solltet Kreter werden. Es genügt nicht, daß ihr unsere Handelsplätze übernehmt, ihr euch unserer Handwerker bedient. Ihr müßtet auch unseren Kult übernehmen, ihn in eure Göttervorstellungen einbauen. Das neue Denken, das entstehen soll, könnt ihr nur verwirklichen, wenn wir uns gemeinsam darum bemühen.«

»Wie meinst du das?« fragte ich interessiert.

»Es gab vor der großen Flut die Heilige Hochzeit, die Vermählung des Königs mit der Oberpriesterin.«

Ich spottete: »Wenn sie aber alt, verrunzelt und krumm ist?«

Der Priester schmunzelte, sah mich hintergründig an. »Es wird meine Aufgabe sein, daß die Priesterinnen, die man hier oft ›Bienen‹ nennt, immer eine Oberpriesterin haben werden, die der Heiligen Hochzeit würdig ist. Wir könnten auch sonst einige Dinge so lenken, daß sie beiden Traditionen entsprechen.«

»Wie meinst du das?« fragte ich erneut.

»Eure Gesellschaftsstruktur kennt den gottgleichen König, der von einer Burg aus regiert. Ihm unterstehen die Gutsbesitzer, denen die großen Ländereien mit den Pächtern und Sklaven gehören. Alle haben sie an dich ihre Abgaben zu entrichten. Du wirst der Stadtkönig, bist damit der Stadtgott. Du hast nicht nur hier in Knossos, sondern auch draußen in den Städten und Dörfern Gott zu sein und somit am Heiligen Tag die Heilige Hochzeit zu feiern. Vielleicht werden wir auch die Heilige Prostitution wieder einführen...«

»Warum?«

»Die Heiligen Haine und Höhlen sollen nicht nur Ziele der Gottsucher, sondern auch Orte einer göttlichen Freude sein.«

»Gab es diese hier in Kreta?«

»Zur höheren Ehre der Götter gibt es sie in allen Fruchtbarkeitskulten. Besonders Kreta verehrt die Fruchtbarkeit. Wir wären weise, wenn wir diesen, fast könnte man sagen, untergegangenen Kult wieder einführten.«

Als ich ihn zweifelnd ansah, meinte er, daß er bereits im Land Umschau gehalten habe, und man es sehr begrüßen würde, wenn die Priesterinnen am Tag der Heiligen Hochzeit auch zur Heiligen Prostitution bereit wären. Sie ist das größte und schönste Symbol der Fruchtbarkeit.

Ich ging, nach einer Antwort ringend, langsam auf und ab. Manolis folgte mir, schwieg und sah ebenfalls nachdenklich vor sich hin.

»Wäre es nicht klüger, den Tag, an dem die Heilige Hochzeit stattfindet, von dem der Heiligen Prostitution zu trennen?« fragte ich.

Als der Priester mich ansah, als verstünde er mich nicht, meinte ich, daß man das Volk schneller gewinne, wenn man mehr Feste anbiete und sie entsprechend gestalte. »Die Heilige Hochzeit ist ein Anlaß«, sagte ich nach einer Weile, »ein weiterer wäre die Heilige Prostitution. Beide Kulte sollten wir zu gesonderten Festen erheben.«

Manolis sah mich wieder an, als habe er meine Worte nicht verstanden. »Weißt du, König«, antwortete er zögernd, »für uns Kreter ist die höchste göttliche Macht weiblichen Ursprungs und wird grundsätzlich durch eine Frau verkörpert. Obwohl die Große Göttin viele Gestalten besitzt, darunter auch die der Jungfrau, schloß ihre Verehrung auch die Verherrlichung des

Geschlechtlichen mit ein. Dieser Kult stand immer schon im Dienst der begehrten Fruchtbarkeit. Die geweihten freistehenden Säulen und Pfeiler, die heiligen Bäume, die Doppelhornzeichen, mit denen Altäre, Schreine und Gebäude geschmückt wurden, die Hörner der Stiere, die Bergspitzen, die Stalagmiten, denen in den Höhlenheiligtümern Weihegaben dargebracht wurden, waren Ausdruck der Fruchtbarkeit. Das bekannteste und häufigste Symbol ist jedoch die Doppelaxt. In der Höhle von Psychro sind Doppeläxte in die Stalagmiten eingeschlagen. Die Doppelaxt ist für den Kreter das Symbol der Großen Göttin. Man nennt sie ›Labrys‹; der Tanzplatz hier in Knossos wird daher vom Volk ›Labyrinth‹ genannt, was soviel wie Platz des Labyrinthtanzes bedeutet. Der kretische Kult, Euer Würden, ist völlig von der Hingebung an die Fruchtbarkeit durchdrungen.«

»Ein Sklave, der in der Nähe aufgewachsen ist, erzählte mir, daß man hier den kultischen Tanz sehr liebte. Bei den Aufführungen im Palast tanzten die Mädchen in kleinen Gruppen vorgeschriebene Figuren. Er sagte auch, daß in den Heiligen Hainen oft religiöse Tänze stattfanden, die man dort der Großen Göttin weihte und die sehr ausgelassen und ekstatisch waren.«

»Bei diesen orgiastischen Tänzen, die manche Kulturen kennen, verwendete man Rauschmittel, meist war es Mohnsaft.«

Ich nickte. »Vor wenigen Tagen sah ich Friese an einer Wand, wo Tänzerinnen wie besessen, wie in einem Trancezustand, wirken.«

»Hier ist vieles heilig. Besonders die weißen Stiere werden verehrt, da sie immer dem Mond geweiht sind. Die Hohepriesterin, die mit dir die Heilige Hochzeit vollziehen soll, wird damit zur Mondpriesterin, und du erhältst von ihr den Namen ›Mondwesen‹. Da der Stier hier ein Himmelstier ist, ist er würdig, der Erd- und Fruchtbarkeitsgöttin geopfert zu werden. Mit diesem Opfer war immer ein ritueller Hochzeitstanz verbunden, bei dem die Teilnehmer magische Masken in Form von Stierköpfen trugen. Das bedeutet, daß du, edler Minos, die Heilige Hochzeit mit einer Stiermaske vollziehen mußt.«

»Und die Mondpriesterin hat sich dann wohl mit Kuhhörnern zu verkleiden?« ulkte ich.

»Ja, ja«, antwortete er erregt. »Alles hat seinen Sinn, alles hat seinen Boden und seine Aufgabe. Und so hat jeder Kult auch seinen Sinn, sein Ziel.«

»Braucht man dann noch Rauschmittel?« fragte ich kritisch.

»Ja und nein. Tatsache ist jedoch, daß in einem Fruchtbarkeitskult – du kannst weitere Kulte hinzunehmen – der Mohn eine Hilfe ist. Wir können uns unter seinem Einfluß erheben, unser Ich vergessen, die Götter besser erahnen und ihre Welt sehen. Wir können unser Sein in das der Götter einweben und uns in ein anderes, ein höheres Denken einschwingen. Das ist wichtig«, sagte er ernst.

»Was?« fragte ich, weil meine Gedanken abgeirrt waren.

»Das Einschwingen. Du mußt dich auch in der Liebe einschwingen, dich bereit machen. Aisa hast du anders zu behandeln als Sarah. Du mußt dich, verzeih mir daß ich das noch einmal sage, in die Liebe einschwingen.« Er stockte und sah mich an, als wolle er in meiner Seele lesen. Abrupt sagte er: »Da ist unter den wichtigen Frauen in deinen Räumen eine Helike; sie soll sehr in deiner Gunst stehen. Sei vorsichtig, sie birgt Gefahren, obwohl«, er schwieg und suchte die nächsten Worte, »auch deine Hebräerin dir einmal Schwierigkeiten bereiten wird.«

Ich lächelte und antwortete, daß ich die Zügel fest in der Hand habe.

»Liebe macht blind«, meinte er und ließ seine Arme hängen, als sei er erschöpft.

Als ich ihn verständnisvoll ansah, sprach er ekstatisch weiter: »Wir müssen auch das Stierspringen wieder einführen!«

»Ist das nicht ein unsinniges Spiel?« fragte ich skeptisch.

»Nein, König. Wenn du Kreta nicht als Realität erfaßt, wird um dich immer Unfriede sein.«

»Auch diese sogenannte Heilige Hochzeit ist doch Unsinn, es gibt hier viele unvernünftige Dinge«, wehrte ich ab.

»Was ist schon Vernunft, edler Minos, und was ist Unvernunft?« Er legte mir fast brüderlich eine Hand auf die Schulter und sagte eigenartig: »Der Mensch ist schon ein seltsames Wesen.«

Beide sahen wir dann einem Sklaven zu, der an uns vorbeiging und zwei Amphoren trug, die wahrscheinlich mit Wein gefüllt waren. Auf der linken Schulter balancierte er eine lange Stange, und an jedem Ende wippte eine angebundene Amphore. Wir beobachteten das Schwingen der Stange und das Wippen der Krüge.

Wieder berührte mich der Oberpriester mahnend mit einer Hand. »Unsere eigenen Fehler und Laster bemerken wir nicht, sondern nur die der anderen, weil es die Natur des Auges mit sich bringt, daß es nach außen und nicht nach innen sieht.« Er blickte mich eindringlich an und sprach dann weiter: »Zur Erkenntnis der eigenen Fehler sind daher das Tadeln und die Kritik am anderen sehr geeignete Mittel.«

Ich lächelte wegen dieser pathetischen Worte. Schon sprach der Priester wieder ernst auf mich ein. »Jeder hat am anderen einen Spiegel, in dem er seine eigenen Fehler und Unarten jeglicher Art erblickt. Oft ähneln wir einem Hund, der in den Teich bellt, weil er einen anderen Hund zu sehen glaubt. Wer andere kritisiert, arbeitet an seiner Selbstbesserung.«

Wenige Tage später kam er in den Thronsaal, in welchem ich einige Stammesführer und Dorfälteste versammelt hatte. Nach den üblichen Begrüßungsworten sagte ich, daß wir als Helfer gekommen seien und sich nach den wenigen Jahren, die wir nun schon hier wären, zeige, wie sehr das Leben wieder aufblühte. »Die Händler bieten ihre Waren an, die Häfen funktionieren wieder, die Straßen sind passierbar, und viele Brücken wurden renoviert«, stellte ich fest. »Es gibt Städte und Dörfer, die von neuen Straßen erschlossen werden. Schon jetzt ist Kreta wieder weithin ein Begriff geworden, und das schwöre ich euch«, sagte ich feierlich, »daß es noch mächtiger und schöner als vorher werden wird.«

Zum Abschluß bat mich der Oberpriester um das Wort. Er wandte sich zu den Anwesenden und sagte ihnen stolz, daß am Tag des Vollmondes ein Stierspiel stattfinden werde. »Kreter!« rief er. »Viele Inseln senden bereits wieder ihre Jungfrauen, die vor den Stieren tanzen, und ihre Jünglinge, die über sie springen werden.«

Alle klatschten und schrien vor Freude.

Als die Abordnung den Palast verlassen hatte, sagte ich Manolis, daß ich mit meiner Familie, mit meinen Nebenfrauen, allen Beamten, Soldaten, Dienern und Sklaven käme. »Die Frauen werden sich, davon bin ich überzeugt, festlich schmükken. Müssen sie auch«, schmunzelte ich, »wie es bisher Sitte war, mit freien Brüsten gehen?«

Manolis tat, als habe er meine Frage nicht gehört. »Wir werden«, erklärte er, »wenn wir dieses kultische Spiel wieder einführen, vorher und nachher Tänze, Wettläufe und Faustkämpfe zeigen. Die Tribünen sind bereits festlich geschmückt. Wir dürfen bestimmt damit rechnen, daß die Bevölkerung von überall herbeiströmen wird.«

»Der Stier . . .«, sprach ich nachdenklich vor mich hin. »Bei uns, besonders aber in Mykene, hat man ihn auch schon als göttliches Tier angesehen. Ich erinnere mich an ein Stierkopfgefäß, das man bei der Bestattung eines berühmten Kriegers als Grabbeigabe mitgegeben hat. Der Kopf bestand aus Silber, die Hörner und die Rosette an der Stirn aus Gold. Auch die Nüstern und die Innenseiten der Ohren waren vergoldet.«

»Die kultische Bedeutung des Stiers ist für Kreta uralt«, erzählte er. »Reste von Opfertieren fand ich kürzlich im Fundament eines Hauses. Es wird überliefert, daß man früher die Schädel der Tiere oft sogar an den Altarwänden befestigte.«

»Die Stierspiele dürften doch meist weltlicher Art gewesen sein?«

»Ja«, antwortete Manolis. »Doch endeten sie fast immer in einem Kult, in dem der Stier der Großen Göttin, der Muttergöttin, geopfert wurde. Seltsam«, meinte er, »der Stier ist das Symbol der Manneskraft; die Stierspiele weisen demnach darauf hin, daß unsere Religion eine männliche gewesen ist.«

»Männlich?« fragte ich. »Ist die Sehnsucht des Mannes wirklich die Geschlechtskraft? Könnte man nicht behaupten, daß diese die Sehnsucht der Frau ist, die Kulte demnach weiblich bedingt waren?«

»Das Spiel diente, zumindest in seinem Schwerpunkt und in seinem Ausklang, der göttlichen Macht: der Fruchtbarkeit. Da die Hörner des Stiers die heiligen Symbole der Muttergöttin sind, bilden der Stier und die Stierspiele einen wesentlichen Teil unserer Glaubensformen. Was wir sehen müssen«, er stockte und grübelte, »ist, daß die Stierspiele mehr ein Kult als eine blutrünstige Hetze sind. Wie in früheren Zeiten werden wir dieses Spiel im Mittelhof veranstalten, im Angesicht des geheiligten Berges der Göttin.«

»Ich sah an einer Wand eine Abbildung, die besagt, daß bei einem Stierspiel ein Mann und ein Mädchen beteiligt sind?« fragte ich interessiert.

»Es sind zwei Mädchen«, berichtigte Manolis. »Ein Mädchen versucht, den Stier von der Seite her zu beruhigen, schmückt ihm den Kopf und die Hörner. Dann nimmt der Mann einen Anlauf, ergreift die Hörner des Tieres, schwingt sich auf den Rücken und federt sich in einem Salto nach hinten ab. Dort wird er von einem Mädchen aufgefangen, oder sie hilft ihm, wenn er unsicher auf den Boden aufkommt.«

Der Priester nickte.

»Es gehört nicht nur große Gewandtheit dazu«, meinte ich, »sondern auch Mut. Ich stelle mir vor, daß dieser Salto nicht immer glücklich endet?«

Es war noch früher Nachmittag, als ich sah und hörte, wie von allen Seiten die Menschen kamen, um das Stierspiel zu sehen. Zur vereinbarten Zeit schritt ich feierlich mit meiner Familie, den Nebenfrauen und meinem Hofstaat zum Mittelhof, wo schon viele Hunderte warteten. Der Oberpriester geleitete mich zur rechteckigen Aussichtsplattform, die neben der Schautreppe geschickt angefügt war. Auf der anderen Seite hatten die Priester und Priesterinnen ihren Platz.

Das Spiel begann mit einem heiligen Tanz der Frauen. Dann folgten zwei männliche Tänzer. Ein Mann sang dazu und spielte auf seiner Lyra. Nun traten weitere Musikanten hinzu und zupften ihre dreieckigen Harfen oder bliesen auf Doppelflöten. Die siebensaitige Lyra war jedoch das beliebteste Begleitinstrument. Wieder tanzten Frauen. Es waren Priesterinnen. Sie hielten sich an den Händen, schritten feierlich vor und zurück, bewegten sich in einer lockeren Reihe. Eine Lyraspielerin stand in der Mitte, und der Reigen umgab sie wie ein Kranz von beschwingten Blüten.

Ich fühlte, daß dieser Tanz mit einer uralten religiösen Überlieferung verbunden war. Immer wieder formten sich die Priesterinnen zu kleinen Gruppen und tanzten bestimmte Figuren.

»Wenn sie für sich sind«, flüsterte mir der Oberpriester zu, »in den Heiligen Hainen, unter einem Baum oder an einer Säule, geben sie sich gerne ekstatischen Tänzen hin, die oft in einem Fruchtbarkeitskult enden. Sie kennen auch die orgiastischen Tänze zu Ehren des Dionysos.«

»In den Höhlen gab es früher doch auch Fruchtbarkeitskulte?« fragte ich leise und sah hinunter auf den Hof. »Man erzählte mir von der Diktäischen Höhle, der Psychrohöhle nahe der Lassithiebene, und der Idahöhle am Nordabhang des Idagebirges.«

»Psychro war eine der bedeutendsten Kultgrotten. Man hatte sie mit großen Vorratskrügen und Opfertischen ausgestattet, und viele Jahrhunderte hindurch brachte man in ihr der Fruchtbarkeitsgöttin Weihegaben dar. Es soll auch eine Kultgrotte in Arkalochori, nicht weit von Lyktos, geben.«

»Vielleicht hatte jede Region eine eigene Kultgrotte?«

»Alle Höhlen«, erzählte der Oberpriester, »waren Symbol der Mutterschaft und damit jener Ort, wo die Frauen um Kindersegen oder Beistand für die Geburt flehten. Auch Eileithyia, der Göttin der Geburt, weihte man eine Höhle; sie befindet sich in der Nähe von Amnissos.«

»Ich sehe immer wieder Bilder und Statuen, wo Priesterinnen – oder sollen sie Göttinnen darstellen? – Schlangen um die Hüften und in den Händen tragen?«

»Die Schlange symbolisiert die Erde, ist die Hüterin der Familie und des Hauses. Was für andere Länder vielleicht die Katze als Beseitigerin von Ratten und Mäusen ist, sind bei uns die Schlangen. Besonders bei den Bauern sind sie beliebte Haustiere. Sie haben auch einige geschlechtliche Bedeutung in den Riten für die Naturgottheiten. Erde und Wasser sind im Kult immer den Göttinnen zugeordnet. Luft und Feuer gelten dagegen als männliche Elemente. Daraus ergibt sich fast zwangsläufig, daß die Kreter, weil sie Inselbewohner sind, sich den Göttinnen zuwenden.«

»Ich hörte, daß es hier auch Schlangenhäuser gab?«

»Ja, sie befanden sich meist in der Nähe von Städten und dienten auch als Kultort. Die Mondpriesterinnen«, meinte er, »hatten das Patronat über diese Schlangenhäuser, und die Mitglieder der königlichen Familie erschienen zu besonderen Anlässen.«

Ich sah zwei Mädchen, die nur wenige Schritte entfernt tanzten.

»Die Könige von Kreta waren wohl nicht nur mächtige Herrscher, sondern auch weise Handelsherren«, sprach ich vor mich hin.

»Euer Würden«, antwortete Manolis höflich, »auch deine Ahnen waren große Fürsten.«

Ich nickte. »Auch wir können unseren Toten Gold mit in das Grab geben. Wir bekamen es aus Ägypten, selbst haben wir ja keines. Übrigens«, nun lächelte ich stolz, »wir erhielten auch Gold aus der Schatzkammer von Knossos.«

Als mich der Priester überrascht ansah, meinte ich lakonisch: »Es war weise von meinen Vorfahren, daß sie kretische Prinzessinnen heirateten. Sie brachten«, wieder schmunzelte ich, »nicht nur das Gold, sondern auch ihre Mode, ihre Wohnkultur und ihr kultisches Zeremoniell mit.«

»Bestimmt aber auch den bei uns üblichen Stierkult. Wir haben euch auch hier einiges gegeben.«

»Wenn ich die kretischen Gräber sehe und an unsere denke«, sagte ich eindringlich und beobachtete den Hof, wo man soeben im Hintergrund einen geschmückten Stier herbeiführte, »sieht man den gegensätzlichen Bestattungsbrauch. Ihr Kreter habt von Tod und Begräbnis wenig Aufhebens gemacht. Wir, die wir besonders enge Kontakte zu Ägypten hatten, folgten dem Begräbnisprunk der Pharaonen und begannen mit dem Bau prächtiger Grabstätten. Unsere Gräber schnitten wir oft in Berghänge ein, und ein ungedeckter, mehr oder weniger horizontaler Zugang führte zu einem in die Erde eingelassenen

Raum. Meist war die Grabanlage durch einen Erdhügel überdeckt. Zuerst kannten wir Gräberbezirke, dann kam es zu den Kuppelgräbern.«

»Das Spiel beginnt!« rief mir ein Beamter zu.

Ich hatte schon gesehen, daß sich die Jünglinge und Mädchen, die sich für das Stierspiel bereit hielten, in einem besonderen Raum versammelt hatten. Ein Oberaufseher überwachte sie und auch die Stiere. Das Volk schien ihn nicht zu lieben, denn es raunte sich ängstlich zu: »Der Stiermann!«

Man hatte mir erzählt, daß viele Inseln wetteiferten, ihre schönsten Jungfrauen und besten Jünglinge in sportlichem Wettstreit zum Stierspiel zu schicken. Ich wußte auch, daß die Reihenfolge, in der die Mädchen vor dem Stier zu tanzen und die Jünglinge dann über ihn zu springen hatten, ausgelost wurde.

Ein Raunen ging durch die Menge, ein Stier trottete langsam in die Mitte des Platzes, wirkte wie dressiert. Dann kam langsam ein Mädchen, nur mit einem knappen Lendenschurz bekleidet, blieb kurz stehen und begann zu tanzen. Der Stier starrte sie an, schnaufte erregt und scharrte mit den Hufen. Dann ging das Mädchen auf ihn zu, gab ihm gute Worte und band ihm einen Blumenkranz um die Hörner. Als der Stier das ruhig über sich ergehen ließ, schmiegte sie sich wie eine Liebende an seinen Nacken und koste ihn.

Eine eigenartige Unruhe ergriff mich. Mir war, als spreche das Mädchen nun als Tier-Frau mit dem Tier-Mann. Gehörte der Stier auch zu den geheimnisvollen Mysterien, zu den Einweihungsriten?

Nach einigen Minuten trat das Mädchen etwas zurück, ein zweites Mädchen trat in den Hof und stellte sich hinter den Stier. Wenige Atemzüge später stand ein Jüngling vor dem Tier, ergriff es mit beiden Händen an den Hörnern, wollte sich an ihnen abstützen und dann hochschwingen. Doch rutschte er beim Absprung aus, fiel auf den Boden, und schon schlitzte ihm der Stier mit den Hörnern den Leib auf und zerstampfte ihn mit seinen Hufen.

Das Volk schrie, klatschte, lobte den Stier und sah fast genußsüchtig zu, wie man den Stier fing, hinausführte und den getöteten Stierspringer an den Beinen aus dem Hof schleifte.

Ein neuer Stier wurde hereingeführt; am Rand des Hofes warteten zwei Mädchen und ein Jüngling. Wie vorher tanzte eines der Mädchen, dann ging der Stierspringer auf das Tier zu, griff nach den Hörnern, schwang sich hoch und berührte kurz, im Handstand, den Rücken des Tieres. In dem Augenblick, wo er nach rückwärts mit einem Salto weiterspringen wollte, rutschte er, bei einer Abwehrbewegung des Stiers, ab. Hatte der Sprung das Tier gereizt?

Einen Atemzug später, als er sich umdrehen und den Springer wohl auf die Hörner nehmen wollte, hing an seinem Hals das Mädchen, das vorher getanzt hatte, gab beruhigende Worte und sprach erneut wie eine Liebende auf ihn ein. Das Mädchen, das hinter dem Stier gestanden hatte, sprang hinzu, zerrte den Jüngling weg und half ihm beim Aufstehen. Dann verließen alle den Hof.

Schon kam ein anderer Springer, der ebenfalls von zwei Mädchen begleitet wurde. Diese drei bildeten, wohl wie immer üblich, eine Spieleinheit, die aufeinander eingestellt und offensichtlich schon mehrmals zusammen aufgetreten war.

Auch jetzt fand der Springer mit seinen Händen keinen festen Halt auf dem Rücken des Stiers, glitt aus, fiel, und die beiden Mädchen hatten einige Mühe, das Tier zu beruhigen und den Jüngling wegzuziehen.

Ein Raunen ging durch die Zuschauer. Ich blickte auf einen Seiteneingang des Hofes und sah, daß eine Frau, wohl um die Vierzig und zu alt für dieses gefährliche Spiel, in die Mitte trat. Wie die Mädchen trug sie nur das kurze Lendentuch. Ihr Haar hing auf den Rücken, ihre Figur war grazil, alles an ihr wirkte anmutig.

Dann wurde ein besonders großer Stier hereingeführt. Man sah ihm an, daß er sehr gereizt war.

Wieder wurde ich unruhig. Eine Frau in diesem Alter im Stierspiel? Wo war der Springer, wo eine zweite weibliche Helferin?

Doch zuerst tanzte die Frau. Ihr Körper war geölt, glänzte im

Licht der Sonne. Der Tanz war ein Erlebnis, und ich bewunderte alles: die Frau, den Tanz und ihre gute Figur.

Ein lautes Tuscheln ging nun durch die Zuschauer. Ein Jüngling, etwa zwanzig Jahre alt, und ein Mädchen im gleichen Alter kamen in den Hof. Sie gingen langsam, berührten sich fast mit den Schultern. Es schien, als ob sich kurz ihre Hände suchen und kosen würden.

»Wer sind diese Leute?« rief ich erregt.

Der Oberpriester, der es nicht wußte, fragte einen Beamten. »Die Frau heißt Alko, ist eine Kreterin, ihr Mann bei uns weithin eine Berühmtheit«, antwortete dieser.

Furchtlos ging die Frau auf den Stier zu, der wütend in den Sand stampfte, mit dem man den Boden bestreut hatte, damit die Springer, wenn sie stürzten, nicht zu hart fielen. Es sah aus, als hypnotisiere die Frau das Tier; denn sie stand unbeweglich vor ihm und sah ihm in die Augen. Der Stier senkte drohend seine Hörner. Die Zuschauer schrien, glaubten, daß er nun die Frau angreifen, hochwerfen oder sogar aufspießen wolle.

Langsam, zärtlich und wieder wie eine Liebende gütig sprechend, beruhigte ihn jedoch die Frau, koste ihm die Stirn und trat dann zur Seite.

Einen Atemzug später lief mit genau berechneten Schritten der Jüngling auf die gesenkten Hörner zu, ergriff sie und schwang sich auf den Rücken. Dort stützte er sich mit den Händen zum Salto ab, überschlug sich gekonnt und landete sicher auf dem Boden, wo ihn das Mädchen auffing und kurz in die Arme nahm.

Die Zuschauer klatschten und johlten begeistert. Dann wurden die Rufe einheitlich, und eine in meiner Nähe stehende Gruppe von Menschen bat um noch einen Sprung.

Wieder stand die Frau mit der mädchenhaften Figur in der Mitte des Hofes.

Warum führte man jetzt einen anderen Stier herbei? Er wirkte noch größer als der vorherige, hatte auf der Stirn jenen weißen Fleck, der ihn als besonders verehrungswürdig kennzeichnete. Seine Hörner blinkten golden, und kleine Silberbänder flatterten im Wind. Er wirkte erregt und zornig, rannte – als suche er die Freiheit oder ein Opfer – durch den Hof. Dann sah er die Frau. Er blieb stehen, scharrte mit den Hufen im Sand, warf mehrmals den Kopf hoch und brüllte.

Langsam ging die Frau auf das Tier zu und streckte ihm schon von weitem die Hand entgegen.

Wir wagten kaum mehr zu atmen; denn der Stier stampfte unruhig, trottete dann mit wiegenden Schritten auf die Frau zu. Es sah aus, als ob er sie im nächsten Augenblick auf die Hörner nehmen wolle.

Sechs Fuß . . ., fünf Fuß[2]. Der Stier starrte auf die Frau, seine Augen waren blutunterlaufen, aus dem Maul tropfte Geifer. Dann stürmte er mit einem Satz los, um sie in die Luft zu schleudern.

Die Frau trat einen Schritt zur Seite, der Stier raste an ihr vorbei, stemmte dann die Beine in den Boden und stand still. Nun ging sie auf ihn zu, umschlang seinen Nacken und begann, wie vorher mit dem Tier zu sprechen. Wenige Atemzüge hielt sie mit der rechten Hand seinen Kopf und koste mit der linken die Stirn.

Als sie ihre Hand zurückzog und einen Schritt zurücktrat, sprang der Jüngling.

Kannte das Tier dieses Spiel?

Geschickt hatte es sofort den Schädel etwas zur Seite gelegt. Die Hörner waren verkantet, der Jüngling bekam dadurch eine schlechte Absprungrichtung, fand nur mit einer Hand festen Halt auf dem Rücken des Stiers und stürzte zu Boden.

Der Stier wandte sich sofort um, stampfte wütend, brüllte und wollte nun den am Boden liegenden Springer unter seinen Hufen töten.

Die Frau sprang schnell hinzu und lenkte dadurch den Stier ab. Einige Atemzüge lang glaubten wir alle, daß er nun die Frau angreifen werde, doch gelang es ihr, den Stier zu beruhigen. Zwei Männer führten ihn dann weg.

Von allen Seiten jubelten die Menschen. Ich konnte nicht anders, ich erhob mich, ging von meiner Tribüne in den Hof und schenkte der Frau meinen Lieblingsring.

»Du heißt Alko?« fragte ich, und meine Augen sollten ihr sagen, daß sie mir sehr gefiel.

Die Frau nickte.

»Das Mädchen und der Jüngling machten ihre Sache sehr gut«, lobte ich.

»Es sind meine Kinder.«

»Deine Kinder?« staunte ich. »Du siehst wie ein junges Mädchen aus. Ist dein Mann auch hier?«

Die Frau stockte, sah mich offen an. Alles an ihr war rein: die Augen, Lippen, jede Bewegung ihres Leibes. Dann winkte sie. Ein Kreter um die Sechzig kam herbei. Auch er gefiel mir: sein aufrechter Gang, sein Bart, der stolze Blick, alles an ihm wirkte majestätisch.

»Das ist Enos, mein Mann«, sagte sie schlicht.

Als ich sie fragend anstarrte, antwortete sie herb: »Die Not führte uns zusammen. Als die große Flut unser Land zerstörte, rettete er mich mehrmals. Alle Menschen um Malia haben ihm viel zu verdanken. Er organisierte, daß wieder Leben entstand, reinigte Quellen und Äcker, lehrte den Wiederaufbau. Weithin verehrt man ihn, weil er uns alle wieder in das Glück führte.«

Froh winkte sie dann ihren Kindern und stellte sie mir vor. Der Sohn hieß Alkaios und die Tochter Riana.

Manolis, der Oberpriester, nahm die Hand der Tochter und sagte weihevoll: »Du hast das Blut deiner Mutter. Willst du dich den Göttern weihen und Priesterin werden?«

Ein Räuspern des Vaters rief mich in die Wirklichkeit zurück, weil ich mit einigem Wohlgefallen die Mutter und die Tochter angesehen hatte. »Ich möchte dir deine Frau abkaufen, Enos«, sagte ich ernst.

Der Kreter sah mich gütig an, zeigte keinerlei Verstimmung: »Alko ist ein Teil meines Lebens. Ich bin ihr und sie ist mein Ich.«

»Du bist schon alt, deine Frau aber ist noch jung«, entgegnete ich mahnend.

Er schüttelte verneinend den Kopf, blieb weiterhin würdevoll. »Wir lieben uns«, sagte er schlicht. »Wenn man liebt, ist das Alter nebensächlich.«

Der Oberpriester trat heran. »Wärst du bereit, deine Tochter den Göttern zu geben?«

»Wenn sie das will, ja. Die Götter schenkten mir und meiner Frau das Leben. Ich habe ihnen schon einmal ein Kind geopfert, doch sahen sie meine Gabe nicht.« Er sah mich prüfend an und erzählte, daß er schon einmal verheiratet war, seine Familie in der großen Flut verloren hatte. »Wenn Riana Priesterin werden will, habe ich nichts dagegen.«

Erst jetzt sah ich mir das Mädchen an, das der Oberpriester für den Dienst an den Göttern haben wollte. Sie war ebenso hübsch wie die Mutter. Beide ähnelten sich so, als ob sie Schwestern seien.

Obwohl Aisa, Sarah und Helike nur wenige Schritte entfernt standen und mich beobachteten, obwohl Pasiphae oben auf der Tribüne saß, meinen Sohn Glaukos auf dem Schoß hielt und von meinen Töchtern Ariadne und Phaidra umgeben war, ging ich auf Riana zu und sagte kehlig: »Ich hätte dich gerne in meinem Frauenhaus.«

Als Antwort sah sie mich mit brennenden Augen an. Mir war, als stünde eine Göttin vor mir, als sei sie von einem Strahlenkranz umgeben.

»Willst du wirklich Priesterin werden?« fragte ich, und der Ton meiner Stimme zeigte, daß ich auf ein Nein wartete.

»Kreta hat unendliches Leid erlebt«, antwortete sie leise. Ihre Stimme schwang, klang wie Musik. »Die Jahre nach der großen Flut waren noch voll Not und Tod. Wir wühlten wie Tiere Körner aus der Asche, aßen die Rinde von Bäumen, soweit sie nicht verkohlt wurde, als das Feuer vom Himmel fiel. Viele Menschen schafften das Überleben nicht. Mein Vater«, sie sah mich offen an, und wieder strahlten ihre Augen, »war ein Held. Er kämpfte Tag und Nacht, kratzte mit den Händen die Asche von den Äckern und suchte in den Bergen und Tälern nach Saatgut. Die Kraft, die meinen Vater erfüllte, kam von den Göttern, die meiner Heimat wieder gut gesonnen waren. Ist es nicht meine Pflicht, daß ich ihnen danke?«

Dann sprach sie kurz mit ihrer Mutter, ging grübelnd einige Schritte auf und ab. »Du bist Manolis, der Oberpriester?« fragte sie den neben mir stehenden Mann.

Ein Nicken war die Antwort.

»Welchen Göttern dienst du?« war nun ihre nachdenkliche Frage.

»Als Kreter diene ich kretischen Göttern ...«

»Du bist Kreter? Man sagt, daß du mit den Mykenern zu uns kamst.«

»Ja, ich bin Kreter. Es stimmt auch, daß ich mit den Schiffen vor sechs Jahren vom Festland kam. Ich war vierundzwanzig, als meine Mutter zum Festland hinüberfuhr ...«

»Ihr seid damals geflohen?«

»Das Haus, in dem wir lebten, wurde durch die Erdbeben zum Einsturz gebracht. Mein Vater und fast meine ganze Familie kamen dabei ums Leben. Wir waren heimatlos, und deshalb flüchteten wir.«

»Hinüber zu den Mykenern?« fragte sie fast spöttisch.

»Ja. Mein Onkel, der als Goldschmied beim König von Mykene arbeitete, bot uns eine Heimat.«

»Und dann wurdest du mykenischer Priester?«

Manolis verneinte ernst. »Alles am und im Menschen ist im Wandel. Ich bin jetzt vierundfünfzig Jahre alt, habe viele Menschen gesehen, habe sie studiert. Gerade weil ich aus dem Elend unserer Heimat kam, suchte ich die Götter. Es ist unmöglich, ohne einen lebendigen Kontakt zu ihnen in Freude und Hoffnung zu leben. Sie kommen auf uns zu; wenn wir uns ihnen öffnen, helfen sie uns und erbarmen sich unser. Anfangs war ich fast krank vor Sehnsucht nach ihnen. Dann erkannte ich – und dieser Erkenntnis will ich hier dienen –, daß der kretische Zagreus identisch ist mit Zeus, dem Vater des Lebens und Sterbens. Wir wollen doch unserer Heimat wieder das Glück geben?« fragte er feierlich.

Riana nickte stolz.

»Dann sollten wir den Kretern immer wieder sagen, daß Zagreus und Zeus identisch sind.« Fast ekstatisch sagte er laut: »Es gibt für uns nur noch Zeus, und es gibt nur eine Große Mutter. Wir müssen die Menschen in diesem Glauben wieder stark machen, und«, er sah nachdenklich vor sich hin, »das schaffen wir nur, wenn wir mit unseren Göttern leben, sie in alles Tun einbeziehen.«

»Ich wäre bereit, unseren kretischen Göttern zu dienen«, antwortete Riana mit fester Stimme.

Manolis kam nun fast ins Schwärmen. »Bei der Heiligen Hochzeit, die ich auch wieder einführen will, wird die Oberpriesterin, wenn sie sich dem Volk zeigt, nach alter Sitte Kuhhörner tragen. Du siehst, daß ich treu zu den kretischen Kulten stehe.«

»Die Heilige Hochzeit«, sprach Riana versonnen vor sich hin. »Sie ist eine Heilige Vermählung...«

Der Priester nickte. »Der König wird in ihr zum Gott, die Oberpriesterin zur Göttin.«

»Und die Oberpriesterin wird, wie es überliefert ist, Kuhhörner tragen?« fragte sie nachdenklich.

Manolis sagte feierlich: »Ja. Und der König die Stiermaske; er erinnert damit an den Heiligen Stier. Jede Religion hat ihre Mysterien. Drüben, auf dem Festland, gibt es die von Delphi, Samothrake und Eleusis. Besonders dort zeigen die Kulte eine enge Verbindung zwischen Seele und Körper, man versucht, durch sie eine Vereinigung mit den Gottheiten herzustellen. In den geheimen Mysterien gibt es Heilige Mahlzeiten, Heilige Hochzeiten, die Frau wird zur ›Seelenbraut‹ und der Mann zum Seelenbräutigam‹.«

Nun nahm er die Hand Rianas und sagte ergriffen: »Erst in den Mysterien verbindet sich der Mensch in der Einheit seines Wesens mit den Göttern.«

Als ich den Oberpriester sah, wie er, leidenschaftlich redend, die Hand des Mädchens hielt, entstanden in mir ungute Gedanken. Sollte es Manolis gelingen, die Mysterien in Kreta wieder einzuführen, würde er zum Überwacher dieses Kults und damit zugleich Wächter und Beherrscher der teilnehmenden Menschen, ihrer Handlungen und ihrer Gedanken werden. Schon nach wenigen Jahren wäre es ihm möglich, je nach Lage der Dinge, die Vorstellungen zu formen, zu lenken und zu ändern, vielleicht aber auch zu mißbrauchen?

Ein weiterer Gedanke drängte sich mir auf. Ich war mir darüber klar, daß ich Kreta nur befriedigen konnte, wenn ich die Götterwelt meiner Heimat mit der hiesigen vereinte, doch, und das beunruhigte mich ebenfalls, bestand die Gefahr, daß sich die Priester Machtpositionen schufen, sie zu einem Staat im Staate wurden und mir damit gefährlich werden konnten. War es nicht auch bei meinem Vater so gewesen, daß er in den letzten Jahren den Priestern Mitspracherecht in der Politik einräumen mußte? Viele Entscheidungen hingen von ihrer Zusage ab. Ja, er mußte sie sogar bei der Schaffung neuer Handelsverbindungen unterrichten. Es kam immer mehr zu einer Kluft zwischen den Priestern, den Kriegern und Händlern. Durch einen Irrglauben könnten auch hier neue Götter entstehen, Götterdynastien, Götterverwandtschaften, Götterehen, Götterfreundschaften und sogar Götterfeindschaften ersonnen werden und im Volk Anhänger finden. Jede dieser Veränderungen könnte dann von irdischen Machtansprüchen der Priester begleitet werden, von Ansprüchen auf Tribute, auf das Land, in dem die Heiligen Haine standen oder in dem die Heiligen Höhlen lagen, die oft das Zentrum eines Dorfes oder einer Stadt bildeten. Und damit bestand die Möglichkeit, daß es zu Heiligen Dörfern und Heiligen Städten kam. Die Versuchung lag nahe, daß der jeweilige Oberpriester zuwenig den Göttern und zuviel der Herrschaft über die Menschen diente und mit ihrer Hilfe sogar nach dem Thron griff. Ich suchte nach Gedanken, nach einer Idee, die Aufgaben der Priester so einzugrenzen, daß sie mir nicht zur Gefahr werden konnten.

»Unsere Seele ist ein Geschenk der Götter«, sagte Manolis und sprach wieder auf Riana ein, »und mit ihr erfahren wir das Licht; es nimmt in uns Gestalt an, erhellt uns. Wir müssen uns entkerkern«, mahnte er, »wir müssen uns in einem Mysterium reinigen.«

Warum sprach er immer wieder von den Mysterien? Verfolgte er mit ihnen eigene Interessen?

Dann dachte ich an unsere Göttin Demeter, die durch die Förderung ergebener kretischer Priester an die Stelle der früheren Muttergottheit gerückt worden war. Man machte aus ihr eine Schwester des Zeus, und dadurch gelangte sie in den Kreis unserer Götterfamilie, obwohl sie aus der Fremde stammte. War sie dort nicht anfangs die Mondgöttin, die Große Mutter, gewesen?

»Die Große Mutter«, flüsterte ich vor mich hin und sah gebannt auf Riana und auf Manolis, der wieder beschwörend auf sie einredete.

Ich wußte, die Mondgöttin sorgte für Kinderreichtum, für gedeihende Herden und regelte die Zeit. Die Schöpfung der Woche war auch ihr Werk. Sprach man ihr hier in Kreta nicht die Erfindung des Getreides zu? Hatte mir nicht ein Sklave erzählt, daß sie sich einst auf einem dreimal gepflügten Brachfeld mit dem kretischen Daktylen Jasion vereinigte? Die Stimme dieses Mannes war mir nahe, als er stolz erzählte: »Noch heute vollziehen die Bauern mit ihren Frauen diese Handlung nach. Die heilige Verbindung der Göttin wird alljährlich besonders eindringlich auf einem Feld des Giophyryo-Tals nachvollzogen.«

Ich ging zu Riana und sagte nur: »Komm zu mir!«

Manolis trat sofort zwischen uns, und in diesem Augenblick begann ich, ihn zu hassen. Er sagte, daß Riana sich bereit erklärt habe, Priesterin zu werden. »Nächstes Jahr ist sie bestimmt Oberpriesterin.« Er schwieg, sah mich eigenartig, fast zwingend an. »Und dann wird sie mit dir hier die Heilige Hochzeit vollziehen.«

In mir entstand sofort ein Freuen und Wundern, ein Fragen und Rätseln. Als ich Riana ungläubig anstarrte, war mir, als nicke sie mir zu.

Seit diesem Tag war ich wie verzaubert. Ich sah in meiner Frau Riana, rief diesen Namen, als ich wieder ein Kind zeugte.

Es tat mir gut, riß mich aus meinen Gedanken, daß ich jene Arbeiter besuchen und prüfen mußte, die in einem Berg Kupfer schürften. Wir brauchten es dringend, um Waffen und Werkzeuge herstellen zu können. Es war bei Pelkin, manche nannten es auch Selinou[3], wo ich zusah, wie das geförderte Erz mit der Hand sortiert wurde. Man behielt nur die Stücke zurück, die reichlich Kupfer enthielten. Die anderen Brocken wurden zerstoßen, dann auf einer schräggestellten Holzfläche oder auf einem glatten Fels, der mit Rillen versehen worden war, gewaschen. Auf einen Holzstoß schichtete man die dicken Erzbrokken, darauf die weniger dicken und schließlich den Staub. Nun zündete ein Arbeiter das Feuer an, und das Ganze wurde geröstet. Man sagte mir, daß dieser Vorgang mehrmals wiederholt werden müßte. Das geröstete Erz wurde dann zusammen mit Holzkohle und Kieselschlacken in einen steinernen Ofen geschüttet, der innen mit Ton ausgekleidet war und am Boden eine Öffnung hatte. Der Sippenälteste flüsterte mir zu, daß das Schmelzen von Erzen ein Geheimnis sei, das man streng bewahre. Dann lächelte er mich an und meinte, daß man ihn oft als Magier betrachte. »Edler Minos«, sagte er streng, »die Grundforderung an jene, die das Geheimnis des Schmelzens lernen wollen, ist, daß sie das Feuer völlig beherrschen.«

Wir unterhielten uns über die verschiedensten Probleme, und dabei erfuhr ich, daß die Kupferschürfer eng mit den Holzfällern zusammenarbeiteten. »Weißt du, König«, erklärte er, »wir brauchen zur Röstung der Erze sehr viel Holz.«

»Für wen arbeitest du?« fragte ich ihn interessiert.

»Für Phaistos, für den königlichen Palast.«

Dann sah ich, wie das verflüssigte Kupfer in rechteckige Sandformen, die leicht konkave Ränder hatten, abfloß.

»Man nennt die entstehenden Barren Talente«, erklärte mir der Meister. »Sie ähneln, wie du siehst, flachen Kissen. Diese Barren eignen sich gut für den Handel, wiegen meist 60 Minen[4]. Je reiner der Metallgehalt ist, um so höher wird der Laib bewertet.« Nach einer Weile erklärte er: »Es ist weithin üblich, Teile dieser Barren mit Zinnstücken wieder zu schmelzen. Damit schaffen wir ein Handelsgut, das schnell verwendbar ist. Es gibt leider nur wenig Zinn bei uns, wir versuchen daher das Kupfer mit Arsen, Blei, Zink und Nickel zu härten. Das beste Mischungsverhältnis ergibt sich aus einem Teil Zinn und neun Teilen Kupfer.«

»Woher bekommt ihr das Zinn?«

»Meist aus Byblos, also aus Phönizien, aber auch aus Aleppo und vom anatolischen Hochland.«

Auf der Rückfahrt kam ich an den vornehmen Villen und Gärten der Händler vorbei, an den Läden der Handwerker und am Fischerviertel in der Nähe der Anlegestellen des Hafens.

Hinter einem Zaun hörte ich Hammerschläge, und dann sah ich die Spanten und Streben eines Schiffes in einem Gerüst.

Im Hafen ankerten die verschiedensten Segler. Die meisten waren aus der Levante, einer kam aus Byblos und löschte gerade eine große Menge von Zinnbarren. Ein gutbewachtes Schiff aus Zypern war noch mit seiner Fracht beladen, mit großen Kupferbarren. Kleine Schiffe kamen und gingen, brachten Fracht von den Inseln. Die heimischen Boote kurvten elegant an die Mole, waren hoch beladen mit Fischen, glatt und dunkelblau wie der Horizont des Meeres. Das »Kretische Meer« kam mir in den Sinn. War es nicht erst vor wenigen Jahren gewesen, daß ich mit der »Tholos« kam und sich um den hohen Bug die Schaumkronen wölbten?

Nach einer kurzen Visitation des Hafens fuhr ich durch die Straße der Fischer. An Gestellen hingen Rochen, Thunfische und Polypen zum Trocknen. Im Vorbeifahren nickte ich dem Hafenmeister zu, der zu meiner Ehre seine Amtstracht angezogen hatte, und seinen Amtsstab hielt er wie ein Zepter.

Als ich wieder in Knossos war, sah ich wie immer die Wächter mit ihren Lanzen. Sie standen an den Aufgängen zum Obergeschoß, an der Treppe zum Mittelhof und vor den Korridoren, die zum Heiligen Schrein und zum Heiligtum führten.

Die Gartensklaven waren dabei, die Königslilien, die ich sehr liebte, zu bewässern. Dann sprach ich mit dem Verwalter des Gutshofes, der zum Palast gehörte. Es war Kelios, der mir einst den Kampf mit den Schwertern beibrachte, mir zeigte, wie man mit Schlangen umging. Bei der Abwehr eines Piratenüberfalles hatte er durch mehrere Pfeile Verletzungen erhalten, die seine linke Schulter lähmten. War es nur Dankbarkeit für seine Tapferkeit oder auch eine Entschädigung, weil ich ihm einst Helike nahm, daß ich ihn mit dem Amt eines Gutsverwalters ehrte?

Ich lobte ihn, denn seine Weizen- und Gerstenerträge waren hoch, und seine Schafe lieferten die beste Wolle. Er berichtete mir, daß er nun vermehrt Flachs anbaue, er hoffe, in spätestens einem Jahr auch hier zu guten Ernten zu kommen, denn die schönen, weißen Gewänder der Priesterinnen und die steifen Schurze der Würdenträger wurden ja nicht aus Wolle, sondern aus Leinen hergestellt. Als ich mich von ihm verabschiedete, legte ich ihm meine rechte Hand auf die Schulter, als wäre er mir nun ein treuer Freund. Dann wanderte ich durch die Höfe und Flure. Der Palast mit all den ihn umgebenden Gebäuden stieg den Hügel hinan, war wie eine Insel, von Gärten und einem Olivenhain umringt. An verschiedenen Stellen sah ich rote Säulen. Stolz blickte ich auf die Häuser, die leuchtenden Säulen, und mir war es, als schwebe der Palast in der Luft.

Langsam schlenderte ich durch den Mittelhof, blieb kurz vor dem Heiligen Schrein stehen, ging dann zur großen Halle und freute mich, daß viele Wände neu bemalt worden waren.

Ritsos drang in meine Gedanken. Nahe war mir der Tag, an dem er mir als Sklave übergeben worden war. Er hatte sein rechtes Bein nachgezogen, humpelte etwas. Entsetzt hatte ich damals auf die schreckliche Narbe gestarrt, die sich vom rechten Ohr bis hin zur Lippe zog. Dann sah ich ihn, als wir an Land kamen, wie er den alten Kreter marterte. Er hatte wohl immer wieder gesagt, daß er seine Seele verloren habe, als Moia, die er unendlich liebte, vor seinen Augen von wilden Hunden zerrissen wurde, aber all seine Worte waren nur Maske gewesen. Hinter ihr versteckte sich ein feinsinniger Künstler, der edle Düfte, Blumen und Vögel liebte, der schon nach wenigen Tagen, als wir in Knossos waren, hatte malen müssen. Er arbeitete fast Tag und Nacht. Und so hatte ich ihm die Freiheit geschenkt, ihn zum Hofbeamten ernannt, und nun überwachte er die Neugestaltung von Knossos und schuf wie besessen Wandbilder. An der Frontseite des unteren Saals prunkte eine Szenerie mit Felsen und Pflanzen in herrlichen Farben. Überall, wo man auch hinblickte, zeigten die Wände Fresken mit spielenden Tieren, sitzenden und fliegenden Vögeln, springenden Delphinen und anderen Darstellungen.

Pandion war Athener. Als wir die Schiffe nach Kreta bestiegen, stand er plötzlich vor mir. »Herr«, hatte er nur gesagt, »darf ich mitkommen? In meinem Freund Ritsos ist noch viel Zorn, und das ist nicht gut. Du, König, willst etwas neu schaffen. Das ist eine große, eine wundervolle Aufgabe, aber sie ist nicht einfach. Vielleicht brauchst du mich. Nicht wer Grundsätze hat, wird dir helfen, sondern der, der Maß kennt. Und Minos, du mußt streng sein gegen dich selber, um das Recht auf Milde gegen andere zu haben.« Ich hatte ihn zum Minister gemacht. Er überwachte die Schreibschule, die Werkstätten der Handwerker, und ihm unterstanden alle Beamten, die für die Ordnung, die Gärten und die Wasserkünste zuständig waren. Er war es, der in Knossos zu bestimmten Tagen und Stunden die Kinder zusammenrief und sie lehrte, daß man höflich und dankbar sein müsse, barmherzig und hilfsbereit. Als ich ihn einmal fragte, wie er dazu komme, die Kinder zu Treue und Moral zu führen, antwortete er in seiner vornehmen Art: »Es gibt kein größeres Glück, als im Menschen den Menschen zu entdecken!«

Die feindlichen Gefühle zwischen Aisa und Sarah verstärkten sich. Helike griff Pasiphae an und machte sie wegen ihrer altmodischen Kleidung lächerlich. Immer wieder kam es auch zu Intrigen, zu Verleumdungen und sinnlosen Streitereien.

Gut, es stimmte, daß meine Frau sehr zum Absonderlichen neigte, sie einmal nur von Obst, dann von Fisch oder Fleisch lebte. Dazu hatte sie die Neigung zur Schwatzsucht und zu einer fast krankhaften Neugierde. Mit einer unheimlichen Ekstatik pries sie – obwohl es sich als Königin nicht geziemte, über solche Dinge zu sprechen – allen die Eier der Seeigel als Liebesmittel an. Es war schauerlich zuzusehen, wie da und dort nun Menschen saßen, alte und junge, Männer und Frauen, die mühsam Seeigel halbierten, um dann aus dem Innern die Eier zu kratzen.

Hatte ich nicht die Pflicht, mich schützend vor Pasiphae zu stellen? War es nicht auch meine Aufgabe, dafür zu sorgen, daß es zwischen Aisa und Sarah wieder Frieden gab?

Ich hatte in meinen Frauengemächern Nebenfrauen und Sklavinnen. Pasiphae bewohnte mit ihren Dienerinnen ein schönes, bequemes Haus. Ich sah sie meist zu den Mahlzeiten, doch tat mir ihre Anwesenheit oft weh. Lag es daran, daß sie gerne um sich hübsche, junge Hofbeamte sammelte, sie zu oft General Tauros lobte, sich wie ein Pfau benahm?

Während ich darüber nachdachte, warum es zwischen den Sklavinnen keine Intrigen, keine Machtkämpfe gab, sie sich jedoch in dem Maße mehrten, in dem sich ihre gesellschaftliche Stellung zu mir verbesserte, kam Prokas, einer meiner Erzieher in Athen, auf mich zu. Er war Kreter, hatte mir in vielen weisen Sätzen beigebracht, wie ich mich zu benehmen hatte. Nun war er mein Sekretär, mein Berater, war mir fast Freund geworden. Ich lächelte innerlich über seine Mahnung, daß man das Lesen lernen müsse, und den Zusatz, daß nicht jeder, der lesen könne, verstünde zu lesen.

Nun stand er vor mir, sah mich feierlich an und hielt eine Tonscheibe in beiden Händen, als wäre sie sehr zerbrechlich. »Edler König«, sagte er festlich, »es ist etwas Wundervolles, daß wir sprechen können, daß es die Sprache gibt. Die schönste Kunst ist jedoch die des Schreibens. Und hier, Minos«, er stockte ergriffen, »kann ich dir etwas zeigen, was für Kreta, dein Kreta, ein Dokument sein wird.«

Andächtig legte er in meine Hände eine Scheibe aus gebranntem Ton, die auf beiden Seiten im Kreis mit Hieroglyphen bedeckt war. Sie zeigten männliche und weibliche Gestalten, Fische, Vögel, Pflanzen und Köpfe. Die Schriftzeichen liefen vom Rand nach innen oder, wie man es eben sehen wollte, von innen nach außen. Ich sah Gebrauchsgegenstände, ein Schiff mit hohem Bug, einen kleinen Käfer und Häuser.

»Diese Scheibe enthält einundsechzig Bildfelder, die durch kleine Ritzungen begrenzt werden und die wahrscheinlich als Worte zu verstehen sind. In diesen Bildfeldern sind fünfundvierzig verschiedene Zeichen zu erkennen.«

»Wo fand man sie?« fragte ich erstaunt.

»In Phaistos. Sie gehört dem Kämmerer, er behütet sie wie eine Gabe der Götter.«

»Hast du schon unsere Schreiber gefragt, was diese Zeichen bedeuten?«

»Keiner wußte es, alle meinen, daß diese Zeichen eine sehr frühe kretische Schrift sind.«

»Gibt es Vermutungen, wann man hier auf Kreta diese Schrift verwendete?«

Prokas sah vor sich hin. »Einige der Hieroglyphen lassen sich mit Zeichen vergleichen, die man vor der Vertreibung der Hyksos in Ägypten verwendete. Ich möchte sagen, daß man diese Schrift etwa zweihundert Jahre vor der großen Flut und vor dem Tag verwendete, als ein Vulkan die Insel Kalliste zerriß.«

Ein Beamter, dem der Schiffbau unterstand, bat um eine dringende Unterredung. Ich dankte Prokas, daß er mir diese Scheibe aus Phaistos gezeigt hatte, und wandte mich dem Schiffsbaumeister zu, besprach mit ihm seine Probleme und befahl ihm dann, noch mehr Werften anzulegen, da Kreta – wenn es wieder eine Macht im Mittelländischen Meer werden wolle – viele Schiffe brauche. Dann besprach ich, wie man das Los der Seeleute erleichtern könne. Die großen Schiffe hatten meist eine Länge von hundert Fuß[5], brauchten dreißig Ruderer, vier Mastwächter, einen Steuermann, einen Kapitän und einen Aufseher für die Galeerensklaven. Meist fuhren noch Händler und Soldaten mit. Aufgrund des engen Raums wurde oft die Verpflegung knapp. Sie bestand meist aus mit Öl zubereiteten Breien, aus Oliven und steinhartem Käse. Ich ordnete an, daß jedes Schiff nun auch in Krüge eingelegte Fische erhalte, in Säcken Hülsenfrüchte und Nüsse mitzugeben seien.

Kaum eine Stunde später stand vor mir der Minister, dem der Ausbau der Häfen unterstand. Es galt, die vorhandenen Anlagen zu vergrößern, weitere Häfen anzulegen und alle durch Wellenbrecher zu schützen, auf daß Kreta zu einer Zuflucht der Schiffe aus aller Welt bei schlechtem Wetter würde.

Händler kamen, wollten Verträge abschließen, fragten nach Tauschwaren. Obwohl es mir gelungen war, in einigen Landschaften, besonders in den Ebenen, dem Ackerbau und der Viehzucht zu einer neuen Blüte zu verhelfen, war es mir nur selten möglich, schon Wein und Olivenöl zu exportieren. Auch der Honigertrag war noch unzureichend.

Oft kam es immer noch zu Besitzstreitigkeiten. Da hatte die große Flut ein ganzes Dorf zerstört und alle Einwohner in Schlamm und Schutt begraben, dort gab es Äcker, um die sich niemand kümmerte. War nicht der Besitz, waren nicht die Äkker und Olivenbäume frei? Konnte, nein, mußte ich sie nicht an Bauern vergeben, die bereit waren, sie so zu bearbeiten, daß sie wieder Saat annahmen und damit eine Ernte erbrachten?

»König«, hatte ein Dorfältester gebeten, »wenn wir von dem Tal, in dem wir wohnen, nur ein Stück weiter in die Berge hineingehen dürften, hätten wir guten Ackergrund und einige Quellen. Es ist sinnlos, in den Ruinen zu hausen, wo die Frauen mühsam das Wasser herbeischaffen müssen, weil bei uns die Quellen versiegt sind.«

Ich sah es ein, genehmigte die Umsiedlung, doch kam schon am nächsten Tag eine Gruppe von Bauern und bat mich, nicht zuzulassen, daß das Nachbardorf zu ihnen ins Tal ziehe. »Das tut nicht gut«, sagte der Sprecher, »das Tal gehört uns seit vielen Generationen. Alle Hänge, Äcker und Quellen sind aufgeteilt, haben Besitzer. Du kannst uns doch nicht entrechten?« klagte er. »Es ist ungerecht, führt nur zum Streit.«

Ich erkannte wieder einmal, daß ich nicht weise entschieden hatte.

Oft gab es auch Ärger mit meinen Brüdern in Malia und Phaistos. Besonders Sarpedon war es, der gegen mich hetzte, der den Händlern, die aus meinem Herrschaftsbereich kamen, den Weg versperrte, von ihnen Steuern erhob. Auch glaubte er, daß seine Einstellung zur kretischen Götterwelt besser sei als meine.

Vater hatte befohlen, daß wir uns jeden dritten Monat zu treffen hatten, um uns zu beraten, wie wir Kreta zu einer Einheit formen könnten. Meist standen wir uns dann wie Feinde gegenüber, jeder war zu seinem Schutz von bewaffneten Soldaten umgeben.

Lag es daran, daß sich unsere Kontakte zum Festland verschlechterten? War es im dritten oder vierten Jahr, seit ich in Kreta war, als sich eine Verstimmung zwischen meinem Vater und mir einschlich? Immer stärker wurde sie sogar zur Entfremdung. Obwohl hier wie drüben Mykener das Schicksal ihrer Herrschaftsbereiche bestimmten, wurden wir langsam zu Feinden.

Es war wenige Wochen später, als ich nachts von Aisa geweckt wurde. »Ein Bote will dich sprechen«, sagte sie. »Er meint, es wäre sehr dringend.«

Als ich den kleinen Saal betrat, stand vor mir Tauros, der seit einigen Monaten die Krieger meines Bruders Rhadamanthys in Phaistos befehligte.

Nach dem Zeremoniell, das einige Minuten dauerte, verbeugte er sich wieder ehrerbietig und teilte mir dann mit, daß mein Bruder plötzlich gestorben sei.

»Gestorben?« wiederholte ich erschrocken.

Ich begann zu grübeln: Obwohl ich erst sechs Jahre als König von Knossos auf Kreta lebte, hatte ich schon viele sterben sehen. »Man wird geboren, erfüllt eine Aufgabe und stirbt«, sprach ich gedankenverloren vor mich hin.

Als mich General Tauros wegen dieser Worte sehr überrascht ansah, meinte ich, mit meinen Gedanken noch immer abwesend: »Man lebt, um zu sterben.«

Er sah mich mit fragenden Augen an.

»Von Pasiphae bekam ich vier Töchter und vier Söhne«, antwortete ich, befand mich wieder in der Gegenwart. »Glaukos, einer meiner Söhne, machte mir einmal Sorgen, als er in ein Honigfaß fiel. Ein Magier, er hieß Poleidos, konnte ihn jedoch aus dem Reich der Toten holen ...«

Die Augen prüften mich erneut, ich fühlte, daß Tauros andere Worte erwartet hatte. Mußte ich betrübt sein? Erforderte meine Stellung, daß ich Teilnahme zeigte?

»Warum starben so viele Frauen, die mich liebten?« fragte ich ihn. »Auf Paros hatte ich eine Geliebte, die mein Herz sehr erfreute. Auch sie gebar mir vier Söhne, es waren Nephalion, Eurymedon, Philolaos und Chryses. Ihre Söhne leben, sie selbst starb.«

Ich starrte vor mich hin und sagte nachdenklich: »Auf meinen Visitationsreisen besuche ich Städte und Dörfer, Heilige Haine und Heilige Höhlen. Ich komme auf Inseln, die mir unterstehen, und will demnächst auch nach Ägypten. Immer, wenn ein herrliches Mädchen mein Lager teilte, fand es oft schon nach wenigen Tagen oder Wochen einen unerklärlichen Tod.«

»Unerklärlichen Tod?«

»Menschen sterben«, antwortete ich philosophisch, »Götter leben ewig. Wohl könnte ich die Todesursache erforschen lassen, doch was habe ich davon?« Wieder versank ich in meinen Gedanken, fand jedoch schnell wieder zurück und sagte: »Ich würde nur erfahren, daß ich Feinde habe, die mich da verwunden wollen, wo ich ihnen verletzlich erscheine. Es ist«, nun sah ich dem Oberbefehlshaber in die Augen, »als ob ich durch meine Liebe den Tod gäbe.«

Während ich diese Worte sagte, dachte ich an Pasiphae. Ich wußte, daß es zwischen ihr und Tauros engste Kontakte gab, daß sie sich oft trafen. Beinahe hätte ich gefragt, ob mein Bruder Rhadamanthys mit ihrer Hilfe Pläne gegen mich geschmiedet hatte.

Ich wurde von diesen Gedanken abgelenkt, als der Oberbefehlshaber feierlich erklärte, daß man morgen meinen Bruder mit allen Ehren bestatten werde.

»Du kannst mit meinem Kommen rechnen«, antwortete ich herb. Dann grübelte ich, ob ich auf diese Reise neben Aisa und Helike auch die eifersüchtige Sarah mitnehmen sollte. Sie war nun sechsunddreißig, konnte mit jungen Mädchen nicht mehr konkurrieren und würde, darüber war ich mir klar, Streit herbeiführen.

Ich lächelte vor mich hin, denn es hatte auf meinen Reisen schon Situationen gegeben, wo der Gastgeber glaubte, mir eine Ehre zu erweisen, wenn er mir seine Frau anbot. Manche waren jung und hübsch, doch hatte ich in Karteros, Tylissos und Axos mit alten, häßlichen Frauen das Lager teilen müssen.

Ritsos hatte mich mehrmals gebeten, sogar eindringlich gemahnt, in Kreta nie ein Geschenk abzulehnen, da man damit eine Beleidigung beginge, die tödlich enden könne. Da mußte ich einmal einen fürchterlichen Mehlbrei mit Käsegeschmack essen, dort eine Suppe, in die man Maden, Käfer und Würmer eingekocht hatte. Kreta war in vielen Tälern noch arm. Ich wußte, daß diese Gaben kostbar, oft schon ein Opfer waren. Aber daß ich, wie damals in Tylissos, in die Gefahr kommen konnte, wieder mit einer alten, runzeligen Frau, deren Haut sich wie vertrocknetes Leder anfühlte, das Lager teilen zu müssen, wollte mir nicht gefallen.

Ich ritt in der Mitte der Kolonne, die sich wie ein Wurm langsam in Richtung Phaistos bewegte. Als ich mich einmal zufällig umwandte, war hinter mir nicht mehr der Wagen mit Pasiphae und den Kindern, sondern ein kleiner zweirädriger Karren, in dem Sarah saß. Sie stützte sich mit beiden Händen ab, weil das Fahrzeug ratterte, hüpfte und polterte. Trotzdem sah sie majestätisch aus, wirkte in jeder Bewegung diszipliniert, tat, als sei sie die Königin.

In Larissa[6] empfing uns eine Abordnung des königlichen Hofes von Phaistos und geleitete uns nach Pelkin[7]. Am Nordabhang des Sommersitzes meines Bruders hatte man am Fuß des Hügels eine Begräbnisstätte angelegt, die fast einem kleinen Gebäude ähnelte und in den Hang getrieben worden war.

Als ich am Palast von Phaistos vorbeiritt, stellte ich mit Befriedigung fest, daß mehrere Gebäude die Kennzeichen meiner Kultur trugen, obwohl es den Palast schon gab, bevor wir nach Kreta kamen. Die Straße selbst war wohl kretisch, doch das Heiligtum, der Portikus und das Megaron zeigten die Hand mykenischer Baumeister. Die Magazine, der Saal und die anderen Räume waren jedoch wieder kretisch.

Ehrfurcht ergriff mich, als ich daran dachte, daß der Palast schon vor gut dreihundert Jahren errichtet worden war. Ein Beamter hatte mir einmal erzählt, daß die ganze Anlage mehrmals durch Erdbeben und vor rund zweihundertdreißig Jahren sogar durch einen Brand stark beschädigt worden war. Sehr beeindruckten mich auch die langen Schautreppen.

Als wir bei der Nekropole eintrafen, wartete bereits eine große Menschenmenge auf uns. Feierlich geleitete man mich auf meinen Platz, von dem aus ich ergriffen dem Zeremoniell zusah. Immer wieder glitten meine Augen zur Grabanlage, die nun zur letzten Heimat meines Bruders wurde. Ich dachte an Rhadamanthys, an unsere Spiele, an seine Angst, als die Erdbeben kamen und das Feuer vom Himmel fiel. Immer fürchtete er sich vor etwas: Da waren es wilde Hunde, dort Schlangen, da das Gerücht, daß es Räuber gäbe und dort der Ekel vor Aussätzigen.

Meine Hände wurden unruhig, mein Herz begann erregt zu klopfen, denn zum ersten Mal würden sich bei einer fürstlichen Bestattung kretische und mykenische Kulte mischen, sich die kretische und mykenische Kunst vereinen, um einem König die letzte Ehre zu erweisen.

Fast laut wiederholte ich den Gedanken, daß sich in der für meinen Bruder errichteten Nekropole kretische und mykenische Kunst vermählen würden. Entstand in diesen Augenblicken vielleicht sogar eine neue Kunstform?

Ein Offizier meines Bruders fragte mich, ob ich noch das Innere des Grabbaues sehen wolle, weil nach der Beisetzung der Eingang zugemauert werde.

Als ich eintrat, sah ich im Boden einen rechteckigen Tonkasten. »Hier wurde doch bereits jemand bestattet?« fragte ich den Offizier.

Dieser nickte knapp und antwortete herb: »Die Lieblingssklavin deines Bruders, Euer Würden. Er hing sehr an ihr und befahl damals eine fürstliche Beisetzung.«

Dann stand ich neben dem Steinsarkophag.

»König«, erklärte ein höherer Beamter höflich, »die kretischen Särge werden fast immer aus Terrakotta hergestellt, den Sarkophag deines Bruders fertigten wir jedoch aus Kalkstein.«

Interessiert betrachtete ich die Form der großen rechteckigen Wanne.

Als ich tiefer in die Grabkammer trat, sah ich meinen Bruder festlich gekleidet auf einer prunkvollen Bahre liegen, die auf dem Boden stand. Er lag mit angezogenen Knien, als schlafe er.

Lange Minuten sah ich auf Rhadamanthys, sprach mit ihm, als lebe er noch. Ich sagte ihm, daß er mich als Junge oft beleidigt, mir immer wieder Schmerz zugefügt hatte.

Woher kam die Stimme, die in mir klang, mich zutiefst erfüllte und eindringlich rief, daß mein Bruder nur aus Neid mir böse Worte gab und Schaden zufügte? »Du warst trotz deines Jähzorns mächtig und stark. Du warst groß, und er glaubte, wenn er neben dir stand, unendlich klein zu sein!«

Gedankenverloren ging ich zurück zum Sarkophag. Dieser hatte einen etwas schiefen Boden, da die beiden Füße auf der einen Schmalseite höher als auf der anderen waren. In ziemlich gleichen Abständen waren darin fünf Löcher angebracht.

Langsam umschritt ich diese Truhe aus Stein und sah, daß sie in den Farben Blau, Gelb, Weiß und Rot mit Spiralen, Streifen und dekorativen Bändern bemalt war. Stolz stellte ich fest, daß sich neben minoischen auch deutlich mykenische Kunstelemente zeigten. Auf allen Seiten waren zwischen den Streifen und Bändern Personen aufgemalt. Da trugen drei Männer Geschenke, boten sie einer Priesterin symbolisch an, dort goß eine Frau, mit einem Tierfell bekleidet, Flüssigkeit aus einem großen Gefäß.

Plötzlich stutzte ich; denn diese Frau trug eine Krone auf dem Kopf, wie sie nur mir, dem Priesterkönig von Knossos, zustand. Sollte man hier, um Rhadamanthys zu ehren, die Königin, oder eine Tochter, als königliche Priesterin abgebildet haben?

Weitere Gestalten waren kunstvoll auf den weißen Untergrund aufgetragen. Ein Lyraspieler war zu sehen, dann drei Epheben, die je ein Kalb und ein Boot in den Händen hielten. Der Maler hatte auch meinen Bruder dargestellt, der einen Pelzmantel trug und vor einem Bauwerk, vielleicht seinem Grab, stand.

Auf der anderen Langseite war die Bemalung durch verschiedenfarbigen Grund in vier Felder geteilt. Fünf Frauen schritten nach rechts. Die vordere ging mit ausgestreckten Armen, ähnelte der Königin, die auf der anderen Seite mit einer Krone gezeigt wurde. Auf dem nächsten Feld sah ich die Opferung eines Stieres unter den Klängen der Doppelflöte. Fast liebevoll aufgemalt zeigte sich ein Krug mit Doppelschnabel, ein Korb mit Äpfeln und Feigen, und hinter dem Altar sah man eine Doppelaxt mit einem Vogel aus dem mit Doppelhörnern bekrönten Heiligen Bezirk ragen, der mit dem Heiligen Baum gekennzeichnet war.

Charakteristisch für die mykenische Kunst waren die Darstellungen auf den beiden Schmalseiten des Sarkophages, denn sie zeigten auf hellem Grund einen von zwei schweren Pferden gezogenen Wagen, in dem zwei Frauen saßen. Der Wagen auf der anderen Schmalseite wurde jedoch von zwei Greifen mit großen bunten Flügeln gezogen.

Ich ging mehrmals um den Sarkophag und hatte den Eindruck, daß der Maler eine fortlaufende Handlung darstellen wollte.

Ein Bild interessierte mich besonders. Es zeigte einen Opfertisch, vor dem eine Priesterin in feierlicher Gestik stand. Über dem Tisch schwebte eine Schnabelkanne. Der Offizier, der mich nun begleitete, deutete auf sie und meinte: »Die Kanne ist einwandfrei mykenisch!«

Plötzlich stand ein Beamter meines Gefolges neben mir und besah sich den Sarkophag von allen Seiten. Erklärend wandte er sich an mich: »König«, begann er und fragte mich mit den Augen, ob er weitersprechen dürfe, »Särge, wie etwa die der Ägypter, haben die Kreter nicht gekannt. Soweit man den Toten nicht einfach in die Erde legte, wurde er entweder in einer Wanne, einer Lanarx also, oder in einem Pithos bestattet. Man kannte vor unserem Kommen auch die Leichenverbrennung. Die Asche setzte man dann meist in einem Bronze- oder Tongefäß bei.«

»Ich könnte mir vorstellen«, sagte ich, »daß die Wannen und die truhenförmigen Tonsärge Nachbildungen von hölzernen Truhen sind, in denen man in früherer Zeit die Toten bestattete?«

»Wahrscheinlich, König, doch werde ich Bekannte fragen, die Bescheid wissen. Ich glaube aber, daß diese Wannen- und Truhen-Sarkophage erst durch unser Totenbrauchtum üblich wurden. Auf einer Reise nach Heleia[8], das liegt in Ostkreta, erlebte ich eine Truhenbestattung. Das Dekor dieser Truhe zeigte religiöse Symbole wie die Doppelaxt, das Doppelhorn und den Flügelgreif zwischen lilienartigen Gebilden.«

Der Oberpriester meines Bruders bat mich ins Freie und führte mich auf den Ehrenplatz. »Wir bieten jetzt, Euer Gnaden, deinen Bruder, unseren König Rhadamanthys, den Göttern an.«

Aus der Grabkammer ertönte Musik, während Priesterinnen im Freien sangen und einen feierlichen Tanz aufführten. Dann nahte langsamen Schrittes die Prozession. Voraus gingen Harfenspieler und Tänzerinnen, ihnen folgte ein weißer Stier, dessen Gehörn mit Blumen geschmückt war, dahinter der Priesterchor. Aus einem nahen Gebäude eilten nun ebenfalls Tänzerinnen in dünnen Gewändern heran und führten vor dem Eingang zur Grabanlage den Heiligen Tanz auf, während die Priester in mehreren Gefäßen Weihrauch anzündeten.

In einer langen Reihe umschritten dann Priesterinnen feierlich den Toten, der auf seiner Bahre ins Freie gebracht worden war. Weithin klang das Heulen der Klagefrauen. Die einen klammerten sich an der Bahre fest, andere beschworen die Priester, ihnen nicht den geliebten König zu nehmen. Da zerkratzten sich mehrere Frauen das Gesicht, dort rauften sie sich die Haare, ja, es gab sogar welche, die auf die Beamten einschlugen, die später die Bahre tragen sollten. Überall war Klagen, Weinen und schrilles Schreien.

Dann wurde der Stier zum Opfer vorbereitet, ein Ritual, das nur den Königen, Königinnen und Prinzessinpriesterinnen zustand. Verwundert stellte ich wieder fest, wie sehr man hier in Kreta an ein göttliches Königtum glaubte.

Man legte den gefesselten Stier mit Mühe auf den Opfertisch. Mehrere Männer mußten das Tier festhalten, da es sich heftig wehrte. Unterhalb seines Kopfes hatte man das Gefäß zum Auffangen des Blutes gestellt.

Während man dem Stier den Hals öffnete, spielte ein Mann auf der Flöte. Als das Tier ausgeblutet war, trug man das aufgefangene Blut zum Opferplatz, und in einem feierlichen Ritual wurde dem Stier der Kopf abgeschnitten.

Als hohe Beamte die Bahre mit der Leiche meines Bruders hochhoben und sie mit festlichem Schritt in die Grabkammer trugen, erklang dumpfer Trommelwirbel. Es waren die Soldaten, die ihren König verabschiedeten.

Wieder heulten die Klagefrauen. Dann bettete man meinen Bruder mit beschwörenden Formeln in den Sarkophag. Fanfaren ertönten, Priester sangen.

Unter den Grabbeigaben, die man auf den Toten legte, befanden sich neben Schmuck und Prunkwaffen eine weibliche Tonstatuette, ein Rasiermesser und ein geschnittener Stein mit dem Bild einer Sphinx.

Die Flöten klagten nun laut, und die Lyra seufzte weithin, als man, von den Gebeten der Priester und Priesterinnen begleitet, den Deckel auflegte.

Wieder tanzten Mädchen, und ein Priesterchor gab meinem Bruder die letzte Ehre.

Der Offizier, der mir die mykenische Schnabelkanne auf dem Sarkophag gezeigt hatte, trat wieder auf mich zu und erklärte: »In Episkopi bei Hievapytna gibt es Kammergräber, die Tonsarkophage enthalten. Ich erinnere mich noch gut an deren Bemalung; denn die dargestellten Personen trugen wie bei dem Sarkophag deines Bruders, edler König, Schaffellröcke. Was mir auffiel, war, daß ein Sarkophag auf der linken Seite mit einem eigenartigen, halbkreisförmigen, vierrädrigen Wagen bemalt war, der von einem Pferd gezogen wird. Die Kreter kannten das Pferd vor uns nicht; es handelt sich also um die Bemalung durch einen Künstler, der unsere Kultur kennt. Der Sarkophag von Episkopi und der deines Bruders weisen auf die Vermischung der kretischen und der mykenischen Kunst hin.«

»Die Männer wurden meist mit rötlicher Haut dargestellt«, sprach ich gedankenverloren vor mich hin.

»Die weiße Hautfarbe ist den Frauen vorbehalten, die Männer werden, edler König, so dargestellt, wie du es eben sagtest«, antwortete er höflich.

»Was hat nur das Boot zu bedeuten, das symbolisch als Grabbeigabe gezeigt wird?« fragte ich ihn.

»Diese Darstellung könnte vom ägyptischen Bestattungsbrauchtum inspiriert sein«, meinte er. »Derartige Boote gab man den Pharaonen für die Reise ins Jenseits mit.«

Ich dankte ihm, schritt auf die Frau und die Kinder meines Bruders zu und sprach ihnen mein Beileid aus. Eine seltsame Scheu verwehrte es mir, meine Schwägerin anteilnehmend und tröstend in die Arme zu nehmen. Dann unterhielt ich mich mit der ältesten Tochter. Hier gelangen mir ehrende Worte, ich lobte Rhadamanthys, sagte, daß er, stets wie ich, auch in der Idahöhle Zeus um Rat gebeten und weise regiert habe.

Nachdem die Grabkammer geschlossen worden war, führte man mich feierlich in den Hof eines größeren Hauses, der von Säulen umstanden war. Die Wände zeigten viele Malereien.

In bronzenen Gefäßen, die an Ketten herabhingen, brannten helle Flammen und verbreiteten duftenden Rauch.

Der Hof war in zwei Teile getrennt, der eine Teil war leer, der zweite mit vielen Tischen und Sesseln ausgestattet. Auf jedem Tisch standen große Schalen mit blühenden Pflanzen.

Das Totenmahl wurde mit einem Heiligen Tanz eröffnet, den der Gesang mehrerer Priesterinnen begleitete. Dann trat eine Priesterin in die Mitte der Tanzfläche und rief mit singender Stimme: »Nutzet die Tage des Glücks, weil das Leben nur einen Augenblick währt. Nützet das Glück, weil ihr, wenn ihr einmal zu den Göttern geht, in der Ewigkeit ruhen werdet. Nützet den ganzen Tag für das Glück!«

Ein Priester sang nun, von einer Lyra klagend begleitet: »Die Welt ist ein Werden und Vergehen, besteht aus Tag und Nacht, aus Freude und Leid. Verzweifelt nicht, gebt euch der Freude hin, verbraucht jedoch nicht unnötig euer Herz. Wisset, daß alles Klagen dem Menschen, der im Grabe liegt, nicht eine Sekunde des Glücks zurückgibt. Nutzet daher die Tage des Glücks, und seid nicht träge in der Freude. Wahrlich, es gibt keinen Menschen, der sein irdisches Gut mit in die andere Welt nehmen könnte. Es kommt keiner mehr zurück, nutzet daher das Glück!«

Nun trugen Knaben und Mädchen silberne Teller mit Fleisch und Gerstenfladen herein, brachten Wein und Schalen, gefüllt mit herrlichstem Obst.

Der die Speisen beaufsichtigende Priester prüfte von jedem ersten Teller und ersten Krug, dann erst gab er sie weiter.

Als ich dem Erzpriester von Phaistos für die festliche Bestattung meines Bruders dankte, bot er mir als Zeichen seiner Gunst die schönste der Priesterinnen an, die vorher getanzt hatten. Es war ein fünfzehnjähriges Mädchen, das, ich fühlte es sofort, mit ihrem Schicksal sehr zufrieden war.

Während ich aß, erklang Musik, und Frauen in reichen Musselingewändern mit entblößten, von Kleinodien bedeckten Brüsten zogen in langer Reihe an mir vorüber, verbeugten sich demütig und stellten sich dann in der Mitte des Hofes auf.

Besonders gefiel mir, daß vier Tänzerinnen neben mir stehen blieben, als hätten sie die Aufgabe, mich zu ehren. Sklavinnen und Sklaven, alle jung und hübsch, in weiße, rosa und himmelblaue Kittel gekleidet, trugen nun gebratenes Geflügel, Wild und Fische herbei, schmückten die Gäste mit Blumenkränzen.

Der Reihe nach traten Tänzerinnen, Akrobaten, Narren, Hexen und Zauberer auf. Wenn einer von ihnen einen außergewöhnlichen Beweis seiner Fertigkeit zeigte, warfen ihm die Zuschauer Blumen aus ihren Kränzen oder goldene Ringe zu.

Wohl versuchte ich der Hauptfrau meines verstorbenen Bruders und den Nebenfrauen gute Worte zu geben, doch fielen sie mir schwer; denn Rhadamanthys hatte eine Vorliebe für füllige Frauen gehabt.

Aisa, Sarah und Helike bedienten mich, wie es das Zeremoniell vorschrieb. Pasiphae schnitt mir das Fleisch und reichte mir den Wein.

Plötzlich wurden hastige Schritte laut, und ein schrecklicher Schrei ertönte. »Laßt mich!« rief eine heisere Männerstimme. »Wo ist der König, wo ist Minos?«

Ich hörte das Klirren von fallenden Gefäßen und das Krachen zerbrechender Stühle. »Wo ist der König?« rief wieder die Stimme schrill.

Ich stand auf, schob die Soldaten und Diener zur Seite, die mich beschützen sollten. Sofort sah ich in dem anschließenden Saal, wie sich umgeworfene Bänke und Tische türmten, sich hinter ihnen mehrere Gäste verbargen.

Soldaten liefen mit blanken Schwertern auf die Türe zu. Erneut versuchten mich Sklaven und Tänzerinnen zurückzuhalten.

»Laßt mich!« wehrte ich sie ab und trat ins Freie. Auf den Stufen kniete ein nackter, schmutzbedeckter Mann mit blutigen Striemen auf dem Rücken und streckte mir beide Hände entgegen.

»König, edler Minos, hilf mir. Bitte hilf!« flehte er.

Aus einem Seitenhof eilten Krieger herbei; einer schwang einen Knüppel und wollte auf den Mann einschlagen.

»Faßt ihn nicht an!« rief ich. »Was willst du?« fragte ich dann den Mann.

»Mir geschieht Unrecht, edler König. Ich muß dir sagen, daß hier großes Unrecht geschieht!«

»Er ist ein Dieb«, rief der Oberpriester. »Es ist Beweis genug, daß er räuberische Absichten hat, da er es wagt, bei einem Totenmahl einzudringen.«

»Sage mir, was dich bedrängt«, fragte ich gütig. »Laßt ihn«, befahl ich, als Diener ihn wegzerren wollten.

»Ich bin Sirras, ein Bauer. Der Oberaufseher über die Bergwerke befahl mir, in den Steinbrüchen zu arbeiten. Seit über zwei Monaten diene ich dort, bekomme jedoch weder Lohn noch Nahrung. Dabei habe ich eine Familie zu ernähren.«

Ich winkte dem Oberaufseher, der in der Nähe stand. »Was sagst du dazu?« fragte ich ihn.

»Der Mann ist ein gefährlicher Lügner und Säufer.«

»Das stimmt nicht«, schrie der Bauer. »Nicht nur ich, sondern alle, die im Steinbruch arbeiten, bekommen keinen Lohn. Wovon sollen wir denn leben?« flehte er.

Ich sah den Oberaufseher kritisch an.

»Sie bekommen alle ihren Lohn«, verteidigte er sich. »Was kann ich dafür, wenn sie ihn vertrinken?«

»Das ist nicht wahr!« rief der Bauer. »Wir bekommen keine Gerste, keinen Fisch und kein Öl. Als wir gestern revoltierten, mußten wir antreten, und jeder fünfte Arbeiter wurde ausgepeitscht. Minos, mein Rücken zeigt die Schläge. Ich habe Verständnis für Prügel, wenn sie notwendig sind. Schläge müssen sein«, seufzte er. »Aber wir arbeiten ja, wir erfüllen unsere Pflicht, und so sollen die Beamten und Aufseher auch ihre Pflicht tun und uns das geben, was sie versprachen und was uns zusteht.«

»König«, antwortete der Oberaufseher eindringlich, »dieser Mann hat uns mit seinen Leuten großen Schaden zugefügt. Sieh doch nur die vielen zerbrochenen Gefäß . . .«

»Eine Empörung der nicht entlohnten, also damit betrogenen Arbeiter macht dem Staat mehr Schaden, als all die Kostbarkeiten wert sind«, sagte ich streng.

»Hört!« riefen einige meiner Freunde. »Die Empörung riß diese Menschen aus ihrer Arbeit und betrübt das Herz des Königs. Es ist ungehörig, daß Arbeiter schon zwei Monate lang keinen Lohn bekommen.«

Drohend sagte ich zum Oberaufseher: »Führe diesen gepeinigten Menschen weg. Ich wünsche, daß ihm kein Haar gekrümmt wird. Morgen will ich die Arbeiter dieses Steinbruchs vor mir sehen und mich selbst davon überzeugen, ob der Kläger die Wahrheit gesprochen hat.«

Als ich am nächsten Morgen aus dem Zimmer, in dem ich geschlafen hatte, ins Freie trat, fragte ich den Oberaufseher, der auf mich zuging, ob die Arbeiter bereits gekommen seien.

»Ja, Euer Gnaden. Sie warten auf dich.«

»Ist auch Sirras unter ihnen?«

Der Beamte verzog sein Gesicht. »Nein, edler König. Es kam heute nacht zu einem sonderbaren Unfall. Wir sperrten ihn in das leere Gewölbe eines Hauses ein. Dort hat dieser Lügner die Tür aufgebrochen und sich in einen Keller geschlichen, wo Wein gelagert wird. Er trank mehrere kleine Amphoren aus und war dann wohl so betrunken, daß er daran starb.«

Ich wurde zornig und schrie ihn an: »Glaubst du denn wirklich, daß dieser Mann so dumm sein konnte?«

»Ich muß es annehmen«, antwortete er anmaßend, »ich muß es annehmen; denn ich habe keine Beweise für eine andere Todesart.«

Aisa, die hinzugekommen war, mahnte mich. »Suche nicht, mein Gebieter, dort eine Schuld, wo du sie nicht erkennen kannst und wo kein Zeuge da ist. Sollte der Bauer auf Befehl des Oberaufsehers vielleicht erwürgt worden sein, so wird dieser das nie eingestehen, und der Tote selbst kann nicht mehr aussagen. Was soll schon eine Klage gegen den Oberaufseher deines verstorbenen Bruders? Da erst der Thronfolger bestimmt werden muß, wird vorher kein Gericht eine Untersuchung einleiten.«

»Und wenn ich sie befehle?« fragte ich trotzig.

»Dazu bist du nicht berechtigt. Man wird deinem Befehl wohl nachkommen, dabei aber die Unschuld des Beamten feststellen. Du beschämst dich also nur. Bedenke auch, daß von diesem Augenblick an der Oberaufseher und alle Beamten deines Bruders deine Feinde sein werden. Du hast mit Sarpedon schon genug Streit, warum willst du hier in Phaistos ein weiteres Feuer entfachen?«

War es nur Eifersucht, weil ich mit Aisa so freundschaftlich sprach, daß Sarah, die alles mit angehört hatte, näher kam? »Vielleicht war der Mann doch ein Säufer? Er hat zwei Monate keinen Lohn erhalten, wurde geprügelt, und nun hatte er auch noch die Frechheit, in den Palast einzudringen und dich mit seinen Lügen zu belästigen!«

Ich sah auf Aisa und dann auf Sarah. »Manchmal frage ich mich, ob ich in einem mir völlig fremden Land lebe. Oder sollte ich etwa vor meinen Augen Schleier haben, weil ich nicht alle Schuftereien sehe?« Ich starrte sie fast böse an. »Vielleicht bin ich nicht weise genug, um das Schlechte zu erkennen?«

»Minos, denke daran«, mahnte Sarah, »daß die Beamten und Aufseher die Hirten deiner Herde sind. Wenn einer von ihnen ein Tier melkt, wirst du ihn nicht gleich fortjagen. Hammel hast du genug, vielleicht sogar zu viele. Hirten findest du nur schwer.«

Ich nickte gedankenverloren und ging mit dem Oberaufseher auf den ausgedehnten Platz, wo die Arbeiter aus dem Steinbruch auf mich warteten.

Es waren Männer mit weißen Kopfbedeckungen und ebensolchen Schürzen um die Hüften. In der ersten Reihe standen Arbeiter mit Pickeln, in der zweiten die mit Hacken, und die in der dritten hatten Schaufeln in den Händen. Die vierte Reihe bildeten die Träger.

Als ich vor ihnen stand, riefen sie im Chor: »O König von Knossos, mögest du ewig leben!« Dann knieten sie sich vor mir nieder und berührten mit der Stirn die Erde.

Ich befahl ihnen, wieder aufzustehen, und sah mir die Männer aufmerksam an.

»Habt ihr eure Löhnung pünktlich erhalten?« fragte ich und meine Augen zeigten, daß ich die Wahrheit forderte.

»Ja!« riefen sie einheitlich. »Wir sind glücklich und zufrieden, arbeiten gerne im Steinbruch des Königs.«

»Dreht euch um«, herrschte ich.

Sie wandten mir ihre Rücken zu, fast jeder war von tiefen und dichten Narben übersät. Manche Wunden waren noch nicht ganz verheilt, wiesen auf Schläge hin, die vielleicht vor wenigen Tagen erst gegeben worden waren, viele waren aber neu, denn aus der geplatzten Haut sickerte teilweise noch jetzt das Blut.

Ich nickte nur, ging auf den Oberaufseher zu und sagte laut: »Du bist ein Schwein!« Dann ließ ich den Minister holen. Als er vor mir stand, schrie ich ihn an. »Da noch kein Thronfolger ernannt ist, habe ich hier die Befehlsgewalt. Ich befehle, daß der Oberaufseher so lange gepeitscht wird, bis sein Rücken genauso aussieht wie die der Arbeiter. Anschließend, und das ist auch ein Befehl, wird er und seine ganze Familie zu Sklaven degradiert. Ich wünsche auch, daß den Arbeitern der schuldige Lohn restlos ausgezahlt wird.«

Ich wandte mich um, wollte nun alleine sein. Plötzlich zuckte ich zusammen, denn im Hintergrund stand unter den anderen Menschen, die zusahen, Riana.

»Riana!« rief ich, ging auf sie zu und wollte sie freudig in die Arme nehmen, doch trat Manolis, der Oberpriester, sofort zwischen uns.

»Sie gehört den Göttern«, mahnte er beschwörend.

»Ich bin der König und vertrete die Götter«, wehrte ich ihn ab und schob ihn wütend zur Seite.

»Minos, sei nicht anmaßend«, sagte er ernst. »Gerade heute solltest du als König die Gesetze beachten.«

»Sie gefällt mir«, antwortete ich und wurde wieder zornig.

»Ich erhebe sie in wenigen Tagen zur Oberpriesterin«, flüsterte er mir geheimnisvoll zu.

Zweifelnd, als verstünde ich ihn nicht oder mißtraue ihm, blickte ich ihm in die Augen. »Manolis«, warnte ich ihn kritisch, »sage immer nur Dinge, die du verantworten kannst.«

Nun war er es, der mich prüfend ansah. »Im allgemeinen haben die Weisen aller Zeiten immer das gleiche gesagt, und die Toren, das heißt die Überzahl, zu allen Zeiten immer das Gegenteil getan. So wird es wohl auch weiterhin bleiben.«

Aisa, die neben mir stand, lachte plötzlich laut auf.

Als ich sie mißbilligend anblickte, sah ich die Ursache. Ein kleines Mädchen, kaum fünf Jahre alt, war kindlich verlangend an einen Obstkorb gegangen, den ein Händler an einer Treppe zum Haus abgestellt hatte. Kritisch musterte sie die Äpfel, nahm einen, legte ihn wieder zurück, griff nach einem anderen, sah uns zögernd an und biß dann herzhaft hinein. Nun lachte auch Helike.

»Je mehr ein Mensch der Kindlichkeit fähig ist«, sagte Manolis, »desto herzlicher kann er lachen. Menschen, deren Lachen stets gekünstelt ist, sind herzlos, sind von leichtem Gehalt.« Dann sah er auf Pasiphae, die bedrückt neben mir stand, als habe sie schlecht geschlafen. »Die Art des Lachens«, sprach er weiter, »ist immer charakteristisch für eine Person.«

Ich nahm Riana an der Hand, zog sie weg aus der Menge und ging mit ihr einige Schritte auf die Seite. Kurz blieben wir dann stehen.

»Schau«, sagte sie mit einer Stimme, die wie Musik klang, »an dem Johannisbrotbaum dort drüben wachsen bereits Schoten. Es wäre schön, wenn sie reif wären, sie schmecken fast wie Honig.«

»War es sehr schlimm, als in den Jahren nach der großen Flut bei euch Hunger herrschte?«

Wir gingen eine kleine Gasse hinauf, Riana nickte, und ihre Hand verkrampfte sich wie im Schmerz in meine. »Ich war klein, kann mich jedoch noch gut daran erinnern. Meine Mutter konnte ihn nur in ihrer stillen, fast heiligen Kraft ertragen.«

Ich antwortete mit einem Gedicht, das ich einmal gehört hatte und das mir so gefiel, daß ich es auswendig lernte.

Riana stellte sich vor mich und drückte ihren Kopf an meinen Arm. »Das war schön, besonders der zweite Satz. Sage mir ihn noch einmal, ich will ihn lernen und immer in mir bewahren.«

»Wer aufrecht bleibt, hält die Welt aufrecht. Um ihn scharen sich die Schwachen. Schwankend ist alles, nur das Herz nicht, es bleibt standhaft!«

Wieder drückte sie sich fast zärtlich an mich. »Gedichte«, flüsterte sie, »sind Gaben aus dem Unsichtbaren, die man nicht zurückweisen darf. Die Stimmung, aus der sie hervorgehen, gleicht dem seltenen Schmetterling, in dessen Nähe man sich still verhalten muß, damit er nicht davonflattert.«

»Deine Mutter ist hübsch«, sagte ich lobend.

»Mein Vater liebt sie sehr, auch wir verehren sie. Sie war immer tapfer«, sprach sie grübelnd vor sich hin. »Wenn wir Hunger hatten und abends als Nahrung nur eine Handvoll Wildgerste bekamen und das Leben fast nicht mehr lebenswert war, wiegte sie meinen Bruder und mich in den Schlaf, dabei erzählte sie uns immer wunderschöne Geschichten.«

»Ja, das Leben«, antwortete ich und sah nachdenklich vor mich hin, »was ist es schon? Ein Traum?«

»Das Leben ist ein Lied«, antwortete sie spontan.

»Ein Lied?«

Sie nickte eifrig. »Darf ich dir eine Geschichte erzählen? Ich kenne sie von meiner Mutter.«

Ich lächelte sie zärtlich an, legte meinen Arm um ihre Hüfte, und so ging ich mit ihr den Weg weiter.

»Auf einem Baum saßen viele Vögel und unterhielten sich. Plötzlich unterbrach einer das laute Gezwitscher und fragte: ›Was ist eigentlich das Leben?‹ Keiner wußte eine Antwort. Da kroch unten am Baum ein Maulwurf aus der Erde und rief: ›Das Leben ist ein Kampf im Dunklen!‹ Die Vögel sahen sich fragend an und sahen hinunter auf die Erde. ›Ich glaube, das Leben ist eine Entwicklung‹, flüsterte eine Blume dem Schmetterling zu, der sich auf ihrer Blüte niedergelassen hatte. Die Antwort war, daß der Schmetterling die Blume küßte und froh sprach: ›Das Leben ist nichts als Freude!‹ In diesem Augenblick flog ein Rabe daher und krächzte, wobei sein Gesicht noch dunkler wurde: ›Das Leben ist nichts als Traurigkeit‹. Eine Zikade kratzte sich am Kopf und summte vor sich hin: ›Das Leben ist nur ein kurzer Sommer!‹ Eine kleine Ameise, die dabei war, einen trockenen Halm zu ihrem Hügel zu schleppen, stöhnte: ›Es ist endlose Mühe und Arbeit!‹ Über ihr wippte auf einem Ast ein kleiner, roter Vogel und zirpte: ›Das Leben ist nur ein Scherz!‹ und schnappte im gleichen Augenblick nach einer vorbeisurrenden Mücke. Plötzlich begann es langsam zu regnen. Jeder einzelne Regentropfen seufzte: ›Das Leben ist ein Tränental!‹ – ›Nein!‹ rief ein Adler, der sich majestätisch in den Lüften wiegte: ›Das Leben ist Freiheit und Kraft!‹ Da wurde es dunkel, und ein kleiner Spatz schilpte beinahe ärgerlich: ›Ihr wißt alle miteinander nichts, gehen wir lieber schlafen!‹ Vom Meer her erhob sich nun der Nachtwind und zauste den Baum; alle Blätter lispelten: ›Das Leben ist ein Traum!‹ Dann wurde es still, alle träumten: der eine von der Freude und vom Scherz, der andere von der Mühsal und Traurigkeit. Als die Morgensonne den Baum wieder in ihr Licht tauchte, waren sich alle einig, daß das Leben ununterbrochen ein Anfang ist. ›Es wird immer wieder Tag‹, jubilierte eine Lerche, und als sie davonflog, sang sie: ›Das Leben ist ein Lied!‹« Riana sah mich an. »Was hältst du von dieser Geschichte, König?«

Zögernd antwortete ich: »Das Leben ist eine Aufgabe«, stockte, sprach dann weiter und stellte ihr die mich sehr bedrängende Frage: »Willst du wirklich Priesterin werden?«

»Ja«, antwortete sie ernst. »Ich werde bereits seit einigen Tagen vom Oberpriester erzogen. Heute soll ich, wenn der Mond voll am Himmel steht, zu ihm in die Heilige Höhle kommen. Ich habe ein wenig Angst«, sagte sie leise. »Was will er dort von mir?«

»Ich hörte, daß die jungen Priesterinnen ein Rauschmittel erhalten, um dann gelöst tanzen zu können. Der Tanz gehört, wie du weißt, zum Ritual. Ich könnte mir vorstellen, daß manches Mädchen keine Eignung zum Tanz hat? Sind deine Eltern einverstanden, daß du Priesterin wirst?«

Sie nickte. »Es fiel mir trotzdem schwer, als ich zum ersten Mal zu Manolis gehen sollte. Ich konnte darüber nicht sprechen, nahm einen Korb mit, als wolle ich wilde Gerste suchen. Dann stand ich vor ihm und sagte, daß ich bereit sei.«

»Und?«

»Er meinte, daß ich zuerst mit ihm schlafen sollte.«

Wieder fragte ich monoton und hatte dabei trockene Lippen: »Und?«

»Ich wollte das nicht. Dann befahl er mir, daß ich mich völlig entkleiden solle, weil er mich ganz sehen müsse. Ich zog nur mein Kleid bis über die Brüste hoch.« Sie sah mich verlegen an, sprach dann leise weiter: »Er entkleidete mich dann ganz, und ich mußte mich vor ihn hinknien, und immer, wenn er mich etwas fragte, nach meiner Antwort meine Stirn auf den Boden drücken.«

»Was für Fragen hatte er?«

Wieder wurde sie verlegen. »Er wollte vieles wissen, auch über meine Eltern, ob ich noch sehr an Zagreus glaube, ich bereit sei, den neuen Göttern zu dienen. Dann fragte er, ob ich noch Jungfrau sei, untersuchte mich dann, meinte, daß er mich prüfen müsse, um zu wissen, ob ich überhaupt als Priesterin geeignet wäre.«

In mir war wieder großer Zorn, und ich begann, Manolis immer mehr zu hassen, nahm mir vor, ihn heftig zu rügen. »Weißt du«, fragte ich sie, »daß der Oberpriester mit dir eine Heilige Hochzeit plant und daß du Oberpriesterin werden sollst?«

Sie nickte, wurde erneut verlegen. Dann sah sie mich offen an. »Ich will wohl den Göttern dienen, aber nicht Spiel der Priester werden. Ich bin bereit zu tanzen, aber nicht, wenn sie alle nackt um mich sitzen und mich nach wenigen Schlucken Wein mit glasigen Augen anstarren und dann wie betrunken nach mir greifen.«

»Hast du schon so einen«, fast zögernd wählte ich das Wort, »Tanz mitgemacht?«

Riana sah mich wieder offen an. »Ja«, antwortete sie herb. »Ich trank nur einen kleinen Becher von diesem Wein und meinte, neu geboren worden zu sein. Komisch«, sie schüttelte den Kopf, »ich bildete mir plötzlich ein, die überlebende Vertraute eines alten Kults zu sein. Meine Seele schwang sich hoch, ich sah sie fliegen. Mein ganzer Leib war von einem göttlichen Entzücken erfüllt, und um mich waren Visionen. Bei diesem ersten Tanz befand ich mich in einer Heiligen Höhle, die ich noch nie gesehen hatte, und nahm an einem Mysterium teil. Ich könnte dir jetzt noch genau die Höhle beschreiben, obwohl ich durch das Rauschmittel, das der Wein enthielt, kaum mehr dieser Welt angehörte. Schon nach wenigen Minuten drang der Schein der vielen Öllämpchen in mich, mir war, als stünde ich in einem strahlenden Licht, als brenne mein Herz und als würde mein Körper von einem geheimnisvollen Feuer durchflossen. Immer wieder waren in mir Staunen und Entzücken. Nach einiger Zeit sangen die Priester, stimmten Lobgesänge an, baten, daß die Götter zu uns herabstiegen. Es war kein Traum, was ich erlebte; ich kann mich an diese Dinge noch sehr genau erinnern. Hinten in der Höhle erblickte ich plötzlich eine sehr schöne Frau. Sie war nackt und sang. Manchmal erhob sie sich und begann, mit den Händen auf verschiedene Teile ihres Körpers zu schlagen und zu klatschen. Je nachdem, auf welche Stelle sie schlug, gab es einen unterschiedlichen Klang. Die Schläge hatten einen komplizierten Rhythmus, waren irgendwie aufeinander abgestimmt. Manchmal klatschte die Hand leicht, dann wieder mit aller Kraft.«

Wir gingen schweigend den Pfad entlang, und Riana sah auf den Boden, als prüfe sie jeden Stein, auf den sie treten wollte, damit ihre Füße nicht abknickten.

»Die Frau sang dann laut«, erzählte sie weiter, »die Schläge wurden härter, und mit jedem Klatschen, das die Höhle erfüllte und auf das die Priester ekstatisch lauschten, fühlte ich göttlicher, glaubte, eine Göttin zu werden.« Wieder schwieg sie, sah zur Seite, weil ein Vogel hochflatterte. Erschreckt strauchelte sie und hielt sich mit der linken Hand an mir fest. »Weißt du«, sagte sie kurzatmig, »die Tierwelt kennt keinen Gott, hat keine Vorstellung von der religiösen Idee. Das Tier kann sich nichts vorstellen, das jenseits seiner tatsächlichen Erfahrung liegt. Es kennt keine Vergangenheit, keine Zukunft, hat keine andere Existenzebene als die, in der es sich befindet. Es muß einmal eine Zeit gegeben haben, in der der Mensch, als er aus seiner tierischen Vergangenheit hervortrat, diese Möglichkeiten zum ersten Mal erfaßte, verschwommen und zögernd. Als er dann die Ehrfurcht kennenlernte, die mit der Gottesidee einhergeht, ging er dieser Idee nach, versuchte, sich kraft seiner erwachenden Intelligenz eine Antwort zu geben.«

»Vielleicht haben unsere Urväter...«

Riana unterbrach mich: »Oder Urmütter?« fragte sie schlicht.

»Vielleicht haben unsere Ureltern«, sprach ich höflich weiter, »bei der Suche nach Nahrung und aus Dankbarkeit darüber, daß sie immer wieder welche fanden, das Wunder der Ehrfurcht vor den Göttern kennengelernt? Diese Entdeckung muß bei vielen Gelegenheiten gemacht worden sein, die zeitlich und räumlich weit voneinander entfernt lagen.«

»Und das Geheimnis dieser Entdeckung wird man streng gehütet haben, man barg es in Grotten und Höhlen«, antwortete sie stolz und hängte sich zärtlich an meinen Arm.

»Es wird immer, bei allen Völkern und in allen Zeiten, Seher, Mystiker, Propheten und Dichter gegeben haben, denen diese geheime Vision ewiger Werte zu eigen gewesen zu sein scheint.«

Sie nickte mir zu. »In der Höhle, in der ich zum ersten Mal den heiligen Wein trank, wohnt ein Priester, der kaum etwas ißt oder trinkt. Wenn er in seine Heilige Ekstatik versank – in die auch wir nach dem Genuß des Weins gerieten –, sah er die Götter und sprach mit ihnen.«

»Du warst auch betrunken?« fragte ich besorgt.

Sie drückte sich fester an mich, als suche sie Schutz.

»Ich wollte den Weg zu den Göttern gehen«, sagte sie feierlich, »war zu Opfern bereit. Vielleicht lag es an dem Wein oder an dem Geheimnisvollen, das die Höhle erfüllte, daß ich nichts sah, nichts hörte und auch einiges nicht sagte.« Sie sah mich nun fragend an. »Verzeih mir die Wiederholungen, aber wir können das Leben und den Kontakt zu den Göttern nur aus der Tiefe unseres Seins ertragen.«

Ihr Kopf lehnte sich an meine Schulter, und immer noch lag ihre linke Hand unter meinem rechten Arm. »Mutter sagte mir, als ich begann, Frau zu werden: ›Du mußt wissen, daß mancher, der dir gute Worte gibt oder eine Gefälligkeit erweist, oft schon sofort daran denkt, sie dir in Rechnung zu stellen. Es mag Menschen geben, die das vielleicht nicht sofort tun, doch denken manche sich das gleiche; denn sie betrachten dich als Schuldner, wissen immerzu, was sie gegeben haben. Sei wie ein Weinstock‹, hat sie mich gemahnt, ›der glücklich ist, daß er Trauben trägt. Sei wie eine Biene, die aus sich heraus ihren Honig bereitet. Wenn du eine Wohltat vollbringst, posaune sie nicht aus, sondern tue weiterhin Gutes, sei wie ein Ölbaum, der zu seiner Zeit immer wieder Oliven tragen wird. Schließe dich immer jenen an, die, ohne einen Vorteil zu haben, Gutes tun.‹«

»Was wollte Manolis sonst noch von dir?« fragte ich nach einer Weile mit schwerem Herzen.

»Als ich begann, in den Himmel zu fliegen, meinte er, daß ich erst die Götter fände, wenn ich mich aus freien Stücken ihm anböte. Seine Worte waren, trotz der Trunkenheit, voll Höflichkeit und Verführung.«

»Wieso?«

»Jeder Mensch sehnt sich nach dem Göttlichen, nach einer Vereinigung mit den Kräften, die über uns sind, die uns regieren.«

Ich suchte eine Antwort, dann fiel mir die Aussage eines alten Sklaven ein, den ich wegen seiner Klugheit sehr schätzte. »Minos«, hatte er mich gemahnt, »erinnere dich daran, daß das, was dich wie an unsichtbaren Fäden hin und her zieht, in deinem Innern verborgen ist. Dort, tief in dir, wohnt das Leben, das eigentliche Leben. Dort liegt die Ursache deines Menschseins. Verwechsle diesen inneren Menschen nie mit dem ihn umgebenden Gehäuse, ich meine damit den Leib mit seinem Kopf, den Armen und den Beinen. Das alles ist ihm angeboren.«

»Was ist in dir?« fragte ich sie. »Gelang es der Ekstatik der Höhle, dich so zu verwirren, daß du dich dem Oberpriester anbotest?«

Es war, als könnte Riana zwischen den Worten lesen. »Es gelang ihm nicht, mich zum Wachs in seiner Hand zu formen«, sagte sie stolz.

»Du konntest ihn abwehren?« fragte ich ungläubig.

»Ja«, antwortete sie schlicht. »Wenn er nach mir griff, fragte ich ihn, ob die Götter Zeugen seien und das, was er vorhabe, in ihrem Willen geschehe.«

»Und?« fragte ich eindringlich.

»Immer wieder meinte er, daß alles, was er tue, von den Göttern gesehen und von ihnen gebilligt werde. In zunehmender mystischer Trunkenheit beschwor er mich, daß Gott tief in mich dringe, wenn ich sein Lager teile. Er gebrauchte viele Worte, um mich gefügig zu machen, doch mochte ich seine Lippen nicht mehr, sie waren naß; in einem Mundwinkel hing blasiger Speichel. Als er mich dann mit Gewalt auf sein Lager zerren wollte, wehrte ich mich.«

Meine Gedanken wanderten und irrten. »Du sprachst von Rauschzuständen, die du in der Höhle während der Mysterien erlebtest. Was hatten diese für einen Sinn, ich meine, welchem Zweck dienten sie?«

Sie sah mich versonnen an, blickte dann auf einen Schmetterling, der die wenigen Blumen umgaukelte, die den Weg säumten.

»In diesen Zeremonien kommt man zu einer besonderen Form der Höflichkeit, der Achtung und der Ehrerbietung. Schon bald wächst eine Brüderlichkeit hoch, die tief ins Herz dringt. Es gibt die verschiedensten Mysterien. Da werden die jungen Männer initiiert, das heißt eingeweiht, dort die Mädchen. Dann gibt es die Einweihung der Priesterinnen. Hier ist der Oberpriester der Hohe Priester; in dem Ritual dienen ihm zwei oder drei einfache Priester. In festgelegten Abständen beten sie, wie auch ich mitbeten mußte. Dann hatten die Mädchen, die Priesterinnen werden wollten, zu tanzen.«

»Hattet ihr bestimmte Gebärden, Schritte und Bewegungen?«

»Eigentlich nicht, obwohl man uns einiges in dieser Hinsicht gelehrt hatte. Durch den Wein kamen wir in eine göttliche Gelöstheit. In ihr fanden wir fast von selbst die heiligen Schritte, die heiligen Gebärden und die heilige Hingabe.«

»Hingabe?« rief ich erschrocken.

Als Antwort lächelte sie keusch und sah mich mit reinen

Augen an. »Der Oberpriester sagte wohl oft, daß ich sein Lager zu teilen habe, was eine der Prüfungen sei. Er wollte auch wissen, was ich von der Liebe verstünde.« Wieder sah sie mich offen an. »Auf solche Fragen gab ich keine Antwort.«

»Warum?«

»Ich möchte immer nur das tun, was aus meinem Herzen kommt, ich also aus meinem Innern heraus verantworten kann.«

»Dann ist es dir unmöglich, etwas Unrechtes zu tun«, erwiderte ich froh.

»Mag sein, ich weiß es nicht. Doch meine ich, daß in vielen Begebenheiten auch der Unrecht tut, der nichts tut. Ich meine, der sich nicht wehrt, der wortlos Unrecht hinnimmt.«

Als wir zum Palast zurückwanderten, hörte ich, wie Sarah in einem nahen Haus um Hilfe rief.

»Warte«, bat ich Riana und lief zu der offenen Türe dieses Hauses. Schon nach wenigen Schritten sah ich, daß Sarah mit einem Mann rang. Beide atmeten erregt, riefen wütende Worte, und das Stampfen der Beine hatte seine eigene Sprache. Dann sah ich, wie ein älterer Mann mit einem Stock nach Sarah schlug. Ihre Antwort war, daß sie ihm mit der geballten Faust einen Hieb auf die Nase gab. Der Mann ließ den Stock fallen, bückte sich, um ihn wieder aufzuheben. Er war eben dabei, ihn zu umklammern, als Sarah ihm auf die Finger trat.

Der Mann schrie vor Schmerz.

In diesem Augenblick sah mich Sarah und wollte zu mir laufen, weil sie von mir Hilfe erhoffte.

Die kurze Sekunde, in der Sarah abgelenkt war, nützte der Mann, und es gelang ihm, den Stock wieder zu erfassen; schon hob er ihn und schlug ihn auf die Beine der Hebräerin. Als sie sich mit beiden Händen dort schützen wollte, schlug der Mann auf ihre Schultern und Brüste. Hob sie die Hände, um hier die Schläge abzuwehren, bearbeitete er ihren Unterleib.

»Was willst du?« schrie Sarah nun angsterfüllt.

»Ich werde dich bestrafen!«

»Was tat ich denn dir, ich kenne dich doch gar nicht?«

»Du hast mir die Seele genommen«, keuchte der Alte. Als

Sarah langsam rückwärts auf mich zuging, sich dann mit dem Rücken an die Wand lehnte und mit einer Hand auf dem neben ihr befindlichen Tischchen nach einer Waffe tastete, war er mit einem Sprung neben ihr und umklammerte sie gierig.

Ich verstand mich nicht mehr. Warum griff ich nicht ein?

Der Mann hatte nur einen Stock, ich einen Dolch, war ihm daher völlig überlegen. Was war mit mir? Ich sah fast lustvoll zu, wie der Mann Sarah umklammerte, ihre Lippen suchte, um sie zu küssen. Wollte ich nur sehen, ob Sarah siegte?

Das leichte Kleid, das sie trug, zeigte die Konturen ihres Körpers überdeutlich.

Wieder suchte der Mann ihre Lippen. Sarah beugte sich, soweit sie nur konnte, zurück, preßte aber dadurch ihren Unterleib um so fester an den Körper des Alten. Dann hob sie die rechte Hand, um sein Gesicht wegzudrücken. Sofort bemächtigte er sich ihrer Finger, hielt sie mit einem solchen Druck, daß jedes einzelne Glied knackte.

»Du tust mir weh!« schrie sie.

Die Antwort war, daß der Mann ihr das Haar, das sie hochgesteckt hatte, löste, so daß es in langen Strähnen auf ihre Schultern herabfiel.

»Nein!« rief sie und wehrte sich, als ihr der Mann das Kleid von den Schultern riß. »Nein, nein!« bettelte sie, als er mit beiden Händen nach ihren Brüsten griff. Sie begann zu weinen, versuchte, mit ihren spitzen Fingernägeln das Gesicht des Mannes zu zerkratzen.

Ich sah wie berauscht zu, wußte nicht, wem ich den Sieg gönnen sollte. Dem Alten oder Sarah?

Ein Lustgefühl durchdrang mich, das mich in einen Rauschzustand zu versetzen schien. Sarah kämpfte gut, stand mit gespreizten Beinen, und weiteres Prickeln durchströmte mich, als ich ihre blitzenden Augen sah, ihre wütend verzerrten Lippen, das Wiegen und Wehren ihres Körpers.

Dem Alten war es inzwischen gelungen, ihr das Kleid herunterzureißen; sie stand nun nackt da.

Sollte ich jetzt eingreifen und diesem Treiben ein Ende machen?

Sarah stieß mit letzter Kraft den Mann von sich. Er stolperte, fiel zu Boden und blieb benommen liegen. Sarah hatte gesiegt.

Wünschte ich ihr diesen Sieg nicht? Hätte ich es lieber gesehen, wenn sie die Besiegte gewesen wäre? Wollte ich wissen, was dieser Mann mit ihr gemacht hätte, wenn er der Stärkere gewesen wäre?

Als sich Sarah nach ihrem Kleid bückte, um es aufzuheben, kroch der Alte hinzu und reichte es ihr. Gierig beobachtete er, wie sie es sich über den Kopf streifte. Dann trat sie zu mir, strich im Vorbeigehen dem Alten über die Wangen.

Ich führte sie ins Freie, hatte schützend meinen rechten Arm um ihre Hüfte gelegt. Riana wartete noch immer an der Stelle, wo ich sie verlassen hatte. Ich winkte ihr dankbar zu, vermochte jedoch nichts zu sagen, weil mich die Frage quälte, warum Sarah dem Alten über die Wangen gestrichen hatte.

Einem Soldaten meiner Leibwache, der mich in einem achtungsvollen Abstand beobachtet hatte, um mich zu schützen, befahl ich, den Alten dem Gesetz zu übergeben. Dann erst bemerkte ich, daß mich Sarah in einer eigenartigen Hast zu jenem Palastteil zog, wo ich wohnte. Hatte der Kampf mit dem Mann sie liebestoll gemacht?

Wir waren kaum in meinem Schlafzimmer angekommen, als sie sich auf mein Bett legte und mich an sich zog und leidenschaftlich küßte.

Ihre Haut glänzte noch vom Schweiß des Kampfes, ihre Hände aber waren kühl, in ihrem Körper lag ein ununterbrochenes Vibrieren und Zucken. Als ich den zitternden Leib in meine Arme nahm, stöhnte Sarah, sprach wirre Worte.

Es dauerte einige Zeit, bis sie wieder ruhiger geworden war. Dann richtete sie sich mit einer heftigen Bewegung auf. »Du gingst mit dem Mädchen spazieren, das Manolis für irgendeinen seltsamen Fruchtbarkeitskult haben will?« fragte sie eifersüchtig.

Ich lächelte; denn wieder stellte ich fest, daß es auch in der Liebe so war, daß, wenn man einen kleinen Finger reichte, sofort die ganze Hand genommen wurde.

Als ich antworten wollte, legte sie sich wieder auf den Rükken, nahm einen Bronzespiegel, betrachtete sich wohlgefällig. Sie schien mit sich zufrieden zu sein; denn fast behaglich sagte sie, daß sie einen seltsamen Traum gehabt hätte.

Ich sah mit Freude auf ihren hübschen Körper, ihre zarte Haut und das rabenschwarze Haar.

Nach einigem Grübeln erzählte sie. »Ich träumte«, begann sie gedankenverloren, »daß ich in einem Park spazierenging.

An einem Teich stand eine sehr schöne Frau in einem durchsichtigen Gewand und unterhielt sich mit einem kleinen Knaben. Dann legte sie sich müde auf den Rasen und schlief sofort ein. Sie lag auf dem Rücken und bot ein hübsches Bild. Wenige Atemzüge später schlich der Knabe heran, kniete sich vorsichtig neben die Frau, öffnete ihr behutsam das Kleid und begann, sie zu kosen. Immer, wenn die Frau unruhig wurde, zog er seine Hand zurück, saß aufrecht, tat, als sehe er interessiert auf den Teich. Du bist weise, Minos«, sagte sie. »Kannst du den Traum deuten?«

»Du hast Angst, daß man mit dir spielt, ohne daß du es merkst, ohne daß du dich dagegen wehren kannst.« Ich schwieg kurz, fragte dann – es war mehr Floskel, als wirkliche Neugierde: »Was tatst du eigentlich in dem Haus?«

»Ich stand am Fenster, um dich zu beobachten, wollte sehen, was du mit diesem kretischen Mädchen machst«, sagte sie langsam, als müsse sie erst die Worte suchen.

»Und weiter?«

»Dann kam der Alte in das Zimmer. Er verfolgte mich schon seit Tagen, versicherte mir, daß er mich unendlich liebe und ohne mich nicht mehr leben könne. Immer, wenn er vor mir stand, redete er ununterbrochen von Liebe, war oft wie von Sinnen, sagte, daß ich ihm die Seele gestohlen hätte.«

Sie richtete sich wieder auf, lehnte sich mit dem Rücken an die Wand und verschränkte die Arme über dem Kopf. Wußte sie, daß sie in dieser Haltung besonders hübsch aussah?

Ich koste das Bein, das sie auf mich gelegt hatte, und spielte mit dem seidigen Flaum, der es bedeckte.

»Du bist doch selbst auch Mann«, sagte sie leichthin. »Das, was mir der Alte beschwörend zurief, sind doch die ewiggleichen Sprüche, die ihr Männer bei der Werbung gebraucht. Ist bei euch das Verlangen gestillt, ist jeder Höhenflug und jeglicher Rausch verschwunden. Man steht als Frau dann nackt da, schaudert innerlich und friert. Ich meine das seelisch!«

»Liegt es an deiner Rasse, daß du so kritisch, so negativ denkst? Ich hatte, als ich ein Knabe war und langsam zum Mann heranwuchs, einen Erzieher. Er war übrigens Kreter. Meist sprach er in Lehrsätzen, und weil er die Worte eigenartig stellte und aus vielen Sätzen oft ein Gedicht machte, prägten sich mir seine Ratschläge besonders stark ein.« Ich überlegte und grübelte. »Einmal mahnte er mit dem Satz: ›Fürchte dich nicht vor dem Aufhören deines Lebens, habe nur Angst davor, daß du ein rechtschaffenes Leben noch nicht einmal begonnen hast. Denn erst dann wirst du ein Mensch sein, würdig der Welt und würdig deiner Eltern.‹«

»Das war eine gute Aussage«, lobte Sarah.

»Man lehrte mich vieles. Es gab Tage, an denen ich mit der Hand Giftschlangen fangen mußte, immer wieder und wieder. Es gab Tage, an denen ich mit dem Schwert in der Hand zu kämpfen hatte. Es gab Tage«, sagte ich nachdenklich, »an denen ich mit einem Schlag Klötze spalten, einen dicken Ast abschlagen oder eine Ziege zu köpfen hatte. Dieser Kreter mit seinen Mahnungen lehrte mich viel. Ich kann mich noch genau erinnern, wie er mich mit weisen Worten rügte, weil ich einer hübschen Sklavin zu gute Worte gab. ›Mache den Einbildungen ein Ende‹, sagte er. ›Hemme den Zug der Leidenschaften. Behalte die Gegenwart in deiner Gewalt. Mache dich mit dem, was dir oder einem anderen begegnet, vertraut. Trenne und zerlege jeden Vorgang in seine Ursache und in seine Wirkung. Gedenke der letzten Stunde. Den Fehler, den jemand begangen hat, belaß an der Stelle, wo er begangen worden ist.‹

Als er bemerkte, daß ich manchen Abend in ein Haus ging, in dem Männer tranken und sich ihnen Mädchen anboten, mahnte er: ›Schließe dich an die Guten an, und verkehre nie mit Schurken, wenn du ein wichtiges Geschäft beenden willst. Gut ist der Guten Rat, das Geschwätz der Schurken ist wie der Wind. Böse Gesellschaft erzeugt nur Böses. Das wirst du an deinem Leib verspüren, wenn du die Macht der Götter verhöhnst!'«

Sarah kroch wie eine schnurrende Katze zu mir und legte ihren Kopf in meinen Schoß.

»Man sagt«, sprach sie vor sich hin und zog mit einem Finger Kreise auf dem angezogenen Oberschenkel, »daß du mit diesem kretischen Mädchen öffentlich einen Geschlechtsakt vorführen willst. Das ist doch häßlich, ich verstehe nicht, daß du zu so etwas bereit bist?«

»Eine Sklavin braucht das auch nicht zu verstehen«, antwortete ich bewußt hart. »Ich will dir nicht weh tun, aber du siehst viele Dinge nur aus der Perspektive eines Frosches. Ich bin König, Stadtkönig, in den Augen der Kreter sogar Gottkönig. Wie soll ich es dir nur erklären?« fragte ich, suchte Beispiele und Worte. Dann sagte ich eindringlich: »Es gibt hier die Initiationen, das bedeutet, daß die Mädchen und Knaben, sobald sie beginnen, erwachsen zu werden, sich einer Weihe unterziehen müssen. Weise Männer und Frauen sammeln die jungen Menschen und lehren sie viele Dinge, führen sie in die Gesetze ein. Diese Weihungen sind überall üblich, erfolgen in kleinen Gruppen, man könnte auch sagen in Bruderschaften. Die Mädchen, die Priesterinnen werden wollen, nennt man Bienen, die Knaben Bären, Ziegen, Daktylen, Kureten oder auch Kyklopen. Die Erzieher sind je nach Gegend und Aufgabe Hirten, Schmiede, Töpfer, Jäger, Musikanten oder Seher. Die Jungen müssen auch lernen, die Angst zu überwinden. Die Lehrer setzen oft Masken auf und streifen sich Tierfelle über. Etwas typisch Kretisches, was mir selbst eigenartig vorkommt, ist, daß die Knaben und Mädchen dann ihre Kleidung tauschen, die Mädchen zu Männern und die Knaben zu Frauen werden.«

Ich koste Sarah zärtlich, und sie drängte sich glücklich an mich.

»Bestimmt hast du«, fragte ich, »auch schon Bilder vom Minotauros gesehen, der halb Pferd und halb Mann ist. Er wird auch als Stiermann dargestellt, ist unten Mann und oben Stier. Du mußt das kultisch verstehen. Dieser Mann mit dem Stierkopf ist Velchanos, ist ein Gott mit dem Kopf eines Stiers. Für die Kreter ist vieles heilig. Man feiert die Aussaat, die Ernte, die Öffnung der Weinkrüge, den Auszug und die Rückkehr der Herden. Alles verbindet man mit einem Kult, mit einer Anbetung der Götter. Man pilgert zu den Heiligen Höhlen und Hainen, wandert hinauf zu den Höhenheiligtümern. Es gibt Höhenkulte und Höhlenkulte«, sagte ich nachdenklich. »Jeder Berg wurde Dikte, also ›Heiliger Berg‹, genannt. Je nach Landschaft nannte man die Gipfel Talos, Asterios oder Arbios. Anderswo war es eine Göttin, die man verherrlichte. Britomartis war die süße Jungfrau, Diktynna war die Herrin des Heiligen Berges. Und so ist, wie ich schon sagte, die Hochzeit heilig, ist weithin das Fest der Fruchtbarkeit.«

»Und öffentlich vermählt sich ein Mann mit einer Frau, ein König mit einer Priesterin. Das ist doch unsauber!« rief sie empört.

»Viele Kulturen kennen die Heilige Hochzeit«, wandte ich ein.

»Aber nicht den öffentlichen Liebesakt.«

»Du bist ungerecht«, tadelte ich.

»Wieso?« fragte sie erstaunt.

»Gäbe man dir die Ehre, mit dem König, dem Gottkönig, vor allen Menschen die Heilige Hochzeit zu feiern, würdest du sofort mitmachen.«

»Mit dir schon, aber nicht mit jedem beliebigen Lüstling.«

»Das ist es«, antwortete ich hart. »Riana vermählt sich mit mir und nicht mit irgendeinem Lüstling. Davon abgesehen liebe ich sie, sie ist für mich Kreta. Alles, was wir sind, bekamen wir von den Göttern. Wenn ich Riana liebe, erfahre ich die Götter.«

»Wir müssen also unser Leben in einer anderen Dimension sehen«, sprach sie grübelnd vor sich hin. »Es gibt im Menschen ein Geheimnis. Ist es der Traum von Gott? Ist dieser Traum das Ewige im Menschen?«

»Um die Jugendlichen zu den Göttern zu führen, haben sie ihre Einweihungen. Dann gibt es die Stadt- und die Landkulte, die Hirten- und die Seemannskulte. Sarah«, mahnte ich eindringlich, »wenn wir hier leben wollen, wenn wir hier mit den

Menschen, die um uns sind, glücklich sein wollen, dann haben wir uns in diese Kulte einzufügen. Und die Heilige Hochzeit solltest du daher religiös sehen.«

»Ich bin Hebräerin, bleibe meinem Glauben treu. Es gibt nur einen Gott, es ist Jahwe«, sagte sie eigensinnig.

»Dann wirst du immer eine Fremde unter Fremden bleiben.«

»Es gibt unter den Menschen eben Starke und Schwache. Ich will stark sein, werde mich nicht beugen.«

»Du bist wirklich aus dem Volk mit dem steifen Nacken«, sagte ich tadelnd. »Wenn du dich nicht beugst, wird man dich brechen.«

»Jetzt sage nur noch, daß auch du, wie die Kreter hier, nur um ihnen zu gefallen, um zu zeigen, daß du dich beugst, Schnecken ißt.«

»Schnecken?« fragte ich, meine Gedanken waren jedoch bei der Heiligen Hochzeit und bei Riana. »Nein«, sagte ich hastig, »ich esse sie nicht.«

»Du siehst doch, wie sie alle nach den letzten Regenfällen des Frühjahrs und den ersten des Herbstes die Büsche abklopfen und in Schluchten die Steine aufheben, um Schnecken zu sammeln. Sie sind fast närrisch auf diese ekligen Tiere.«

»Viele sind sehr arm, haben kaum genug zu essen. Die Äcker und Bäume geben oft noch wenig Frucht. Iß du erst einmal Tag für Tag einen Brei aus Hülsenfrüchten. Vielleicht wird dir dann auch eine Schnecke als Leckerbissen erscheinen.«

Wir sahen uns an, schwiegen. Sarah hatte ein Bein hochgezogen und spielte mit den Zehen. Ich war mir darüber klar, daß sie mir nur zeigen wollte, wie sehr sie ihren Körner pflegte und wie hübsch sie die Zehennägel gefärbt hatte.

»Wir müssen uns über die Alltäglichkeiten stellen, Sarah, sonst schaffen wir das Leben nicht. So hat auch das Stierspiel hier eine tiefe Bedeutung. Der Stier ist das Symbol der Fruchtbarkeit, und ich sah Wandmalereien, wo Männer durch die Berührung der Hörner eines riesigen Stieres dessen Zeugungskraft zu erlangen hofften. In einigen Ländern wird der höchste Himmelsgott oft mit dem Stier identifiziert. Besonders in Ägypten verehrt man die heiligen ›Apisstiere‹. Der Pharao wird dort sogar dem Himmelsstier gleichgesetzt.«

»Der Minotauros ist doch ein Mann mit einer Stiermaske?« fragte sie, »das Pferd mit dem Oberkörper eines Mannes heißt doch anders?«

Ich sah sie erstaunt an. »Ja, man nennt es Kentaur.«

»Gab es eigentlich je den Minotauros und den Kentaur?«

»Nein, es sind nur Sagengestalten, mythische Wesen. Der Minotauros, ich sagte es schon, wird durch einen Mann mit der kultischen Stiermaske versinnbildlicht. Ich werde diese Maske übrigens bei der Heiligen Hochzeit tragen müssen: Das ist Zeremoniell, der Kult schreibt mir das vor.«

»Gefällt dir eigentlich Kreta?« fragte sie gelangweilt.

»Ja«, antwortete ich sofort. »Ich liebte es bereits als Knabe, ich würde Kreta zuliebe sogar Schnecken essen, wie die anderen alle. Wir essen ja auch Muscheln. Was mir auch sehr gefällt, sind die wilden Blumen, die die Feldwege säumen. Die Sonne entzündet ihr leuchtendes Gelb und feuriges Rot. Hast du je gesehen«, sagte ich begeistert, »wie sich nach Norden, dem Meer zu, die Felder wie Farbtupfen in Gelb und Grün ausbreiten? Das alles ist vielleicht noch nichts, weil der Boden noch wenig Kraft hat. Wie wird es erst leuchten, wenn die Erde wieder fruchtbar ist? Gestern sah ich in einer geschützten Ecke des Palasts Granatäpfel, und ihre Blüten hingen zwischen den glatten, glänzenden Blättern wie helle, scharlachrote Schmetterlinge. Ein Lichtwunder ist für mich auch, wie die Sonne die Berge immer wieder auf eine andere, eine neue Art beleuchtet. Oft strahlt sie ein helles Licht aus, in dem alle Farben zu spielen scheinen. Und wenn es Abend wird, ähnelt Kreta mehr der Küste Afrikas als dem griechischen Festland. Hörst auch du am frühen Morgen die Amseln?«

Als mich Sarah verständnislos anstarrte, schwärmte ich: »Die Amseln singen unvergleichlich schön, sie eröffnen den neuen Tag mit ihrem melodischen Gesang.« Ich nickte vor mich hin und lächelte sie zärtlich an. »Auch die Hänflinge und

Grasmücken, die Pieper und Spatzen haben ihre Gesänge, die Lerchen jubilieren, aber sie alle sind trotzdem nur eine Begleitung, eine Untermalung zu dem allmorgendlichen Singen der Amseln.«

5

In wenigen Stunden sollte im Mittelhof die Heilige Hochzeit stattfinden. Manolis hatte den Weg genau festgelegt, den ich zu gehen hatte. Näher wäre die Wendeltreppe gewesen, die direkt zum Hof führte, doch wirke es feierlicher, meinte er, wenn ich den Weg durch das Heiligtum zum Heiligen Schrein ginge und ich mich erst dort dem Volk zeige.

Schon seit Morgengrauen klangen die Hörner und dröhnten die Pauken, die auf die Heilige Hochzeit hinwiesen. Genau eine Stunde vor Beginn des Festes war es nicht mehr erlaubt, einen Menschen oder ein Tier zu schlagen. Wenn ein zum Tode verurteilter Verbrecher nachweisen konnte, daß ihm das Urteil in der Stunde gesprochen wurde, als sich der Herr der Erde mit der Priesterin des Himmels vermählt hatte, so verringerte man ihm die Strafe. War nicht die Stunde der Heiligen Hochzeit die Stunde der Stärke und ihrer Schwester, der Barmherzigkeit?

Plötzlich irrten meine Gedanken zu Helike. Seit zwei Tagen fehlte mein Lieblingshund. Ein Sklave berichtete, daß er gesehen habe, wie sie ihn aus dem Palast lockte und in den nahen Pinienwald führte. Warum hatte sie den Hund gestohlen, wo sie doch wußte, wie sehr ich an ihm hing?

Ich trat grübelnd in den Flur, dachte nun an die Stiermaske, die ich aufzusetzen hatte, stand vor Türen, kam in einen kleinen Lichthof und blickte dann in einen Raum, den ich kaum kannte. Im Hintergrund war eine Nische, die durch einen Vorhang verdeckt wurde.

Immer noch in Gedanken bei der Stiermaske, betrachtete ich das Muster des Vorhangs, das eigenartige Ornamente zeigte. Erst nach einer Weile bemerkte ich, daß er sich bewegte. Eine Hand schlug gegen ihn, verfing sich in den Falten, und schon fiel er auf den Boden.

Vor mir lag Helike in den Armen eines Mannes und stammelte unverständliche Worte.

»Helike!« rief ich empört.

Sie erhob sich sofort und ordnete verlegen ihre Kleidung. Mit einer Handbewegung zwang ich den Mann, es war ein Sklave, auf die Knie. Auch Helike fiel sofort nieder. »Verzeih!« bat sie demütig.

Meine Empörung wandelte sich in Abscheu. »Das durftest du nicht tun«, sagte ich nur, rief die Wache, und beide wurden gefesselt weggeführt.

Das Gesetz zwang mich, ohne Erbarmen zu sein. Eine Stunde später wurde Helike gesteinigt und der Sklave in die Schlangengrube geworfen.

Ich wußte, daß viele Schaulustige an der Umfassungsmauer lehnen würden, um zu sehen, wie man an dem Biß einer Schlange stirbt. Warum, und hierauf fand ich keine Antwort, war ein Großteil gaffende Frauen?

»Helike«, sprach ich vor mich hin und dachte an sie. Mir war es, als sei es erst gestern gewesen, daß sie drüben auf dem Festland, im Sommersitz meines Vaters, aufreizend in mein Zimmer getreten war und sich anbot.

Meine Gedanken irrten, tauchten noch mehr in die Vergangenheit. Obwohl Helike sehr sinnlich war und man sie für einen Becher Wein haben konnte, hatte ich bei ihr gelernt, daß eine Frau bewundert werden will.

Erneut wirbelten meine Gedanken durcheinander. Als Jüngling wußte ich wohl – hatte jedoch noch nicht den Mut, es damals durchzusetzen –, daß ein Befehl von mir genügte, und jeder, ob Mann oder Frau, sich mir bedingungslos zu unterwerfen hatte. Ich hätte Helike mit nur einem Wort zu den abstraktesten Dingen zwingen können. Und jetzt, als die Wache die beiden abführte, genügte eine Handbewegung, um sie zum Tode zu verurteilen.

Ich wollte nie Liebe erzwingen; viel reizvoller war es für mich zu verführen. Was nützte schon ein Mädchen, das kalt wie eine Marmorstatue mein Lager teilte?

Weitere Personen schoben sich in mein Denken. Aisa stand vor mir und dann Sarah. Nahe war mir der Tag, als ich in feierlichem Zeremoniell Pasiphae heiratete. Sie hatte mir eigentlich nie gefallen, doch wurde sie auf Wunsch meines Vaters meine Frau.

Die Jagd war dann viele Jahre meine Freude gewesen. Ich jagte auch die Frauen, und das Spiel mit der Liebe wurde fast zu meinem Lebensinhalt. Da war es die junge Frau eines Beamten, die mir gefiel, dort die Tochter eines Sklaven. Ich brauchte nie zu befehlen; denn bald kannte ich alle Raffinessen, um das Ziel meiner Wünsche zu erreichen.

Helike hatte mir vieles beigebracht. So bewunderte ich da ein Kleid und dort ein Schmuckstück. Ich schwärmte von der Frisur, den hübschen Augen und dem edlen Gang meiner jeweiligen Favoritin und brach damit spielend fast jeden Widerstand. Eine wichtige Rolle spielte wohl auch, daß ich der Sohn des Königs war, dem sich keine Frau zu versagen wagte. Und so tat ich immer das, was ich gerade wollte, führte ein Leben, das ganz meinen damaligen Launen entsprach.

Im Hof begannen sich bereits die ersten Zuschauer zu versammeln. Wollte ich selbst eigentlich diese Heilige Hochzeit, oder war sie nur ein Mittel zum Zweck, um Riana zu besitzen?

Dann dachte ich daran, daß ich mich vor allen Menschen mit ihr zu vermählen hatte. Lag nicht auch darin für mich ein Reiz?

Ich verneinte; denn schon als Knabe hatte ich ja, wenn ich durch die Häuser und Zimmer ging, gesehen, wie sich Mann und Frau ohne Scheu vor den anderen der Liebe hingaben. War denn die Liebe nicht heilig? War die Vermählung, wie die Überlieferungen berichteten, denn nicht die hohe Zeit im Leben der Menschen?

Sklaven kamen und kleideten mich festlich. Manolis, der Oberpriester, setzte mir die Stiermaske auf. Priester begleiteten mich auf meinem Weg in den Hof. Dann schritt ich durch eine Menschenmenge, die mich ehrfürchtig anstarrte, und wurde von den Mondpriesterinnen in Empfang genommen.

Als ich auf der kleinen Tribüne stand, wurde von der anderen Seite des Hofes Riana heraufgeführt, geleitet von singenden Priesterinnen.

Ich sah nur Riana. Auf dem Kopf trug sie eine Haube mit Kuhhörnern. Ihren Körper umhüllten Schleier, die in der Brise, die vom Meer kam, leicht flatterten. Darunter war sie nackt. Feierlich legte sie sich, gestützt von den Priesterinnen, mit dem Rücken auf den Altar.

Manolis sprach Gebete, die Priester wiederholten sie fast singend. Priesterinnen tanzten. In Schalen brannten wohlriechende Kräuter, Flöten erklangen, eine Lyra summte. Manolis verbeugte sich weihevoll vor uns, und dann waren nur noch wir beide auf der kleinen Bühne.

Leise rief ich: »Riana!«

»Minos!« antwortete sie zärtlich, und jeder Ton wurde zur Melodie.

Ich wußte, daß nun das Zeremoniell, die Überlieferung, der Kult jeden Schritt und jedes Tun befahlen.

»Sprich leise mit mir«, flüsterte ich. »Ich würde dich jetzt gerne ohne Maske sehen, doch darf das nicht sein. Zeige mir wenigstens mit Worten, ob du glücklich bist.«

»Minos, Minos!« stöhnte sie ergriffen.

Als wir uns lösten, koste ich sie zärtlich, kniete mich dann ehrfürchtig hin und ging langsamen Schrittes, vom Gesang der Priesterinnen begleitet, in meine Zimmer zurück.

Wie aus weiter Ferne hörte ich die Zuschauer immer wieder meinen Namen rufen. Sie jubelten vor Freude, daß sie erleben durften, wie sich ein Gott mit einer Göttin vereinte. Dann sangen die Priesterinnen, die Lyra klagte, und weithin hörte man das nasale Summen der Schalmeien.

Lange lag ich auf meinem Bett und träumte, war ergriffen, und in mir war das ununterbrochene Fragen, warum um mich und in mir eine so hohe Feierlichkeit war.

Wenige Tage später mußte ich nach Ägypten reisen. Es galt, mit Thutmosis[1], dem neuen Pharao, der in der Herrschaft über Ägypten Amenophis gefolgt war, einen neuen Handelsvertrag zu vereinbaren. Der Astrologe der Priester hatte mir gesagt, daß der Termin meiner Reise gut sei. Die Götter würden diese Zeit sehr begünstigen, und wer in diesen Tagen geboren werde, könne ein hohes Alter erwarten. Es sei auch eine günstige Zeit für schwangere Frauen.

Als ich Pasiphae einlud mitzureisen, wehrte sie spöttisch ab: »Du hast genügend Weiber dabei«, antwortete sie, »und so wie ich dich kenne, wirst du in jedem Ort eine finden, die dein Lager teilt.«

Wir waren nach einer Reise von fünf Tagen zu früh in dem ägyptischen Hafen an der Nilmündung angekommen, und so nützte ich die Zeit, um mich dort umzusehen. In der Nähe unseres Ankerplatzes wurde ein Schiff aus Kreta entladen. Sklaven trugen Ballen mit Wolle, Amphoren mit Olivenöl, Körbe und Säcke mit Bohnen und Korn.

Fast stolz stellte ich fest, wie überheblich die kretischen Seeleute auf das Volk sahen, das am Kai auf und ab schlenderte.

Manolis, der mich mit einigen höheren Beamten begleitete, gab mir die Meldung: »Die Ägypter kommen.«

Als ich mit ihm zum Schiff zurückging, fragte ich ihn, warum Riana nicht mit nach Ägypten gekommen sei.

»Sie gehört nur noch den Göttern.«

»Dann willst du Gott sein?« fragte ich ihn spöttisch.

»Warum?«

»Weil du sie doch begehrst.«

Eine festliche Kamelkarawane nahte. Reiter begleiteten sie auf herrlichen, weißen Pferden. Nach drei Tagen trafen wir mit ihr im Palast von Memphis ein.

Dieser lag unterhalb der Stadt; man gelangte zu ihm durch ein Tor mit zwei fünfstöckigen Türmen. Die Mauern aus grauem Sandstein waren von oben bis unten mit Steinmetzarbeiten geschmückt. Auf dem First des Tores erhob sich das Wappen, das Symbol des Pharaos. Etwas tiefer sah ich eine Reihe Götter, denen die Pharaonen opferten. Auf den Seitensäulen waren in fünf Bildreihen übereinander gleichfalls Ebenbilder der Götter in Stein gehauen; darunter zeigten sich Inschriften in Hieroglyphen. Auf den Wänden eines jeden Turmes nahm den hervorragenden Platz das steinerne Ebenbild des Großvaters des jetzigen Pharaos ein. Dessen eine Hand trug das erhobene Beil, während die andere mehrere Menschen wie ein Bündel Wurzelwerk an den Haaren hielt. Über dem König standen oder saßen in zwei Reihen Götter; darüber brachte eine Menschenmenge Opfer dar, während dicht unter dem First der Pylonen die Ebenbilder geflügelter Schlangen mit den Abbildern von Skarabäen zu sehen waren.

Diese fünfstöckigen Pylonen mit dem sich nach oben verjüngenden dreistöckigen Torbogen, der sie verband, machten einen bedrückenden Eindruck. Die Fresken, in die sich eine gewisse Ordnung mit finsterer Phantasie, Frömmigkeit und hartem Egoismus mischte, verletzten meinen Schönheitssinn. Ich hatte das Gefühl, daß es schmerzen müsse, in diese Finsternis zu treten.

Kreta war – ich hatte Jahre gebraucht, um das zu erkennen und mich umzustellen – voll von Zartgefühl und Poesie, hatte Sinn für Eleganz. Kreta war, obwohl es teilweise noch hungerte und das Sterben zum Alltag gehörte, voll von Freude; hier herrschte dagegen erdrückende Überheblichkeit und Grausamkeit.

Ich nickte, als müsse ich meine Erkenntnis bestätigen. Mir fiel es schwer einzutreten; unmöglich schien es, wieder herauszukommen, denn das Leben hier mußte voll von Mühe sein.

Durch das Tor, vor dem Soldaten und eine Menge niederer Beamter standen, die mich angafften, gelangte ich in den Hof, der von Kreuzgängen umgeben war, die von einstöckigen Säulen getragen wurden. Dann sah ich einen wunderschönen Schmuckgarten, in dem man kleine Aloen, Palmen, Orangenbäume und Zedern in Kübeln zog, alles in Reihen geordnet und im Wuchs aufeinander abgestimmt. In der Mitte sprühte ein Springbrunnen, die Wege waren mit buntem Sand bestreut. Hier, unter den Kreuzgängen, saßen und wandelten höhere Beamte des Hofes und unterhielten sich flüsternd.

Soldaten und mehrere Beamte geleiteten mich vom Hof aus durch eine hohe Türe in einen von zwölf Reihen dreieckiger

Säulen gestützten Saal. Er war groß, doch durch die Mächtigkeit der Säulen schien er eng. Kleine Fenster in den Wänden und eine große rechteckige Öffnung in der Decke erhellten ihn. Angenehm waren die Kühle und der Schatten. Beinahe herrschte Dämmerung, doch verwehrte sie nicht den Blick auf die gelben Wände und auf die Reihen der mit Malereien bedeckten Säulen. Oben waren sie mit Blättern und Blüten geschmückt, darunter folgten Götter, noch tiefer Menschen, die Götterbilder trugen oder Opfer darbrachten. Zwischen diesen Gruppen befanden sich immer wieder Hieroglyphenbänder. Alles war mit klaren, beinahe grellen Farben gemalt: Grün, Rot und Blau.

In dem mit einem Mosaikboden ausgelegten Saal, den wir betraten, standen schweigend in weiße Gewänder gehüllte barfüßige Priester, hohe Beamte des Staates, der Kriegsminister und die Heerführer. Ein Minister bat mich, Platz zu nehmen. Er meldete, daß Seine Heiligkeit, Pharao Thutmosis, wie vor jeder Besprechung üblich, in seinem Tempel den Göttern Opfer darbringe.

Ich war müde, setzte mich, dankte für die Fruchtsäfte und die kleinen Fladen, die man mir anbot.

In kurzen Abständen kam aus den entfernteren Gemächern ein Priester oder Beamter und berichtete vom Fortgang des Gottesdienstes.

»Seine Heiligkeit hat bereits die Siegel zum Tempel aufgebrochen«, flüsterte einer.

»Soeben schloß er die Türe«, rief einer atemlos.

Auf den Gesichtern der Anwesenden zeichnete sich trotz ihrer Würde Unruhe und Bedrücktheit ab. Galten sie mir? Brachte ich Probleme, die ihnen Sorgen machten?

Dann vernahm ich den Klang von Glocken und das Klirren von Waffen. In zwei Reihen betraten mehr als ein Dutzend Gardisten den Saal, danach kamen zwei Reihen Priester, bis schließlich, in Weihrauchwolken gehüllt, der Pharao zu seinem Thron getragen wurde. Er war etwas älter als ich, trug eine weiße Toga, auf dem Kopf einen rot-weißen Helm mit der goldenen Schlange und in der Hand einen langen Stab.

Als der Zug eintrat, fielen alle auf die Knie und beugten ihr Haupt. Obwohl ich über das Zeremoniell unterrichtet worden war, blieb ich stehen, verneigte mich nur knapp. War ich nicht der König von Knossos, der Herr von Kreta?

Die Sänfte hielt vor dem Baldachin, unter dem auf einer Erhebung der Ebenholzthron stand. Der Pharao verließ die Sänfte langsam, weihevoll, blickte kurz auf die Anwesenden und richtete dann, sich auf dem Thron niederlassend, die Augen auf das Gesims des Saales, dann erst sah er mich an, tat, als bemerke er mich zum ersten Mal.

Rechts von Thutmosis stand der Großschreiber, links von ihm der Richter mit dem Stab; beide trugen riesige Perücken. Auf ein vom Richter gegebenes Zeichen setzten oder knieten sich alle nieder, und der Schreiber wandte sich an den Pharao: »Unser Herr und mächtiger Herrscher«, begann er, »Minos, der großmächtige König von Knossos, ist gekommen, um euch seine Huldigung darzubringen.«

Wieder wurde ich von dem Pharao gemustert, als hätte ich die Pest oder unreine Kleidung.

Der Richter verneigte sich nun höflich und verkündete: »Den Priestern, Beamten und der Garde ist es erlaubt, in den Hof zu gehen.«

Er selbst verließ zusammen mit dem Kämmerer, der sich tief vor dem Pharao verneigte, als erster den Saal.

Hier waren Prunk, ein eitler Hofstaat, eine Kaste von Priestern, die fast jeden Schritt des Zeremoniells bestimmten.

Auch mein Palast steht auf einem Hügel, sagte ich mir, doch fehlen in ihm die seltenen Bäume und die Prunkgärten. Hier gibt es, in Höfe und Plätze geschickt eingeordnet, Zedern, Fichten und die schönen Affenbrotbäume, die dank einer sehr entwickelten Gartenbaukunst sicher viele Jahre leben und sehr groß werden.

Ich war verblüfft, als Thutmosis aufstand, auf mich zuging und mich wie einen Bruder umarmte.

»Nimm Platz«, sagte er dann und zog einen Sessel neben sich. »Ich habe gehört, daß dein Volk den Kretern in Kunst und Religion verbunden ist, ihr sogar die gleichen Schiffe und die gleichen Handelswege benützt.« Er lächelte vor sich hin. »Vor hundert Jahren drangen die Bewohner Kretas bei euch auf dem Festland ein, gründeten Niederlassungen, und nun kamt ihr nach Kreta, auf die grüne Insel, wie wir sie nennen.«

Er sah mich versonnen an. »Mein ehrenwerter Vater Amenophis«[2], er erhob sich kurz und verbeugte sich feierlich, »hat nach der großen Flut mehrmals Oberpriester nach Kreta geschickt, um den Menschen dort zu helfen. Wir haben uns schon immer für die Insel Keft interessiert und ihre Bewohner daher Keftiu genannt.«

Wieder blickte er nachdenklich vor sich hin. »Die Hebräer, die einst bei uns eine Heimat fanden, nannten Kreta Kaphtor. Kaphtor – Himmelspforte«, murmelte er. »vielleicht sind die Berge Kretas – der hebräische Name weist darauf hin – wirklich Himmelspfeiler?«

Wir sprachen dann lange über den Austausch von Gütern, über das Recht der gegenseitigen Nutzung von Häfen, Handelsniederlassungen und Magazinen, waren uns einig über die Probleme, die sich bei der Versorgung der Schiffe ergaben.

»Wie gefällt dir mein Palast?« fragte er mich nach einer Weile.

»Sehr gut«, antwortete ich spontan und sah ihn nachdenklich an.

»Ich weiß, daß auch der Palast in Knossos sehr schön ist. Wie hat eigentlich der Palast ausgesehen, in dem du aufwuchst? War er auch so mächtig wie der von Knossos?«

Es fiel mir schwer, eine Antwort zu geben, fast mußte ich die Worte suchen.

»Man ehrt das Haus der Eltern«, sagte ich bedächtig. »Es gibt einige Unterschiede. Wir, die wir euch einmal halfen, die Hyksos zu vertreiben, sind Krieger, und so sind unsere Paläste eigentlich Burgen und mächtige Festungen. Der Grundriß eines mykenischen Palastes ist völlig anders als der der Paläste von Kreta. Seine Grundlinien sind einfach und klar. Das Leben kreist in meiner Heimat um den Zentralteil, um das im Innern liegende Megaron. Vor diesem liegt meist ein von Säulen umgebener Hof. Das Megaron besteht aus drei Räumen. In der Mitte befindet sich der niedrige, aber an Umfang mächtige, kreisrunde Herd. Er ist immer von vier Säulen umgeben. Der Thron des Königs befindet sich rechts vom Eingang an der Wand gegenüber dem Herd. Die Megaronwände sind mit Fresken geschmückt, die Kriegs- und Jagdszenen darstellen. Unsere Paläste, die, wie ich schon sagte, Festungen sind, stehen immer auf Hügeln. So können die verschiedenen Gebäude nur jene Fläche belegen, die der Hügel bietet. Der Palast von Pylos nimmt etwas mehr als ein Viertel der Fläche des Palastes von Knossos ein.«

»Reichen denn diese Räume für eure Bedürfnisse aus?« fragte der Pharao verblüfft.

»Nein. Die Bauten für die Verwaltung, für das Handwerk und den Handel liegen daher meist in der Unterstadt.«

»Dann standet ihr in der Anlage eurer Herrschaftssitze den Kretern nach; denn die verstanden es bestens, im Palast alles zu vereinen?«

Ich nickte. »Knossos hat teilweise mächtige Mauern und Wände, aber auch wir Mykener verkörpern in den jeweiligen Fürstensitzen unsere Macht und Kraft. Die Mauern der Burgen meiner Heimat haben durchschnittlich eine Stärke von meist zwanzig Fuß[3], in Mykene stellenweise sogar von dreißig Fuß[4], und in Tiryns, wo an der Ost- und Südseite die Galerien eingebaut sind, sogar über vierzig Fuß[5]. Die wuchtigsten kyklopischen Mauern sind die von Tiryns, Mykene und Arne. Auch der Palast meiner Eltern in Athen hat mächtige Mauern. Die von Arne sind über tausend Fuß[6] lang, die von Mykene immerhin an die dreihundert Fuß[7].«

Mir war es, als sehe mich der Pharao mitleidig an, so, als säße ihm, dem Reichen, ich, der Arme, gegenüber.

»Das Einmalige, das Schöne in unseren mykenischen Palästen ist der riesige Rundherd«, schwärmte ich. »Er ist aus Ton geformt, mit Stuck überzogen und weist eine kühne Dekoration in Schwarz, Blau und Gelb auf. Eine Zierde«, erzählte ich stolz weiter, »sind auch die Bankettsäle, die das Zentrum unserer Paläste bilden.«

Der Pharao nickte. »Da unterscheidet ihr euch also auch von den Kretern.«

»Wieso?«

»Eure Paläste sind kleine, geschlossene Königsburgen, die festungsähnlich wirken; die kretischen Paläste dagegen ziehen sich weit hin, und die Wohnräume und Empfangssäle umgeben einen großzügig geplanten, offenen Hof.« Er schmunzelte und spielte genüßlich mit den Worten: »Für die Kreter seid ihr kriegerische, bärtige Nordländer und machthungrige Männer, denen jegliches Verständnis für Blumengärten, Eleganz und feines Benehmen fehlt. Ihr solltet euch zusammentun. Werdet ihr im guten Sinn Kreter, und die Kreter sollten ebenfalls im guten Sinn Mykener werden, das ergäbe eine gute Mischung.«

»Unsere Burgen in Mykene und Tiryns sind die größten Herrschersitze«, verteidigte ich mich. »Ein Ägypter, der uns einmal besuchte, sagte, daß die gewaltigen Mauern von Tiryns ebenso eindrucksvoll seien wie eure Pyramiden.«

»Die Burg deiner Väter ist in Athen?« fragte der Pharao höflich.

»Ja. Sie ist wohl kleiner, aber sie wird alle anderen überdauern. Unser Athen ist reich und mächtig, pflegt besonders das kulturelle Leben. Sehr schön ist bei uns die Königshalle. Mein Vater versteht es schon seit vielen Jahren, hervorragende Handwerker zu versammeln. Sie wohnen in der Unterstadt. Besonders die Töpfer, Weber und Schnitzer sind berühmt.« Nun lächelte ich. »Es gibt zwischen euch und uns, ich meine zwischen deinem und meinem Land, eine besondere Gemeinsamkeit.«

»Ja?« fragte er erstaunt.

»Um in der Thron- und Erbfolge Streit und Haß zu vermeiden, heiraten bei uns die Könige und ihre Söhne häufig eine Tochter des Bruders.«

»Man ehelicht bei uns sogar die Schwester«, antwortete der Pharao ernst.

Wir trafen uns nun fast täglich, und ich erkannte, daß Thutmosis ein weiser und überaus höflicher Gastgeber war. An einem Nachmittag unterhielten wir uns über den Totenkult.

»Im Totenbuch haben die Priester alles aufgezeichnet, was

wir wissen müssen, um den Verstorbenen den Weg in ein gutes Jenseits zu ebnen«, erzählte er. »Wir wollen nicht, daß unsere Körper verwesen, und so stehen in diesem Buch des Todes all jene Anwendungen, die wir brauchen, damit der Körper erhalten bleibt. Anubis, der ›Gott der Grabbinden‹, war es, der uns die Kunst lehrte, den Leichnam unverweslich zu machen.«

»Warum soll denn der Körper nicht verwesen?« fragte ich verwundert. »Auf der Erde ist doch ein ununterbrochenes Kommen und Gehen, ein Werden und Verfallen?«

»Wenn der Leib unversehrt erhalten bleibt, kann die Seele, die den Toten verläßt, jederzeit und noch in Tausenden von Jahren in den Körper zurückkehren und ihn wieder herstellen. Wenn der Tote jedoch verwest ist, ist die Seele ohne Heimat und dazu verdammt, für immer umherzuirren.«

Ich verstand ihn nicht und sah ihn fragend an.

»Wir legen großen Wert darauf, daß unser Körper erhalten bleibt«, sagte er ernst. »Während die Priester bestimmte Kapitel aus dem Totenbuch aufsagen, wird die Leiche sorgsam enthaart. Dann nimmt man die Eingeweide aus dem Leib, führt durch die Nase Spezialgeräte ein, um das Gehirn zu entfernen. Nur das Herz darf im Körper verbleiben. Das Innere des Leichnams wird dann sorgfältig mit Wein ausgewaschen, die Bauchhöhle mit Wachs, Kräutern, Kaneel, gerösteten Lotoskörnern und Stoffknäuel gefüllt. An Stelle der Augen setzt man Email-Pupillen ein. Lunge, Leber, Magen und Gedärme werden grundsätzlich einbalsamiert, bevor sie in den vier Kanopenvasen verwahrt werden.«

Wieder lächelte er versonnen. »Als erste Handlung hatte man natürlich den Toten zuvor verschönt, ihm die Lippen, Fingernägel, Handflächen und Fußsohlen gefärbt. Ist das alles geschehen, umwickelt man den Körper mit Binden, die zuvor in Pech getränkt wurden. In die Binden legt man Amulette, besonders den Heiligen Skarabäus, ein.«

Meine Gedanken weilten bei diesem Käfer. Da ich mit dessen Heiligkeit nicht zurechtkam, sagte ich: »Wir kennen nur den Heiligen Stier«, und betrachtete die festliche Kleidung des Pharaos.

»Wir achten den Heiligen Skarabäus so sehr, daß wir, als wir in eine wichtige Schlacht zogen, den Weg verließen, weil auf ihm zwei der Heiligen Käfer vor sich ihre Lehmkügelchen wälzten. Für uns sind die Skarabäen die goldenen Abbilder der Sonne. Lieber nahmen wir damals den Zeitverlust in Kauf und gingen die Gefahr ein, daß aus dem notwendigen Sieg eine Niederlage wurde, als daß wir die Käfer in ihrer Arbeit gestört hätten.«

»Mein Bruder Rhadamanthys starb kürzlich«, erzählte ich. »Er war der König von Phaistos. Wir gaben ihm sein Schwert, seinen Schmuck, mehrere goldene Gefäße und auch einen Skarabäus mit, den ihm einmal ein Priester, der in deinem Auftrag zu uns kam, geschenkt hatte.«

»Das Totenbuch bestimmt«, antwortete Thutmosis ernst, »daß man dem Toten alles mit in sein Grab zu geben hat, was er auf Erden besaß.«

»Alles?« fragte ich verblüfft.

»Ja, den Frauen sogar ihre Schminktöpfe und Perücken, den Männern ihre Waffen oder Streitwagen, wir geben ihnen sogar mumifizierte Tierkeulen und in versiegelten Krügen Wein mit. Jeder bekommt auch seine Gewänder. Die Schreiber erhalten die Geräte zum Schreiben und Rechnen, die Männer sogar nackte Frauenstatuetten, damit sie auch im Jenseits ihre Liebesfreuden haben.« Er verzog die Lippen und meinte ironisch, daß auch die Toten ihren Harem haben sollten.

Als ich mich verabschiedete, sagte der Pharao nachdenklich: »Kaphtor heißt Himmelspforte. Seit der großen Flut bedeutet dieser Name für Kreta auch ›schmelzendes Land‹ oder ›überschwemmtes Land‹.«

Es war schon fast Abend, als ich in das Haus zurückkehrte, das man mir zur Verfügung gestellt hatte. Es war ein einstöckiger, aus Holz erbauter Pavillon mit zwei Galerien, der die Form eines riesigen Sechseckes hatte. Da im Inneren Hängeleuchter brannten, konnte man erkennen, daß die Wände aus geschnitzten, künstlerisch durchbrochenen Brettern zusammengesetzt waren. Verschiedenfarbige Gewebe vor den Fenstern schützten die Räume vor Zugluft. Das Dach des Gebäudes war flach.

Die halbnackten Diener, die mir mit Fackeln entgegenliefen, fielen auf die Knie und begrüßten mich devot.

Ich legte mein Gewand ab, badete in einer steinernen Wanne, stieg erfrischt heraus und warf ein großes Tuch um mich, das ich am Hals schloß und an der Hüfte mit einer Schnur band. Im ersten Stock aß ich mein Abendbrot, das aus Weizenfladen, einer Handvoll Datteln und einem Kelch leichten Bieres bestand.

Irgendwie war mir übel, ich wurde von einem eigenartigen Schwindel erfaßt. Ich legte mich hin, war jedoch so unruhig, daß ich bald wieder aufstand. Dem Sklaven, der mich bewachte, sagte ich, daß ich etwas spazierengehen und allein sein wolle.

Es war nicht schwer, das Palastgelände ungesehen zu verlassen. Schon nach kurzer Zeit befand ich mich in den Gassen der Stadt. Ich setzte mich, als Fremder unter Fremden, irgendwo hin, um eine Kleinigkeit zu trinken.

Belustigt sah ich dem Treiben zu, wunderte mich über die verschiedenen Hautfarben und Rassen, die die Straßen bevölkerten. Plötzlich standen ein Bettler und eine schöne, aber sehr schlampig gekleidete Frau vor mir.

Ich hatte gesehen, daß der Besitzer der Trinkstube die beiden bereits mehrmals weggewiesen hatte. Doch schlichen sie sich wieder heran, schoben sich dann an meinen Tisch und starrten mich unentwegt an.

Ich überlegte, ob sie mich kannten, eine Absicht verfolgten oder mich nur aus einer Laune heraus provozieren wollten.

»Bitte, schenk mir etwas«, bettelte die Frau und näherte sich mit vorgestreckter Hand.

»Komm, er will nicht!« herrschte der Bettler sie an. »Laß das, oder willst du, daß ich dich wieder schlage?«

Die Frau fragte mich erneut, wandte sich dann mit einer eigenartigen Geste zu ihrem Begleiter. »Ja«, sagte sie kehlig, »zeige, daß ich dir gehöre, zeige es...«

Erstaunt stellte ich fest, daß diese schmutzige, aber noch sehr junge Frau eine gute Figur hatte.

Der Bettler griff sie von rückwärts an, packte sie mit einer

Hand am Gelenk und fuhr mit der anderen unter ihrer Achselhöhle bis zur Brust. So standen die beiden einige Atemzüge, und die Frau senkte ergeben den Kopf, wobei ihre Augen glänzten. Als sie sich dann umdrehte, näherte der Mann seinen Mund ihren Lippen und begann, sie zu küssen, brachte dabei ihren Körper ins Wanken. Fest am Handgelenk gepackt, den Kopf unter den Lippen des Mannes zurückgebeugt, ließ sie das Bettelgeld fallen. Wenige Atemzüge später kniete sie sich nieder, wurde geschlagen und stöhnte glücklich, als sie zwischendurch von dem Mann geküßt wurde.

Ich erhob mich und ging verwirrt zum Palast zurück. Mein Glück war, daß ein Erzpriester mich erkannte und ich durch das Tor eintreten durfte.

Ich hatte mich kaum vom Schlaf erhoben und einige Fladen gegessen, als ein Minister und ein Erzpriester kamen, um mir den Tempel zu zeigen.

»Ewiges Ägypten«, sagte ich schon bald ergriffen und nickte dem Minister dankend zu.

»Unser Land hat auch viel Leid erlebt, als die Hyksos kamen«, erzählte er. »Viele Jahre waren nötig, um sie zu vertreiben. Der Großvater des jetzigen Pharaos wurde dann ein erfolgreicher Eroberer. Viele Bilder und Texte erzählen von seinen Siegen. Das Glück unseres Landes erreichte unter seiner Herrschaft einen Höhepunkt. Theben wurde zur wohlhabendsten und volkreichsten Metropole der Welt. Die Königin Hatschepsut ließ dort sogar hundert Sonnenobelisken errichten, weil Theben für sie der ›göttliche‹ Hügel war.«

»Wir in Kreta kennen die Kulte der Einweihung, die Mysterien«, sagte ich meinen beiden Begleitern, weil sie kurz vor einem Tierbildnis feierlich stehengeblieben waren. »Besonders lieben wir die Stierspiele; denn auch bei uns ist der Stier heilig.«

»Wir erziehen unsere Eingeweihten in uralten Kulten«, antwortete der Erzpriester feierlich. »Wir brauchen immerzu Menschen, die das Geheime kennen, die erlebt haben, daß das Licht nicht von oben, sondern von unten, aus der Erde, kommt. Nur sie haben die Fähigkeit, aus dem Zustand des Seins zu entschwinden und in einem anderen wieder zu erscheinen. Nur die Eingeweihten wissen, was das Schweben der Seele an einem magischen Faden bedeutet.« Er sah mich fragend an, sprach dann weiter: »Das Geheimnis der ägyptischen Priester ist, daß sie in der Erde die Urkraft, die Himmelskraft sehen. Wir leben aus einer Kraft – nur wenige wissen das –, die aus dem Mittelpunkt der Erde kommt.«

Ich sah ihn erstaunt, fast ungläubig an.

»Du kannst es dir selbst beweisen«, sagte er und lächelte. »Wirf in eine Amphore eine Handvoll Steine, sie fallen alle hinunter, schlagen auf dem Boden des Kruges auf. Warum fielen die Steine?«

»Weil sie schwer waren, sie ein Gewicht hatten.«

»Weil sie von der Erde angezogen wurden, weil in ihnen eine Kraft ist, die das Oben und Unten vereinen will. Die Urkraft will eine Wiedervereinigung mit dem Himmel. Denke daran, Minos, ohne Widerstand ist keine Schöpfung möglich. Auch wir Menschen brauchen den Widerstand – wir können auch sagen den Feind, die Krankheit, den Krieg und das Leid –, um über uns hinauszuwachsen. Alles, was kreucht und fleucht, alles in der Natur, sogar die Pflanzen, will, nein muß den Widerstand durchbrechen. Und so hat die Giraffe einen langen Hals, der Fisch Flossen, der Elefant einen Rüssel. Sieh um dich, du wirst staunen, was die Lebewesen alles tun, um den Widerstand zu brechen.«

»Die Steine haben ein Gewicht . . .«, sprach ich nachdenklich vor mich hin.

»Nenne die Urkraft, die tief unten in der Erde ist, Gewicht. Wenn wir bauen, sollten wir das Gewicht einkalkulieren, sonst hält das Gebäude nicht lange. Es gibt wichtige und unwichtige Menschen, sage besser gewichtige und ungewichtige Menschen. Meide ungewichtige, suche dir als Freunde und Berater gewichtige Menschen. Unser Leben ist ein Mysterium, du sprachst sogar von den Mysterien. Wir erziehen die jungen Priester in den Tiefen der Tempel, führen sie in das Dunkel, und nur jener darf den Weg in das Geheimnis gehen, der drei Tage das Dunkel ohne Pein ertrug.«

»Bei uns in Kreta feiert man die Initiationen in den Heiligen Höhlen. Dort erfahren die Eingeweihten auch die Mysterien. Diese Feste finden meist in der Nacht statt, die Höhlen werden dann von Fackeln erleuchtet. Musik erklingt, die ehernen Becken schmettern, dazu tönt der stumpfe Donner großer Handpauken und dazwischen der ›zum Heiligen Wahnsinn‹ lockende Einklang der tieftönenden Flöten. Von dieser alle Sinne ergreifenden Musik tanzen dann die Feiernden erregt mit gellendem Jauchzen. Durch die Höhle wogt dann in wirbelndem Rundtanz die Schar der Jünglinge und Mädchen, die eingeweiht werden. Die Haare flattern«, erzählte ich ergriffen, »die Hände schwingen Dolche oder Heilige Schlangen. Alle Tanzenden versetzen sich selbst in eine Art von Ekstase, in eine ungeheure Überspannung ihres Wesens, in eine Verzückung ohnegleichen. Und dann beginnt jene Ekstase, die dazu führt, mit dem Wesen einer höheren Ordnung, mit den Göttern und ihren Geisterscharen, in Verbindung zu treten. Die Götter sind nun unsichtbar anwesend, sind unter den Feiernden, und alle fühlen, daß sie ihrem alltäglichen Dasein enthoben, sie selbst zu Geistern aus der Menge der Menschen dieser Erde erhoben wurden.«

»Was hat dieser Tanz für einen Sinn?« fragte der Minister und sah mich mit brennenden Augen an.

»Die Seele wird von den Fesseln des Leibes frei. Es gibt Feiernde, die dabei unempfindlich gegen jeden Schmerz werden. Ein weiterer Sinn liegt darin, daß die Tanzenden nicht nur außer sich sein, sondern sogar frei von Sitte und Gesetz handeln dürfen. Herr und Diener sind gleich, beide geraten in eine Form des Über-Ich.«

»Das verstehe ich nicht ...«

»Wir Menschen stehen alle in einer Ordnung, man könnte sogar sagen in einem Gesetz. Dieses schreibt uns vor, tüchtig und zuverlässig zu sein. Vom Schwachen wird gefordert, stark zu werden, vom Unreinen, daß er rein wird. Dieser Druck, diese Forderung geht auf Kosten des Menschlichen in uns. Vielleicht gerät man durch diese Ekstase, die viele ›Heilige‹ Ekstase nennen, in einen Zustand, der für alle Zukunft das Schwere leicht und das Dunkel hell macht.«

»Wir lehren die geheimen Einweihungsriten in den Krypten«, antwortete der Erzpriester. »Die Kandidaten werden dort von besonders ausgebildeten Priestern in den Schlaf hypnotisiert, dem Licht entrissen und in den geheimen Abgründen der Finsternis begraben. Wer die Prüfungen der symbolischen Trennung von Körper und Geist überstanden hat, kennt dann das Geheimnis.«

»Welches Geheimnis?« frage ich nachdenklich.

»Das vom Jenseits. Weißt du, König von Knossos«, sagte er mit einer Stimme, in der Weihe und Ehrfurcht lagen, »daß es auch ein anderes Leben gibt? Es erwartet jeden Menschen an der Schwelle des Todes bei seiner Wiedergeburt.«

Wir standen vor dem Tempel des Heiligen Stiers, dem schon zu seinen Lebzeiten hier ein Tempel geweiht wurde. Ich wußte, daß Osiris bei seinem Wiedererscheinen auf der Erde die Gestalt dieses Stiers annehmen würde.

Die Allee der Sphingen, die zum Tempel führte, begann mit zwei Pylonen. Im ersten Teil des Gebäudetraktes befand sich der Begräbnisplatz für die Heiligen Stiere, von denen jeder seine eigene Bestattungskammer besaß.

Ein Priester, der zu uns getreten war, berichtete, daß an bestimmten Tagen des Jahres oder anläßlich des Todes und der Begräbnisfeierlichkeiten eines Apis die Bewohner von Memphis zu einem Besuch erscheinen würden.

Sehr staunte ich auch, als ich in einem anderen Tempel einen Katzensarg sah, daß ihm Verehrung zuteil wurde. Es war ein Sarg wie für die Bestattung eines Menschen. Am Kopf- und Fußende hatte man die Göttinnen Isis und Nephthys eingemeißelt. Eine Deckelinschrift berichtete, daß der Sarg »Unter der Anweisung des ältesten, geliebten Königssohnes und Hohenpriesters von Memphis, Thutmosis« hergestellt worden sei.

Ich konnte es nicht glauben, daß diese Steinkiste wirklich der Sarg einer Katze war, doch bestätigte mir das Penonuris, der Minister, und sagte, daß hier die königliche Hofkatze bestattet wurde, sie der besondere Liebling des Kronprinzen gewesen ware.

»Eine Katze?« sprach ich verblüfft vor mich hin.

Der Minister bejahte. »Unsere Könige ließen sogar Falken, Schlangen, Ibisse, Ratten, Kröten und gewöhnliche Mistkäfer mumifizieren und in kleinen Bronzegefäßen beisetzen. So siehst du, edler Minos, dort das Grab eines Stiers, sogar das eines Affen, und hier das einer Katze. Man hat sogar Echsen – sie besaßen ihre Heilige Stadt, es ist Krokodilopolis in der Provinz Fajum – feierlich mumifiziert und bestattet, und alle Besucher sind von der Schönheit der Tempel, der Gärten und der Teiche begeistert, in denen es von jenen unberührbaren Vögeln wimmelt, die Aussicht auf eine Mumifizierung erster Klasse haben.«

»Dann balsamiert man bei euch nicht nur die Könige, sondern auch hohe Beamte und heilige Tiere ein?« fragte ich etwas spöttisch.

Der Minister nickte erneut. »Natürlich wünscht sich jeder Ägypter, daß er einbalsamiert wird. Das ist jedoch eine Geldfrage«, meinte er lässig. »Wer sich eine kostspielige Balsamierung nicht leisten kann, wählt zumindest die einfache.«

»Wie sieht diese aus?«

»Sie wird von den Gehilfen der Einbalsamierer vorgenommen. Um Kosten zu sparen, werden die Toten an den Wänden aufgehängt. Nach der Entfernung der Eingeweide legt man sie dann übereinander in riesige Bottiche, die jeweils fünf Leichen fassen, wenn es sich um Erwachsene handelt. Dort bleiben sie dreißig Tage in einer Salzlösung liegen. Sobald die Mumifizierung beendet ist, holen die Verwandten oder Freunde den Leichnam wieder ab. Wer sich keinen Sarg leisten kann, wickelt den Toten in eine Ochsenhaut und legt einen Papyrus dazu, der Zauberformeln und Litaneien aus dem Totenbuch enthält. Dank der magischen Formeln erscheinen sie dann vor dem Totengericht als gerechtfertigt und sind den Göttern gleich.«

»Und was machen die Armen?« fragte ich kritisch.

»Sie müssen auch im Jenseits mit wenig auskommen«, antwortete er zynisch. »Wenn sich die Angehörigen ein Grab leisten konnten, steht meist an der Wand des Sarges nur ein Gebet um Speisen und Getränke. Das nötige Mobiliar und die anderen Grabbeigaben werden an die Innenseiten des Sarges gemalt. Die ganz Armen werden nach dem Salzbad mit Binden umwickelt und im Wüstensand vergraben.«

»Ägypten wird ewig leben«, sagte ich ergriffen, ging mit meinen zwei Begleitern durch den Tempel und strich immer wieder mit der Hand über die riesigen Säulen.

»Ja, es ist ewig«, antwortete der Minister. »Auch die Pyramiden werden ewig leben.«

»Der Sphinx sieht wie ein Fabeltier aus, wirkt auf mich wie ein Wesen aus einer anderen Welt«, sagte ich zu dem Priester.

Doch fühlte sich der Minister angesprochen und antwortete für diesen: »Der Sphinx wacht unablässig über die Pyramiden, diese Nekropolen der Pharaonen. Er ist der Hüter der verbotenen Schwellen und der Königsmumien; er vernimmt den Gesang der Planeten, wacht am Rande der Ewigkeit über allem, was war und was noch sein wird.«

»Bei uns ist die Klasse der Priester mächtig«, sagte ich vorsichtig. »Bei manchem Entscheid brauche ich sogar ihre Zustimmung.«

»Auch bei uns spielt der Priesterstand eine wichtige Rolle«, antwortete Hetep, der Erzpriester, sofort. »Die Priester sind die Lehrer der jungen Generation, sind oft Propheten und damit Berater der Erwachsenen. Wir Priester führen nicht nur auf das genaueste die religiösen Übungen vor den Göttern und den Pharaonen aus, sondern heilen als Ärzte auch die Kranken, haben als Ingenieure Einfluß auf den Fortgang der öffentlichen Arbeiten, als Astrologen auf die Politik.« Er sann vor sich hin, sah mich dann an und meinte: »Minos, edler König, ich glaube, es wird bei euch in Kreta nicht anders sein; denn ohne die Hilfe der Priester, die tiefer in unser Sein und in das Wesen der Gottheiten eindringen, wird es dir nicht gelingen, den Menschen wieder das Glück zu geben.« Erneut sah er vor sich hin und sprach erst nach einer Weile weiter. »So sehr die Priester bei uns ihre eigenen Wege gehen, suchen sie doch den Kontakt zum Pharao. Er opfert am häufigsten den Göttern, und er erbaut die großzügigen Tempel. Je mächtiger der Tempel, um so länger lebt sein Name weiter. Es gab jedoch Pharaonen«, nun sah er mich durchdringend an, mir war, als suchten seine Augen meine Seele und meine geheimsten Gedanken zu ergründen, »die sich mit den Priestern nicht verstanden. In solchen Phasen verfiel die Dynastie, und ein Priester setzte sich den ›Klaff‹ auf, die mit einer Schlange umwundene Bedeckung des Hauptes der Pharaonen.«

Meine Gedanken waren bei Manolis, dem Oberpriester. Er sprach in dieser Stunde mit einem Minister des Pharaos. Dann sah ich wieder auf Penonuris, der gerade unterwürfig mit einem Priester sprach. Wie jeder Ägypter hatte er entblößte Arme und Beine, auch die Brust war frei, an den Füßen trug er Sandalen, um die Hüfte das kurze Röckchen und dazu den blau und weiß gestreiften Schurz.

Als ich zurück zum Palast getragen wurde, balancierten sechs schwarze Sklaven meine Sänfte. Hinter mir gingen drei Männer: Der erste trug den Fächer, der zweite mein Schwert und der dritte eine Truhe mit persönlichen Utensilien.

Die Wachen, die entlang der Straße standen, dienten wohl mehr meiner Ehre als meinem Schutz. Denn wer hätte hier in diesem streng regierten Land dem König von Knossos Leid zufügen können?

Der Horizont flimmerte im Licht der Sonne; es war, als ob das ganze Land in diesem hellen Licht zerfließe. Das Wasser in den Kanälen schimmerte wie geschmolzenes Metall; die Höhenzüge der Wüste tauchten das Land in Gold und Schatten, die Bäume und Sträucher wurden zu dunklen Silhouetten.

Überall sah ich Felder, oft mit Palmen umstanden. Auf einigen grünten Flachs und Klee, auf anderen glänzte goldener Weizen und Gerste der zweiten Saat. Aus einer Hütte, die unter Bäumen verborgen lag, traten bronzefarbene Menschen heraus. Ihre ganze Bekleidung bestand nur aus einem kurzen Rock um die Hüfte und einem Hut auf dem Kopf.

Die einen wandten sich den Kanälen zu, um sie vom Schlamm zu säubern oder Wasser zu schöpfen; andere zerstreuten sich zwischen den Bäumen und Sträuchern, ernteten Feigen und Weintrauben. Nackte Kinder spielten, und Frauen in ihren weißen, gelben oder roten ärmellosen Gewändern eilten geschäftig hin und her. Eine berittene Abteilung, lanzenbewehrt, huschte vorbei. Ich sah sie kaum. Dann nahten Bogenschützen in Hauben und eigenartigen Röcken; sie trugen die Bogen in den Fäusten, die Köcher auf den Rücken und breite Äxte an der Rechten. Ihnen folgten die Schleuderer. Die Taschen mit den Geschossen trugen sie links; rechts hielten sie das kurze Schwert. Wenige Schritte später kamen zwei kleine Abteilungen Fußvolk: die eine mit Spießen, die andere mit Beilen bewaffnet.

Ich begann zu sinnieren, verglich die Waffen mit denen meiner mykenischen Heimat. Charakteristisch für uns war der riesige, mit Ochsenfell überzogene Turmschild, der den Körper vom Hals bis zu den Knien schützte. Unsere Helme waren oft mit Hörnern, Troddeln und Büscheln verziert, mit Eberzähnen umkleidet. Da sie meist aus Leder und Filz gefertigt wurden, waren sie leichter und kühler als die aus Metall gearbeiteten. Auch wir hatten als Angriffswaffen Pfeil und Bogen, Lanzen und Schwerter, Wurfspieße und Dolche. Der adelige Krieger besaß ein langes und ein kurzes Schwert, ein schweres Messer und ein Beil, um die Schutzwaffen des Gegners zu brechen. Sehr beliebt war im Kampf das sogenannte Schlachtmesser und das Beil. Das kleine Schwert, das wir Paraxiphis nannten, war etwa vier Handbreiten lang und diente als Hieb- und Stoßwaffe in der Endphase des Kampfes, wenn alle übrigen Waffen vernichtet waren.

Ich versank in meinen Erinnerungen, dachte an die Schwertscheide, an der meist drei bis fünf Lederschnüre hingen. Dann sah ich vor mir unsere Helme, die oft Wangen- und Nackenklappen hatten. Ihre Schwäche war, daß der Hals selbst nicht geschützt wurde, die Feinde das erkannten und versuchten, möglichst lange Schwerter herzustellen, um mit ihnen diese verwundbare Stelle zu treffen. Dann waren meine Gedanken bei den Pferden und den Streitwagen, die für alle ein kostbarer Besitz waren. Es gehörte zur Ehre des Mykeners, daß man die Pferde sehr pflegte. Meist trugen sie ihre Mähne in einzelne Büschel verteilt. Es war Brauch, verschiedenfarbige Pferde vor die Streitwagen zu spannen. Wir ehrten die Pferde damit, daß wir ihnen oft sogar königliche Namen gaben und ihnen eine göttliche Abstammung zuschrieben. Die vom Streitwagen herab kämpfenden Krieger trugen wohl als erste den schweren Bronzepanzer, der in seinem unteren Teil aus mit Lederriemen verbundenen, gebogenen Bronzeplatten bestand.

Nun stürzten die Gedanken durcheinander, waren zugleich bei den ziselierten Klingen der Prunkschwerter, bei den Einlegearbeiten der Dolche. War es Ritsos gewesen, der sagte, daß die Ritzung, Gravierung oder Punzierung als ›Malerei in Metall‹ bezeichnet werden konnte?

Ich rief mich in die Gegenwart zurück; denn vor mir lag eine weitere Besprechung mit Thutmosis über den Austausch von Waren. Ägypten konnte viel bieten, Kreta wenig. Die Baumeister wünschten Holz, doch waren unsere Wälder, die sich nach der großen Flut nur langsam entwickelten, noch zu jung, als daß ich schon Holz liefern konnte. Dann wünschte man Felle, Metalle, Wein und Honig. Keramik vermochten wir in genügender Menge herzustellen, auch kleine Kunstwerke aus Bronze, Elfenbein, Steatit, Fayence und Gold. Gerne nahm man auch unsere Kupferbarren an. Früher, vor der großen Flut, lieferte Kreta die verschiedensten Ölsorten, bot Oliven und Fische, aber auch Getreide, Hülsenfrüchte und Mandeln an. Die eingelegten Fische und Oliven verfrachtete man in Amphoren, das andere in Säcken. Ägypten importierte aus Kreta vor allem das, was ihm am meisten fehlte, das Silber, dessen Wert doppelt so hoch war wie der des Goldes. Holz handelte man meist in Brettern und Balken. Ob ich dem Pharao Schiffe anbieten durfte? Eigentlich brauchte Kreta sie notwendiger, doch ging es jetzt darum, Ware zu liefern, um dafür Nahrungsmittel einzutauschen. Wenn ich nun aber dem Pharao Schiffe geben würde, konnte er, weil diese schneller als die ägyptischen waren, damit die Übermacht im Handel bekommen, und das wäre gefährlich für uns gewesen.

Plötzlich fand ich die rettende Lösung. Wenn ich meine guten Verbindungen zu mykenischen Verwandten nützte und dort jene Produkte eintauschte, die die Ägypter wünschten, konnte ich sie als kretische Waren anbieten.

»Kupfer«, sprach ich so laut vor mich hin, daß die Sklaven, die meine Sänfte trugen, erschrocken zusammenzuckten.

Ich versuchte meine Gedanken zu ordnen. Bei mir in Kreta gab es im Asterousisgebirge in der Nähe von Lebena[8] und Lasaia[9] – man nannte sie sogar »Stadt der Steine« – eine Grube. In den Tallaiabergen, östlich von Kouloukonas, schürfte man mit guten Erfolgen. Es gab auch in den Weißen Bergen Kupfer, aber auch in den Bergen des Selinon, insbesondere um die Orte Elyros, Hyrtakus und Kantanos. Ich nickte stolz; denn sogar bei Zakros, Gournia, Malia, Milatos, Matala, Phaistos, Aptara und vor allem im Idamassiv förderte man es in kleinen Mengen.

Als ich mich im Gästehaus erfrischte, halfen mir Aisa und Sarah. Beide sprachen fast gleichzeitig auf mich ein, während sie mich massierten und salbten. Plötzlich wußte ich, was ich noch als Ware anbieten konnte. Die Bergleute bauten bei Fodele Arsenik ab und gewannen in den Bergwerken von Fournes Materialien, die man zum Färben und Gerben brauchte. Einige Kreter verstanden sich sogar darauf, Farbstoffe herzustellen, die zur Verschönerung des Körpers und bei der Malerei benötigt wurden.

Aisa trug eine Kette mit Perlen aus kretischem Jaspis und Bergkristall. Wenn ich in Fodele und an den anderen Fundorten mehr Arbeiter einsetzte, konnte ich sogar diese Halbedelsteine liefern.

Ein Bote kam und teilte mir mit, daß Seine Heiligkeit, der Sohn der Götter, Pharao Thutmosis, geruhe, mich zu empfangen. Ich erhob mich, kleidete mich festlich an und prüfte mehrmals mein Gewand.

In diesem Augenblick drängte sich Aisa an mich und bat, ihr zu erlauben, daß sie jenes Dorf besuche, in dem sie einst gewohnt hatte. »Vielleicht gibt es dort Menschen, die mich kennen, die mit mir verwandt sind? Es wäre schön zu wissen, ob ich hier noch ein wenig Heimat habe.«

Sarah stieß sie weg. »Laß diesen Unsinn«, rügte sie. »Du bist Sklavin und hast keine Wünsche zu äußern. Gehorche, diene – das steht dir zu, mehr nicht.«

»Du schmutzige Hebräerin!« schrie Aisa und stürzte sich auf

Sarah. »Meinst du, daß du mehr bist als ich? Wer erlaubt dir, du Tochter eines betrügerischen Volkes, so zu reden? Auch du bist nur eine Sklavin.«

Der Bote, anscheinend ein höherer Beamter, zog Sarah an den Haaren weg. »Laß das, du Fremde aus dem Stamme Israel«, herrschte er sie an.

Als er mich zum Audienzsaal führte, fragte ich ihn, warum er die Hebräer hasse, die meisten wären doch, als bei uns in Kreta die große Flut kam, nach Kanaan ausgewandert?

»Sie sind, wie die Hyksos, grausam und kennen kein Erbarmen«, sagte er bitter.

Als ich von der Besprechung mit dem Pharao zurückkam, saß Sarah in meinem Zimmer und weinte.

»Was ist?« fragte ich teilnahmsvoll. »Nimm die Worte des Ägypters nicht so tragisch, aus ihm sprach nur der Haß!«

»Das ist es ja nicht«, schluchzte sie.

Nach einer Weile berichtete sie und wischte sich immer wieder die Tränen ab. »Ich ging zum Tempel, stand dann in der Vorhalle, streifte mir, wie es das Gesetz befiehlt, die Schuhe ab und ging mit nackten Füßen weiter. Plötzlich waren um mich Männer, die mich warnten, mit schmutzigen, vom Straßenstaub bedeckten Füßen in den Tempel zu gehen. Ein Mann kam mit einem Wasserbecken, ein anderer mit einem Tuch. Plötzlich waren um mich viele Männer und jeder wollte mir die Füße waschen und sie trocknen.«

Sie stockte, grübelte und wischte sich wieder über die Augen.

»Es war alles wie ein Traum; denn plötzlich sah ich vor mir einen Spiegel, konnte mich in ihm beobachten und sah die Hände, die mich wuschen, trockneten und dann gierig abtasteten. Nein ...«, rief sie, legte den Kopf in beide Hände und weinte wieder.

»Sarah«, tröstete ich und nahm sie in die Arme. Sofort umschlang sie mich und flüsterte mir Kosenamen ins Ohr. Erst als ich ihren Mund mit meinen Lippen verschloß, brachte ich sie zum Schweigen. Nach einer Weile sprach sie, noch immer nach Atem ringend, weiter. »Du«, seufzte sie, »es war schrecklich, jede Hand beschmutzte und erniedrigte mich.«

»Und wie ging es aus?« fragte ich, erschrak, weil in mir auf einmal eine eigenartige Neugierde war, die fast zu Lust wurde.

»In meiner Angst stieß ich meine Finger in aufgerissene Münder, in Augen, bohrte sie in Nasen und Ohren. Dann trat ich um mich.«

Während Sarah ihr Leid klagte, erinnerte ich mich an die Weissagung einer Seherin. Sie hatte mir, wenige Jahre bevor ich nach Kreta kam, gesagt, daß sich einmal hundert Söhne und Töchter um meinen Thron streiten würden.

Während ich rätselte, warum Aisa und Sarah noch nie schwanger geworden waren, flüsterte Sarah vor sich hin: »Was ist nur der Mensch?« fragte sie. »Er darf doch nicht nur ein von lüsternem Fleisch umhülltes Gerippe sein?«

Ich war zu müde, um eine Antwort zu geben, ging in den Garten und setzte mich auf eine Bank. Wieder stürzten meine Gedanken durcheinander. Lag es an der Hitze, an den Gesprächen mit dem Pharao oder an dem Bericht Sarahs?

Langsam kam ich zur Ruhe und ging in meine Zimmer zurück. War es Zufall, daß ich in den Raum trat, den Sarah bewohnte? Ich hörte schon seit einigen Schritten das Klatschen harter Schläge.

Als ich in das Zimmer trat, kniete vor Sarah eine ägyptische Sklavin, die man ihr schon am ersten Tag zugeteilt hatte. Mit einem unguten Gesicht schlug Sarah sie. Als die Sklavin laut stöhnte, rief sie wütend: »Wirst du wohl ruhig sein? Wirst du wohl schweigen, du niederträchtiges Vieh!«

Im ersten Augenblick wollte ich Sarah rügen, doch dann wandte ich mich ab, denn in ihrem Zorn hatte sie die Sklavin fast tierhaft angesehen. Ihre Augen glänzten, ihre Lippen waren naß, und immer noch tanzte ihr Stock, als hätte er seine eigene Kraft.

Ich ging nachdenklich weiter, grübelte darüber nach, warum Sarah so häßlich aussehen konnte, wenn sie zornig war.

Als ich sie kaum eine Stunde später traf, fragte ich sie, warum sie so wütend gewesen war.

Ihre Antwort war oberflächlich: »Sie hat mein Schminktöpfchen umgeworfen.«

»War das so schlimm?«

Sarah blickte auf die Seite, stockte, suchte eine Antwort und sagte dann zögernd: »Eigentlich trägst du die Schuld, ich war auf dich böse«, sagte sie leise.

»Auf mich?« fragte ich verblüfft.

»Ja, Minos. Ich bin deine treueste Dienerin, deine ergebenste Sklavin und anhänglich wie ein Schatten. Ich weiß, daß ich dein Eigentum bin, doch sehne ich mich danach, daß du wenigstens, wenn du mich liebst, nicht wie ein Herr und Gebieter handelst. Warum zeigst du mir in vielen Worten und Gebärden immer wieder den Abgrund, der uns trennt?«

»Ein Abgrund«, staunte ich. »Was meinst du damit?«

»Warum bist du nur zärtlich zu mir, wenn du mich begehrst?« Sie schwieg, biß sich auf die Unterlippe, zog sie immer wieder erregt zwischen die Zähne. »Du hast einen Hund, den du sehr liebst, nahmst ihn sogar mit nach Ägypten. Bald meine ich, daß er dir näher steht als ich. Du kamst gestern zu mir mit dem Hund. Bliebst nur wenige Stunden, doch lag in dieser Zeit der Hund neben dir, er lag an jener Stelle, die eigentlich mir gehören sollte. Als ich ihn wegjagen wollte, knurrte er und wies mir die Zähne. Du lachtest nur und drücktest deine Hände kosend in das Fell dieses unreinen Tieres, genauso, wie du in mein Haar greifst, wenn ich in deinem Herzen bin. Und seitdem hasse ich den Hund, da er mir einen Teil deiner Liebkosungen nimmt.«

Es war am Tag darauf, als ich bei einem Minister zu einem Fest eingeladen war. Mädchen tanzten. Wenn sich eine mir näherte, mir damit eine besondere Ehre erweisen wollte, nickte ich ihm wohlwollend zu. Als ich in einer Pause mit Sarah sprechen wollte, schwieg sie, sah mich empört an.

»Was ist mit dir?«

»Du bist zu diesen nackten, schamlosen Weibern gut. O Jehova, der du das aus hohem Himmel siehst, schleudere nicht Blitze auf diese abscheulichen Weiber.«

Als sie dann in meinem Zimmer neben mir lag, zeigte sie mir bald erneut ihre Eifersucht.

»Was ist denn nun schon wieder?« fragte ich kritisch.

»Du denkst immer noch an diese schamlosen Weiber«, herrschte sie.

»Laß diesen Unsinn«, sagte ich hart. »Ich denke an mein Kreta, will dort auch solche Häuser, wie wir sie hier sehen, errichten, will solche Straßen bauen und will Kreta den Wohlstand bringen und mit ihm das Glück.«

Und wieder begann ich zu grübeln, sann vor mich hin, wie ich es einrichten konnte, dem Pharao jeden Vollmond eine Schiffsladung Kupfer zu liefern. Alle Hände, auch die der Kinder, wurden immer noch für den Wiederaufbau gebraucht. Noch brachten viele Äcker wenig Frucht, und es gab Orte, in denen man hungerte. Menschen torkelten auf mich zu, wenn ich zur Visitation ritt, halb wahnsinnig vor Durst und Hunger. Immer wieder erwürgten sich Menschen gegenseitig, erschlugen sich mit Steinen, kämpften um eine Handvoll Korn oder um einen kleinen Fladen.

War es für mich als König nicht die vordringlichste Aufgabe, den Hunger zu stillen und dann erst Knossos und Kreta wieder einen Machtbereich innerhalb der Länder zu verschaffen, die das Kretische Meer umgaben?

Ich war müde, ging in den Garten des Gästehauses, setzte mich auf eine steinerne Bank und starrte auf den Boden und beobachtete einen erstaunlich großen Schmetterling, der eine Blüte umgaukelte. Erst jetzt sah ich den Greis, der unter einer Palme auf einem Bett aus Ledergurten lag. Er spielte mit seiner Hand im Haar einer Sklavin, die ergeben neben ihm auf dem Boden hockte. Einmal flocht er spielerisch aus einigen Strähnen Zöpfchen, dann strich er ihr wieder kosend über den Rücken. Ich blickte fasziniert auf den Alten und das glückliche Atmen der Sklavin. Was war es, begann ich zu grübeln, daß sie sich fast selig den knochigen Händen hingab?

Ich erhob mich, ging zu den beiden und begrüßte sie.

»Störe uns nicht«, herrschte der Greis, legte einen Finger auf seine Lippen und zeigte dann auf ein Bassin. Es war ein Teich, auf dem sanft schaukelnd Lotosblumen schwammen und einen Teil der Wasserfläche mit ihren Blüten und Blättern bedeckten.

Ich sah hin, weil der Alte auf ihn gedeutet hatte. Gut, er hatte eine bizarre Form, das Bassin glich einem großen Akanthusblatt. Waren die großen Blüten wirklich von Lotosblumen, fragte ich mich, wußte, daß es diese bei uns in Kreta nicht gab.

Meine Augen wanderten. Hinter dem Teich erhob sich eine Gruppe riesiger Zedern, die ein üppiges Dickicht aus Farnkräutern und Lianen beschatteten. In dem grünlich schimmernden Halbdunkel lehnte eine junge Frau an einem Stamm. Um die Schultern trug sie ein Tuch aus dünner Seide, das nur teilweise ihren Oberkörper bedeckte und damit ihre Nacktheit hervorhob.

Langsam, als wisse sie nicht, ob sie es durfte, ließ sie den Schal zu Boden gleiten und gab sich dem Licht frei. Fast tänzerisch hoben sich ihre Brüste. Einmal streckte sie die linke und dann die rechte Schulter. Wenige Atemzüge später strich sie sich eine Haarsträhne aus dem Gesicht, und ihre Hände kosten die Hüften und die Wölbung des Bauches. Der Kopf der Frau zeigte Verzücken, lehnte sich weit nach hinten, und dann sank der Körper auf den Boden.

Unbefangen gab sich die Frau ihren Träumen hin, es waren Träume, wie sie bei vielen Menschen aus der Sehnsucht nach Liebe und Zärtlichkeit kamen.

Schämte ich mich, weil ich zusah, oder war in mir Mitleid, weil sich die Frau unbeobachtet fühlte?

Durch meine Sinne gaukelten die Gesichter von Menschen, mit denen ich in den sechs Jahren, die ich nun schon auf Kreta war, zu tun hatte. War es Prokas gewesen, der gemahnt hatte: »Die Not ist der Leim, der viele Menschen zusammenkleistert!« Es stimmte, die Not hatte mich an einige Menschen gekettet, es gab unter ihnen welche, die mir guttaten, es gab aber auch eine nicht gerade kleine Menge, die voll von Gemeinheit war. Plötzlich drängte sich Manolis in mein Denken. In seinem Gesicht war Gemeinheit, zeigten sich viele Laster. Seine Nähe tat mir oft so weh, daß ich kaum zu sprechen vermochte. Und, ich nickte, als müsse ich es bestätigen, versank mit jedem weiteren Jahr immer mehr in Einsamkeit. War es das Schicksal der Menschen, daß es nur die Wahl zwischen Einsamkeit und Gemeinheit gab?

Dann waren meine Gedanken bei Pasiphae. Sie begann, zum Gespött zu werden, sammelte Menschen um sich, die sich den absonderlichsten Kulten hingaben. Dann dachte ich an Sarah, die ebenfalls begann, ein Eigenleben zu entwickeln, das sie sehr ins Zwielicht brachte. Bald fragte ich mich, ob mir wenigstens Aisa treu blieb, sie nur mich begehrte?

Während ich grübelte, tauchten in meinem Denken Frauen auf, die mein Lager geteilt hatten. In Axos hatte ich Söhne gezeugt, die einige Hoffnung gaben. Hatte es an mir gelegen, daß sie gut ihren Weg ins Leben gingen?

War der Mann als Gebender oder die Frau als Empfangende für einen werdenden Menschen wichtiger?

Ich sah kaum noch die Frau unter den Bäumen, sann über die Aussage nach, die ich einmal gehört hatte: »Daß wir so oft in anderen irren, ist nicht immer Schuld unserer Urteilskraft, sondern entspringt meistens daraus, daß unser Denken vom Willen und vom Affekt beeinflußt wird. Ohne es zu wissen, werden wir durch vorausgegangene Kleinigkeiten für oder gegen eine Person eingenommen. Sehr oft liegt es auch daran, daß wir von wahrgenommenen Fehlern auf weitere schließen, da wir sie für untrennbar von jenen halten.«

Ich erhob mich, ging langsam in mein Zimmer und legte mich auf mein Bett.

Im Halbschlaf hörte ich, daß sich Aisa und Sarah wieder stritten. Ein Mann mischte sich dann ein und sagte Sarah böse Worte. Halb noch in einem Traum verhangen, erinnerte ich mich an den Ägypter, der die Hebräer nicht mochte. »Wir hassen noch heute die unmenschlichen Hyksos, denn sie waren grausam und kannten kein Erbarmen«, hatte er gesagt. Ich wußte, daß die Hyksos weithin Städte, Dörfer und Tempel verwüstet, sie den Gefangenen Körperteile wie Nasen, Ohren und Zungen abgeschnitten hatten, daß es sogar Orte gab, wo man ihnen Hände und Beine abgehackt hatte. Ihre Folterungen waren schrecklich gewesen, und in den Zentren ihrer Macht war es zu fürchterlichen Ausschweifungen gekommen. Sie besudelten und verbrannten kostbarste Papyrusrollen und berühmte Kunstwerke, stachen willkürlich Augen aus, schlugen Zähne ein und spalteten wegen geringster Delikte Schädel. Sogar nichtägyptische Schriftsteller prangerten ihre Gottlosigkeit und Rücksichtslosigkeit gegenüber heiligen und weltlichen Gesetzen an. In vielen Ländern sah man jedoch in den Hebräern die Nachkommen dieser Hyksos, identifizierte sie sogar mit ihnen.

Ich hatte dem Ägypter wohl entgegnet, daß er subjektiv sei, denn mehrere Argumente bezeugten, daß sie nicht Nachkommen grausamer Tyrannen seien, sondern daß sie nur zufällig aus den Landschaften kämen, die immer schon ein Schmelztiegel der Völker und Kulturen waren.

Wieder hörte ich die Stimmen Aisas und Sarahs, fühlte, daß beide mich suchten.

Warum gehörten meine Gedanken auf einmal Helike?

Nach einigen Atemzügen wußte ich es. Sie war frei und ungehemmt gewesen, sagte immer, was sie dachte, war zugleich frivol und vornehm. Da ich Aisa und Sarah nicht sehen wollte, ging ich in den Park. Die Sonne war nahe dem Untergang. Minuten später war um mich eine sternenklare Nacht. Über den Dächern der Häuser am Fluß begannen die Nebel hochzusteigen und dicht zu werden. Ein sanfter Wind trieb sie nach Norden, dem Meer zu, kühlte die Bäume und die Pflanzen, die beinahe vor Durst umgekommen waren.

Viele Gedanken gehörten wieder meinem Kreta. Ich wollte, nein, ich mußte es wieder zu guten Ernten bringen. Ägypten war eine Hilfe, doch boten sich auch die Phönizier und Hethiter an.

Ein Sklave lief auf mich zu, übermittelte die Einladung eines Ministers. Ich dankte, nahm sie gerne an, denn dieser Mann hatte mir schon viele gute Ratschläge gegeben. Als ich sein Haus betrat, begleiteten mich Aisa und Sarah. Etwas stutzte ich, weil sie nicht an meine Seite gesetzt wurden, sondern sie der Minister zu sich an den Tisch nahm.

Schon im Flur hatte er mir seine Frau, seine Schwester und seine Mutter vorgestellt. Im Saal erwartete mich sein Harem, der anscheinend zum Hause eines jeden vornehmen Mannes gehörte. Peinlich war mir, daß ich mir zwei Mädchen aus dem

Harem des Ministers aussuchen sollte, weil mir dabei Aisa und Sarah spöttisch zusahen. Beide Sklavinnen hatten die Aufgaben, mich zu bedienen.

Geschah es nur aus Trotz, daß ich zwei nubische Mädchen wählte?

Um den Hals trugen sie kokett Bänder und dicke Ketten. Die Ober- und Unterarme waren mit breiten Spangen geschmückt. Es amüsierte mich sehr, daß sie fast nackt waren, nur eine Art Schamtuch um die Hüfte trugen, das jedoch so schmal war, daß es mehr ent- als verhüllte.

War es Zufall oder Absicht, daß die Sklavin, die mir besonders gefiel, weil sie eine reizende Figur hatte, auf Wunsch des Gastgebers sofort tanzte und dabei ein Lied vortrug?

Die Nubierin, die links von mir stand, übersetzte geschickt den Text: »Der Erdgott verleiht jedem Körper seine Schönheit. Der Schöpfer tut dies mit seinen beiden Händen als Balsam für sein Herz. Wie die Kanäle des Nils wieder voll von Wasser sind, so wird der Mensch von der Liebe überschwemmt.«

Im nächsten Augenblick traten Haremsmädchen hinter die Sängerin, klatschten den Takt und wirbelten mit einer Leidenschaft durch den Raum, die mich verblüffte. Was mich auch in Verwunderung setzte, war die Tatsache, daß die Frau und die Schwester des Ministers den Mädchen wohlwollend zusahen. Die Frauen der Gäste waren korrekt gekleidet, einige trugen sogar einen Kopfputz oder Hüte, während die Tänzerinnen aus dem Harem fast nackt waren.

Es gab keine Eifersucht, keine kritischen Blicke. Als ich dem Minister für die Darbietung meine Anerkennung aussprach, antwortete er höflich, daß der Tanz nicht sein Verdienst sei, sondern das des Oberaufsehers über alle »Vergnügungen des Königs«.

Meine Tischdame, die geschickt übersetzte, erklärte mir, daß sie alle eine Musikschule besuchen würden, in der man ihnen auch in vielen anderen Dingen Unterricht gäbe.

»Mein Herr, die Götter mögen ihn segnen«, erzählte sie, »hat oft Gäste. Wenn es zu Banketten kommt, haben wir die

Aufgabe, unser Land zu ehren und den Anwesenden Freude zu bereiten.«

Sie sah mich an, und es war mir, als ob ihre Augen mich ausloten wollten. »Warum hast du mich ausgewählt?« fragte sie. »Es gibt Schönere im Harem meines Herrn.«

Beinahe hätte ich spontan ihre gute Figur gelobt; denn Helike hatte mich gelehrt, die Schönheit der Frauen zu würdigen. Ich suchte Floskeln und sagte: »Du hast Augen, die beglücken; du hast Lippen, die Durst machen; du hast einen Körper, daß man vor Sehnsucht nach ihm krank werden könnte.«

»Komm!« antwortete sie nur, führte mich auf die Seite, salbte mich mit wohlriechendem Öl und schmückte meinen Kopf mit einem Kranz.

»Dieses Öl riecht wundervoll«, radebrechte ich mit schwerer Zunge.

»Es ist der Duft von Lotosblüten. Ich liebe ihn sehr, salbe mit ihm nur wenig Gäste.«

»Warum?«

»Weil ich in ihm sehr schnell meine Seele verliere. Was ist schon ein Mensch ohne Seele?«

Einen Augenblick versank ich in ihren großen Augen, in denen sich die Sonne Ägyptens spiegelte, die Weite der Landschaft, das Blau des Himmels, das Rot der Erde, die staubbedeckten Büsche der Tamarisken und die schmalen Wege, die hinein in die Felder führten. Als es mir gelang, mich zu lösen, sagte ich nur mit einer Stimme, die mich erschütterte: »Du . . .« Dann umgab mich Nebel, der uns, den Raum und die anderen Gäste einhüllte, fast unsichtbar machte. Oder befand ich mich in einem Rausch, der vom Himmel fiel, mich zutiefst aufwühlte? Mir war es, als wenn zwei Meere aufeinander prallen würden, zwei heiße Stürme sich trafen.

»Was ist ein Mensch schon ohne Seele?« fragte mich das Mädchen wieder.

Ich antwortete schlicht: »Ein Wesen ohne Glück.«

Der Minister klatschte in die Hände, und schon bot man mir, nachdem ich am Tisch Platz genommen hatte, von allen Seiten die leckersten Speisen an.

»Wir lieben das Leben!« rief er und erhob den Becher. »Minos, edler König von Kreta, ich wünsche dir, daß du immer von klugen Menschen umgeben bist. Fördere sie, fördere aber auch die Musik, die Kunst und die Tempel.« Wieder hob er den Becher und fragte: »Wie viele Tempel gibt es eigentlich in deinem Reich?«

Ich überlegte kurz. War es Kadmos oder Prokas gewesen, die mir einmal geraten hatten, nie alles zu sagen, was ich wußte, jedoch immer zu wissen, was ich sagte? Eine Stimme drängte sich in mich und mahnte: »Es ist gefährlich zu lügen; oft ist es aber noch gefährlicher, die Wahrheit zu sagen.«

Ich sagte einen Teil der Wahrheit. »Südlich meines Palastes in Knossos gibt es den Sommersitz von Acharna. Dort sind in den Ruinen die Reste einer Kultstätte, nahe ist eine Nekropole, die ich für meine Familie einmal verwenden werde. Wir Kreter...«

»Du bist Mykener«, unterbrach mich der Ägypter höflich, aber kritisch.

»Jeder ist das, was er ist, oder«, ich lächelte ihn gütig an, »das, was er sein will. Es stimmt, ich komme aus Athen, gehöre zur Sippe der Mykener.« Ich schwieg und sah vor mich hin. Obwohl der Gastgeber auf eine weitere Antwort wartete, irrten meine Gedanken zurück in jene Tage, als ich nach Kreta kam. Ich begann es schon nach wenigen Tagen zu lieben. Es war so tapfer und freundlich, so uralt und berückend jung, so grausam und schön, so vergänglich und doch ungeheuer ewig. Es war ein Land, das die Götter lieben und wieder in ihren Segen aufnehmen mußten. Und noch etwas erkannte ich damals. Man mußte diese Insel nicht nur mit den Augen, sondern auch mit dem Herzen aufnehmen.

Ich schwieg und sann vor mich hin. Das gebratene Rebhuhn glänzte knusprig, der Wein hatte einen Duft, daß man ihn ununterbrochen wie Wasser trinken mochte. »Bei mir allein liegt der Entscheid, was ich sein will«, sagte ich dann. »Komme ich als Diktator nach Kreta, wird man mich nur bedingt lieben; komme ich als Retter und Helfer, wird man mich ehren. Ich werde Kreter werden, das weiß ich.« Dann sah ich wohlwollend auf die beiden Sklavinnen, die mich bestens umsorgten. Besonders drängte sich jene in meine Sinne, die Augen hatte, als läge in ihnen die Tiefe vieler Meere.

»Du besitzt einen Harem, der dich sehr ehrt, und«, jetzt lächelte ich anerkennend, »ich muß dir sagen, daß du ebenfalls deine Frauen ehrst.«

»Wie viele Frauen hast du?« fragte der Gastgeber.

»Eine Hauptfrau und mehrere Nebenfrauen. Sehr liebe ich meine Sklavinnen Aisa und Sarah.«

Genügte diese Antwort?

Wieder waren in meinem Denken jene Erzieher, die mahnten, daß man nicht lügen dürfe. Hatte nicht einmal ein Diener sehr weise gesagt, daß eine Lüge verzeihbar sei, man jedoch ein gutes Gedächtnis brauche, um sich später nicht zu widersprechen? Eine Unwahrheit, die der andere erkennt, wäre jedoch unverzeihbar.

Da ich wußte, daß die Ägypter auch eine große Zahl Kinder als Glück ansahen, sagte ich etwas eitel: »Pasiphae, meine Frau, hat einen gesegneten Leib. Sie gebar mir vier Töchter und vier Söhne.«

»Warum nennst du die Töchter zuerst?«

Ich stockte, wußte es nicht. Ein wenig hilflos meinte ich dann, daß im Leben eines Mannes doch oft die Frauen sehr bestimmend wären.

»Für uns Ägypter sind die Söhne wichtig, die Töchter nur«, er grinste zweideutig, »ein Nebenprodukt.«

»Trotzdem...«, ich wollte ihm sagen, daß es auch Töchter geben müsse, doch unterbrach er mich mit der Bemerkung, daß sie für ihn nur reizvoll seien, wenn sie sein Lager teilen würden.

Als ich ihn verblüfft ansah, sagte er ernst, daß in Ägypten diese Vereinigung nicht mit den Augen der Lust, sondern als Verbindung mit den Göttern gesehen werden müsse. »Kommt es zu einer Schwängerung, entstehen aus dieser Vermählung Gotteskinder.«

Wieder versank ich – war das eine Art oder bereits eine Unart, die sich in mir immer stärker ausbreitete? – in ein unendliches Sinnieren, aus dem mich die Nubierin mit den wundervollen Augen weckte und sich vor aller Augen fast liebend an mich drängte.

Sie zog meine Hand zu sich, strich mit ihr über das rechte und dann das linke Knie, zwang mich dann fast, auch ihre Brüste zu kosen.

Verwirrt sah ich, wie sie meine Hand führte und daß sie plötzlich geöffnete Lippen hatte und schwer atmete.

»Minos, edler König«, unterbrach der Minister das Geheimnis, das sich zwischen mir und der Sklavin mit den hübschen Augen anbahnte. »Ein kluger Schreiber riet mir, die Frauen gut zu behandeln. ›Fülle ihren Leib‹, meinte er. ›Bekleide ihren Rücken. Mache ihr Herz froh, solange du lebst. Sie sind immer ein ertragreiches Feld für den Herrn.‹«

Er nickte auf die Seite, gab damit einen Befehl. Sofort begannen Musikantinnen zu spielen. Sie standen sich gegenüber. Die einen zupften die Saiten der Laute und Harfe, die anderen bliesen auf einer Doppelflöte.

»Der Vater deines Pharaos trug doch den Namen Amenophis[10], und sein Großvater hieß wie er Thutmosis[11]?« fragte ich den Minister, war mir nicht ganz sicher, ob ich wegen des starken Weins nicht einiges durcheinanderbrachte.

Der Ägypter nickte bestätigend. »Der Großvater unseres jetzigen Pharaos, den die Götter schützen mögen, war ein berühmter Herrscher. Er war der Zerschmetterer fremder Länder und führte siebzehn Feldzüge erfolgreich. Nach jedem Sieg kehrte er in seine Hauptstadt Theben zurück und legte die Kriegsbeute vor Amun-Re nieder.«

»Amun-Re?« fragte und überlegte ich.

»Er ist der Stadtgott von Theben, ist der König der Götter und Erzeuger der Pharaonen«, erklärte er, sprach dann etwas spöttisch weiter: »Weniger Glück hatte er mit seiner Frau.«

»Wieso?«

»Er hat seine, nein«, rügte er sich, »er wurde von seiner Stiefmutter Hatschepsut geheiratet.« Wieder waren seine Augen und Lippen voll von Ironie. »Was kann eine Frau wohl mit einem Stiefsohn anfangen?«

Ich spöttelte zurück: »Was kann für einen jungen Pharao wohl eine alternde Stiefmutter sein, wenn sie sein Lager teilt?«

»Vielleicht alles«, schmunzelte er. »Der junge Ehemann war bestimmt ein gelehriger Schüler.«

Der Minister zog seine Frau an sich, gab ihr gute Worte und wandte sich dann an eine Sklavin, die ihn bediente. Sie war wie die anderen fast nackt, und es war mir peinlich, als er ganz ungezwungen seine Wange an ihre Brüste lehnte.

»Man merkt, daß du aus einem anderen Kulturkreis kommst.«

Nun verzog er die Lippen zu einem breiten Grinsen. »Die sogenannte Stiefmutter war nur um ein Jahr älter.« Er sah mich fragend an und meinte nachdenklich, daß ein Mann mit einer fast gleichaltrigen Frau schon vieles anfangen könne.

Nach einigem Schweigen erzählte er weiter: »Thutmosis und die Königin Hatschepsut ließen von Zeit zu Zeit zu ihrer Ehre Obelisken errichten. Für Ägypten war jedoch wesentlicher, daß die siegreichen Feldzüge ungeheure Reichtümer in Form von Gold und anderen wertvollen Metallen ins Land fließen ließen. Dazu kamen die Gefangenen, die entweder als Söldner zu dienen hatten oder als Sklaven an den großen Bauvorhaben arbeiten mußten. Was unser Land auch auszeichnet, fast möchte ich sagen hervorhebt, ist, daß zu allen Zeiten Männer und Frauen geringer Herkunft zu hohem Rang aufsteigen konnten. Der niedrig geborene Sennenmut wurde unter Königin Hatschepsut oberster Minister. Er war auch der Erzieher ihrer Tochter und auch der mit dem Bau ihres Totentempels beauftragte Architekt. Besonders in Theben zeigen sich in der Architektur, in den Gräbern und in vielen anderen Belegen die Eroberungen. Als Theben Hauptstadt wurde, entfaltete es eine Pracht, die sogar den Glanz von Memphis überstieg. Ich weiß nicht, edler Minos, ob du noch Zeit hast, nach Karnak zu kommen? Dort findest du den wahrscheinlich größten Tempelraum der Welt. Er hat über hundert Säulen, und einige sind drei bis vier Mann dick und an die dreißig Menschen hoch. Ihre Kapitelle sind so gewaltig, daß hundert Menschen darauf stehen könnten.« Er atmete tief. »Als sich dann zeigte, daß die Pyramiden als Nekropolen nicht mehr genügten, schlug man in die Felsen der thebanischen Berge Grabstätten, und nunmehr nannte man diese Landschaft ›Tal der Könige‹.«

Er wandte sich an Aisa, bewunderte sie; denn sie trug als Gewand nur Schleier, die ihre gute Figur bei jeder Bewegung ihrer Hände oder Beine sehr zur Geltung brachten.

»Um die Grabräuber irrezuführen«, erzählte er weiter, »legte man labyrinthische Gänge mit tiefen Schächten, mit Sackgassen und falschen Grabkammern an. Der Raum, der den Sarkophag der Hatschepsut enthielt, erstreckt sich tief in den Berg hinein, wobei der verborgene, schwierig zu erreichende Eingang hoch oben in den thebanischen Felsen liegt...« Der Minister unterbrach seinen Bericht, sein Gesicht zeigte Stolz, aber zugleich sah er erstaunt auf Aisa. Sie war aufgesprungen, starrte einen Mann an, der eben den Saal betrat und offenbar Wein nachfüllen wollte, da er eine große Amphore trug.

»Das ist er, das ist er«, schrie sie erregt und wies mit dem Finger auf ihn.

Ein Wink des Minister genügte, und schon liefen Sklaven zu ihm und hielten ihn fest.

»Sprich«, sagte er dann ernst und fragte: »Was hat dir Nekere, mein Diener, getan?«

Aisa brauchte einige Zeit, bis sie ruhig sprechen konnte.

»Ich bin Ägypterin, dein Land, Herr, ist meine Heimat. Und aus diesem Grund bat ich Minos, meinen Besitzer, daß ich Umschau halten dürfe, ob es noch Menschen gibt, die ich kenne. Es war gestern. Ich schlenderte durch die Stadt, freute mich über jeden, der mir begegnete, stand, als wäre ich noch ein junges Mädchen, vor den Verkaufsbasaren und betrachtete glücklich die ausgestellten Waren. Dann ging ich in einen Durchlaß, der zwei Straßen miteinander verbindet. Die Kühle tat mir gut. In mir war eine solche Seligkeit, daß ich etwas mein Gewand hob, damit auch mein Körper die kühle Luft empfange.

Irgendwann lehnte ich mich an das Geländer einer Terrasse. Dann setzte ich mich auf eine Bank und spielte kindlich mit meinen Beinen, drehte die Füße und bot mich der leichten

Brise an, die vom Fluß kam und in kleinen Abständen mein Gewand hob.

In der Nähe war ein Zelt, wo Fruchtsäfte angeboten wurden. Ich trank dort einen Becher und spürte, daß eine Hand meine Finger koste. Irgendwie erkannte ich unbewußt, daß sie einem dicken Mann gehörte.«

Sie sah mich hilfesuchend an. Das einzige, was ich tun konnte, war, daß ich ihr zunickte und beruhigend mit der Hand zuwinkte.

»Habe ich ihn gereizt, weil ich nicht gleich die Finger wegzog?« fragte sie den Minister.

Als er keine Antwort gab, sie nur finster anstarrte, sprach sie weiter: »Um den Mann loszuwerden, ging ich eine Treppe hinunter, die in einen Keller führte. Ich war noch auf den Stufen, als mir ein anderer Mann entgegenkam, der mich sofort an einer Hand festhielt. In dem Augenblick, als ich mich umdrehen und wieder zurückgehen wollte, spürte ich, daß mich ein Arm von hinten her umschlang. Ich schlug dem Mann, der vor mir stand, sofort meine Faust ins Gesicht. Wenige Atemzüge später hob mich der hinter mir stehende Mann hoch, warf mich über seine Schulter und lief die Treppe hinunter in einen Raum, der von zwei Männern, die dort warteten, sofort abgeschlossen wurde.«

Sie schluchzte, atmete erregt und zeigte dann auf den Diener des Ministers. »Dieser riß mir die Kleidung ab, warf mich wie ein Tier auf den Boden und berührte mich gemein. Du Schwein, du Schwein!« rief sie dem Diener des Ministers zu, klagte und jammerte.

Mir tat der Minister leid. Wenn er auch nichts für das konnte, was sein Diener getan hatte, so stand er trotzdem irgendwie beschmutzt da. Dazu handelte es sich in seinen Augen um meine Lieblingssklavin. Wohl um sich zu verteidigen und die Ehre seines Hauses zu retten, fragte er unglücklich: »Taten die Männer dir persönlich ein Leid an?«

Aisa suchte mich wieder mit den Augen, doch was sollte ich dazu sagen?

Der Minister winkte mir, und wenige Atemzüge später gingen wir in den Hof. Dort saß der Diener, der Aisa belästigt hatte, auf dem Boden und wurde gefoltert. Der Mann hatte beide Hände und Füße in einer Zwinge, die immer enger geschraubt wurde.

»Er beginnt gleich zu sprechen«, sagte einer der Sklaven, die ihn quälten.

»Ich will alle Namen wissen«, befahl der Minister, dann gingen wir wieder in das Haus zurück.

Das Festmahl, das der Ägypter zu meinen Ehren bot, ging weiter. Musikanten spielten, Mädchen tanzten. Immer wieder wurde Wein gereicht, und von allen Seiten bot man mir Leckereien an.

Drängte sich Aisa an mich, stand sofort Sarah neben mir und bot mir ihre Lippen. War es Eitelkeit, daß ich stolz lächelte, wenn mich beide zur gleichen Zeit küssen wollten?

Ein Priester sang, lobte eine Gottheit. Akrobaten führten ihre Kunststücke vor. Ein Schlangenbeschwörer wollte mir eine Freude machen und mir eine übergroße Kobra um die Schultern legen. Sarah wies den Mann zurück.

Dann führte mich der Minister wieder in den Hof.

»Welche Strafe wünschst du für jene Männer, die deine ehrenwerte Sklavin beleidigt haben?« fragte er höflich.

»Sie haben Aisa unwürdig und unmenschlich behandelt, benahmen sich wie Tiere«, antwortete ich zornig.

»Ich lasse alle kastrieren und blenden«, schlug der Ägypter vor.

»Blenden?« fragte ich erschrocken.

»Ja, allen werden die Augen ausgestochen.«

Ich schwieg, wußte nicht, was ich antworten sollte. Hatte ich einst nicht Helike steinigen und ihren Geliebten den Schlangen vorwerfen lassen? Um den Minister abzulenken, nötigte ich ihn in das Haus zurück. Wieder wurde ich von den beiden Nubierinnen verwöhnt, und nahe tanzten reizende Mädchen.

Warum war es die Frau des Ministers, die mich nach wenigen Minuten in den Hof führte? »Minos, edler König«, sagte sie voll Würde. »So bestrafen wir Menschen, die unsere Gäste beleidigen.«

Als ich mich umsah, erblickte ich vier Männer auf Stühlen. Sie waren angebunden und hatten leere Augenhöhlen.

Während ich dann mit mehreren Beamten des Ministers in einem kleinen Nebenzimmer saß und wir uns privat unterhielten, kam keiner nur mit einem Wort auf die Männer im Hof zu sprechen; die Angelegenheit war für sie erledigt. Auch war es ja nur eine Sklavin gewesen, der die Männer ihre zweifelhafte Gunst zugewandt hatten.

Die Frau des Ministers schien, und das wunderte mich, weil ich hier in Ägypten bisher das Gegenteil gesehen hatte, sehr bestimmend zu sein. Sie winkte der kleinen Gruppe von Musikanten zu, die gerade spielte, befahl ihnen, leiser zu sein.

Aisa und Sarah hatten zu tanzen angefangen. Zuerst führte Aisa einen Bauchtanz vor und rief mir zu, daß dieser hier in Ägypten beim Steigen des Nils als Fruchtbarkeitstanz aufgeführt werde.

Nach ihr trat ein Sänger auf, schmachtete Aisa an und sang: »Du bist schöner als alle Mädchen, die sich in den Wassern des Nils spiegeln. Dein Haar ist schwärzer als Rabenfedern, deine Augen blicken sanfter als die der Hirschkuh, die sich nach dem Hirsch sehnt. Dein Wuchs ist wie der einer Palme, und der Lotos neidet dir deine Anmut. Du hast Brüste wie die Weintrauben, an deren Saft sich die Könige berauschen.«

Wieder tönten Flöten und Harfen. Dann tanzte Sarah. Sie vergaß ihre Umgebung und sah nur mich. Majestätisch schwangen sich ihre Arme, die Beine tänzelten voll Grazie, und wenn sie die Knie spreizte, sich nach rückwärts bog, wippten ihre Brüste im Takt der Flöten, und ihr Schoß zeigte sich klar und deutlich unter den Schleiern. Nichts war vulgär, alles fügte sich in ein Bild, das zugleich Mysterium war und viel Freude enthielt.

Wieder war es die Frau des Ministers, die die Initiative übernahm. »Das ist nicht gut«, warnte sie und sagte dann bittend zu ihrem Mann: »Du darfst nicht zulassen, daß hier eine Hebräerin tanzt. Du entehrst damit unser Haus.«

Eine Harfe begann zu zirpen, und Sarah sang, obwohl sie bestimmt diesen Vorwurf gehört hatte, mit nasaler und klagender Stimme: »Ich bin in schweigenden Sinnen. Nie sage ich, was ich sehe, und die Süße meiner Früchte verderbe ich nicht mit leerer Rede.«

Ein älterer Mann betrat den Saal. Der Minister stellte ihn als seinen Vater vor.

»Schick die Hebräerin weg«, mahnte der Alte. »An ihr ist ein Zauber. Sie hält mit ihm den Lauf des Nils auf. Was ist unser Land ohne Wasser?«

»Vater!« rief die Schwester des Ministers, sprang auf und drängte ihn aus dem Raum.

Einen Atemzug später trat ein Priester zu uns, verschaffte sich mit einer gütigen Handbewegung Ruhe. »In jedem Jahr, im Monat Tot, beginnt der Nil zu schwellen und wächst bis zum Mond des Choiak. Ist es nur einmal anders gewesen, obwohl unser Land immer voller Fremdlinge war? Es ist besser, wenn ihr betet, als daß ihr böse Worte sprecht. Habt ihr je gehört, daß eine Frau den Willen der Götter aufzuhalten vermag? Je größer euer Glaube und eure Frömmigkeit sein werden, um so eher erblickt ihr das Zeichen der göttlichen Gnade.«

Keine Stunde später standen wir wieder im Hof. Nichts erinnerte daran, daß man hier vor kurzer Zeit Menschen gequält und geschunden hatte. Am Himmel strahlten die Sterne so hell und so nahe, daß man meinte, sie greifen zu können.

Plötzlich begann der Mann wieder zu singen. Ich lächelte, denn seine Worte galten nun Sarah. Die Stimme war klar und rein. »Komm und ruhe in meinem Garten. Die Diener, die ob deiner Schönheit deine Sklaven sind, werden Getränke aller Art bringen. Komm, laß uns die Nacht und die Dämmerung, die ihr folgt, heiligen. Im Schatten einer Feige, die süße Früchte trägt, wird dein Geliebter an deiner Rechten ruhen.«

Der Gesang verstummte. Eine Stimme schrie kritisch: »Du singst, und wir kommen in unseren Sorgen fast um. Du Dummkopf lobpreist eine Hebräerin, die mit ihrem Zauber den Lauf des Nils aufhält.«

Sarah ging durch den Hof, um sich der bösen Stimme zu stellen.

»Sei verflucht, du fremdes Weib, dessen Sünden die Wasser des Nils aufhalten.«

Der Minister trat zu Sarah. »Was ist hier los?« fragte er und winkte einem Soldaten.

»Sie ist eine unreine Hebräerin, sie hält die Überschwemmung des Nils auf. Wehe uns. Elend und Hunger werden über Unterägypten kommen.«

»Was seid ihr für dumme Menschen«, rügte der Minister. »Oft schon hätten fremde Menschen, die bei uns als Gefangene waren und in schwerer Arbeit schmachteten, in Kummer und Zorn Flüche auf uns werfen können. Gar mancher von ihnen, besonders wenn er ein Priester oder Fürst war, würde sein Leben gegeben haben, wenn nur die Sonne nicht mehr über Ägypten aufgegangen oder der Nil nicht im Jahresmorgen angeschwollen wäre. Was nützten ihre Gebete und Flüche? Entweder blieben sie ungehört, oder die fremden Götter hatten den unseren gegenüber keine Kraft. Wie könnte dann ein Weib, das sich unter ihrem Herrn, Minos, dem König von Kreta, wohl fühlt, ein Unglück über uns rufen?«

»Und doch hat Moses, der Prophet der Hebräer, Dunkelheit und Seuchen über Ägypten kommen lassen«, widersprach eine Stimme.

»Hört auf mich, Ägypter! Glaubt mir. Kehrt heim in euer Haus. Ehe ihr in eurer Kammer seid, wird der Nil zu schwellen beginnen.«

Ein Sklave legte über einen Tisch ein weißes Tuch, stellte Kerzen auf und deckte ihn.

Die Palmen und Sträucher raschelten im Nachtwind. Die Musikanten und Tänzerinnen, die mitgekommen waren, bildeten dunkle Schatten, die sich gegen das Weiß der Mauer bizarr abzeichneten.

»Das Licht leuchtet!« rief plötzlich eine Frau schrill.

Wir alle liefen vor die Türe, von wo aus wir über das freie Land sehen konnten. Es stimmte, auf dem Turm von Memphis flammte ein Licht auf.

»Der Nil steigt, der Nil steigt!« jubelte es von allen Seiten, viele jauchzten.

Dann gingen wir zum Flußufer, an dem schon zahlreiche Feuer entfacht worden waren. Die Ägypter sangen: »Sei gegrüßt, Nil. Du bist der Heilige Fluß, der uns auf dieser Erde erschienen ist. Du kommst in Frieden und bringst uns das Leben. O du verborgener Gott, der du die Dunkelheit zerstreust, der du den Wiesen den Tau schenkst. O du Weg, der vom Himmel führt, um die Erde zu tränken. O du Freund des Brotes, der du unsere Hütten erfreust. Du bist der Herr der Fische, und wenn du über unsere Felder kommst, erkühnt kein Vogel sich, die Ernte zu berühren. Du bist der Schöpfer des Korns und die Mutter der Gerste; du gibst Millionen Händen der Unglücklichen Ruhe und läßt die Tempel ewig dauern.«

Der Monat Tot war zu Ende, und nun begann der Monat Paofi, die zweite Hälfte des Juli. Die Wasser des Nils waren grün gewesen, jetzt wurden sie weißlich, danach rötlich. Das königliche Meßbecken in Memphis war fast bis zu doppelter Manneshöhe gefüllt. Und der Nil stieg weiterhin täglich um zwei Handbreiten. Die untersten Felder waren bereits überschwemmt, von den höher gelegenen erntete man eilig den Flachs, den Wein und die Baumwolle. Wo es am Morgen noch trocken war, spülten gegen Abend schon die Wellen.

Der nun mächtig angeschwollene Nil brauste dahin, überschwemmte die Ufer mit Gischt. Da zeigten sich breite Furchen in der Oberfläche des Wassers, dort kreisten abgründige Wirbel. Eine unsichtbare Kraft ließ die Schaumstreifen langsam und stetig an die Ufer schlagen. Schritt für Schritt eroberten die Wellen immer mehr Ackerland. Manchmal, wenn das Wasser eine große Mulde erreichte, entstand ein kleiner, glänzender See.

Obwohl der steigende Nil erst den dritten Teil seiner für diese Zeit üblichen Höhe erreicht hatte, waren schon weite Flächen überschwemmt. Wohin man sah, wurden die kleinen Güter auf ihren Hügeln zu schwer erreichbaren Inseln. So mancher, der zu Fuß zur Arbeit gegangen war, kehrte auf einem Floß zurück. Die Boote und Flöße mehrten sich. In der Luft schwebte, so weit das Ohr reichte, das Rauschen des steigenden Wassers, das Geschrei der erschreckten Vogelwelt und der frohe, glückliche Gesang der Menschen.

Es war im Monat Choiak, von der Hälfte des Monats September bis zur Hälfte des Oktobers, als die Wasser des Nils ihren höchsten Stand erreicht hatten und wieder langsam zu fallen begannen. In den Gärten sammelten die Sklaven die Früchte der Tamarinden, Datteln und Oliven, und die Bäume erblühten zum zweiten Mal.

Der Pharao hatte meiner Bitte entsprochen, und so reiste ich mit mehr als zehn prächtig geschmückten Schiffen nach Theben. Ich wollte diese Hauptstadt sehen. In mir arbeitete fast Tag und Nacht der Wunsch, den ich schon Gaia als Kind immer wieder erzählt hatte, Städte, Häfen und Straßen zu bauen. Jetzt würde ich eine Stadt, eine Hauptstadt, sehen. Der Thebaner Ahmose war es gewesen, der einst die Hyksos vertrieben hatte und die Wiedervereinigung Ägyptens vollzog. Ob es mir gelang, einmal meine Brüder auszuschalten, um Alleinherrscher auf Kreta zu sein? Gut, Rhadamanthys war gestorben, doch stritten sich mehrere Söhne um seine Nachfolge. Sarpedon machte mir Sorgen, er war der geborene Intrigant, und ich fühlte, daß ich mit ihm noch viele Streitereien und Kämpfe durchzustehen hatte.

Dann gab ich mich der Schönheit der Landschaft hin. Ich hörte das Ächzen der Schöpfräder, die Schritte der schwarzen Büffel, die mit verbundenen Augen im Kreis trotteten.

Ein Beamter erklärte mir, daß die Hauptmenge der benötigten Steinblöcke aus den Brüchen bei Tura und Mascara gewonnen wurde. Besonders für die Pyramiden von Sakkara und Gizeh habe man die dort erarbeiteten Blöcke verwendet.

Kurz zeigte mir der Ägypter die Arbeit der Steinbrecher. Mir war es ein Rätsel gewesen, wie es möglich war, solch riesige Felsblöcke herauszuschlagen. Dann sah ich es. Breite, waagrecht in die Wand getriebene Stollen wirkten wie Gänge in die Unterwelt. Manche gingen in einer Lange von mehr als zehn Zypressen in die Tiefe. Die Arbeiter und Sklaven begannen immer am oberen Ende der Felswand und arbeiteten sich dann abwärts. Zuerst höhlte man einen Sims aus, auf dem ein Mann kriechen konnte. Mit einem Meißel schnitt er seitlich und hinten tiefe Kerben, bis der Rohblock nur noch mit schmalen Zapfen am Mutterfelsen haftete. Einige scharfe Schläge mit Meißel und Hammer lösten ihn dann völlig ab. Sogar sehr hartes Gestein wie Granit wurde auf diese Weise gewonnen. Oft schrammte man auch Schlitze in den Fels und trieb Metallkeile mit schweren Klöpfeln ein, oder man zwängte trockene Holzkeile in den Spalt und begoß sie mit Wasser. Das Holz quoll auf und hob den Stein ab.

»Edler Minos«, erklärte mir ein Oberaufseher, »aus den Steinbrüchen hier kommen nur Rohblöcke. Meist werden sie erst auf dem Bauplatz endgültig zugerichtet.«

»Und was macht man, damit die Blöcke in den Flächen völlig eben sind?«

»Die Steinmetze benützen dazu ein gefärbtes Brett, das rote Flecken auf den gewölbten Stellen hinterläßt. Und diese meißelt man ab, nimmt immer wieder das gefärbte Brett, und«, er lächelte stolz, »du wirst an den Pyramiden sehen, daß wir sehr genau arbeiteten.«

»Man sagte mir, daß die Pyramiden als religiöses Gemeinschaftswerk zu betrachten seien, die der Verherrlichung des Pharaos, der in ihnen bestattet wurde, dienen.«

»Ja, hochwürdiger König. Der Pharao ist für uns Gott auf Erden, und wenn er stirbt, geht er zu den Göttern zurück.«

Als wir den Nil weiter aufwärts fuhren, sah ich, wie schmal das Niltal war. Hinter den Feldern, die mit Baumwolle und Zuckerrohr bestellt wurden, blieb die Wüste stets gegenwärtig: die Arabische Wüste zur Linken und zur Rechten die Libysche Wüste. Ich saß bequem und träumte vor mich hin. Plötzlich stand vor meinen Augen wie eine Fata Morgana mein Bruder Sarpedon. War es Traum oder Wirklichkeit?

Ich sprach mit ihm, und mir war es, als komme er soeben von meiner Mutter. Ich sah ihn kritisch an, fragte, was er wolle.

»Wie der Sturm den Vogel in die Wüste trägt, so wirft der Zorn den Menschen an die Ufer der Ungerechtigkeit. Du wunderst dich über das Benehmen deiner Priester, verdächtigst sie, sagst, sie benehmen sich unmöglich, dabei bist du selbst unmöglich.«

»Ich, wieso?«

»Du besitzt als König viele Frauen. Warum beachtest du

dann die Hebräerin Sarah so sehr? Was taten dir die anderen Frauen Böses?«

»Aus dir spricht meine Mutter!« lachte ich ungut.

»Deine ehrwürdige Mutter liebt dich wie die eigenen Augen und wie das eigene Herz. Es stimmt, ihr gefällt Sarah nicht. Ich sagte ihr aus Trotz, daß mir deine Hebräerin gefalle und sprach mit dem Scherz weiter, daß du mir einmal eine Meute Jagdhunde und zwei syrische Pferde, die dich langweilten, geschenkt hast. Und so warte ich, daß dich dieses Weib aus dem Stamme Israel langweilt und du sie mir dann als Geliebte überläßt.«

»Du warst immer schon billig«, sagte ich kritisch.

»Und du wirst allmählich alt. Ich verstehe dich nicht, du könntest die schönsten Mädchen haben, hängst jedoch dein Herz an eine Hebräerin, die schon beginnt, runzelig zu werden. Du ärgerst deine Mutter mit dieser Nebenfrau, du beleidigst alle Jungfrauen, die vor Sehnsucht nach dir vergehen. Was bist du eigentlich? Du könntest nicht nur trinken, sondern dich im besten Wein baden. Tatsache ist, daß du den elenden Wein der Soldaten trinkst und wie sie trockene, mit Knoblauch eingeriebene Fladen speist. Woher hast du diesen bäuerlichen Geschmack? Das verstehe ich nicht. Du bist für Kreta der bedeutendste König, viele Frauen wären stolz, dich füttern zu dürfen. Doch nicht nur damit, daß du selbst die Hand nach der Speise ausstreckst, machst du dich lächerlich, noch mehr jedoch, daß du dich selbst wäschst und dich allein anziehst. O Minos, o Minos«, seufzte er, »wie soll sich dein Reich entwickeln, wenn du wie ein Bauer lebst.«

Ein Geräusch schreckte mich hoch. Hatte ich geschlafen? Als ich die Augen auf die Stelle richtete, an der Sarpedon gestanden hatte, war er weg.

Ein Sklave reichte mir ein Getränk, erzählte stolz, daß das Wasser des Nils schon wieder um eine Handbreit gefallen sei und es jetzt durchsichtig werde wie Kristall.

Als ich um mich blickte, sah das ganze Land weithin noch aus wie ein Meerbusen, war dicht mit Inseln besät, auf denen Gebäude, Gemüse- und Obstgärten, da und dort sogar die Wipfel großer Bäume sichtbar wurden. Rings um diese Inseln sah ich Schöpfbrunnen und Sklaven, die mit Eimern Wasser aus dem Nil schöpften, es in einer Kette weiterreichten, um damit höher liegende Brunnen zu füllen.

Wir glitten an einem Hügel vorbei. Er war steil, und auf seinem Hang arbeiteten drei Schöpfbrunnen: Der eine goß das Wasser aus dem Fluß in den untersten Brunnen, der zweite schöpfte es aus diesem und goß es in den um einige Fuß höher liegenden mittleren Brunnen, der dritte schöpfte das Wasser in den höchstgelegenen, der schon auf dem Gipfel des Hügels stand.

In mein Schauen drang wieder Kreta. Auch dort bewässerte man die Felder, doch war alles ein mühseliges Tun. Ich wollte, nein, ich mußte meinen Bauern helfen. Die Flüsse boten zu wenig Wasser, um an ihnen auch solche Schöpfräder zu errichten. Meine Gedanken suchten, sahen, wie ein kleiner Wasserschwall ein Rad antrieb. War nicht der Wind auch eine Antriebskraft?

Ich kannte einen Beamten, der für die Bergwerke zuständig war und durch kleine, technische Hilfen die Arbeit dort erleichterte. Ob er den Wind, der in Kreta immer wehte, nützen und ihn zu einer Antriebskraft machen konnte, die ein Gerät in Bewegung setzte, das aus dem Boden das Grundwasser pumpte? Gedankenversunken nannte ich diese Wasserstellen Windbrunnen.

Ich nickte heftig, ja, ich werde diesem Beamten Arbeiter geben, und mit ihnen muß er, wenn er die Lösung dieses technischen Problems findet, in den großen Ebenen solche Windbrunnen errichten. Mit einem System von Gräben und Rinnen sollte das Wasser dann auf die Felder geleitet werden. Stolz richtete ich mich auf, war davon überzeugt, daß es in den Ebenen mit der Zeit zwei oder sogar drei Ernten im Jahr geben könne.

Die Fahrt nilaufwärts hatte mich müde gemacht. Obwohl ich in den Nächten gut schlief und ich von Dienern und Sklaven sehr behütet und umsorgt wurde, war ich froh, als wir uns dem Ziel näherten.

Die Ruderer stimmten, wohl mir zur Freude, das Lied von der Tochter des Priesters an, die einen Soldaten so liebte, daß sie, um ihre Abwesenheit zu tarnen, in ihr Bett eine Puppe legte, um dann die ganze Nacht bei ihrem Geliebten sein zu können und mit ihm Wache zu halten.

Beim Takt dieses Liedes, das ich schon oft in Ägypten gehört hatte, maschierten die Soldaten zügiger, und die Ruder tauchten lebhafter in das Wasser.

Es war gegen Mittag, als wir den Boden von Theben betraten. Die Prachtliebe der Ägypter zeigte sich in den riesigen Tempeln, den ummauerten Straßen. Besonders staunte ich über die vielen Hieroglyphen.

Während ich durch die Straßen ging, erzählte mir der Offizier der Begleitwache, daß die Verlegung der Hauptstadt von Memphis nach dem Süden unter Mentuhotep erfolgte, der einem thebanischen Fürstengeschlecht entstammte und dem es gelang, die Versorgungsschwierigkeiten, die Aufstände und die herrschende Not zu beseitigen.

Ich glaubte zu träumen. Die großen Tempel waren durch Prozessionsstraßen verbunden, waren heilige, von Widdersphingen gesäumte Alleen. Besonders die Tortürme und Tempelhöfe von Karnak bewiesen den Glanz der Hauptstadt. Die große Säulenhalle im Tempel des Amon überwältigte mich mit ihrem Säulenwald. Es waren über hundert Säulen. Dann sah ich den größten Obelisk auf ägyptischem Boden. Er war fast eine Furche[12] hoch, bestand aus rotem Granit. Königin Hatschepsut, die einzige Frau auf dem ägyptischen Thron, hatte ihn im sechzehnten Jahr ihrer Regierung errichten lassen.

Am nächsten Tag setzten wir über den Nil an das andere Ufer, ritten zur Totenstadt Thebens. Dort, auf der Westseite, wo die Sonne in der Wüste versank, war das Reich der Verewigten. Ein ganzer Stadtteil arbeitete für die Wohnungen der Toten, es wimmelte von unzähligen Handwerkern, Bildhauern, Einbalsamierern, Steinmetzen und Sklaven.

Dann sah ich einen Hügel, der unterhöhlt war wie ein Kaninchenbau. Die eingetriebenen Stollen enthielten die Gräber der Minister und Hofbeamten. Überall sah ich in den Grabkammern Wandgemälde. Sie schilderten die Vogeljagd mit dem Wurfholz, die Zinsabgabe der Pächter, da wurden Trauben geerntet, dort gekeltert, der Saft mit den Füßen ausgepreßt. Auf einem Gemälde wurden anschaulich Enten gerupft und auf Vorrat in Krüge eingelegt. Eine andere Darstellung zeigte, wie eine Frau von Dienerinnen geschmückt wurde. Musikantinnen tanzten, eine Gruppe von Mädchen spielte auf einer Bogenharfe, einer Laute, einer Doppelflöte und einer Leier.

Der mich fast Tag und Nacht begleitende Offizier erzählte mir, daß Reiche sich schon zu Lebzeiten ihr Grab gestalten würden, Maler auf die Wände sogar schon das Begräbnis zu malen hätten.

Zu Füßen dieses Totengebirges, unmittelbar vor der steilen Felswand, hatte Hatschepsut ihren Terrassentempel errichten lassen. Ein Text rühmte die weitreichende Macht dieser Königin, beschrieb ihre Schiffe und deren Ladung.

Ich wußte, daß Kinderreichtum in vielen Ländern das höchste Glück war, das die Götter zu vergeben hatten, staunte trotzdem, als mir der Offizier berichtete, daß ein Pharao neunundsiebzig Söhne und neunundfünfzig Töchter hatte.

Am letzten Tag meines Aufenthaltes in Theben besuchten wir, auf meinen Wunsch, die unvollendet gebliebene Grabstätte des Architekten, der den wundervollen Tempel für Hatschepsut geschaffen hatte. Ich glaubte zu träumen, als ich die Inschrift las, an welchem Tag die Arbeiten eingestellt wurden, nämlich am neunundzwanzigsten Tag des vierten Monats der Überschwemmung. Ich hatte schon mehrmals von der Himmelskarte gehört, die an die Decke der Totenkammer gezeichnet war. Die Konstellationen waren mit ihren Zeichen und Attributen dargestellt, vor allem fiel mir die genaue Wiedergabe des Sirius oder Sothis auf.

Ein Wächter erklärte mir, weil er wohl sah, daß ich kein Ägypter war, daß das ganze Leben in Ägypten vom Nil abhing, insbesondere alle Arbeiten im Zusammenhang mit dem Fruchtanbau. Das Anschwellen des Nils vollziehe sich immer um die gleiche Zeit.

»Der Sirius«, sagte er, »erscheint in Memphis und Heliopolis an dem Tag, an welchem die Flut diese Städte erreicht, gleichzeitig mit dem Tagesanbruch am Horizont. Ein genialer Priester, der wahrscheinlich in Memphis wohnte, entwickelte für den Gebrauch der Bauern sogar einen Kalender, in welchem der Aufgang des Sirius den Beginn des offiziellen Jahres anzeigte und damit den Anfang des Ackerbau-Zyklus ankündete.« Er hüstelte etwas, sah eitel ob seiner Worte in die Runde und schloß dann: »Zu den zwölf Monaten des offiziellen Jahres mit je dreißig Tagen rechnen wir fünf Schalttage hinzu.«

Für die Rückreise nach Memphis hatte mir der Pharao einen schnellen Segler geschickt. Wir mußten nur eine Nacht in einem Rasthaus verbringen. Als wir am frühen Morgen den schmalen Weg zum Ufer gingen, sah ich einen Bauern, der nur mit einem Lendentuch bekleidet war. Er stellte sich unter eine hohe Palme, sah kurz an ihr hoch, umschlang dann den Stamm und sich mit einem Lederriemen und stieg an ihm empor. Seine Füße waren gegen den Stamm gestemmt, den Körper hatte er weit zurückgebogen, wurde nur durch den Riemen vor dem Absturz bewahrt. In kleinen Abständen schob er den Riemen am Stamm um ein bis zwei Handbreiten höher, stemmte sich selbst wieder nach und schob dann den Riemen wieder weiter. Und so kletterte er an dem Stamm hoch. Oben angekommen pflückte er die Dattelstränge und steckte sie in einen Sack, der um seine linke Schulter hing. Leichtfüßig kletterte er dann wieder herunter.

Der Termin meiner Rückfahrt nahte. Der Minister, der mich zu betreuen hatte, wußte von meiner Liebe für die Jagd, und so fuhr ich mit dem Oberjagdaufseher des Königs in die Sümpfe, die sich um den Nil rankten. Sie wurden für mich zu einem Wunderland. Unter den hohen Papyrusstengeln schoß ich mit dem Bogen nach den wilden Vögeln, die schreiend und dicht wie ein Fliegenschwarm um mich kreisten. Jedoch auch hier verließen mich nicht meine Gedanken, die nach dem, was ich hier erlebt und gesehen hatte, mich bewegten, die Jagd zu einer Art Orakel machten, zu einer Frage an das Schicksal. Oft, wenn ich eine Gruppe grauer Gänse auf dem Wasser sah, spannte ich den Bogen und sagte: »Wenn ich treffe, werde ich einstmals herrliche Häfen errichtet haben.« Der Pfeil schwirrte leise durch die Luft, und der durchbohrte Vogel klagte, mit den Flügeln schlagend, seine Angst von sich. Wolken von Gänsen, Enten und Störchen stiegen aufgeregt in die Luft, zogen Kreise über dem sterbenden Gefährten und fielen an anderer Stelle wieder ein.

Als sich alles beruhigt hatte, schob ich mich vorsichtig in das schwankende Schilf und richtete mich nach den abgerissenen Rufen der Vögel. Als ich wieder den Bogen spannte, sagte ich beschwörend: »Wenn ich jetzt treffe, wird es mir gelingen, an der Nordküste bis weit über Malia hinaus eine befahrbare Straße zu schaffen.«

Der Pfeil schlug diesmal auf das Wasser, sprang etliche Male über die Oberfläche und verschwand zwischen den Lotosblumen. Als ich in den Nachmittagsstunden auf der Terrasse des Gästehauses saß und auf die herrliche Landschaft blickte, liebkoste ich mit der linken Hand Aisa und mit der rechten Sarah, die beide vor mir saßen. Ich ertappte mich fast beschämt auf einem Abweg der Liebe, denn ich koste wohl Sarah und Aisa, doch gehörten meine Augen der anderen Seite des Nils, wo in gewaltigen Pylonen die Silhouette des Palastes ragte.

Der Monat Tobi kam, das Ende des Oktobers und der Beginn des Novembers. Der Nil war bereits bis zu anderthalb Menschengrößen gefallen und gab jeden Tag neue Flächen schwarzer, schwerer Erde frei. Wo das Wasser zurücktrat, erschien sofort ein schmaler, von zwei Ochsen gezogener Holzpflug. Hinter ihm ging ein Bauer, neben den Ochsen oft eine Frau mit der kurzen Peitsche, hinter dem Bauern der Sämann, der, bis an die Knöchel im Schlamm, in der Schürze Weizen trug und diesen aus vollen Händen streute.

In zwei Tagen wollte ich wieder nach Kreta zurückreisen. Die Sklaven ordneten bereits mein Gepäck. Ich hatte mich noch vom Pharao, einigen Ministern und dem Erzpriester zu verabschieden.

Von weitem schon sah ich, wie Sarah durch den Park lief und außer Atem auf das Gästehaus zurannte, in dem wir wohnten.

»Was ist geschehen?« fragte ich, als sie aufgeregt vor mir stand. Ihr Haar war zerzaust, ihr Gewand hatte sich verschoben und gab ihre linke Schulter frei.

Verwundert dachte ich daran, daß viele Frauen hier nur das Hüfttuch trugen und dabei angezogen wirkten; Sarah sah mit der freien Schulter nackt aus.

»Hilf mir!« bat sie. »Ein Mann aus unserer Sippe ist im Gefängnis, und er leidet sehr.«

Eine Sänfte brachte uns zum Gerichtsgebäude, hinter dem sich das Gefängnis befand. Es war auf einem Hügel erbaut, wurde von hohen Mauern umgeben, bestand aus einer größeren Anzahl von Stein-, Ziegel- und Holzbauten. Die Gebäude selbst enthielten nur die Wohnungen der Aufseher; die Gefangenen waren meist in Höhlen untergebracht, die man in die Kalkfelsen geschlagen hatte.

Schon kurz nach meiner Ankunft war mir vom Minister ein Freibrief zugestellt worden, der mir überall Tür und Tor öffnen sollte. Hier kam er mir sehr zu Hilfe.

Wir standen vor einer Gruppe Frauen, die einen Gefangenen wuschen und speisten. Es war ein alter, weißhaariger Mann, der einem Skelett glich. Er saß auf der Erde, die Arme und Beine waren in vier Öffnungen eines quadratischen Brettes gespannt.

»Wie lange sitzt dieser Mann schon so?« fragte ich den Aufseher.

»Zwei Monate«, war die Antwort.

»Wie lange soll er noch sitzen?«

»Einen Monat.«

»Was hat er getan?«

»Er ist Hebräer und hat einen unserer Priester beleidigt.«

»Der Mann überlebt diesen Monat aber nicht mehr«, sagte ich voll Mitgefühl.

Der Aufseher nickte nur.

Wenige Schritte weiter sah ich eine Gruppe von Frauen und Kindern, die einen anderen Gefangenen umringten.

»Sind diese Frauen und Kinder auch Gefangene?«

»Nein, würdigster Herr, das ist seine Familie.«

Als ich ihn fragend ansah, erklärte er: »Dieser Mann ist ein

Verbrecher, er wird gleich erdrosselt. Sie nehmen Abschied von ihm und warten auf den Leichnam, den sie dann mitnehmen dürfen.« Er wandte sich kurz um und sagte beruhigend: »Wartet, gleich wird man ihn in die Kammer führen.«

»Du weißt, daß ich der König von Knossos und Kreta bin, ich als Ehrengast beim Pharao weile. Habe ich das Recht zur Gnade?«

Der Aufseher verneigte sich. »Minos, edler König, zu Ehren deines Besuches dürfen die Verurteilten, wenn du es wünschst, Erleichterungen erhalten.«

»Gib beide frei, sieh nicht deren Untat«, sagte ich diplomatisch, »sondern die Freude, die du mir mit der Freilassung bereitest.«

Dann ging ich mit Sarah und dem Aufseher durch einige Höfe. Hinter hölzernen Gittern drängten sich auf blanker Erde die auf ihre Verurteilung wartenden Gefangenen. Aus einem Gebäude ertönte schreckliches Geschrei. Dort wurde, um Geständnisse zu erhalten, geprügelt.

Als wir wieder am Gefängniseingang standen, fragte ich den Aufseher, ob die beiden Gefangenen noch heute freigelassen würden.

»Ich werde den Herrn Oberaufseher darum bitten«, antwortete er höflich.

»Ich habe doch das Recht, Gnade zu erweisen?« fragte ich erneut.

»Ja, edler König, doch ist es nicht gut, wenn Fremde über Schuld oder Unschuld entscheiden. Verstehe mich, würdigster Minos, der Staat darf es nicht dulden, daß beleidigt, gestohlen und gemordet wird.«

»Sind die beiden einwandfrei schuldig?«

Der Ägypter legte abwägend den Kopf von links nach rechts und von rechts nach links. »Das habe nicht ich, sondern der Richter zu bestimmen. Wenn es«, er sah mich fragend und nachdenklich an, »schon keine Schuldigen gibt, müssen wenigstens Bestrafte geschaffen werden. Nicht die Schuld, edler König, das ist leider so, sondern die Strafe lehrt alle, daß man nicht schuldig werden darf.«

Lange dachte ich über diese Aussage nach, fühlte deutlich, daß über dem Wollen eines Königs eine unendliche, größere Macht stand: das Wohl des Staates, das selbst der König anerkennen mußte, und vor dem auch er sich zu beugen hatte.

Als ich wieder im Palast war, ging ich sofort zum Großkämmerer des Pharaos, der zugleich oberster Richter war, und erzählte ihm von dem Vorfall im Gefängnis.

Er versprach mir, sich mit dem Minister darüber zu unterhalten, berief sich auf das Wohl des Staates.

Über diese ausweichende Antwort wurde ich zornig. Bei mir in Kreta hätte ich den Großkämmerer sofort zum Sklaven degradiert und in die Steinbrüche verbannt.

Wütend ging ich zurück und schimpfte vor mich hin. Was ist schon der Staat? Hat er nicht vorrangig den Menschen zu dienen, hat er nicht selbst irgendwie Mensch zu sein?

Wieder ruhiger werdend, sah ich auf die Beete mit Blumen, die Baumreihen und dann auf den Hügel. Dort erhoben sich gegen den Horizont die riesigen Silhouetten der Pylonen, auf denen die Feuer brannten. Ich erkannte oben die Wache. Tag und Nacht sahen die Soldaten auf das Land, beobachteten es auf Brände und auf Feinde. Es gab Tausende solcher Wachen in Ägypten, die alle der Sicherheit des Staates dienten. Waren sie, wie die Pylonen, nicht ewig?

Ich begann zu grübeln: »Der Staat ist doch eigentlich etwas Prächtigeres, etwas Wichtigeres als die Tempel, etwas Größeres als die Pyramiden, etwas Ehrwürdigeres als die Fundamente des Sphinx?«

Ich war müde geworden, ging in mein Zimmer und legte mich auf das Bett. Dann mußte ich wohl eingeschlafen sein; denn im Traum – war es wirklich nur ein Traum? – stand vor mir eine undeutbare Gestalt. »Der Jude wurde eingesperrt«, rief sie mir zu, »weil er einen Erzpriester beleidigt hat. Wenn er sich entschuldigt, wird er frei.« Nach einer kleinen Pause sprach das schemenhafte Wesen weiter: »Der Mörder wird nicht gedrosselt werden, wenn er die Witwe entschädigt. Wenn nun auch der Erzpriester und die Witwe ihre Klage zurückziehen, so gibt es keine Klage: Wo kein Kläger ist, gibt es auch keinen Richter. Wo kein Geschädigter ist, ist auch kein Verbrechen geschehen.«

Wieder wälzte ich mich unruhig auf meinem Lager. Um mich schwankten wie riesige Kolosse zwei Mächte: das Staatswohl, das ich erst jetzt zu begreifen begann, und das Priestertum, das ich schwächen und zu einem Diener des Staates machen wollte. Mir war, als ob ich bisher blind gewesen sei und erst jetzt das Augenlicht gewonnen habe. Plötzlich verstand ich meinen Vater in Athen, der in seinem ganzen Tun und Lassen stets auf das Staatswohl bedacht gewesen war.

Als Sarah in das Zimmer trat und ich aus meinen Träumen erwachte, reichte sie mir duftende, heiße Tücher zur Erfrischung, stand dann wie immer so stolz vor mir, als sei sie von hoher Geburt. »Du stehst da, als wärst du eine Freie«, sagte ich lobend und tadelnd zugleich.

»In unseren Heiligen Schriften steht, daß vor Gott alle Menschen gleich sind: der Arme und der Reiche, der Kleine und der Große, der Sklave und der Freie, die Frau und der Mann.«

Ich lächelte ob dieser Vergleiche, nickte, war mit einem Gedanken bei der Gestalt, die mir im Traum erschienen war, und sagte: »Du bist nicht nur schön, sondern auch weise.«

Nun war es Sarah, die so tat, als habe sie mich nicht gehört. »Wir müssen, nein, wir sollten uns immer Gedanken machen über die Dinge, die in uns und um uns sind. Meine hebräischen Lehrer dachten sehr über unser Sein nach.«

»Ja?« fragte ich zweifelnd, sogar etwas spöttisch.

»Minos«, antwortete sie leidenschaftlich, »du mußt dir doch darüber klar sein, daß der Mensch der Zweck und das Endziel der ganzen Schöpfung ist. Jedes einzelne Menschenleben«, sie sah mich zwingend an und wiederholte, »jedes einzelne Menschenleben wiegt eine Welt auf, jeder einzelne kann die Weltschöpfung für sich in Anspruch nehmen. Das bedeutet, daß alle Menschen die gleichen Rechte, aber auch die gleichen Pflichten haben. Das Grundgebot vieler Religionen fordert: ›Liebe deinen Nächsten wie dich selbst‹, und so ist dieses alle Menschen umfassende Gebot der Liebe zum Hauptgrundsatz unserer Religion geworden. Es verbietet gegenüber jedermann, gleichgültig, welchem Volk er angehöre, zu welcher Religion er sich bekenne und welcher Abstammung er sei, jede Art von Gehässigkeit, Neid, Mißgunst und lieblosem Verhalten.«

»Klingt schön«, sagte ich kritisch, »aber dein Volk hat keinen guten Ruf. Wenn es wirklich nach diesen Merksätzen leben würde, würde man euch in allen Ländern lieben. Ihr sprecht sehr oft von Gott...«

»Vielleicht ist er nur eine Sehnsucht?« sagte sie ausweichend, sprach dann leise vor sich hin: »Nein, es gibt Gott. Er verabscheut drei Sorten von Menschen: diejenigen, die anders sprechen als sie denken; diejenigen, die zugunsten ihrer Mitmenschen aussagen könnten und dies nicht tun; und diejenigen, die ihren Nebenmenschen eine böse Tat ohne Zeugen ausüben gesehen haben und ihn nicht vor Gericht anzeigen. Das ist ein Ziel«, seufzte sie: »Wir müssen nach der Schönheit, der Reinheit, der Charakterfestigkeit streben, wenngleich wir sie vielleicht nie erreichen werden. Ein Lehrer sagte einmal: ›Lieber lasse dich verfluchen, als daß du anderen fluchst.‹«

»Das hast du gut gesagt«, lobte ich.

»Eine alte Hebräerin, die mich betreute und großzog, als ich bereits als Kind Sklavin wurde, war voll von Geschichten.« Sie sah mich fragend an und erzählte dann: »Einst hatte die Königin Hatschepsut ihren Schmuck verloren und ließ im ganzen Land bekanntmachen, daß jener, der ihn finde und ihn binnen dreißig Tagen zurückgebe, eine hohe Belohnung erhalte; wer ihn aber nach dieser Frist nicht abgebe, dem werde der Kopf abgeschlagen. Ein Hebräer hatte den Schmuck gefunden, brachte ihn aber erst nach Ablauf dieser Zeit der Königin. ›Du warst wohl nicht in unserem Lande?‹ fragte sie ihn. ›Doch‹, antwortete der Mann. ›Hast du meine Bekanntmachung nicht gehört?‹ wurde er dann gefragt. Der Alte antwortete mit: ›Ja, ich habe sie gehört!‹ ›Dann weißt du, daß du geköpft wirst. Warum hast du den Schmuck nicht innerhalb der dreißig Tage abgeliefert?‹ Der Hebräer schwieg, sah dann die Königin an und sagte: ›Damit man nicht von mir sage, ich hätte ihn nur wegen der Belohnung abgegeben.‹«

»Wie antwortete die Königin?«

»Sie sagte nur: ›Gepriesen sei der Gott der Hebräer!‹«

Ich sah sie an, bewunderte sie in ihrer Erregtheit. Ihre Augen blitzten, die schwarzen Haare ringelten sich wie Schlangen um ihre Schläfen und schmückten die Schultern.

Um ihr eine Freude zu machen, sagte ich: »Gehe nun ins Gefängnis, sage dem Oberaufseher, daß du den alten Hebräer abholen willst, der den Erzpriester beleidigt hatte. Er ist begnadigt worden, muß sich aber noch heute bei ihm entschuldigen.« Etwas überheblich mahnte ich: »Wenn er sich entschuldigt, nimmt der Erzpriester die Klage zurück, und wo kein Kläger, ist auch nichts geschehen.«

Der letzte Tag meines Besuches bei Thutmosis war gekommen. Ich wollte vom Nil Abschied nehmen und ließ mich von einem Fischer für eine Weile den Fluß hinaufrudern. Während wir dann gemächlich durch das Wasser trieben, erzählte ich dem Mann die Geschichte von dem Hebräer und der Königin Hatschepsut.

»Sie war eine stolze Königin«, antwortete der Fischer. »An den Wänden in ihrem großen Tempel in Theben stellten die Bildhauer ihre Geburt als Knabe dar und auch den Augenblick, in dem ihre Mutter sie von dem Gott Re, dem Vater aller ägyptischen Könige, empfing. Hatschepsut ließ sich in vielen Statuen und Bildern verewigen. Für uns haben diese Bilder, aber auch die heiligen Worte, die die Tempel zieren, die magische Eigenschaft, die Wirklichkeit zu schaffen. Als Hatschepsuts Stiefsohn schließlich die Königsmacht erbte, die sie ihm fast zwanzig Jahre vorenthalten hatte, ließ er aus Rache viele ihrer Statuen und Bildnisse unkenntlich machen. Hatschepsuts riesiger Tempel blieb, sonst zeugt nichts mehr von ihr.«

Wir glitten an Inseln vorbei. Von einer hörte ich das laute Klagen einer Frau. Von einer anderen Insel stießen Nachen ab, die mit Getreide und Vieh beladen waren. Am Ufer standen Menschen, die den Booten Flüche nachriefen. Dann kamen Inseln, auf denen es sehr still war; die Bewohner saßen, statt zu arbeiten, schweigend auf der Erde.

Mein Nachen trieb nun an einer Insel vorbei, und ich sah, daß dort eben ein Boot abstieß, in dem mehrere weinende

Mädchen saßen. Eine Frau lief dem Schiff nach, klagte und drohte mit den Fäusten, stand bis zur Hüfte im Wasser.

Wieder hörte ich Schreie. Ich befahl dem Fischer, zu der Insel zu rudern. Ein Mann lag auf dem Boden und wurde von einem anderen verprügelt.

»Was geschieht dort?« fragte ich den Fischer.

»Seht ihr denn nicht, Herr, daß man einen dummen Bauern schlägt?«

»Und was bist du?« fragte ich ihn spöttisch.

»Ich bin ein freier Fischer. Wenn ich dem Pharao gebe, was ihm gebührt, kann ich über den ganzen Nil fahren, vom ersten Katarakt bis hin zum Meer. Ein Fischer ist frei wie ein Fisch oder eine Wildgans, der Bauer jedoch ist ein Baum, der mit seinen Früchten die Herren nährt und, festgewurzelt, nur ächzt, wenn er geprügelt wird.«

Wenige Meter von dem Bauern entfernt, der geschlagen wurde, hielten einige Sklaven einen anderen Bauern und tauchten ihn immer wieder ins Wasser. Neben dieser Gruppe stand ein Mann mit einem Stab, auf dem Kopf hatte er eine Perücke aus Lammfell und sah gelangweilt zu.

Jetzt hörte ich wieder das Weinen und laute Klagen einer Frau.

Ich wußte, Prügel waren im Land der Pharaonen so alltäglich wie Speise, Trank und Schlaf. Man schlug Kinder und Erwachsene, Bauern und Handwerker, Soldaten, Offiziere und Beamte. Wer lebte, bekam Prügel, mit Ausnahme der Priester und der hohen Würdenträger.

Ich wies den Fischer an, am Ufer einen Landeplatz zu suchen, stieg aus und ging zu den Sklaven, die den Bauern wieder untertauchen wollten.

»Tut eure Pflicht!« rief der Mann mit der Lammfellperücke, wandte sich dann mir zu: »Wer bist du, der sich erkühnt...?«

»Was hat dieser Mann getan, weil ihr ihn fast ertränkt?« fragte ich.

»Du bist bestimmt ein Fremdling, der nicht die Gebräuche und Menschen in diesem Lande kennt. Wisse, daß ich Steuereinnehmer bin. Wenn du noch nicht klein geworden bist, so erfahre, daß ich für den Pharao, der ewig leben möge, Steuern eintreibe.« Er wandte sich zu den Sklaven und befahl: »Taucht ihn noch mehrmals unter!«

»Mit welchem Recht mißhandelst du einen Bauer des Pharaos?«

»Weil der Lump keine Steuern bezahlen will.« Wieder befahl er: »Taucht ihn!«

Ich konnte nicht anders, ich stellte mich schützend vor den Bauern und sah den Steuereinnehmer wütend an. Die Sklaven gaben, weil ich ihnen mit den Fäusten drohte, den Bauern sofort frei. Er stand kläglich vor mir, übergab sich mehrmals, spie immer wieder Wasser aus. Dann rang er nach Atem und erzählte, daß er seine Steuern in Hirse, Weizen, Blumen und Tierhäuten bezahlt habe. Nun sei dieser neue Steuereinnehmer gekommen und habe gesagt, daß die Steuern erhöht worden seien, er noch sieben Eimer Weizen zu zahlen habe.

Er strich sich über die Augen und sah mich gequält an. »Ich wehklagte«, sagte er tonlos, »bewies ihm, daß ich kein Getreide mehr hatte und daß wir seit einem Monat nur noch von Lotossamen und Lotoswurzeln leben würden.«

Die Frau des Bauern unterbrach ihn und begann zu jammern: »Der Steuereinnehmer sagte sogar, daß er, wenn wir den Weizen nicht geben könnten, auch mit unseren beiden Töchtern als Bezahlung einverstanden sei.«

Der Beamte ging auf den Fischer zu, der mich hierhergebracht hatte. »Wer ist dieser Lümmel?« fragte er und deutete auf mich. »Ihr alle seid Zeugen«, rief er den Bewohnern der Insel zu, »daß dieser Bastard meine Amtshandlung unterbrochen hat.«

Ich stürzte mich nun voller Wut auf den Steuereinnehmer, um ihm die Perücke herunterzureißen und sie in den Nil zu werfen. Dieser aber sprang entsetzt in sein Boot. Als die Ruderer ein Stück in den Fluß hinausgeglitten waren, erhob sich der Beamte, ballte eine Hand zur Faust und rief: »Du Lümmel, du Gotteslästerer, du Empörer. Ich fahre sofort zum Minister und berichte ihm, wie du die Bauern gegen seine Heiligkeit, den Pharao, aufwiegelst.«

Als auch wir wieder über das Wasser glitten, lobte der Fischer: »Herr, ihr könnt aber sehr heftig sein. Ich kenne das, war einige Jahre Soldat. Bei mir war es aber schöner, ich durfte schlagen, habe Schädel gespalten, konnte in die Bäuche treten, und das gefiel mir. Wenn mich jedoch jemand schlug, verstand ich gleich, daß es ein Großer sein mußte.« Er sah ins Wasser, wich einem schwimmenden Baum aus. »Die Welt teilt sich in zwei Gruppen: in jene, die schlagen, und jene, die geschlagen werden.«

Ich wies ihn an, langsam wieder zurückzufahren. Als ich dann im Palast mit dem Verwalter der Gästehäuser sprach, erzählte ich ihm von dem neuen Steuereinnehmer.

»Er ist ein Schwein«, meinte er, »aber er bringt Geld in die Kassen, doch . . .«

»Wird er dabei seinen Profit nicht vergessen«, spottete ich.

»Mag sein, aber er ist sehr vorsichtig. Man sagt jedoch, daß er den Priestern in den Tempeln viel gibt. Vielleicht tut er das nur, um über sie Macht zu erhalten.« Er lächelte vor sich hin. »Mancher lobt das Kind und meint die Mutter; mancher lobt die Äkker und schielt dabei nach der Tochter des Bauern. Und so wird Menes, der Steuereinnehmer, die Priester zu seinem Vorteil mästen.«

»Dann wurde also ein Bauer halb ertränkt, ein anderer fast erschlagen, damit die Priester noch dicker und die Tempel noch größer werden?« sprach ich nachdenklich vor mich hin.

»Um die Priester und Tempel zu erhalten, arbeiten bei uns fast zwei Millionen Menschen schwer. Das Leid der Bauern ist, daß sie einen Pharao mit einem riesigen Hofstaat und mit vielen Priestern zu ernähren haben.«

»Die Priester, die Priester«, sagte ich nachdenklich. Gedanken kamen und gingen. Waren die Priester mit dem Wunsch, einen noch größeren und schöneren Tempel zu besitzen, die Ursache der neuen Steuererhebung?

Durch einen Zufall traf ich keine Stunde später wieder den Verwalter der Gästehäuser. »Edler König«, fragte er, »was bedrückt dich? Denkst du noch immer an den Bauern, den man fast ertränkt hat?«

Ich nickte nur.

»Würdiger König«, sagte er bedächtig, »das Wasser nimmt die guten oder schlechten Eigenschaften der Erdschichten an, durch welche es fließt, und der Mensch die Vielfalt des Klimas, in welchem er geboren wird. Einige haben ihrer Umwelt mehr zu verdanken als andere, weil sie ein günstigerer Himmel umfing. Es gibt kein Volk, welches davon frei ist, irgendeinen ihm eigentümlichen Fehler zu haben, den das benachbarte Volk nicht zu tadeln verstünde, um sich davor zu hüten oder sich damit zu trösten.«

Als ich in das Gästehaus ging, dachte ich an Sarah. Sie mußte doch schon längst wieder zurück sein? Ich fragte einen Sklaven, ob er sie gesehen habe. Er antwortete unterwürfig, daß sie vor einer Weile weinend zurückgekommen sei und sich in ihrem Zimmer aufhalte.

Ich ging sofort zu ihr, und zum erstenmal in meinem Leben sah ich sie völlig aufgelöst. Sie lag wie im Fieber zuckend auf dem Boden, das Haar war wirr, die Hände flatterten hilflos auf dem bunten Teppich.

»Was ist geschehen?« fragte ich.

»Ich hatte den Hebräer aus dem Gefängnis geholt und seiner Familie übergeben, die vor dem Tor wartete. Als ich wieder zurückging, folgte mir ein Mann. Ich bekam Angst und tat alles, um ihm zu entkommen. In meiner Not nahm ich in einer Herberge ein Zimmer, sagte, daß ich müde sei und für einige Stunden Ruhe brauche.

Ich bekam es sofort, ein Junge führte mich hinauf. Nachdem ich die Türe zugesperrt hatte, legte ich mich etwas hin, da mich Atemnot und Herzschmerzen plagten. Dann wollte ich mich erfrischen. Auf einem kleinen Tisch standen ein Krug mit Wasser und ein Waschbecken. Gerade, als ich mich wusch, öffnete sich die Türe, obwohl ich sie abgeschlossen hatte. Der Mann, der mich verfolgte, trat ein. Ich rief ihm zu, daß er sofort mein Zimmer verlassen solle. Als er nicht ging, mich in seine Arme nehmen wollte, schlug ich ihn mit Fäusten. Er war stärker, hielt meine rechte Hand fest, mit der ich ihn geschlagen hatte, mit der linken Hand griff er nach mir.«

Ich unterbrach Sarah und fragte zornig: »Entehrte er dich?«

Sie schwieg kurz und weinte wieder. »In meiner letzten Not stieß ich ihm, als er glaubte, mich in seiner Gewalt zu haben, den kleinen Dolch, den ich immer trage, in die Brust«, sagte sie leise, flüsterte es fast.

»Das war richtig«, lobte ich.

»Bedenke, Minos«, antwortete sie bedrückt, »ich, eine Sklavin; ich, eine Hebräerin, tötete vielleicht einen freien Ägypter. Es kann sein, daß ich dir schade.«

»Nein!« rief ich empört und ging sofort zum Minister.

Als ich ihm den Vorfall mit Sarah erzählte und für sie Straffreiheit forderte, antwortete er nach langem Zögern: »Minos, die Strafe hat den Sinn, daß man die Gesetze achten, ja sogar lieben lernt. Sie hat also einen erzieherischen Wert. Was wird mein Volk sagen, wenn eine kretische Sklavin einen Ägypter ohne Strafe töten durfte? Gewiß, du, edler König, bist unser Gast, aber ich habe auch das Gesetz zu beachten. Der Staat kann als der Hüter der Ordnung seinem Erziehungswillen nur durch Gesetze sichtbaren Ausdruck verschaffen. Das Schwere dabei ist«, nun sah er mich eigenartig an, »daß die Gesetze immer aus einem königlichen Wissen entspringen und auf eine absolute Rechtsgrundlage zurückgreifen sollten. Die Welt braucht königliche Männer in der Gesetzgebung. König«, fragte er sachlich und trotzdem liebenswürdig, »glaubst du an die Notwendigkeit der Strafe?«

»Ja.«

»Es freut mich, das zu hören. Viele Menschen glauben aus einer falschen Barmherzigkeit heraus, daß es besser sei, zu vergeben und zu vergessen. Wenn man sagt: ›Vergeben ist göttlich!‹, bedeutet das, daß nur die Götter die Macht haben, zu vergeben. Die Menschen müssen Übeltaten zum Wohle der Menschheit bestrafen. Das ist die richtige Gerechtigkeit und die richtige Moral. Und, vergessen wir es nicht«, er sah mich nun eindringlich an, »deine Sklavin ist Hebräerin, und in ihrer Religion gibt es das Gebot: ›Auge um Auge, Zahn um Zahn.‹«

Nach einigem Grübeln antwortete ich vorsichtig: »Ich hatte in Athen einen Lehrer, mit dem ich oft über die Notwendigkeit der Gesetze und der Strafen sprach. Er meinte, daß man zwei Arten von Verfehlungen unterscheiden müsse, nämlich die absichtliche und die unabsichtliche. Mehrmals behauptete er, und das sah ich lange Zeit nicht ein, daß viele ohne bewußten Willen Unrecht tun. Wenn das zuträfe, geschähe manches Unrecht im letzten Sinne unfreiwillig.« Ich lächelte und spottete: »Das ergäbe den widersinnigen Satz, daß man freiwillig etwas tut, was man unfreiwillig tut!«

»Deine Sklavin muß für den Tod des Mannes sühnen.«

»Hat sich dieser Mann nicht selbst getötet?« fragte ich.

»Wie meinst du das?«

»Wer sich in Gefahr begibt, kann in ihr umkommen. Man überfällt keine Frau; denn sie könnte einen Dolch haben und sich mit ihm wehren. Man sollte«, mahnte ich, »eine Untat als solche erkennen, auch wenn der Mann in noch so hohem Ansehen gestanden haben mag.«

»Was meinst du damit?«

»Ein Dieb muß damit rechnen, daß man sich wehrt. Er ähnelt einem Menschen, der in einen Schlangenkäfig tritt, in dem man gebissen werden kann. Er wurde gebissen«, sagte ich hart. Dann sah ich ihm ernst in die Augen. »Alle müssen wir gerecht urteilen, ein König sollte sogar das schönste und größte Beispiel der Gerechtigkeit sein. Auch ich bin Mensch, pilgere in gewissen Abständen auf Kreta in die Idahöhle.«

»In eine Höhle?« fragte der Minister verwundert.

Ich nickte nur. »Ich will weise Gesetze erlassen«, sagte ich nach einer Weile. »Man soll einmal von mir sagen können, daß ich gerecht war. Jeder Kreter soll wissen, daß ich beste Gesetze erließ. Und in dieser Höhle empfange ich wichtige Impulse.«

»Beste Gesetze«, wiederholte der Ägypter. »Was sind beste Gesetze?« fragte er.

»Das Gesetz soll schützen.«

»Vor was, vor wem?«

»Das Recht ist der Schutz des Menschen vor dem Menschen. Das Recht soll die Sittlichkeit erleichtern. Recht ist vielleicht auch der Wille zur Gerechtigkeit. Das Gesetz schützt das Recht, doch ist es mit Gesetzen schlecht bestellt, wenn es nicht

Menschen – viele Menschen – gäbe, welche die Forderungen der Gesetze vorbildlich erfüllen.«

Als ich in das Gästehaus zurückkehrte, war immer noch Zorn in mir. Der schwere Wein erfüllte mich mit tiefer Müdigkeit. Ich lag auf meinem Bett und wollte die Augen schließen, als plötzlich eine schöne, sehr junge Tänzerin vor mir stand, deren Kleidung aus einem spinnwebfeinen Schleier und aus einem goldenen Stirnreif, der sie sehr schmückte, bestand.

»Wer bist du?« fragte ich, erhob mich verblüfft, weil das Mädchen, trotz der vielen Sklaven, die das Haus behüteten, in mein Schlafzimmer kommen konnte.

»Ich bin Priesterin, habe den Auftrag, dir zu dienen.«

»Wie willst du mir dienen? Ich bin müde und zornig!«

»Komm, setz dich«, bat sie und führte mich zu einem Sessel. »Ich werde auf den Zehenspitzen stehen, um mich größer zu machen, als deine Empörung ist. Mit diesem Schal, den ich weihen ließ, werde ich die Geister des Zornes von dir jagen. – Weg, weg!« rief sie und begann mich zu umtanzen. Wieder flüsterte sie beschwörend: »Weg, weg!«, schwebte um mich, aber zugleich nahe und fern. »Laß meine Hände die dunklen Wolken von deiner Stirn verjagen«, hauchte sie, »und meine Küsse mögen dir die Klarheit deiner Augen wiedergeben. Hörst du nicht entzückt das Klopfen meines Herzens?«

Erneut schwebte sie wie ein Vogel, sank auf den Boden, wurde ein Schwan, der die Flügel breitete, wurde ein Schmetterling, der vor meinen Augen verspielt gaukelte, und immer wieder küßte sie mich zärtlich.

»Sei still, sei still«, bat sie, als ich sie etwas fragen wollte. »Die Liebe braucht Stille, braucht eine solche Stille, daß ihr gegenüber der größte Zorn schweigen muß.«

Ich wollte sie in die Arme nehmen.

»O nein, das darfst du nicht«, wehrte sie sich.

»Warum?«

»Ich bin eine Priesterin der großen Göttin Astarte. Du müßtest zuerst meine Patronin verehren, ihr opfern, ehe sie dir erlaubt, mich zu küssen.«

»Du jedoch darfst . . . ?«

»Ich darf alles; denn ich bin Priesterin. Bitte meine Patronin um Gunst, und ich werde sie dir dann gerne schenken.«

»Warum bist du überhaupt zu mir gekommen?«

»Um deinen Zorn zu verjagen. Ich tat es, edler König, gehe nun wieder.«

»Wo wohnst du und deine Patronin?«

»Im Tempel der Astarte. Wenn Vollmond ist, kommen von allen Seiten die Männer, um ihr zu huldigen. Sie opfern, und wir Priesterinnen danken ihnen.«

Mit frohem Herzen eilte ich nun in den Garten, suchte Sarah. Ein Diener sagte mir, daß man sie in das Gefängnis gebracht habe.

Als ich im Gefängnis des Palastes nach ihr suchte, fand ich sie in der Ecke eines primitiven Raumes mit unzähligen anderen Unglücklichen, die eng zusammengepfercht in dem schmutzigen Raum wehrlos den Myriaden schwarzer Fliegen preisgegeben waren, die den Fluch Ägyptens bildeten. An der Nase, am Mund und an den Augen klebten sie, umschlossen sie wie mit einer schwarzen, lebendigen Kruste. Alle lagen gefesselt, keiner hatte die Möglichkeit, sich ihrer zu erwehren. Dazu kam die durch die Ausdünstung der vielen Menschen verpestete Luft, der ewig wehende Staub und Sand, die unerträgliche Hitze, von der seelischen Pein der Gefangenen abgesehen.

Traurig war das Los eines inhaftierten Beamten. Gut, er war schuldig, hatte vielleicht ein schweres Verbrechen begangen, aber es schmerzte zu sehen, wie ihn gelangweilte Aufseher zwangen, nachdem sie ihn wohl durch schwere Fesseln gequält hatten, durch den Raum zu kriechen und die gefangenen Mädchen und Sklaven unsittlich zu berühren. Für Bruchteile von Sekunden erkannte ich, wie die Aufseher mit dem Gefangenen Katze und Maus spielten, wie sie sich an seiner Qual weideten, denn innerlich wußten sie ja, daß ein Beamter des Königs schon als Knabe zur Ehre erzogen worden war.

Auch ich war in der »Ehre« erzogen worden, und Ekel ergriff mich, wie hier mit den Gefangenen gespielt wurde. Ich konnte nicht anders, in einem heiligen Zorn zog ich den Aufseher, der gerade mit einem spitzen Stock ein junges Mädchen gequält hatte, an mich und setzte ihm den Dolch an den Hals. »Du gibst jetzt sofort diese Frau frei«, herrschte ich und deutete auf Sarah. »Ich zähle bis drei«, sagte ich laut und sprach: »Eins«, schwieg, sagte: »Zwei«, sah ihn an, öffnete die Lippen, um weiterzusprechen.

Der Mann winselte hündisch wie ein geschlagenes Tier und öffnete die Fesseln. Ich hob Sarah auf, wischte ihr die Fliegen von den Augen, den Lippen und den Schultern, führte sie an der Hand aus dem Haus und trat dabei den Aufseher, ihn vor mir wie einen räudigen Hund jagend, mit den Füßen.

Der Oberaufseher kam auf uns zu. Ich ohrfeigte ihn, sagte ihm, wer ich sei, trat dem Gefangenenwärter, der vor wenigen Atemzügen das kindliche Mädchen mit dem Stock gequält hatte, in den Bauch und verließ das Gefängnis.

6

Als ich im Hafen das Schiff sah, das mich nach Kreta bringen sollte, erkannte ich sogleich, daß es ein Kreter gebaut haben mußte.

Ich stieg aus der Sänfte, hörte, wie mich Flöten und Trommeln begrüßten und die Schiffer in laute Rufe ausbrachen.

»Jetzt bin ich wieder auf heimatlichem Boden«, sagte ich stolz und nickte meinen Begleitern froh zu.

»Ägypten war wie Honig«, meinte ein Beamter.

Als ich ihn fragend ansah, antwortete er hintergründig: »Man kann den Honig mit Behagen essen, sich jedoch in ihm nicht baden. Unsere Heimat ist Kreta.«

Wieder bewunderte ich das Schiff. Die mykenischen Segler waren wohl länger und schlanker, hatten eine durchgehende Brücke und einen geraden Vordersteven. Was sie auch kennzeichnete, war die bessere Bewaffnung, da sie für den Krieg gebaut worden waren. Die kretischen Seeleute sahen im Meer nur eine Brücke zu anderen Ländern, die unseren ein Schlachtfeld. Aber trotzdem war dieses kretische Schiff schön. Es hatte einen starken Kiel, der vom Heck bis zum hohen fischköpfigen Schnabel reichte. Die kretischen Segler waren so gebaut, daß man sie leicht an Land ziehen konnte. Mein Schiff war gut zehn Fuß lang und hatte auf jeder Seite zwanzig Ruderer. In der Mitte befand sich der Mast mit dem gerefften Segel. Die Kabine war am Heck, und der Kapitän hatte sie festlich schmücken lassen.

Ich nickte dankend, denn man hatte sogar bis über die Mastspitze eine doppelte Blumengirlande gezogen. Die bunten Blüten baumelten heiter im Wind. In unserer Nähe ankerten die Begleitschiffe. Da zeigte ein Achtersteven einen geschnitzten Löwenkopf, dort den des Vogels Greif. Manche Seitenwand war in bunten Farben mit Löwen, Delphinen und Tauben bemalt.

Meine Gedanken weilten bei der Königin Hatschepsut. Sie hatte einst schwere Lastschiffe bauen lassen, alle in einer so robusten Form, daß es sogar möglich war, zwei Obelisken von je etwa hundert Fuß[1] Höhe und ungeheurem Gewicht von Assuan nach Karnak zu schaffen.

Der Kapitän nahte, stellte sich vor und bemerkte meine bewundernden Blicke auf die Schiffe, die mich nach Kreta begleiten würden.

»König, edler Minos, darf ich dir die Eigenheit unserer Segler erklären?« fragte er höflich.

Ich nickte und legte ihm stolz meine rechte Hand auf die Schulter.

»Unsere Segler sind eleganter und komfortabler als die der Ägypter«, erzählte er, »obwohl sie in der Bauart fast gleich sind. Träger des Schiffskörpers ist der Kiel, dann eine starke Wand von Balken, aufgedoppelt, an den Vorder- und Achtersteven verdreifacht, mit Holznägeln, Dübeln und Keilen zusammengefügt. Man baut um den Kiel in der Weise herum, daß in größeren Abständen aufgekrümmte Hölzer, wie die Binder eines Dachstuhles, die Bretter der Außenhaut aufnehmen können. Aus Erfahrung weiß man, daß die starken Bohlen des Decks, mit der Schiffswand verkämmt, eine ideale Querversteifung ergeben. Sie wird noch durch die Ruderbänke gesteigert, weil auch sie, eine Sitzhöhe darüber, die Schiffshaut durchstoßend, mit abstützen helfen. Die Schiffe der Ägypter erkennt man dagegen bereits daran, daß innen am Bug die bei uns übliche elegante Form fehlt. Sie unterscheiden sich auch darin, daß sie keine Kapitänskabine und Deckaufbauten aufweisen, dafür aber ein Podium im Vor- und Achterschiff haben.«

Sklaven brachten das Gepäck an Bord. Seeleute nahmen die Körbe mit Früchten, Gemüsen, gebundenen Hühnern und

Gänsen, aber auch eine große Zahl von Amphoren mit Wasser und Wein entgegen, die ihnen von den Dienern des Ministers, der mich betreut hatte, zugereicht wurden.

Männer, Frauen und Kinder liefen von allen Seiten herbei, um zuzusehen. Kamele klagten, Esel schrien, Pferde wieherten.

Anscheinend hatten Diebe die Neugierde der Zuschauer benützt und waren ihrem Tun nachgegangen, denn Geschrei erhob sich und Hafenaufseher kamen mit ihren Schlagstöcken gelaufen. Wahrscheinlich hatten sie statt der Diebe ehrliche Menschen im Verdacht. Streit entstand, ein Mann wurde geschlagen, Frauen weinten, und die durcheinanderlaufenden Kinder vervollkommneten die entstehende Unruhe.

Das Geschrei der Zuschauer mehrte sich, als ein Sklave, der eine große Amphore hochreichte, ausrutschte und mit ihr in das Wasser fiel. Da es ja nur ein Sklave war, der im Wasser strampelte und fast ertrank, erregte er bei den Seeleuten kein besonderes Aufsehen, man versuchte trotzdem, ihn mit einer Stange zu retten. Der Kapitän wandte sich mir erneut zu, drehte sich jedoch plötzlich um, erteilte Seeleuten einige Anweisungen, entschuldigte sich, erzählte dann weiter: »Wir haben meist zweiundvierzig Ruderer an Bord, die Ägypter nur dreißig.«

Aisa und Sarah kamen die Leiter hoch und betraten das Deck. Der Kapitän winkte einen Sklaven heran. »Verzeihung, König«, sagte er, »ich könnte für deine Frauen ein Zelt aufstellen lassen?«

»Beide schlafen bei mir«, befahl ich.

Sarahs Augen zeigten Unwillen, Aisa warf mir einen beleidigten Blick zu. Ich spürte, daß sie mit meinem Entscheid nicht einverstanden waren, jede wünschte, zumindest hier auf dem Schiff, die Bevorzugte zu sein.

Während sich mein Gefolge einen Platz für die Rückfahrt suchte und sich zwischen Seilrollen, Ballen und Fässern niederließ, fing Sarah, deren Lippen plötzlich sehr schmal und eng geworden waren, einen Streit an.

»Die Mykener sind harte, unerbittliche Krieger«, sagte sie

leichthin, ohne die geringste Furcht. »Sie leben vom Raub, der Plünderung, dem Hinschlachten ganzer Orte. Eine typische griechische Eigenschaft ist die Gewalttätigkeit. Man erzählte mir, daß sich feindliche Brüder«, sie sah mich jetzt offen, fast feindselig an, »einander bei einem Festmahl die köstlich gewürzten Leichname ihrer Kinder auftischten, daß es sogar innerhalb der Sippe zu Überfall, Notzucht, Inzest, Mord und Entführung kam.«

Aisa duckte sich ängstlich, trat einen Schritt zurück, auch der Kapitän wurde unruhig.

»Minos, war Thyestes nicht Mykener?« fragte Sarah; ihre Lippen ähnelten jetzt dem Rachen einer Giftschlange, die züngelt und auf weitere Angriffsmöglichkeiten lauert.

Ich antwortete nicht, sah nur ihre blitzenden Augen, ihre stolze Haltung. Solch freche Worte hätten mich eigentlich verpflichtet, sie sofort mit einem Schwertschlag zu töten. Mir gefiel sie aber so gut, daß ich sie nicht einmal zurechtweisen konnte.

»Dieser Thyestes hat mit seiner Tochter Pelopeia den Sohn Ägisthos gezeugt, der dann, so sagte man mir wenigstens, den König von Mykene tötete. Ob es wohl auch zutrifft«, rätselte sie spöttisch, »daß Ägisthos mit seiner Mutter verheiratet war und sie als zweite Gattin sein Lager teilte?«

Manolis rettete die Situation. Er trat auf Sarah zu, sah sie strafend an, sprach kein Wort, deutete nur mit der Hand auf die Kabine des Schiffes.

Als Sarah gegangen war, kam er zu uns und hörte dem Kapitän zu, der stolz erzählte, daß die Ägypter keine guten Schiffe bauen konnten und das wohl auch der Grund gewesen sei, daß Ägypten nie eine wirklich große Seemacht wurde.

Nach dem üblichen Abschiedszeremoniell mit dem Minister des Pharaos, den hohen Beamten und dem Erzpriester hißten meine Schiffe fast gleichzeitig die Segel, und schon tauchten auch, genau nach dem Schlag der Glocke, die Ruder in das Wasser.

»Überall, im weiten Umkreis«, erzählte der Kapitän weiter, »liegen auf dem Meeresgrund untergegangene Schiffe. Immer gab es Kriege, immer gab es Piraten. Jeder Eroberer und Räuber raffte Schätze zusammen, die er dann triumphierend zu Hause zeigen wollte. Oft werden sie im Siegesrausch die Beute zu hastig verstaut oder sogar die Schiffe überladen haben. Dazu kam noch, daß manches Schiff bei einem Gefecht beschädigt worden ist und nicht mehr genügend seetüchtig war, so daß es von den erschöpften, verwundeten Seeleuten bei einem Sturm nicht mehr richtig bedient werden konnte.«

»Wie viele Schiffe werden wohl von hier bis nach Kreta auf dem Meeresboden liegen?« fragte Manolis, während ich nachdenklich auf die Ufer Ägyptens zurückblickte, die langsam entschwanden.

»Man könnte eine Rechnung aufstellen«, antwortete der Kapitän. »Ich bin zwar kein Fachmann, aber wenn wir annehmen, daß pro Jahr mindestens fünfhundert Schiffe gebaut werden, um Holz, Öl, Felle, Gold, Kupfer, Steine, Keramik und Waffen zu transportieren, dürften bei den Stürmen und bei der oft schlecht gelagerten Fracht jährlich ungefähr hundert Schiffe untergehen. Das bedeutet, daß in den letzten vierzig Jahren auf unserer Strecke mehrere tausend Schiffe auf Grund gegangen sind.«

»Wenn wir von den kriegerischen Einwirkungen absehen, die dazukommen, gab es bestimmt wohl immer schon gute und schlechte Schiffe?« fragte ich.

Der Kapitän bejahte. »Die Lebensdauer eines Schiffes liegt bei etwa fünfzig Jahren. Dann haben die Bohrwurmer, die wir Teredos nennen, die Planken so beschädigt, daß man sie nicht mehr ausbessern kann. Schlecht konstruierte Schiffe brechen eher auseinander, sind den Stürmen und der schlampigen Beladung oft nicht gewachsen. Ebenso wie es gute und schlechte Seeleute gibt, gibt es auch gute und schlechte Schiffsbauer. Die kleinsten Unterschiede in der Neigung und in der Lage des Mastes, die Größe des Kiels und die Verzurrung des Segels können auf die Widerstandskraft eines Schiffes bei einem Sturm großen Einfluß haben.«

Ich spürte plötzlich, daß ich müde war und eine durchschwitzte Kleidung trug. Die Sonne hatte schon vom ersten

Schein an, als sie den Hof des Gästehauses in Memphis erreichte, sehr heiß niedergebrannt. Hinzu kam, daß die Rückreise zum Hafen anstrengend gewesen war und ich in der letzten Nacht im Rasthaus am Nil beim Abschied zuviel von dem starken ägyptischen Wein getrunken hatte.

Ich trat in die Kajüte, um mich zu erfrischen, und sah, daß Aisa und Sarah wie in Stein gehauene Figuren bewegungslos auf dem Boden knieten. Beide hatten nackte Rücken, die Peitschenstriemen zeigten.

»Es ist dir doch recht, edler Minos?« fragte mich der Offizier der Leibgarde. »Ich habe beide bestraft. Es darf nicht sein, daß sich diese hebräische Sklavin auflehnt und dir böse Worte gibt. Es darf auch nicht sein, daß eine andere Sklavin, die das hört, dich nicht sofort geschützt hat.«

Der Mann erhob erneut die Peitsche, wohl um meine besondere Gunst zu erringen.

»Laß das«, befahl ich und schickte ihn aus der Kabine. Ich grübelte. Der Offizier war Mykener, strafte, wie es bei uns auf dem Festland üblich war. Wie hätte wohl ein Kreter gehandelt? Traf es zu, daß wir grausamer waren?

»Steht auf!« befahl ich.

Aisa und Sarah erhoben sich, wuschen mich und halfen mir wortlos beim Anlegen einer leichteren Kleidung. Während Aisa mich kämmte, salbte mir Sarah die Füße.

Ich schloß die Augen. Bilder tauchten wie Schemen in meinem Denken auf. Nahe waren mir die Tempel der Ägypter, besonders jedoch der gewaltige Tempel der Hatschepsut in Der-el-Bahri. Warum gab es auf Kreta keine solche Bauten?

Ich suchte eine Entschuldigung, fand sie, erkannte, daß die kretischen Baumeister andere großartige Bauwerke schufen. Ebenso verstanden sie einiges vom Straßen- und Brückenbau, von der Verwendung vorkragender Steine zu Brunnenhäusern und Kuppelgräbern, in der Anlage von Kanalisationen, ja selbst in der Ausnützung des Gesetzes der sich verbindenden Röhren. »Besonders hier waren sie einfallsreich und bahnbrechend«, sprach ich nun laut vor mich hin, so daß mich Aisa und Sarah fragend ansahen.

Hatte Manolis meine Worte gehört? Er war in die Kajüte getreten, verneigte sich, wie es das Zeremoniell befahl, und wartete darauf, daß ich ihn anspreche.

»Ihr Kreter konntet Paläste, Straßen und Brücken bauen«, lobte ich.

»Die hohe Stufe der kretischen Baukunst zeigen die Paläste in Knossos, Malia, Phaistos und Zakros«, antwortete er. »Man achtete sehr auf die Schönheit und Farbenpracht der Räume, auf den Lichteinfall, auf den Durchblick der Korridore und Treppenhäuser. In Kreta, und das ist das Besondere, stand nicht das Sachliche des Bauwerks, sondern das Menschliche voran.«

»Ich habe bewußt Ritsos, einen meiner Lehrer in Athen, zum Hofbeamten gemacht, da er ein großer Künstler ist. Er sagte, daß die Künste der Maler, Plastiker, Metallurgen und Steinschneider der Dekoration der Wände und der Fertigung schöner Gebrauchsgegenstände dienten.«

Der Oberpriester unterbrach mich leidenschaftlich: »Solche Bemühungen, solche Kunstfertigkeiten entfalteten sich in Kreta in ganz anderer Weise als bei euch Griechen drüben auf dem Festland.«

»Bei uns gab es, übersehe das nicht, Machtzentren wie Mykene, Chalkis, Eretria, Korinth, Megara, Athen und Aigina«, entgegnete ich fast eitel.

»Drüben im Zweistromland, edler Minos«, antwortete er nun bescheiden, aber mich trotzdem zurechtweisend, »gab es das Nebeneinander von Städten wie Nippur, Ur und Uruk. In Ägypten wetteifern ebenfalls seit Jahrhunderten Herrschaftsbereiche wie Memphis und Theben. So gab es in Kreta, und das auf engstem Raum, ein Netz von Städten, die zu einer besonderen Kultur führten. Du weißt, edler König, die schöpferische Leistung Kretas wird darin liegen, daß es die erste Gesellschaftskultur, eine Hochkultur zu schaffen hat.«

Ich stand auf, schob Sarah zur Seite und ging erregt auf und ab. »Das ist es«, sagte ich schwärmerisch. »Die Form des Umgangs von Mensch zu Mensch als bevorzugten Kulturinhalt aufzufassen, war bisher den Völkern nicht gegeben. Droben im

Norden trieb die Kälte die Menschen in ihre Unterkünfte. In Ägypten, im Süden also, ist es die Hitze, die die Leute in die Häuser sperrt. In der Mitte liegt Kreta mit einem ausgeglichenen Klima. Hier geht man gerne auf die Straßen, wird gesellig, nimmt an Versammlungen, Prozessionen und Festen teil, freut sich an den Stierspielen, an den Heiligen Tänzen, der Heiligen Hochzeit und den Erntefestumzügen. Überall in den Palästen, auch in Gournia und in den anderen großen Städten, gibt es am Festplatz Zuschauergalerien. Wir müssen«, sprach ich mahnend und fast befehlend weiter, »sie wieder aufbauen, soweit sie zerstört worden sind. Wenn wir ein weithin schönes und machtvolles Kreta wollen, sollten wir sie sogar besonders großzügig aufbauen.«

Sarah war es, die eine gute Antwort gab. »Es ist richtig«, sagte sie nachdenklich, »wenn der Mensch auf die Straße geht und sich dem Nachbarn zuwendet.«

Aisa trat neben mich, berührte mich leicht mit ihrer Schulter und sprach zu mir, als wären nur wir im Raum: »Die Gefahr ist jedoch, Minos, daß man zu sehr die Freude, den Genuß, die Äußerlichkeit sucht und zuwenig auf seine Seele achtet. Wir leben aus ihr, sie ist es, die uns führt: in das Gute und in das Schlechte. Bitte, achte auch darauf.«

Manolis nickte heftig. »Vielleicht bleibt es jenen Völkern vorbehalten, das Monumentale in Kunst, Wissenschaft, Philosophie und Politik zu entwickeln, die aus der Stille, aus dem Geist leben. Das ist für die Weiterentwicklung des Menschen wichtiger, als das Gespräch und das Spiel auf den Straßen und Plätzen zu suchen.«

Ich begann zu grübeln. Wer hatte recht, Sarah oder Aisa? Dann fragte ich mich, ob der Oberpriester in seiner Kritik am Spiel mich angreifen wollte?

Aisa hatte meine Verstimmung bemerkt; denn sie schmeichelte: »Minos, du wirst Kreta wieder aufbauen und die Städte noch herrlicher errichten. Du wirst ein Reich schaffen, dessen Ruhm weithin leuchten wird.«

»Ich will es«, antwortete ich und strich ihr kosend über den Kopf. »Doch, und das ist die Schwierigkeit, müssen die Kreter mitmachen. Ich kann – es soll nur ein Beispiel sein – den Palast in Zakros nicht wieder aufbauen, weil keiner an der Ostküste zur Hilfe bereit ist. Die ganze Anlage ging, wie in Phaistos und Malia vor rund vierzig Jahren, in den Beben und Fluten unter. Stell dir vor, Aisa, es gab auch dort einen Thronsaal, es gab Säulenhallen, Werkstätten, Archive und Magazine. Man sagte mir, daß allein das Schatzhaus aus neun durch Ziegelwände getrennten kleinen Kammern bestand! Zakros hatte viele Bekken und Brunnen. Eine fünfzehnstufige Treppe führte zu einem großen Bassin. Aisa«, sagte ich eindringlich, »wir wissen, daß wir erst am Anfang stehen. Du siehst also«, wieder strich ich ihr über den Kopf und tat, als gebe es Sarah nicht, »daß auf mich noch viel Arbeit wartet. Es gibt eine Überlieferung«, ich stockte und überlegte, »wonach die Göttin von Ostkreta weite Gebiete mit über dreitausend heiligen Stieren besaß und daraus große Einkünfte erzielte. Ein Beweis, wie sehr ich noch am Anfang stehe, ist, daß mein Vorgänger, der König von Knossos, den aufrührerische Stämme samt seinem Gefolge umbrachten, vierzig Räume mit schreib- und rechenkundigen Männern hatte. Ständig zeichneten diese die eingehenden Tribute, die Ausgaben, die Schulden bei den Lieferanten und den Bestand der verschiedenen Magazine und Ställe auf.«

Manolis überraschte mich wieder. Er zog aus seinem Gewand eine kretische Schreibtafel und gab sie mir. »Minos, edler König, auf solchen Tafeln notierten die Schreiber die Schulden und Verpflichtungen, den Bestand von Wein, Öl und Weizen, alles nach dem Absender, dem Herkunftsland oder dem Bestimmungsort getrennt.« Wieder drangen verwirrende Gedanken auf mich ein. Gelang es mir, als König von Knossos, einen Staat zu schaffen, wie ihn Ägypten kannte und wie ihn Kreta brauchte? Ich sann über die letzten Gedanken nach, fühlte, daß meine Sorge nicht nur meinem Herrschaftsgebiet, sondern ganz Kreta zu gelten hatte.

Eine Stimme kritisierte in mir: »Du willst Staat sein, bist jedoch nur der König von Knossos. Du hast dich eben selbst angezweifelt. Sicher bist du nicht der Staat, mußt diesen erst schaffen und hast ihm dann als oberster Gesetzgeber zu dienen.

Diene, diene, diene ...«, hämmerten sich die Worte in mich ein.

Ich bat Manolis und die beiden Sklavinnen, mich allein zu lassen, weil ich Kopfschmerzen hätte.

Dann legte ich mich auf mein Bett und begann wieder zu grübeln. Ich wollte für ganz Kreta eine neue staatliche Ordnung schaffen und war mir darüber klar, daß sie der unmittelbare Ausdruck einer göttlichen Ordnung sein mußte.

Sofort begann ich diesen Gedanken zu verwerfen, denn er barg die Gefahr, daß der Staat sich zum Verfechter einer Staatsreligion machen konnte. Wichtig war, und davon war ich völlig überzeugt, daß die gesetzliche Ordnung zugleich mit den Maßstäben des natürlichen und gesunden Menschenverstandes übereinstimmen mußte.

Ich starrte vor mich hin und grübelte weiter. Gute Gesetze hatten dem Menschen zu dienen und ihm zu helfen. Jedes sterbliche Wesen war jedoch von der Lust, dem Schmerz und der Begierde abhängig.

»Das Leben besteht aus Freude und Leid«, sagte in mir eine Stimme. Eine andere sprach weiter: »Die Kunst ist jedoch, das Leben mit möglichst viel Freude und wenig Schmerz zu füllen. Jeder Mensch ist Egoist, will, daß ihm nur Lust zuteil werde, den Schmerz wünscht er nicht, obwohl auch dieser sein muß.«

Eine Stimme hetzte in mir: »Was willst du mit all deinen Gedanken? Weißt du nicht, daß du von vielen boshaften Menschen umgeben bist?«

Der Kapitän trat leise in die Kabine. Als er sah, daß ich wach war, fragte er, ob ich gerne einen Imbiß hätte.

»Was für einen König wünschst du dir in Kreta?« stellte ich die Schicksalsfrage. »Wie soll ich sein? Du bist dir doch darüber klar, daß Zorn und Furcht zu einer despotischen Herrschaft werden können, aber auch«, ich schwieg und suchte die weiteren Worte, »die Lust und die Traurigkeit, auch der Haß und die Begierde. Glaube mir«, sagte ich leidenschaftlich, »ich will alles tun, damit die Kreter an meine Gerechtigkeit glauben.«

»Eine weise Staatsgründung sollte nach Kronos benannt

werden«, begann der Kapitän seine Antwort, »da die Überlieferung berichtet, daß es einmal unter ihm eine staatliche Niederlassung gegeben hat. Diese war sehr glücklich, und so bleibt die beste Staatsform immer nur ein Abbild von ihr. Man sagt, daß Kronos«, er lächelte höflich und meinte, daß ich als Mykener ihn bestimmt anders sehe, »nicht Menschen als Könige und Regenten für die Städte einsetzte, sondern höhere Wesen aus besserem, aus göttlichem Geschlecht. Diesen gelang es, Frieden und sittliche Ehrfurcht, gute Gesetze und volle Gerechtigkeit für alle Menschen zu gewährleisten. Die Überlieferung lehrt uns mit einer unverkennbaren Deutlichkeit, daß kein Staat, in dem ein Sterblicher die Herrschaft ausübt, jemals den Übeln und Drangsalen entrinnen kann.«

»Kapitän«, antwortete ich mahnend, »vielleicht hat diese Überlieferung, von der du sprichst, jenen Sinn, daß wir mit all unseren Kräften diese Weisheit nachahmen und das Göttlich-Unsterbliche in uns zur Herrschaft bringen sollten.«

Als der Kapitän gegangen war, merkte ich, daß mich die Sorgen, die mich bedrängten, müde gemacht hatten. Ich legte mich hin und schlief sofort ein.

Die Reise nach Kreta dauerte über vier Tage. Lag es an den Eindrücken, die ich in Ägypten empfing, oder an den vielen Diskussionen mit meinen Begleitern, daß ich schnell müde wurde? Ich wachte aus einem Erschöpfungsschlaf abrupt auf, weil ich laute Stimmen hörte. Der Kapitän schrie nach allen Seiten Befehle. Ich erhob mich, und als ich aus der Kabine trat, sah ich, daß das Schiff bereits den Hafen von Amnissos ansteuerte. Von allen Seiten näherten sich uns geschmückte Boote. Je mehr unsere Schiffe dem Strand zutrieben, um so mehr drängte sich das Volk zu den Anlegestellen.

Das Schiff machte fest, und nachdem Sklaven aus Planken einen Steg gebildet hatten, ging ich, begleitet von Manolis, an Land. Von allen Seiten warf man uns Blumen, Blüten und Kränze zu. Dann erklang Musik, und überall flatterten Tücher und Fahnen.

Als ich den kretischen Boden betrat, kniete ich mich nieder und küßte ihn. Ich wußte nicht, warum ich das tat. War es

Freude, die mein Herz erfüllte, weil ich wieder auf Kreta, weil ich *zu Hause* war?

Die Menschen benahmen sich nun wie trunken. Jeder wollte mich und mein Gefolge sehen. Manche tuschelten, als Sarah und Aisa das Schiff verließen.

Als ich mit den Augen die nahen Berge begrüßte, sah ich, wie eine Frau hektisch in die Hände klatschte und dabei zwei neben ihr Stehende ins Wasser stieß. Keiner achtete mehr auf den Nachbarn, jeder wollte nur sehen und erleben. Ein Mann lief auf mich zu und rief schrill: »Es lebe der König!«, drückte einige Kinder dabei zur Seite, und auch diese stürzten ins Wasser.

Manolis, der Oberpriester, stand etwa hundert Schritte entfernt und verhandelte erregt mit einigen Beamten. Die verschiedensten Gedanken durchwirbelten mich. Sollte ich ihn, als Zeichen der Verbrüderung, hier vor dem Volk umarmen? Was sprach er mit den Beamten, handelte es sich um Riana? War ihr etwas zugestoßen?

Würdevoll kam er nun mit einer Abordnung der Priester auf mich zu, stellte sich neben mich. Als das Volk wieder jubelte, konnte ich nicht anders, ich umarmte ihn, bot ihm beide Wangen zum Kuß und lächelte seinen Begleitern wohlwollend zu.

Jetzt erst sah ich eine Gruppe von Priesterinnen. Als ich auf sie zuschritt, öffnete sie sich, und Riana trat feierlich auf mich zu.

Wieder jubelten die Menschen, als ich vor ihr ehrerbietig meinen Kopf neigte. Dann trafen sich unsere Augen. Zuerst zeigte sie mir ihre Freude, dann rannen Tränen über ihre Wangen.

War es richtig, daß ich mich nicht von ihr trennen konnte und wir uns lange Zeit umschlungen hielten?

»Ich freue mich, dich wiederzusehen«, sagte ich mit kratziger Stimme, als wir uns gelöst hatten.

»In mir ist ungeheures Glück«, antwortete sie leise.

»Warum hast du dann geweint?«

»Ich muß dir etwas sagen.« Sie schwieg, sprach dann zögernd weiter: »Das Leben einer Frau ist schwer, das einer Oberpriesterin noch um einiges schwerer.«

»Wieso?« fragte ich nachdenklich.

»Ich habe den Göttern zu dienen, bin jedoch von Menschen

umgeben.« Sie seufzte. »Menschen werden immer menschlich sein. Sie haben sogar das Recht, als Menschen zu denken und zu handeln; auch ich bin ein Mensch, muß essen, trinken und schlafen.« Sie wollte weitersprechen, doch kamen einige hohe Beamte, begrüßten mich, und jeder von ihnen suchte sich dadurch zu bestätigen, daß er mir berichtete, was er alles in den Wochen, die ich in Ägypten war, geleistet habe. Der Ausbau des Hafens von Herakleia stand vor vielen Hindernissen. Auch sollte ich entscheiden, ob der Sommerpalast in Acharna und der nördlich von ihm befindliche Friedhof wieder errichtet und benutzt werden sollte. Der Finanzminister forderte eine Erhöhung der Abgaben, gestand jedoch gleichzeitig, daß es schwer sei, die Steuern einzutreiben, weil viele Bauern nicht einmal genug ernteten, um sich und ihre Familien zu ernähren.

Mich beunruhigte das Gespräch mit Riana so, daß ich ihr winkte und zurief, ob sie mit mir das Schiff ansehen wolle, mit dem ich aus Ägypten gekommen war.

Endlich waren wir allein. Ich nahm sie wieder in die Arme und fragte zärtlich, was sie bedrücke.

»Es ist schön, Minos, wenn Arme, Schwache und Kranke zu uns kommen, sie die Hilfe der Götter erflehen; denn sie sind ohne Forderungen, sind anspruchslos. Die Reichen, Starken und Gesunden haben jedoch nicht jene Demut, die für das Mysterium an den Heiligen Stätten erforderlich ist.« Wieder seufzte sie und sah mich verzweifelt an. »Wir haben als Priesterinnen rein zu sein, doch«, jetzt lächelte sie schmerzlich, »ist das schwer, wenn man von der Unreinheit umgeben ist. Es gibt eine kultische Keuschheit und eine – wir erlebten sie ja und waren dabei sehr glücklich – kultische Unkeuschheit. Wo ist jedoch die Grenze, wo ist hier die letzte Wahrheit?«

»Kannst du mich heute besuchen?« fragte ich und sah sie liebevoll an. »Oder soll ich zu dir kommen«, ich wählte die Worte vorsichtig, »falls es dir nicht möglich ist, alleine den Palast zu betreten?«

Sie sah mich nachdenklich an und antwortete mahnend: »Manolis ist sehr mächtig, er könnte dir zur Gefahr werden.«

Sie winkte mit den Augen seitwärts, weil in der Nähe Sklaven arbeiteten. »Komm du nicht zu mir, damit würden wir ihn nur unnötig reizen. Ich versuche, mich wegzuschleichen, werde in den späten Nachmittagsstunden bei dir sein. Sei auch du vorsichtig, im Palast haben viele Wände Ohren.«

Auf der Fahrt nach Knossos begrüßte ich Beamte und Soldaten, Bauern und Hirten. Es hatte sich herumgesprochen, daß ich mit neuen Ideen aus Ägypten zurückgekommen war, mich noch mehr der Bauern und Handwerker annehmen wollte und mir eine Flotte wünschte, für die ich Schiffsbaumeister und Handwerker suchte, daß ich ferner den Handel beleben wollte und Pläne hatte, um aus Kreta wieder die blühende Insel zu machen, die weithin die Meere beherrschte.

Als wir den Palast erreicht hatten, erfrischte ich mich und zog neue Kleidung an. Dann hörte ich im Korridor das Gemurmel vieler Stimmen. Ein Blick aus dem Fenster zeigte mir, daß überall die Besucher in fast endlosen Reihen standen und dabei waren, die kleinen Blumenbeete zu zertrampeln, auf die ich sehr stolz war. Teilweise benahmen sich die Menschen wie Elefanten, rissen die kleinen Bäumchen aus oder setzten sich so rücksichtslos auf die niederen Mauern, daß sie zerbröckelten und zusammenstürzten.

Wenn ich einen Bittsteller in den Thronsaal bat, kamen sofort ganze Gruppen. Oft sprachen mehrere Menschen zur gleichen Zeit. Schon nach wenigen Stunden fühlte ich mich wie krank. Ich floh in mein Schlafzimmer, befahl den Wachen, nur Riana einzulassen und sonst niemand. »Ab morgen können sie wieder kommen«, seufzte ich erschöpft.

Ich wurde erst wieder wach, als ich spürte, daß mir eine Hand das Haar aus der Stirne strich; Riana kniete neben mir und bot mir scheu ihre Lippen.

Ich war wie neugeboren, spürte, wie mein Körper von ihr erfüllt wurde. Allein schon ihre Anwesenheit erregte mich, und ein Schauer des Verlangens durchrieselte mich, als ich ihren Nacken, die Schultern und den Rücken sah.

Wir sprachen nicht, sahen uns nur an, dann fragte ich leise: »Ziehen wir uns ganz aus?«

Riana errötete, ich wurde dann auch unruhig, dachte darüber nach, warum ich als erste Worte eine solch plumpe Frage gestellt hatte. Ich verteidigte mich, meinte, daß die Sprache der Liebe einfach und offen sein sollte. Dann haderte ich mit mir, denn ich wußte, daß die Liebe Höflichkeit, Zartheit und Zeit erforderte, Zeit, um die Frucht reifen zu lassen.

Als wir uns umarmten, versanken wir in einem Wunderland, gebrauchten kindliche Worte, wußten, daß sie nötig waren, weil die gewöhnlichen Worte nicht deutlich genug sagten, was wir empfanden.

Immer wieder koste ich ihre Wangen und betrachtete ihr Gesicht. Sie hatte blaugrüne Augen, die manchmal ganz grün zu werden schienen wie Pflanzen, die sich in überschattetem Wasser spiegelten. Es waren frohe, aber zugleich auch ängstliche Augen. Ihr blankschwarzes Haar trug sie hinter die Ohren zurückgestrichen; es hing jedoch oft wie eine schwere Woge auf ihre Schultern herab.

Das erste, was mir an Riana aufgefallen war, war der Rhythmus ihres Körpers gewesen, die wunderbare Sprache ihrer Glieder, ob sie nun ging oder stand, ja sogar wenn sie saß und mit kleinen Bewegungen der Hände ihre Worte unterstrich. War es der Rhythmus ihres Schreitens, was mich beeindruckte und reizte?

Ich dachte an Pasiphae. Sie schritt nicht, sondern schlurfte. Dann waren meine Gedanken bei Aisa. Sie bewegte sich tänzelnd, hatte, besonders wenn sie sich nach mir sehnte, so kleine Schritte, daß sie trippelte. Nun dachte ich an Sarah. Ich nickte stolz; denn sie ging immer zügig, federnd, oft sogar tänzerisch.

»Ich habe dich auf den ersten Blick geliebt«, sagte ich und nahm Riana erneut in meine Arme.

Als sie gegangen war, aß ich eine Kleinigkeit, wanderte dann durch den Palast und sah in den Werkstätten den Handwerkern zu.

Aisa kam mir entgegen, schien auf mich gewartet zu haben. Ich küßte sie oberflächlich und sagte, daß ich sehr müde sei. Vor meinem Schlafzimmer lehnte Sarah lässig an der Wand und sprach mit einem Hündchen, das sie an einer Leine hielt.

»Sieht man dich auch wieder einmal?« fragte sie ironisch.

Ich küßte sie ebenfalls gedankenverloren auf die Wange, sagte, daß ich Schlaf brauche, weil der nächste Tag viel Arbeit bringe.

»Hat dich diese sogenannte Oberpriesterin, die du in aller Öffentlichkeit geliebt hast, so ausgelaugt?« fragte sie spöttisch.

Wieder mußte ich erfahren, daß im Palast sehr viele Wände Ohren hatten. Ich starrte sie verblüfft an, als sie das Hündchen an sich zog, um mit ihm weiterzugehen, und so nebenbei sagte: »Übrigens, es stimmt nicht, daß Manolis nur dicke Mädchen liebt. Da hat dir deine Riana ein schönes Märchen aufgeschwätzt.«

Wie konnte sie das, was mir Riana meist nur zugeflüstert hatte, so genau wissen?

Ich durchsuchte mein Schlafzimmer nach geheimen Türen oder Kammern, nach Möglichkeiten, daß sich ein Lauscher verstecken, uns zusehen und zuhören konnte. Ich fand nichts. Dann untersuchte ich die beiden anschließenden Zimmer. Überall waren die Fenster offen, man konnte bequem ein- und aussteigen. Wieder dachte ich daran, daß wir oft sehr leise gesprochen hatten, und wurde nachdenklich.

Als der neue Tag begann, erkannte ich, daß der Oberpriester eine gewisse Ordnung unter den Besuchern und Bittstellern geschaffen hatte. Zuerst wurden nur die Großen vorgelassen: die Priester, die Minister, die Gesandten der Phönizier, Griechen, Assyrer und Nubier. Dann kamen die hohen Offiziere, die Richter, die Oberschreiber und die Aufseher der Magazine. Sie verlangten nichts, freuten sich, daß ich mit meinen Ideen Kreta erneuern und in das Glück führen wollte. Ich spürte, daß man mich in ein Netz zwang, das sich immer stärker um mich legte und meine Freiheit einengte. Sie kamen und gingen, vom Morgen bis zum Mittag, und vom Mittag bis zum Abend.

Am nächsten Tag kamen die Vertreter der mittleren Klassen mit Geschenken. Kaufleute verbeugten sich und legten vor meinem Thron edle Steine, schöne Webereien, Früchte und duftende Kräuter nieder. Dann standen die Architekten vor mir, zeigten Pläne von neuen Gebäuden für den Wiederaufbau. Bildhauer priesen ihre Entwürfe, breiteten sie wie eine

Opfergabe zu meinen Füßen aus. Dann kamen die Töpfer und Tischler, die Schmiede, Gießer, Gerber, Küfer und Weber. Sie alle wollten mir ihre Gedanken mitteilen und brachten mich damit nur in Verwirrung.

Gut, ich wollte vieles, unendlich vieles tun, aber als ich mich an diesem Abend zur Ruhe legte, war ich so erschöpft, daß ich nicht mehr wußte, was richtig und was falsch war.

Innerlich begann ich, den Oberpriester zu bewundern; denn er stand hinter einer unsichtbaren Ordnung, die fast ein Gesetz war und mir guttat.

In den ersten Tagen waren die Großen gekommen, dann kamen die Mittleren, und nun drängten sich die Kleinen in den Korridoren. Invaliden waren es, Witwen und Waisen, alle baten sie mich um Hilfe. Da klagte einer über die große Flut, dort eine Frau über die Erdbeben, die ihr Haus zerstört hatten.

Ein Bauer sprach über die schlechten Ernten, ein anderer tadelte die Übergriffe der Krieger, klagte über die Trunkenheit der Seeleute und die schlechte Moral in den Gassen der Städte.

Eine Frau bat um eine Unterstützung, weil sie, als wir um Kreta kämpften, ihren Mann verloren hatte. Meine Soldaten hätten ihn getötet. Er sei Kreter gewesen, wir die Angreifer, und wir hätten uns damals als Piraten benommen. Ein Schreiber schob seinen sechsjährigen Sohn vor, sagte, daß seine Frau von einem meiner Soldaten vergewaltigt worden wäre, das Kind aus dieser Ehrlosigkeit entstanden sei. Ärzte boten neue Medizinen an, meinten, daß sie sofort die Hautkrankheiten heilen würden, an der seit etwa zwei Jahren viele Kreter litten. Die Angehörigen von Gefangenen reichten Bittgesuche ein um Strafminderung, die der zum Tode Verurteilten baten um Gnade.

Eine alte Frau versuchte, vor mir niederzuknien. Ihre Glieder waren jedoch so steif, daß ihr einige Diener helfen mußten. Dann lag sie auf allen vieren, wie ein Tier, vor mir und stammelte in wirren Wortfetzen, daß sie sofort gesund würde, wenn ich ihr meine Hand auflegte. Ein alter Mann erzählte mir ausführlich von der großen Flut, von den Zerstörungen und sagte, daß er überglücklich gewesen wäre, am vierzehnten Tag ein

Säckchen Mehl zu finden, aus dem er für die ganze Familie Fladen buk. Er versank in zeitlosen, fast irren Worten. Sein Nachbar fand, bevor er verhungerte, ein kleines, buntes Kissen. Ein anderer entdeckte im Schutt des Hauses seine Flöte, streichelte sie zärtlich und blies ab und zu hinein, wie um sich zu überzeugen, daß sie keinen Schaden genommen hatte.

Beinahe zwei Stunden standen dann in einer langen Reihe nur Frauen vor meinem Thron. Mütter boten mir ihre Töchter an, wenn ich für sie jeden Monat zwei Liter Gerste gäbe. Frauen priesen sich selbst an, waren bereit, weil ich doch der Gottkönig sei, für eine Nacht mein Lager zu teilen. Die einen sagten, daß das für sie eine große Ehre wäre, die anderen wollten dafür bezahlt werden. Etliche Mädchen priesen ihre Unberührtheit, boten an, daß ich mich sofort davon überzeugen könne, andere wieder sagten wortreich, daß sie einige Erfahrungen in der Liebe hätten und sie mir Freude bereiten könnten.

Nach zehn Tagen, an denen ich fast jeden Augenblick von Menschen umgeben war, die Bitten hatten, die etwas wollten oder mich nur angafften, als wäre ich ein seltenes Tier, war ich völlig am Ende. Ich war nervlich so überreizt, daß ich meine Frau Pasiphae, meine Kinder, Aisa und Sarah nicht mehr sehen konnte. Mir wurde übel, wenn ich nur daran dachte, daß Pasiphae immer dicker wurde, sie so lasch geworden war, daß man schon von weitem das Schlurfen ihrer Schritte hören konnte.

Es gab wohl Momente, in denen ich mich nach Aisa oder Sarah sehnte, doch war ich zu müde, um auch nur zu sprechen. Dazu kam, daß Sarah die Eigenart hatte, immer wieder aufs neue erobert werden zu wollen.

Aisa drängte sich in mein Denken. Sie war restlos Sklavin, war immer zu allem bereit, hätte es sogar geduldet, wenn ich ihren Rücken als Schemel für meine Füße benutzt hätte.

Was mich an ihr jedoch immer wieder störte, war, daß sie den Oberpriester oft besuchte, mit ihm in einer Verbindung stand, die mir nicht gefiel.

Wollte Manolis sie zu seiner Geliebten machen? Oder war Aisa für ihn vielleicht nur Mittel zum Zweck, sollte sie sein Ohr und sein Auge werden, um mich zu beobachten?

Auch Sarah begann sich zu verändern. Gut, sie war noch immer eine hübsche, leidenschaftliche Frau, spielte aber jedesmal trotzdem die Scheue, die Keusche, die umworben werden wollte. Aber immer öfter stellte ich fest, daß sie erst dann zu mir kam, wenn man sie dabei sah. Warum wollte sie gesehen werden?

Ich wußte von den Dienern und Sklaven, daß sie einen sogenannten »Freundeskreis« aufbaute, dem sie mit Wortgewandtheit und List Vorteile verschaffte. Kleine Schreiber wurden schnell zu Beamten, ihr ergebene Freundinnen bot sie den Frauengemächern hoher Minister an. Sie spann sich in viele Hofintrigen und Machtkämpfe ein.

Teilte Sarah mein Lager, war sie wohl, wenn ich mich entsprechend bemühte, lodernde Flamme, verstand es jedoch von Tag zu Tag mehr, mir Zugeständnisse für ihren Freundeskreis abzuringen. Da gab es einen Gutshof, dessen Verwalter zu alt war und mit den Aufgaben nicht mehr zurechtkam; sie bot mit Eifer einen neuen Verwalter an. Dort war wiederum ein Schreiber, der sehr tüchtig war, aber besser bezahlt werden sollte.

Sie forderte nie etwas für sich, doch vergaß sie auch nie, wenn ich ihr etwas schenkte, eine goldene Schale etwa, einen Schmuck aus Bernstein, silberne Armreifen oder eine herrliche Vase, diese »Beweise« meiner Liebe so sehr zu loben, daß ich mich dadurch verpflichtet fühlte, ihr immer wieder solche »Gunstbeweise« zu machen.

Eigentlich erkannte ich das erst und wurde nachdenklich, als sie sich für einen Händler verwandte, der keinen guten Ruf hatte. Seine Magazine standen in Herakleia, einem Hafen westlich von Amnissos, den ich ausbauen wollte, weil er günstiger lag.

Sein Bruder betrieb dort eine Herberge. Zu ebener Erde befanden sich der Weinausschank und der Speiseraum. Matrosen, Träger, Handwerker und Soldaten verkehrten dort. Die Begüterten und Höhergeborenen tafelten im ersten Stock und auf der den Hof umgebenden Galerie.

Das Volk saß auf Steinen, Kisten und Fässern; die Bernehmen hatten Tische, Bänke und Sessel; in den Zimmern gab es sogar niedrige, aus Kissen zusammengesetzte Liegestätten, auf denen der Gast, wenn er müde war, ein wenig schlafen konnte.

Onatas, der Händler, und Dontas, der Inhaber der Herberge, waren in viele dunkle Geschäfte verwickelt. Besonders Dontas sagte man nach, daß er Geld verleihe und von den Bauern die Töchter als Zins fordere. Wer brauchte in diesen Aufbaujahren kein Geld? Ohne Geräte konnte man keinen Acker bestellen, ohne Material kein Haus wieder aufbauen; ohne Presse kein Öl gewinnen und keinen Wein erzeugen. Die Forderung dieses Dontas war: »Pro Jahr ein Mädchen als Zins!«

Da kein Bauer nach einem Jahr das Darlehen zurückzahlen konnte, mehrten sich die »Zins-Mädchen« in der Herberge. Es gab Berichte, wonach sich Bauern, wenn sie keine Tochter hatten, mit Gewalt Mädchen beschafften. Sie zogen in kleinen Gruppen in die Berge, gingen auf Mädchenjagd. Besonders beunruhigten mich jene Mitteilungen, die besagten, daß bei Dontas viele Mädchen starben. Was geschah mit ihnen?

Und nun lag Sarah neben mir, gab zärtliche Worte, bot sich an, bat jedoch kaum einen Atemzug später, daß ich Onatas das Recht geben solle, alle Magazine in Herakleia zu verwalten. Für Dontas wollte sie sich das Recht erküssen, daß er sich eine Schutzgarde zulegen dürfe, weil Betrunkene oft randalieren würden und schon mehrmals anständige Bürger belästigt und sogar geschlagen hätten.

»Wenn er eine Gruppe von Männern hat, die seine Interessen vertritt und ihn schützt, könnte jeder Kreter in die Herberge kommen und bräuchte nicht mehr Angst haben, belästigt zu werden«, warb sie eindringlich.

Während sie mir das in die Augen und Lippen flüsterte, dachte ich an die Warnung, daß Dontas um sich Raufbolde sammle, mit diesen Menschen ausbeute und bei ihm schon mehrmals Seeleute getötet und ausgeraubt worden seien.

Sarah hielt es also mit einem verbrecherischen Herbergswirt, der um sich Gesindel sammelte. Wußte sie nicht, daß Dontas bereits den Hafen terrorisierte?

»Mein Geliebter«, warb sie und drängte sich erneut an mich,

»du erlaubst doch Dontas die Schutztruppe? Sie wird dafür sorgen, daß im Hafen wieder Friede und Freude einkehren.«

Ich verstand mich selbst nicht mehr, war mir darüber böse, daß ich Sarah in die Arme schloß. Nährte ich mit meiner Schwäche nicht eine Schlange an meiner Brust?

»Laß mich die Angelegenheit bedenken«, antwortete ich ausweichend.

»Du hast es mir aber schon fast versprochen«, schmeichelte sie.

»Ich habe als König über den Dingen zu stehen, muß gerecht entscheiden; gedulde dich.«

»Gott ist in dir«, seufzte sie und sah mich prüfend an. »Nach unseren Überlieferungen verließ einst Eva wegen Adam das Paradies. Dieser Adam war doch sicher der größte König des schönsten Königreiches. Ich will bei dir bleiben, will dich immer lieben, doch mußt du mich auch achten.«

»Tue ich das nicht?«

»Dann erlaube Dontas die Männer. Er und ich sind dann gerne bereit, dir weiterhin zu dienen.«

»Zügle deine Worte«, herrschte ich sie an. »Was ich sage und mache, steht mir als König zu. Ich bin frei, du bist Sklavin, hast zu geben und darfst nie fragen, was du erhältst. Laß also dieses Geschwätz, daß du mich wie Eva verläßt, wenn ich deine Wünsche nicht erfülle. Geh . . .«

Lange stand ich dann am Fenster und hing wieder meinen Gedanken nach. Drüben auf dem Festland war ich von den verschiedensten Lehrern erzogen worden. Priester wiesen mich in die Kulte ein. Die hohen Beamten luden mich, je älter ich wurde, immer öfter zu sich, und bald verstand ich, die Wahrheit von der Lüge zu unterscheiden.

Ich hatte Priester erlebt, die von der selbstlosen Liebe sprachen, zu Hause jedoch die Sklaven demütigten und prügelten. Ich hatte Priester erlebt, die befahlen, den Göttern zu opfern, jedoch dann die Spenden für ihre eigenen Interessen verwendeten. Ich wußte, daß sich manche Priester in einer heiligen Askese für das Gespräch mit den Göttern vorbereiteten, kannte jedoch auch Betrüger, die das Abtöten der Fleischeslust nur vortäuschten und in ihrer angeblichen höheren Gottverbundenheit die ihnen anvertrauten Gläubigen zu sinnlosen Orgien verleiteten.

Für jeden Kreter war der Stier heilig. Oft sah ich, daß Menschen, wenn er vorbeigeführt wurde, vor ihm auf die Knie fielen und ihn anbeteten. In Ägypten, wo man auch den Apis, den Heiligen Stier, sehr ehrte, war ich Zeuge gewesen, daß man ihn prügelte, wenn er nicht sofort eine Kuh besprang, die man ihm zuführte, auf daß sie erneut einen Heiligen Stier gebäre.

Priester traten die Stiere mit Füßen, wenn sie ihnen das Futter reichten, quälten sie, wenn sie nicht sofort auf ihre Wünsche reagierten. Standen sie dem gleichen Tier jedoch in Anwesenheit des Volkes gegenüber, taten sie so, als ob auch sie ihn sehr verehrten.

Zweifel kamen auf. Ich dachte über mich nach und fand mich als König zu schwach. Oft ergriff mich die Sorge, ob es mir je gelänge, Kreta zu einem glücklichen Land zu formen.

Ich gab mir selbst die Antwort und sagte, daß ich der oberste Diener des Staates sei und ich als Gesetzgeber immerzu Vorbild sein mußte. Wie konnte ich die Gerechtigkeit, das Recht also, noch mehr verwirklichen?

Einem mächtigen Mann war es möglich, einen Menschen zu erschlagen, ohne bestraft zu werden. Beamte durften, je nach Laune, Bauern prügeln, Geschenke annehmen, sie sogar fordern und sich auf primitivste Weise Sklaven, besonders jedoch Sklavinnen, zulegen. Ich wußte wohl, daß es viele Menschen gab, die mich liebten. Wie groß war jedoch die Zahl derer, die bereit waren, mich um eine Handvoll Bohnen zu verraten?

War Sarah ehrlich, stand sie wirklich zu mir? War Manolis eines Verrates fähig?

Befand ich mich nicht am Rande eines Abgrundes?

Wieder wurde ich von Fragen und Gedanken zerrissen. Ich war der König, ich hatte die Aufgabe, für alle zu denken und zu sorgen. Erhob ich mich damit nicht auf eine ungeheure Höhe, von der man aber auch sehr tief stürzen konnte?

»Ja«, sprach ich vor mich hin, »ich kann im Nichts zerschmettert werden.«

Dann dachte ich wieder an Sarah. Hatte sie sich mir nur aus dem Wunsch angeboten, Dontas zu helfen, damit er seine Räuber in Ruhe, unter königlichem Schutz, zu einer Bande vereinen konnte?

Jeder weitere Tag formte und wandelte mich. Ich begann, Verwalter, Aufseher, Finanz- und Landwirtschaftsfachmann zu werden, setzte weitere Schreiber ein und ließ mir laufend Bericht erstatten.

Stolz war ich, als man mir meldete, daß die Pithoi meines Palastes fast 115 Eimer[2] enthielten, die meines Bruders in Malia jedoch nur 78 Eimer[3]. Die Kornkammer faßte mit ihren Magazinen bereits an die 35 Eimer[4] Getreide.

Ägypten hatte mich auch mit der Kunst seiner Handwerker beeindruckt. So schickte ich Boten durch das Land mit dem Auftrag, fähige Handwerker anzuwerben. Sie sollten dann bei mir im Palast wohnen und in engstem Kontakt mit Pandion, den ich oft humorvoll Kunstminister nannte, weitere Gegenstände herstellen, die Kreta ehrten. Ich bemühte mich sehr um die Häuser, in denen sie wohnen sollten, versprach, alle notwendigen Materialien zu beschaffen.

Schon bald fertigten die Weber Stoffe, die weithin berühmt wurden. Ich ließ sogar eine Töpferschule einrichten. Siegelschneider und Steinmetze arbeiteten, Kupfer und Gold wurde geschmolzen, und Goldschmiede schufen herrlichste Anhänger, Armreifen, Halsketten und Ringe. Ich befahl, auch Kultgegenstände herzustellen, doch fragte ich mich schon wenige Tage später, ob das klug sei, denn damit stärkte ich die Macht der Priester, förderte einen Staat im Staate.

Meine Gedanken weilten bei einem Gesetz, das ich erlassen wollte und das die Rechte der Stämme berücksichtigte, darüber hinaus jedoch grundsätzlich auf Delikte wie Mord, Menschenraub, Diebstahl, Erbrecht und andere Probleme einging. Ich hatte eine legitime Gattin, es war Pasiphae, doch hatte ich auch Nebenfrauen, die ich sichern mußte, und dann hatte ich eheliche und uneheliche Kinder, und besonders die unehelichen Kinder sollten gewisse Ansprüche auf ein Erbe haben.

Ein Sklave trat höflich in das Zimmer. »Euer Würden«, unterbrach er höflich mein Sinnieren, »General Kladissos bittet, euch sprechen zu dürfen.«

Ich nickte, Kladissos, er war mit mir aus Athen gekommen, führte meine Kampfgruppe, war nun Chef der Leibgarde und Befehlshaber aller mykenischen Soldaten.

»König, edler Minos«, sagte er aufgeregt und irgendwie fassungslos.

»Was ist, Kladissos?«

»Sie kommen in einem langen Zug...!«

»Wer?«

»Ich weiß es nicht. Sklaven tragen auf dem Rücken und an Stangen Amphoren, Trageesel schleppen Säcke mit Weizen, Gerste und gedörrtem Fleisch.«

Als ich in den Hof trat, sah ich die lange Kolonne. Sofort begann ich zu rechnen und stellte fest, daß mit diesen Nahrungsmitteln der Bedarf des Palastes für einige Zeit gedeckt sein würde.

Alle Geschenke kamen von einem Kloster, das ich in einem abgeschiedenen Tal hatte errichten lassen. Es gab dort besten Boden, reichlich Wasser, und der Dank der Priester und der dem Kloster gehörenden Bauern waren die Gaben, die mir ein Priester mit lobenden Worten überreichte.

Nachdem ich ihn umarmt hatte, riefen die Bauern laut: »Es lebe Minos, er lebe ewig!« Dann fielen sie nieder, küßten meine Füße, machten aus Lanzen und Mänteln eine Sänfte und trugen mich zum Heiligtum, wo ich den Göttern opferte.

Pasiphae ließ ich aus Höflichkeit eine Rolle mit wunderschönem Gewebe überreichen, meine Nebenfrauen erhielten neue Gewänder und ein Kästchen mit Wohlgerüchen. Die Sklavinnen meines Frauenhauses bekamen Wein, Fleisch, Früchte und einige Amphoren mit kostbaren Ölen für die Körperpflege.

Am Abend lud ich alle Minister, Hofbeamte, Oberaufseher und Priester, trotz der starken Hitze, die über dem Land lastete, zu einem Fest ein. Mein Oberhofmeister überreichte jedem Gast eine Gabe. Da war es eine Schale, ein Korb mit Früchten, dort ein Dolch oder ein Edelstein. Da unter den Geschenken des Klosters auch vier hübsche, junge Sklavinnen waren, schenkte ich die jüngste Manolis und sagte, wobei ich mir das Lachen verbieten mußte, daß er sie bestimmt gut im Tempeldienst gebrauchen könne. Warum teilte ich die Sklavinnen nur Priestern zu? Ich wußte es nicht.

Die Schalmeien und Flöten spielten, die Trommeln erklangen im dumpfen Stakkato, die Lyren sangen und klagten, Harfen zirpten. Sehr lauschte ich den Klängen der Doppelflöte, die, wie die Lyra, der Musik Leidenschaft verlieh. Besonders das Sistrum war es, das wie die Zimbeln den Takt angab, den Rhythmus bestimmte. Die Musik erklang fast die ganze Nacht. Wir tranken, und mancher meiner Gäste schlief mit einem Weinkrug unter dem Kopf oder einer Frau im Arm ein.

Mit Absicht hatte ich wenig getrunken, um zu zeigen, daß man, wenn man etwas sein wollte, Grenzen zu beachten habe.

War es nicht der schönste Gottesdienst, wenn wir ein Fest in den Dienst der Liebe, in den Dienst der Mondgöttin und damit in die Fruchtbarkeit stellten? Die Priester wußten das und fühlten sich berechtigt, nach langen Kasteiungen und langem Fasten sich in solchen Festen zu erholen. Warum liebte ich nicht, wie manche meiner Gäste, vor aller Augen Sarah oder Aisa?

Lag es an dem Priester, der mir gestern sagte, daß er es verstünde, wenn ich nach vielen Tagen voll von Regierungssorgen Feste besuche, weil ich diese Freude auch als König brauche? Ich schlug mit der Hand durch die Luft, als wolle ich einen Feind abwehren. Ich war König von Knossos, mußte beweisen, daß man aus manchem Unmöglichen das Mögliche machen konnte.

Als meine Gäste gingen, hatte jeder einen Auftrag, einen Befehl erhalten. Der Ausbau der Häfen mußte vorangetrieben werden; es galt, weitere Märkte zu schaffen, neue Straßen zu bauen. Die Flotte mußte verstärkt werden, und Pandion sollte so schnell wie möglich Schulen für Händler gründen, denn im Handel sah ich eine weitere Möglichkeit, Kreta auf den ersten Platz im Mittelländischen Meer zu rücken.

Da ich müde war, legte ich mich hin, wollte schlafen, doch plagten mich Träume, und mein Herz brannte vor Sehnsucht nach Riana.

Träumte ich nur? Ganz nahe hörte ich den Klang einer Flöte. Sie spielte eine schwermütige Melodie, und dann sang eine schöne Männerstimme: »Riana, du Blume meines Herzens. Wenn ich dich sehe, erblassen die Sterne, verstummen die Nachtigallen, und in mein Herz kehrt ein Frieden ein, der mich wie köstlicher Wein beglückt. Riana, wenn du betend durch die Gänge schreitest, umgeben dich Blumen mit duftenden Wolken. Schmetterlinge kreisen um deine Lippen, und die Bäume neigen die Wipfel vor deiner Schönheit.«

Erneut erklangen Flöten, dann sang der Mann wieder, seine Stimme war edel und rein: »Riana, ein jedes Blütenblatt erinnert mich an dich. Die Tautropfen, die du siehst, sind meine Tränen, sind die Zeichen meiner Sehnsucht!« Ich öffnete die Augen, sann darüber nach, ob nicht ich es war, der eben gesungen hatte?

Dann war ich völlig wach, ich sah die weißen Wände, die Möbel, die leeren Fenster.

Riana besuchte mich, machte den Tag zu einem Sonnentag. Wir wanderten die Hänge hinauf, gingen immer langsamer, rangen nach Atem. Manche Strecke schritten wir still dahin, feierlich, luden uns dabei mit unserer Liebe auf. Sie war auf einmal so schwer, daß wir stehen bleiben mußten. Das Verlangen lag in unseren Augen, in unseren Lippen, in jeder Pore unserer Körper.

»Ich sehe dich und sehe dich trotzdem nicht«, keuchte ich und hatte brennende Augen.

Wir stiegen fast unbeholfen über einen Felsen, sahen Blüten, Blumen, Sträucher und Olivenbäume, die wieder begannen, Frucht anzusetzen.

»Sie brauchen noch ihre Zeit«, sagte sie, »braucht nicht auch die Liebe ihre Zeit?«

Ich konnte nicht antworten, weil in mir der Atem wie Feuer brannte. Wir gaben uns die Hände und blieben stehen. Uns war, als hüllten uns von allen Seiten Nebel ein.

»Die Erde ist hier gut«, sagte ich feierlich, kniete mich nieder und zog Riana an mich.

Sie schenkte sich mir wie ein unschuldiges Mädchen. Ihre Augen strahlten vor Glück, ihre Wimpern flatterten. »Ich sterbe...!« stöhnte sie.

Die Erde war unser Lager, der Himmel als Decke über uns formte sich zu einem Zelt und gab Geborgenheit. Wir selbst wurden zugleich Erde und Himmel.

Schon als Kind hatte ich die Erde gemocht, jetzt erlebte ich sie wieder wie früher, jedoch durch den Körper einer geliebten Frau.

Wir sprachen nicht, wußten, daß alle Worte unzureichend waren, sie nur störten.

»Ich möchte einmal ein Kind von dir, du sollst für mich in ihm weiterleben«, flüsterte sie ergriffen.

»Was würde wohl Manolis dazu sagen?« fragte ich zärtlich.

»Er wird dich von dieser Stunde an hassen und meinen, daß du mich entehrt hättest. Wenn ich jedoch das Kind von ihm bekäme, würde er es als Gottesgabe hinstellen. So ist er...«

»Dann sollten wir alles tun, damit dies nicht geschieht«, meinte ich nachdenklich.

»Nicht jedes Kind wird zum Schicksal. Können wir jedoch dem Schicksal entfliehen? Ich glaube«, sagte sie und sah auf die Wolken, die vom Meer her über die Berge schwammen, »daß das Kind, das wir vielleicht, wenn es die Götter wollen, zeugen, sehr zu unserem Schicksal werden wird.«

Am nächsten Nachmittag ließ ich mich von zwei Sklaven nach Herakleia bringen. In einem kleinen Wäldchen zog ich mich um, trug das Gewand eines reichen Händlers. Wenige Stunden vorher war wieder Sarah, mit einem Gesicht, in dem Falschheit und Lüge standen, bei mir gewesen und hatte erneut für Dontas geworben.

Ich spürte, daß sich um mich ein Intrigennetz zu bilden und mich einzuengen begann. Worte, nein, Mahnungen des Oberpriesters hatten mich ebenfalls nachdenklich gemacht. Auch das Verhalten Aisas wurde immer sonderbarer. So wollte ich einmal Dontas und seine Herberge unerkannt in Augenschein nehmen und ging zu Fuß durch die Gassen.

Das Fremdenviertel von Herakleia lag östlich des Hafens,

auf dem Weg nach Amnissos. Es waren über fünfzig Häuser. Dort wohnten Ägypter, Phönizier, Assyrer und Griechen. Man sah es an dem guten Zustand der Wege und Straßen, den gemauerten Bauten, daß hier Begüterte wohnten. In den Kellerräumen lagerten meist Rohmaterialien, in den Räumen zu ebener Erde befanden sich die Geschäfte, darüber wohnten die Besitzer.

Was mich freute, war, daß manche Häuser mit Fresken geschmückt waren. Das riesige Haus eines Kaufmanns aus Phönizien hatte Malereien, die darauf hinwiesen, wie mühe- und gefahrvoll der Handel war. Da bedrohten Piraten ein Handelsschiff, dort erhob sich ein schreckliches Meeresungeheuer aus den Wellen und wollte mit weit geöffnetem Rachen ein Schiff verschlingen. An einem anderen Haus warb ein Arzt für sich, zeigte, daß er Wunden heilen, Schwerthiebe schließen und Pfeile entfernen konnte; er demonstrierte sogar in einer Bildfolge, daß er in der Lage war, die Jugend und Schönheit wieder zurückzugeben.

Besonders belebt war die Straße, die zu den Schiffen und den Lagerhallen führte. Sänftenträger warteten, Arbeiter boten ihre Dienste an, Lastträger stapften dahin, trugen auf dem Rücken schwere Ballen oder an Stangen Amphoren mit Wein und Öl. Wasserverkäufer boten monoton Erfrischungen an, Bauern hockten an den Häuserwänden und hatten auf Blättern Weintrauben, Melonen, Feigen, Gurken, Bohnen und andere Erzeugnisse ihrer Äcker und Felder zum Verkauf ausliegen.

Man kaufte und verkaufte, feilschte, gab böse Worte und vertrug sich wieder.

Ich lächelte vor mich hin, als sich zwei Männer stritten und einer dem anderen zurief: »Du bist dumm wie ein Hund, der im Schlaf bellt!«

Auf einem kleinen Platz boten die Viehzüchter ihre Tiere an. Da waren Ziegen und Schafe, dort Ochsen und Kühe. Ein Bauer hatte nur Schweine. Was mich wunderte, war, daß man keine Esel handelte, da diese die einzigen Reit- und Lasttiere auf Kreta waren. Einige Zeit blieb ich bei einem Händler stehen, der nur Heilkräuter anbot, und er machte mit Diktam,

Majoran, Orant, Salbei, verschiedenen Minzarten und Thymian gute Geschäfte.

Um mich war ein Menschenstrom, der mit hellen und dunklen Stimmen schrie. Dann sah ich die Herberge, ein großes würfelförmiges Haus, das an jeder Front etwa zehn Fenster besaß und mit keinem anderen Gebäude in Verbindung stand. Ich ging um das Haus herum und prüfte es von allen Seiten.

Bewußt trat ich langsam in den Hof, tat, als suche ich jemanden, und sah interessiert auf die Mädchen, die die Gäste bedienten.

Ein Mann, es konnte nur Dontas sein, ging durch die Räume, stand dann in der Türe und rief griechischen Seeleuten zu: »Esset und trinket, meine Söhne. Solche gebratene Täubchen werdet ihr, und wenn ihr die ganze Welt bereist, nirgends finden. Ich hörte, daß ihr ein Unwetter bei Kalliste hattet. Kalliste!« klagte er und wandte sich dann an mich. »Als damals der Vulkan ausbrach, gab es riesige Flutwellen, und ein Regen unvorstellbarer Massen ausgeschleuderter feinster Asche legte sich weithin als alles Leben erstickende Decke auf viele Inseln, Dörfer und Städte. Söhne«, sagte er pathetisch, fast werbend, »ich war damals ein Knabe, ein Jüngling, mein Glück war, daß ich eine Schreibschule in Ugarit besuchte. Meine Eltern und meine Geschwister starben, unser Haus hier war eine kümmerliche Ruine. Ich kam erst zwei Jahre nach diesem Chaos zurück, doch war in allen Kretern noch immer Panik, Angst, und viele waren dem Hungertod nahe, Tausende waren ertrunken oder schon verhungert.«

Er sah sich traurig um, doch zeigten seine wachen Augen, daß er nur sehen wollte, wer ihn hörte. Wieder wandte er sich an die Seeleute: »Und dann kamt ihr Griechen, die Götter haben euch gesegnet. Schwer war es für uns, die neue Sprache zu verstehen und die neue Schrift zu schreiben. Aber«, er schwieg und musterte mich gleichgültig, »wo die Macht ist, ist immer das Recht. Hoffentlich handeln die Bauern richtig, wenn sie ihre neuen Dörfer nun in sicherer Entfernung vom Meer errichten und auf Höhen und Hügeln anlegen, die nicht mehr so leicht vom Meer erreicht werden können.«

Ein Seemann hob seinen Becher. »Der Wein schmeckt«, rief er. »Stammt er aus Kreta?«

»Bei meiner Ehre, Söhne aus Griechenland, ich verkaufe nur kretischen Wein.«

Lügner, dachte ich mir, denn der Dunst, der in allen Räumen der Herberge lag, wies darauf hin, daß er von Weinen aus Zypern oder aus Rhodos stammte; unsere Weine hatten nicht solch aufdringlichen Geruch.

Ein anderer Seemann meinte sachlich: »Ein weiterer Grund, daß die Bauern ihre Dörfer nun landeinwärts errichten, liegt darin, daß sie von den Übergriffen der Piraten besser gesichert sind.« Nach einem Schluck Wein bemerkte er irgendwie nebenbei: »Meine letzte Reise ging zur Diktäischen Bucht, doch . . .«

»Diktäische Bucht?« fragte ich und trat an den Tisch.

»Bist du Grieche?« riefen die Seeleute.

»Ich bin Händler«, antwortete ich, spielte den Wohlhabenden und befahl den Mädchen: »Gebt meinen Freunden einen Becher auf meine Kosten. Es tut gut, unter Landsleuten zu sein.« Dann wandte ich mich wieder an den Seemann. »Wo ist diese Diktäische Bucht?«

»In Ostkreta. Dort gibt es, nein gab es, die wohlgeschützten Häfen von Erimoupolis[5], Heleia[6] und Zakros. Als wir hinkamen und an Land gingen, sahen wir nur noch Ruinen, Schutt, Hügel und wild wucherndes Unkraut. Es ist schon eigenartig«, sprach er philosophisch vor sich hin, »Kreta herrschte einmal über Griechenland, und dieses beherrscht nun Kreta. Als die Griechen hierherkamen, brachten sie die Künste wieder zurück.«

»Wie meinst du das? Bist du wirklich Seemann?« fragte Dontas interessiert, fixierte kritisch den Mann.

Dieser nickte. »Zur Frage zwei«, antwortete der Mann humorvoll, »ich bin Seemann, meinem Vater gehört das Schiff, und so durchwanderte ich einige Schulen, bis ich – die ganze Sippe war dieser Ansicht – die Reife hatte, selbst ein Schiff zu führen. Nun zu Frage eins: Ich wiederhole meine Aussage: Das besiegte Kreta überwand den Sieger und brachte ihm bei, was Kunst ist.«

»Du hast es vorher aber anders gesagt, meintest, daß die Griechen wieder die Kunst nach Kreta brachten?«

»Als die Mykener kamen«, erzählte der Mann, »lebte die Kunst wieder auf. Es war sogar so, daß die Kreter die Sieger in ihren Bann zogen und ihnen das kostbarste Erbe, ihre Kunstfertigkeit, schenkten. Auch der Götterglaube der Kreter grub sich in das religiöse Denken der Griechen ein.«

»Könnte stimmen, nein, es stimmt«, sagte Dontas stolz. Dann sah er mich an und fragte: »Bist du Grieche?«

»Wie man es nimmt«, wich ich aus. »Ich wurde in Griechenland geboren, war in Ägypten, nun bin ich hier und will Geschäfte machen.«

Der Wirt entschuldigte sich, weil sich die Säle und der Hof füllten. »Zwei Schiffe kamen an!« rief ihm ein Sklave zu.

»Speiset und trinket, achtbare Herren«, forderte er die neu Hinzukommenden auf. »Ich habe Rebhühner, junge Gänse, frische Fische und einen ausgezeichneten Rehbraten. Aus Zypern bekam ich den herrlichsten Wein, der je dort wuchs.«

Die Seeleute, neben denen ich stand, lachten. »So ein Lump, vorher pries er seinen Wein als echt kretisch an.«

Ich ging durch die Räume, stieg die Treppe in den ersten Stock hinauf und ließ mich dann an einem Tisch nieder, von dem aus ich den Hof und viele Zimmer überblicken konnte. Dann sah ich einen Reisenden, der an der Frontseite der Galerie mit untergeschlagenen Beinen auf einem Teppich saß. In der linken Hand hielt er einige Datteln und in der rechten einen Becher Wasser. Nachdenklich sah er vor sich hin.

Der Mann mochte etwa sechzig Jahre alt sein, hatte volles Haar und einen rabenschwarzen Bart, ernste Augen und ein sehr feines, edles Gesicht. Ich beobachtete ihn und war bald der Ansicht, daß er ein Priester sein könnte.

»Priester?« spottete in mir eine Stimme, und schon begannen meine Gedanken wieder durcheinanderzuwirbeln. »Geht ein Priester in eine Herberge, in der Orgien stattfinden und die Mädchen früh sterben?« fragte ich mich. Eine Stimme antwortete mir: »Unbedingt, wenn er an den Spielen der Männer teilnehmen will. Auch Priester sind Menschen.«

Das Gemurmel und der zeitweise laute Streit im Hof wurden plötzlich leiser. Zwei Schlangenbeschwörer traten von der Straße her unter die Zecher, trugen ihr giftiges Gewürm in Beuteln und gaben eine Vorstellung. Der jüngere spielte auf der Flöte, der ältere ließ kleine und große Schlangen sich um seinen Körper winden, von denen schon eine genügt hätte, die Gäste aus der Herberge zu vertreiben. Die Flöte erklang immer gellender, der Schlangenbeschwörer beugte sich und schäumte, bebte wie in einem Krampf und reizte das Gewürm ununterbrochen. Endlich biß ihn eine der Schlangen in den Arm, eine andere ins Gesicht, und die dritte – die kleinste – verschlang der Mann lebendigen Leibes.

Im Hof war ängstliche Stille. Viele hatten gezittert, als der Mann die Schlangen reizte, manche schlossen die Augen, als er gebissen wurde, etliche kreischten und klatschten begeistert, als er die kleine Schlange verschlang.

Auch ich hatte den Atem angehalten und von Grauen erfüllt dem Geschehen zugesehen. Als ich dann wieder auf den Besucher sah, der sich an Datteln und Wasser labte, stellte ich fest, daß er nicht auf das Spiel blickte, sondern weiterhin geruhsam mit gekreuzten Beinen auf dem Teppich saß.

Plötzlich bemerkte ich, wie ein Diener der Herberge von einer nahen Türe aus mit einem Stock den Beutel des Mannes an sich zog und mit ihm verschwand.

Kurz darauf kam Dontas zu uns herauf, prüfte, ob wir gut bedient wurden, wandte sich dann an den Reisenden. »Mir wurde eben gemeldet«, sagte er überhöflich, »daß Diebe deine Tasche gestohlen haben. Wenn sie für dich sehr wichtig ist, könnte ich dir helfen. Diese Strolche unterstehen einem Meister. Wenn du ihm ein Zehntel des Wertes gibst, erhältst du den Sack wieder zurück.«

»In meinem Lande«, antwortete der Reisende würdevoll, »wird niemand mit Dieben Vereinbarungen treffen. Ich wohne bei dir, stehe also unter deinem Schutz und mache dich für den Verlust verantwortlich.«

Dontas nickte kurz. »Gehe nicht zum Gericht, es hat in den meisten Fällen nur eine Türe, jene, durch die man eintritt, doch selten eine, durch die man wieder herauskommt. Zwischen beiden Türen, wenn es sie gibt«, meinte er nachdenklich, »liegen Schläge und Folter.«

»Die Götter geleiten den Unschuldigen durch eine Mauer«, erwiderte der Fremde.

»Den Unschuldigen?« lachte Dontas. »Wer in diesem Land der Sklaverei ist schon unschuldig. Man sagt«, nun sprach er leise weiter, »daß Minos neue Gesetze einführen will.« Wieder spottete er. »Die neuen Gesetze gelten nur für die Mächtigen im Palast, nie für uns, das Volk. Wir haben zu bezahlen. Bald wird die Zeit kommen, wo der Unschuldigste schuldig ist, wenn er nur den Mund aufmacht und wenn er sich nicht rechtzeitig beugt. Neue Gesetze?« wieder lachte er bitter. »Mit ihnen werden die Richter noch feister, die Beamten noch betrügerischer.« Er schwieg und starrte kritisch auf den Schwarzbärtigen. »Weshalb sage ich dir das? Wir Kreter tun gut, uns vor allen Fremdlingen zu hüten. Was willst du eigentlich bei uns? Bist du ein Händler, ein Priester oder – ein Spion?«

Als der Gast nicht antwortete, nur bedächtig eine Dattel in den Mund schob, beugte sich Dontas zu ihm: »Bist du ein Spion? Kommst du aus Phönizien, bist du ein Hebräer?«

Der Mann schwieg immer noch, tat, als sehe und höre er nichts.

»Hast du Geld, brauchst du Freunde, Helfer? Wenn du etwas von Minos willst, ich habe dort gute Bekannte, die dir bei deinen Plänen Hilfe leisten könnten«, warb der Wirt.

Während Dontas auf Antwort wartete, erklang auf der Straße Musik. Flöten bliesen, eine Lyra klagte, und Trommeln wurden geschlagen. Nach einer Weile tanzten vier fast nackte Mädchen in den Hof. Die Lastträger und Seeleute begrüßten sie mit Freudenrufen, sogar die ernsten Kaufleute auf der Galerie schauten neugierig auf sie und unterhielten sich über ihre Reize.

Die Tänzerinnen dankten mit einem Lächeln für die Zurufe und das Händewinken der Anwesenden. Drei Männer, es waren die Musikanten, stellten sich an der Seite auf, und schon begannen die beiden jüngsten Tänzerinnen einen Reigen, der von zwei Trommeln untermalt wurde. Die Mädchen hielten sich an den Händen, boten ein hübsches Bild. Kurz und laut gab ein Trommelwirbel das Zeichen, und nun tanzten alle vier Mädchen durch den Hof, wirbelten, jede für sich, durch die Reihen, und keiner der Gäste vergaß, ihre Musselinschleier zu erhaschen oder nach ihren Körpern zu greifen.

Eine Gruppe von Lastträgern, die zuviel getrunken hatten, begannen zu johlen und die Tänzerinnen zu sich zu rufen. Dann standen sie bei den griechischen Seeleuten, tranken Wein und aßen das, was man ihnen anbot oder in den Mund schob.

Während drei Tänzerinnen mit den Gästen der Herberge lachten und ihnen über die Wangen und Schultern strichen, ging die älteste von Tisch zu Tisch und sammelte.

»Für den Tempel der göttlichen Isis!« rief sie. »Gebt, spendet, helft mit, daß wir auch in Kreta jener Göttin, die alle Geschöpfe in ihren Schutz nimmt, einen Tempel errichten können. Je mehr ihr gebt, um so mehr werdet ihr Glück und Segen erhalten. Gebt für den Tempel der Mutter Isis!« bat sie singend.

Man legte ihr kleine Stücke Kupferdraht, manchmal ein Körnchen Silber oder Gold in die Schale. Ein älterer Handwerker spendete offenbar etwas Wertvolles, denn die Tänzerin dankte ihm mit einem Kuß auf die Wange.

»Darf ich dich besuchen?« fragte er sofort. Die Antwort war ein lächelndes Nicken.

Als die Tänzerin zu uns auf die Galerie kam, schenkte ihr der Dunkelbärtige einen goldenen Ring. »Die Isis ist eine große und gute Göttin, nimm das für ihren Tempel«, sagte er warmherzig.

Sie setzte sich zu ihm, aß ein paar Datteln und sagte dann so laut, daß wir alle es hören konnten: »Du scheinst reich zu sein. Komm zu mir, wenn es dunkel ist. Ich wohne an der Straße nach Knossos. Das Haus ist beleuchtet, du wirst es finden. Vor der Türe steht eine Gruppe hoher Zypressen.« Dann kokettierte sie mit ihm, reichte ihm eine Blume aus ihrem Kranz, den sie um ihren Hals trug, drückte ihn zum Abschied an sich und trat an einen anderen Tisch. Wieder begannen in mir die Gedanken durcheinanderzupurzeln.

Der Mann sah edel aus, war es jedoch wahrscheinlich nicht,

sonst hätte er die Einladung einer Tänzerin nicht angenommen. »Vielleicht geht er nur zu ihr, weil auch er Isis verehrt?« fragte ich mich.

In mir hetzte als Antwort eine Stimme: »Er betet, er küßt und teilt dann ihr Lager. So ist es doch überall. Man lobt die Blumen oder das Haus, den Wein oder den Braten; wie oft aber ist alles nur eine Floskel?«

Meine Gedanken wurden von dem Fremden unterbrochen. Er hatte Dontas gewunken und bat ihn, ihm einen Führer zu geben, weil er nach Sonnenuntergang die Priesterinnen besuchen wolle:

»Du Unglücklicher«, warnte der Wirt. »Sie werden dir dein Geld abnehmen, dich krank machen. Für ein Zehntel der Summe, die du dort geben mußt, auf daß man deine Wünsche erfüllt, kannst du bei mir alles haben, was du willst. Was nützt es, wenn ich dir einen Boten gebe? Wer bringt dich dann zurück? Was ist, wenn du alleine den Weg im Dunkel der Nacht oder im Morgengrauen zu mir suchst und von Dieben und Räubern überfallen wirst?«

Der Fremde antwortete nichts, aß nur langsam eine Dattel.

»Ich habe einige Mädchen, die dir alle Wünsche erfüllen«, warb der Wirt. »Hast du noch so einen schönen Ring, wie du ihn vorher der Tänzerin gabst? Du bekommst dafür zwei junge Mädchen . . .«

»Werden sie auch mein Eigentum?« fragte der Schwarzbärtige.

Dontas sah ihn erstaunt an. »Jetzt weiß ich es, du willst Mädchen kaufen. Welche brauchst du? Sollen sie noch unberührt sein oder viel von der Liebe verstehen?« Er beugte sich nieder und flüsterte: »Ich könnte dir helfen.«

Der Fremde wehrte ab. »Ich brauche, wenn es dunkel wird, einen Boten, der mich zu den Priesterinnen führt.«

Dontas wandte sich ab und ging mürrisch hinunter in den Hof. »Dieser Fremde ist schon seltsam«, sagte er nachdenklich, »ißt nur Datteln, trinkt keinen Wein, will jedoch, daß ihn einer meiner Sklaven zum Haus der Priesterinnen führt.«

»Was ist da verwunderlich?« lachte ein Seemann. »Die Mädchen, die er zu Hause um sich hat, kennt er in- und auswendig. Hier sind Kreterinnen. Dumm ist der, der auf Zypern keinen Wein trinkt, der auf Kreta keine kretischen Mädchen liebt.«

»Er sieht aber wie ein Priester aus, ist klug, hat Gold und spricht eine gepflegte Sprache.«

»Dontas«, lachte der Mann, »du siehst doch auch wie ein Priester aus und handelst mit Wein und Weibern.« Er kicherte angetrunken vor sich hin. »Ein Hammel bleibt ein Hammel, auch wenn er in einem Löwenfell steckt.«

Nun wandte ich mich an den Schwarzbärtigen, gab ihm gute Worte und sagte ihm, daß ich mich sehr für den Isis-Kult interessiere. Ich brauchte einige Zeit, bis der Fremde, der sich mit Abraham vorgestellt hatte, bereit war, mich mit zu den Priesterinnen zu nehmen.

Als Dontas dies erfuhr, spielte er wieder den Erregten und Enttäuschten, pries seine Mädchen an, meinte, daß wir an diesen mehr Freude hätten und billiger wegkämen, als wenn wir den Isis-Priesterinnen Gold gäben.

Ein nubischer Sklave, schwarz wie Ebenholz und groß von Wuchs, führte uns. Die Gassen waren schon leer, die Lastträger und Händler schliefen. In manchen Häusern brannte noch Licht, aus mehreren Fenstern klangen Musik, Gesang und Gelächter. Irgendwo stritten Betrunkene, und manchmal hörte ich auch einen Hilferuf.

Die Gassen, durch die wir schritten, waren zum größten Teil eng, gewunden und unsauber. Je weiter wir gingen, um so niedriger wurden die Gebäude. Dann kamen einstöckige Häuser, die von großen Gärten umgeben waren.

Fast ununterbrochen grübelte ich darüber nach, warum der Mann zu den Isis-Priesterinnen ging. Was wollte er dort? Wenn er nur die Begegnung mit einem hübschen Mädchen suchte, hätte er sie in der Herberge wirklich billiger haben können. Dann dachte ich an Dontas, fand ihn auf einmal manierlich, weil er die Tänzerinnen ablehnte.

Feigen, Akazien und knorrige Ölbäume schauten über eine Mauer. Der Nubier blieb stehen, sah sich um, suchte etwas, sagte dann zu mir: »Entweder sind wir schon an dem Haus der

Priesterinnen vorbeigegangen, oder wir befinden uns in der falschen Gasse.« Er bat, daß wir kurz warteten, kam zurück und flüsterte mir im Vorbeigehen zu, ich solle ihn begleiten. Schon nach wenigen Schritten sagte er: »Herr, du siehst vornehm aus, deine Augen sind rein, auch deine Lippen.« Kurz schwieg er, ich spürte, daß er nicht wußte, ob er weitersprechen durfte. Gütig legte ich ihm eine Hand auf die Schulter. »Ich bin dein Freund«, sagte ich leise.

Der Nubier nickte dankbar. »Herr, sei vorsichtig. Dontas, mein Besitzer, ist nicht ehrlich. Er spielt den Feind der Isis-Priesterinnen, ist aber in Wirklichkeit ihr Freund. Gut, er will mit seiner Herberge und seinen Mädchen Geschäfte machen, aber...«

»Er ist doch Kreter?« fragte ich erstaunt.

Der Nubier sah mich irgendwie hilflos an. »Ich weiß es nicht, Herr. Kann es nicht sein, daß er dich haßt?«

»Was hat das mit den Isis-Priesterinnen zu tun?«

»Herr, ich weiß nicht, wer du bist. Du könntest ein sehr vornehmer, wichtiger Mann sein.«

»Dontas kennt mich doch gar nicht«, unterbrach ich ihn.

»Ich weiß es nicht«, sagte er wieder hilflos und sah mich fast traurig an, »kann es nicht sein, daß ein Gast der Herberge dich erkannte und, wenn du berühmt bist, es sofort meinem Besitzer meldete?«

»Was gäbe es nur für einen Grund«, rätselte ich, »daß mir Dontas schaden will?«

Der Schwarze sah mich auf einmal stolz an. »Herr«, rief er froh, »es gibt einen Grund.« Kurz prüfte er mich, fragte dann: »Bist du ein Priester?«

Ich lächelte und sagte: »Nein.«

»Wenn du ein kretischer Priester wärst, könnte dir Dontas böse sein, weil er glaubt, daß die Priester es waren, die den Mykenern, als sie kamen, zur Macht verhalfen. Es gibt hier viele Menschen, die die Mykener nicht lieben. Dontas könnte zu ihnen gehören.« Der Nubier nickte, sah sich kurz um und sagte: »Dort ist das Haus. Warte, ich hole den Fremden.«

Dann trat ich mit dem Hebräer in einen Garten. Der Sklave

blieb auf der Straße stehen und bot an, auf uns zu warten. Im Hintergrund, etwas von Zypressen verdeckt, sahen wir ein langgestrecktes Gebäude.

Es war eine mondlose Nacht, doch schienen die Sterne so hell, daß wir den Weg und die Bäume gut sahen. Als ich hinaufblickte, strahlte das Sternbild des Großen Bären mit seinen sieben Sternen; genau über uns stieg der Orion und über einer nahen Zypresse der Sirius hoch.

Schon nach wenigen Schritten umgab uns plötzlich dichter Nebel. Eine Fledermaus flog mir ins Gesicht, und erschrocken hatte ich nach der Schulter des Fremden gegriffen, der dahinschritt, als kenne er den Weg.

Dann standen wir vor einer Türe. Der Hebräer öffnete sie, und wir gingen einen Korridor entlang, bis uns ein Vorhang den Weg versperrte.

»Wer seid ihr?« fragte eine Stimme.

»Ich bin Abraham, ein Hebräer, und mein Begleiter ist ein berühmter Händler.«

»Tretet ein«, wurde uns gesagt, doch als wir den Vorhang auf die Seite drückten, sahen wir niemanden, hörten aber durch eine offene Türe Musik.

»Kommt ihr reinen Herzens?« fragte uns nun die Stimme. Obwohl ich Umschau hielt, sah ich wieder keinen Menschen.

Der Hebräer antwortete ehrfürchtig: »Ich habe weder Mann noch Weib, noch Kind unrecht getan. Meine Hände sind nicht von Blut befleckt. Ich aß keine unreinen Speisen und habe noch nie fremdes Gut genommen.«

Anstelle des Hebräers antwortete ich: »Ich bin Atanos, ein Händler aus Knossos.«

»Bist auch du rein?«

Ich nickte und sagte: »Ich schlage meine Sklaven nicht. Die Frauen in meinen Gemächern lieben mich, weil ich zu ihnen gut bin. Ich diene und habe den festen Willen, jene Menschen, die mir anvertraut sind, in das Glück zu führen.«

Der Hebräer sah mich auf einmal fragend und nachdenklich an. Eine Türe öffnete sich, und wir traten in ein weites Gewölbe, das durch eine Lampe erhellt wurde.

»Ihr wollt mich sprechen«, sagte ein ägyptischer Priester in weißem Gewand.

»Deine Priesterinnen baten mich, zu ihnen zu kommen«, antwortete der Hebräer.

»Und nun bist du erstaunt, einen Priester zu sehen?«

Der Hebräer schüttelte nur den Kopf. »Im Namen des allmächtigen und ewigen Gottes komme ich zu euch. Es gibt nur einen Gott«, sagte er feierlich. »Es gibt nur einen Gott«, wiederholte er, »die Völker geben ihm nur verschiedene Namen.«

Der Ägypter verneigte sich. »Wir wollen nicht streiten«, flüsterte er vor sich hin.

»Du bist die Weisheit«, antwortete der Hebräer, »ich komme aus einem Lande, wo es auch weise Männer gibt. Unsere Propheten lehrten uns, daß alle Menschen, welche Hautfarbe sie auch haben und welchen Göttern sie auch dienen, die Liebe und den Frieden suchen.«

Der Ägypter sprach nicht, sah nur auf den Alten.

»Ich war schon in vielen Ländern«, sprach dieser langsam weiter, als suche er die Worte, »sah überall, daß der heilige Stand der Priester verfällt. Viele unter ihnen sammeln Gold und Weiber, führen ein Leben im Genuß. Die Weisheit wird vernachlässigt. Hast du noch Macht über die unsichtbare Welt? Viele von euch verloren die höheren Erkenntnisse, betraten den Weg der Lüge und verführen mit geschickten Worten die Menschen, die ihnen vertrauen.«

»Du sprichst leider die Wahrheit«, antwortete der Ägypter betrübt.

»Lange Zeit war euch der Lauf der Gestirne bekannt, euer Land wurde, da es die Mahnung der Sterne beachtete, berühmt. Kreta hat vor Jahren jene schreckliche Konstellation gehabt, die auch ihr Ägypter hattet, als bei euch die Hyksos kamen. Ich möchte helfen, möchte das Herz aller Menschen öffnen, die denken können. Die Jugend geht einen falschen Weg, die Beamten betrügen, die Soldaten sind grausam. Wenn wir den Kretern nicht helfen, kommt erneut eine Katastrophe wie vor genau dreißig Jahren. Nur werden es nicht Erdbeben sein, und es wird auch keine Lava mehr vom Himmel fallen, sondern das Böse im Menschen wird aufstehen, und jeder wird jeden vernichten. Das ist der Grund, warum ich komme. Ich folgte nicht den Priesterinnen, sondern dem Ruf der Götter.«

»Deine Worte sind klug«, lobte der Ägypter.

»Weißt du nicht, was alles geschieht?« fragte der Hebräer.

»Frage mich nicht um das, was ich weiß, aber nicht sagen darf. Das Leid der Menschen ist, daß die Frömmigkeit verlorenging.«

»Die wichtigste Aufgabe ist, die Not der Kreter zu mildern. Menschen, die hungern, verkaufen sich schnell dem Bösen. Ich sah hier Bauern, die unter der Last der Arbeit ersticken, und viele empören sich gegen die Ausbeutung durch die Beamten. Wenn wir wirklich unserem Gott dienen wollen, müssen wir den Menschen helfen. Es geht nicht, Priester«, sagte der Hebräer mahnend, »daß du neue Tempel baust und die Menschen, für die sie bestimmt sind, blutige Striemen auf dem Rücken haben. Es geht auch nicht«, warnte er weiter, »daß der Stand eines Priesters mißbraucht wird, nur noch ein Mittel ist, um zu Macht und Reichtum zu gelangen.«

Dann nahmen wir an einem Kult teil. Die Tänzerinnen schritten feierlich in ihren durchsichtigen Schleiern zum Altar und verbeugten sich. Wir opferten.

Es war fast Mitternacht, als wir, geführt von dem Nubier, der auf uns gewartet hatte, durch die Gassen zurückgingen. Plötzlich fragte mich der Hebräer: »Wer bist du eigentlich?«

»Ein Mensch mit Fehlern, aber dem Willen, sie nicht mehr zu begehen.«

»Bist du Kreter?«

Ich lächelte: »Ein wenig ja.«

»Ein wenig?«

»Sagen wir ja«, antwortete ich. »Wer bist jedoch du? Ich kenne nur deinen Namen...«

»Auch ich bin ein Mensch mit Fehlern, habe ebenfalls den Willen, sie nicht mehr zu begehen«, wiederholte er meine Worte.

»Du bist kein Kreter?«

»Nein, ich bin Hebräer, wie ich es dem Priester sagte; bin nur ein Mensch, der die Liebe sucht.«

»Und glaubtest, sie bei den Tänzerinnen zu finden?« spottete ich, schämte mich im gleichen Augenblick dieses Vorwurfs.

»Sie sollten nur die Brücke sein...«
»Wohin?«
»Zum Priester. Bei ihm hoffte ich, Wege zum Glück zu finden.«
»Und was ist das Glück?«
»Auch Liebe ist Glück.«
»Ich habe eine Frau, habe Kinder, habe Sklavinnen. Auf meinen Reisen erwarten mich auf den Inseln und in den Städten Mädchen, die bereit sind, mich zu lieben.«

Der Alte lächelte vor sich hin. »Liebe kommt und Liebe geht. Es gibt nur eine Liebe, die ewig währt. Suche diese.«
»Wo?« fragte ich verblüfft.
»In dir.«

Diese Antwort verdroß mich. Verstand ich sie nicht?

Als wir weitergingen, hörte ich hinter einer Mauer einen barschen Befehl, und schon stürzte sich eine Meute fast wilder Hunde auf uns. Weit und breit war kein Mensch zu sehen. Ich versuchte, die Hunde mit Steinen abzuwehren; der Hebräer tat nichts, streckte nur befehlend seine rechte Hand. Die Hunde wichen zurück, sahen ihn fast angstvoll an, knurrten, duckten sich.

»Weg!« herrschte der Hebräer. »Weg!« befahl er. Die Hunde kuschten sich erneut, zogen dann die Schwänze ein und verschwanden winselnd, als habe man sie geschlagen.

Als ich am nächsten Tag aus meinen Zimmern trat, wurde mir gemeldet, daß Aisa vor Stunden eines geheimnisvollen Todes gestorben sei.

Ich erschrak. Es mehrten sich die Fälle, daß Frauen und Mädchen, die mich liebten, oft innerhalb weniger Tage starben. Plötzlich dachte ich an das Gespräch des Hebräers mit dem Isis-Priester. Hatte er nicht von einem schlechten Stand der Sterne für Kreta gesprochen? Gab es auch für mein persönliches Leben eine ungute Konstellation? Konnte es zum Beispiel sein, daß ich in der Liebe kein Glück hatte und ich sie nur gewann, um sie zu verlieren?

Ich rief nach dem Minister, befahl ihm, mir bis Mittag Bericht zu erstatten, ob Aisa eines natürlichen Todes gestorben oder ob sie getötet worden sei.

Wer konnte Interesse daran haben, daß es Aisa nicht mehr gab? Vielleicht Sarah?

Aufgewühlt betrat ich den Thronsaal. Der Oberpriester wartete bereits an der Türe und verneigte sich höflich, genügte also dem Zeremoniell. Dann sah er mich mißtrauisch an.

»Was ist?« fragte ich ihn verstimmt.

»König«, sagte er, und wieder musterten mich seine Augen, »das, was du tust, ist falsch.«

Ich wollte aufbrausen, ihn tadeln, aber er sprach sofort weiter. »Du willst Kreta erneuern. Das ist eine schöne, eine wichtige Aufgabe, doch gehst du den falschen Weg.«

Zuerst glaubte ich, daß er durch seine Spione von meinem Besuch bei Dontas erfahren habe, vielleicht sogar wußte, daß ich mit einem Hebräer bei dem Isis-Priester gewesen war. Doch dann verwarf ich diese Gedanken; ich nahm Manolis sicher zu wichtig. »Welcher Weg ist deiner Ansicht nach denn der richtige?«

»Du solltest den Beamten mehr vertrauen.«

Ich konnte nicht anders, verzog spöttisch meine Lippen und antwortete überheblich: »Ich sah es bei der Bestattung meines Bruders, wie wenig ich vertrauen kann. Jeder arbeitet zuerst in seine Tasche, dann, aber erst dann, denkt er an die des Staates. Die Beamten würden, wenn die Bittsteller zuerst zu ihnen kämen, sie von ihren Launen und Wünschen abhängig machen. Alle Unschuldigen, alle, denen Unrecht geschah, oder jene, die sich verdient machten und bisher nicht belohnt wurden, kämen nicht mehr zu mir. Es kämen eigentlich nur noch jene, die über die Käuflichkeit der Beamten den Weg zu mir finden konnten.«

»König, wie viele Besucher dieser Art hörst du täglich an?«

»Etwa zwanzig, dreißig«, antwortete ich.

»Das ist zuviel, in spätestens sechs Monaten bist du krank. Ich schaffe nur fünf oder sechs, doch sind es keine Zufallsbesucher, sondern Sachbearbeiter: Minister, Beamte, Oberschreiber, Oberaufseher und andere. Jeder von ihnen trägt mir nur die wichtigsten Probleme aus seinem Arbeitsgebiet vor. Ich erfahre keine Nebensächlichkeiten, weil jeder von ihnen, ehe er zu mir kommt, die Fragen, die er mir vortragen will, zuvor mit seinen Verwaltern und Aufsehern besprochen hat. Auf diese Weise, König, brauche ich täglich nur mit wenigen Menschen zu sprechen, erfahre jedoch Dinge, die Hunderte für mich sammelten.«

»Und damit bekommst du nur die Berichte von Lügnern und Betrügern, weil dir keiner sagt, was wirklich geschah. Du erfährst nie, daß Unschuldige geprügelt oder gar getötet werden.«

»Stimmt, edler König«, sagte er einlenkend. »Du sähest nicht den Menschen, dem Unrecht geschieht; sähest nicht den, der in Not lebt; du sähest auch nicht den Bauern und Arbeiter; sähest nicht, was der Krieger zu Mittag speist oder wie ein Bürger schläft. König«, der Oberpriester richtete sich auf und sah mich stolz an, »du bist der Staat. Er ist dein Ruhm und deine Macht; er ist deine Aufgabe und wird damit zu deiner Ehre. Du mußt, wenn du genügen willst, mehr sein als nur Anhörer von Bittgesuchen, sollst mehr sein, als die Empfangsstelle von Beschwerden.«

»Wenn ich für die Sorgen der Kreter immer da bin, habe ich schon einen Teil meiner Pflicht getan«, antwortete ich streng.

»Es gab einmal«, begann er zu erzählen, als habe er meinen Einwand nicht gehört, »einen Pharao. Dieser fragte einen seiner Baumeister, was er für ein Denkmal bauen müsse, damit man noch von ihm spreche, wenn er nicht mehr leben würde. Die Antwort ist interessant, Minos. Denn der Baumeister sagte, daß nur etwas Unvergängliches den Ruhm künde. Und so riet er dem Pharao: ›Lege auf der Erde in einem Quadrat sechs Millionen Felsblöcke aus: das ist dein Volk. Bette dann auf diese Schicht sechzigtausend behauene Steine: das sind deine niederen Beamten. Darüber lege dann sechstausend geglättete Steine: das sind deine höheren Beamten. Stelle darauf sechzig Blöcke, die mit Steinmetzarbeiten verziert sind: es sind deine nächsten Ratgeber und Heerführer. Auf den Gipfel aber lege einen Block mit dem goldenen Abbild der Sonne: das bist du selbst, Pharao.‹ Was nützt es, König«, mahnte der Oberpriester, »wenn du heute einen Armen speist und morgen einen Dieb strafst? Dieses Tun ähnelt winzigen Tropfen auf einem heißen Stein, die nur wenige Atemzüge lang wirksam sind. Das alles sind keine große Taten. Vollbringe Großes, edler König«, rief er pathetisch, »denn nur große Werke künden von dir. Schon in Ägypten dachte man so, und darauf beruhte seine Macht über die Nachbarn. Nur so erhielt der Pharao seinen Tribut. Der Starke herrscht immer über den Schwachen. Wenn du stark sein willst, König, darfst du nicht in der Erde wühlen, sondern mußt du den Himmel sehen. In deiner Hand liegt die Entscheidung, ob du nehmen oder geben, ob du gewinnen oder verlieren willst.«

»Sei auf die Pyramiden der Ägypter nicht neidisch, würdiger Gebieter«, meinte ein Beamter, der zu uns getreten war, »du wirst bessere Werke hinterlassen, die von dir künden.«

»Bessere?« fragte ich froh.

Der Mann nickte. »Straßen und schöne Städte, ein Meer voll von kretischen Schiffen und«, er schwieg und sah mich fragend an, als ob ich selbst die Antwort geben sollte, »ein glückliches Volk, das unter deiner Herrschaft gedieh.«

»Das alles kann man aber nicht mit der Pracht einer Pyramide vergleichen«, antwortete ich kritisch.

»Doch, würdiger Herr. Sein großes Grab baute der Pharao in dreißig Jahren, in deren Verlauf meist über hunderttausend Menschen in jedem Jahr drei Monate lang arbeiteten. Welchen Nutzen brachte dieses Tun? Wem gab es Gesundheit und Freude? Keinem. Im Gegenteil, bei dieser Arbeit gingen alljährlich Tausende von Menschen zugrunde. Für das Grab des Cheops starb eine halbe Million Menschen. Herr, das Leid, das diese Pyramide schuf, die Tränen, die damals flossen, die Schmerzen, die erlitten wurden – wer vermag das alles aufzuzählen?«

»Sollten wir diese Dinge nicht anders sehen?« fragte ich.

»Anders?«

Ich nickte. »Schau«, sagte ich. »Wenn sich einige Menschen eine Pyramide bauen wollten, würden sie einen kleinen Steinhaufen zusammentragen und die Arbeit nach ein paar Stunden wieder liegenlassen und sich fragen, was sie mit einer solchen Pyramide eigentlich sollten. Hundert oder tausend Menschen würden ebenfalls Steine zusammentragen, sie aufschichten und dann nach wenigen Tagen ihr Tun wieder beenden. Denn was sollten sie mit dieser Pyramide? Wenn ein ägyptischer Pharao, wenn ein ganzes Reich sich vornimmt, einen Steinhaufen zu errichten, so treibt man Hunderttausende von Arbeitern zusammen und baut viele Jahre, solange es eben nötig ist, an dieser Pyramide. Weißt du«, erklärte ich leidenschaftlich, »es geht nicht darum, ob die Pyramiden zu etwas nützen, sondern es geht darum, daß der Wille eines Menschen, wenn er einmal ausgesprochen ist, auch erfüllt werde. Das Grab des Cheops ist nicht nur eine Pyramide, sondern der steingewordene Wille eines Herrschers. Hinter diesem Willen, und das ist das Wesentliche, stand eine Ordnung, und hinter dieser Ordnung eine Beharrlichkeit, wie sie sonst nur die Götter besitzen.«

Ich sah auf Manolis, dann auf den Beamten. »Ein Erzieher sagte einmal, daß des Menschen Wille eine große Kraft sei, die größte Kraft unter der Sonne.« Ich lächelte vor mich hin und sprach weiter: »Für einen Herrscher gibt es einige Weisheiten, die er beherzigen sollte. Eine davon ist, daß man die Tugend besitzt, andere zu verpflichten.« Ich schwieg kurz. »Vielleicht sollte ich sagen, daß ein König seine Untergebenen von der Notwendigkeit seines Handelns überzeugen muß.« Ich begann laut zu sinnieren. »Es gab Menschen, die es sich zur Ehre machten, als Mensch größer zu sein denn als Fürst.«

Als der Beamte gegangen war, fragte ich nach einiger Zeit Manolis: »Wenn ich dich richtig verstanden habe, dann bedeuten deine Worte, daß du mir in Zukunft nur noch das vortragen willst, was du für gut erachtest. Auch du bist nur ein Mensch, Manolis. Das Böse, das durch dich und um dich geschieht, bekäme ich dann nicht mehr zu hören. Deine Pläne und deine Taten könnten sich ab sofort so gestalten, wie du sie willst. Wer sollte mir dann sagen, was du falsch oder richtig machst?«

Ein Funkeln in den Augen antwortete mir, und die schmal gewordenen Lippen zeigten, daß ich ihn an einer verwundbaren Stelle getroffen hatte.

»König«, antwortete er, wirkte plötzlich beunruhigt, und seine Hände zitterten leicht, »willst du denn wirklich, daß man dir allen Unsinn, auch den Klatsch und den Neid vorträgt? Willst du wirklich das trunkene Schreien der Krieger oder die einfältigen Worte der Bauern hören?«

»Es geht mir darum, Manolis«, antwortete ich ernst, »daß ich den Wucher der Steuereinnehmer, den Betrug mancher Priester und die Schlechtigkeit der Beamten erfahre. Nur so kann ich wirklich helfen und den Staat, den ich errichten will, zum Frieden und zum Wohlstand führen. Ich will für alle, für jeden Kreter, Gerechtigkeit, Liebe und Glück.« Erregt sagte ich: »Ich möchte gerecht sein.«

Der Oberpriester sah mich an, als zweifle er an meinem Verstand.

»Du wirst es gehört haben, daß Aisa starb«, sagte ich betrübt. »Sie begleitete mich viele Jahre, kam mit mir aus Griechenland.« Ich schüttelte verzweifelt den Kopf. »Sie ist ein Stück meines Lebens gewesen. Ich befahl eine Untersuchung und bitte dich als Mensch, nicht als König, mitzuhelfen, daß man die Todesursache findet.« Leidenschaftlich deutete ich mit einer Hand auf ihn: »Ich befehle«, schrie ich nun laut, »daß man, wenn Aisa getötet wurde, den Täter erdrosselt!«

Manolis sah mich wieder an, als hätte ich den Aussatz. Verstand er nicht, daß ich Aisa geliebt hatte? Lebte er in einer Welt, in der ein Mann eine Sklavin je nach Laune liebte und dann wieder wegschob?

War es nicht Riana gewesen, die mir erzählt hatte, daß auch er die Schönheit eines Weibes sehe? Hatte man mir nicht mehrmals berichtet, daß er sehr wählerisch sei in der Wahl der Mädchen, die sein Lager teilen durften?

Es war wenige Stunden später, als ich hörte, wie Manolis mit einem Beamten sprach. »Was ist nur mit dem König?« fragte er ihn. »Er könnte die schönsten Frauen von Kreta haben und klagt, weil eine Sklavin starb. Er bräuchte nichts zu tun, einfach nichts, und mischt sich doch in meine Dinge, als wisse er von den geheimen Aufgaben unseres Kults. Er meint Gott zu sein und ist doch nur ein eitler Mykener.«

Ich wollte nichts mehr hören und sehen, ging in mein Schlafzimmer und vergrub mich in meinem Leid, vernahm aber trotzdem, wie ein Beamter weise antwortete: »Eine einfache Hütte kann herrlich sein, wenn in ihr die Götter eine Heimstatt haben; ein Palast ein inhaltsloser Bau, wenn in ihm Gott fehlt, auch wenn er von einem hohen Mann bewohnt wird. Weißt du«, sagte er fast werbend wohl zu einem Dritten, »wir könnten in der Erneuerung Kretas auch die ägyptischen Götter und die ägyptischen Kulte heranziehen. Es geht um Kreta«, sprach er beschwörend. »Wir müssen das Volk wieder beseelen, müssen jede Hilfe annehmen, auch die der phönizischen und hethitischen Priester. Unser König wandert an Abgründen entlang, sieht und kennt sie nicht, weiß kaum, wie tief man fallen kann.«

»Die Götter entstanden aus unserem Geist. Gibt es noch etwas Höheres als unseren Geist?« hörte ich nun Manolis.

»Ich weiß es nicht, glaube jedoch, daß am Anfang ein Ahnen war. Das Wirken einer außermenschlichen Macht erahnt der Mensch droben im Reich der Wolken und Gestirne, mitten in seinem wie seiner Brüder und Feinde Leben und drunten in der Erden- und der Meerestiefe.«

Es war fast schon Abend, als mir der Oberpriester über Aisa Bericht erstattete.

»Sie starb«, begann er feierlich.

Der Zorn gab mir nicht gerade die Kraft zu einer weisen Einstellung. »Ist das alles, was du mir zu berichten hast?« unterbrach ich ihn höflich.

»Die Ärzte fanden keine Todesursache. Einige deuteten an, daß sie ein schwaches Herz hatte.«

Ich hatte als Knabe meinen Vater selten im Zorn gesehen. War er jedoch sehr empört, wurde er plötzlich zum Vulkan. War ich von ihm erblich belastet?

»Du bist ein Idiot«, schrie ich wütend. »Solche Erkenntnisse kann mir der dümmste Sklave übermitteln, von dir jedoch verlange ich mehr.«

Der Oberpriester sah mich an, als habe er Mitleid mit mir. Oder lag in seinen Augen eine geheime Angst?

Er sagte einige entschuldigende Worte, die mich aber nur noch mehr aufbrachten, so daß ich ihn mit den Fäusten aus dem Thronsaal jagte.

Eine Stunde später wußte ich, daß Aisa an Gift gestorben war. Da ich über die weiteren Nachforschungen sofortigen Bericht verlangte, erfuhr ich bald, daß der Biß einer giftigen Schlange zum Tod der Geliebten geführt hatte.

Wieder kamen Gedanken, überschlugen sich und verschwanden wieder. Waren die Frauen, die mich einst geliebt hatten und plötzlich starben, auch durch eine Giftschlange getötet worden? Alle fanden sie den Tod im Bett. Hatte man ihnen, vielleicht wie bei Aisa, eine Schlange unter die Tücher gelegt?

Dann stand ich übernächtigt und von vielen Zweifeln geplagt Sarah gegenüber, wollte sie bitten, vorsichtig zu sein. »Wo, wie und wann?« spottete eine Stimme in mir.

Konnte ich ihr sagen, daß ich den Verdacht hatte, auch sie sei in Gefahr?

Während ich die passenden Worte suchte, dachte ich an die Mahnung einiger Lehrer, daß ein König nie bitten, nie schwach sein, nie seine Sorgen, Angst und Liebe zeigen dürfe.

Es dauerte einige Stunden, bis ich mich wieder im Griff hatte. Gegen Mittag ließ ich Manolis rufen. Dann stand er vor mir, und mir war es, als ob in seinen Augen Schuld lag.

»Wer hat Aisa getötet?« herrschte ich ihn an und ballte meine Fäuste.

Als er gerade antworten wollte, kam ein Beamter und teilte mir, mit, daß ein Bote meiner Eltern gekommen sei und vor dem Heiligen Schrein auf mich warte.

Ich kannte den Boten, es war ein Offizier der Palastwache, und ich wußte, daß er meinen Eltern nahestand. Nach einer herzlichen Begrüßung führte ich ihn in meine Gemächer und ließ ihn bewirten. Dann übergab er mir als persönliches Geschenk meiner Mutter eine Amphore mit Wein und sagte ernst, daß mir die Königin diesen köstlichen Trank schicke, weil Kreta bestimmt keine guten Weine habe.

Ich sann darüber nach, suchte den Sinn dieses Geschenks, denn man wußte in Athen, daß Kreta beste Weine erzeugte. Dann, wie ein Blitz, durchfuhr mich die Erkenntnis, daß die Herbheit dieses Weins, der besondere Duft ein Gruß aus meiner Heimat sein sollten.

Im Gespräch mit dem Offizier erfuhr ich, daß meine Mutter immer wieder frage, ob aus der Verbindung zu Sarah schon ein Kind entstanden sei.

»Warum will sie das wissen?« fragte ich verblüfft, denn ich hatte nicht nur von Pasiphae Kinder, sondern in mancher Stadt und auf mancher Insel hatte meine Liebe Folgen gehabt.

»Edler König«, antwortete er höflich, »es wäre gut, das ist auch die Ansicht deines Vaters, des Mannes, der dich liebt und sich sehr um dich sorgt, wenn deine hebräische Nebenfrau einen Sohn bekäme.«

Erstaunt sah ich hoch. »Einen Sohn?«

»Ja, hochwürdiger Minos. Wir wissen von unseren Gesandten, daß das israelische Volk nach einem König Verlangen trägt. Mit einem Sohn könntest du ihnen einen Herrscher aus gutem Blut geben, und das würde uns sehr nützen.«

Ich lachte laut. »Komisch, meine Mutter mag Sarah nicht, weil sie aus dem Volk Israel kommt. Würde sie einen Sohn gebären, wäre auf einmal die Abneigung weg und es entstünde größtes Wohlwollen. Warum sind die Menschen nur so käuflich?«

In diesem Augenblick erklang eine Harfe, und Sarah sang stolz, als habe sie all unsere Worte gehört: »Wie groß ist der Herr, wie groß ist der Herr, dein Gott, Israel!«

»Eine wunderbare Stimme«, raunte der Offizier.

»Seine Tage haben keinen Anfang«, sang Sarah weiter, »und sein Haus ist ohne Grenzen. Die ewigen Himmel werden unter seinem Angesicht zu Blumen. Die Sterne entzünden sich und verlöschen wie Funken auf edlen Steinen. Wie groß ist der Herr, Israel. Gott ist groß. Er verbirgt in einem Weizenkorn hundert andere Körner und macht, daß die Vögel ausschlüpfen. Den Leibern der Menschen in den Gräbern befiehlt er, der Auferstehung zu harren.«

»Diese Hebräerin ist eine Zierde deiner Gemächer«, lobte der Athener.

»Es freut mich, das zu hören, aber man spricht im Palast meines Vaters mit gespaltenen Zungen. Einmal ist dies gut und wenige Atemzüge später schlecht. Einmal ist das wichtig und dann wieder unwichtig. Ich bin jetzt bald an die zweihundert Monde hier und erlebte schon manchen Boten meiner Eltern. Sie übermittelten die sonderbarsten Wünsche. Ich sollte Sklaven liefern, Schiffsbauer, Segelmacher, Handwerker, und dabei habe ich selbst zuwenig. Seit rund fünfzig Monden antworte ich oft nicht mehr.«

»Minos, Herr von Knossos, du wunderst dich, wenn dich deine Eltern nicht mehr verstehen. Hast du denn schon einmal versucht, sie zu verstehen?«

»Meine Sorge um Kreta kennt weder Vater noch Mutter«, sagte ich ablehnend. »Bei den Babyloniern galt die Erde als Pyramide von sieben Stufen, über die sich die drei Himmel wölbten und die vom Ozean umflossen war. Bei uns Griechen ist die Erde, auf der wir leben, der Mittelpunkt des Weltalls. Wir glauben, daß alle Himmelskörper sich in konzentrischen Kreisen um unsere Erde bewegen.« Ich grübelte, sann lange vor mich hin, sagte dann, wobei ich den Offizier fragend ansah: »Ich bin in den rund zweihundert Monden, seitdem ich den Palast meiner Eltern verlassen habe, gewachsen. Auch mein Denken. Manchmal meine ich, und man wird mich damit als Ketzer einstufen, daß nicht die Erde, sondern die Sonne das Zentrum des Weltalls ist. Fühlst du, was ich mit diesem Beispiel meine? Gut, meine Beziehungen zum Festland sind schlecht. Mag es daran liegen, daß ich meine Eltern nicht mehr verstehe, aber, und das stimmt mich traurig, sie verstehen mich auch nicht.«

Wenige Tage später war es an der Zeit, meinen Bruder Sarpedon in Malia zu besuchen. Wir mochten uns nicht, bekriegten uns oft. Aus zuverlässiger Quelle wußte ich, daß immer wieder Horden aus seinem Gebiet kamen, die Frauen und Mädchen bei uns jagten, um sie als Sklavinnen mitzunehmen.

Kretische Mädchen als Sklavinnen in kretischen Häusern?

Ich verbot mir den Gedanken, daß Frauen aus meinem Herrschaftsgebiet im Reich meines Bruders als Sklavinnen zu dienen hatten.

Gab es nicht eine vertrauliche Mitteilung, daß Manolis, der so oft von Güte, Liebe und Barmherzigkeit sprach, zwei Mädchen aus Malia in seinem Haushalt wie Gefangene hielt? Sie hatten keine Rechte und waren gezwungen, die niedersten Arbeiten zu verrichten.

Auf der Reise nach Malia sah ich Felder, die mit Fruchtbarkeit gesegnet waren. Man erntete Gurken, Weizen und Gerste, Linsen und Erbsen, Sesam, Mohn und Flachs. Ich sah Mandel-, Feigen- und Apfelbäume, viele Mispeln und Quitten.

Priester und Beamte begleiteten mich. In langer Reihe ritten oder fuhren in den Wagen hinter mir die Hofleute, Diener und Sklaven.

Kamen wir durch Dörfer, standen Menschen an der Straße und jubelten uns zu. Wo ich ging oder stand, umgaben mich Bauern, die mir Kränze reichten, oder Mädchen, die meinen Weg mit Blumen bestreuten. Viele Frauen hielten in den Händen grüne Zweige; oft sangen Kinder. Es gab Gruppen, aus denen Musik, besonders Flötentöne und Trommelwirbel erklangen. Immer wieder hörte ich die Willkommensrufe der Bauern und Handwerker. Überall war Jubel, wohin ich auch kam.

Während mein Herz in diesen Freudenrufen schwelgte und ich die Menschen ansah, die am Rand der Straße standen und mir zuwinkten, beobachtete ich in den hinteren Reihen Männer, die hin und her liefen und den Jubel mit Stockschlägen erzwangen.

Ich wandte mich an den Minister meines Bruders, der mir entgegengeritten kam, um mich die letzte Wegstrecke zu begleiten. »Müssen bei euch Knüppel die Freude befehlen?« fragte ich kritisch.

Der Beamte sah mich fragend an, als verstehe er mich nicht, und antwortete ausweichend: »Verzeih mir, König Minos, meine Augen sind nicht mehr gut.«

»Man befiehlt den Jubel mit Schlägen«, rügte ich streng, erhielt jedoch keine Antwort.

Als wir uns dem Palast meines Bruders näherten, sah ich voll Neid die auffällig rote Erde, die seit Stunden die Straße säumte. Ich wußte, daß sie reiche und frühe Ernten ermöglichte.

Wohl gab es auch hier stellenweise noch dicke Schichten von Lavastaub, doch schien es Quellen zu geben, die eine gute Bewässerung erlaubten. Wohin ich sah, erblickte ich Gurken-, Melonen- und Bohnenfelder.

Sarpedon empfing uns an der Straße, die im Palast endete, und winkte mir bereits von weitem zu. Dann stellte er mir seine Höflinge vor, seine Frauen und die angeheirateten Verwandten.

Es wunderte mich, daß der Palast nur zu einem kleinen Teil wieder aufgebaut worden war. Überall gab es noch Ruinen, verschüttete Straßen und Wege.

Als wir zu jenen Häusern gingen, wo ich mit meinem Gefolge wohnen sollte, begleitete mich ein junger Offizier mit einem Fächer und wedelte mir kühle Luft zu. Ein zweiter ging neben mir mit einem Schild, als habe er mich zu beschützen; ein dritter trug einen Bogen und verkörperte damit die Macht. Ich selbst schritt unter einem Baldachin, vor mir ging ein Priester und schwenkte aus einem Räuchergefäß Weihrauch. Davor trippelten Kinder und bestreuten mit Rosenblättern den Weg, den ich nahm.

Feiertäglich gekleidete Menschen bildeten mit Zweigen in den Händen Spalier, riefen, sangen oder fielen demütig zu Boden und legten ihre Stirn auf die Platten.

Auch hier bemerkte ich, daß nicht alle mir zujubelten, manche bedrückt auf mich sahen und die Freude meist befohlen war. Was ist der Staat? fragte ich mich kritisch. War er nicht oft nur Macht, Zwang und Ausbeutung?

»Nein!« rief ich so laut, daß meine Begleiter zusammenzuckten. Flüsternd sagte ich dann fast beschwörend: »Der Staat muß Heimat sein und muß Glück geben. Ein Staat, der zwingt, ist wie ein Mensch ohne Seele.«

Ich blieb nahezu zwei Wochen bei meinem Bruder. Wir stritten und vertrugen uns, gelobten uns ewigen Frieden, sahen und hörten nicht, daß unsere Soldaten weiterhin beiderseits plünderten, auf Sklavenjagd gingen und sich oft wie Piraten benahmen.

Mein Bruder, ich wußte es aus meiner Jugend, verstand, Feste zu feiern. Teils fanden sie hier im Palast statt, und nur die hohen Beamten, die Aristokraten, waren geladen. Die anderen Gelage wurden im Mittelhof abgehalten, der an der Nordseite des Festsaals lag; hier feierten die Hirten, Bauern und Handwerker. Auf Spießen wurden Hammel gebraten. Überall roch es nach leckerem Geflügel und gut gebackenen, frischen Gerstenfladen.

Ich bewunderte meinen Bruder ob seiner Freigebigkeit und der Verbundenheit mit seinen hohen Beamten, die demütig auf jeden seiner Winke achteten und stets bereit waren, jeden seiner Befehle auszuführen.

Als ich Sarpedon fragte, wie er sein Gebiet regiere, lächelte er nur überheblich. Am nächsten Morgen zogen vor uns die großen und kleinen Kämmerer vorüber, die Verwalter von Getreide, Wein, Vieh und Gewebe, die Obermaurer und Bergleute, die Land- und Wasseringenieure, die Ärzte für verschiedene Krankheiten, die Offiziere, Richter, Oberaufseher und Oberhenker.

Ich kannte Sarpedon zu gut, um nicht zu spüren, daß er Theater spielte, wußte jedoch, daß er, ebenso wie ich, stets darauf achtete, weise zu regieren und gerecht zu urteilen.

Als ich ihn wegen des Aufwandes rügte, antwortete er geschickt: »Lieber bin ich mit allen ein Narr, als allein gescheit.« Einige Minuten später sagte er weise: »Man sollte auch aus seinen Feinden Nutzen ziehen.«

Vielleicht hatte er recht. Knossos, mein Herrschaftsgebiet, war größer, wesentlicher, und dennoch gelang es Sarpedon, mir einen Staat vorzustellen, der den meinen übertraf. Lag es daran, daß hier der Boden besser, die Äcker fruchtbarer waren? Gab es so viele Quellen zur Bewässerung seines Landes?

War es meine Schwäche oder meine Stärke, daß ich wieder zu grübeln und zu suchen begann?

Ich suchte die Gerechtigkeit für meine Bürger, wollte ihnen

Glück und Frieden geben. Hatte ich hier nicht gesehen, daß der Jubel mit Stöcken erzwungen wurde?

Oft ging ich mit einem alten Kreter, der lange Kapitän gewesen war, am Strand spazieren. Dieser wurde sehr von steilen Klippen beherrscht, in die sich Felsgrotten und tunnelartige Höhlen einschnitten. Ein enger Hirtenpfad zog sich zwischen Steinblöcken und vielen Blumen die Anhöhe hinauf. Überall roch es, wo ich auch ging, nach Thymian. Betraten wir ein Haus, bot man uns sofort in kleinen Schüsseln gekochte Schnecken an, dazu Gurken und Oliven. Mit feierlicher Gebärde reichte man mir immer einen Becher Wasser und fragte mich sofort, nachdem ich einen kleinen Schluck getrunken hatte: »Wie schmeckt dir unser Wasser, edler König?« Überall, ich sah es, schlürfte man das Wasser genüßlich, als wäre es edler Wein.

Wir saßen bei einem Bauern. Er bot uns weiße Bohnen an, groß und dick, die mit rohen, in Scheiben geschnittenen und mit Essigwein betropften Artischockenherzen serviert wurden. Dazu tranken wir Wein. Der Kapitän hatte ihn wohl zu schnell getrunken, denn er erzählte mit schwerer Stimme: »Ich segelte damals, es ist schon an die vierzig Jahre her, in der Nähe von Kalliste. Plötzlich sah ich eine zehn Zypressen hohe Rauch- und Aschensäule hochsteigen. Nach kaum einer Stunde war die Dampf- und Lavawolke bereits so hoch, daß sie die Wolken erreichte. Dann kamen riesige Wogen. Zum Glück hatte ich gute Segel und konnte mich in den Wind richten. An den Küsten wurden die Wellen jedoch so stark, daß viele Schiffe kenterten, an die Felsen oder sogar weit in das Land geworfen wurden.«

Der Bauer, durch meinen Besuch geehrt, beugte sich zu mir und flüsterte mir ins Ohr, als verrate er ein Geheimnis: »Ich war noch ein Kind, wohnte in den Bergen bei der Psychro-Höhle, also im Gebiet von Lassithi. Durch das Erdbeben lösten sich mehrere Felsen von der Größe eines riesigen Wagens und fielen in unser Dorf. Viele Häuser wurden durch solche Felsstücke zerstört, nahe entstand ein etwa zehn Fuß breiter Erdspalt.«

Im Palast meines Bruders sah ich mit Erstaunen, daß ihm Wagenlenker, Bogenschützen, Schildträger, Lanzen- und Axtträger, ja sogar zehn Sänftenträger zur Verfügung standen, Köche,

Mundschenke, Friseure und viele andere Diener ihn ständig umgaben.

Verstand nicht auch Manolis zu herrschen und die Menschen für seine Interessen auszunützen?

Durfte man sich Menschen gefügig machen?

Wieder quälten mich Fragen und Antworten. »Was soll ich tun?« rief ich nach einem kleinen Festmahl schon etwas betrunken. »Was wollt ihr von mir, wie soll ich sein?« fragte ich einen meiner Sklaven, »wenn ich über euch gebiete.«

Lag es an dem Wein oder an der Angst, die in mir immer stärker hochstieg, daß ich im Hof torkelte? Dann sah ich, daß sich mir Mädchen nahten, die nur Schürzen oder Schleier trugen. Sie führten mich höflich in ein Haus.

Ich saß in einem Keller vor einem Becken, in dem ein Feuer glimmte und auf das man immer wieder Rauchwerk streute, das wundervolle Düfte aussandte.

Die Mädchen tanzten und sangen dann ein Lied auf die Große Mutter. Ich mußte wohl eingeschlafen sein; denn ich schreckte hoch, weil ein böser Traum mich gequält hatte. Als ich mich aufrichtete, bemerkte ich im Licht der nächtlichen Sterne, daß ich auf einem Bett aus Ledergurten lag. Die Decke, mit der man mich zugedeckt hatte, war zur Seite gerutscht, und auf ihr lag zusammengerollt eine Schlange. Es gelang mir, sie mit einem Stock zu verscheuchen.

Keine Stunde später kroch mir eine andere Viper entgegen, züngelte und tat, als wäre sie die Herrin der Kammer, in der ich lag.

Ich wußte, daß es auch in und um Knossos Schlangen gab. War nicht Aisa am Biß einer Viper gestorben? Es lag wohl an der Trunkenheit, die noch meine Gedanken umnebelte, daß ich einige Zeit brauchte, bis ich diese Schlange getötet hatte.

Ich dachte an Aisa. War es Zufall, daß sie durch einen Schlangenbiß ums Leben kam? War es Zufall, daß in den Räumen des Palastes meines Bruders – als gäbe es keine Wächter, Diener und Sklaven – Schlangen herumkrochen?

Ich war wieder eingeschlafen. Es war immer noch Nacht, als mich ein sanfter Druck weckte. Nein, es war ein eigenartiges

Streichen an meinem rechten, nackten Oberschenkel. War es der Wind, die aufkommende Kälte, die mich erschauern ließen?

Langsam hob ich meinen Oberkörper, wurde jedoch sofort bewegungslos, blieb wie erstarrt in dieser Haltung. Jetzt sah ich es, auf meinen Oberschenkeln lag der vordere Körper einer Schlange. Der Anblick war unerträglich. Ich schloß die Augen, um nicht den grausamen Kopf und das ununterbrochene, aufgeregte Züngeln zu sehen.

Draußen, in der Gasse oder in einem Nebenhaus, erklang ein Geräusch. Die Schlange wippte sofort mit dem Schwanz, hob den Kopf, öffnete den Rachen. Schauer jagten über meinen Rücken, als ich die beiden Giftzähne und die derben Hakenzähne im Oberkiefer des Tieres sah.

Fieberhaft überlegte ich. Aufspringen? Ich wußte, daß mich, bevor ich den Dolch in die Hand nehmen konnte, die Schlange bereits gebissen hätte, mußte daher liegenbleiben, ruhig atmen, um das Tier nicht zu reizen. Hatte ich jedoch die Kraft, mich nicht zu rühren und keine falsche Bewegung zu machen? Denn diese würde mein Tod sein.

Die Minuten wurden zur Ewigkeit. Nichts geschah, kein Laut, keine Stimme war zu hören. Der Schweiß drang mir aus allen Poren, lief die Stirn herunter und brannte in den Augen. Ich mußte die Zähne aufeinanderbeißen, durfte keine Hand bewegen. Dann begann das linke Bein einzuschlafen. Meine Unruhe wuchs. Weshalb kommt keiner, grübelte ich und sehnte mich nach einem Menschen, einem mutigen Menschen, der mir helfen konnte.

Plötzlich richtete sich die Schlange auf. »Verschwinde«, betete ich inbrünstig.

Das Gegenteil geschah. Die Wärme meines Körpers, durch den Angstschweiß vermehrt, schien ihr zu behagen, und genüßlich schob sie den Kopf unter das Tuch, das auf meiner Brust lag. Wieder versuchte ich, alle Kraft in den Willen zu legen, mich nicht zu bewegen, als ich die glatte Haut an meinem Körper verspürte.

Ich wußte nicht mehr, was Zeit ist. Lag diese fürchterliche

Schlange seit Minuten oder schon seit Stunden auf mir? Immer wieder versuchte mich der Wille, mit einem schnellen Griff der rechten Hand die Schlange hinter dem Kopf zu fassen, dann aufzuspringen und sie in eine Ecke des Zimmers zu schleudern. Ich erkannte jedoch mit grausamer Sachlichkeit, daß der Kopf des Tieres sich so an meine schweißnasse Haut gedrückt hatte, daß schon die geringste Anspannung meiner Armmuskeln eine Gegenwehr herbeiführen und sie mich sofort beißen würde.

Mehrmals war in mir die Absicht, trotzdem nach der Schlange zu greifen, doch hatte sie sich so in das Tuch verstrickt, das mich bedeckte, daß ich sie erst als Todgeweihter erfaßt hätte. Ich aber wollte leben.

So begann ich zu beten, nein zu betteln: flehte zu Artemis, zu Zeus und zu Athene, besonders aber zu Hestia als der Hüterin des Hauses. Sie sorgte sogar für die Gäste, die die Schwelle überschritten hatten.

Meine Augen glitten prüfend nach unten, als müßte mich die Schlange nun sofort verlassen. Doch sie tat das Gegenteil, krümmte sich, und als sie sich noch weiter an meinen Hals heraufschob, spürte ich den Druck ihres fest an meiner Brust liegenden Körpers und wie sich das Schwanzende unter meine linke Achselhöhle einschob.

War ich eingeschlafen, oder war es eine kleine Ohnmacht, die mich die Schlange einige Zeit vergessen ließ?

Wieder waren in mir Furcht und Qual. Ich, Minos, der König von Kreta, war zu einem armseligen Häufchen Mensch geworden.

Meine Gedanken gehörten dem Palast in Knossos. Nahe waren mir die verschiedenen Gebäude und Gärten. Wasserspiele verbreiteten Kühle. Leuchtendrote Malvenbüsche, Mandelbäume, Rosen, Lilien und Narzissen waren in breiten Beeten angelegt. Zedernhaine, Pinien, Zypressen und Quittenbäume bildeten schattige Inseln. Weithin lag an vielen Tagen über dem Palast eine verträumte Heiterkeit.

Ich schreckte wieder hoch, hörte Geräusche. Waren es Menschen, die sich meiner Kammer näherten?

Dann sah ich an der Türe zwei hübsche Sklavinnen aus dem

Palast meines Bruders stehen. Eine trug ein Waschbecken, die andere Tücher. Beide wollten mich wohl waschen, mich für den Morgenempfang ihres Herrn herrichten.

»Edler Minos«, sagte die größere, verbeugte sich und wollte auf mich zutreten. »König«, wollte die andere sagen, doch reichte ihre Stimme nur zum »Kö...«, und beide sahen gleichzeitig meine entsetzten Augen, mein schweißnasses, von Grauen zerfurchtes Gesicht. Ich bewegte die Lippen, ohne zu sprechen, senkte mehrmals die Augen und deutete mit ihnen auf meine zugedeckte Brust. Ich starrte die Mädchen fast hypnotisch an, wies mit den Augen einmal auf meine linke und dann auf meine rechte Achselhöhle. Dann formte ich die Lippen zu dem Wort Schlange. Ich sprach es nicht, sprach tonlos, artikulierte immer wieder das Wort Schlange

Die beiden Sklavinnen verstanden mich, sahen sich entsetzt an, nickten und schlichen lautlos, wie Schatten, davon. Waren die beiden noch Kinder, die sich jetzt irgendwo verkrochen und die Augen schlossen, um meine Not nicht mehr zu sehen und sie damit zu vergessen? Oder waren es tapfere Frauen, die rasch eine Hilfe suchten?

Ich war fast am Ende meiner Kraft, spürte, wie sich der Kopf der Schlange in der morgendlichen Kühle noch mehr in meine rechte Achselhöhle eindrückte und dort die Wärme meines Körpers suchte. In jeder Pore meiner linken Hüfte und Achselhöhle fühlte ich das Schwanzende, die Rippenenden, die Wirbelsäule und die Kraft, die in ihr steckte.

Träumte ich? Langsam nahte das Singen und Summen einer Flöte. Monoton drangen die Töne auf mich. Sie hatten einen bestimmten Rhythmus. Ich begann zu zählen: jeder vierte Ton war so schrill, daß er schmerzte.

Dieser schrille Ton erreichte auch die Schlange. Sie wurde unruhig, ringelte sich auf meiner Brust zusammen. Erregt klopfte der Schwanz, und ununterbrochen tanzte nun der Kopf nach allen Seiten, als wolle er diese Töne sehen und erkunden. Dann kroch die Schlange langsam auf meinen Unterleib, blieb dort liegen, drückte sich in kleinen Schüben zwischen die Oberschenkel und hing nach einigen Atemzügen, die wie Stunden wirkten, halb auf den Boden. Ihr Kopf wippte hin und her; ununterbrochen öffnete sich der Rachen, fauchte und suchte den Feind, um ihn zu beißen.

Dann hörte ich, wie ein Mann zu den Takten der Flöte immer lauter »Hei, hei!« rief und mit einem Schwert an die Steine einer Mauer schlug. Jetzt schrien zwei Männer.

Die Schlange lag nun auf dem Boden, war kampf- und sprungbereit. Wieder wurden die Atemzüge zur Ewigkeit.

»Hei, hei!« näherten sich die Rufe, und in immer kürzer werdenden Abständen klatschten Schläge an Stein und Holz.

Als ich die Kraft hatte, die Schlange zu beobachten, sah ich, wie sie aus der Kammer kroch.

Ich war gerettet. Mir liefen Tränen über die Wangen, und ich schämte mich nicht, daß ich zugleich weinte und lachte. Dankbar und unendlich glücklich umarmte ich die beiden Diener, die die Schlange verscheuchen konnten.

Als ich mich erfrischt und angezogen hatte, nahm ich mit Sarpedon den Morgenimbiß ein.

»Warum bist du so schweigsam?« fragte er brüderlich und anteilnehmend. Mir war klar, daß er schon längst wußte, daß ich in meiner Kammer mehrmals den Besuch von Giftschlangen hatte. War es nicht sinnlos, darüber zu sprechen? So bat ich Sarpedon nur, mir zu zeigen, wie mächtig er sei.

Er sah mich fast spöttisch an, wies mit den Augen auf seine Sklavinnen, unter denen sich die schönsten Mädchen seines Gebiets befanden.

Dann standen wir wieder im Hof des Palastes. Zuerst marschierten die Offiziere mit einer Auslese ihrer Krieger vorbei: Schleuderer, Bogenschützen, Speerträger und die Träger von Streitäxten. Nun kamen die Waffenschmiede mit ihren schönsten Schwertern, Lanzen und Äxten; die Musikinstrumentenbauer mit Flöten, Fanfaren, Trommeln und den verschiedensten Formen der Lyra. Nach ihnen zogen die Tischler und Schreiner vorbei, führten Sessel, Stühle, Tische, Ruhebänke und reichverzierte Wagen mit sich, die mit verschiedenfarbigen Hölzern, mit Perlmutt und Elfenbein ausgelegt waren. Männer trugen metallenes Küchengeschirr: Roste für die Feuerstellen,

Spieße, Töpfe und flache Tiegel. Die Goldschmiede prunkten mit herrlichen Ketten und Siegelringen, mit goldenen Bändern, mit Bernsteinreifen für Arme und Füße.

Diese Prozession zur Darstellung der Macht meines Bruders beschlossen die Keramiker, die viele Formen tönerner Gefäße trugen. Darunter befanden sich hauchdünne Tassen und Vasen, die verschiedensten Schüsseln, Kannen und Becher, teilweise ritzverziert oder mit Malereien bedeckt.

»Minos«, fragte mich Sarpedon, »bist du zufrieden? Kannst du gleiches aufweisen?«

»Alles, was ich sah, war wundervoll«, sagte ich ehrlich. »Es sind jedoch Dinge, die sich nur Begüterte kaufen können. Was tust du, daß das Volk, die Masse also, glücklich ist?«

»Hast du nicht die Schönheit der Wagen, die dünne Keramik, den Prunk der Schwerter gesehen?« fragte er fast gekränkt.

»Doch«, antwortete ich nachdenklich. »Das alles dient jedoch nur wenigen, macht nur die Reichen glücklich. Sollten wir nicht mehr an das Volk denken? Es hat in vielen Dörfern noch Hunger, blutet, leidet und stirbt.«

»Wir alle müssen einmal sterben«, meinte er lässig.

Am nächsten Tag führte mich Sarpedon zu den Mühlen. Büffel, die Augen verbunden, trotteten im Kreis und drehten die Mahlsteine. Dann besuchten wir eine Bäckerei, die die Soldaten und die Besatzungen der Schiffe mit Fladen versorgte. Wir sahen Fisch- und Fleischräuchereien, besichtigten Gerbereien und Schuhmacherwerkstätten, sahen Hütten, in denen man Bronze zu Geschirr und Schwertern goß; dann gingen wir durch Ziegeleien, Weber- und Schneiderwerkstätten.

Oft stellte er mir die Oberaufseher und Verwalter vor, erklärte Materialien. »Weißt du«, sagte er eindringlich, »ich versuche alle Werkstätten im Palast oder in meiner unmittelbaren Nähe zu vereinigen. Es ist eine alte Weisheit, daß ein Arbeiter nichts tut, wenn er nicht die Peitsche sieht. Merke dir«, mahnte er, »man muß die Augen beizeiten öffnen. Ein Weiser sagte einmal richtig, daß es gut ist, die Dinge zu ordnen, ehe sie uns in die Unordnung werfen.«

»Ich sah in den Ziegeleien Kinder arbeiten«, sagte ich, als man mir einen Becher Wein reichte. »Mich bedrückt der Gedanke, daß sie arbeiten müssen und nicht spielen dürfen.«

»Gibt es bei dir Sklaven, deren Kinder nichts tun?«

Ich überlegte, wußte keine Antwort. »Kinder sollten Kinder bleiben«, antwortete ich nachdenklich.

»Kinder zeugen bereits Kinder, Minos«, spottete er. »Ich weiß nicht, ob du nachts nur schläfst oder dich mit Konkubinen abgibst. Nimm dir einmal die Zeit und gehe durch die Nebenräume deines Palastes. Nein«, höhnte er, »du kannst sogar durch die Häuser und Zimmer deiner Beamten gehen. Die Erwachsenen lieben sich und die Kinder folgen dem Beispiel. Es ist erst wenige Tage her, daß ich sah . . .«

Ich winkte ab, sagte nur: »Ich weiß es«, und dachte an ähnliche Fälle, die mich erschreckt hatten.

Als ich wieder zu Hause in Knossos war, rief ich Manolis und seine Priester zu mir. »Ich sah im Machtbereich meines Bruders Menschen weinen«, begann ich. »Ich sah Menschen leiden. Ich erlebte Dinge, die mir nicht gefielen. Das darf bei uns nicht sein. Ratet mir, was ich tun soll, daß unsere Bürger glücklich werden. Gibt es ein Geheimnis, einen Schlüssel, mit dem wir ihre Herzen öffnen können, auf daß sie erahnen, was sie meiden und was sie suchen sollten?«

»Hoheit«, antwortete ein älterer Priester, der mir gefiel, »es gibt Geheimnisse, die jedoch Euer Würden nicht kennen dürfen, da sie nur der Oberpriester erfahren darf.«

Beinahe hätte ich in meinem sofort aufflackernden Zorn ungut geantwortet. »Ich bin der König und damit zugleich der oberste Priester«, sagte ich einlenkend.

»Nicht jeder Priester ist würdig, diese Geheimnisse zu erfahren, es gibt wenig Menschen mit der Reife, sie auch zu erkennen«, sagte der Alte, der mir noch immer gefiel.

»Habe ich als König nicht die erste, die allererste Pflicht, für mein Volk zu sorgen?«

»Euer Würden, die letzten Dinge liegen bei den Göttern«, antwortete der Alte weise und sah mich gütig an. »Auch du als

König hast die Götter um Rat zu fragen. Wenn du sie suchst, wenn du sie brauchst, mußt du die Priester bitten, daß sie dir helfen.«

Wieder lag in mir unbändiger Zorn. Sosehr mir der weißhaarige Priester auch gefiel, ich hätte ihn schlagen können. Ich sah auf Manolis. Sein Gesicht zeigte Überheblichkeit und sogar Spott. Glaubte er, weil er Oberpriester war, den Göttern mehr zu dienen als ich, der ich mich fast Tag und Nacht um die mir anvertrauten Menschen sorgte? Sah er denn nicht die Wunden auf den Schultern der Sklaven, die Tränen in den Augen der Frauen und Mädchen, das Leid in dem traurigen Spiel der Kinder?

»Du als König«, sagte der alte Priester, »hast wohl alle Priesterweihen erhalten. Du bist ja der Stadt- und damit der Gott-König. Die großen, die geheimen Dinge unseres Lebens kennst du jedoch noch nicht. Sie sind hinter den Vorhängen in den Grotten und Höhlen verborgen. Wie der Magier den Kreis beschreibt, in dem er wirkt, der Mensch seinen Besitz durch den Markstein festlegt, so ist das Heiligtum Besitz der Gottheit, ist daher Gottesland. Damit es heilig bleibt, hat es eine Umfriedung, und diese umhegten Orte nennen wir Temenos. In diesem Gottesland sind dem menschlichen Recht Grenzen gesetzt. Verstehe das, edler König. Es gelten nur noch die letzten, die allerheiligsten, die ungeschriebenen Gesetze. Wer sich in diesen Besitz begibt, steht unter dem Schutz der Götter, auch wenn er ein Verbrecher ist. In allen Heiligen Hainen und an den wundertätigen Quellen, in den Grotten und Höhlen dienen wir den Göttern in Mysterien, die du nicht kennst. Um die letzten Dinge zu erfahren und zu verstehen, verzeih mir, Minos«, sagte er warmherzig, »muß man in der Lage sein, das Innere zu erkennen. Wir sind mit unserem Leben ein Geheimnis, stehen in einem Mysterium. Man sagt, die Leidenschaften sind die Pforten der Seele. Ich möchte sagen, das Leid öffnet die Seele.«

»Wenn du die Menschen wirklich glücklich machen willst, mußt du zu uns kommen, mußt dich mit Gebeten und Fastenübungen reinigen«, sagte nun der Oberpriester. »Es gibt keinen Herrscher, der auf andere Art die Staatsweisheit errungen hat.«

Nun wußte ich es. Er wollte, daß ich mich vor ihm beugte, ihn um Rat fragte, alle Regierungsgeschäfte mit ihm absprach. Wieder kam mein Erbe, der Jähzorn, und löste mir ungut die Lippen. »Ich soll also vor euch auf den Knien herumrutschen, soll mich demütigen, auf daß ihr ungehemmt eure Interessen verfolgen könnt?«

»Wir dienen den Göttern«, sagte der alte Priester bescheiden.

»Und denkt dabei an euren Vorteil. Stimmt es nicht, Manolis, daß in deinem Haus zwei Sklavinnen sind, die vor wenigen Wochen im Gebiet um Malia geraubt wurden? Freie kretische Mädchen haben dir nun zu dienen. Ist das edel?«

»Minos, du hast doch auch Sklavinnen«, wehrte er mich ab und lächelte überheblich.

»Ich bin König, du jedoch ein Diener der Götter. Wenn ich kämpfe, ist es meine Pflicht. Wenn ein Priester das Schwert schwingt und tötet, ist das Verrat an den Göttern. Es ist verwerflich«, schrie ich, »zwei kretische Mädchen, die vorher frei waren, zu deinen Sklavinnen zu machen.«

»Soll ich dir die Beamten nennen, die auch kretische Sklavinnen haben?«

»Laß diese billigen Vergleiche, Manolis. Du bist Priester und hast dich unter höhere Gesetze zu stellen.«

»Minos«, unterbrach der alte Priester den Streit.

»Ja?«

»Es gäbe einen Ausweg...«

»Welchen?«

»Beschränke dich auf deine Regierungsgeschäfte und laß uns den Weg zu den Göttern suchen. Du brauchst nicht selbst zu den Gottesdiensten zu kommen, kannst dich durch einen Priester oder eine Priesterin vertreten lassen. Willst du jedoch die letzte Wahrheit erfahren, solltest du den Göttern Ehrfurcht erweisen, weil sie die Quelle aller Weisheit sind.«

Ich antwortete mit Ausflüchten, wußte, daß ich nicht die Zeit hatte, in den Höhlen und Hainen die verborgenen Geheimnisse zu ergründen.

Wenige Tage später luden mich einige höhere Beamte zu einem Fest ein. Durch einen Diener erfuhr ich, daß es von Manolis angeregt worden war. Meine Antwort war ein klares: »Nein!«

Kurz darauf trat Sarah in mein Zimmer. »Bitte, gehe zu dem Fest, es wird dir Freude machen«, bat sie, sah mich dann eindringlich an und begann verführerisch zu tanzen.

»Kommt dein Dontas auch?« fragte ich kritisch.

»Bestimmt; er liefert ja auch die Mädchen, die für dich tanzen sollen.«

»Eher will ich sterben, als daß ich mit diesem Betrüger zusammenkomme!« rief ich wütend.

»Sei klug und nimm an dem Fest teil«, bat sie erneut.

»Wieviel hat man dir gegeben, daß du so wirbst?«

»Wofür?« fragte sie und spielte die Unschuldige.

»Daß ich zu einem Bankett gehe, das von Manolis und Dontas, diesen beiden Schwindlern, veranstaltet wird.«

»Es sind deine Beamten, die feiern«, sagte sie herb.

Plötzlich merkte ich, daß hinter ihrem lächelnden Gesicht eine große Grausamkeit lag, eine Härte, die bereit war, über Leichen zu gehen.

Meine Gedanken waren bei Aisa. Mit jedem Tag erkannte ich mehr, wie sehr sie mich geliebt hatte. Und nun war sie tot. Wer hatte ihr wohl die Giftschlange unter die Tücher gelegt?

Als ich nach einigem Sinnieren auf Sarah blickte, die demütig vor mir kniete, um mir die Sandalen anzuziehen, sah ich in ihren Augen ein eigenartiges Lauern: es war der Blick einer Schlange, die auf den geeigneten Moment wartete, um zuzubeißen.

Beinahe hätte ich ihr gesagt, daß sie eben das Gesicht einer Kobra hatte, die auf Beute wartete.

Was wollte Sarah von mir?

»Schlange, Schlange, Schlange!« riefen und wisperten in mir Stimmen. Dann fraß sich in mir plötzlich der Gedanke fest, daß sie es war, die mit Hilfe ihr ergebener Sklaven die Schlange in das Lager Aisas gelegt hatte.

Der Verdacht bohrte in mir, wühlte mich auf, und in meinem aufflammenden Zorn wäre ich bereit gewesen, sie sofort zu erwürgen.

Wieder durchzuckten mich von allen Seiten Gedanken. Da Pasiphae ungern reiste, weil sie das Schütteln der Sänften und Rütteln der Wagen nicht vertrug, hatte ich oft Aisa und Sarah auf meinen Reisen mitgenommen. Aisa gab es nicht mehr. Mit ihr waren es nun mehr als zehn Mädchen und Frauen, die mit ihrem Leben bezahlten, daß sie mein Lager geteilt hatten. Konnte Sarah hinter diesen Morden stecken? War sie die Anstifterin auch in jenen Fällen, wo sie nicht mit auf eine Insel oder in eine Stadt gekommen war, jedoch Mädchen starben, weil sie mich geliebt hatten?

Die Insel Paros kam mir in den Sinn, die ich, wie es in der Hofsprache hieß, visitierte. Dort hatte mir der Sippenälteste, ein tapferer, weithin berühmter Mann, seine einzige Tochter angeboten. Für ihn, für das Dorf, für die ganze Insel war es eine große Ehre, daß ein Mädchen ihrer Gemeinschaft bei mir schlafen durfte. Als ich dann in das mir zugeteilte Zimmer ging, lagen Blumen auf dem Boden und in kleinen Becken glimmte Weihrauch.

Ich nickte gedankenverloren, wußte, daß ich damals ein ungeheures Glück erfuhr. Wenige Tage später erhielt ich die Nachricht, daß das Mädchen an dem Biß einer giftigen Schlange gestorben sei. Schmerzlich lächelte ich vor mich hin: hieß Liebe nicht meist Abschied nehmen?

Ich beachtete Sarah kaum, die geschäftig im Zimmer hin und her eilte, Kissen ordnete, die Pflanzen goß und vor sich hin murmelte. Noch sehr in meinen Gedanken versunken, hörte ich, anfangs nur in Ausschnitten, daß in der Küche eine alte Kreterin arbeite, die vor vierzig Jahren, als die Erdbeben und die große Flut kamen und die Asche jegliches Leben erstickte, ihre ganze Familie verloren hatte. »Alle schliefen damals«, sprach sie nun laut, »wurden von einem Geräusch geweckt, das wie Donner klang. Das Haus war plötzlich voll von Staub und Trümmern, der Boden schwankte so, daß alle hin und her geworfen wurden. Damals«, sprach sie teilnahmsvoll weiter, »gingen im Umkreis vierunddreißig Dörfer unter. Besonders schlimm sei gewesen, daß sich im Dorf die Erde geöffnet habe, ein riesiger Spalt entstand und in ihm zwei Häuser in die Tiefe sanken. Seltsam«, seufzte sie, hob welke Blätter auf, die von einem kleinen Bäumchen gefallen waren, das offenbar krank war.

»Du gießt es zuviel«, meinte ich. »Die Erde ist dadurch sauer geworden. Vielleicht hast du es ertränkt. Aber was ist seltsam?« fragte ich.

»Die Frau verlor damals ihre ganze Familie, konnte jedoch den Nachbarn mit seiner Frau und vier Kindern retten. Das Leben bietet jedem sein Schicksal. Für manche ist es so bitter, daß sie daran vergehen.«

»Wie bei Aisa«, sagte ich und sah sie lauernd an.

Ein älterer Sklave, der ins Zimmer getreten war und eine Schale mit Nüssen auf einen kleinen Tisch stellte, blieb stehen, blickte wohlwollend auf Sarah und sah mich fragend an. Ich zeigte ihm, daß er sprechen dürfe.

»Es gibt drei Mächte«, meinte er, »die unser Leben bestimmen. Es sind die Klugheit, die Stärke und das Glück. Ich glaube, daß das Glück am meisten vermag; denn unser Lebensweg ist mit dem Lauf eines Schiffes zu vergleichen. Die Stärke spielt die Rolle des Windes, indem er uns schnell vorantreibt oder weiter zurückwirft, wogegen unser eigenes Mühen nur wenig vermag. Unser Wille spielt dabei nur die Rolle der Ruderer. Wenn sie uns durch viele Stunden harter Arbeit eine Strecke weit gebracht haben«, flüsterte er wie ein Seher, wie einer, der alle Erkenntnisse dieser Welt fand, »kann ein plötzlicher Windstoß uns wieder ebensoweit zurückwerfen. Ist der Wind uns dagegen gut gesonnen, so fördert er uns so, daß wir die Ruderer gar nicht mehr brauchen. Die Macht des Glücks drückt ein phönizisches Sprichwort aus: ›Gib deinem Sohne Glück und wirf ihn in das Meer.‹«

Ich sah ihn überrascht an. »Das war gut«, lobte ich ihn. »Wer bist du?«

»Ein Sklave aus dem Libanon.«

»Und wie kamst du hierher nach Kreta?«

»Ich hatte wenig Glück«, antwortete er leise.

»Du bist klug«, sagte ich anerkennend.

»Klug?« antwortete er bedächtig. »Die im Wachen träumen, haben Kenntnisse von tausend Dingen, die jenen entgehen, die nur im Schlaf träumen.« Während ich über diese Worte nachdachte, hatte der Sklave das Zimmer leise verlassen, und fast glaubte ich, daß alles nur ein Traum gewesen sei.

Sarah bemerkte meine nachdenkliche Stimmung. Sie setzte sich auf einen nahen Schemel und spielte mir auf der Harfe ein hebräisches Kinderlied vor.

»Der Mensch ähnelt sehr der Harfe«, sprach sie vor sich hin und musterte mich mit den Augen, während die Finger die Melodie zupften. »Er hat viele Saiten, und um darauf zu spielen, muß man alle zehn Finger gebrauchen. Die meisten haben jedoch nur fünf, und das ist die Tragik.«

»Nur fünf?« fragte ich.

Ein Nicken war die Antwort. »Die meisten Frauen haben nur fünf; denn mit der anderen Hand müssen sie sich schmücken, schminken und mit wohlriechenden Salben einreiben.«

»Auch viele Männer haben nur fünf Finger«, wandte ich ein. »Meist haben sie mit der einen Hand eine Last zu tragen, oft brauchen sie dazu sogar beide Hände. Sahst du in den Dörfern die Not? Sahst du in den Räumen der Handwerker das elende Leben der Menschen? Der Köhler ist schwarz und schmutzig, hat die Hände voller Schwielen und arbeitet fast Tag und Nacht. Der Steinträger verrenkt sich die Schulter, um den Magen zu füllen. Der Weber hat einen krummen Rücken, dem Maler kleben die Finger, die meist auch wund von der Kalkbrühe sind. Der Bote sollte, wenn er sich von seiner Familie verabschiedet, ein Testament hinterlassen; denn er begibt sich auf seinen Gängen in die Gefahr, Räuber zu treffen oder auf eine Schlange zu treten.«

Plötzlich erfüllte mich ein Gedanke. »Sarah«, sagte ich, »der einzige, der mit Freude arbeiten kann, ist der Schreiber. Wer schreiben kann, erahnt die Welt. Für ihn gibt es auch in der dunkelsten Kammer Licht. Wenn edle Menschen schreiben, gibt es kein leeres Wort, und so ist die Kunst des Schreibens wichtiger als alle anderen Beschäftigungen. Wer von dieser Kunst Gebrauch macht, ist von Jugend an erfüllt. Wer an ihr nicht teilnimmt, glaube es mir, lebt, auch wenn er satt wird, im Elend. Kannst du eigentlich schreiben?«

Sie schüttelte verneinend den Kopf. »Ich kam doch als Kind in die Sklaverei, und seit ich denken kann, muß ich dienen, arbeiten und gehorchen. Ich hatte wohl weise Lehrer, doch erklärten sie mir nur die heiligen Worte.«

»Dann solltest du schnell, sehr schnell sogar, das Schreiben erlernen.«

»Warum?«

»Um dich zu finden, um dich zu erkennen. Du bist weise, solltest das nützen.«

»Kommst du zu dem Fest?« fragte sie, und ohne meine Antwort abzuwarten, sang sie wieder zur Harfe.

Jede Faser meines Leibes wehrte sich gegen den Zwang, der im Tun und Denken Sarahs lag. War es Absicht oder Zufall, daß ihr das Kleid von den Schultern geglitten war und ihre Brüste freigab? Wußte Sarah, daß sie mich so immer wieder verlokken konnte?

Mein Erbe war nicht nur der Jähzorn, sondern auch das Grübeln. Erneut stürzten in mir Gedanken und Stimmen durcheinander, die mahnten, spotteten und rügten.

Vor mir saß eine Hebräerin, die mit den Eltern in jenem Jahr aus Ägypten fliehen wollte, als Kreta in den Erdbeben und Wasserfluten unterging. Zehn Plagen hatten ihrem Volk die Flucht ermöglicht und eine Giftschlange hatte alle Hoffnungen der Familie Sarahs beendet. Eine Schlange, rätselte ich. Gift, dachte ich. Gab es eine Verbindung zwischen Sarah und dem Tod jener Frauen und Mädchen, die mich einst – oft nur für eine Nacht – geliebt hatten?

Sarah war trotz ihrer sechsunddreißig Jahre noch hübsch. Viele Frauen wurden in diesem Alter bereits welk, schrumpften zusammen oder begannen, dick zu werden. Mein Bruder in Phaistos mochte Frauen mit fetten Armen und Beinen; Sarah war schlank und ähnelte mehr einem Mädchen als einer reifen Frau, entsprach sehr meinem Schönheitssinn. Und mit ihrer Weiblichkeit bezwang sie mich wieder, und ich ging mit ihr zu dem Fest.

Ich nützte die Reise zu dem Ort, in dem es stattfand, zu einer Visitation, besuchte die Güter von reichen Priestern. Beim Besuch eines Gutes stellte ich fest, daß die Felder sehr gut bestellt waren und die Bauern und Sklaven einen zufriedenen Eindruck machten. Ich sprach vor mich hin und sagte leise, daß alles einen gepflegten Eindruck mache, der Verwalter nicht zu kritisieren sei.

»Keine Kunst«, meinte Prokas, der mich begleitete, der mir immer mehr zu einem fairen Berater und guten Freund geworden war, »wenn man keine Steuern zu zahlen braucht und dazu immerzu noch Spenden bekommt!«

»Die Menschen hier sehen froh aus, Prokas.« Nach einigen Schritten sprach ich weiter: »Die Arbeiter sind glücklich. Liegt das Glück in der Unterwerfung und nicht in der freien Wahl seines Schicksals? Versteht es der Priester, hier jedem eine Aufgabe zuzuweisen, ihm eine Verantwortung aufzulegen, und liegt in der tapfer getragenen Verantwortung das Glück des Menschen?«

Ich sann vor mich hin, und Prokas sagte nüchtern: »Wer nichts tut, ist nichts!«

Auf dem weiteren Weg besuchte ich ein Heiligtum, hoffte, Manolis nicht zu treffen.

Die Nubier, die mich dorthin trugen, setzten die Sänfte im Vorhof ab und sangen dann ein fremdartiges Lied, in dem Afrika mitschwang und in dem Tiere und Menschen jagten; jede Strophe beendeten sie mit einem schrillen Schrei.

Ich war mißtrauisch geworden, sah bereits hinter jeder Mauer Spione, hinter jedem Wort Lüge. Warum hatten die Sklaven so eigenartig gesungen, als wir den Hof des Heiligtums betraten? Wollten sie die Priester benachrichtigen, vielleicht sogar warnen?

Ich war kaum ausgestiegen und ordnete soeben meine Kleidung, als einige niedere Priester gelaufen kamen und mich mit großer Ehrerbietung begrüßten und mich dann durch ihr Heiligtum führten.

In einem Prunkraum stellten sie mir ein Gotteskind vor. Es war ein eitler, geschminkter Knabe, dem man huldigte, der das jedoch nicht verstand und auch in seinem kleinen Gehirn nicht verarbeiten konnte.

Einen Augenblick schien es, als ob dieser Laffe meinte, daß ich ihm die Hand küssen sollte. Er stand vor mir, sah mich überheblich an, wartete auf meine Huldigung.

Mein Jähzorn nahm mir die Vernunft. »Knie schon, Kind!« schrie ich, lauter als es sein mußte. Da er nicht wußte, was er mir, dem König, für eine Demut zu erweisen hatte, konnte ich nicht anders: Ich ging auf ihn zu, nahm ihn mit beiden Händen an den Ohren und zwang ihn so zu Boden.

Als er kniete, sah er mich fassungslos an und war dabei, wie ein verzogenes Kind zu weinen.

»Man legt vor seinem König die Stirn auf den Boden!« herrschte ich ihn an, und als er nicht sofort meinem Wunsch entsprach, drückte ich den kindlichen Kopf, der bereits durch irgendein Laster aufgeschwemmt und damit gezeichnet war, auf die Steinplatten.

»Küsse die Erde, die dich geboren hat!« schrie ich, wurde immer wütender, gab erst nach, als ich mehrmals den Kopf dieses Knaben mit dem rechten Bein auf die harten Platten gedrückt hatte.

»Euer Würden«, mahnte ein Priester, »er ist ein . . .«

Ich unterbrach ihn, schrie: »Ja, er ist ein Dummkopf«, dann ging ich auf den Priester zu und sagte höhnisch: »Die Torheit ist groß wie das Meer, alles kann es enthalten!«

»Minos, König«, bat ein anderer Priester, der zugesehen hatte, »er ist ein Gotteskind!« und zog mich am Arm zurück.

»Ein Gotteskind?« fragte ich und verstand wieder einmal mich und die Welt nicht mehr.

»Die letzte Heilige Hochzeit war vor etwa vierzig Jahren. Vor genau vierzehn Jahren versuchte man, um Kreta wieder der Liebe der Götter nahezubringen, erneut diese Vermählung zu ihrer Ehre. Ankas ist dreizehn Jahre alt, er entstand aus der Verbindung einer Oberpriesterin mit einem Oberpriester, ist also ein Gotteskind!«

»Und trotzdem ein Laffe«, antwortete ich wütend. »Ein Gotteskind?« hetzte ich. »Wenn die Überlieferung, an der ihr so sehr hängt, richtig ist, ihr nicht etwas zu euren Gunsten dazu erfunden habt, dann ist ein Gotteskind ausschließlich die Folge einer Verbindung zwischen einem Gott und einer Göttin. Der Stadtkönig ist Gott, die Mondpriesterin ist Göttin. Seit wann ist ein Priester ein Stadtkönig und damit Gott?«

Ich übersah den Knaben, obwohl ihn die Priester immer wieder anboten und an mich drängten.

Warum haßte ich ihn?

Wollte ich den Kult der Heiligen Hochzeit nicht?

Wieder kamen die Stimmen, die mich oft und oft quälten und in viele Zweifel stürzten. Wollte ich nicht, daß jedes Kind, das aus einer sogenannten Heiligen Hochzeit stammte, zum Gotteskind erhoben wurde? War ich vielleicht eifersüchtig, weil Riana kein Wort sagte, daß die Verbindung mit mir Folgen hatte? War ich eitel?

Als ich das Heiligtum verlassen wollte, hielt mich ein Priester an. »Hochwürdiger König, edler Minos«, begann er höflich und zögerte weiterzusprechen.

»Sprich schon«, sagte ich gütig, weil ich mich wieder gefunden hatte.

»Wir hier, in diesem Heiligtum, dienen noch Zagreus, unserem kretischen Gott.«

Ich nickte nur und begann zu überlegen, wie ich auch hier vermitteln konnte.

»Ihr Mykener brachtet euren Zeus mit. Er ist ein griechischer Gott.«

»Sollten wir nicht sagen, daß wir den obersten Gott Zeus nennen, ihr ihn jedoch noch als Zagreus kennt?«

»Es gibt Unterschiede«, antwortete er höflich und demütig, jedoch trotzdem sehr bestimmend.

»Welche?«

»Unser Kult ist geheimnisvoll. Wir glauben, daß Zagreus in einem Augenblick der Ekstase, die wir in den geheimen Riten, in den Mysterien erreichen, zum Leben erweckt wird. Ihr verehrt euren Zeus sachlich. Für euch ist er ein patriarchalischer Gott, eher menschlich als geistig. Darf ich?« fragte er wieder überhöflich.

»Sprich«, befahl ich, legte ihm eine Hand auf die Schulter, um ihn aufzufordern, ohne Scheu seine Gedanken zu offenbaren.

»Zeus, den ihr uns aufdrängt, ist für uns der Gott der Mykener. Und diese sind für uns gewalttätige Eroberer. Was uns auch trennt, ist, daß ihr uns einen männlichen Gott anbietet, während wir bisher in allen Kulten der Muttergöttin dienten. Es wäre von euch weise, wenn ihr in den Heiligen Hochzeiten und in den Riten immer wieder in geheiligten Ehebündnissen euren Zeus mit unserer Muttergöttin verheiraten würdet. Damit machtet ihr euren Zeus zum Befruchter des Schoßes der Mutter Erde.«

»Unser Zeus wird auch euer Gott werden«, sagte ich gütig und zuversichtlich.

»Man kann einen Gott nicht wie eine Handelsware anbieten«, wehrte der Priester ab. »Du wirst es schwer haben«, meinte er nachdenklich. Kurz schreckte er auf, denn ein anderer Priester hatte ihm ein Zeichen gegeben. »Komm, Minos«, sagte er und hatte auf einmal eine andere Stimme. »Wir bestrafen alle, die uns verraten und uns beschämen«, sprach er laut, fast zu laut.

Wir gingen einige Schritte, standen dann in einem kleinen Hof, und neben uns kochte in einem Kessel Pech. Feierlich nahm nun ein Priester einen Schöpfer und goß damit das kochende Pech durch einen Spalt zwischen den Platten des Weges, auf dem wir standen.

»Nein, nein, nein!« schrie sofort eine Stimme in tiefer Qual und Not aus einem unter den Platten befindlichen Raum.

»Das ist ein Mann, der die Götter lästerte«, flüsterte der Priester. Seine Worte wurden von Stöhnen und Wimmern begleitet, das schauerlich aus der Tiefe ertönte.

Als ich auf meine Begleiter sah, zeigten sie Ergriffenheit, Verständnis und Angst.

»Was geschieht hier?« fragte ich.

»Jeder muß bestraft werden, der die Gesetze mißachtet.«

»Welche Gesetze? Jene, die aus eurem Gutdünken entstanden, oder jene, die für die Erhaltung des Staates notwendig sind?«

»Es muß auch Gesetze zur Erhaltung des Glaubens geben«, entgegnete ein höherer Priester.

Fast aufdringlich umgab mich nun der Geruch von Pech. Aus dem Verlies, das sich unter dem Weg befand, drang wieder das schauerliche Heulen eines Menschen.

»Was geschieht hier?« fragte ich, um Näheres zu erfahren, erneut.

Die Priester, die mich umgaben, benahmen sich, als stünden sie in einer Art höherer Hingabe.

Wieder nahm der Priester den Schöpfer und goß kochendes Pech durch den Boden in die Folterkammer. »So vergeht jeder«, rief er ekstatisch, »der sich gegen die Götter versündigt.«

Als er einen weiteren Schöpfer ausgoß, das Pech durch den Spalt in die Tiefe drang, rief er: »Jeder Verräter verbrenne, wenn er die Götter lästert.«

»Tötet mich!« klagte eine Stimme in großer Qual, »wenn ihr schon keine Barmherzigkeit kennt. Habt ihr überhaupt ein Herz?«

»Dich sollen die Würmer fressen, wenn du die Götter mißachtest!« Erneut goß der Priester Pech durch die Ritze der Platten, und wieder antworteten Schmerzensschreie.

»Du sollst verbrennen, wenn du nicht die Götter ehrst!« riefen die Priester nun fast im Chor.

»Oh, ihr Götter«, antwortete eine Stimme aus der Tiefe. »Warum erlaubt ihr, daß ich so leide?«

Als wir weitergingen, war ich erschüttert, spürte große Bitternis. Durfte oder konnte es sein, daß die Götter eine solche Marterung zuließen?

Als ich kurz darauf bei dem Haus ankam, wo das Fest stattfand, und in den Hof trat, brannten an die hundert Fackeln. Die Wände und der Boden leuchteten, als wäre lichter Tag.

Auf den Wink eines Beamten zog von einem Vorplatz in feierlichem Schritt die Reihe der Musikanten, Tänzerinnen, Athleten, Zauberer und Tierbändiger herbei.

Sosehr sich auch die Diener bemühten, den Gästen fast ununterbrochen Darbietungen zu zeigen, kam bei mir keine richtige Fröhlichkeit auf.

Nach etwa einer Stunde brach zu meinen Füßen eine Tänzerin zusammen und begann, laut zu weinen.

Ich hob sie auf und fragte, was mit ihr sei.

Sie wich meiner Frage aus und gestand erst nach langem Zureden, daß Dontas sehr schlecht zu ihr sei, ihr noch nie Lohn bezahlt habe und sie wie eine Sklavin behandle. »Alle müssen wir tagsüber tanzen«, klagte sie, »dann oft auch noch nachts, wenn er damit Freunde ergötzen will. Es gibt Stunden, wo er die widerlichsten Dinge von uns verlangt . . .«

Sofort befahl ich den Herbergswirt zu mir und rügte ihn, nannte ihn Wucherer und Ausbeuter, drohte ihm mit schweren Strafen, wenn er nicht sofort seine Schändlichkeiten einstelle. »Höre ich noch eine Klage, enteigne ich deine Herberge und mache dich zum Sklaven. Merke dir das.«

Bald darauf wollte mich ein niederer Schreiber sprechen. Er flüsterte mir scheu zu, daß der Gastgeber wegen des Festes die Fleisch- und Gerstenzuteilung so gekürzt habe, daß er mit seiner Familie seit Tagen hungere.

Ich begann zornig zu werden und sagte dem Minister, daß er ein Dummkopf sei; denn hungernde Schreiber seien grundsätzlich schlechte Schreiber.

Dann kamen sie fast in dichter Folge: die Arbeiter und Handwerker, die Diener, Bauern und Hirten. Jeder führte Klage, die einen gegen den Minister, die anderen gegen die Priester.

Wütend befahl ich alle höheren Beamten in ein Nebenzimmer und tadelte sie, nannte sie Verräter, Lumpen und faules Gesindel.

Der Oberschreiber trat auf mich zu. »König«, sagte er bittend, stand dabei trotzdem stolz vor mir, »die Steuereinnahmen sind so gering, daß sie kaum für die Hofhaltung reichen. Dann baust du Häfen, Straßen, erneuerst Paläste und Herrenhäuser. Der Schiffsbau ist nur mit Krediten der Ägypter möglich.«

»Warum erhöht ihr dann nicht die Abgaben?« fragte ich empört.

»Was würde diese Erhöhung nützen? Sie schafft nur weiteres böses Blut. Bedenke, Minos, daß nicht nur unter den Priestern Streit ist, da viele noch an ihren Zagreus glauben und den neuen Gott, Zeus, ablehnen. König«, bat er, »auf Kreta fehlen Arbeitskräfte. Wir brauchen in fast allen Bereichen Arbeiter.«

Er wollte weitersprechen, sah mich jedoch nur eindringlich an. »Was ist?« fragte ich.

Der Oberschreiber stockte, rang nach Worten. »Du hast den Minister getadelt, weil er wegen des Festes die Nahrungszuteilungen kürzte.«

»Ja, und . . .?«

»Sind wir besser, menschlicher?« fragte er.

»Wie meinst du das?«

»Viele wissen, daß du Getreide nach Griechenland lieferst, gedörrtes Fleisch nach Phönizien, Oliven nach Ägypten, dabei hungert das Volk und vergeht. Minos, König, weißt du, wie sehr das Volk leidet? Um deine Städte und Straßen bauen zu können, verkaufst du an andere Nahrungsmittel, die deine Kreter retten und oft auch in das Glück führen würden. Verzeih mir, Minos, aber für viele ist Essen Glück.«

Ein Sklave, es war ein Neger, brachte mir eine Schale mit Obst. Er war gutgebaut, sah gesund aus und machte den Eindruck, als ob er fleißig sei.

»Kreta braucht Menschen«, sprach ich leise vor mich hin. Dann fraß sich ein Gedanke in mich ein: Wenn ich meine Soldaten nach Nordafrika schickte, um dort Sklaven zu fangen, wenn ich alle verfügbaren Schiffe einsetzte, um weithin auf Sklavenjagd zu gehen, konnten wir innerhalb weniger Monate zwei-, drei- oder sogar viertausend Arbeiter haben, sie in der Landwirtschaft und Viehzucht einsetzen. Bis zum Jahresende hätte Kreta dann genügend Nahrung, bräuchte keiner mehr zu hungern und könnte sogar seine Steuern bezahlen. Diese Gedanken bewegten mich so, daß ich mich vom Fest wegschlich, um in dem kleinen Park spazierenzugehen. Dann setzte ich mich auf eine Bank, von der ich auf die nahen Berge sah, die im silbrigen Schein des Mondes geheimnisvoll glänzten.

Ich saß still im Dunkel eines großen Feigenbaumes und bemerkte erst nach einiger Zeit, daß sich wenige Schritte entfernt ein Priester auf eine niedere Mauer gesetzt hatte.

»Warum nimmst du nicht an dem Fest teil?« fragte ich ihn.

Er zuckte zusammen, hatte wohl gedacht, daß er allein sei. Dann erkannte er mich.

»Minos«, antwortete er höflich, »ich bete.«

»Wird man glücklicher«, fragte ich, »wenn man betet?«

Er schwieg, suchte die Worte, und sagte dann ebenfalls nachdenklich: »Man wird nicht unglücklicher. Und das ist schon etwas.«

»Du betest«, sprach ich leise weiter. »Etwa für jenen, den ihr vorhin mit heißem Pech getötet habt?«

»Wir töten nicht«, wehrte er ab und unterstrich seine Antwort mit einem heftigen Schütteln des Kopfes.

»Ich war aber Zeuge, wie man in dem Heiligtum, das in der Nähe liegt und in dem ich den Göttern opferte, einen Menschen mit heißem Pech mordete.«

»Die Oberpriester kennen viele Geheimnisse, ich bin nur ein kleiner Diener der Götter. Gut«, er lächelte mich fast schmerzlich an, »ich sehe und höre vieles, darf jedoch, weil es um die Geheimnisse geht, nicht darüber sprechen.«

»Dann könntest du mir in einem Gleichnis antworten. Damit verrätst du nichts und hast trotzdem deinem König gedient«, bat ich ihn.

Der Priester stand auf und ging erregt auf und ab, setzte sich dann wieder auf das Mäuerchen, riß von einem Strauch einen kleinen Zweig ab und begann, mit ihm zu spielen.

»Ich begleitete dich, König, als man in Pelkin[7] deinen Bruder bestattete. Dort traf ich eine wohlgenährte, fast fette Frau. Sie sah gepflegt aus, ging jedoch in einer Bettelkleidung. Ich fragte sie, warum sie in Lumpen gehe, obwohl sie aussehe, als sei sie die Frau eines reichen Beamten.« Er schwieg, sah auf den Boden, als suche er etwas, und zerpflückte dabei gedankenverloren die Blätter des Zweiges. »Die Antwort, edler Minos, war eigenartig. Die Frau sagte, daß sie eine sehr wehklagende Stimme habe. Mit ihr spiele sie an den großen Kulttagen die schmerzgeplagte Kranke, jammere und werde erst ruhiger, wenn die Priester ihr das Heilige Wasser über die schmerzenden Stellen ihres Leibes gegossen haben. König, das war ihr Beruf, und davon wurde sie dick und fett. Zu ihrer Aufgabe gehörte es auch, sich wie ein Bettelweib zu kleiden. Ja, König«, sagte er gedehnt und betrübt, »so gibt es in vielen Heiligtümern Menschen, die gegen Bezahlung klagen, schreien und sich vor Schmerz winden. Das ist das Gleichnis, edler Minos, mehr darf ich dir nicht sagen.«

Ich atmete erleichtert auf, wußte nun, daß man vorhin niemanden mit heißem Pech getötet hatte, zugleich wurde ich wieder wütend, weil man es gewagt hatte, mir ein solch schändliches Schauspiel vorzuführen. Wenn die Priester den Mut besaßen, mich als König so zu täuschen, dann hatten sie ihn auch, um das Volk zu betrügen.

Ich dachte wieder an Ägypten: Vor den Gläubigen beteten dort die Priester Apis, den Heiligen Stier, an, doch waren sie mit ihm allein, so traten sie ihn. Dann schüttelte ich unwillig den Kopf. In Ägypten hatte ich auch gesehen, wie die Priester den Heiligen Stier zum Opferplatz führten. Dem Volk sagten sie, daß der Stier sie führe, obwohl jedes Kind erkennen konnte, daß es umgekehrt war.

Nun war ich es, der erregt auf und ab ging. Nach einer Weile setzte ich mich zu dem Priester. Er hatte ein ehrliches Gesicht und offene, klare Augen. Ich spürte, daß in ihnen Wahrheit und Weisheit lagen.

»Ich bin empört, daß mich die Priester mit dem kochenden Pech so betrogen haben«, sprach ich leise vor mich hin.

»Führe dich nicht in den Zorn, er ist immer ein schlechter Ratgeber«, mahnte er mich. »König, du mußt immer deine Phantasie zügeln, darfst ihr nicht gestatten, erlittene Beleidigungen, Kränkungen und dergleichen größer zu machen als sie sind. Du mußt dir darüber klar sein, daß in jeder Stadt gute und schlechte Menschen wohnen, daß selbst in den edelsten und erhabensten Menschen das ganz Niedrige und Gemeine der Anlage nach vorhanden sind. Wie man den Pöbel nicht zum Tumult anstacheln darf, so soll man sich nicht, auch wenn es nur gedanklich ist, selbst zum Pöbel machen. Hinzu kommt noch, bedenke das, König, daß die kleinsten Widerwärtigkeiten, seien sie von Menschen oder Dingen ausgegangen, durch fortgesetztes Grübeln und durch das Ausmalen mit grellen Farben zu einem Ungeheuer anschwellen können, das einen überwältigt. Alles Unangenehme, und das ist sehr wichtig, edler Minos, soll man nüchtern auffassen, damit man es möglichst leicht ertragen und schnell wieder verarbeiten kann.«

»Das ist schwer, sehr schwer sogar«, antwortete ich. »Zu meinem Erbe gehört leider auch der Jähzorn. Er überfällt mich oft so, daß ich sogar töten könnte.«

Der Priester nickte, als verstehe er mich. »Wie kleine Gegenstände, nahe an das Auge gehalten, unser Gesichtsfeld beschränken, so werden oft Menschen und Dinge unserer Umgebung, so unbedeutend und gleichgültig sie auch sind, unsere Aufmerksamkeit und Gedanken über Gebühr beschäftigen.« Er richtete sich auf und sah mich zwingend an. »Und dies sogar auf eine unerfreuliche Weise; denn wichtige Gedanken und Handlungen werden dadurch sehr beeinflußt.«

»Woher weißt du das alles? Es sind«, ich stockte und suchte das richtige Wort, »weise Einsichten.«

»Weil ich alt bin. Gegen Ende des Lebens geht es bei vielen Menschen zu wie bei einem kultischen Fest, nachdem man die Maske abgenommen hat. Man sieht jetzt, wer diejenigen, mit denen man während seines Lebens in Berührung gekommen war, eigentlich gewesen sind. Es haben sich nun die Charaktere gezeigt, die Leistungen ihre Würdigung erhalten, und alle Trugbilder sind zerronnen. Alles, was in uns und um uns ist, erfordert Zeit. Das Seltsamste aber ist, daß man sogar sich selbst, sein eigenes Ziel, erst gegen Ende des Lebens erkennt und versteht. Es schmerzt auch, daß man von der Niedrigkeit der Welt keine ausreichende Vorstellung gehabt hat und demnach sein Ziel höher gesteckt hatte, als es notwendig war.«

»Ich habe oft keine glückliche Hand gehabt«, meinte ich. »Als König sollte ich jedoch immer richtig entscheiden, doch wer zeigt mir die Wahrheit, wenn die Menschen mit mir sprechen? Ich wollte, ich könnte manche Entscheidung rückgängig machen.«

Der Priester schüttelte verneinend den Kopf. »Sich wünschen, daß irgendein Vorfall nicht geschehen wäre, ist eine törichte Selbstquälerei, die besagt, sich etwas absolut Unmögliches zu wünschen. Weil eben alles Geschehende, groß oder klein, streng notwendig seinen Weg geht, ist es unsinnig, darüber nachzudenken, wie es gekommen wäre, wenn dies und das einen anderen Verlauf genommen hätte.«

7

Es war Nacht. Ich kam nicht zur Ruhe, wanderte durch die dunklen Korridore des Palastes, blieb da und dort stehen und grübelte vor mich hin.

»Man muß Minos eine Geliebte zuspielen, die ihn für unsere Pläne öffnet«, hörte ich eine Stimme aus einem nahen Raum.

»Der Gedanke ist gut«, antwortete ein Mann, der häufig hüstelte.

»Wer eignet sich wohl am besten, hat die erforderliche Kraft und Leidenschaft, um den König zu beschwingen und umzustimmen?«

»Alle sind sie dumme Gänse«, sagte der erste mit seiner tiefen, brummigen Stimme. »Sie denken nur daran, sich zu schmücken, zu schminken und mit wohlriechenden Salben und Ölen einzureiben.«

»Wie wäre es mit Riana? Seit der Heiligen Hochzeit ist sie in unseren Händen Wachs, und man sagte mir, daß sie in tiefer Liebe zu Minos entbrannt sei.«

»Sie ist doch jetzt Oberpriesterin.«

»Wir machen sie sogar zur Erzpriesterin, und wenn es sein muß, zur königlichen Priesterin, wenn sie uns hilft.«

»Ich kenne ihren Vater. Er ist einer jener alten Kreter, die knorrig wie Eichen und zäh wie die Wurzeln der Ölbäume sind. Riana ist so stark wie er; sie wird sich also wehren. Wir könnten ihr Gold anbieten, doch glaube ich, daß sie sehr charakterfest ist und über unseren Wünschen steht.«

»Dann machen wir sie über ihren Vater weich. Sie liebt ihn doch sehr. Auch ihre Mutter wäre ein Ansatzpunkt...«

»Die Eltern dürften auch nicht käuflich sein«, wehrte die brummige Stimme ab.

»Dann zwingen, dann erpressen wir sie«, antwortete der andere brutal.

»Was könnten wir tun?«

»Es gäbe die Möglichkeit, daß einige Krieger die Mutter überfallen. Wir könnten sie auch ertränken oder von wilden Hunden anfallen lassen. Der Schock dürfte Riana weichmachen.«

»Der Dolch wäre besser«, zischte der Mann mit der hüstelnden Stimme.

»Gift!« rief der andere. »Der Dolch ist zu wenig geschmeidig, beim Gift haben wir mehr Möglichkeiten.«

Bei dem Wort *Gift* dachte ich sofort an Aisa. Waren diese Männer an ihrem Gifttod schuld? Ich wollte mehr hören, schlich den Stimmen nach, die sich entfernten. Trotz der hellen Nacht konnte ich die Gesichter der Männer nicht erkennen. Dann standen sie im Schatten einer Brüstung, die von einem Stiergehörn geziert wurde. Der Mond zeichnete die beiden Spitzen auf die Platten des Bodens.

Eine Stimme kannte ich, wußte jedoch nicht, wem sie gehören könnte. Ich begann zu grübeln und zu raten. War es die von Manolis, dem Oberpriester? Gehörte sie dem Minister oder dem Oberschreiber?

Ich verbarg mich hinter einer Säule, wollte wissen, ob man auch vom Tod durch eine Giftschlange spräche. Während ich überlegte, ob ich auf die Männer zuspringen sollte, um beiden ins Gesicht zu sehen, waren diese plötzlich verschwunden.

Lange irrte ich durch die Korridore und Höfe, hoffte, sie wiederzufinden, doch waren sie wie von Geisterhand weggewischt. Beunruhigt stand ich an einer Mauer und schaute über die Landschaft. Dann wanderte ich hinaus, erkannte im Dunkel auf einem Feld eine einfache Hütte. Die Sträucher raschelten im Nachtwind. Ein Hund kroch ängstlich und unterwürfig auf mich zu. Ich rief und lockte ihn, doch duckte er sich winselnd unter ein Bündel von Stangen und Matten.

Ich klopfte an die Türe, rief, wollte wissen, ob in der Hütte jemand wohnte. Meine Stimme verhallte in einem Rauschen, das sanft begann und dann immer stärker wurde. Die Blätter des Baumes, unter dem ich stand, fingen die ersten Tropfen des Regens auf.

Plötzlich waren jene Tage in mir, als ich drüben in Athen in der Priesterschule erzogen worden war. Ich bewohnte für mehrere Wochen eine Zelle mit kargen Wänden. Die Erinnerung überfiel mich, die verschiedensten Gedanken quälten mich, und von einem Atemzug zum anderen wurde ich wieder von Jähzorn geplagt. Nahe war mir jene Stunde, als ich mich weigerte, mich dem Oberpriester auf den Knien zu nähern und ihm meine Ehrfurcht und Hingabe durch ein mehrmaliges Neigen meines Kopfes auf den Boden zu bezeugen. Hände schoben und zerrten mich, schlugen mich dann mit Fäusten und Stöcken, forderten und demütigten. Als sie glaubten, ihr Ziel erreicht zu haben, weil ich vor dem Oberpriester kniete, sprang ich hoch, fiel den eitlen Gecken in seiner Überheblichkeit und in seinem Getue an und würgte ihn. Man zerrte mich weg, berührte mich gemein. Voll Zorn wehrte ich mich und stieß dabei einem Priester mit dem Finger das linke Auge aus. Zur Strafe mußte ich viele Nächte auf dem steinernen Fußboden meiner Zelle schlafen. Erst nach mehr als zehn Tagen war es mir möglich, meinem Vater einen Hilferuf zuzuleiten.

Ich war damals unglücklich gewesen, weil man mich so abscheulich zwang, scheute jedoch selbst nicht davor zurück, andere, und in diesem Fall sogar meinen Vater, zu erpressen? Warum erpreßte ich ihn? Zwang mich dazu mein Erbe, der Jähzorn? Wieder zerrissen mich die vielfältigsten Gedanken. Eines wußte ich, es gab wenig Priester, die selbstlos den Göttern dienten; die meisten trugen nur eine Maske, hinter der sie ihre Interessen verbargen.

Mit Stolz erinnerte ich mich, daß ich mir ergebenen Sklaven befohlen hatte, den Priestern der Schule immer wieder Schaden zuzufügen. Jene, die mich damals schlugen, hatte ich töten lassen.

In der Hütte hörte ich ein Geräusch. Ich trat ein, sah, daß in ihr ein Bauer hantierte. Dann starrte ich mit ihm in das herunterbrennende Feuer. Aus dem aufsteigenden Rauch formten sich immer neue Bilder, traten Gestalten hervor und verschwanden wieder. An den Wänden hingen Schnüre von getrockneten Tomaten und von Zwiebeln, am Spieß dampfte ein Stück Lammfleisch. Langsam griff der Bauer in eine Schale und bestreute es mit Salz.

Es war schon fast Morgen, als ich in den Palast zurückkehrte. Im Osten stieg langsam die Sonne über die Berge. Ich ging durch einen Korridor, der am Heiligtum vorbeiführte, als ich plötzlich Schritte hörte. Ich trat hinter eine Säule und sah, wie aus einem kleinen Hof eine Prozession nahte. Sie zog zum Kultraum. Nach kurzem Abstand kamen singende Priesterinnen. Ihnen ging Riana voraus.

Riana?

Ich hatte sie schon lange nicht mehr gesehen, erinnerte mich an Berichte, die davon sprachen, daß sie in den Heiligen Höhlen ihre weitere Ausbildung erhielt, sie bereits mehrmals in den Heiligen Hainen den Kretern von den Göttern erzählt hatte. Dann, hier hatte ich sogar jedes Detail wie ein Durstender aufgesogen, habe sie mit einigen Gefährtinnen dort das Heilige Opfer dargebracht.

Nahe zogen die Priesterinnen vorbei. Riana ging gesenkten Hauptes und betete. Die ihr Folgenden sangen: »Zagreus ist der, der Himmel und Erde und alle Geschöpfe schuf!« Eine zweite Gruppe antwortete: »Zagreus ist der, der das Wasser und die Erde schuf, der dem Samen die Kraft gibt, Frucht zu werden. Zagreus ist unser aller Vater!«

In mir stieg Grimm hoch. In langen Diskussionen hatte ich mit Manolis, dem Oberpriester, die Absprache getroffen, daß er mithelfen würde, Kreta religiös zu erneuern. Er war einverstanden, aus Zagreus den griechischen Gott Zeus zu machen. Er war sogar davon begeistert, versprach sich neue Kulte. Und nun lehrte er den Priesterinnen trotzdem, den alten Gott Zagreus zu verehren, und zeigte damit, daß er noch immer voll von Heuchelei und Lüge war.

Ich sah nur Riana, versuchte, meinen Zorn zu vergessen. Das Singen und Summen der Priesterinnen wurde in mir so mächtig, daß ich wie gelähmt hinter der Säule stand und mich kaum noch bewegen konnte.

Eine Stimme mahnte in mir: »Diese Priesterinnen essen und trinken wie alle Menschen. Sie sammeln Reichtümer wie alle Menschen, doch stehen sie in einem Dienst, ordnen sich ihm unter, und das sogar an diesem frühen Morgen.«

»Welchem Dienst?« flüsterte ich verwirrt vor mich hin.

»Dem der Götter.«

»Was sind sie?«

»Die höhere Idee.«

»Wer schuf diese sogenannte höhere Idee?« begann ich zu spotten.

»Die Sehnsucht der Menschen nach dem Geheimnis; es ist der Wunsch zu klären, was wir sind, was wir auf dieser Erde sollen und was wir, wenn es die Götter wirklich gibt, für eine Aufgabe haben.«

Wie ein jäher Blitz durchzuckte mich wieder die Erinnerung an jene Minute, als ich in der Priesterschule von harten Händen in die Knie gezwungen worden war. Erneut wuchs in mir der Zorn über diese Schmach, und gehässig sprach ich vor mich hin: »Ich sah in Ägypten Götterbilder, die angebetet wurden, sah aber auch, wie Andersgläubige sie mit Pfeilen und Schleudern beschossen. Wenn es die Götter wirklich gibt, hätten sie diesen Frevel beantwortet und gerächt. Sie nahmen die Gebete und Prozessionen an, sahen und hörten sie, erduldeten im gleichen Augenblick Spott und Mißachtung.«

Ich grübelte. Hier stimmte etwas nicht, hier war ein Widerspruch. Es war doch Unsinn, zu hoffen, daß Bitten erhört und Demütigungen gleichgültig hingenommen wurden?

Ich folgte zögernd dem Zug der Priesterinnen, der durch Höfe und Korridore ging, die mir fremd waren.

Plötzlich war mir, als habe mich von hinten eine Hand zart am Kopf berührt. Ich sah mich sofort um, doch zeigte sich weit und breit kein Mensch, und so ging ich weiter.

Dann faßten zwei Hände nach mir. Ich spürte genau, wie eine Hand nach meiner linken und eine andere nach meiner rechten Schulter griff.

»Was ist?« fragte ich, blieb stehen und sah mich erneut um. Wieder war weit und breit niemand zu sehen.

Nun ergriff mich ein Grauen. »Zeus, hilf mir!« bat ich. »Heilige Göttin Hera, steh du mir bei!« flüsterte ich.

Ich stand an einer offenen Tür, sah Lichter, und im Schein vieler Lampen knieten auf der linken Seite eines Saales die Priester und auf der rechten die Priesterinnen. Gesondert, als wären sie ein Paar, standen vor einem Altar Manolis und Riana.

Wie von Geisterhand schloß sich vor mir die Türe. Ich als König hätte sie wieder öffnen können, ich hatte sogar das Recht, an dieser Feierlichkeit teilzunehmen, doch war mir wieder, als wenn mich Hände berührten und mich jetzt sogar zurückzogen.

Ich ging in mein Zimmer, schlief sofort ein, und als ich erwachte, lag in mir unendlicher Frieden. Mir war, als hätte ich etwas sehr Schönes erlebt.

Mehrere Tage darauf ging ich, teils aus Neugierde, teils aus Sorge, ob man auch hier noch von Zagreus sprach, zu jenem Haus, in dem die Priester ihre Schüler erzogen.

Als ich hinter einer Gruppe von Sträuchern eine Stimme hörte, die bedächtig und mahnend sprach, blieb ich stehen.

»Der Mensch«, sagte ein Mann warnend, »der keinen Kontakt zur Weisheit hat, ist ohne Innerlichkeit. Merkt euch, all jene, die den Wert der Weisheit erkannten und sie für sich nutzten, können jene Macht erlangen, die ihr euch ersehnt: als Beamte, als Händler oder als Priester. Um weise zu sein, müßt ihr die Kunst erlernen, den Menschen zu erkennen, ihn entsprechend einzuordnen.«

Ich ging weiter und kam in die Schule der Ärzte, die zugleich Spital und Kräutergarten war. Die Kranken verbrachten ihre Stunden der Gesundung unter Bäumen und duftenden Sträuchern, lagen in der Sonne, die sie wärmte, oder im Schatten, der sie kühlte. Während ich suchend weiterschritt, wurden einige Kranke in einem Becken mit fließendem Wasser gebadet. Auf niederen Liegen salbte man Genesende mit heilenden Ölen und beweihräucherte sie feierlich.

Da stand ein Arzt, hielt mit hypnotisierenden Worten seine Hände über Augen und Muskeln, strich beruhigend über Herz und Unterleib. Dort beugte sich ein Mann mit einem wallenden Bart und mit langem Haar über eine schwerkranke Frau, gab ihr aus einem Becher zu trinken und sagte beschwörend: »Du wirst gesund. Wisse, daß diese Kräuter aus deinem Herzen und aus deinen Gliedern den bösen Zauber jagen!«

Als ich den Arzt fragte, der hier seine Kunst lehrte, worauf er seine Erkenntnisse begründe, antwortete er bedächtig: »Die Krankheit ist sehr oft ein böser Geist. Er steckt in den Sinnen und im Kopf. Bei einer Heilung habe ich also den bösen Geist auszutreiben. Unsere zweite Erkenntnis ist, daß wir, wenn uns die Austreibung gelang, nur noch die Folgen zu beseitigen haben. Weißt du, würdiger König, es gilt, nicht nur die Krankheit zu heilen, sondern auch den Kranken. Hier helfen uns die Sonne, die Luft und der Kräutergarten.« Er sah auf den Boden, als könne auch er Antwort geben. »König, nimm es nicht wörtlich, aber der böse Geist kann auch in der Nahrung stecken.« Er sah mich an, als prüfe er meine Seele. »Sogar in der reinen Nahrung.« Wieder schwieg er und ging einige Schritte auf und ab. »Der Honig ist heilig, wir salben mit ihm sogar die Körper der Toten, doch steckt – wenn man dafür empfänglich ist – auch in ihm das Böse. Das Häßliche, bis hin zum Tod, ist oft auch im Öl der Oliven und im Fett der Tiere enthalten.«

»Wie kommt ihr dann überhaupt zu einer Einschätzung, zu einer Beurteilung der Erkrankung?« fragte ich ihn verblüfft.

»Das ist das Schwerste, würdiger Gebieter. Ich sinniere immer wieder und wieder darüber nach, was eigentlich Krankheiten sind und auf welche Art sie den Menschen befallen, fast sollte ich sagen, überfallen können.«

Als wir wieder ins Haus gingen, sah ich, wie man einem Kranken Blut abnahm.

»Auch im Blut kann das Böse stecken«, erklärte der Arzt nachdenklich.

Dann standen wir vor einer Liege, auf der sich ein Kranker im Fieber wand. Hier meinte er: »Bei der Heilung müssen wir auch auf den Tag Rücksicht nehmen, auf den Monat, weil alle diese Zeitabschnitte unter dem Einfluß der Sterne stehen. Eine gute Stellung der Sterne kann die Wirkung eines Heiltrankes stärken, eine schlechte schwächen.« Er lächelte mich an. »Wenn ich meine Aufgabe richtig erkenne und sie bestens ausführen will, muß ich zugleich die Sterne, die Erkrankung selbst und die zur Heilung erforderlichen Mittel erkunden.«

»Gelingt dir die Heilung oft?«

Der Arzt krümmte sich, als erleide er Schmerz. »Nein, Euer Würden, leider nicht. Der menschliche Geist, der so unendlich viele Einzelheiten erkennen muß wie die, von denen ich sprach, kann sich sehr leicht irren. Und was noch schlimmer ist, die Götter, die ich bei bestimmten Erkrankungen um Hilfe bitte, haben Feinde, die alles tun, mich zu verwirren. Weißt du, König«, sagte er betrübt, »jeder Mensch hat seine Götter. Was nützt es, wenn ich meine Götter um Hilfe bitte, der Kranke jedoch an andere Götter glaubt? Er sperrt und wehrt sich gegen meine Behandlung und all meine Medizinen. Das, was dem Nachbarn guttut und ihn heilt, ist für ihn – weil es seine Götter nicht wollen – Gift. So wird meine Arznei verfälscht.« Wieder suchte er Gedanken und Worte. »So gerate ich immer in Zweifel, weil ich hier rette und dort töte. Wer kennt schon die Götter jedes Menschen? Trotzdem . . .«, er stockte, sah mich an, nein, er blickte durch mich hindurch, sprach dann zuversichtlich weiter: »Ein einziger Mensch wurde, als die Götter die Welt schufen, am Anfang geschaffen: das geschah, um uns zu lehren, daß jeder, der nur ein einziges Menschenleben auslöscht, eine genauso schwere Tat verübt, als wenn er das ganze menschliche Geschlecht getötet hätte. Andererseits, edler König, hat derjenige ein genauso großes Verdienst, der nur einen Menschen rettet; denn das ist, als ob er das ganze menschliche Geschlecht gerettet hätte.«

Wir gingen weiter durch die verschiedenen Räume. In einer Kammer, in der Kräuter getrocknet und gestapelt wurden, sahen wir, wie sich zwei Liebende küßten. »Die Jugend ist ein Kranz von Rosen«, meinte der Arzt, »das Alter ist meist ein Dornenkranz.«

Dann saß ich mehrere Stunden in der Nähe des Heiligtums.

Wieder waren mir die Stimmen nahe, die mich oft bedrängten. Die eine spottete und meinte, daß es mir nie gelinge, Kreta zum Glück zu verhelfen, wenn ich nicht in großer Menge Nahrung beschaffe und damit den Hunger beseitige. Eine andere drängte und rief, daß die Bauern und Handwerker sofort Sklaven brauchten. Eine Stimme mahnte sachlich und entgegnete, daß die Sklavenfängerei gottlos sei, von den Göttern immer bestraft würde.

Immerzu fragte ich mich, ob ich das Recht hatte, im nahen Libyen auf Sklavenjagd zu gehen, um in Kreta die Not zu lindern.

»Du nimmst den Menschen, die dir unterstehen, wohl den Hunger, treibst jedoch eine vielfache Zahl von Familien in Nordafrika in das Leid und in den Tod«, mahnte es in mir.

»Ich habe für Kreta zu sorgen«, wehrte ich mich.

Mein Grübeln verschwand, als aus einem nahen Gebäude eine Gruppe Tänzerinnen trat, die von Priestern geleitet wurde. Im gleichen Augenblick stand der Arzt, der mich im Hospital geführt hatte, neben mir und flüsterte mir zu, daß der Kult auch eine Arznei sei, mit der man Kranke heilen könne.

Als ich ihn fragend ansah, meinte er, daß die Religion oft Frieden gebe, das Böse dämpfe und damit eine Atmosphäre der Gesundung schaffe. »Hier ist es jedoch wieder so, daß die Götter nur jenen helfen, die an sie glauben. Es nützt nichts, verzeih mir das, edler Minos, wenn in einem Kult Zeus gefeiert wird, der Kranke jedoch noch an den kretischen Zagreus glaubt.«

Er blickte mich dann fast übermütig an und meinte, daß es ebenfalls sinnlos wäre, den Hebräern, die an Jahwe glauben, mit einem babylonischen Mardukkult oder dem phönizischen Baalkult helfen zu wollen.

Beide sahen wir nun zu, wie sich in einer Ecke Musikanten aufstellten. Einer von ihnen schlug die Trommel, mehrere bliesen Flöte, einer zupfte ein Instrument mit mehreren Saiten. Dann führten Mädchen einen kultischen Tanz auf, Männer folgten ihnen und schwenkten ununterbrochen kleine Kessel mit glimmendem Weihrauch. Nun schritten die Tänzerinnen um den Altar, blieben immer nach einigen Schritten stehen und beteten um Gesundung für die Kranken, gingen dann in eigenartigem Rhythmus weiter.

Mir war es, als stehe ich einem Geheimnis gegenüber, das dabei war, mich zu bezwingen. Als ich mich erhob, war ich fest entschlossen, sofort mehrere Schiffe mit Kriegern nach Afrika zu schicken, um dort Sklaven zu jagen.

»Seht euch die Bauern an«, mahnte es in mir. »Ihre Körper sind nur Haut und Knochen, ähneln Kranken; viele sind verwahrlost und werden schon in jungen Jahren alt und krumm. Die einzigen Merkmale auf ihren Rücken sind die Spuren der Prügel, die sie erlitten, weil sie nicht in der Lage waren, den Steuereinnehmern die vorgeschriebenen Abgaben zu entrichten.«

Fast meinte ich, das Nicken des Sprechers zu sehen, der jetzt kritisch in mir sprach: »Man sieht weder Ochsen noch Esel bei ihnen, meist spannen sie ihre Frauen und Kinder vor den Pflug. Ihre Hacken und Schaufeln sind aus Holz, verderben leicht. Sie haben kaum Möglichkeit, sich Kleidung zu beschaffen, arbeiten oft nackt, dabei konnten sich ihre Großväter noch festlich schmücken und die Großmütter in Kleidern gehen, die reich bestickt waren.«

Die Stimmen in mir sprachen nun fast gleichzeitig. Eine fragte: »Was essen sie? Zuweilen eine Handvoll Gerste und einen winzigen Bissen Fisch. Selten sind es Fladen; Fleisch gibt es fast nie. Wo blieb das schöne Geschirr, das es vor der großen Flut gab?«

Eine andere höhnte: »Ich sah gestern Kinder, die vor Erschöpfung auf die Äcker fielen. Es ist kaum zu glauben, daß Bauernkinder vor Hunger sterben.«

Dann stand ich am Rand des Mittelhofes, sah auf die Felder. Frauen und Kinder zogen die Pflüge, und wohin ich auch blickte, hatten die Menschen krumme Rücken. War es meine Schuld? »Freie Menschen sollten gerade gehen«, sprach ich vor mich hin. »Ich werde ihnen mit der Zuteilung von Sklaven helfen.«

Sofort fragte ich mich erneut, ob ich das Recht hatte, anderen Menschen Leid zuzufügen, um meinem Reich Wohlstand zu bringen.

»Götter, helft mir«, bettelte ich.

»Welche Götter meinst du?« spottete es in mir. »Die Völker haben viele Tempel, in denen sie zu kleinen und großen Bildern und Statuen beten, die aus Holz, Stein und oft sogar aus Gold gefertigt wurden. Welche Götter suchst du?«

»Ich meine jene Götter, die Kreta lieben.«

»Es gab eine Zeit, in der sie nicht gerade Liebe zeigten«, war die trockene Antwort. »Denkst du noch daran, daß vor rund vierzig Jahren die Fluten und dicke Schichten von Lavastaub das Land ertränkten und erstickten?«

Wenige Schritte später erinnerte ich mich, daß zwischen den Beamten und Priestern ein Machtkampf entbrannt war. Jeder von ihnen sah nur seine Interessen. Der Oberaufseher, der mich begleitete, sprach von den Steuern, die ich brauchte, um das Handelsgut und die Handwerker zu bezahlen. »Ohne das Geschick unserer Töpfer, Weber, Walker und Färber, ohne unsere Erz-, Leder- und Holzbearbeiter, ohne unsere Siegelmacher und Parfümhersteller kommen wir nie mehr zu jenen Gütern, die wir brauchen. Du als König mußt die Rohmaterialien beschaffen. Damit dir das gelingt, müssen wir die Abgaben erhöhen.«

Ein Priester, der zu uns getreten war, antwortete gehässig: »Gebt den Göttern, dann schafft ihr jene Bereiche, in denen der Friede entsteht. Alles Gute braucht die Stille, und die findet der Mensch nur an den Heiligen Stätten: in den Höhlen und Hainen, in den Schluchten und auf den Bergen.«

»Ihr wollt Spenden, ihr fordert Opfer, doch kann der Hungernde nicht geben. Beseitigt die Not und . . .«, verteidigte der Oberaufseher seine Argumente.

»Sie opfern«, wehrte der Priester mit fast befehlenden Worten ab. »Je größer die Not, um so größer die Gaben. Nur die Not erzeugt Demut, der Satte beugt sich selten.«

»Demut?« rügte der Beamte. »Ihr wollt den knienden Beter, wir den stolz arbeitenden Menschen. Das Glück vieler liegt im Vollbringen einer Leistung, im Erfolg für seine Mühen, liegt in der Freude, etwas Gutes gemacht zu haben.«

»Nein«, widersprach der Priester. »In der Erkenntnis, daß

der Mensch nichts, aller Gewinn nur eine Scheinfreude ist. Das letzte Glück erhalten wir nur von den Göttern.«

Streit entstand. Jeder kämpfte um sein Ideengut, um seine Macht. Der Oberaufseher prangerte die Überheblichkeit vieler Priester an und sein Gegner rügte die Korruption der Beamten, sagte hart, daß sie mehr um ihren Besitz als um den Frieden der ihnen anvertrauten Seelen bangen würden.

Während ich weiterging, dachte ich daran, daß ich seit meiner Erziehung in der Tempelschule die Priester haßte, sie in vielen Fällen als Schauspieler betrachtete und anklagte, mehr auf die Äußerlichkeiten ihrer kultischen Handlungen als auf das innere Glück der Gläubigen zu achten. Ich spürte, daß die Priester nicht nur bei mir, sondern auch in Malia und in Phaistos immer mehr zu einer Macht im Staate wurden, daß sie nur ein Ziel kannten: in Kreta einen Gottesstaat zu errichten.

»Gottesstaat«, sprach ich vor mich hin und wanderte, um auf andere Gedanken zu kommen, durch die Straßen und Gassen.

Um mich waren leichte Mauern, unendliche Korridore und eine fast zügellose Architektur. Die Burg meiner Eltern in Athen und besonders die meines Onkels in Mykene waren Festungen, die sich in das Grau der Felsen drückten. Unsere Paläste, drüben auf dem Festland, waren riesige Bollwerke, hinter die sich die Kämpfer duckten. Hier in Kreta verschmolz die Stadt mit der sie umgebenden Landschaft ohne eine trennende Mauer; in Mykene, Tiryns und den anderen Herrschaftszentren meiner Heimat zogen sich die Städte und Burgen zurück, isolierten sich von der Umgebung. Hier in Kreta war in allen Räumen Licht und Freude, während in Mykene gigantische Mauern eisige Räume umschlossen und jede freudige Atmosphäre zu ersticken schienen. Kretischen Künstlern blieb es vorbehalten, Fresken und Dekors zu schaffen, die manchen Räumen wenigstens eine gewisse Heiterkeit verliehen.

Ich nickte. Ja, Kreta war es, das einst unsere herbe, kriegerische Welt verschönt hatte.

Es war an einem frühen Morgen, als Sarah zu mir trat und fürsorglich fragte: »Minos, was ist mit dir, hast du Kummer?«

Ich antwortete nicht, sah nur voll Sorge aus dem Fenster.

»Zeige mir deinen Kummer«, sagte sie teilnahmsvoll. »Solange du ihn alleine trägst, flieht dich der Schlaf; er wird erst besser, wenn du ihn auf eine weitere Schulter verteilen kannst.«

Ich verzog die Lippen, fragte mich, ob ihre Fürsorge mehr dem Betrüger Dontas in Herakleia oder mir galt, ob sie wieder eine ihrer Bitten hatte, mit deren Erfüllung sie Menschen Macht gab, um diese dann für sich zu nützen.

»Minos?« fragte sie leise.

»Wenn der Bauer nicht allein seine Ernte vom Acker vor einem Unwetter hereinzuholen vermag, so hilft ihm sein Weib. Sie hilft ihm auch, die Schafe und Ziegen zu melken, trägt ihm die Speise auf das Feld und wäscht ihn, wenn er von der Arbeit heimkehrt. Daher kommt der Glaube, daß das Weib dem Mann die Sorgen abnehmen könne.«

»Und du glaubst nicht daran, Minos?«

»Ich habe königliche Sorgen, und diesen wird kein Weib, auch nicht das schönste, Herr; selbst dann nicht, wenn es so klug und so mächtig ist wie meine Mutter.«

Ihre Antwort war, daß sie begann, die Arme zu schwingen, die Füße zu setzen und wie eine Nymphe vor mir zu tanzen. Sie kannte mich durch und durch, wußte, welche Schritte mich erfreuten, und sagte so nebenher: »Moses, einer unserer Urväter, überliefert: ›Darum wird ein Mann seinen Vater und seine Mutter verlassen und seiner Frau anhangen.‹«

Ich blickte hoch, senkte dann wieder den Kopf und grübelte vor mich hin. »Ich hörte, daß so mancher Mann um eines Weibes willen seiner Würden entsagte, doch hörte ich nie, daß einer durch eine Frau Großes gewann. Kannst du mir Lebensmittel geben, weil ein Teil meines Volkes noch hungert? Kannst du mir ehrliche Beamte geben, da zu viele um mich sind, die nur betrügen? Kannst du mir Priester geben, die von den Göttern ergriffen sind, die selbstlos ihrer Aufgabe dienen und nicht nur darauf achten, schöne Sklavinnen zu haben oder durch irgendeinen neuen Kult zu höheren Spenden zu kommen? Ich baue Städte, Dörfer, lege Straßen an, brauche aber noch mehr Häfen. Kannst du mir gute Handwerker geben? Ich weiß nicht, ob man es dir gesagt hat, aber schon als Kind begann ich, aus Ton Häuser und Tempel, Städte und Magazine zu formen. In meinen Träumen war schon früh der Wunsch, Städte und Häfen zu schaffen, denn sie sind die Zentren des Wohlstands. Ich bin gerade dabei, an der Straße zum Hafen Phalarsana an der Westküste eine Handelsstadt zu gründen, die weithin Wohlstand schaffen wird.«

»An der Straße?« fragte sie, »an jener, die an der Nordküste entlangführt, an jener Straße, die unter deinen Händen entstand?«

»Ja. Ich werde die Stadt Kydonia[1] nennen.«

»Kydonia?« sprach sie nachdenklich vor sich hin.

Ich nickte. »Dort wohnt der Stamm der Kydonier. Sie leiten ihren Namen von einem frühen König Kydas oder Kydon ab.« Kurz schwieg ich, sagte dann: »Kannst du mir Baumeister geben, die die Zukunft sehen?«

»Nein, das kann ich nicht, nichts kann ich«, sagte sie demütig.

»Doch«, jetzt lächelte ich, »du kannst etwas sehr, sehr Gutes. Du kannst mich erheitern. Du tanzt wie eine Liebesgöttin. Sei du meine Liebesgöttin, kleide dich in durchsichtigen Musselin und tanze, tanze so oft du kannst. Du singst wundervoll, singe immer wieder für mich. Du bist schön. Wenn du keine Hebräerin wärst, sondern eine Ägypterin, so würden dort alle Tempel wetteifern, dich als Stern ihres Chores zu besitzen.«

»Uns Töchtern Israels ist es nicht gestattet, in Liebestempeln aufzutreten.«

»Du hast das Tanzen und Singen gelernt«, sagte ich barsch, »tanze und singe also. Und wenn ich wünsche, daß du in durchsichtigen Kleidern tanzt, hast du zu gehorchen. Es wäre gut für dich, meine Gedanken zu erraten, denn durch sie formst du dein Schicksal.«

Sie kniete sich sofort zu meinen Füßen nieder und begann, auf der Harfe ein paar Akkorde zu schlagen. Dann sang sie: »Wo finde ich den, der keine Sorgen hätte? Wo finde ich ihn, der, wenn er sich zum Schlafen niederlegt, das Recht hätte zu sprechen: ›Das ist der Tag, den ich ohne Trauer verbrachte?‹ Wo ist der Mensch, der, sich zu Grabe bettend, sagen könnte: ›Mein Leben floß dahin ohne Schmerz und Schauder, dem ruhigen Abend am Meere gleich?‹ Weinen ist die erste Stimme des Menschen auf dieser Erde, und ein Seufzer ist sein letzter Abschied. Sorgenvoll tritt er ins Leben, des Leides voll tritt er wieder ab, an den Ort der Ruhe, und niemand fragt ihn, wo er bleiben wolle. Wo finde ich den, der nicht die Bitternis des Daseins erfuhr? Wo ist der Mensch ohne Unrast im Herzen? Aber das Herz der Menschen ist an jedem Ort und zu jeder Zeit zum Überlaufen voll von Sehnsucht. In der Wüste droht ihm der Löwe, in der Höhle der Drache, unter den Blumen die giftige Schlange. In der Sonne bedenkt der gierige Nachbar, wie er das Land des anderen verringern könne, und in der Nacht ertastet der listige Dieb die Tür zu einer fremden Kammer. Herr, mein Schöpfer, Herr, du Führer Israels, du hast die Seele des Menschen auf die ränkevolle Welt geführt. Du hast in sie die Todesfurcht gepflanzt. Du hast alle Wege der Ruhe gesperrt, den ausgenommen, der zu dir führt. Wie ein Kind, das noch nicht stehen kann, streckt der Mensch die Hände nach deinem Erbarmen aus...«

Ich schwieg, war ergriffen, und mir war, als sehe ich Sarah in einem neuen Licht.

»Ihr Hebräer seid ein Stamm der Kümmernis«, sagte ich warmherzig. »Wenn man in Ägypten, im Lande Gosen, wo ihr gelebt habt, so glaubte, wie es dein Lied zeigt, würde niemand den Mut gehabt haben zu lachen. Die Mächtigen würden sich in Furcht in den Kellern ihrer Häuser verbergen, und das Volk, anstatt zu arbeiten, würde in die Höhlen fliehen und dort auf das Erbarmen warten. Sarah«, meinte ich eindringlich, »unsere Welt ist eine andere. Man kann vieles in ihr haben, doch muß man alles selbst tun. Kein Gott hilft einem Ungeschickten. Das Leben ist Kampf. Jeder hat sich zu wehren. Auch die Bauern. Wenn sie nicht arbeiten, sich nicht gegen die Trockenheit wehren würden, müßten sie noch heute die Rinde von den Bäumen essen. Deine Anmut verjagt meine Sorgen schneller. Täte ich so, wie es die hebräischen Weisen lehren, und wartete auf die Hilfe des Himmels, würde der Wein meinen Mund fliehen und würden die Frauen meine Gemächer meiden.«

Sie zeigte wieder Ergebenheit. War sie echt oder nur eine Maske, hinter der viele Wünsche lauerten?

Lag es daran, daß ich die Schönheit der Frauen sehr bewunderte, daß ich glücklich ihrem Gesang lauschte?

»Gott schütze mich«, umgab mich ihre Stimme wie die Blätter von herrlichen Blüten, »daß ich je einem anderen Herrn gehöre, einen anderen Gebieter brauche, denn den, der es ist. Du bist für mich Honig. Du, Minos, hast das Maul eines Löwens und die List eines Geiers.«

Jahr um Jahr geschah es von neuem. Der Frühling ließ auch in den Bergen nicht lange auf sich warten. Bereits im März begannen an den Hängen die Blüten zu leuchten: da goldgelb und dort hellblau. Schon kamen auch von allen Seiten süße Düfte, und es roch nach Ringelblumen und Geranien, nach Margeriten und Salbei, nach Thymian und Minze. Die winzigen Sterne der Pimpernelle bildeten oft scharlachrote Matten an vielen Hängen.

Keine Jahreszeit, und mochte sie noch so lieblich sein, ließ sich hier auf Kreta mit dem Eindruck vergleichen, den die großartige Landschaft mit ihren Bergen und Schluchten, ihren Tannen- und Zedernwäldern im Frühling machte. Ich konnte nicht anders: Wenn der Frühling seine Farbtupfen ausstreute, nahm ich all das Blühen mit einer tiefen Ehrfurcht auf.

Dann sah ich Riana. Sie kam daher, als träume sie. Ich begrüßte sie voll Freude und fragte, ob sie mit mir in das Licht hinauswandern wolle. Sie war sofort bereit.

Wir hielten uns an den Händen, während wir den schmalen Pfad zwischen den mächtigen Felsen entlanggingen. Schon nach wenigen Wegbiegungen lag der schneebedeckte Gipfel des Jouchtas vor uns.

»Die kretischen Berge«, sprach sie leise vor sich hin, als befände sie sich immer noch in einem Traum, »sind die Wiege der Götter. Sie sind genauso trutzig wie die Menschen selbst. Immer wieder zerstörten Feuer und Erdbeben die Städte, aber die Kreter bauten sie wieder auf.«

Ich drückte ihr die Hände und lächelte sie glücklich an.

»Es gibt noch einige Städte«, sprach sie gedankenverloren weiter, »die nur Ruinen sind. Bald wird sich die Erde darüber legen, und vielleicht überbauen schon die Enkel einen Hügel, in dem ein Palast verborgen liegt, der bei der großen Flut unterging.«

Als ich sie etwas auslachte, meinte sie, daß Gournia und Zakros immer noch Ruinenstätten seien. »Oft kamen auch die Piraten zu uns«, erzählte sie. »Kreta erlebte viele Eroberer. Woher sie auch kamen und welche Namen sie auch trugen, sie alle begriffen nicht, daß sie uns nicht unterdrücken können, weil zwischen den Bergen mit den hochragenden Gipfeln freie Menschen ihre Heimat haben. Du hast es schon erlebt, wie es ist, wenn im Winter der Nordwind vom Kretischen Meer her über die Insel braust. Im Sommer ist es der heiße Lavas aus der Wüste Afrikas. Diese Winde machen frei, die Berge machen frei, und so will auch der Kreter frei sein.«

Wir suchten uns nun mühsam einen Weg. Die Landschaft wurde herb und rauh. Dann standen wir plötzlich vor den Ruinen von Häusern, die einmal von Leben erfüllt gewesen waren. Als wir zögernd weitergingen, knackten unter unseren Füßen die Zweige. Ein Plätschern und Murmeln wies auf eine nahe Quelle hin. Dann sahen wir sie. Das Wasser floß aus einer Felsspalte und sammelte sich in einem kleinen, klaren Teich. Im dichten Blattwerk der Bäume, welche die Lichtung umgaben, zwitscherten Vögel, wippten auf den Zweigen und beobachteten uns aufmerksam.

Auf einer Anhöhe stand ein bewohntes Haus. Vor ihm saß ein Hirte. Er hockte neben dichten Büschen, die eine Mulde säumten. Rings um sie wuchsen kleine Blumen, und winzige Zypressen deuteten wie dünne Finger durch das Grün zum Himmel. Sie dufteten köstlich in der heißen Sonne. Der Rand einer Straße, die hinter dem Hügel vorbeiführte, war dicht mit cremefarbenen Zistrosen bewachsen. Die Straße wand sich zum Meer hinunter, das mit einer weiten Bucht die Küste kennzeichnete. Schon von hier aus erkannte man ein Stück des leuchtenden Strandes.

Wir saßen lange mit dem Hirten beisammen und sprachen

gute Worte. Dann führte er uns zurück. Viele Häuser versanken bereits in der aufkommenden Dunkelheit, und wir nahmen verstärkt die Gerüche und Geräusche der beginnenden Nacht wahr, hörten aus einem Haus das Klagen einer Lyra und dann mehrere Stimmen, die ein Lied dazu summten.

Wieder umgab uns Stille. Aus einem Strauch stieg das Zirpen der Grillen empor. Ein Hund heulte rauh und kehlig.

»Manolis will einen Gottesstaat errichten«, sagte Riana nach einer Weile, als wage sie nicht, diesen Frieden zu stören.

»Ich möchte einen Staat schaffen, in dem die Menschen glücklich sind«, antwortete ich nachdenklich. »Man kann nicht zugleich beten und arbeiten. Hände, die sich falten oder heben, sind nicht in der Lage, einen Pflug zu führen, Töpfe zu formen oder ein Schwert zu gießen. Ich will viele Schiffe bauen, den Handel ausweiten. An den Phöniziern sehe ich, daß er sehr zum Wohlstand beiträgt.«

Ich begann zu sinnieren, dachte an meine Besichtigungsreisen. Gebiete, in denen die Priester nicht mächtig waren, besaßen oft gut bestellte Felder, und jene, in denen die Heiligtümer die Landschaft beherrschten, waren meist arm.

Sofort widersprachen in mir die Stimmen, die mich in der letzten Zeit sogar schon nachts plagten. Eine spottete und fragte, ob ich mit geschlossenen Augen auf die Felder gesehen habe; denn ein guter Boden gab jetzt schon wieder gute Ernten, und ein Acker, voll von Steinen und ohne Bewässerung, ergebe nun einmal schlechte Ernten.

»Es liegt nicht an der Macht der Priester, wenn da und dort der Lavastaub noch so hoch liegt, daß der Boden kaum Frucht trägt. Nicht die Heiligtümer mit ihren Priestern, sondern das Wasser und der Boden bestimmen den Ertrag der Felder. Jeder Bauer versucht alles, um zu einer guten Ernte zu kommen, doch was nützt die Mühe, wenn der Samen nicht aufgeht und keine Frucht gibt?«

Die Sonne stand schon hoch am Himmel, als sich im Mittelhof, nahe dem Heiligtum, den Krypten und dem Thronsaal, eine Gruppe von Bergbauern sammelte. Sie trugen auf Stangen, auf dem Rücken und in den Händen Körbe mit goldenen

Bechern und wunderschönen, mit Edelsteinen geschmückten Gefäßen. Der Anführer übergab sie mir als Geschenk für Pasiphae, Sarah und die anderen Frauen meiner Gemächer. Einige ältere Männer schoben zwei Mädchen auf mich zu und sagten, daß sie mich auch damit beschenken wollten.

Beide waren noch fast Kinder. Die Ältere trug einen Umhang, nahm ihn stolz ab, und man sah, daß sie schon einige Bitternis erlebt hatte. Ihr Körper war wohl hübsch, doch waren ihre Hände verarbeitet, ihre Schultern wund, und ihr Rücken trug die Spuren von Peitschenschlägen. Die Jüngere stand fast nackt vor mir, trug nur ein winziges Tuch um die Hüfte und lächelte mich naiv an. Ich wußte, daß ich keines der beiden Mädchen bevorzugen durfte, nahm sie als Geschenk an, war mir jedoch darüber klar, daß ich die Ältere nie berühren würde.

»Woher habt ihr diese herrlichen Gefäße?« fragte ich den Anführer und strich voll Bewunderung mit den Fingerspitzen über einen goldenen Krug in Form eines Stierkopfes, den man mir überreicht hatte. »Das ist ein Rhyton«, lobte ich anerkennend.

Als mich der Bauer fragend anstarrte, erklärte ich, das sei ein Trink- oder Spendengefäß, das man vor der großen Flut bei den kultischen Handlungen benutzte. Wie ein Liebender strich ich dann mit den Händen über einen Zeptergriff, der die Form eines Leopardenkopfes hatte.

»Wir fanden ihn in einem Grab mit einem Dolch und einem großen Schwert.«

»Wo sind sie?« fragte ich fast gierig.

Ein Mann trat vor, trug auf beiden Händen, die er nun ausgestreckt hatte, Gegenstände, die in ein hübsches Gewebe gehüllt waren. Der Anführer der Bauern öffnete das Tuch, und vor mir lagen das Schwert und der Dolch, beides herrliche Stücke kretischer Handwerkskunst.

»König«, sagte der Alte in wohlüberlegten Worten, »wir bitten dich um Hilfe.«

Ich nickte und blickte wieder voll Freude auf die herrlichen Geschenke.

»Wir hungern, könnten jedoch satt werden, wenn du uns für einige Jahre zehn Sklaven gibst«, bat er demütig.
Sklaven? Woher sollte ich sie nehmen?

Konnte Sarah Gedanken lesen?
Als sie zu mir trat, um mir den Nacken zu massieren, sagte sie wie nebenbei: »Man erzählt mir, daß die Kapitäne deiner Schiffe sich langweilen, die Besatzungen faul werden und immer mehr Unruhe stiften. Hast du keine Aufgabe für sie?«
»Wir brauchen Sklaven«, sprach ich vor mich hin. Dann sagte ich laut, fast mahnend: »Wir brauchen Sklaven...«
»Du hast Schiffe und Kapitäne – warum beschaffst du sie dir nicht?«
»Weil ich damit vielen Kindern die Eltern nehme, Unglück über Menschen bringe. Man kann nicht den Raub anprangern und selbst rauben, man darf nicht andere der Lüge bezichtigen, wenn man selbst lügt.«
»Dann darfst du kein Fleisch mehr essen«, antwortete sie fast spöttisch.
»Wieso?«
»Du trägst mit die Schuld, daß man Tiere tötet.«
Nach einer Weile meinte sie ironisch, daß ich auch keine Fladen mehr essen dürfe; denn das Korn stamme oft von Bauern, die vor Hunger näher dem Sterben als dem Leben seien. Dann brachte sie weitere Beispiele, meinte, daß jeder Händler vom Betrug und der Ausbeutung lebe. »Alle wollen sie billig einkaufen und dann möglichst teuer verkaufen. Jeder Mensch will wenig geben, aber viel erhalten. Das ist nun mal so, Minos. Du kannst es nicht ändern. Wenn ich Hunger habe, esse ich. Und wenn ich nichts habe, beschaffe ich mir Nahrung, gleich wie.«
Am Abend befahl ich den Kapitän meines Schiffes zu mir und gab ihm den Befehl, nach Libyen zu segeln, um dort Sklaven zu fangen. »Jeder zehnte Sklave gehört dir. Lasse dir von den Magazinen in Herakleia genügend Proviant geben. Denke daran, daß auch die Sklaven, die du an Bord hast, etwas zu essen brauchen. Wenn du dich bewährst, habe ich weitere Aufträge, an denen du einen guten Gewinn hättest.«

Als ich am nächsten Tag in Begleitung einiger Höflinge nach Herakleia fuhr, um zu prüfen, ob der Kapitän sein Schiff ehrlich mit Proviant beladen habe und abgereist sei, mußte mein Wagen bereits nach kurzer Wegstrecke anhalten, weil am Rand der Straße Männer und Frauen knieten, mich mit erhobenen Händen um Gehör baten.

Ich befahl dem Sklaven, der mich fuhr, anzuhalten, stieg aus und ging zu dem Sprecher der Gruppe, einem Alten mit langem weißen Haar.

»Minos, hilf uns!« bat der Alte und sank erneut in die Knie.

»Was ist mit euch?« fragte ich.

»Wir sind Fischer, doch sind uns die Götter immer noch nicht gut gesonnen. Der tägliche Fang reicht kaum für die notwendige Nahrung und schon gar nicht zum Handel. Wenn wir aber kein Handelsgut haben, bekommen wir kein Korn, keine Wolle, kein Fleisch und Gemüse. Wir brauchen auch Salz, Geschirr und Holz für neue Schiffe. Unsere Kinder sammeln wohl den Bimsstein, den uns der Vulkan auf Kalliste lieferte; wir können ihn bei den Bauern und in den Städten eintauschen. Das alles genügt aber nicht.«

Ich wollte soeben fragen, ob es eine Hilfe wäre, wenn ich ihnen ein größeres Boot schenkte, damit sie weiter hinausfahren könnten, doch sprach der Alte bereits weiter.

»König, in der Nähe liegt eine Insel, die niemandem gehört. Wenn wir dort in den Sommermonaten mit einigen Familien Lager nehmen dürften, könnten wir nach Schwämmen tauchen, die dort sehr zahlreich sind. Unsere Taucherinnen würden sie vom Grund holen, sie dann töten, trocknen, reinigen, mit Kalk bleichen und für die verschiedensten Zwecke zurechtschneiden. König, edler Minos«, bat er demütig, »hilf uns.«

»Die Schwämme gäben uns wieder das Glück!« flehte eine Frau.

»Das Glück?« wiederholte ich und sah irritiert auf die Menschen, die mich anstarrten, als wäre ich ein Gott.

»Unsere Frauen und Mädchen können gut tauchen, sie zaubern sich in die Tiefe, werden dort zu Fischen«, schwärmte einer der Männer.

»Wer bist du?« fragte ich, weil mir der Mann, der etwa mein Alter hatte, gefiel.

»Ich bin Aranos, und das hier ist meine Schwester Durupi. Sie ist unsere beste Taucherin.«

Das Mädchen war knapp zwanzig, sah wach und hübsch aus.

»Du kannst tauchen?« fragte ich ungläubig und zeigte, daß sie mir sehr gefiel.

»Komm mit, Minos«, warb sie. »Wir wohnen dort hinter dem Hang.«

Ihre Augen blinkten und baten. »Wirf von deinem Boot einen Ring in das Meer. Wenn du willst, hole ich ihn mit geschlossenen Augen wieder herauf.«

Die Sonne stand noch im Osten, als ich mich von Aranos und seiner Sippe auf das Meer rudern ließ. Neben mir stand Durupi völlig nackt.

Es war mir, als zöge man mich in einen Bann, in ein Geheimnis. Die Nacktheit des Mädchens verwirrte mich.

Ich hatte in Ägypten oft unbekleidete Menschen gesehen. Die Wandgemälde im Palast zeigten nackte Tänzerinnen. Auf meinen Reisen sah ich immer wieder, wie ganze Familien, um die Kleidung zu schonen, mit bloßem Körner arbeiteten. Und nun erregte mich der Leib eines Fischermädchens.

»Mit wie vielen Familien wollt ihr auf der Insel in den Sommermonaten arbeiten?« fragte ich sie, um mich abzulenken.

»Wir meinen, daß etwa fünf bis sechs Familien den Anfang bilden können. Wenn zu einer Familie sieben Menschen gehören – die Kinder sollten immer dabeisein, auf daß sie sehen, wie das Leben ist und sich nicht sinnlosen Träumereien hingeben –«, sagte sie herb, als müsse sie sich entschuldigen, »wären es dann ungefähr vierzig Menschen, die wir mit Wasser und den anderen notwendigen Dingen einigermaßen versorgen könnten. Die Nahrung muß das Meer geben.«

»Bist du verheiratet?«

Sie antwortete mit einem Lächeln und mit dem Hinweis, daß sie für den Bruder arbeite.

»Hast du einen Mann?« fragte ich, korrigierte mich dann und meinte etwas eifersüchtig: »Hast du einen Freund?«

Sie wich der Frage aus, doch fragte ich nun herrisch: »Hast du einen Freund?«

Sie verneinte es, sah mich unsicher an und sagte wieder, daß sie für den Bruder arbeite.

»Wer taucht bei euch nach den Schwämmen?«

»Meist die Frauen und Mädchen.«

»Und du arbeitest nur mit deinem Bruder?«

Aranos, der Bruder, hatte die Frage gehört und kam zu uns. »Es ist besser«, antwortete er, »wenn Durupi unter meiner Anweisung taucht, nicht unter der eines Mannes, der in ihr nur den Erlös, den Gewinn, sieht.«

»Wie meinst du das?«

»Meine Schwester soll nicht nur des Erfolges wegen tauchen, sondern dabei auch ihre Freude finden. Durupi ist noch ein Mädchen, ich bin bereits neunundzwanzig. Nur ein Bruder hat die Kraft und den Willen, in ihr mehr als das Weib zu sehen.«

Ich war in Abwehr, mochte diesen Gedanken nicht und sagte: »Ein anderer könnte in ihr nicht nur das hübsche Mädchen, das Weib also, sondern sogar die wertvolle Partnerin sehen. Wenn sie gut taucht, kommt sie zu guten Fängen, und das ist für die Existenz von zwei Liebenden eine gute Grundlage.«

»Das, was wir fangen, soll anteilmäßig auch Durupi gehören, auf daß sie einmal einen Mann bekommt, der in ihr mehr sieht als nur die Gefährtin für das nächtliche Lager.«

»Ihr wollt den Erlös aufteilen?«

»Ja, edler König. Gehört Durupi aber einem anderen Mann, vereinnahmt er ihren Erlös.«

Ich blickte auf das Mädchen, das am Rand des Bootes stand und auf das Meer sah, als könne sie den Grund erkennen.

»Noch einige Ruderschläge und ich habe meinen Platz«, sagte Aranos ernst, kniff die Augen zusammen und gab der Schwester ein Hanfseil.

Diese knotete es sich um die Hüfte und steckte ein bronzenes Hiebmesser darunter.

»Damit schneidet sie die Schwämme ab, und zugleich ist es Gewicht, hilft beim Tauchen«, erklärte der Bruder.

»Wie tief kannst du tauchen?« fragte ich sie neugierig und erregt, weil mich ihr schlanker Körper immer mehr verwirrte.

»Oft schaffe ich fünf, manchmal sogar bis zu zehn Körpertiefen. Die Schwämme verstecken sich' meist unter dem Seetang und an einer bestimmten Seite der Felsen.«

Aranos ruderte jetzt langsam, beobachtete die Wasseroberfläche, und seine Schwester stand sprungbereit neben mir auf der Ruderbank, zeigte zugleich Ernst und Freude. Plötzlich spannte sich ihr Rücken, bewies jetzt Kraft und Elastizität; das Seil und das Hiebmesser erschienen mir wie ein Schmuck. Dann begann sie, tief Atem zu holen, sah mich kurz an und schnellte in das Meer.

Ich sah die nahe Küste, die leicht gekräuselten Wellen, die anderen Boote und die nackten Frauen und Mädchen, die auf den Befehl warteten, auch in das Wasser zu springen.

Es erschien mir sonderbar, daß die Männer bekleidet und die Frauen völlig nackt waren.

Meine Gedanken irrten, suchten und wanderten zurück in die Jahre meiner Jugend. Dann dachte ich an Gaia. Damals war ich ein Knabe gewesen, wußte noch wenig vom anderen Geschlecht. Es hatte bei ihr Situationen gegeben, in denen sie mir die Wärme ihres Körpers gab, mich mit ihm kosen und beschützen wollte, ich sie jedoch in einer eigenartigen Scheu oft abwehrte. Es gab aber auch Momente, in denen ich ihn suchte, küßte und mein Gesicht zärtlich an die warme Haut drückte.

War das Entdecken ihres Körpers nicht mein erstes großes Erlebnis gewesen?

»Es war die Hochzeitsnacht meiner Jugend«, antwortete ich gedankenverloren.

Hatte ich Gaia unbewußt geliebt?

Sie hatte schöne Zähne, dunkle Augen, langes Haar und geschmeidige Schultern gehabt. Hatte ich ihr je gesagt, daß ich sie – in meiner kindlichen Art als Knabe – sehr mochte? Hatte ich sie vielleicht wirklich geliebt?

Vor mir saß Aranos, ruderte bedächtig und beobachtete den Meeresspiegel.

Als ich aus meiner Grübelei erwachte, stand Durupi heftig

atmend vor mir. Die Kälte des Meeres hatte ihre Brüste spitz gemacht. Sie strahlte mich stolz an, denn sie hatte ein großes Netz voll mit Schwämmen heraufgebracht. Sie setzte sich auf den Rand des Bootes, streckte die Füße ins Wasser, sah auf die Wellen und fand langsam wieder den Atem für den nächsten Fang.

Aranos ruderte bedächtig, überlegte jeden Schlag der Ruder. Kurz wandte er den Kopf und lächelte seine Schwester an.

Sofort entstand in mir Eifersucht. Gab es zwischen ihm und Durupi engere Kontakte? Schliefen sie nicht Nacht für Nacht auf der gleichen Matte? War es natürlich oder abartig, wenn er in der Schwester das Weib sah?

Durupi tauchte immer wieder und kam oft mit prall gefüllten Netzen herauf. Als die Fischer nach einer kleinen Pause wieder auf das Meer ruderten, verwirrte mich die Tatsache, daß es die Frauen und Mädchen waren, die tauchen und die Schwämme und Muscheln suchen mußten. War das Rudern oder das Tauchen schwieriger?

»Das Tauchen«, antwortete in mir eine Stimme.

Als ich Durupi beobachtete, wie sie aus dem Meer kam und dem Bruder das Netz reichte, nahm er es sachlich an, als wollte er nur prüfen, ob sie gute Schwämme gefunden hatte.

»Er schläft mit ihr, ist jedoch ohne Liebe«, sprach ich leise vor mich hin.

Langsam wurde es Abend. Trotz der Mahnung meiner Begleiter, daß ich ja nach Herakleia wollte, um die Abfahrt des Kapitäns zu überprüfen, gab ich mich der Atmosphäre der kleinen Fischersiedlung hin, erlebte, daß um mich Menschen waren, die das späte Zubettgehen für verwerflich hielten und meinten, daß das Leben, wenn man in der Ehre stehen wollte, früh am Morgen zu beginnen habe. Sonnenuntergang bedeute Verfall und Tod, sagten sie.

Am Abend versammelten sich alle in einem Haus, das zugleich als Tempel und als Herberge diente. Es duckte sich zwischen die Felsen. Dann saß der Priester des Dörfchens im kultischen Gewand vor uns, predigte und spendete das Opfer. Ich freute mich sehr, daß man Durupi, wegen ihrer guten Fänge, zur »Prinzessin der verborgenen Schwämme« ernannte.

Vor dem Altar brannten bunte Lichter, und besonders das Bildnis des Meergottes wurde von einer hellflackernden Öllampe beleuchtet.

Kohlebecken strahlten eine angenehme Wärme aus. In kleinen Körben lag eßbarer Seetang. Die Wände des Hauses bestanden aus Balken, die von den Winterstürmen verbogen waren.

Immer mehr Menschen kamen, sie aßen, ruhten und beteten. Kinder spielten, und manchmal lag neben mir ein Paar, das sich mit der größten Selbstverständlichkeit liebte. Es gab keine Grenze zwischen dem Alltäglichen und Göttlichen. Ich spürte jedoch, daß das Göttliche alles durchflutete, uns ein magischer Strom umgab, der die Menschen immer mehr zueinander führte.

Eine ältere Frau bot aus einem kleinen Phitos Wein an. Die Becher kreisten, der Wein belebte, verführte, gab schon nach wenigen Schlucken Licht, Weite und Sehnsucht.

Es roch nach Salzwasser und Seetang, nach Fischen und menschlichem Schweiß. Ein Mädchen half dem Priester beim Kult. Seine Brüste waren kindlich, doch zeigte sein Wesen, daß es die Liebe bereits kannte.

Warum half es dem Priester so unterwürfig?

In mir antwortete sachlich eine Stimme: »Sie ist seine Geliebte; er ist erfahren, sie jung und damit Wachs in seinen Händen.«

Als die Sklaven meine Matte ausrollten und die Decken zurechtlegten, lagen neben mir, fast in Atemnähe, Aranos und Durupi. Beide schliefen, hielten sich jedoch wie Liebende umschlungen.

Während mich ein Sklave auf die Matte bettete, erschien plötzlich der Dorfälteste, sah mich kurz an, ging zu Durupi, weckte sie und tuschelte ihr einige Worte ins Ohr.

Wenige Atemzüge später erhob sie sich, streifte ihr Kleid ab und kroch auf den Knien zu mir.

Durfte ich diese Zuwendung ablehnen?

Zwei helle Lampen zeigten allen, die sich in der Herberge aufhielten, daß wir uns sofort fanden, Durupi schon mit dem ersten Kuß eine liebende, fast hingebungsvolle Gefährtin der Lust wurde.

»Liebst du deinen Bruder?« fragte ich irgendwann eifersüchtig.

»Ja.«

»Warum?«

»Er führt mich, gibt mir Freude und Licht.«

»Wie meinst du das?«

»Ich glaube«, sie stockte und küßte mich, »daß er mich mehr als die anderen Männer versteht und erkennt.«

»Erkennt?«

»Ja, in meinen Schwächen und Stärken, in meinen Ängsten und Hoffnungen. Er erahnt, was ich in bestimmten Augenblicken brauche...«

»Du willst doch einmal heiraten?«

Ihre Lippen hauchten ein »Ja!« in meine Augen und Ohren. »Unbedingt. Jede Frau ist ein Baum, der Früchte tragen will; das Leben wäre sonst sinnlos.«

»Liebe gehört zum Menschen«, sagte ich. »Liebe gehört, wenn man sie begreift, zu den göttlichen Gesetzen.« Sie lehnte sich mit dem Rücken an die Wand und starrte mich gebannt an. »Liebe ist der Drang zur Zeugung. Sie ist eine göttliche Mahnung, weil die Fortpflanzung bei den Menschen und das geistige Schöpfertum Grundzüge unserer Natur sind. Durch die Liebe sucht das Sterbliche in uns nach der Möglichkeit, ewig und damit unsterblich zu sein.«

Ich sah sie überrascht an. »Liebe ist nur zwischen Guten möglich«, meinte ich, »zwischen Menschen, die das Gute lieben.«

»Dann sollte Liebe nur zwischen Liebenden erlaubt sein«, hauchte sie nachdenklich vor sich hin. Plötzlich erschauerte sie, als habe sie eine Erkenntnis gewonnen, vor der sie Angst hatte.

»Was ist?«

»Mußt du morgen wirklich wieder weg?« fragte sie nach einer Weile ausweichend.

»Ja. Ich wollte heute in Herakleia die Abfahrt eines Schiffes prüfen, von dessen Erfolg viel abhängt. Doch das hat bis morgen Zeit. Aber dann warten wieder Pflichten. Sehr viele sogar. Warum fragst du?«

»Wenn du mir nahe bist, Minos, finde ich die größten Schwämme und die schönsten Muscheln. Du bist für mich Gewinn.« Sie sah mich prüfend an und sagte dann ehrlich: »Alles in unserem Leben ist Gewinn oder Verlust. So streben wir nach Gewinn und versuchen vieles, um keinen Verlust zu erleiden. Das gilt auch für die Liebe.«

»Es kann sein, daß ich dich brauche, weil du ebenfalls für mich ein Gewinn bist«, sprach ich nachdenklich vor mich hin, flüsterte es fast.

»Wie meinst du das?«

»Du tust mir gut . . .«

»Nur weil ich jung und hübsch bin?«

Ich verneinte und lächelte. »Du bist ehrlich, Durupi. Du hast gute Gedanken, kannst sachlich denken, das Leben hat dich zum Kampf erzogen. Ich brauche um mich Menschen mit Kraft und einem aufrechten Charakter, die mich in meinen Aufgaben stärken. Es kann sein, daß ich dich bitten werde, in meine Gemächer zu kommen.«

Sie schüttelte abwehrend den Kopf. »Ich käme nicht.«

»Warum?« fragte ich erstaunt. »Dir ginge es gut, du hättest immer hübsche Kleider, könntest dich pflegen und schön wohnen . . .«

»Lieber möchte ich in einer ärmlichen Hütte die Erste, als in einem Palast die Letzte sein«, antwortete sie herb.

Diese Worte trafen mich wie eine Ohrfeige. Ich schluckte erregt und fragte: »Welche Wünsche hättest du?«

»Ich müßte immer deine wichtigste Nebenfrau sein und«, sie suchte die Worte, »möchte nicht schon morgen eines mysteriösen Todes sterben.«

»Wie kommst du darauf?«

»Es ist kein Geheimnis, daß einige Frauen, die du liebtest, durch Gift ums Leben gekommen sind. Eine Schlange . . .«

Ich stand auf, trat hinaus in das Dunkel der Nacht, ging am Strand spazieren, wanderte auf und ab und begann wieder zu grübeln, ob es einen Menschen geben könnte, der mit Gift jene Frauen gemordet hatte, die mir Liebe gaben.

»Sarah könnte es sein«, raunte eine Stimme in mir, »denn sie verlor ihre Eltern durch eine Giftschlange. Seitdem meint sie vielleicht, mit diesem Wissen eine Macht in Händen zu haben, um unliebsame Nebenbuhlerinnen zu beseitigen.«

»Warum sollte sie morden?« wehrte ich diesen Gedanken ab.

»Du bist kurzsichtig«, rügte eine andere Stimme in mir. »Sie will in deinem Herzen die Alleinherrschende sein.«

Es war gegen Morgen, als einige Priester ans Meer kamen, es segneten und ihm opferten.

»Die Priester waren es«, sprach ich in die Wellen. »Nur sie haben Gewinn, wenn in mir Leid und Einsamkeit einziehen.«

»Dann gäbe es nicht Riana«, verteidigte ich sie. »Gerade sie könnte den Priestern zur Gefahr werden.«

Meine Gedanken irrten und suchten. Da war es ein Minister, dort ein Händler, da ein Schreiber und dort ein Aufseher, die sich benachteiligt fühlen und sich rächen könnten.

Der Kommandant meiner Begleitwache ritt auf mich zu, und ich wurde aus meinem Grübeln gerissen.

»König«, meldete er, »wir sind in einer Stunde abmarschbereit, soll ich dein Gepäck verladen lassen?«

»Ja«, antwortete ich, und meine Gedanken suchten noch immer nach einem Grund für die Giftmorde.

Bald darauf saß ich wieder im Reisewagen, der mich nach Herakleia bringen sollte. Vor und hinter mir ritten Krieger, und in weiteren Fahrzeugen saßen die Beamten, Diener und Sklaven.

Als die Straße breit genug war, ritt neben mir der Offizier. »König«, mahnte er, »wir müssen noch mehr darauf achten, daß die Küstenwachen gut besetzt sind, denn die Seeräuber kommen jetzt auch aus Phönizien und sogar von einigen Inseln. Die Späher, die Alarmposten und Wachttürme genügen nicht mehr, um unsere Städte zu schützen.«

Ich erinnerte mich an die Namen von Orten, die überfallen worden waren: Vigla, Evgoro, Provarma, Endiktis. Dann dachte ich an die Signalgebung durch Blinken. Hatte man mir nicht gesagt, daß auf dem Berg Kophinas, wo sich ein Gipfelheiligtum befand, einst ein Turm gestanden habe, auf dem Feuer aufleuchtete, sobald sich der Küste südlich der Messara-Ebene verdächtige Schiffe näherten?

Ich nickte und beschloß, es nie zuzulassen, daß die Küste Kretas geplündert oder gar eine Stadt durch Feinde bedroht werde.

Schon während der Fahrt ließ ich jedem Platz, der der Verteidigung dienen konnte, weitere Späher, Hornbläser, Rufer und Bogenschützen zuteilen, die beim ersten Alarm innerhalb kurzer Zeit zum Kampf bereit sein sollten, um schnellstmöglich für Verstärkung zu sorgen. In allen Siedlungen befahl ich, daß sich bei Gefahr die Frauen und Kinder mit ihrer wertvollsten Habe in den Wäldern oder in den Höhlen verstecken sollten.

Um die Wachsamkeit zu erhöhen, versprach ich jedem Dorf oder Gehöft, das an der Küste eine Besatzung für die Wachtposten zu stellen hatte, daß ihnen jedes Piratenschiff, das sie erbeuteten, mit seiner ganzen Ladung gehören solle und sie die Gefangenen als Sklaven behalten dürften.

Erst jetzt sah ich, daß vom Meer her langsam Wolken trieben und die ganze Landschaft in die vielfältigsten Tönungen von Grün bis hin zum hellen Blau tauchten. Die Luft war wie Balsam, die Sonne schickte Strahlen, die die Felder und manches Haus in ein Meer von Flammen verwandelten. Die Vögel flatterten durch die Bäume, Krähen krächzten, und der Duft der vielen Blumen begann mich einzuschläfern. Links der Straße lag ein Hang, der von einem bunten Blumenteppich bedeckt war.

Es gab die verschiedensten Arten von Orchideen, und fast herrisch ragte in ihnen die stattliche Asphodill hoch. Die Lilie war heilig, galt als das Symbol der Erdmutter, der namenlosen Göttin in Menschengestalt. Sie wurde an vielen Stellen verehrt, besonders aber an jenen Stätten, wo Tauben oder Schlangen als heilige Tiere gehalten wurden, wo Doppeläxte und Stierhörner Gebäude zierten.

Ich nickte, als mir ein Sklave erzählte, daß man die Knolle der geheiligten Asphodill-Lilie essen konnte, sie auch für die Herstellung von Medizin verwendet wurde.

Als wir in Herakleia ankamen, sah ich mit Stolz, daß der Ausbau des Hafens zügig weitergegangen war. Dann prüfte ich, ob das Schiff, das in Libyen Sklaven fangen sollte, ehrlich Verpflegung an Bord genommen hatte.

Wochen waren vergangen, und als sich Durupi immer heftiger in meine Sinne drängte, befahl ich, zu den Schwammfischern zu fahren, um ihre vorgebrachte Bitte zu prüfen.

Durupi schien mich zu erwarten, lief auf mich zu, hatte blitzende Augen und benahm sich, als gehöre ich bereits zu ihrem Leben. Woher wußte sie, daß ich kam?

»Du, Minos!« rief sie aufgeregt, »siehst du die Insel am Horizont? Sie ist es, die unser Standlager in den Sommermonaten werden soll; dann schaffen wir bestimmt die doppelte Menge an Schwämmen.«

Nach einer Weile sagte sie beinahe schelmisch: »Warum hast du keinen Wunderstab, mit dem du dazu auch noch Sklaven zaubern könntest? Wir bräuchten dringend einige Helfer.«

Wieder stand das Problem vor mir, daß Kreta Arbeitskräfte brauchte, um in größerem Ausmaße in den Bergwerken, Wäldern und Feldern, im Handwerk, Handel und auf den Schiffen arbeiten zu können.

»Du bist ein Feigling«, mahnte in mir eine Stimme. »Wenn du den Mut hättest, statt dem einen Schiff gleich mehrere einzusetzen, hättest du schnell tausend Sklaven oder mehr.«

»Menschenraub ist Piraterie«, wehrte ich mich.

Als ich Stunden später die Schwammfischer verließ, hatte ich ihnen die Erlaubnis gegeben, die Insel als Rastplatz und Sommerstation benutzen zu dürfen.

Zwei Tage später stand im Hof eine Abordnung von Bauern, und alle baten nachdrücklich, es nicht zuzulassen, daß die Schwammtaucher ihre Insel benutzten. »Sie gehört schon seit vielen Jahren unserem Dorf.«

»Ihr bewohnt sie doch nicht, es gibt dort kein Wasser, sie ist also für euch wertlos. Den Fischern verhilft sie jedoch zu besseren Fängen.«

»Hochwürdiger König«, antwortete der Dorfälteste bescheiden, »wir bringen in den Sommermonaten, wenn bei uns durch die Glut der Sonne alles verdorrt ist, unsere Schafe und Ziegen dorthin. Der Tau der Nacht näßt den Boden und macht ihn fruchtbar. Ohne die Insel würden wir die meisten Tiere verlieren.«

»Dann teilt sie euch. Ihr laßt dort eure Tiere weiden, und an den Ufern bauen die Fischer ihre Hütten und bewohnen sie während der Fangzeit.«

»Auch sie sind nur Menschen...«, antwortete der Alte vorsichtig.

»Wie meinst du das?«

»Man kann nicht Tag für Tag Fisch essen. Ich klage nicht an, König, meine nur, daß sie sich auch nach Fleisch sehnen. Sie würden uns Schafe und Ziegen stehlen, die Verführung ist zu groß. Sicher tun sie das, sie müssen es tun. Im Monat würden wir vier oder sogar fünf Tiere verlieren.« Wieder verbeugte er sich demütig und sagte dann, daß es sinnlos sei, die kleinen Herden dorthin zu bringen, auf daß sie die Trockenmonate überstehen, wenn sie bis zum Herbst wahrscheinlich restlos von den Fischern getötet und aufgegessen worden wären. »Du hast für die Ordnung, das Recht, die Ehrlichkeit einzutreten und die Gesetze zu verteidigen, darfst nie einen Diebstahl billigen.«

Wieder begann ich zu grübeln.

»Was ist nur mit mir?« fragte ich später einen Schreiber, den ich achtete, weil er seine Arbeit ohne Pathos verrichtete. »Ich muß, wenn ich irgendeine Entscheidung treffe, lange darüber nachdenken, ob sie richtig oder falsch ist.«

»Denken und über etwas Nachdenken ist eine Unterredung der Seele mit sich selbst oder mit einem anderen«, antwortete er.

»Als König habe ich gerecht zu sein, doch was ist Gerechtigkeit, wo ist die wirkliche Wahrheit?«

»Richte dich nach den Grundtugenden, dann hast du es leichter«, riet er.

»Grundtugenden?«

Der Schreiber nickte. »Für die Begierde ist es die Selbstbeherrschung, für den Willen die Tapferkeit, für die Vernunft die Einsicht oder Weisheit. Allem sind die Gerechtigkeit und die Rechtschaffenheit übergeordnet, sie müssen zwischen ihnen den Ausgleich schaffen. Diese Tugendlehre sollte die Grundlage für das Handeln jedes Gemeinwesens sein.«

Ich sah ihm einige Zeit zu, wie er Schriftzeichen in eine Tontafel einritzte.

»Du schreibst noch immer in der alten kretischen Schrift?« fragte ich.

Der Schreiber nickte erneut. »Als du kamst, König, hast du wohl befohlen, eure Schrift, eure griechische Sprache zu gebrauchen. Wir bemühen uns, doch fällt es uns schwer.«

»Die Ägypter schreiben mit Bildzeichen«, erwähnte ich.

»Ja, König. Drüben am Euphrat und Tigris kennt man dagegen die Keilschrift.«

»Woher bekommst du den Papyrus?« fragte ich nachdenklich.

»Von einem ägyptischen Händler. Meist nehme ich diese getrockneten Blätter, weil sie nicht viel kosten. Die Händler jedoch verwenden lieber kleine Tontafeln.«

»Für wen arbeitest du sonst noch hier im Palast?«

»Für die Verwalter, Aufseher und Händler. Da nicht alle Priester die Schrift kennen, bin ich auch für sie tätig. Oft kommen die Händler zu mir, weil besonders sie geschriebene Mitteilungen brauchen.« Er schüttelte den Kopf und meinte: »Das Leben gleicht einem Markt; die einen kommen, um dort Ruhm und Ehre zu erringen, andere wollen kaufen und verkaufen; nur die Edelsten, die Freiesten sind da, um zu schauen.«

»Wenige haben das Glück«, antwortete ich nachdenklich, »das Schöne sehen zu dürfen. Viele, und das bekümmert mich, haben so hart und so lange zu arbeiten, daß sie nicht einmal Zeit haben, eine Blume zu beachten. Wenn ich es nur ändern könnte!«

»Was, König?«

»Daß so viele Menschen wie in einem Gefängnis leben müssen.«

»Gefängnis?« wiederholte er. »Der Leib ist das Grab der

Seele, die Welt ist ein Gefängnis, aus dem man sich eigenmächtig nicht befreien darf, da wir uns nicht selbst gehören, wir Besitz der Götter sind. Das Unheil, das Leid und der Schmerz, den wir erleiden, sind nur Sühne.«

»Wofür?« fragte ich verblüfft.

»Wir büßen für die Sünden unserer Väter«, sagte er ernst.

»Warum sollten die Kinder für die Fehler und Schwächen der Ahnen verantwortlich gemacht werden?«

»Weil es die Götter so wollen. Ich habe zum Beispiel zu sühnen, daß mein Großvater – bitte, vergiß es, Herr – das Leben so sehr liebte, daß er in seiner Arbeit oberflächlich wurde. Ich habe daher den Fehler, meine Zeichen nicht sorgfältig genug zu schreiben. Wohl versuche ich, diese Veranlagung zu bekämpfen. Die Bitternis, wenn man sich beschwert, daß ich nicht sauber schrieb, ist der Preis, den ich dafür zu bezahlen habe. Verzeih mir, König, aber auch du wirst ein Erbe haben, das dich belastet.«

Ich zuckte zusammen, prüfte mich schuldbewußt und wußte sofort, daß mein Jähzorn auch eine solche Belastung war. Ein Gedanke begann sogleich mich zu bedrängen: »Weiter, weiter...«, mahnte er in mir.

Erneut grübelte ich und erkannte, daß mich immer wieder die Schönheit eines Weibes zutiefst berührte. Oft war ich Strohfeuer, brannte sofort lichterloh, um am nächsten Tag nur noch verglimmende Glut zu sein, die bald zur inhaltslosen Asche wurde.

»Ich mochte Gaia sehr viele Jahre«, sagte ich leise und sah zur Türe hinaus, als spreche ich mit einem, der dort draußen stand.

Eine Stimme antwortete in mir: »Warum hast du es ihr nie gesagt? Man soll nicht nur denken, sondern auch sprechen; man soll nicht nur wollen, sondern auch tun!«

»Sarah ist seit vielen Jahren in meinem Herzen«, sprach ich weiter.

»Und du bezichtigst sie trotzdem des Giftmordes, des Mordes mit Schlangen, an einigen deiner Geliebten«, höhnte sofort die Stimme.

»Aisa«, flüsterte ich fast ängstlich, und die Stimme spottete: »Sie war eine schöne Blume in deinen Gemächern. Du hast doch mehrere Mädchen in deinem Frauenhaus? Manche liebst du nur eine Nacht, und dann sind sie wie Blumen in einem Garten, die kein Licht und kein Wasser bekommen.«

»Riana ist wie ein reines Opferfeuer in mir«, rief ich laut und wandte mich, als wolle ich mich reinmachen, wieder dem Schreiber zu.

Ahnte er den Sinn meiner Worte?

»Man sagt, edler König«, flüsterte er, als dürfe ihn keiner hören, »daß die Oberpriesterin bald königliche Priesterin werden soll, doch wird es ihr Manolis nicht leichtmachen. Obwohl er Kreter ist, mögen ihn viele nicht. Man redet schlecht von ihm.«

Als ich bei einer weiteren Visitationsreise das Dorf der Schwammtaucher erneut besuchte, grübelte ich darüber nach, auf welche Weise ich die Insel doch noch den Fischern als Sommerstation für die Schwammfischerei allein überlassen konnte.

Hatten die Schwammtaucher wieder erfahren, daß ich kam?

Auch dieses Mal lief mir Durupi entgegen. Sie trug nur ein schmales Hüfttuch, war sonst nackt und wirkte in ihrer Jugendlichkeit wie Nektar auf mich.

»Ich wußte, daß du kommst, Minos!« rief sie glücklich. »Wir beginnen, gleich wieder zu tauchen, siehst du uns zu? Bitte!«

Ich nickte und bewunderte ihren braungebrannten, schlanken Körper.

»Welchen Mädchen willst du zusehen?« fragte sie fröhlich.

Als sie merkte, daß ich ihre Frage nicht ganz verstand, erklärte sie fast ekstatisch: »Du kannst sie dir aussuchen. Willst du heute die besten oder die hübschesten Taucherinnen sehen?«

Als Mann wären mir die hübschesten lieb gewesen, als König mußte ich mich in den Dienst der Tugend stellen und bat daher um die besten. »Gibt es da Unterschiede?« fragte ich.

»Ja, Minos. Die hübschesten sind die jungen. Sie können aber noch nicht viel. Die besten Taucherinnen sind meist um die dreißig.«

»Ich hörte, daß Taucherinnen früh verblühen und bald sterben?«

»Hast du nicht die Frauen am Strand gesehen?« antwortete sie erregt. »Wir tauchen ab dem sechzehnten Lebensjahr und können diese Arbeit höchstens zwanzig Jahre verrichten.«

»Warum gehen bei euch eigentlich nur die Mädchen und Frauen ins Meer, nie die Männer?«

»Weil wir zäher sind. Wenn die Männer an die zwei Stunden im Wasser waren, sterben sie fast vor Kälte. Wir Frauen können auch den Atem länger anhalten und sind ruhiger.«

Dann sah ich es selbst. Die hübschesten Taucherinnen waren unter zwanzig. Sie waren froh und laut. Mit ihren gesunden, vom Meer und der Sonne gebräunten Körpern erinnerten sie mehr an Göttinnen und Priesterinnen als an Menschen, die hart arbeiten mußten.

Ich erkannte aber auch, daß die Männer ihre Aufgaben hatten, welche einige Sachkenntnis und Sorgfalt erforderten. Das Wichtigste war das Halten des Seils, an dem die Taucherin angebunden war. Wenn es mit einem Ruck angezogen wurde, bedeutete das, daß der Taucherin die Luft ausging; war der Ruck sehr hart, war sie in Lebensgefahr. Nur schnelles Handeln der Männer konnte dann noch Rettung bringen.

Wohin ich auch sah, überall schaukelten Boote, die von einem Mann gerudert wurden, und meist waren in ihnen ein oder zwei Mädchen – niemals mehr –, die tauchten. Da und dort ragten aus dem Wasser Sandbänke. In Küstennähe erreichte das Meer eine Tiefe von zehn bis fünfzehn Fuß[2], weiter draußen von dreißig, ja fünfzig und mehr. Als sich meine Augen an den Meeresgrund gewöhnt hatten, sah ich Felsen, Steine und Kiesel. Manchmal leuchtete ein heller Sandfleck herauf, und überall wucherte üppiger Seetang.

»Und wo wachsen die Schwämme?« fragte ich.

»An den Felsen, vor allem dort, wo der Seetang am dichtesten ist. Man kann sie selten von der Wasseroberfläche aus erkennen, muß bis auf den Grund tauchen und mit den Händen zwischen den Steinen und den Unterwasserpflanzen nach ihnen tasten.«

»Hat jedes Boot seinen eigenen Fangplatz?« fragte ich und sah auf die Mädchen, die immer wieder mit ungeheurem Eifer in das Meer sprangen.

»Nein, eigentlich nicht«, antwortete der Ruderer des Bootes, in dem ich saß. »Bei uns heißt es, wer schneller ist, sieht mehr und erntet besser. Es gibt wenig Streit. Sorge macht uns, daß die Schwämme seltener werden, weil sie nicht rasch genug nachwachsen. Das ist es, König, warum wir die Fanggründe erweitern müssen, sonst können wir nicht überleben.«

Wieder stand die Schwierigkeit vor mir, wie ich allen Beteiligten gerecht werden könnte, den Fischern wie den Bauern.

Um mich waren an die zehn Boote; und manches Mädchen war sehr hübsch. Die Körper der älteren Schwammtaucherinnen glitten mit einer Natürlichkeit durch das Wasser, als seien sie in ihrem ureigensten Element. Sie bewegten sich mit geringem Kraftaufwand, Sparten mit dem Atem und benutzten vor allem ihre Augen und ihren Verstand für die Suche, während die ganz jungen Mädchen die kostbare Kraft immer wieder mit allerlei Späßen vergeudeten.

Da ich noch am Nachmittag weiterreisen mußte, bat ich die Männer zu mir, sagte ihnen, daß die Insel, die ich ihnen zugeteilt hatte, bereits Besitzer habe und daß ich, um als König gerecht zu sein, dies nicht ändern dürfe.

Dennoch baten die Männer mich eindringlich, ihnen trotzdem zu helfen. Einige Frauen weinten. Durupi kam auf mich zu und wollte sofort mit mir nach Knossos gehen, wenn ich die Insel dem Dorf zuspräche.

»Dann hätte ich dich wie einen Krug Wein gekauft«, antwortete ich leise und sah sie betrübt an.

Um die immer stärker werdende Aufregung, die nun unter den Fischern entstand, zu beenden, erhob ich mich. »Männer«, sagte ich herb. »Wenn ich nach meinem Herzen entscheiden dürfte, bekämt ihr die Insel. Die Gerechtigkeit zwingt mich jedoch, Besitzansprüche zu achten.« Ich winkte dem Schreiber, der mich begleitete, befahl ihm einen Erlaß niederzuschreiben: »Ich, Minos, König von Kreta, genehmige, daß die Insel Koufou in den Sommermonaten als Rast- und Fangstation benutzt werden darf. Für jede Ziege und jedes Schaf, die den Bauern gehören, welche dort ihre Herden weiden, ist innerhalb eines Mondes Zahlung zu leisten, wenn eines dieser Tiere weggenommen wurde. Falls spätestens nach einem Mond jene Tiere nicht ehrlich bezahlt werden, verbiete ich, diese Insel weiterhin als Sommerstation zu benutzen.«

Ich war bedrückt, denn nur der dritte Teil der Männer klatschte Beifall und zeigte Freude; die größere Zahl hatte offenbar geglaubt, mit der Erlaubnis, da draußen nach Schwämmen tauchen zu dürfen, zugleich das Recht zu haben, den Speisezettel mit den dort weidenden Schafen und Ziegen ergänzen zu können.

Als ich aufbrach, lief mir Durupi nach und klammerte sich an mich. »Minos, ich komme mit; bitte, gib meinen Leuten doch die Insel mit den Herden.«

Ich schüttelte ihre Hände ab, als täten sie mir weh, und befahl dem Sklaven, schneller zu fahren.

Schon nach einer knappen Stunde waren wir in Amnissos, wo ich ebenfalls den Ausbau des Hafens kontrollieren wollte. Als ich hier mit einigen Kapitänen sprach, spürte ich, daß der Kontakt mit dem Meer und mit vielen anderen Ländern die Seeleute zu freien Menschen machte. Sie kannten keinen Abstand, keine Unterwürfigkeit. Was besonders die kretischen Seeleute auszeichnete, war, daß sie sehr fleißig und sehr sachkundig waren. Lag es daran, daß sie weithin gesucht wurden und zu Ehren kamen?

Ich sah auch Seeleute aus Memphis, Ninive und Babylon. Viele von ihnen gingen geduckt, man fühlte, daß sie keine freien Menschen waren, daß sie einer harten Großherrschaft unterstanden.

Um mich unerkannt unter das Volk mischen zu können, ging ich in eine nahe gelegene Herberge und streifte mir dort das einfache Gewand eines kretischen Bauern über.

Als ich dann den Schankraum betrat, sah ich sofort einen griechischen Seemann, der schon etwas angetrunken mit den Händen fuchtelte und erklärte, daß alle Schiffe, wenn sie nach Kreta wollten, um Kap Malens vorbei die Insel Kythera als ersten Zielpunkt ansteuern mußten. Laut rief er: »Die Felsen reichen dort weit in das Meer, und tückische Strömungen machen uns das Leben schwer. Auf halbem Weg zwischen Kythera und der Westspitze von Kreta liegt die Insel Antikythera. Dort ankern wir, wenn das Meer zu stürmisch wird oder die Nacht kommt, und wir im Nordostwind sind.« Er trank einen großen Becher Wein in einem Zug aus, rang nach Atem und sprach noch lauter: »Ich könnte euch Geschichten erzählen ..., Geschichten«, stotterte er. »Um die Zeit zu nützen, weil die See zu unruhig war, tauchten wir dort einmal nach Schwämmen. Als der erste Mann vom Grund zurückkam, hatte er ein graues, vor Angst verzerrtes Gesicht und erzählte, daß auf dem Meeresboden Menschen lägen, Männer und Frauen, deren Gesichter zerfressen seien, als hätten sie die Lepra gehabt.«

Ich wurde neugierig, setzte mich an seinen Tisch und schob ihm einen Becher Wein zu. »Lagen dort wirklich Menschen?« fragte ich ungläubig.

Der Seemann beachtete mich kaum, sprach weiter: »Als auch der zweite Taucher von Menschen berichtete, die auf dem Meeresgrund lebten, ging ich selbst in das Wasser und sah dann, daß auf dem blanken Sand ein Wrack lag, das geborsten und voll von Statuen aus Stein und Bronze gewesen war, die von Bohrmuscheln zerfressen wurden.« Er trank gierig, wischte sich über die nassen Lippen und war nun so betrunken, daß er nur noch wirres Zeug sprechen konnte.

Wenige Tage später, im Hafen von Herakleia, erzählte ich Schwammtauchern diese Geschichte. Sie sagten, daß auch sie ein Wrack mit vielen Marmorstatuen und Säulen wüßten.

»Das stimmt!« rief der Kapitän, der in der Nähe stand. »Als ich dort tauchte, um mir das Wrack anzusehen, stellte ich an der Ladung fest, daß das gesunkene Schiff aus Athen stammen mußte.« Er sah überheblich um sich. »Der Kapitän dieses Schiffes muß ein Dummkopf gewesen sein; denn es war so überladen, daß es schon beim ersten starken Wellengang sinken mußte.«

»Gab es sonst noch Funde aus untergegangenen Schiffen?« fragte ich und lud ihn in eine nahe Taverne ein.

»Oft finden wir Amphoren. Eine nahm ich einmal mit. Sie war kurz, plump und hatte einen Fassungsraum von etwa zweiundzwanzig Litern. Ganz in der Nähe der Fundstelle sind Riffe, die uns bei Sturm oft angst machen.«

»Wieso?« fragte ich.

Da ich wieder die schäbige Kleidung eines Bauern trug, erkannte er mich nicht.

»Du bist ein Idiot«, rügte er. »Wie kann man nur so blöde fragen? Was machst du bei ungünstigem Wind, wenn Wellen, die höher sind als dein Schiff, dich an die Riffe schleudern? Mein Schiff ist gut, auch die Segel ließ ich aus bestem Material fertigen. Bei Sturm arbeiten alle Mann an Deck, doch ohne Wind sind wir hilflos und können nur noch beten, wenn wir in eine Brandung geraten. Einmal fand ich ein Wrack, das bis zum Rand mit Amphoren vollgeladen war. Ein Riff hatte die Unterseite des Seglers aufgerissen. Der Kapitän muß es einst bis fast ans Ufer gesteuert haben. Dort sank sein Schiff, und das Wrack lag dann von den Riffen vor dem Wellengang geschützt. Weithin war der Grund von Amphoren, Schüsseln, Tellern und Krügen übersät.« Er verzog spöttisch die Lippen, trank, starrte in den leeren Becher und sah mich herausfordernd an. »Als ich das Schiff untersuchte – ich bin ein guter Taucher –, fand ich auch unter Deck Krüge, die ordentlich ausgerichtet wie im Lager eines Händlers standen.«

Gierig trank er nun aus einem Krug. Man sah, daß er den starken Wein nicht vertrug, mehr und mehr betrunken wurde. Trotzdem setzte er den Krug immer wieder an seine Lippen.

»Die Schwammtaucher«, sagte er mit schwerer, lallender Stimme, »sind tapfere Männer. Sie kennen alle untergegangenen Schiffe, und wenn sie Zeit haben, holen sie sich dort das notwendige Geschirr für den Alltag.«

»Die Schwammtaucherinnen sind besser«, warf ich ein. »Sie sind zäher.«

Der betrunkene Kapitän sah mich an, als wäre ich ein Tier, das er zu schlachten habe, ein Fisch, dem man nur einen Schlag auf den Kopf zu geben brauche, um Ruhe zu bekommen.

»Stimmt, du Dummkopf. Das gilt jedoch nur für ruhige Gewässer, für Fangplätze, die nahe der Küste sind. Draußen, zwischen den Riffen, versagen die Frauen. Da müssen Männer her, Männer, die Mut und Kraft haben. Zeige mir ein Weib, das dort eine Amphore vom Grund holt. Dummkopf...«, rügte er wieder.

Ein anderer Seemann, auch ein Kreter, erzählte, daß es an manchen Stellen unter der Wasseroberfläche unterirdische Riffe gäbe, die zu regelrechten Schiffsfallen werden. »Wir können sie nur bei glatter See erkennen, weil sich dort dann das Wasser kräuselt. Bei Sturm sind wir jedoch wie blind, und wenn uns nicht die Götter helfen, rasen wir wehrlos ins Verderben. Es gibt längs den Küsten viele große Schiffsfriedhöfe, in denen oft Dutzende Wracks auf Grund liegen. Ich hatte einmal Pech, fuhr auf ein Riff auf. Das kreischende Krachen, das wir hörten, zeigte uns, daß die Unterseite meines Schiffes aufgerissen worden war. Dann fiel der Mast um, und meine Männer wurden auf Deck geschleudert. Ich hatte das Glück, mein Schiff sank nicht, sonst«, er grinste breit, »befände ich mich auf dem Meeresgrund und nicht hier.«

Ich starrte den Mann an, trank nun auch meinen Becher mit einem Zug aus, als sei er der Schlüssel zu einer anderen Welt.

»Die Seefahrt ist ein Abenteuer«, sagte ich langsam und suchte stockend Worte. »Jene, die auf dem Meeresboden die untergegangenen Schiffe untersuchen, sind für mich Seher, die uns in andere Welten schauen lassen. Da gibt es Pfeilspitzen, die Kriege entschieden, dort einen Skarabäus oder eine kleine Statue, die einen Toten begleiten sollten. Finden diese Männer eine Amphore, hören sie vielleicht noch das Glucksen des Weins. Stellt euch vor«, rief ich pathetisch, »sogar die Vergangenheit kann lebendig werden. Das Wrack, das vielleicht schon Hunderte von Jahren im Meer schlummert, ist voll von beschriebenen Tontafeln, die uns, wenn sie gebrannt worden waren, von Not und Tod erzählen.«

Ich bot den Männern am Tisch Wein an und hob meinen Becher. »Trinken wir auf jene Tapferen, die uns die Vergangenheit zeigen. Sollte einer von euch einmal nach Knossos, in den Palast, kommen, fragt dort nach Riana. Sie ist im Heiligtum

Oberpriesterin. Ich sage ihr, daß sie für jeden Fund, den ihr aus einem Wrack holt und der von der Vergangenheit erzählt, einen großen Krug Wein bekommt.«

»Wer bist du?« fragte einer und sah mich prüfend an.

»Ich glaube an die Macht der Götter«, antwortete ich ausweichend.

»Bist du ein Priester?«

Ich lächelte und bot wieder Wein an, sagte nur: »Vielleicht!«

Wenige Tage später brachte mir ein Bote, mit herzlichen Grüßen von der Oberpriesterin, eine Amphore. Sie war einst ein einfaches Allzweckgefäß aus glattem, hellem Lehm gewesen. Nachdem sie viele Jahre im Wasser gelegen hatte, war ihre Oberfläche dunkel geworden und mit Spuren von Wurmschnecken, teilweise sogar mit Resten von Muscheln bedeckt.

Riana bewies einiges Geschick im Umgang mit den Seeleuten, denn sie konnte mir nun oft »Funde« zuleiten. In einem Nebenraum sammelte ich alles, was mir die »Vergangenheit« zeigte. Auf Tischen und Kommoden lagen Amulette und Statuetten, Trinkschalen und Vasen, Waffen und Krüge, Masken und Barren. In einer Ecke stand sogar das Kapitell einer herrlichen Säule.

Ein Bote hatte mir soeben von Riana eine Tonfigur gebracht. Ich hielt sie in der Hand, bewunderte und koste sie. Sie sollte anscheinend eine Göttin oder Priesterin darstellen, die in jeder Hand eine Schlange hielt.

Ich wußte, daß man in diesen Tieren die Geister der Toten vergegenwärtigte, kannte auch die charakteristischen Gefäße, aus denen in den Tempeln die Schlangen gefüttert wurden.

Sarah, die ins Zimmer getreten war, sagte fragend: »Was ist nur an den Schlangen? Man verehrt sie in Indien und in Ägypten. Ich selbst mag sie nicht, sie sind für mich Feinde, widerspiegeln Tücke und Verrat.« Dann blickte sie mich erschrocken an, zuckte zusammen, ging zur Türe und sagte im Hinausgehen hastig: »Ich komme gleich wieder.«

Als sie fast atemlos zurückkehrte, hielt sie mir schon von weitem eine bemalte Tonfigur entgegen, welche eine Frau mit einem Schlangenkopf darstellte. Sie drückte mit der linken Hand ein Kind an die Brust, auf dem Scheitel trug dieses Wesen – halb Frau, halb Schlange – eine Krone aus dunklem Erdpech.

»Ich bekam sie von einem alten Händler«, erklärte sie. »Er meinte, daß sie aus Babylon stamme und eine Muttergöttin darstelle.« Sie koste die Tonfigur. »Die Schlange, mit der sie sich verbindet, ist das Zeichen des Lebens, der Wiedergeburt und der Ewigkeit. Der Alte war überzeugt, daß der Schlangenzauber die Folgen des Todes überwinde, die Schlangengöttin zugleich die Gebärerin und Spenderin des Lebens sei.« Sie stockte, wurde etwas unsicher. »Du weißt, Minos, daß wir Hebräer unseren Glauben über alle Religionen stellen?«

»Oder darunter«, spottete ich. »Nicht nur wir, sondern auch die Ägypter glauben an mehrere Götter, ihr aber nur an einen.«

Sarah tat, als habe sie meine Worte nicht gehört. »Ich sah bei Dontas in Herakleia, den du leider nicht magst, eine Terrakottafigur, die eine Frau darstellt, deren rechter Arm als Mondsichel gebogen ist. Ein Diener, der etwas von Kunst verstand, meinte, es wäre eine Mondgöttin. Übrigens, sie trägt in ihrem linken Arm eine Schlange, was besagt, daß die menschengestaltige ›Große Mutter‹ dieses Schlangenkind geboren hat. In den Mythen bedeutet das sehr viel mehr, als wenn sie nur ein Menschenkind zur Welt gebracht hätte.«

Wenige Atemzüge, nachdem Sarah gegangen war, hörte ich, wie im Korridor, vom Mittelhof her, eilige Schritte nahten. Ein Bote kam und rief, nach Atem ringend: »König, das Schiff, das du nach Libyen zur Sklavenjagd geschickt hast, ist zurückgekommen.«

Kurz darauf stand der Kapitän stolz vor mir und berichtete, daß er mit den Kriegern, die ich ihm mitgegeben hatte, 127 Männer, 98 Frauen und 46 Kinder fangen konnte.

Ich freute mich darüber. Meine Freude schlug jedoch in Empörung, beinahe in Jähzorn um, als der Kapitän sehr sachlich, fast nebensächlich berichtete, daß sie auf der Rückreise bei einer Windstille von über einem Tag ohne die geringste Brise auf See gelegen und in der stickigen Schwüle, die fast den Atem nahm, vier Frauen gestorben seien.

Ein Offizier meiner Leibgarde meinte, daß solche Verluste bei Sklaventransporten üblich seien. Einen Tag später erfuhr ich jedoch von Neidern des Kapitäns, daß diese Frauen an den Folgen von Übergriffen der Besatzung starben. Es waren junge, hübsche Mädchen gewesen, die reihum von den Männern zur Liebe gezwungen worden waren. Als die Mädchen daraufhin erklärten, daß sie sich beim Minister darüber beschweren würden, hatte man sie wie räudige Katzen erschlagen und ins Meer geworfen.

Ich mußte in diesem Augenblick wieder an meine Zeit in der Priesterschule von Athen denken, in der man mich mit Schlägen zwang, die Hand des Oberpriesters zu küssen. Ich kochte damals vor Empörung. Auch jetzt war in mir ein gefährlicher Zorn, und ich ließ den Kapitän, weil er diese Übergriffe geduldet hatte, auspeitschen und verbannte ihn in einen Steinbruch. Jeder Seemann, der an den Vergewaltigungen teilgenommen hatte, verlor seine rechte Hand.

Als ich mich wieder beruhigt hatte, begann ich zu rechnen. Wenn ich zehn Schiffe aussenden würde, bekäme ich ungefähr 2500 Sklaven. Bei hundert Schiffen könnten es sogar über 20 000 sein. Mit dieser Menge würde es mir nicht nur gelingen, die Häfen in Herakleia und Amnissos in kürzester Zeit völlig ausbauen zu lassen, es wäre mir sogar möglich, Sklaven in den Gütern und in den Bergwerken einzusetzen. Die Fruchtbarkeit der Äcker stiege im Verlauf weniger Jahre an, und aus den Bergwerken bekäme ich jenes Handelsgut, mit dem ich vieles eintauschen konnte. Das Volk, für das ich als König verantwortlich war, würde innerhalb weniger Jahre glücklich, und ehe der letzte Sklave aus diesen Beutezügen stürbe, hätte Kreta wieder einen Wohlstand, der vielen Menschen Freude bringen würde. Noch ein Gedanke bohrte in mir. Meine Leibgarde bestand aus tapferen Mykenern. Wenn ich mir gesunde, starke Neger aus den Sklaven aussuchen und sie ausbilden lassen würde, könnte ich meine Mykener in wichtigeren Aufgaben einsetzen, wo sie ihre reiche Erfahrung nützen könnten.

Große, schöne Neger als Leibgarde gäben mir bei vielen Feierlichkeiten, bei wichtigen Besuchen und Reisen sogar ein besonderes Gepräge.

Manolis, der Oberpriester, unterbrach mein Sinnieren. Er hatte von dem guten Ergebnis der Sklavenjagd in Libyen erfahren, stand aufgeregt vor mir, haspelte seine Begrüßungsworte herunter und verlangte dann, nein, er befahl es fast, daß ich ihm die Hälfte der Sklaven zu geben habe. »Die Götter haben ein Recht darauf!« rief er laut.

»Die Götter?« fragte ich spöttisch. »Zu was brauchen die denn Sklaven?«

»Wir Priester haben Felder, die zu den Heiligtümern gehören. Sie müssen wie deine Äcker bebaut und gepflegt werden.«

»Dann braucht ihr die Sklaven und nicht die Götter?« sagte ich ironisch.

»Wir dienen den Göttern, sind ihre Vertreter, haben dafür zu sorgen, daß sie geehrt werden.«

Lag in seinen Worten eine Mahnung, weil seine Augen gefährlich glänzten?

Hatte nicht jener Oberpriester in der Priesterschule, als ich seine Hand nicht küssen wollte, die gleichen Augen gehabt?

Verächtlich und ebenfalls in meine Worte eine Warnung legend antwortete ich: »Ich bin kein Bauer oder Hirte, der die Götter fürchtet. Zu oft sehe ich, daß deine Priester die Heiligen Stiere, wenn es das Volk nicht sieht, mit Füßen treten. Es ist doch lächerlich, Manolis, wenn ihr draußen, auf der Straße, vor ihnen die Knie beugt, sie als heilig hinstellt und unbeobachtet mit ihnen eure Spielchen treibt. Warum bestrafen die Götter nicht euer Tun? Warum rügen es die Götter nicht, wenn fremde Seeleute keine Ehrfurcht zeigen und die Heiligen Haine und Bäume beschmutzen? Warum achtet ihr selbst die Götter so wenig? Es gibt Berichte, die darauf hinweisen, daß eure Einweihungsriten sehr oft in Orgien ausarten.« Ich schwieg und suchte die nächsten Gedanken und Worte. »Die Bauern«, sagte ich sachlich, »neigen die Stirn, wenn sie ein Heiligtum betreten. Aber die Arbeiter zweifeln bereits an der Göttlichkeit, und die Schreiber betrügen sogar die Götter – nicht euch«, höhnte ich,

»denn du willst ja die Sklaven nach deinen Worten auch für die Götter, nicht für dich selbst. In den Abrechnungen aber, das gilt auch für viele deiner Priester, ist die Heiligkeit eines Ortes lediglich ein Schutz, damit niemand euer Gold stiehlt.«

Manolis wollte antworten, ich verbot es mit einer Handbewegung. »Wir lästern die Götter der Ägypter, sie spotten über unsere. Und doch hat uns noch kein ägyptischer Gott zerschmettert. Auch kein Ägypter, der unsere Heiligtümer entehrte, wurde je von einem unserer Götter erschlagen.«

»König, ich will deine Worte nicht gehört haben«, flüsterte der Oberpriester erschrocken. »Ich werde die Götter bitten, daß sie vergessen, was du eben gesagt hast.«

Ich ließ ihn stehen und ging in das Nebenzimmer, trank einen Becher Wein; er beschwingte mich, gab mir die Kraft, den Hochmut dieses Priesters zu überwinden. Als ich einen weiteren Becher getrunken hatte, erkannte ich, daß ich mich als König nicht weise benommen hatte. Nun trank ich aus Enttäuschung den Wein aus der Amphore. Bald war ich betrunken und begriff trotzdem, daß ich vorsichtiger sprechen müsse und nichts übereilen dürfe. »Sage nie alles, was du weißt«, mahnte es in mir, »wisse jedoch immer, was du sagst!«

Wieder erinnerte ich mich an meine Erziehung in Athen. Man hatte sehr darauf geachtet, daß ich Selbstbeherrschung lernte. Ich durfte keine Freude und keine Trauer zeigen; die geringste Anteilnahme an einem Geheimnis wurde sogleich gerügt. Bei meinem Vater hatte ich dann Geduld und Diplomatie gelernt, und nun mußte ich beides einsetzen, wenn ich nicht wollte, daß die Priester zu einem Staat im Staate wurden.

Als ich ein andermal vor Manolis stand, wollte ich nicht schon wieder über die Machenschaften der Priester gegenüber dem Volk sprechen, erzählte Wichtiges und Unwichtiges. Stunden später hatte ich trotzdem nicht die Kraft, die Überheblichkeit des Oberpriesters zu ertragen. Man hatte mich gebeten, zu einer Trauerfeier am Opferaltar zu erscheinen, weil ein Minister, der sich große Verdienste erworben hatte, gestorben war.

Der Opferplatz wurde von vielen Gläubigen gesäumt. Eine Mutter, die an der Brust einen Säugling trug, huschte zur

Treppe vor und wollte eine Blume aufheben, die wohl als Gruß an die Götter dort hingelegt worden war.

Der Oberpriester, der in der Nähe stand und auf seinen Auftritt wartete, lief empört hin und trat ihr mit seiner Fußspitze ins Gesicht.

Wieder stieg in mir der Jähzorn hoch und war stärker als aller Wille zur Toleranz und Vernunft.

Obwohl mir bewußt war, daß ich die Feierlichkeit störte, schrie ich den Oberpriester an, als wäre er ein Sklave: »Wenn in meinem Palast ein Diener eine Hündin, die ihre Jungen säugt, mit Füßen treten würde, ließe ich ihn auspeitschen. Du tratst eben eine Mutter. Hast du je eine Mutter gehabt oder kamst du in einer Horde von Wölfen auf die Welt? Merke dir, du Heuchler, Mutter ist in Kreta – das du eigentlich kennen solltest –, ein großes Wort. Alle Kreter ehren, solange sie leben, jede Mutter.«

An diesem Abend trank ich wieder. Zutiefst beschämt hatte ich erkannt, daß ich mich nicht beherrschen konnte und im Zorn zur Unvernunft neigte. Wie konnte ich einen Oberpriester inmitten einer heiligen Handlung rügen?

Wenn es möglich gewesen wäre, hätte ich ein Jahr meines Lebens dafür gegeben, um die unguten Worte, die ich ihm gab, ungeschehen zu machen.

Hatte ich mich verraten? Hatte ich gezeigt, daß ich dem Tun der Priester nicht traute?

Wurde Manolis von mir nicht geradezu in die Feindschaft getrieben? Und das war, ich wußte es, mehr als unklug.

Erneut nahm ich den Krug und trank daraus, als sei ich am Verdursten. Dann atmete ich auf, erkannte, daß der Wein mich lähmte, und ich schwor bei meiner Ehre, nie mehr größere Mengen zu trinken.

Als Sarah einige Stunden später in mein Zimmer trat, verneigte sie sich tief und kam auf mich zu, um mich zu küssen.

»Ich war unvernünftig«, sagte ich und gestand, daß ich getrunken hatte.

»Wir wissen alles«, antwortete sie knapp.

»Wer?«

»Alle. Der Oberpriester flüsterte es jedem zu, den er sah, und den er für wichtig hielt. Er tat so, als verrate er ein großes Geheimnis.«

»Ich werde mich nie mehr betrinken«, antwortete ich ernst.

Sie nickte. »Ein König sollte sich vor Wein und allen anderen Verführungen hüten.«

»Dann müßte ich auch dich meiden«, sagte ich lächelnd.

»Wieso?«

»Auch du bist Verführung.«

»Ich?« fragte sie gedehnt und verwundert.

»Du weißt, daß du mir sehr gefällst. Du bist für mich sehr oft Verführung...«

»Nein«, wehrte sie meine Worte ab und sah, als wäre sie schuldig, verunsichert vor sich hin.

»Du stammst aus einem Volk, das einen steifen Nacken hat; auch du hast ihn. Deine Fürsorge für die Brüder in Herakleia hat Hintergründe. Es mag sein, daß Manolis mein Feind ist. Ich könnte mir auch vorstellen«, sagte ich vielleicht zu offen, »daß in dir Gedanken sind, die aus dem Erbteil kommen, das du in dir trägst. Ich aber will Kreter werden, will dadurch mithelfen, daß es wieder ein großes kretisches Volk gibt, das den Ruhm unserer Insel in die Welt hinausträgt. Vielleicht werde ich sogar weitere Schiffe nach Libyen schicken, um Sklaven und damit Arbeiter zu bekommen, die mir beim Wiederaufbau helfen. Glaubst du, je Kreterin werden zu können?«

Sarahs Wesensart war, daß sie meist ausweichend oder mit einer Gegenfrage antwortete.

»Warum hast du dem Oberpriester gesagt, er täusche die Gläubigen?« fragte sie kritisch.

Ich sah sie verwirrt an und antwortete dann überheblich: »Ich behaupte sogar, daß er das, was ich ihm sagte, schon längst selber weiß.«

»Du hast es ihm jedoch wütend ins Gesicht geschrien!«

Ich nickte. »Das stimmt, der Wein löste meine Zunge.« Dann spöttelte ich und meinte, daß ich wohl öfters Wein trinken sollte.

Es ergab sich, daß ich Manolis in den folgenden Tagen fast täglich sah. Meist brachte er, wenn er kam und dem Zeremoniell gemäß mich ehrerbietig begrüßte, nur Mahnungen vor. Einmal klagte er, daß ich die Heiligtümer nicht genügend schütze und daß ich zuwenig zu den Kulthandlungen käme, um sie damit für das Volk, das den Glauben an die Götter brauche, hervorzuheben.

Hier gab ich ihm recht. Ich wußte, daß die Bauern oft wie die Tiere arbeiten mußten, sie in ihrer Not den Glauben an eine bessere Welt, an helfende und schützende Götter, wie die tägliche Nahrung brauchten.

Manolis mahnte mich wieder, daß ich als Stadtkönig auch der Gottkönig sei, also wie ein Priester zu dienen habe. Nie ging er auf meine Anschuldigungen ein, benahm sich jedoch, obwohl er fast in meinem Alter war, als sei er mein Lehrer, der mich zu den Göttern zu führen habe. Wenn er lobte und schmeichelte, folgte darauf meist irgendeine Bitte, die er oft sogar zu einer Forderung erhob.

Als er einmal zwei Tage abwesend gewesen war und dann eilends auf mich zukam, erwartete ich die üblichen Anschuldigungen und Vorwürfe.

Die ließen auch nicht lange auf sich warten. Um den Priester in seine Schranken zu weisen, unterbrach ich ihn und sagte, es sei für einen König der schönste und beste Gottesdienst, wenn er dem Volk den Hunger nehme und ihm Freude bereite. »Dies ist nur eine meiner Aufgaben«, sagte ich ihm ernst. »Wenn ich von einem Handwerker eine gute Leistung verlange, er also wirklich etwas leisten soll, was Kreta zugute kommt, muß ich ihm dabei helfen. Denn er selbst hat nicht die Möglichkeit, die Voraussetzungen und die Verbindungen, sich die Materialien zu beschaffen, die er braucht, um arbeiten zu können.

Weil ich die besten Handwerker haben möchte, muß ich Gold und Silber, Holz und Leder, Lehm und Farbe herbeischaffen lassen. Immer wieder schicke ich Boten hinaus in die Länder, zu anderen Völkern, und lasse mir Bericht erstatten. Oft besuchen mich Gesandte aus fernen Gegenden. Ich brauche diese Kontakte; denn ich will, daß das Volk an meine Weisheit und Gerechtigkeit glaubt.«

Es war an einem Abend. Die Gassen und Höfe lagen noch in unwirklichem Licht, doch begann die Hitze des Tages allmählich nachzulassen. Am blauen Himmel flimmerten die ersten Sterne. Vor dem Heiligen Schrein im Mittelhof des Palastes, also sehr nahe, so daß ich in meinen Räumen jede Stimme hören konnte, fand ein Opfer statt. Von allen Seiten erklang fröhliche Musik. Es gab Augenblicke, in denen ich glaubte, die ganze Palastanlage sei ein riesiger Festsaal, weil mir das Summen der Lyra und das Klagen der Flöten bis in die letzte Pore meines Körpers drangen.

Sarah stand neben mir und sah ebenfalls aus dem Fenster. Dann wandte sie sich öfters mir zu, küßte mich. Als sie jedoch zwischen ihren Umarmungen immer wieder neue Bitten und Forderungen vorbrachte, befahl ich ihr, mein Zimmer zu verlassen. Auch ich trat in den Korridor und ging dann, vereinsamt, wie ein Bettler unter Reichen, an dem Fest vorbei durch die Straßen und Gassen von Knossos.

Nun hatte ich Muße, über die Worte Sarahs nachzudenken. Tausend Fragen und Zweifel zerfraßen mich. Warum hatte sie mehrmals für Manolis geworben? Daß sie es mit den Schwindelbrüdern Dontas und Onatas in Herakleia hielt, konnte ich noch verstehen; denn sie gaben ihr immer wieder Nachrichten über den Auszug ihres Volkes aus Ägypten und die Landnahme in Kanaan. Doch warum diese Sympathie für den Oberpriester?

»Er bedient sich Sarahs, weil sie dir nahesteht«, raunte in mir eine Stimme. Eine andere höhnte: »Du bedienst dich doch auch Sarahs? Von ihr erfährst du von den Betrügereien der Beamten, den Intrigen zwischen den Ministern, hörst all den Klatsch, der oft einen Wahrheitskern enthält und dir wichtige Hinweise gibt.«

Das Heute ist wichtig, rügte ich mich, und wußte, daß das Morgen und Übermorgen noch wichtiger war.

Als meine Gedanken wieder durcheinanderwirbelten,

wehrte ich sie ab und sagte laut, während ich den Weg entlang ging, der zur Heiligen Straße führte: »Frauen sind zu schwach, um die Gedanken der Männer mittragen zu können.«

»Nein!« rief es in mir.

»Doch«, antwortete eine andere Stimme fest. »Sie sehen den Tag, den Alltag, das Leben, sind Gegenwart. Diese ist wichtig, ist wichtiger als das Morgen und Übermorgen.«

»Du hast öfters einige Fehler begangen«, stellte eine Stimme in mir nüchtern fest. »Ist es nicht so, als ob sie, weil du sie immer wieder begehst, alltäglich werden und damit fast erlaubt sind?«

Eine andere Stimme, sie war in mir sehr deutlich, begann zu rügen: »Du bist mächtig. Gib einem Menschen Macht, und du weißt, wer er ist. Die Macht mit Würde zu tragen ist ein Zeichen von Selbstzucht.«

Es war Nacht. Ich spürte, wie sich meine Zimmertüre leise öffnete, ein Mensch hereinhuschte. Dann lag Sarah neben mir und umarmte mich.

Plötzlich flammte der Docht in dem Öllämpchen auf. Ich sah, wie sie sich aufrichtete und über mich beugte. Nach einem zärtlichen Kuß sagte sie leise: »Es wäre schön, wenn man die Liebe durch Verträge absichern und schützen könnte.«

Ohne nachzudenken antwortete ich: »Grenzen werden immer sein, nicht nur zwischen den Völkern, sondern auch zwischen den Menschen. Wohl könnte man die Grenzen durch Tafeln kennzeichnen, auf denen in gütigem Übereinkommen die Rechte aufgezeichnet wurden. Doch was nützen sie, wenn hinter ihnen nicht Lanzen und Schwerter stehen, um eine Grenzverletzung zu ahnden? Ist nicht jeder Schwur wie eine Wolke, die kommt und geht? Ist nicht alles, was wir wollen«, fragte ich und zog die Frage in die Länge, »wie eine Wolke?« Plötzlich lächelte ich vor mich hin.

»Lachst du mich aus?« fragte sie und hatte schmale, unschöne Lippen.

»Nein, ich dachte nur an einen Lehrer«, wehrte ich ab.

»Warum?« wollte sie wissen.

»Es ist schon sehr lange her, da hatte ich einen Erzieher, der eine Menge wunderbarer Geschichten kannte. Mit diesen erzog er mich, mahnte mich und glaubte, mir so das Leben und die Menschen zeigen zu können. Oft sprach er von Göttern, Königen, berühmten Priestern, Beamten und Bauern. Er war sehr fromm, und man sagte von ihm, daß er voll von Wundern sei.«

Ich streichelte warmherzig ihre Hände und dann ihre Wangen. »Dieser alte Priester mochte die Frauen nicht, und seinen Haß gegen das weibliche Geschlecht zeigte, fast möchte ich sagen, symbolisierte sich ebenfalls in den kunterbuntesten Geschichten. Eine von ihnen handelte von einem jungen, fleißigen Bauern, der arm und nur kärglichst bekleidet in eine Stadt kam, um dort einen Erwerb zu finden. Der Mann träumte fast ununterbrochen davon, daß ihm ein Reicher einen Acker lieh und er diesen mit so viel Liebe und Fleiß bearbeiten würde, daß er zur Ernte reichste Frucht ergebe. Er wollte dann dem Besitzer die Hälfte davon überlassen und sich von dem Erlös der anderen Hälfte einen eigenen Acker kaufen, um mit ihm reich und glücklich zu werden. Die Götter gaben dem Mann den Leihacker, und schon nach wenigen Jahren hatte er durch seinen Fleiß eigene Felder. Der Bauer sorgte und mühte sich, wurde reich und baute sich dann ein herrliches Haus. Nun nahm er sich eine Frau. Es war das schönste Mädchen weithin. Der Mann arbeitete immer noch hart, um emporzukommen, doch langweilte sich die Frau. Kam der Mann erschöpft nach Hause, wollte sie geküßt, geliebt und unterhalten werden. Als ihm die Kraft dazu fehlte, erkannte er, daß er sich wohl eine Frau leisten konnte, doch weiterhin arm geblieben war.« Ich koste Sarah erneut. »Dieser Lehrer sagte mit den Geschichten, in denen die Frauen angeprangert wurden, daß alle Frauen nur Erde seien, ein Mann aber die Kraft habe, den Himmel zu suchen, um dort das Licht zu finden.«

Sarah lächelte fast obszön, entgegnete, daß nicht alle Priester in der Askese stehen würden, sie einige kenne, die sich sehr für die Reize einer Frau interessierten.

Ich schmunzelte ebenfalls. »Als Zögling der höheren Priesterschule und als Mitglied der höchsten Aristokratie war ich ein großer Zweifler. Wohl wußte ich, daß sich ein Teil der Priester durch langes Fasten und durch das Abtöten des Fleisches vorbereitete, die Götter zu beschwören, es aber auch Priester gab, die Scharlatane waren. Ich wußte auch, daß mein Vater, der König von Athen, der für das einfache Volk ein ewig lebender Gott und allgewaltiger Herrscher, in Wirklichkeit aber ein Mensch wie alle anderen war, nur ein wenig kränker als andere Greise, und ein von den Priestern sehr in seiner Macht beschränkter Herrscher. Und noch etwas hatte ich gelernt. Ich wußte, daß man den Großen viele Dinge verzieh. Ein mächtiger Herr durfte insgeheim einen Menschen erschlagen, verstohlen die Götter spotten und Geschenke fremder Mächte annehmen.«

Sarah schwieg kurz, dann sagte sie nachdenklich: »Gar mancher Priester ist ein Heiliger. In seiner Heiligkeit erreicht er die Selbstlosigkeit und die Glut der Frau. Und wir Frauen lieben die Heiligen, glauben, uns in ihnen wiederzufinden.«

Als ich sie fragend ansah, weil ich ihre Worte nicht ganz verstanden hatte, sagte sie ernst: »Ein Großer, es war einer meiner Lehrer in Ägypten, charakterisierte uns bestens. Er meinte, daß nichts unergründlicher sei als die Selbstlosigkeit einer Frau.«

Ich mußte spotten, konnte nicht anders und antwortete: »Es gibt für den Mann bestimmt kein größeres Rätsel als die Tatsache, daß die Frauen so anders sind.«

Als ich in den Mittelhof trat, nahte sich mir ein Bauer. Er kniete sich demütig nieder, berührte mit seiner Stirne den Boden und bat: »Minos, ehrwürdiger König, hilf mir!«

Ich dachte daran, daß ich schon viele Bitten erfüllt und dabei zu oft falsch entschieden hatte. Welche Richtlinien waren für einen König bestimmend? Waren es die Güte, die Barmherzigkeit, die mich leiten sollten, oder die Liebe und die Weisheit? Ich hieß den Bauern aufzustehen, zu warten und ging in den Palast zurück, um in meinen Zimmern zur Ruhe zu kommen. Sarah kam mir entgegen. »Komm«, sagte sie zärtlich und zog mich in ihre Kammer, bot mir ihre Lippen, und als ich begann, ihr die Stirn, die Augen und Ohren zu kosen, bog sie den Kopf zurück und bat fast im gleichen Augenblick: »Minos, Liebster, gib Manolis die Hälfte der Sklaven, die du in Libyen erbeutet hast.«

Wieder erkannte ich, daß Sarah als Fürsprecherin benutzt wurde, und sie das sicher nicht umsonst tat. Ich zweifelte erneut an ihrer Liebe, denn sie mußte in solchen Augenblicken zutiefst wissen, daß mir ihr Verhalten unangenehm war. Wollte sie mich demütigen oder ausnützen, oder gar beides?

War es vielleicht auch ein Erbteil, daß ich schnell beleidigt war, man mich leicht verletzen konnte?

Empört meinte ich: »Die Priester sind reich, bekommen fast täglich Spenden, so daß sie sich jederzeit Arbeitskräfte beschaffen können. Schwer haben es jedoch die Bauern, und es gibt keinen, der nicht froh wäre, wenn er einen Sklaven hätte, der ihm die schwere Arbeit erleichtert.«

Sie antwortete lässig: »Bauern müssen nun einmal arbeiten, das ist ihr Schicksal, aber der Oberpriester könnte, wenn seine Felder gute Ernten ergäben, noch besser den Göttern dienen!«

»Mir scheint, du bist betrunken«, antwortete ich herb. »Wer mit einem Trunkenen spricht, beleidigt sich selbst. Du mußt betrunken sein«, wiederholte ich, »denn du weißt nicht, was du sagst.«

Ich wurde aus meinen düsteren Gedanken durch das Klagen einer Flöte gerissen. Kurz horchte ich auf die Töne, trat dann auf den Gang und hörte das zärtliche, werbende Lachen eines Mädchens. Ein Mann blies einige Takte und begann dann, ein Liebeslied zu singen: »Wenn auf der Straße dein Gewand glänzt, erblassen die Sterne und die Nachtigallen verstummen. Mein Herz wird durch die Stille wach, wird ein Schiff, das leicht durch das Wasser treibt. Mir ist, als ziehe mein Boot selig in den Himmel, und ich fühle mich den Wolken verwandt.« Einige Akkorde erklangen, und der Mann sang weiter: »Wie der Himmel sich im Wasser spiegelt, so blüht dein Bild in meinem Herzen!«

Träumte ich nur, oder war es Wirklichkeit, daß nach jedem Vers mehrere Mädchen mit ihren hellen Stimmen den Refrain »Aha-a, Aha-a!« wiederholten?

Plötzlich erinnerte ich mich an den Bauern, der im Mittelhof auf mich wartete und um Hilfe gebeten hatte. Als ich hastig durch den Korridor eilte, stand plötzlich, wie aus dem Boden gewachsen, Manolis vor mir und begann, von einem Heiligen Hain zu sprechen.

»Dort wohnen die Götter«, sagte er pathetisch. »Würdiger Gebieter, wenn du uns Sklaven zuweisen würdest, könnten die Menschen noch weit mehr an jene Kraft glauben, die unser aller Leben bestimmt.«

»Die Astrologen sprechen doch ebenfalls von einer Kraft«, wehrte ich ihn ab. »Welche prägt uns mehr? Die der Götter oder die der Sterne?«

»Die der Götter, denn sie befehlen den Sternen...«

»Waren, nein, sind die Sterne nicht ewig?«

»Vor ihnen gab es die Götter; sie erst schufen die Sterne.«

»Der Mensch begreift sein Leben erst, wenn es ihm gelingt, sich über alle Dinge zu stellen.«

»Das Erheben über das Leid, über die Sorgen des Alltags, gelingt den Menschen nur mit Hilfe der Götter«, mahnte er, und ich glaubte, daß er es ehrlich meinte.

»Ein Bauer bat mich um Hilfe«, sagte ich. »Er war gebeugt von Leid und Not. Warum half ihm kein Gott und kein Stern?«

»Vielleicht ist das Leid, das er erlebt, eine Mahnung? Kann es nicht sein, daß wir erst durch die Nacht das Licht erfahren?«

Wir gingen zusammen zum Mittelhof. Der Bauer kniete noch immer auf den harten Platten, beugte sich sofort, als er uns sah. »Minos, König, hilf...«, flehte er erneut, und alles an ihm kündete von Not.

Ich hob ihn hoch, zog ihn an mich. Sofort versuchte der Oberpriester, sich zwischen uns zu drängen. Mir schien, als wünsche er nicht, daß der Bauer über seine Sorgen sprach. Hatte dieser vielleicht gar einen Grund, sich über einen Priester zu beschweren?

»Wie heißt du?« fragte ich den ärmlich gekleideten Mann.

»Anu, Euer Würden.«

Wieder versuchte Manolis, ihn wegzudrängen, und sagte wortreich: »In uns ist das Gute und das Böse. Wir haben gegen das Böse anzugehen, und dieser Kampf darf nie aufgegeben werden. Das wollen die Götter. Gäben sie uns immerzu Freude, würden wir übermütig und unvernünftig werden, würden wir nie reifen. Den Kampf gegen das Böse in uns und um uns gewinnen wir nur«, jetzt sah er den Bauern zwingend, fast drohend, an, »wenn wir uns in ihren Schutz stellen. Sie schirmen uns ab, wenn wir ihre Hilfe suchen. Die Götter wollen jedoch keinen zu seinem Glück zwingen, jeder soll frei sein, sich selbst entscheiden.« Er sah ekstatisch um sich, als brauche er mehr Zuhörer. »Fluche, und die Flüche werden deinen Weg verfinstern. Segne, und der Segen wird zurückkehrend dich segnen. Danke, und du wirst immer zu danken haben, für jeden Sonnenblick und jeden reinen Atemzug.«

»Edler König«, unterbrach ihn der Bauer, »ich wohne in einem einsamen Tal. Die Quellen, von denen schon meine Ahnen Wasser holten und die Äcker fruchtbar machten, versiegen immer mehr. Die große Flut verheerte weithin das Land, und der Lavastaub brachte den Wäldern den Tod. Gibt es einen Zusammenhang zwischen den Wäldern und den Quellen? Ich bin nur ein einfacher Bauer, aber seit über die Hälfte der Wälder starb, geben die Quellen nur noch wenig Wasser. In meiner Not, und weil ich meine Abgaben nicht mehr entrichten konnte, ging ich zum Schreiber und bat ihn um Aufschub, sagte, daß wir hungern und in Lumpen gehen. Die Antwort war, daß er mich in einen Keller sperrte, als ob ich von dort aus die Äcker bestellen könnte. Ich wanderte, weil ich mich gegen diese Strafe wehrte, von Gefängnis zu Gefängnis. Meine Frau starb an dem Leid, zwei Kinder verhungerten.«

Er schwieg, netzte sich die trockenen Lippen: »Der Schreiber übergab mich dann, als ich krank geworden war, einem Arzt. Würdiger Gebieter, hilf mir«, klagte er wieder.

Als sich Manolis erneut zwischen mich und den Bittenden schieben wollte, wischte ich ihn mit der Hand so energisch weg, daß er fast einen Schlag ins Gesicht bekam.

»Ich lag in einem Gefängnis«, erzählte der Bauer weiter, »wurde von einem Arzt, der zugleich Priester ist, untersucht. Er meinte, daß es das Böse sei, das mich krank mache, er es herausschneiden müsse. Minos«, flehte er, »ich hatte in mir nur den Hunger vieler Jahre, mich belasteten nur die Tränen derer, für die ich die Verantwortung trug. In mir ist nichts Böses, ich schwöre es. Und dann begann das Unrecht«, flüsterte er vor sich hin. »Und die Priester erlaubten es.«

»Es geschieht überall, wo Menschen sind, Unrecht«, versuchte ihn Manolis zu besänftigen. »Wir müssen das Unrecht bekämpfen, müssen es dort aufsuchen, wo es zu finden ist. Wenn wir nicht das Gesetz – und das Gesetz ist die Ordnung – suchen und in uns aufnehmen, wird der Mensch zu einem Wolf unter Wölfen.«

Ich wußte, daß der Oberpriester recht hatte, doch sagte er alles so laut, so überheblich, daß ich glaubte, ihm trotzdem widersprechen zu müssen.

»Es stimmt«, antwortete ich und sah ihn kritisch an. »Das Gesetz regelt unser Leben, doch kann es zur ungeheuerlichsten und schäbigsten Phrase werden, wenn . . .«

»Was?« fragte er.

»Eine Amphore Wein und eine weitere Amphore Wein ergeben doch zwei Amphoren Wein?« fragte ich sarkastisch und betonte jedes Wort.

»So ist es, Euer Würden«, antwortete er stolz.

»Was ist dann, Manolis, wenn die Amphoren schlecht, meist nur halb gefüllt waren?« Ich schwieg, beobachtete ihn, wie er an der Antwort kaute. »Zwei Menschen ergeben in der Summe zwei Menschen«, sprach ich weiter. »Jeder Aufseher betrügt mich, wenn er zwei Arbeiter meldet, einer von ihnen jedoch durch einen Unfall beide Beine verlor. Stimmt es, daß ein gesunder und ein vor dem Tod stehender Sklave zwei Menschen ergeben, die für mich arbeiten?«

»Das Gesetz muß sein«, meinte er eigensinnig.

»Du sagst«, kritisierte ich, »daß das Gesetz – für das auch ich einzutreten habe – eine Macht ist, die nicht gebrochen werden darf. Soll es nur Gesetze geben, um der Macht zu genügen? Besteht das Leben nicht oft aus Lüge?« fragte ich ihn aggressiv. »Ist das Gesetz nicht auch oft Lüge?«

»Wieso?« fragte er ratlos.

»Weil wir von jenen, die in Not sind, verlangen, diese Gesetze zu befolgen!«

»Das müssen wir doch?«

»Vielleicht kann uns der Bauer, der mich um Hilfe bittet, Antwort geben? Manolis, du kennst das Leben wie ich. Es gibt Situationen, in denen wir das Gesetz nicht sehen dürfen, sondern die Sorge und der Wunsch, daß für jene, für die wir verantwortlich sind, das Überleben, die Sehnsucht nach Glück, wichtiger sein müssen.«

»Die Vernunft wird die Unvernunft besiegen«, antwortete der Oberpriester erregt. »Wir müssen aus der Vernunft leben.«

»Überall gehen Menschen zugrunde, teils durch die Macht, die vom Gesetz beschützt wird. Ist das Gesetz also in manchen Fällen nicht ein Laster?« Ich verzog die Lippen und sah ihn an, wie er fast hilflos vor mir stand. »Das Gesetz muß sein«, sagte ich ernst, wollte ihn damit beruhigen.

»Gott ist das Gesetz«, mahnte er.

»Das Leben setzt uns in irgendeiner Wildnis auf eine Scholle, die in einer unendlichen Flut treibt. Wir wissen nichts, auch ich als König weiß nicht viel. Man lehrte mich die göttlichen Gesetze, sprach immer wieder von der Ordnung. Gut«, ich nickte heftig, »das Gesetz ist Gesetz, weil es aus der Vernunft kommt. Doch hat der Hungernde, der Verzweifelte Vernunft?«

»Alle lügen«, klagte der Bauer. »Alle befehlen sie uns, wissen nicht oder wollen es nicht wissen, daß wir das Gesetz der Abgaben nicht erfüllen können. Wie kann ich von einem Akker, der keine Frucht gibt, Steuern entrichten? Würdiger Gebieter, hilf, bitte hilf«, seufzte er und wischte sich mit einem Handrücken die Tränen fort.

»Wie kann ich dir helfen?« fragte ich leise und hatte ein schweres Herz.

»Hilf mir bei meinem Arzt. Er ist ein Priester, weiß vieles, weiß fast alles, kennt jedoch nicht den Schmerz. Doch, er kennt ihn, liebt ihn und trinkt ihn fast süchtig wie ein Betrunkener.«

»Wir sehen in den Himmel, in die Welt der Götter, suchen und suchen. Nur wer sucht, der findet«, antwortete ich ausweichend.

»König, hast du getrunken?« fragte mich Manolis.

»Ja«, gestand ich, »weil ich euch anders nicht mehr ertragen kann. Komm, gehen wir einige Schritte«, sagte ich, »damit der Bauer unser Gespräch nicht hört.«

»Wieso?« flüsterte er entsetzt.

»Um euch ist soviel Lüge.«

»Wir beweihräuchern nur das, was das Volk achten soll...«

»Ihr wahrsagt dann noch aus den Sternen?« fragte ich kritisch.

»Ja, König. Jeder Mensch wird von seinen Sternen geprägt.«

Meine Lippen verzogen sich wieder spöttisch, ich bemühte mich, nicht zu lachen.

»Die Tierkreiszeichen deiner Geburtsstunde bestimmen dein Schicksal, König«, sagte er eindringlich. »So ist die Zahl Zwölf heilig. Viele Religionen kennen sie. Die Erforscher der Sterne sprechen sogar von zwölf Tierkreiszeichen.« Er sah mich fragend an und erzählte dann: »Es war einmal, als Zagreus, der kretische Vater aller Götter, der Herr der Welt, vor seinen zwölf Kindern stand und in jedes von ihnen den Samen menschlichen Lebens legte. Die Kinder, die später die Tierkreiszeichen bilden sollten, traten nacheinander vor ihn, um seine Gaben zu empfangen. Zum Fische-Menschen sagte Zagreus: ›Dir gebe ich die schwierigste Aufgabe von allen. Du sollst die Sorgen der Menschen sammeln und sie mir zeigen. Deine Tränen werden schließlich meine Tränen sein. Das Leid, das du auf dich nimmst, ist die Folge des menschlichen Mißverstehens meiner Idee, doch du sollst Erbarmen mit ihnen haben, damit sie es noch einmal versuchen können. Du wirst das einzige meiner zwölf Kinder sein, das mich versteht.‹ Dann ging der Fische-Mensch zurück auf seinen Platz, und Zagreus sprach: ›Jeder von euch hat einen Teil meines göttlichen Planes erhalten. Ihr dürft diesen Teil weder mit meiner ganzen Idee verwechseln, noch sollt ihr euch wünschen, die einzelnen Teile miteinander zu vertauschen. Denn jeder von euch ist vollkommen, doch das werdet ihr nicht eher wissen, bis alle zwölf von euch EINS sind.‹«

Ich nickte anerkennend. »Klingt schön, doch ist das alles nur

Spiel. Ihr wahrsagt auch aus den Sternen?« fragte ich erneut kritisch. »Wie oft gehen eigentlich eure Prophezeiungen in Erfüllung?«

»Zuweilen trifft das zu, was wir sagen.«

»Wenn ihr den Menschen aus den Bäumen, den Steinen oder dem Wasser prophezeien würdet, könnte auch hier zuweilen einiges zutreffen. Meinst du nicht? Warum sucht ihr überhaupt in den Sternen, sie geben doch, wenn man es vernünftig sieht, sehr wenig Auskunft?«

»Die Gestirne haben wie die Tiere, Pflanzen und Mineralien eine Seele, eine geheime Macht, eine«, er suchte das Wort und sagte dann bewußt, »Göttlichkeit. Durch die Beobachtungen dieser Fakten bekamen wir einen genauen Kalender, erkannten den Aufbau des Himmelsgewölbes und die Bewegungen der Gestirne. Wir erlangten sogar die Kenntnis, das Sonnen- und das Mondjahr in Übereinstimmung zu bringen.«

Als ich keine Antwort gab, meinte er, daß ohne diese Erkenntnisse sich die Schiffe, die auf dem Meer schwimmen, nicht orientieren könnten.

Ich sah ihn wieder zweifelnd an, gab ihm zu verstehen, daß ich ihn nicht ernst nahm.

»Ein Orakel gab den ägyptischen Priestern ein Datum in die Hand, das vielleicht das älteste nachweisbare der Menschheit ist«, antwortete er stolz.

»Ein Orakel?« fragte ich spöttisch.

»Ja, Herr«, antwortete er demütig. »Aber auch bei uns in den Bergen gibt es eine Orakelpriesterin, die immer mehr von sich reden macht.«

»Eine Orakelpriesterin?«

»Sie sieht die Zukunft und die Gegenwart, kann dir, wenn in ihr die Erleuchtung ist, genau sagen, was zu dieser Stunde dein Bruder Sarpedon in Malia macht, wo und wie er gegen dich intrigiert und gefährlich wird. Es wäre doch gut,« fragte er lauernd, »zu wissen, ob es nicht besser wäre, deinen Plan zu verwirklichen und ihn aus Kreta zuzujagen?«

»Wo befragt diese Priesterin seherisch die Götter?« fragte ich nun nachdenklich.

»In Melidoni.«

»Melidoni?« wiederholte ich.

»Südlich des Dorfes befindet sich am Hang des Spileovouno eine Höhle, die aus mehreren Räumen besteht. Immer schon verehrte man dort die Götter.«

»In einer Höhle«, sagte ich und begann zu grübeln.

Manolis sah mich an, als sei er unendlich weise und ich ein dummes, naives Kind. »König«, antwortete er leise, »man berichtete mir, daß du öfters in die Ida-Höhle gehst. Ich glaube nicht, daß du sie nur besuchst, weil sie schon seit undenklicher Zeit dem Kult dient.«

Ich fühlte mich wie bei einer Lüge ertappt. »Die Dikte-Höhle ist berühmt«, sagte ich ausweichend. »Gestern freute ich mich, denn mehrere Bauern versicherten mir, daß dort Zagreus, der kretische Zeus, geboren und später in der Ida-Höhle von der Ziege Amaltheia ernährt und mit dem Honig der Bienen großgezogen wurde. Wir sehen also, daß man sich teilweise schon an Zeus gewöhnt hat, ihn Zagreus gleichsetzt. Hilf mir weiter, daß das Volk in Zeus den kretischen Zagreus sieht.«

Der Oberpriester lächelte etwas, sagte ironisch: »Dann besuchst du die Ida-Höhle nur, weil es dir gelingt, aus Zagreus euren Zeus zu machen?«

»Du weißt, daß ich an euren Kulten einiges auszusetzen habe. Wenn ich in diese Höhle gehe, tue ich es, weil sie mir guttut. Ich fühle mich in ihr geborgen, meine oft, selbst Zeus – der aus Zagreus entstand – zu sein und gebe mich fast kindlich dem Mysterium hin, das mich dort umgibt. Ich spreche dann mit Zeus, mir ist, als wäre er mein Vater, und bitte ihn um Rat.« Ich schwieg und sagte nach einer Weile: »Jene Entscheidungen, die ich nach dem Besuch der Ida-Höhle traf, waren immer gut. Gar manches Gesetz, das ich erließ, empfing ich von Zeus.«

Ich zuckte zusammen, hatte den Bauern völlig vergessen, der in seinem Leid auf mich wartete und von mir Hilfe erhoffte. Ich ging wieder zu ihm. Er verbeugte sich tief und sah mich bittend an.

»Erzähle«, befahl ich.

»Der Arzt quält uns und freut sich, wenn wir im Schmerz zittern und klagen.«

»Wie meinst du das?« fragte ich und schob Manolis weg, der sich erneut zwischen uns stellen wollte.

»Früher hat der Arzt, wenn er eine Wunde reinigte oder den Leib öffnete, dem Kranken ein Getränk gegeben, das die Schmerzen nahm oder ihn für einige Zeit in den Schlaf senkte. Seit einigen Jahren meint er, mit Zauberworten den Schmerz lindern zu können; doch helfen sie nicht, und so windet sich der Kranke, obwohl er gefesselt ist, schreit, daß wir es weithin im Dorf hören können. Immer mehr glauben wir, daß dem Arzt das Wimmern der Menschen, die er aufschneidet, Freude macht. König, der Arzt muß krank sein, weil er das Geschrei wie Wein trinkt. Vielleicht ist er kränker als die Menschen, die bei ihm Heilung suchen? Es ist schrecklich, Herr, wie er strahlt, wenn er in einem geöffneten Körper mit seinen Messern wühlt. Früher war dieser Priesterarzt unser Freund, jetzt ist er zum Feind geworden. Er ist der Peiniger, und wir sind die Gepeinigten. Warum gibt es Menschen, edler König, die grausam sein müssen, die im Schmerz anderer Lust finden?«

»Warum macht er das nur?« fragte ich und starrte auf den Bauern.

»Er will uns entwürdigen. Es gibt noch andere Menschen, die daran ihre Freude haben. In unserem Dorf ist ein Steinbruch. Die tägliche Arbeit beginnt dort damit, daß der Aufseher kommt und die Gefangenen peitscht. Die Schmerzensschreie sind auch ihm Freude. Gibt es Menschen, die durch die Qual anderer in eine Art Lust geraten?«

Ich bebte vor Zorn, befahl, daß man sofort meinen Wagen bringe und mich die Leibwache begleite.

»Minos, würdigster Gebieter«, mahnte der Oberpriester. »Übereile nichts. Wenn du den Arzt bestrafen willst, hast auch du das Gesetz zu beachten, sonst darfst du die Gesetzestreue nicht von anderen verlangen.«

Ich wischte ihn weg, als wäre er eine Fliege, die mich störte.

»Komm!« sagte ich zu dem Bauern und nahm ihn mit auf den

Wagen. Obwohl der Lenker alles tat, um zügig das Ziel zu erreichen, meinte ich, daß wir noch schneller fahren müßten. Der Bauer zeigte uns den Weg, und dann hielten wir vor dem Haus, in dem der Arzt wohnte.

Als wir durch das Dorf gefahren waren, hatten sich die Bewohner ehrfürchtig vor dem Wagen mit den königlichen Abzeichen verbeugt.

Voll Grimm ging ich über den Vorplatz des Hauses; die herbeieilenden Diener und Sklaven des Arztes knieten nieder, als ich an ihnen vorbeischritt.

Dann sah ich den Arzt. Er stand gebeugt über einem Gestell, in dem ein Hund hing. Er war an den Beinen angebunden, am Kopf war mit einer scheußlichen Klammer ein Gewicht befestigt, das ihn nach unten zog.

Der Raum war von Jaulen und Winseln erfüllt, es roch unangenehm nach Blut und Kot. Der Magen des Tieres hing schauerlich an einigen Därmen zu Boden.

»Ja!« schrie der Arzt, als er uns sah, richtete sich auf und hielt in beiden Händen das zuckende Herz des Tieres.

Der Leib des Hundes zitterte noch einige Male, erschlaffte dann, und aus seinem Maul sickerte in einer langen Bahn dickes Blut.

Als der Arzt auf mich zutrat, strahlten seine Augen und sein Gesicht war von einem eigenartigen Glanz überzogen. Voll Schauer betrachtete ich seine verzerrten Lippen, an denen blasiger Speichel hing.

»Das Herz«, stöhnte er verzückt, »es schlägt noch . . .«

Wieder war in mir eine ungeheure Wut. Ich zog ihn hart an mich und schrie ihn an: »Machst du das auch mit deinen Kranken?« Einen Atemzug später gab ich ihm einen kräftigen Faustschlag auf die Nase.

»Ich will sie heilen, alle heilen; ich will ihnen eine neue Seele geben. Alle sind sie doch schmutzig, unendlich schmutzig; ich jedoch kratze den Dreck ab, reinige sie und gebe ihnen damit ein neues, ein besseres Leben«, heulte er.

»Warum läßt du Scheusal dabei die Menschen leiden, gibst ihnen kein Mittel, daß sie den Schmerz nicht verspüren?«

Er wischte sich das Blut ab, das aus seiner Nase tropfte und sah mich verständnislos an. »Der Schmerz muß doch sein, was wäre ein Mensch ohne ihn?«

»Und was ist mit dem Hund, den du bei lebendigem Leib zu Tode geschunden hast? Ist bei ihm der Schmerz auch eine Lebensnotwendigkeit?«

Er schwieg, sah mich voll Haß an, und seine Augen verrieten mir, daß er auch mich, genauso wie den Hund, elendiglich martern und töten würde.

Für Sekunden durchwirbelten mich Gedanken und Bilder. Ich wußte, daß die Gefangenen in den Gefängnissen und Steinbrüchen gequält und sinnlos geschlagen wurden. Überall sah man Bauern, die ihre Esel überladen hatten. Brachen diese unter der Last zusammen, prügelte man sie wieder hoch. Es gab Kinder, die Vögel und Katzen fingen, ihnen die Beine ausrissen oder Tiere, meist junge Hunde, streckten. War nicht manche Ehe auch Qual und voll von unendlichem Schmerz? Starben nicht viele Menschen einen elenden Tod? Waren die letzten Minuten nicht oft größtes Leid? Und die Götter ließen dies alles zu ...

Als der Arzt mir auf eine weitere Frage wieder nicht antwortete, befahl ich einem Soldaten, ihm wegen seines Ungehorsams zwanzig Peitschenhiebe auf den Rücken zu geben.

Jeder Schlag wurde von einem jämmerlichen Schrei begleitet. Als der Arzt wieder aufrecht vor mir stand, fragte ich ihn erneut: »Warum läßt du die Kranken, die sich dir anvertrauen, so unnötig leiden?«

»Weil ich die Menschen verachte«, keuchte er noch schmerzerfüllt. »Alle sind sie so unendlich primitiv, so schwach und käuflich.« Er stöhnte kurz, und seine Lippen suchten zitternd die weiteren Worte: »Ich hasse schwache Menschen, will mir beweisen, daß ich stark bin. Und so verursache ich den Schmerz, den Schrei, und fühle, nein, ich weiß es genau, daß ich groß und mächtig bin. Ja, König, auch ich bin groß, auch ich weiß, wie man den Menschen Leid zufügen kann.«

Er kam vertraulich auf mich zu. »Herr, willst du einmal erleben, wie sich ein Mensch windet, wenn ihn der Schmerz zerreißt? Ich habe im Krankenzimmer eine Sterbende.« Wieder benahm er sich, als sei er mein Freund und lasse mich in letzte Geheimnisse sehen. »Die Frau stirbt in wenigen Tagen. Wenn ich ihr jetzt den Magen herausnehme, findet sie schneller den Tod. Sie muß, ich sagte es schon, so oder so sterben. Ist es für sie nicht eine Gnade, wenn ich sie schon jetzt erlöse? Du«, jetzt wurde er zum billigen Werber auf einem Markt, »es ist schön zu erleben, wie sie stöhnt und wie ihr Leib zuckt, wenn ich ihn öffne. Dieses Zittern der gefesselten Beine und Hände, dieses Vibrieren der Schultern, dieses Röcheln und Gurgeln der Lippen ist herrlicher als der obszönste Tanz einer Priesterin in einem Fruchtbarkeitskult. Sind wir, die wir gesund sind, nicht unendlich reich? Wir wissen das erst, wenn wir einmal neben einem Menschen standen, der wie ein Tier verendete.« Sein Gesicht strahlte erneut. Laut rief er: »Ich bin der Meister, ich bin der Sieger. Es ist das Schönste im Leben, wenn man anderen Schmerz zufügen kann.«

»Du bist sehr krank«, sagte ich und trat einige Schritte zurück.

»Sind wir nicht alle krank, König?« fragte er. »Du nimmst dir das Recht, in Afrika Sklaven zu fangen, bringst damit vielen Familien Leid. Bist du nicht kränker, König, weil du das tust? Ich quäle einzelne, wenige, du jedoch Hunderte. Man sagt, du hast zweihundert Sklaven erbeutet? Das bedeutet, Minos, du hast den Angehörigen von zweihundert Menschen größten Schmerz zugefügt. Du gibst Befehle, daß da einer gefoltert und dort einer getötet wird. Du läßt Ohren abschneiden, Augen ausstechen und Männer entmannen. König, du bist krank, nicht ich.«

»Meine Strafen – die Gesetze bestimmen sie – sollen die anständigen und fleißigen Menschen schützen, daß ihnen nicht Diebe, Betrüger und Räuber den Lohn ihrer Mühe nehmen. Ich will mit meinen Strafen abschrecken...«

»Wer krepiert freudvoller?« fragte er zynisch. »Der Hirte, der bei der Suche nach einem verirrten Schaf in den Abgrund stürzt und sich dabei das Rückgrat bricht, oder der Mörder, der bei lebendigem Leib gepfählt wird?«

»Wohl keiner«, meinte ich. »Doch darf es nicht sein, daß du kranke Menschen, die sowieso schon in Not sind, durch deine teuflische Gier noch mehr quälst.«

Er sah mich nun wie ein Händler an. »Wir haben jährlich hundertfünfzig bis zweihundert Verbrecher, deren Untaten die härteste Strafe, den Tod, verdienen. Es sind Räuber, Mörder, Kinderschänder, Viehdiebe und Brandstifter. Bisher wurden sie in die Kerker geworfen oder zur Arbeit in die Steinbrüche verbannt. Man hätte sie auch aufhängen oder steinigen können. Gut«, er nickte nachdenklich-. »sie sterben auch in den Gruben bald, so oder so ... Über tausend Jahre lang schlug man den Dieben die rechte Hand ab. Hast du, Minos, in den Dörfern schon die Einhändigen gesehen? Meinst du nicht auch, daß die Arbeit im Steinbruch für dich als König gewinnbringender ist? Noch gewinnbringender wäre es, Minos, wenn du sie mir für meine Versuche geben würdest. Vielleicht gelingt es mir dann, den Tod zu bekämpfen, die Gründe des frühen Siechtums zu erkennen, und damit wäre es mir vielleicht möglich, viele Menschen zu retten. Hast du schon einmal ein Gefängnis besucht, in dem gemartert, gedrosselt und gepfählt wird? Mein Tod, den ich biete, würde der Menschheit dienen.« Er sah mich wieder eigenartig an. »Ich glaube«, sagte er mit fester Stimme, »daß ich das Recht des Tötens für mich in Anspruch nehmen darf.« Dann blickte er fast spöttisch auf mich. »Es gibt einen Auftrag zum Töten. Das gilt für dich als oberster Richter und für mich als Arzt.«

»Warum für dich?«

»Weil ich Menschen beseitige, die das Weiterleben nicht mehr verdienen«, sagte er pathetisch. Dann grinste er wie trunken, schmatzte genüßlich und sagte eitel: »Man wird selbst erneuert, wenn man ein anderes Leben auslöscht. Man wird mit jenen Atemzügen, die der andere verliert, neu geboren. Es ist, als ob sein Leben in uns überginge.«

Der Führer meiner Leibwache trat zu mir. »König, dieser Mann ist krank, ist eine Gefahr, bestrafe ihn«, riet er.

»Jede Strafe soll aber einen Sinn haben«, antwortete ich ihm. »Sie soll so gehalten sein, daß sie von dem Bestraften anerkannt wird.«

»Anerkannt?« fragte er verblüfft.

»Ja. Der Sinn einer weisen Strafe ist, daß der Schuldige erkennt, ein Gesetz übertreten zu haben und die Strafe seine Sühne ist. Der Richter hat die Aufgabe, dem Angeklagten klarzumachen, daß er sich mit seiner Tat aus der Gemeinschaft ausgeschlossen hat. Gelingt es dem Richter, einem Schuldigen den Willen zur Sühne als sittliche Leistung beizubringen, handelt er weise.«

»Ob eine Strafe, welcher Art sie auch sei, Verbrecher wieder zur Vernunft führt, ob Diebe, die stehlen, oder Mörder, die töten müssen, durch die Strafe gebessert werden?«

Ich ging wieder auf den Arzt zu und fragte ihn: »Warum tötest du? Deine Aufgabe ist es, zu heilen und nicht zu morden.«

Er sah mich tückisch an, rang lange nach einer Antwort, hatte sie dann anscheinend gefunden, da er stolz, sogar irgendwie überheblich, antwortete: »Ich suche in dem Sterbenden nach Erkenntnissen, die mir helfen, andere zu retten. Ich diene den Göttern, bin ihr Werkzeug, handle also nach ihrem Willen.« Seine Augen lauerten und prüften, ob ich diese Antwort annahm. »Wenn ich weiß«, sprach er weiter, »wie die Organe des Körpers arbeiten, kann ich Krankheiten besser erkennen und schneller heilen.«

»Wir haben die Pflicht, für das Gute einzutreten und das Böse zu bekämpfen. Wenn du eine Familie hast – mußt du, oder du bist ein Schuft – für sie sorgen. Sorgen heißt aber auch, daß du Freude gibst. Dein Tun schafft jedoch Leid. Hast du nie daran gedacht, daß die furchtbaren Schreie der Kranken, die du erbarmungslos quälst, den Angehörigen bis an das Ende ihres Lebens in den Ohren klingen werden?«

»Euer Würden«, antwortete er wieder überheblich, »das Leid muß sein; denn es ist der Tau der Seele.«

»Dummkopf«, knurrte ich. »Wenn du einen Menschen bei lebendigem Leib marterst, nur um zu sehen, wie lange noch sein Herz oder seine Lunge arbeitet, dann ist es Wahnsinn, bei den gräßlichen Schmerzen vom Tau der Seele zu sprechen.«

»Schmerz ist doch auch Freude«, entschuldigte er sich.

»Wieso?« fragte ich ihn verblüfft.

»Ich habe als Kind Ratten und Katzen ertränkt, spielte mit ihrem Leben. Es war schön zu sehen, wie sie starben.«

Ich sah ihn erschrocken an. »Auch ich mußte in meiner Erziehung Tiere töten, um dadurch zu lernen, wie man das Schwert führt. Später, wenn ich alleine war, ging ich zu den getöteten Tieren zurück und bat die Götter um Vergebung.«

»Und befiehlst trotzdem da den Tod und dort das Abhacken der Hände?«

»Das ist Mahnung und Strafe.«

»Würdiger Gebieter, wenn du es so sehen willst, strafe ich doch auch nur.«

»Wofür strafst du? Wer gibt dir dazu das Recht?«

»Viele werden durch eigene Schuld krank, denn eine Krankheit ist oft nur die Folge eines Vergehens am eigenen Körper.«

»Bist du so dumm oder tust du nur so?« fragte ich bestürzt. »Was kann ein Mensch dafür, wenn er von einem wütenden Esel getreten wird und dabei seine Rippen zertrümmert werden, oder wenn ihn der Sturm aufs Deck schleudert, und er sich beim Aufprall das Rückgrat bricht? Du kannst noch so oft seinen Kopf öffnen, die Rippen bleiben zerschmettert und das Rückgrat bleibt gebrochen. Und so quälst du mit deiner krankhaften Neugierde unnötig und weidest dich dazu noch am Schmerz.«

»Für mich ist es eine Wonne, wenn ein Sterbender stöhnt, als ob tausend Berge auf seiner Brust lägen, und er mit glasigem Blick seinen letzten Atem aushaucht«, antwortete er genüßlich.

»Dann wird es auch für andere Menschen eine Wonne sein, das Todesstöhnen zu hören?«

»Bestimmt, Euer Gnaden«, sagte er und sah mich hoffnungsvoll an.

»Männer«, befahl ich meiner Wache. »Schlagt diesen Unmenschen tot, aber ganz langsam. Er soll spüren, wie schmerzlich das Röcheln und Stöhnen ist, wie qualvoll es ist, um den letzten Atem zu ringen. Quält ihn, schindet ihn; er soll am eigenen Leib erfahren, was er anderen in seinem Wahn angetan hat.«

Als ich zu meinem Wagen ging, stand plötzlich Riana vor mir.

»Wie kommst du denn hierher?« fragte ich erstaunt.

»Liebster«, sagte sie leise, »ich hatte Sorge um dich. Verzeih ihm, wir müssen immer wieder barmherzig sein.«

»Er ist grausam, verdient nicht mehr zu leben; er könnte noch vielen Menschen Leid zufügen.«

»Bitte«, sagte sie ernst und stolz. »Sei gnädig, sei du nicht auch grausam.«

»Ist Gnade bei diesem Unmenschen überhaupt angebracht?«

»Wir müssen um der Liebe willen, die immer Hoffnung ist, barmherzig sein. Es stimmt, der Mann ist böse, doch muß sich die Barmherzigkeit täglich beweisen. Auch die Güte. Du bist groß, kannst, nein, mußt Beispiel sein. Bitte.«

»Soll ich ihm dann einen Orden verleihen oder ihn mit einem Kranz aus Lorbeerblättern schmücken?« fragte ich zynisch und gab ihr zu verstehen, daß mich ihre Bitte unglücklich machte.

»Nein, Minos«, antwortete sie. »Er tötete und hat damit den Tod verdient. Übergib ihn ohne Haß dem Gesetz. Das genügt.«

»Kommst du mit nach Knossos?« fragte ich und zeigte auf meinen Wagen.

»Ja«, sagte sie fröhlich und lächelte glücklich.

Als ich den Kriegern die nötigen Anweisungen gegeben hatte, ging ich abschiednehmend zu Anu, dem Bauern, legte ihm meine Hand auf den Kopf und segnete ihn damit unbewußt. Ich spürte, daß die Gnade, die ich gab, wie ein geheimnisvolles Echo auf mich zurückflutete.

Während der Rückfahrt hörte ich in meinem Herzen ein Singen. Waren es die Mondpriesterinnen, die für mich beteten? Oder lag es nur an Riana, die hinter mir stand und sich mit einer Hand an meiner Schulter abstützte?

Irgendwann suchten mich ihre Lippen, und als eine Gruppe knorriger Ölbäume die Nähe von Knossos ankündigte, flüsterte sie: »Gib Manolis gute Worte . . .!«

»Er ist doch der gleiche Heuchler und Gaukler wie dieser Arzt«, wehrte ich ihre Bitte ab.

»Er liebt jedoch Kreta. Ist er nicht wichtig, wo doch auch er wie du den Menschen dieser Insel dienen will?«

Meine Hände verkrampften sich ineinander.

»Er will auf seine Weise die Menschen glücklich machen«, warb Riana für ihn.

»Und wie sieht meine Weise aus?« fragte ich und lächelte sie gütig an.

»Du versuchst, den Kretern Arbeit und damit Nahrung zu geben. Man wird dich dafür ehren. Doch besteht der Mensch auch aus Seele. Ihr genügen nicht Wasser und Gerste, Fisch und Fleisch. In allen Ländern sehnt man sich nach den Göttern.«

»Man träumt von ihnen«, wehrte ich ihre Worte vorsichtig ab, »gefunden hat sie aber noch keiner.«

»Minos, wir alle leben doch aus den Träumen. Zu viele Menschen sind in Not. Wenn sie nicht die Träume hätten, würden sie vergehen. Du solltest diese Träume – ich meine die von Gott – unterstützen; denn sie helfen, das Leben zu bestehen.« Sie lehnte sich zärtlich an mich und sah nachdenklich auf den Palast, der nun in seiner ganzen Breite vor uns lag.

»Wir Menschen stehen in vielen Geheimnissen«, sprach ich vor mich hin. »Das größte ist vielleicht die Liebe. Sie ist sogar eine Herausforderung. Liebe ist«, ich sah sie an, als könnte sie mir die Antwort geben, »eine Sehnsucht, eine Urkraft. Wer sie zerstört, wird brutal, roh, verzweifelt und gerät in Depression. Das Menschliche im Menschen läßt es nicht zu, nicht geliebt zu werden und nicht lieben zu dürfen. Diese Urkraft verbietet es. Der Mensch kann nicht ohne Liebe leben, er braucht sie für seine Entwicklung wie die Blume das Licht.«

»Die Liebe verändert uns«, antwortete sie und drückte sich zärtlich an mich.

»Kann jeder lieben?«

Riana sah mich an, als suche sie in mir die Antwort. Dann sagte sie:

»Ich möchte es einschränken. Jeder könnte lieben, doch viele wollen nicht.«

»Wieso?« fragte ich hölzern.

»Sie sind Egoisten. Es gibt Menschen, die nicht zu einer edlen Bindung fähig sind. Es gibt Männer, die nie Vater, und Frauen, die nie Mutter werden dürften. Es gibt Menschen, die nicht für eine Partnerschaft geeignet sind. Ein Betrüger wird meist weiter betrügen, ein Lügner weiter lügen und ein Dieb weiter stehlen.«

»Kann die Liebe das nicht ändern?«

»Eine wirkliche Liebe vielleicht...«

Wir schwiegen, sahen auf die Bäume, die an uns vorüberglitten.

»Das Glück ist ein Mosaikbild«, seufzte Riana, »das aus vielen kleinen unscheinbaren Freuden zusammengesetzt ist. Wir wissen meist nicht, warum wir glücklich sind, warum in uns Freude ist. Die Freude ist oft ein Besucher, der zu uns kommt, wenn wir glücklich sind, weil sie bei uns eine Heimat findet. Wir sollten uns also auf diesen Besuch – wenn wir ihn wollen – vorbereiten. Tun wir das, kommt das Glück, ohne daß wir es rufen müssen.«

»Das hast du gut gesagt«, dankte ich und nahm sie zärtlich in die Arme.

Nach einer Weile sagte ich, daß ich für einige Tage zu einer Visitation in die Berge fahre. »Ob ich Manolis mitnehme?« sprach ich vor mich hin. »Er soll sehen, wie hart die Bauern arbeiten müssen, wie schwer es ist, dem kargen Boden, der oft noch unfruchtbar ist, eine Ernte abzuringen. Ich muß«, sprach ich fast eigensinnig weiter, »noch öfter zu den Bauern, muß auch in die Häfen und Städte, in die Dörfer und Herrenhöfe. Ich muß«, sagte ich tonlos, senkte den Kopf, hob ihn dann wieder und sprach weiter, »den Handwerkern helfen, den Künstlern, den Baumeistern, den Steinmetzen; ich will die Musik und den Tanz mit neuen Impulsen versehen. Wenn auch die Bauern, Hirten und Seeleute immer noch sehr arm sind, möchte ich ihnen die Bitterkeit nehmen, möchte ich Freude geben. Ich will Mut machen, Riana. Wenn sie noch zwei bis drei Jahre durchhalten, haben wir es geschafft. Ich brauche nur noch diese Zeit. Möge mir Zeus helfen.«

Es war noch früher Morgen, als wir in ein Gebirgstal kamen. Ein

Steuerbeamter begleitete mich, weil einige Dörfer die Abgabe verweigerten.

Neben mir ritt Manolis, hinter mir ein Trupp Soldaten, denen mehrere Wagen folgten.

Plötzlich wurde der Weg durch einen breiten, tiefen Bewässerungsgraben unterbrochen. Während ich zögerte, Umschau nach einem Pfad hielt, den wir mit den Wagen befahren konnten, hatte schon Manolis einige Soldaten aufgefordert, den Wassergraben zuzuschütten. Zwei gingen mit Hacken und Schaufeln an die Arbeit, mehrere schlugen Steine aus einem nahen Felsen, andere warfen sie in den Graben und schütteten Erde darüber.

Wie ein Geist trat auf einmal aus dem Gebüsch, das die Straße säumte, ein Bauer. Er war alt, sehr ärmlich gekleidet. Verwirrt sah er auf die Soldaten, rief dann ängstlich: »Halt, halt, tut das nicht, das ist doch ein Wassergraben. Ich brauche ihn, damit meine Felder Frucht geben.«

»Du bist ein Tölpel«, antwortete Manolis. »Siehst du nicht, daß Minos, unser König, die Kolonne führt?«

»Ja, ja«, klagte der Alte, »ich sehe ihn, aber das hier ist ein Wassergraben. Er ist meine einzige Rettung. Ich habe Kinder, bei mir wohnen meine Eltern, alle würden hungern, wenn die Felder austrockneten.«

»Tut eure Pflicht!« befahl Manolis und drückte den Bauern auf die Seite.

Dieser stürzte sich mit hoch erhobener Hacke auf einen Soldaten. »Geht weg, geht weg!« rief er. »Das ist mein Wassergraben. Wie soll ich Steuern bezahlen, wenn ich zu keiner Ernte komme?« Dann wandte er sich um, kam auf mich zu. »König, Herr, hilf du mir. Ich habe an diesem Wassergraben über zwei Jahre gearbeitet und das fast Tag und Nacht. O Zagreus«, wimmerte er, »hilf du mir!«

Manolis sah mich an, als tue er nun etwas, in dem er sich und seine Tüchtigkeit beweisen wolle. Im nächsten Augenblick schlug er dem Bauern mit einem Stock ins Gesicht, und sofort bildete sich eine Wunde, die sich über die Nase und die Lippen zog und stark zu bluten begann.

»Zwei Jahre habe ich an dem Graben gearbeitet«, stöhnte der Bauer. »Ich habe nur gegraben, kannte kaum einen Feiertag, hatte nicht die Zeit, um die Gräber der Verstorbenen zu besuchen und zu schmücken. Adler griffen mich an, wilde Hunde. Es gab Stunden, in denen von allen Seiten Schlangen kamen, als wollten sie mir den Wassergraben verbieten.« Dann stolperte er auf mich zu, wischte sich das Blut ab, warf sich auf die Erde und schlug seinen Kopf auf sie.

»Was ist?« fragte ich, obwohl ich wußte, was der Alte wollte.

»Erhöre mich«, bettelte er. »Bester König, edler Minos, der du die Lüge besiegtest und die Wahrheit erkanntest, der du den Armen ein Vater bist, der Mann der Witwen, die Kleidung dessen, der nackt ist. Sei gerecht, König; höre mich, Edelster der Edlen!«

In mir stieg der Zorn hoch. Kreta hungerte, ich brauchte die Tribute, um die Häfen auszubauen, um Schiffe zu bekommen, mit denen es mir möglich war, Nahrungsmittel herbeizuschaffen, bis die Felder wieder gute Ernten ergaben. Der Steuereintreiber, der mich begleitete, hob drohend die Faust, doch Manolis war es, der den Stock nahm und begann, mit ihm erneut den Bauern zu prügeln. »Fort mit dir!« schrie er und trat dann mit den Füßen nach dem Alten.

Ich sah nach dem Stand der Sonne, wußte, daß ich mich beeilen mußte, wenn ich vor Einbruch der Dunkelheit noch einige Dörfer visitieren wollte. »Geh aus dem Weg«, befahl ich. »Es mag stimmen, daß du hungerst. Man hungert in vielen Teilen des Landes.«

Der Graben war aufgefüllt, die Wagen konnten ihn nun überqueren. Ich hob winkend die Hand, als wollte ich dem Bauern danken.

Als ich weiterritt, sah ich, wie der geprügelte, blutende, vor allem aber erschreckte Alte auf dem Boden saß, sich die Augen wischte, dann aber plötzlich hochsprang und laut klagend den Hang hinauflief. »Verschlinge mich, o Erde! Der Tag sei verflucht, an dem ich das Licht der Welt erblickte. Zagreus, o Zagreus, warum schützest du nicht uns Bauern, die nur Hände haben, um zu arbeiten, einen Mund zum Schreien und einen

Rücken für die Prügel. O Zagreus, zerreiße meinen Leib, verbrenne ihn zu Asche.«

Als wir in dem ersten Dorf anlangten, das ich visitieren wollte, sah ich verwundert, daß sich Manolis wie ein Steuereintreiber gebärdete, er sich benahm, als wenn die Tribute in sein Haus kämen.

»Warum machst du das?« fragte ich ihn. »Deine Aufgabe ist nicht, den Stock zu schwingen, sondern von Zeus zu künden. Warum sagtest du vorher dem Bauern nicht, als er Zagreus anflehte, daß er Zeus bitten müsse, ihn zu schützen?«

»Wie kommst du nur auf diese Gedanken?« antwortete er und sah mich eigenartig an.

»Ich wurde in Athen auch von Priestern unterrichtet, habe sie besonders in ihrer Schule kennengelernt. Wenn ich einmal Kreta den Hunger genommen habe, werde ich meinem Vater, der ewig leben möge, nachfolgen und allen falschen Priestern den Fuß ins Genick setzen. Zum Glück, Manolis, gibt es nicht nur dich«, höhnte ich, »der von Zeus spricht und oft Zagreus meint, der von den Göttern spricht und dabei zu oft an eigene Interessen denkt. Ich sah vor einigen Tagen etwas Wunderschönes: ein Priester teilte sein Brot mit den Armen, und einem schenkte er sogar seine Schuhe.«

»Minos«, stöhnte er erschrocken, »du hast Gedanken, unter denen die Paläste einstürzen würden, hörten sie diese und verstünden sie deine Worte. Du verärgerst jene, die einzigen, meine ich, die dir helfen können. Wir sind deine Helfer, denn wenn du nicht umkehrst, wird das ganze Volk gegen dich sein. Hast du dir schon Gedanken gemacht, wer hinter dir, der du Mykener bist, eigentlich steht?«

»Meine Soldaten«, antwortete ich knapp.

»O nein, ein Großteil wird den Priestern folgen. Die wenigen, die an dich glauben, sind wie eine Handvoll Wasser auf einem durstigen Acker.«

»Die Beamten«, sagte ich zuversichtlich.

»Auch sie stehen zur Hälfte auf der Seite der Priester.«

»Lassen wir das«, meinte ich abweisend. »Wir müssen heute noch zwei Dörfer visitieren.«

Auf dem Rückweg sahen wir in einem Seitental bebautes Land, bewässerte Äcker und ein großes Haus.

»Es wird das Gut eines Priesters sein, der keine Steuern zahlt«, höhnte ich bitter.

Nachdem wir die Felder durchquert hatten, kamen wir an einen freien Platz. Auf der linken Seite waren die Hütten der Bauern und Sklaven, auf der rechten Seite das Haus des Eigentümers. Auf der Rückseite wuchs Wein, nahe war ein Hang mit vielen Olivenbäumen. Vor dem Haus standen Zypressen wie Soldaten. Ein kleiner Bach floß in mehrere Teiche.

Als wir in das Haus traten, sahen wir einen Priester, der betete, dann, als ob es uns nicht gebe, auf einen Kranken zutrat und ihm Medizin einflößte. »Zeus, du ewiger Gott, hilf diesem Kranken«, sprach er innig, »er ist ein guter Mensch.« Dann verneigte er sich, betete wieder, und wandte sich uns zu.

Jetzt erkannte er Manolis, verbeugte sich vor ihm, sah dann meine Insignien, die mich als König auswiesen.

»Bist du Minos, der König von Kreta?«

Ich nickte nur, fragte dann: »Bist du Arzt? Du hast einen schönen Hof und fruchtbare Felder.«

Der Priester antwortete ernst: »Zeus hat dieses Tal mit dem Bach gesegnet. Ja, ich bin Arzt; meine wichtigste Medizin ist jedoch, daß ich den Menschen Nahrung gebe. Hungrige werden böse, werden zu wilden Tieren. Sieh dir meine Sklaven an. Alle sind glücklich und«, er stockte und sah prüfend auf Manolis, »keiner hat Striemen auf dem Rücken. Die Gewalt kann wohl zwingen, aber nie die Freude befehlen. Kreta braucht das Glück, braucht die Freude. Menschen, die lachen, Frieden in sich haben. Minos, wisse, daß ein gutes Herz mehr bedeutet als Kraft. Der Elefant ist um vieles stärker als der Mensch, und doch unterliegt er ihm.«

Wir bewunderten die Felder des Priesters, sprachen mit den Arbeitern und Sklaven. Als wir weiterritten, bemerkte ich, daß Manolis grübelnd vor sich hin sah.

Nachdem wir den zugeschütteten Wassergraben des Bauern überquert hatten, sahen wir, daß an einem knorrigen Feigenbaum ein Mensch hing.

»Was ist das?« fragte ich entsetzt.

Ein Soldat ging hin und rief: »Der Erhängte ist der alte Bauer, der sich gegen das Zuschütten seines Wassergrabens wehrte.«

»Es ist gut, daß er sich aufgehängt hat«, sagte der Steuereintreiber. »Er war ein Rebell. Es ist doch unmöglich, uns zu verwehren, den Graben aufzufüllen, auf daß wir ihn überqueren konnten. Er sah doch auch – und Augen sind da, um zu sehen –, daß der König mitritt. Es darf nicht sein, daß sich einer gegen den König auflehnt.«

»Armer Mensch«, sagte ich betrübt, als ich vorbeiritt.

Lange noch stand vor meinen Augen das Bild des Selbstmörders, und in mir bohrte die Frage, ob ich vielleicht sein Mörder war. Verübte ich ein solches Unrecht, tat ich ihm eine solche Schmach an, daß er nicht mehr den Mut hatte weiterzuleben?

Ich wandte mich um, suchte Manolis, wußte, daß auch er den Bauern geschlagen hatte, fragte trotzdem: »Wer hat den Mann geschlagen?«

Ein junger Priester trat vor, er war der Begleiter von Manolis. »Ich«, sagte er demütig, senkte den Kopf, damit ich in seinen Augen nicht die Lüge lese.

»Gebt ihm zwanzig Hiebe«, befahl ich. »Es darf nicht sein, daß man in Anwesenheit des Königs Menschen schlägt. Ich habe gerecht zu sein, habe zu schützen. Wußtest du nicht«, sagte ich zu dem Jüngling, »daß ich als König der oberste Gerichtsherr bin? Nimm die Hiebe als Mahnung an, man entehrt seinen König, wenn man in seiner Anwesenheit ungerecht ist.«

Verwirrt schüttelte ich den Kopf, denn die Soldaten ergriffen wirklich den jungen Priester, benahmen sich, als wenn er ein Dieb oder Mörder wäre, obwohl sie wußten, daß er sich nur aus einem Pflichtgefühl heraus vor Manolis stellte.

Warum befahl ich die Hiebe? Gut, ich wußte es, ich wollte das Gesetz erfüllen. War denn das Gesetz wie ein Mensch ohne Herz? Der junge Priester lag auf dem Boden. Ein Soldat setzte sich ihm auf die Schultern, ein anderer auf die Füße und ein dritter Soldat gab dem entblößten Rücken zwanzig Schläge mit dem Stock.

Wenige Atemzüge später schritten neben mir zwei Soldaten. »Der Bauer, der sich erhängt hat, war ein armer Mensch«, sagte der eine. Der andere antwortete nüchtern: »Dafür war der heutige Tag der reichste, der schönste.«

»Wieso? Es ging dem Bauern schlecht, sehr schlecht sogar, und das auf dem heiligen Boden Kretas.«

»Er war nur ein Sklave«, entgegnete der erste. »Sie sind es gewohnt, daß man sie verheiratet, scheidet, schlägt, verkauft und manchmal sogar totschlägt.«

»Sind nicht auch wir Soldaten Sklaven?« fragte der andere nachdenklich.

»Jeder hat seine Stellung, eine niedrige, weniger niedrige oder sogar eine sehr niedrige. Betrübt es uns, daß wir keine Offiziere sind? Nein, wir wissen, was wir sind, und so weiß auch der Sklave, was er ist. Die Welt will es so, es ist eine Weltordnung. Ein jeder tut das, was er zu tun hat. Der Ochse pflügt, der Esel schleppt Lasten, ich beschütze den König und kämpfe für ihn. So hat der Bauer zu pflügen und dafür Steuern zu bezahlen.«

»Jenem Bauern wurde aber die Arbeit von zwei Jahren zunichte gemacht. Er hatte eine Familie, sie muß nun hungern und vielleicht sogar sterben.«

»Müssen nicht auch wir sterben, wenn die Feinde in der Überzahl sind?«

»Ich sehe nicht mich, empfinde den Schmerz des Bauern, sehe nur die Hoffnungslosigkeit, in der er sich befand, die so groß war, daß er sich das Leben nahm. Ich sehe das Elend vieler Kreter.«

»Dann schließe die Augen. Wer befiehlt dir, ihre Not zu sehen?«

»Mein Herz«, antwortete der Soldat, und ich freute mich, als ich diese Worte hörte.

8

Wenige Tage später traf ich Enos, den Vater Rianas. »König!« rief er erfreut. »Westlich von Acharna ist der Jouchtasberg. Du kannst ihn auch von Knossos aus sehen. Viele Priester sagen, daß unser Gott Zagreus, den wir jetzt Zeus nennen, droben auf dem Jouchtas begraben wurde.

Auf der Höhe ist ein Heiligtum, zu dem ich jetzt immer zweimal im Jahr pilgere. Habe ich dort Zeus die Ehre erwiesen, wandere ich durch die Täler und die geheimnisvollen Grotten, die den Berg umgeben. Einige der Höhlen enthalten seit undenklicher Zeit Heiligtümer und Gräber.«

»Hast du in den Höhlen auch die Geister der Tiefe gesehen?« fragte ich ihn übermütig, weil er so eigenartig sprach.

»Ich weiß es nicht, Euer Würden. Als ich in einer Höhle Unterschlupf suchte, weil es plötzlich sehr stürmte und regnete, traf mich ein so ekelhafter Modergeruch, daß ich sofort wieder fliehen wollte. Ich überwand mich, ging weiter, und dann sah ich ihn . . .«

»Den Gott der Unterwelt?«

»Nein, König, ein Wesen, klein und dick, mit kurzen Armen und Beinen, die in Krallen endeten. Der Leib hatte einen Wulst, der gezackt wie ein Hahnenkamm war.«

Ich versuchte, mein Lächeln zu verbergen. »Und es war ein menschenähnliches Wesen, das aufrecht ging?«

»Haben die Götter der Tiefe Menschengestalt? Ich weiß es nicht, doch stand dieses Wesen aufrecht, stützte sich mit beiden Händen an dem Felsen ab und starrte mich an, daß ich meinte, vor Angst sterben zu müssen.«

»Warst du betrunken?« fragte ich gütig.

»Würdiger Gebieter, ich bin nicht gerade ein Feind des Weines, meide ihn trotzdem oft, weil er, im Übermaß getrunken, die Grenzen verwischt. Vom Wasser der Quellen wird man nicht trunken, auch nicht von der Milch der Schafe und Ziegen.«

»Dann bist du aus Angst aus der Höhle gelaufen?« fragte ich.

»Mehrmals«, gestand er. »Doch trieb mich die Neugier immer wieder zurück. Dieses Wesen, nun sah ich es genau, hatte eine Echsenhaut und teilweise sogar einen stacheligen Panzer.«

»Es war ein Tier«, sagte ich und fragte spöttisch: »Grunzte oder bellte es?«

»Nein, Herr, es war tot, sehr lange schon, ähnelte einer Mumie. Die trockene Luft der Höhle, vielleicht auch die Einwirkung des Bleis, das es in dem Gestein gibt, hat es nicht verwesen lassen.«

»Wem ähnelt dieses Tier aus der Vergangenheit Kretas?« fragte ich nun interessiert.

»Dem Krokodil. Als ich meinen Freunden von ihm erzählte, sagten sie, daß auch sie schon solche von der Höhlenluft mumifizierte Wesen gefunden hätten. Einer entdeckte in einer Grotte eine Gans mit einem Echsenkopf und den Flügeln einer Fledermaus. Woher kommen nur diese Tiere, König?«

»Die Welt, in der wir leben, kann sich aus kleinen Anfängen entwickelt haben«, erklärte ich. »Als wir einmal hier in Knossos bei Bauarbeiten tief in die Erde gingen, fanden wir Werkzeuge, die vor langer Zeit von Menschen aus Stein hergestellt worden waren. Man kannte damals noch nicht die Bronze. Noch früher, vielleicht vor über hunderttausend Jahren, mögen die Menschen noch primitiver gewesen sein, lebten in Gruben und armseligen Hütten. Bestimmt gab es damals riesigere und schauerlichere Tiere.«

»Und noch früher, würdiger Gebieter?« fragte der Vater Rianas neugierig.

»Das weiß ich auch nicht. Aber zeige du mir die Höhle, in der du warst.«

Enos erklärte sich sofort hierzu bereit.

Wir waren uns vertraut, als seien wir schon lange bekannt miteinander, waren Brüder, Menschenbrüder. Als wir das Tal hinaufwanderten, gab es Augenblicke, in denen er mich an die Hand nahm und führte, und dann wieder hielt ich ihn.

Um uns war sengende Sonne und Einsamkeit. Ich bat Enos, eine Rast einzulegen, und so lagerten wir uns im Schatten der Pinien am Rand eines Hügels. Das Licht flimmerte, ein starker Duft umgab uns, die Luft schien zu glühen.

Lange Minuten lag ich unbeweglich und starrte in das Tal hinab, Die Landschaft, erfüllt von einem tiefen Frieden, bewegte mich so sehr, daß ich meinte, mit ihr eins zu sein.

Ich sah zugleich die Nähe und die Ferne, lauschte allen Geräuschen. Insekten umsurrten mich, Legionen von Zikaden sangen. Es roch nach Harz und nach Myrrhe, nach Thymian, Majoran, Salbei und wilder Minze.

Gedankenverloren nahm ich mit den Fingerspitzen etwas Erde auf und stellte fest, daß sie immer noch von Asche durchsetzt war.

Dann dachte ich an die Sonne. Es gab Menschen, die in ihr Gott sahen. Verträumt wanderten meine Gedanken hinüber nach Griechenland, in meine Heimat. Dort gab man den Pferden Namen wie Pyrios, Eoos und Aethon, wenn sie selbst Flamme und Glanz waren und damit die brennende, ausglühende Sonne verkörperten.

»Riana?« flüsterte ich sehnsuchtsvoll, von der Schönheit des Tales ergriffen.

Nahe sah ich ein Dorf. Die hochaufragenden Gipfel der Berge blickten darüber hin und machten diese Ansiedlung klein und unscheinbar.

Gab es solche Dörfer nicht überall auf Kreta?

Da bestand ein Ort nur aus wenigen Häusern, dort waren es so viele, daß sie schon fast eine kleine Stadt ergaben. Bei meinen Reisen sah ich in allen Gegenden diese elenden, strohgedeckten Hütten. Oft waren sie fensterlos, nur die Türen gaben den Räumen Licht. Wenige Häuser waren zweistöckig, sie gehörten meist den Händlern, den Wohlhabenden.

Als wir später wieder eine kurze Rast machten, sahen wir eine tiefgefurchte Dorfstraße. Jetzt im Sommer bestand sie aus Staub, in der Regenzeit würde sie unergründlich schlammig sein. Über diese Straße, die eigentlich keine war, trieben die Bauern Tag für Tag ihre Esel, Ziegen und Schafe. Links und rechts standen, wie in vielen anderen Dörfern, Ölbäume und Zypressen.

Die Mitte des Dorfes, der Marktplatz, war – ich sah es jetzt genau – von kleinen Läden gesäumt, die wie überall Salz, Korn, Fleisch, Stoffe, Keramik und natürlich auch Wein anboten.

Ich wußte, daß auch hier alljährlich die Steuereinnehmer erschienen und von den Bauern Abgaben verlangten. Jeder, der lebte – und wer wollte nicht leben –, mußte seine Steuer entrichten, war dann für ein ganzes Jahr von ihnen frei. Mit dieser Abgabe konnte man, es war Gesetz und Recht, ein weiteres Jahr in Ruhe und Frieden leben. Alle hatten Steuern zu entrichten, selbst die Eltern für ihre Kinder.

Enos führte mich dann in die Höhle, zeigte mir alles, was er gesehen und gefunden hatte. Staunend stand ich vor der mumifizierten Echse, sah im hinteren Teil der Höhle, in einem Seitengang, Vögel mit eigenartigen Beinen und ein Tier, das dem Elefanten ähnelte, jedoch einen sehr langen Hals und einen dicken Schwanz hatte. Als ich mit der Fußspitze gegen den eigenartigen Kopf stieß, zerfiel er.

Als wir zurückwanderten, streifte mich ein Schatten. Ich zuckte zusammen, über uns flog ein großer Vogel.

»Was ist das?« fragte ich etwas erschrocken.

»Es ist ein Lämmergeier. Ist er nicht prächtig?« antwortete Enos.

»Die Flügel sind riesig«, staunte ich.

»Er ist der größte Raubvogel Kretas. Oft hat er eine Flügelspanne von fast zehn Fuß[1].«

Da sich die Sonne schon sehr nach Westen geneigt hatte, übernachteten wir in einem Dorf. Der Dorfälteste hatte mir ein großes, einfach eingerichtetes Haus zugewiesen. Durch ein Fenster sah ich ein von Bergen umschlossenes Tal. Blickte ich nach links, versperrte mir die Ecke eines Gebäudes die Sicht.

Unmittelbar unter mir konnte ich durch Weinranken, die sich an die Hauswand klammerten, einen kleinen Platz erkennen. Am Rande standen Tamariskensträucher, die bis hin an den Fels der Berge reichten. Viele der riesigen Blöcke schimmerten golden in der Abendsonne. In jeder Felsspalte wuchsen rosa und rote Blumen, und gleich daneben schlängelte sich ein schmaler Bach. Er mündete in einen Teich, der seidig und dunkel schimmerte und vom Wind leicht gekräuselt wurde.

Der Abend war noch warm, und so ging ich mit Enos auf den kleinen Dorfplatz. Wir saßen um ein Feuer und lauschten den Liedern einiger Sänger. Dann holte ein alter Bauer seine ehrwürdige Santir hervor.

Ich sah ihn neugierig an; denn er hatte um sein schneeweißes Haar ein dunkles Stoffband geknotet. Sorgsam legte er das Instrument auf den Knien zurecht und streichelte es fast zärtlich. Dann sahen mich seine Augen an, in denen Freude und festliches Glück lagen.

Er begann zu spielen, langsam, jeder Ton drang mir zutiefst ins Herz. Mit jeder weiteren Bewegung seiner rechten Hand beschleunigte Apsu, wie er von den Bauern genannt wurde, das Tempo. Die Töne flossen ineinander, wurden zu einem brausenden Lied. Als die Schlußakkorde verklungen waren, begann der Alte zu singen. Er erzählte in einem Sprechgesang von der Fruchtbarkeit als der Sehnsucht aller Menschen, von der großen Flut und der Asche, die wie Sonne vom Himmel fiel. Mit einigen Versen beschrieb er die Weinberge, die Zedern, das Plätschern der Quellen, und voll Stolz pries er die Schafe und Ziegen.

Wir alle lauschten ergriffen, wenn er vom Glück sang, das die Jagd gab. Laut erzählte er von den Heldentaten bei der Vertreibung von Piraten und bei den Aufständen gegen Eindringlinge und tyrannische Könige.

Das Santir klang ernst und beschwörend. In einigen Versen erinnerte uns der Sänger daran, daß das Gute immer siegen würde.

Wir alle klatschten begeistert und dankten ihm durch Zurufe. Dann kam ein Jüngling mit einer dreisaitigen Lyra, trat in die Mitte des Platzes. Mit dem kurzen Bogen entlockte er fröhliche Rhythmen aus seinem Instrument. Abwechselnd sangen nun die Frauen und die Männer mit, manchmal sogar gemeinsam. Die Lieder zeigten die Wiesen, Äcker und Wälder, kündeten von der Arbeit im Haus, der Erziehung der Kinder. Namen erklangen, und einmal flüsterte man mir zu, daß der Mann, von dem das Lied erzählte, das Dorf bei einem Piratenüberfall gerettet habe.

Dann sang ein uralter Bauer, dessen Gesicht runzelig war wie das eines Zwerges. »Erinnert euch daran, Kreter«, beschwor er. »Wenn einem Mann der Tod auf dem Land bestimmt ist, wird er nicht im Meer ertrinken. Ist jedoch der Tod bei einem Kampf sein Los, raffen ihn weder Krankheit noch Alter dahin. Die Götter bestimmen alles, die Liebe und das Leid.«

Als ich mit Enos langsam zu dem Haus zurückging, das ich mit ihm bewohnte, blieb ich bei einem Bauern stehen, der unter einem Baum saß und ein eigenartig riechendes, scharfes Getränk schlürfte.

»Wie kannst du nur so etwas trinken?« fragte ich ihn erstaunt.

»Alle Kreter und ihre Freunde lieben diesen Tsikouthia[2] mit seinem Geschmack. Ha!« seufzte er glücklich. »Das tut gut!« und nahm wieder einen kräftigen Schluck.

Nahe von dem Haus, in dem wir wohnten, war ein Hang, der von den Strahlen des Mondes und der vielen Sterne fast taghell erleuchtet war.

Ich pflückte eine Pflanze, die dort in dichter Menge wuchs, und betrachtete sie. Sie hatte runde Blätter, die mit einem weißen Pelz überzogen waren, und rote Stiele.

»Das ist ein Wunderkraut«, erklärte Enos. »Es ist echter kretischer Diktam.«

»Ist er selten?«

»Nein, aber eine typisch kretische Pflanze. Der Name deutet darauf hin, daß man sie zuerst im Diktegebirge gefunden hat. Die Bauern nennen sie ›Freude des Berges‹. Nicht, König, weil die Blätter besonders schön aussehen, sondern wegen ihrer Eigenschaften. Es ist ein Heilkraut, das man überall verwendet. Man benützt es auch zum Färben, und es gab sogar Zeiten, in denen man daraus Parfüm machte. Manche nennen es auch Glückskraut und bekränzen damit die jungen Paare bei der Hochzeit.«

Als ich wieder in Knossos war, meinte ich, einen Traum erlebt zu haben. Die Gegenwart nahm ich auf, als wäre sie von einem Nebel umgeben. Warum fiel es mir schwer, die Beine zu bewegen? Alle Glieder schmerzten, und bei manchem Schritt überfiel mich tiefe Atemnot.

Die Ärzte, die mein Leibsklave gerufen hatte, bemühten sich sehr, mir die Kräfte wiederzugeben. Sie mischten in den Wein und in die Speisen die Asche von Pferd und Stier, doch hatten sie damit kaum Erfolg.

Mir war, als ob meine Kräfte mit jeder weiteren Stunde immer mehr schwanden. Manolis tat sehr besorgt, befahl, daß mich die Sklaven in den Garten trugen und unter duftende Nadelhölzer legten. Die Diener speisten mich mit gehacktem Fleisch und gaben mir stärkende Brühen, viel Milch und Honig.

Als ich immer noch wie gelähmt dalag, zwang man mich, das frische Blut von Kälbern zu trinken, die von einem heiligen Stier gezeugt worden waren.

Eine Woche verging, in der ich zwischen Leben und Tod schwebte. Wie aus weiter Ferne hörte ich die Anweisung des Oberpriesters: »Gebt unserem würdigen Gebieter täglich einen Becher Blut von unschuldigen Kindern.«

Ich sah, wie selbst die Diener und Sklaven erschauerten. »Nein!« rief ich erschrocken und bemerkte noch, wie viele, die mich umstanden, vor Entsetzen erstarrten. Dann begannen sie zu tuscheln und zu raten. »Die Kinder von Priesterinnen sind bestimmt unschuldig, man könnte ihr Blut nehmen?« rätselte einer. Ein anderer meinte: »Die Kinder von Ärzten sind es auch; hier weiß man doch, daß sie gesundes Blut haben.«

Die Meinungen prallten scharf aufeinander.

»Wenn unser König täglich einen Becher frisches Blut bekommt, ist es doch egal, ob es von Sklaven- oder Bauernkindern stammt«, meinte ein Diener.

Ein Beamter wollte sich anscheinend verdient machen und fragte Manolis, ob er anfangen solle, die entsprechenden Kinder zu suchen.

Ich richtete mich mühsam auf und stöhnte: »Nein, nein. Ich will das nicht. Ich darf nicht das Blut kretischer Kinder trinken, da sie doch alle auch meine Kinder sind.«

Als ich wieder zurücksank, bemerkte ich, daß mich der Oberpriester schuldbewußt anstarrte. »Wie kannst du mir eine solche Medizin anbieten? Sie ist nichtswürdig und für mich eine Beleidigung«, ächzte ich.

»Euer Würden«, antwortete er geschmeidig. »Dieses Mittel ist in vielen Landern das große Geheimnis. Die Assyrer und Phönizier verwenden es, es treibt, davon ist man überzeugt, sogar die bösen Mächte aus dem Blut.«

»Das ist doch Aberglaube, ist Unsinn«, klagte ich. »Bei uns glaubt doch nicht einmal der dümmste Bauer, daß Blut von unschuldigen Kindern jemandem nützen könnte.«

Wieder sah er mich prüfend und abwägend an. »König«, sagte er langsam und betonte jedes Wort. »Du kannst mit jedem erfahrenen Jäger sprechen, gleich aus welchem Land er stammt. Er wird dir sagen: ›Wenn du das Herz eines Löwen ißt, bekommst du seinen Mut.‹ Der Hoden eines Tieres gilt in vielen Ländern als Quelle großer Kraft; das Hirn eines klugen Tieres gibt dir Weisheit und das Blut eines edlen Wildes seine Geschmeidigkeit und Flinkheit. Es gibt viele Berichte, oft sind es sogar Göttergeschichten, die davon sprechen, daß man die Innereien eines tapferen Kriegers, der im Kampf gefallen ist, aß, um selbst tapfer zu werden. Und so ist das Blut unschuldiger Kinder die reinste und beste Medizin, die ich dir raten kann.«

Ein weiterer Arzt war gekommen. Er untersuchte mich, nickte nur, tat, als sei meine Krankheit für ihn nichts Unbekanntes. Sein Diener reichte ihm einen Korb, aus dem der Arzt eine kleine Amphore holte, etwas von dem Inhalt in einen Becher goß und ihn mir zu trinken gab. Ich spürte, wie mich schon nach wenigen Schlucken ein Entzücken ergriff und wie ich immer mehr von einem tiefen Frieden erfüllt wurde.

Träumte ich mit offenen Augen?

Mir war, als ob die Sonne die Erde mit ihren Strahlen vergoldete. Durch die Luft segelte ein Boot, und darin stand ein Fischer und zog sein Netz ein. Dann kam eine Gruppe Bauern. Alle trugen Erntegeräte, und hinter ihnen trotteten Schafe und Ziegen, die von zwei Kindern getrieben wurden. Ich flog nun selbst, sah in Häuser und Zimmer. Da brannten Öllämpchen, dort Kienspäne. Vor einem Heiligen Baum, es war eine Eiche, sammelten sich Menschen zum Gebet. Ich hörte Kraniche rufen, dann flatterte ein Schwarm schöner Tauben hoch. Ich starrte, lauschte und gab mich den Bildern hin, die mich umtanzten. Wieder flog ich, schwebte über einem Arzt, der neben einem Kranken kniete und betete, daß dieser noch so lange wie möglich krank bleibe. Ein Dieb schlich sich durch einen Hof und faltete die Hände, bat, daß er gute Beute mache. Überall waren Gebete. Sie flogen wie Pfeile durch die Luft, prallten jedoch an Wänden ab und zersplitterten.

»Pfeile fliegen«, sprach ich leise vor mich hin, »und zerbrechen. Gebete werden gesprochen, und sind nur leere Worte.«

Wieder waren Bilder vor meinen Augen. Ein stolzer Segler durchfurchte die Wellen, und der Kapitän kniete auf Deck und betete, daß die Winde noch einige Tage von Osten wehten, in einem kleinen, unbedeutenden Schiff betete der Kapitän um Westwind. Da bat ein Bauer, daß die Quelle mehr Wasser geben möge, und dort betete ein anderer inbrünstig, daß die Quelle versiege, weil sie aus gutem Boden Moor mache.

»Sie widersprechen einander«, keuchte ich laut. »Sie zerstören sich mit ihren falschen Gebeten. Die einen wollen Regen, die anderen Sonne, der Dieb will die schützende Nacht und der Jäger das helle Licht des Tages, um zu guter Beute zu kommen.«

Hatte ich geschlafen?

Mit offenen Augen träumte ich weiter, als sei alles Realität. Ich stand am Rand eines Steinbruches, in dem die in Ketten arbeitenden Gefangenen mit Hilfe von Holzkeilen, die sie dann mit Wasser tränkten, riesige Felsen spalteten. Nahe standen die Händler, die behauene Steine wollten, und sie empfahlen den Aufsehern, noch stärker die Peitsche zu schwingen, weil sie dringend eine größere Menge Steine brauchten. Die Stöcke prügelten, und die Gefangenen baten um Erbarmen. Ein Bauer bat die Götter, ihm zu helfen, daß die Verwalter mehr Lebensmittel für die Gefangenen kauften, und die Aufseher baten die gleichen Götter, daß die Arbeiter mit weniger Nahrung auskämen, weil sie dann die eingesparten Nahrungsmittel für sich verwenden konnten.

Ich wandte mich ab, sah dann einen verhärmten Bauern, der darum betete, nicht soviel Steuer bezahlen zu müssen, und wenige Schritte weiter stand ein Beamter und flehte zu den Göttern, ihm zu helfen, zu mehr Abgaben zu kommen.

Ich wälzte mich auf meiner Liege herum und war unglücklich. Überall sah ich Zwiespalt. Jeder wollte das, was den anderen mit Furcht erfüllte. Jeder suchte sein eigenes Glück, dachte nicht daran, daß sein Glück vielleicht das Unglück des anderen sei.

Ich begann zu grübeln. Erreichten die Gebete die Götter, wenn zugleich um die Nacht und den Tag gebettelt wurde, wenn man hier um die Hilfe bei einem Kranken und dort um seinen Tod betete?

Ich schloß die Augen, öffnete sie wieder; denn in der Nähe stand ein Junge, der auch betete. »Ich danke dir, guter Gott«, sagte er hastig, »daß du mich heute vor allem Bösen bewahrt hast. Ich danke dir, weil du Himmel und Erde so schön gestaltet hast, mir für die Herde reichlich Futter und Wasser gabst. Ich danke dir, weil es so schön an den Hängen ist, weil dort überall Blumen blühen und die Vögel so herrlich singen. Ich danke dir, daß du die Feigen, die Bananen und die Weintrauben hast wachsen lassen. Du schenkst uns so viel, Zeus, daß ich dich liebe. Eigentlich sollten dich alle lieben wie ich. Ich danke dir, Zeus, der du zugleich Zagreus bist!«

Das Bild, das ganz nahe war, verschwamm, und plötzlich freute ich mich; denn ich sah das Gebet des Knaben wie einen Vogel zum Himmel aufsteigen.

Ich träumte mehrere Tage mit offenen Augen. Aller Schmerz wurde von dem Glück, das mich immer stärker erfüllte, ausgelöscht. Der Dieb, der durch das Dunkel schlich, kehrte nun um; der Pfeil, der auf einen Menschen zuschwirrte, fiel jetzt kraftlos zu Boden. Der erhobene Stock eines Aufsehers klatschte nicht mehr auf den Rücken des Sklaven; der Kranke vergaß sein Leid und der Gefangene seine Ketten. Überall herrschte Friede, und die Sonne, die eben am Horizont langsam verschwand, schüttete noch einmal ihr Gold verschwenderisch auf die Erde.

Dankbar schloß ich die Augen. Als ich sie nach einiger Zeit wieder öffnete, stand Sarah neben mir.

»Hast du geträumt?« fragte sie und beugte sich teilnahmsvoll über mich.

Ich nickte.

»War es ein schöner Traum?«

»Ja, ich sah Menschen, die beteten.«

Sie richtete sich auf und sah mich überheblich an. »Es waren Priester?«

»Nein, nur einfache Menschen. Am meisten gefiel mir ein kleiner Knabe. Er bat nicht, er dankte nur.« Ich atmete tief durch, spürte, daß meine Kräfte wiederkamen. »Sarah, die Welt ist ein riesiger Strudel, in dem die Menschen durcheinandergewirbelt werden. Das Kind mit seinem Gebet zeigt uns, was wir brauchen.«

Sie sah mich fragend, fast erstaunt an.

»Vergessen, Bescheidenheit und Frieden. Verstehst du das?«

Sie schwieg, trat zur Seite, als der Arzt zu mir kam und mir wieder etwas von seiner Wundermedizin gab. Erneut durchflutete mich schon nach wenigen Minuten ein Kraftstrom. Ich dankte ihm für seine Hilfe, sah ihn fragend an: »Betest du auch?« fragte ich ihn herausfordernd.

»Ja, Euer Würden.«

»Als Arzt?«

Er nickte. »Gerade als Arzt . . .«

»Wieso?«

Er lächelte gütig: »Wenn es mir gelingt, inbrünstig zu beten, kann ich Spannungen besser beseitigen, Muskeln entkrampfen. Das Gebet hilft, wenn der Kranke mitbetet, daß die Nerven ruhiger werden, man den Ärger, der oft Ursache von Krankheiten ist, vergißt. Genügt das?« sagte er und sah mich an, als wären wir alte Freunde.

Wenige Tage später gab Manolis zur Feier meiner Gesundung ein Fest. Als ich ihm gegenübersaß, wußte ich plötzlich, warum ich ihn auch als Mensch nicht mochte. Er aß gierig, spülte jeden Bissen, den er nahm, mit einem Schluck Wein hinunter und reinigte sich nach dem Mahl mit dem Wein wie ein trunkener Seemann gurgelnd die Zähne.

Ich rügte mich sofort, weil ich ihn so kritisch sah, mahnte mich zur Nachsicht, fühlte mich aber nicht wohl, wenn er bei einem Mahl in meiner unmittelbaren Nähe saß.

Es ergab sich bei einem Essen, daß ich Manolis erinnerte, daß er einmal vom ältesten beweisbaren Datum sprach.

Er nickte stolz. »Als der Pharao Thutmosis[3] starb und sein Enkel[4] die Regierung übernahm, gab ein Orakel den Ausschlag in der Thronfolge.«

Ich hob die Hand, befahl ihm zu schweigen, sann vor mich hin und sagte dann etwas spöttisch: »Dieser neue, durch ein Orakel bestimmte Pharao war doch mit seiner Stiefmutter Hatschepsut verheiratet?«

Manolis tat, als habe er meine Frage nicht gehört, denn er sprach erregt weiter: »Die weitere Thronfolge wurde durch das Orakel bestimmt, ist für immer und ewig fixiert, weil Inschriften zwei Neumonde nennen und dabei auf den Regierungswechsel eingehen.«

»Du meinst also, in jenem Jahr, wo es gleichzeitig zwei Neumonde gab, fand der Wechsel des Pharaos statt?«

»Ja, König. Dieses Datum ist insofern auch festgehalten worden, weil an diesem Tag[5] die Amun-Priester in Theben einen Staatsstreich inszenierten.«

Ich wurde bei der Feststellung, daß Priester in die Politik eingriffen, unruhig.

»Und nun kommt es«, meinte Manolis ironisch. »Hatschepsut war mit ihrem Bruder verheiratet. Der Pharao hatte jedoch mit einer Nebenfrau einen Sohn gezeugt, den Hatschepsut, auf daß er nicht zu einer Gefahr wurde, in den Amun-Tempel von

Karnak als Gottesdiener, als Priester also, gegeben hatte. Sie glaubte, damit für immer und ewig einen Konkurrenten in der Nachfolge ausgeschaltet zu haben. Die Priester waren jedoch der Ansicht, daß ein Pharao, der von ihnen erzogen wurde, ihnen mehr gesonnen war als einer, der ihr Tun kritisch betrachtete. Und so ›schufen‹ sie ein Orakel, das die ihnen günstige Thronfolge sicherte. Während einer Prozession verhielt der Zug vor dem Prinzen. Die Träger des Götterbildes hatten den Auftrag, es zu neigen, so daß es aussah, als verbeuge sich das Bild, also der Gott, vor ihm. Und so machte man den Prinzen zum neuen Pharao.«

»Und hat sich dieses Schauspiel gelohnt?« fragte ich verblüfft.

Manolis nickte. »Dieser Pharao wurde einer der mächtigsten Herrscher Ägyptens und lohnte den Amun-Priestern ihre göttliche Hilfe durch zahlreiche Schenkungen.«

Ich schwieg, registrierte dankbar, daß er den Kopf senkte und mich nicht mit suchenden und fragenden Augen belästigte.

»Es gibt in vielen Ländern Orakelstätten«, sprach er vor sich hin. »Aus Ägypten wird überliefert, daß einst in Theben zwei schwarze Tauben aufgeflogen seien und eine nach tagelangem Flug in Griechenland und die andere in Libyen gelandet sei. Jede Taube sprach mit menschlicher Stimme. Die in Libyen gebot, das Orakel des Ammon zu gründen, und so geschah es auch. Die Taube, die nach Griechenland gekommen war, ließ sich in Dodona auf einer Steineiche nieder und befahl, daß hier ein Orakel des Zeus entstehen solle.«

»Das besagt«, meinte ich, »daß das Orakel und die Weissagekunst aus Ägypten gekommen sind?«

»Ja, König. Zwei Tauben sind dafür die Symbole ...«

»Besonders hier auf Kreta, aber auch bei uns Mykenern ist die Taube ein göttliches Symbol und ein heiliges Tier.«

»In sehr vielen Ruinen finden wir immer wieder Statuetten von Göttinnen, die auf dem Kopf Tauben tragen«, bekräftigte Manolis meine Feststellung.

Nach einer Weile erzählte ich: »Es war vor etwa zwei Monden, daß ich ein Dorf prüfte. Unter einer riesigen heiligen Eiche saß ein Besessener. Er war um die Vierzig, hatte aber meiner Ansicht nach nur den Geist eines Zehnjährigen. Fragte man ihn etwas, waren seine Antworten kindlich und naiv. Viele aber glaubten, daß er in Orakeln sprach...«

»Der Wahnsinn wird in einigen Kulturen als eine heilige Krankheit gedeutet«, antwortete Manolis.

»Wahnsinn, Wahn«, sprach ich nachdenklich vor mich hin. »Es gibt bei uns Mykenern die Schutzgottheiten des erotischen Wahns, es sind Aphrodite und Eros. Man sieht ihn oft als erstrebenswert an. Die Musen sind die Paten für den poetischen Wahn.«

Manolis sah mich fast entsetzt an, wurde zornig. »Würdiger Gebieter«, sagte er ablehnend, »wir sind auf Kreta und nicht in Athen oder Mykene. Was sollen deine Götter bei uns? Wenn ich dir einen Rat geben darf, dann jenen: Sage solche Dinge nicht zu laut, du könntest damit Ärger erregen.«

»Warum?« fragte ich.

»Wir haben andere Vorstellungen von den Göttern. Wenn du Kreter werden willst, mußt du unsere Götter annehmen. Es gibt«, er holte tief Luft, schrie es dann fast, »keinen anderen Weg. Du wirst scheitern, Minos, wenn du glaubst, uns alle deine Götter aufdrängen zu können.«

Ich sah ihn als Antwort nur spöttisch und überheblich an. Dann beschritt er die Brücke, die ich ihm bot, und er erzählte ruhig, als wären wir gute Freunde, von einer besessenen Frau, die er lange Zeit gekannt hatte. »Immer wieder behauptete sie, eine Hofdame bei der phönizischen Königin Thelephassa gewesen zu sein.

Diese Frau wußte in ihrem ›Zustand‹ viele Namen und Ereignisse, beschrieb den Palast, die Kleidung, kannte sogar die Namen vieler Beamter und Krieger. Besonders erstaunlich war, daß sie, obwohl sie nicht schreiben konnte, genau die Korrespondenz des Königs mit den Babyloniern, Assyriern und Ägyptern zu beschreiben vermochte.«

»In Ägypten sind viele Priester oft Magier, wie bei uns ist mancher Priester auch Arzt.«

»Zu den wichtigsten Aufgaben eines Priesters gehört, daß er

Mittler zwischen den Menschen und den Göttern ist. Er spricht mit ihnen, spricht aber auch mit den Geistern. Oft ist er daher auch Wahrsager, und in seinen Kontakten mit den Geistern deutet er auch ihren Willen.« Kurz schwieg er und suchte Gedanken und Worte. »Der Priester regelt den Verkehr mit den Göttern und mit den Dämonen. Mancher Priesterarzt gibt sich sogar die Rolle eines Zauberdoktors. Er heilt die Kranken durch die Aufhebung eines bösen Zaubers oder durch eine rituelle Austreibung des Dämons. Oft hat der Priester Magier zu sein, denn er wird gebeten, Regen zu machen, einen Jagdzauber auszusprechen, für eine gute Ernte zu beten und die Zukunft zu zeigen. In sein Gebiet fällt auch die Durchführung religiöser Zeremonien und Rituale, die dem Zweck dienen, den Menschen das Wohlwollen der Götter und Geister zu erhalten.«

»Bei den Hebräern in Ägypten waren Moses und sein Bruder Aron Magier, und sie stellten mit ihrer wundertätigen Macht alle Magier Ägyptens in den Schatten.«

»Viele Menschen brauchen die Wahrsager«, meinte er und sah mich fast zwingend an.

»Die Wahrsagekunst dürfte ihren Ursprung im Zweistromland haben. Die Kunst der Weissagung ist in den verschiedensten Formen bei vielen Völkern bekannt.«

»Ja, Minos. Ein Wahrsager spielt meist eine wichtige Rolle im religiösen wie auch im weltlichen Bereich. Infolge des durch geistiges Training und die Initiation angeeigneten Wissens verfügt er oft über ein nicht zu übersehendes Maß an Kenntnissen und geistigem Einfühlungsvermögen.«

»Ihr nützt aber auch sehr die Gläubigkeit der Menschen...«

»Wie meinst du das, Minos?«

»Das Volk glaubt an magische Amulette. Ihr bietet sie überall an, macht damit euer Geschäft.«

Manolis antwortete nicht, sprach über die Notwendigkeit der Mysterienkulte. »Viele stehen im Zeichen des Versuches, die Vorgänge der Natur zu beeinflussen. Oft dient dazu eine symbolische Darstellung der diese Vorgänge bewirkenden Kräfte, denen die rituelle Handlung gilt. Besonders festlich feiern wir die Jahreszeitmysterien. Die Führung liegt – da es ein Fruchtbarkeitskult ist – in den Händen einer Frau, einer Hohepriesterin. Ich habe Priesterinnen, die weithin bekannt und beliebt sind, weil sie es besonders verstehen, die ›Große Mutter‹ anzuflehen. Um die Höhle, in der der Kult stattfindet, zu weihen, um ihr eine magische Kraft zu geben, zieht sich eine dieser Hohepriesterinnen völlig nackt aus, denn ihre Macht sollte psychischer Natur sein. Räucherwerk wird verbrannt, Wasser und Salz geweiht. Dann versinkt die Priesterin in einen geheimnisvollen Zustand, spricht in einer fremden, einer allen unbekannten Sprache. Jetzt ist sie die Große Mutter, die Erdmutter, die Erdgöttin.«

Er sah mich wieder nachdenklich an, tat, als wolle er in meine Seele sehen, sprach dann weiter: »Bei den magischen Priestern findet man oft ein übersinnliches Wissen über Vorgänge in der Natur, im Leben der Tiere, im Leben und Sterben des Menschen. Sie sind Seelenberater, Seelenführer. Sie haben Träume und Ahnungen, Traumzeichen, Traumbilder und können diese Träume deuten. Träume enthalten oft Warnungen. Weißt du, Minos«, sagte er eindringlich, »wenn Gott der Herr aller Dinge ist, so ist er auch ein Herr der Botschaften und Warnungen, die im Wachbewußtsein oder im Traum Menschen und Tiere überkommen. Die Götter können durch Träume zu uns sprechen, können durch sie retten und warnen.«

»Ich kannte in Athen einen Priester mit einem magischen Wissen. Mit diesem konnte er die Vergangenheit erhellen, die Gegenwart durchdringen und die Zukunft voraussehen. Er hatte sogar die Fähigkeit, daß er, wenn man ihm Kleidung vorlegte und er diese befühlt hatte, sagen konnte, wer sie trug, welche Vergangenheit er hatte und was ihm die Zukunft brachte.«

Ich trank, schwieg, suchte weitere Gedanken und Worte. Manolis saß mit gefalteten Händen da, sah entrückt in die Ferne. »In Zeus ist alles«, flüsterte er. »Die Welt hat ohne Zeus viele Gesichter, aber kein Gesicht.«

»Zeus ist ein Mysterium«, sprach ich vor mich hin. »Es wäre gut, wenn man ihn hin und wieder sehen könnte.«

»Es kam einmal ein Mann zu mir und sagte: ›Ich möchte euren Zeus sehen!‹ Ich antwortete ihm: ›Du wirst es nicht können.‹ Er antwortete: ›Ich werde es können!‹ Da stellte ich ihn mit dem Gesicht zur Sonne und sagte zu ihm: ›Betrachte einmal die Sonne!‹ Da sagte der Mann: ›Ich kann nicht!‹ Hierauf antwortete ich: ›Die Sonne ist nur eine von seinen vielen Dienern, und du sagst, du kannst sie nicht sehen und willst nun Zeus selbst sehen?‹«

Wieder tranken wir und verirrten uns in Worte und Gedanken.

»Um uns sind Armut und Elend«, sagte ich nach einer Weile. »Warum lassen das die Götter zu? In vielen Ländern werden Kinder nur geboren, um elend zu sterben.«

»Minos«, flüsterte er, als gehe es um ein Geheimnis, »es wird, nein, es muß, immer das Gute und das Schlechte geben. Der Kapitän ist auf einem Schiff, das die Stürme in den Abgrund reißen; der Bauer befindet sich in einer Mißernte, die ihn ebenfalls in das Dunkel wirft. Es gibt das Sterben der Großen und das der Kleinen. In den letzten Atemzügen stirbt jeder als der Mensch, als der er einmal kam. Nackt und unwesentlich.«

»Dann ist der Tod eine Phrase?«

»Nein, König, eine Tatsache, mit der wir uns abfinden müssen. Und das«, er sah mich nun fast hypnotisch an, »schon vor dem Tod, also schon heute. Wir sollen in Ehre leben und auch in Ehre sterben.«

Fast war ich dankbar, daß die Erde jetzt grollte und von den Wänden und der Decke Staub rieselte. Dann bebte das Haus noch einmal, und wieder war Frieden.

Wir horchten erschrocken, ob das Beben wirklich vorbei sei. In diesem Augenblick sagte er gekonnt: »Das waren die Götter des Meeres. Sie wollen uns mahnen.«

»Warum sagst du nicht Poseidon?« fragte ich ihn kritisch. »Wir waren uns doch einig, daß wir, um den Kretern eine neue, die rettende Idee zu geben, den Göttern unsere Namen verleihen? Zagreus ist Zeus, und Poseidon ist der unumschränkte Beherrscher der Meere. Demeter ist die Göttin des Getreides und der Feldarbeit, Hermes ist der Schutzherr des Handels. Er lenkt die Winde, die die Segel schwellen, und sorgt für die Sicherheit der Märkte und Handelsstraßen zu Wasser und zu Lande.«

Dann tranken wir wortlos, suchten im Wein eine Antwort.

Manolis senkte nach einer Weile seinen Kopf und sah mich tückisch an.

Ich prüfte sein Gesicht. Mit den stechenden Augen, den wirren Haaren und den buschigen, schwarzen Augenbrauen, die in einen struppigen Bart übergingen, sah er nicht gerade schön aus. Was mir vollends nicht gefiel, war, daß er den Wein, wenn er ihn trank, mit langen, gierigen Zügen schlürfte. Und immer, wenn er den Becher absetzte, tropfte der Wein aus seinen Mundwinkeln und näßte den Bart.

»Minos«, stammelte er mit schwerer Zunge und mußte bereits die Worte mühsam formen. »Das alles sind doch Kindergeschichten. Gut«, nickte er, »ich, nein wir alle, wollen den Göttern dienen, weil nur sie uns retten können. Stehen nicht alle Menschen an einem Abgrund?« Er sah mich fragend an, überlegte, ob er so weitersprechen dürfe, tat, als sei er der allwissende Vater und ich das unmündige Kind. »Ist dir bekannt, daß die Menschen ihr Leid nicht mehr ertragen können? Da tötet man Aufseher, dort sogar in einem Affekt die eigene Familie. Immer mehr häufen sich die Fälle, wo Messer wüten, Kinder sinnlos getötet und Frauen geschändet werden. Es ist, als ob die Menschen unter einer Last zusammenbrächen. Minos«, mahnte er, »wir brauchen neue Ideen. Kreta muß grundlegend erneuert werden«, versuchte er mir mit harter Stimme jedes Wort einzuhämmern.

Wieder starrte er mich wie eine Giftschlange an, die auf den letzten Biß wartet. »Das Feuer ist immer eine Erneuerung. Häuser, die abbrannten, müssen – es ist eine Notwendigkeit für die Überlebenden – wieder aufgebaut werden. Und das Eigenartige am Wiederaufbau ist, daß man sich erneuert, daß man besser, schöner und weiser aufbaut. Wir alle, die wir Kreta lieben, sollten uns mit dem Feuer befreunden. Auch der Krieg ist Feuer«, sprach er leise vor sich hin. »Flammen reinigen, befreien, beseitigen Schmutz und brennen viele Wunden aus. Das Feueropfer ist in vielen Religionen eine gute, eine letzte Antwort.«

»Manolis«, mahnte ich, spürte, daß auch ich bereits undeutlich sprach, weil der Wein mir die Zunge schwer gemacht hatte. »Manolos«, wiederholte ich, grübelte, wiederholte: »Manolos«, wurde wütend, weil ich mich versprach und schrie laut: »Manolis!« Dann schwieg ich, wußte nicht mehr, was ich sagen wollte, rügte mich, denn ein König hatte auch in der Trunkenheit König zu sein. »Feuer«, sprach ich langsam weiter und überlegte jedes Wort, das ich sprechen wollte, prüfte, ob es auch zur Aussage paßte. »Feuer zerstört und vernichtet.«

Der Oberpriester nickte, und fast stolz registrierte ich, daß er schwankte und beinahe nach vorne auf den Boden gefallen wäre. »König«, begann er, schluckte, rang nach Atem, nahm sich zusammen. »König«, sagte er erneut, »alles Schlechte muß zerstört und vernichtet werden: in der Religion, in der Kultur, in der Politik und auch in jedem Menschen. Feuer ist oft eine Reinigung. Jede Säuberung ist Schmerz – ich denke nur an die Geschwüre, die in der letzten Zeit viele Kreter befallen. Sie verursachen Schmerz, wenn sie aufgeschnitten werden müssen. Schmerz muß sein; denn nur aus ihm wächst die Reife, die notwendige Erneuerung.«

»Braucht der Mensch zu seiner Entwicklung wirklich den Schmerz, der meist mit großem Leid verbunden ist?« fragte ich hilflos und erschüttert, trank aus der Amphore. Ich versuchte sie in meiner Trunkenheit in den passenden Ständer, der ihr Halt gegeben hätte, zurückzustellen, verfehlte ihn jedoch. Die Amphore fiel um, und der rote Wein ergoß sich auf den hellen Bodenbelag aus Schafwolle.

»Sie blutet«, sagte ich langsam.
»Wer?« fragte Manolis lallend.
»Die Amphore.«
»Eine Amphore kann nicht bluten«, rügte er eigensinnig.
»Doch, sie kann bluten«, entgegnete ich trunken. »Ich sah Berge bluten, Bäume und ...«

In diesem Augenblick bebte wieder für Sekunden der Palast. Wir lauschten und warteten auf das weitere Grollen der Erde.

»Das ist Kreta«, sagte Manolis ironisch.

»Wieso?« fragte ich störrisch. »Auch in anderen Ländern bebt die Erde.«

»Hier aber oft, zu oft vielleicht. Es wird vieles zerstört, und was zusammenbricht, muß wieder aufgebaut werden. Das Böse muß – das ist der Wille der Götter – zusammenfallen und verbrennen. Du weißt doch, daß den Beben oft der Brand folgt.« Er hob die Hand und sah mich an, als sei er ein Seher. »Lerne das Feuer lieben; denn es reinigt viele Wunden.«

Eine Sklavin klopfte vorsichtig an die Türe, trat dann ängstlich ein und brachte eine Schale mit Nüssen, Honigfladen und eine neue Amphore mit Wein.

Manolis griff mit beiden Händen nach dem Mädchen, das ihn zwar heftig abwehrte, doch war sie Sklavin und er der geachtete und mächtige Oberpriester. Je mehr sie sich seinen Händen entzog, um so gieriger krallte sich Manolis in ihre Schultern. Er benahm sich, als wäre er in seinem Haus und nicht bei mir, dem König, zu Gast.

»Manolis!« herrschte ich ihn an.

»Würdiger Gebieter«, stammelte die Sklavin verstört, »ich wollte doch nur frischen Wein bringen«, und trat ängstlich einen Schritt zurück.

Manolis stürzte sich auf sie, griff nach ihrem Kleid, um es ihr vom Leib zu reißen. Ich stand auf und schrie ihn wütend an: »Laß das Mädchen in Ruhe. Du entehrst mit deiner Gier mein Haus.«

»Bitte, edler König, darf ich wieder gehen?« fragte das Mädchen. »Meine Mutter sorgt sich um mich.«

»Geh!« rief ich und beruhigte sie lächelnd. »Sage ihr, daß du hübsch bist.«

Sie nickte scheu. »Meine Mutter meint, daß ich dadurch einmal viel Kummer erfahren könnte.«

Manolis trat auf sie zu. »Wie heißt du?« fragte er liebenswürdig, aber gierig zugleich.

»Lida.«

Wieder wollte er sie mit beiden Händen an sich ziehen, dann beherrschte er sich und befahl hart: »Komm in einer Stunde zu mir!«

»Nein«, wehrte sie ab. »Darf ich gehen?« fragte sie mich wieder, »meine Mutter wartet.«

Als sie zaghaft zur Türe ging, rief Manolis: »Sei nicht dumm. Du könntest dir und deiner Familie durch deine Weigerung die Rache der Götter zuziehen.«

»Warum?« fragte sie ratlos.

»Du hast den Göttern zu dienen und damit auch mir.« Als er wieder ihren Körper suchte, rief sie laut »Nein, nein!« und stürzte in die Nacht hinaus.

Ihr verzweifeltes »Nein!« klang noch lange in mir nach.

»Ihr Götter!« seufzte Manolis, »so jung und schon so voll Saft!«

Als ich ihn vorwurfsvoll anstarrte, sagte er ernüchtert: »Sie brennt, ist überreif. Hast du ihre Brüste gesehen? Sie sind prall und fordern geradezu die Lust heraus.«

»Dummkopf«, rügte ich, »es muß in unserem Leben mehr geben als nur das.«

»Gibt es etwas Schöneres als das Weib?«

»Ja, die Götter«, sagte ich, »für die du so wirbst. Hast du überhaupt bemerkt, daß das Mädchen noch sehr jung war?«

»Alt genug«, antwortete er sachlich, »um die Liebe zu erleben.«

Er ging zum Feuer, schürte es, ballte dann die Fäuste, als wolle er etwas erzwingen. »Alt genug für die Liebe«, sagte er hart.

»Hast du denn eine solche Liebe nötig?« fragte ich erstaunt.

Er verzog zynisch die Lippen. »Man könnte darüber lange reden, doch habe ich bereits zuviel getrunken. Dir, König, legen sich täglich, wenn du es willst, die schönsten Frauen vor die Füße und sind stolz, wenn du sie nimmst.«

»Ist es bei dir anders?«

Er grinste gemein. »Ja und nein. Die Frauen, die zu mir kommen und sich anbieten, wollen ihre höchste Lust erleben und glauben, diese bei mir zu finden.«

Er ging wieder ans Feuer und wärmte sich die Hände. Als er dann vor mir auf und ab schritt, ballte er sie erneut zu Fäusten und begann zu klagen: »Du bist glücklich, wirst immerzu von süßen, jungen Mädchen umgeben sein. Ich, als Priester, habe es schwerer. Meist sind es Alte, die zu mir kommen. Was können die mir schon bieten? Gut, auch wir Priester sind verheiratet, haben oft ein Frauenhaus, aber jene, die sich mir anbieten, wollen von mir etwas, das ich ihnen nicht geben kann. Du«, er kicherte trunken vor sich hin, »kannst jede auf dein Lager ziehen. Ich habe die Pflicht, vorher zu fragen, ob sie sich durch mich wirklich den Göttern anbieten möchten. Du darfst Mann sein, ich aber bin nur eine winzige Figur in diesem großen Theater.«

Wir lagen dann einige Zeit neben dem glimmenden Feuer. Manolis war bereits ziemlich betrunken. Eine andere Sklavin brachte eine flauschige Matte, legte sie über den Oberpriester. Mit einem gutmütigen Blinken ihrer Augen zeigte sie, daß sie seine Trunkenheit erkannt hatte.

Wir sahen dann lange Zeit auf die brennenden Holzscheite und grübelten. Nach einer Weile reckte sich Manolis und begann, den Boden und die nahe Wand abzutasten. »Wir leben und sterben in der Dunkelheit«, lallte er.

»Ich schwebe in einer rosigen Wolke, sehe das Licht«, antwortete ich stolz und wieder etwas eigensinnig.

»Und das, obwohl Pasiphae deinen General Tauros liebt und sie oft mit ihm die Nächte teilt?«

»Ich habe auch meine Nächte«, antwortete ich ausweichend.

»Du bist jedoch der König, und sie . . .«

Wieder starrten wir in die knisternden Flammen.

»Welcher Mensch ist schon ohne Fehler?« sprach ich vor mich hin. »Bin ich normal? Oder du? Wer ist überhaupt normal? Du weißt, Manolis, daß ich dich nicht mag; da du aber den Göttern dienst, respektiere ich dich. Was ist jedoch eine Religion ohne Moral? Was ist eine Intelligenz ohne Moral? Oft befürchte ich, daß du in einigen Bereichen ohne Moral bist.«

»Wir Priester sind das Gewissen der Menschen«, antwortete er mit schwerer Stimme und sah mich mit nassen Lippen an.

»Dann solltest gerade du ein Gewissen haben«, sagte ich hart.

Er nickte, tat, als habe er mich nicht gehört, und streckte die Arme und Beine aus; einige Zeit lag er wie bewußtlos vor dem Feuer. Dann begann er langsam zu sprechen, suchte die Worte:

»Ab morgen werde ich allen ins Gewissen reden«, ächzte er. »Ich werde es ihnen einbleuen.« Er gurgelte, als sei ihm übel. »Bäume müssen, wenn sie Frucht tragen sollen, beschnitten werden. Die Menschen sind wie Bäume, auch sie neigen dazu, wild zu wachsen. Minos, merke dir, der Stock macht die Menschen glücklicher als deine Phrasen vom Glück.«

Ich starrte ihn fast entsetzt an. »Du als Priester und ich als König haben doch nur die einzige Aufgabe, den Menschen das Licht zu zeigen. Licht ist Wärme und Geborgenheit. Mit Liebe kann man mehr und besser erziehen als mit dem Stock.«

Es war einen Tag später, als mir Manolis begegnete, der von einem Gottesdienst kam. Wir begrüßten uns, sagten belanglose Worte, und plötzlich stritten wir uns wieder über die Götter. Ich sprach erneut von meinem Ziel, die griechische und kretische Götterwelt zu vereinen. »Es sind die gleichen Götter, die wir verehren, sie tragen nur verschiedene Namen«, beschwor ich ihn. »Der kretische Zagreus und unser Zeus sind identisch. Zwischen den griechischen und kretischen Göttern gibt es viele Gemeinsamkeiten. Wenn du mitmachst, können wir auch die kretische und griechische Kunst verschmelzen. Jede Kultur soll ihre Impulse einbringen, und dann könnten wir weithin die Völker beseelen. Wir müssen das Reine, das Gute und das Edle zeigen. Ein neuer Götterglaube und ein edleres Kunstempfinden würden den Menschen neue Kraft geben.« Ich sah ihn an, beobachtete die Wirkung meiner Worte und sprach dann leise weiter: »Wir haben vieles aus Ägypten und Phönizien empfangen, man könnte von einem Morgenland sprechen, weil dort die Sonne aufgeht; wir sollten eine Brücke werden, all die Erkenntnisse sammeln und zu einem neuen Ideal umformen und damit ein Abendland schaffen.«

»Würdiger König«, antwortete er überheblich. »Der Mensch sieht das Edle selten, er braucht die Angst, die aus der Furcht kommt. Und damit er nicht zu übermütig wird, braucht er den Stock. König, erwartest du wirklich von einem Bauern, daß er mehr ist als ein Schaf in seiner Herde? Gut, wir müssen die Menschen erneuern, aber das schaffst du nicht mit dem Hinweis auf edle Ziele, sondern nur mit der Peitsche.«

Ich sah ihn nun erschrocken an. »Was bist du nur für ein Mensch?« fragte ich. »Die Aufgabe des Priesters ist nicht zu züchtigen, sondern den Menschen in Liebe zu den Göttern zu führen. Nur wenn du auf die Barmherzigkeit der Götter verweist, wirst du die Armen, die Kranken und Schwachen gewinnen.«

Als er mir mit ausweichenden Floskeln antwortete, erhob ich mich und wanderte beunruhigt durch die Korridore und Höfe. Irgendwo setzte ich mich dann auf eine Mauer und begann, vor mich hin zu grübeln. Einmal waren meine Gedanken bei Manolis und dann bei Sarah, einmal bei den Sorgen der Minister und dann bei Riana.

Am nächsten Morgen trat ich schon früh eine Visitationsreise an. Ich ritt mit meinem Gefolge in das Gebiet westlich von Knossos. Man hatte mir erzählt, daß in Kytaion ein Priester lebe, der weithin wegen seiner Güte und Barmherzigkeit berühmt sei.

Er bewillkommnete mich herzlich, zeigte nicht die geringste Unterwürfigkeit, sprach frei, sagte das, was er dachte, und erzählte dann, daß er sich sehr um die Gefangenen und Sklaven sorge, die in den Steinbrüchen und Bergwerken arbeiteten.

Ich sah ihn fragend an, und schon erklärte er: »Die Arbeit ist so schwer, daß man dort meist nur Gefangene und Sklaven verwenden kann, und alle haben sie ein bitteres Leben.«

Obwohl mir der Priester gefiel, sagte ich sarkastisch: »Und du bist der einzige, der sich ihrer annimmt! Gibt es keine Beamte, Aufseher und Händler, die Barmherzigkeit üben?«

»Ach, König, es ist schwer, Mensch zu sein. Ich frage mich bei jedem Menschen, dem ich begegne, ob ich ihm ausgeliefert sein möchte, und es gibt nicht viele, bei denen ich sagen würde: ›ja‹.«

»Sind wir Menschen nicht alle Wanderer? Ein jeder Schritt ist die Überwindung des Vergangenen, eine Eroberung des Heute ist ein Hineinschreiten in eine bessere Zukunft.«

»Das stimmt, Euer Würden. Vielleicht ist es das Schönste am Menschen, daß er sich wandeln kann.«

»Wenn er will«, antwortete ich bitter. »Man hat mir von dir Gutes berichtet«, sprach ich weiter und suchte die richtigen Worte. »Kannst du in den Herzen der Menschen lesen und ihre geheimsten Gedanken ergründen?«

Der Priester verneinte. »Eher«, antwortete er, »erblickt der Mensch, was im Inneren der Felsen geschieht, als daß er fremde Herzen erkennt. Das fremde Herz ist sogar für die Götter verschlossen, und erst der Tod enthüllt seine Gedanken.«

Nach einer Weile sagte ich: »Du besuchst die Steinbrüche und Bergwerke, die Arbeit in ihnen ist schwer und gefährlich.«

»In Phönizien sagt man, daß der Gott der Bergleute in Kaphtor, das heißt bei uns, seinen Wohnsitz hat, er Tag und Nacht in den unterirdischen Gefilden, die tiefer als alle Quellen und Abgründe der Erde sind, mit seinen Händen sucht. Dort findet er Gold, Silber und all jene Metalle, die wir brauchen, um die Paläste zu schmücken. Als Gott der Zauberkunst erfand er sogar die verschiedenen Techniken der Waffenherstellung.«

»Und die Bergleute graben dann die Steine, die das Metall enthalten, aus den Felsen?«

»Ja, Euer Gnaden. Die Bergleute unterscheiden sich bei uns in Steinbrecher und Erzförderer. Jede Arbeit erfordert ein besonderes Wissen.«

»Wenn es auf Kreta nur mehr Erz gäbe, es wäre eine gute Handelsware.«

»Knossos hat Steinbrüche in Gypsades, in Skalani und hier in den Bergen. In Lasaia, der ›Stadt der Steine‹, kann man die verschiedenen Arten von kristallinen Blöcken vom Boden aufheben, als wären sie vom Baum gefallene Früchte. Man schlägt sie aber auch mit Hacke und Brechstange von den Felsen ab, gibt ihnen mit Keil und Hammer eine erste Form. Dann häuft man die Brocken für die Handwerker auf, die daraus später die herrlichen Steingefäße für die Paläste herstellen.«

Der Priester sah mich fragend, irgendwie bittend an.

Ich nickte lächelnd, als könnte ich seine Gedanken lesen.

»Edler Minos«, begann er zögernd, »nahe ist eine Grube, die, davon bin ich überzeugt, Gold enthält. Stell dir vor, König, Gold. Willst du sie sehen?«

Ich war sofort bereit, sagte meinem Gefolge, daß ich in wenigen Stunden wieder zurück sei, ich mit dem Priester allein sein möchte.

Wir wanderten in das Tal hinein, stiegen dann einen Hang hinauf. Der Priester suchte mit wachen Augen einen für mich gangbaren Weg. Ich kam mir wie ein Abenteurer vor; vielleicht gelang es mir, ein Goldbergwerk zu entdecken. Gold, träumte ich, damit konnte man praktisch alles kaufen: Sklaven, Erze, Holz, Nahrungsmittel, Tiere für die Landwirtschaft, und mit Ritsos konnte ich vielleicht sogar meinen geheimen Wunsch erfüllen und auf seinem Gutshof Pferde züchten. Bisher mußten wir sie einführen, der Transport war schwierig, und oft kamen die Tiere mehr tot als lebendig an.

»Minos!« rief der Priester geheimnisvoll und atmete erregt. Wir standen vor einer tiefen Grube. Sofort war in mir die Frage, wie sie wohl entstanden sein mochte. Hatte man hier vor vielen, vielen Jahren schon nach Gold gegraben? War sie von Dämonen in den Fels geschlagen worden oder hatten sie Götter zum Wohle der Menschen geschaffen?

Der Abstieg war schwer. Wir rutschten und fielen mehr, als daß wir kletterten.

»Euer Würden«, flüsterte der Priester, »seht auf diese Wand.«

Quer durch den Fels zog sich eine fast zwei Finger breite Goldader. Auf dem Boden lagen Felsbrocken, die oft bis zur Hälfte aus Gold bestanden.

»Damit kann ich Kreta zum Glück führen«, rief ich froh.

Die Antwort des Priesters war, daß er sich plötzlich unruhig umsah.

»Was ist?« fragte ich ihn kritisch.

»Die Insekten werden unruhig. Es kommt ein Unwetter, wir müssen schnell zurück«, mahnte er.

»Laß mich«, wehrte ich ihn ab. »Ich will die Grube kurz näher untersuchen, will wissen, ob sich überall an den Wänden Goldadern zeigen.«

Ich vergaß Zeit und Raum, wachte erst auf, als mich der Priester an der Schulter berührte. »König«, sagte er voll Sorge, »wir müssen weg!«

Wir quälten uns fast eine Stunde, fanden keinen Ausstieg aus der Grube. Wohin wir auch traten, rutschten sofort Steinlawinen herab. Dann wurde es um uns dunkel, ein Orkan brach los, und von einem Atemzug zum anderen stürzten ungeheure Wasserfluten vom Himmel.

In diesem Augenblick war ich nicht mehr König, und neben mir kämpfte nicht ein Priester, sondern wir waren zwei Menschen, die um ihr Überleben rangen. Wir standen bereits bis zu den Knien im Wasser, das von allen Seiten in die Grube floß, und es stieg immer höher.

»Das ist der Tod!« seufzte der Priester, als sich eiskalte Winde auf uns warfen.

»Wie lange dauern solche Stürme?« keuchte ich.

»Zuweilen zwei bis drei Tage. Sie kommen wie die Geier, die ein Pfeil traf und zu Boden fallen.«

»Kann man Steine essen?« fragte ich humorvoll, »zu trinken haben wir ja genug.«

Das Wasser, in dem wir standen, wurde fast zu Eis.

»Man wird uns suchen«, sagte ich, »doch in der Dunkelheit vorerst nicht finden.« Wieder versuchte ich humorvolle Worte zu sagen und meinte, daß wir morgen früh Eisstatuen seien und die Göttinnen es schwer haben würden, aus den Eisblöcken die Seelen zu lösen, um sie empor zu Zeus zu tragen.

Der Priester sah mich in tiefster Ehrerbietung an. »Du wirst leben, König«, sagte er zuversichtlich.

Ich sah skeptisch auf das Wasser, das weiter stieg und bereits unsere Hüften erreicht hatte.

Der Priester sah um sich, betete dabei laut: »O Götter, helft mir, daß es mir gelingt, unseren König zu retten!« Dann zuckte er zusammen. »Ich hab's!« rief er froh.

»Was?«

»Siehst du dort oben die lange Wurzel, die aus einer Felsspalte hängt?«

Ich nickte und spöttelte: »Leider haben wir keinen Steigbaum.«

»Du hast mich«, sagte er ernst.

»Dich?«

»Steige auf meine Schultern, binde dich mit deinem Gürtel an die Wurzel an.«

»Und du?«

»Ich bete, lege mein Schicksal in die Hände der Götter.«

Es war schwer, in dem Orkan und dem strömenden Regen auf die Schultern des Priesters zu kommen. Dann stand ich und band mich an der Wurzel an.

War es nach Minuten oder Stunden? Ich vermochte nicht mehr zu denken, war zutiefst erschöpft.

»Was ist, Euer Würden?« fragte der Priester, der breitbeinig unter mir stand und ununterbrochen die Götter um Hilfe anrief.

»Mir wird übel . . .«

»König«, antwortete er feierlich, »nimm diese kleine Amphore. Sie enthält ein Elixier, das dir Kraft geben wird. Nimm immer nur wenige Tropfen. Sie werden dich stärken, und du wirst alles überstehen.«

»Wir teilen uns das Elixier«, befahl ich.

»Nein, König. Mein Leben gehört den Göttern, sie geben und sie nehmen. Minos, ich bin nicht wichtig, von dir hängt jedoch das Glück vieler Menschen ab.«

»Ich will diesen Saft nicht«, sagte ich stolz. »Er ist dein Eigentum, ich habe nicht das Recht, dir das Leben zu verwehren.«

»Du mußt ihn nehmen«, schrie er. »Bedenke, Minos, daß das kretische Volk seine ganze Hoffnung auf dich setzt.«

»Hier, in der Nähe des Todes, sind wir beide nur Menschen, lassen wir die Götter entscheiden, wer wichtiger ist. Oder sei vernünftig und wir teilen uns den Saft.«

»Nein, König, er reicht nur für einen Menschen. Wenn wir beide trinken, übersteht keiner die Nacht, die über uns hereinbricht.«

»Warum gibst du mir das Elixier? Gut, ich bin dein König, dann tust du es aus Höflichkeit. Bin ich diese wert?«

»Du schaffst Ordnung, beschneidest viele Übergriffe. Der Mensch braucht die Ordnung, sonst kann er sich nicht entwickeln. Wir alle sind nicht ohne Fehl. Einen Fehler machen und sich nicht bessern, das heißt, wieder einen Fehler zu begehen. Du, Minos, hast die Kraft, Fehler zu sehen und sie zu beseitigen. Es stimmt, dein Weg ist noch weit und schwer. Du hast vielleicht erst die Hälfte deines Weges zurückgelegt, wurdest aber nicht schwach. Viele versagen vor der zweiten Hälfte, du, König, wirst ihn bis zum Ende schaffen. Du nimmst dir die Zeit, die Sorgen der Bauern anzuhören. Viele Minister und Beamte haben keine Seele, registrieren nur, melden dir die Zahl der Toten, verschweigen, warum sie starben. Sie erzählen von Untaten, berichten dir aber nicht, warum sie geschahen. Du sorgst dich um die Menschen Kretas, als wären sie alle deine Kinder. Dafür danke ich dir, und dafür sollst du leben. Wisse, Minos, nicht ich, nicht das Elixier retten dich, sondern das kretische Volk, das dir in diesen Minuten für deine Barmherzigkeit dankt.«

Ich schwieg, grübelte. Dann sank das Grauen auf mich. Vom Himmel fielen Wasser und Kälte, es schien, als werde die Grube immer mehr von einem wogenden Fluß gefüllt. Ich klammerte mich an die Wurzel, wurde hin und her geschleudert. Meine Hände bluteten, eine Schulter schmerzte, mein Rücken wurde wund. Oft war ich so in Atemnot, daß ich meinte, ersticken zu müssen. Dann spürte ich eine Hand. Sie hielt die kleine Amphore hoch, gab sie mir. »Trinke wenige Tropfen«, stöhnte eine Stimme unter mir.

Ich trank und fühlte sofort in mir eine wunderbare Verwandlung: Ich war frei von Schmerz, die Kälte quälte mich nicht mehr, meine Gedanken wurden froh, und ich klammerte mich fester an die Wurzel.

In mir war sogar Neugierde, als um mich Blitze zuckten, der Donner grollte, als stürze der Berg über uns zusammen. In kleinen Abständen nahm ich einige Tropfen des Elixiers und mir war sofort wohler, obwohl um mich der Tod hauste.

War ich bewußtlos geworden? Als ich die Augen öffnete, wußte ich im ersten Augenblick nicht, ob es der Mond war, der die Grube und den Hang erhellte, oder die Sonne. Dann erkannte ich Fackeln, Menschen, hörte Stimmen.

Mein Gefolge hatte die Aufseher eines nahen Steinbruchs

mobilisiert und mit Hilfe von über fünfzig Gefangenen und Sklaven das Gelände abgesucht.

An Seilen hingen Männer, banden mich los und zogen mich hoch und wollten mich auf eine Bahre legen.

»Was ist mit dem Priester?« rief ich voll Sorge.

»Welchem Priester?«

»Jener, der mir die Grube zeigte. Er rettete mich . . .«

Es währte einige Zeit, bis man ihn in dem schmutzigen Wasser, das die Grube füllte, gefunden hatte. Er war tot, ertrank wahrscheinlich im Stehen. Konnte ein Toter stehen, konnte ein Toter retten?

»Nehmt ihn mit«, befahl ich, »ich möchte ihm ein feierliches Begräbnis geben.«

Dann sah ich auf die Bahre, auf der er lag. Sein Gesicht war voll Frieden, strahlte sogar im Tod die Schönheit und den Adel einer reinen Seele aus.

»Dieser Priester hatte eine heilige Seele«, sagte ich laut, befahl den Trägern, meine Bahre abzustellen, stand auf und ging auf den Toten zu. Dann kniete ich mich neben die Bahre, betete, nahm den Leichnam auf beide Arme, wehrte jegliche Hilfe ab und trug ihn hinab in das Tal und bettete ihn unter einen Heiligen Baum.

Am nächsten Morgen traf ich Riana; sie lächelte mich schon von weitem an. »Ich bin stolz auf dich!« rief sie mir zu und rang erregt nach Atem.

»Warum?«

»Du hattest Ehrfurcht vor einem Priester.«

»Er hatte eine heilige Seele«, sagte ich ernst.

Riana sah mich froh an. »Du wirst Kreta erneuern, wirst vieles schöner, edler und reiner machen. Du wirst, das weiß ich, den Menschen wieder das Glück geben.«

»Trotzdem fliehen sehr viele . . .«

»Fliehen?« fragte sie erstaunt.

»Ja, in die Tavernen, um sich dort zu besaufen, um im Wein Freude zu finden, und sie wissen nicht, daß sie sich nur eine Scheinfreude einhandeln.«

»Ich träume weiterhin vom Glück«, antwortete sie tapfer.

Ergriffen sagte ich: »Ich liebe dich!«

Als wir uns nach mehreren Tagen im Korridor, der zum Heiligtum führte, begegneten, flüsterte sie scheu mit einer Stimme, in der eine festliche Weihe lag: »Du?«

»Liebste?«

»Am Tag des Vollmondes findet am Heiligen Platz eine große Festlichkeit statt. Kommst du?«

»Feiert sich Manolis wieder einmal selbst und zeigt dabei, wer er ist und was er alles kann?« fragte ich skeptisch. Dann sah ich ihre enttäuschten Augen, entschuldigte mich und nahm sie herzlich in die Arme. »Verzeih' mir«, sagte ich zärtlich.

»Manolis ist nicht nur böse«, mahnte sie.

»Ich auch nicht«, antwortete ich spöttisch. »Was wird eigentlich gefeiert?« Ich spürte sofort, daß meine Worte voll von Zynismus waren, und sagte ernst: »Ich bessere mich!«

»Bitte, komm. Wir wollen mit diesem Fest die Menschen erneut erheben und wieder zu den Göttern führen.«

»Und dabei feiert sich Manolis«, kritisierte ich.

»Er ist trotzdem nicht schlecht, hat aus ehrlichem Herzen heraus den Wunsch, beste Kontakte mit den Göttern zu finden...«

»Warum lügt und betrügt er dann? Warum all das Theater und die vielen Täuschungen?«

»Jeder hohe Beamte, ob er ein Priester oder sonst ein Würdenträger ist, braucht den Schein.«

»Schein?« lachte ich überheblich.

»Du sagtest vorhin Theater, solltest jedoch ein anderes Wort verwenden.«

»Welches?«

»Sage dafür Zeremoniell.«

»Zeremoniell?« rief ich erstaunt.

»Ehre einen Dorfältesten nur mit Worten, und dein Lob ist schon am gleichen Tag vergessen. Schmücke ihn jedoch mit einer Handlung, dann wird er lange geehrt sein.«

Ich nickte nachdenklich.

Als Riana gegangen war, begegnete ich im Korridor Sarah. »Morgen ist Vollmond«, sagte sie und sah mich eigenartig an.

Am nächsten Tag sah und hörte ich es. An den Ecken der Straßen und auf den Plätzen, ja sogar in den Dörfern standen die Boten der Priester und riefen alles Volk mit Hilfe von Flöten herbei. Hatte sich eine genügende Menge gesammelt, verkündeten sie in einer fast singenden Sprache, daß drei Tage lang im Heiligtum zu Ehren der Götter eine große Opferfeier stattfinde. »Kommt!« riefen sie. »Wenn der Vollmond sich über den Bergen erhebt, kommt zum Heiligtum der Großen Göttin.«

Schon im Morgengrauen zogen feierliche Prozessionen vom Mittelhof her zum Heiligen Schrein, verharrten dort im Gebet und schritten dann durch das große Treppenhaus, durch die Lichthöfe und Säulenhallen zu jenem Gebäudetrakt, der für das Fest besonders geschmückt worden war.

Sie kamen von allen Seiten, aus vielen Dörfern und Städten, und es geschah, was die Priester wollten. Alle pilgerten sie zuerst zum Opferplatz und legten dort ihre Gaben auf die Stufen. Die Körbe mit Früchten häuften sich. Da stand ein Pithos, bis zum Rand mit Wein gefüllt, dort lagen zusammengebundene Hühner oder ein gefesseltes Lamm.

Mehrere Priester waren fast ununterbrochen damit beschäftigt, die Spenden wegzutragen, auf daß neue auf den Stufen Platz fanden.

War das die eigentliche Absicht dieses Festes? Oder verfolgte Manolis noch andere Ziele? Hatte er sogar bestimmte Wünsche, die sich jetzt erfüllen sollten?

Wohin ich sah, wimmelte es von Pilgern. Sie lagerten in den Gärten und Höfen, kamen in immer neuen Gruppen; es waren teilweise sonderbare Pilgerzüge, die erschöpft in die Straße einbogen, die zum Palast führte. Obwohl viele der Menschen schweißgebadet, staubbedeckt und müde waren, begannen sie sogleich zu tanzen, zeigten sich von dem Tag und der Festlichkeit, die sie erwartete, bereits so beglückt, daß sie schon jetzt zu feiern begannen und sich den absonderlichsten Orgien hingaben.

Wenn ich aus den Fenstern sah, erblickte ich Frauen und Mädchen, die sich benahmen, als seien sie betrunken. In einer

Verwirrung, die entweder von einem Rauschmittel oder einem zu schweren Wein stammte, rissen sie sich die Kleidung vom Leib und gaben sich der Liebe hin.

Ich begann zu grübeln, dachte an manches Geschehnis auf meinen Reisen. Die Bilder vermischten sich, doch blieb das Wissen, daß ich nie Schamlosigkeit gesehen hatte. »Ist es das Fest zu Ehren der Großen Göttin, das sie so enthemmt?« sprach ich leise und nachdenklich vor mich hin und gab mir selbst die mögliche Antwort.

»Das Geschlechtliche ist eine Urkraft, die jetzt ungehemmt durchbricht. Sie ist oft das Ziel. Bei solchen Festen haben die Menschen die Möglichkeit, sich restlos zu offenbaren.«

Warum klagte in meinem Denken eine Stimme die Priester an? Ich wußte doch, was in den Heiligen Höhlen geschah, wußte auch von den Kinderopfern.

Dann erinnerte ich mich an eine Geschichte, die man sich unter den Dienern und Sklaven oft erzählte: Ein Unwetter hatte einige Schiffe mit zerbrochenen Masten und zerfetzten Segeln in einen abseitigen Hafen geschleudert, wo sie fast hilflos ankerten. Priester empfahlen damals den Kapitänen ein Sühneopfer und sagten, daß sie den Göttern Kinder spenden sollten. Im Innern einer nahen Höhle glühte ein riesiges Feuer, und dann kamen die Mütter, um den Priestern Kinder anzubieten.

Mich ergriff ob dieses Frevels so große Bitternis, daß ich wieder Wein brauchte, den ich plump gleich aus der Amphore in hektischen Zügen trank.

»Unsinn!« hatte ich damals gesagt und den Bericht als Märchen unmutig zurückgewiesen.

Lange Zeit beunruhigte mich, daß ich schon mehrmals von diesem Kinderopfer hörte, und man sogar sagte, daß die Priester empfahlen, besonders Mädchen zu bringen, denn sie könnten die erzürnten Götter besser besänftigen.

Ich spürte, daß der Wein stark war, und sah wie in einem Spiegel, daß ich mich der beginnenden Trunkenheit mit Freude hingab.

Ich trank immer wieder aus der Amphore, glaubte, daß ich den Bericht von geopferten Mädchen mit Wein wegspülen konnte, wollte auch vergessen, daß es Priester gab, die Menschenopfer forderten. Je öfter ich die Amphore an die Lippen setzte, um so erregter und durstiger wurde ich. Dann erkannte ich, daß der Wein zugleich Freude brachte und betrübte. Nahm ich einen tiefen Schluck, durchflutete mich Glück und Hoffnung. Wenige Atemzüge später wurde ich jedoch wieder traurig.

In mir begannen Gedanken zu kämpfen. Ein Wesen, es war wohl mein zweites, mein besseres Ich, mahnte, daß ein König nie betrunken sein dürfe; denn oft forderte schon die nächste Stunde einen Entscheid, der zugleich Glück und Unglück über viele Kreter bringen konnte.

»Ich werde immer stark sein!« prahlte ich, trank die Amphore leer und war dann nur noch ein willenloses Bündel Fleisch.

Trotz meiner Trunkenheit erinnerte ich mich an Berichte, daß die Priester jedes Mädchen, das man brachte, mit Blumen schmückten, es salbten und dann zum Heiligen Feuer führten. Die Gläubigen, die vor der Höhle warteten, hörten bald darauf die Schmerzensrufe der Kinder.

Ich hielt mich schwankend an einem Tisch fest, und wie aus weiter Ferne erinnerte ich mich an eine ähnliche Geschichte, die man mir erzählt hatte. Was mich an ihr verblüffte, war, daß sich die Priester der Kinder, die man ihnen als Opfer brachte, gütig annahmen. Ich verstand diese Zuwendung nicht; denn kaum eine Stunde später hörte man das schrecklichste Schmerzensgeheul.

Als ich einmal zu diesem Heiligtum kam und, nachdem ich dort geopfert hatte, den Weg in das Tal zurückwanderte, traf ich einen Sklaven, der den Priestern gehörte. Wir sprachen über die verschiedensten Dinge und dann über das Heiligtum und die grausamen Kinderopfer.

Nach einiger Zeit gestand er mir mit stockenden Worten, daß man die Kinder nicht ins Feuer werfe, sondern alles nur Schauspiel sei. Die Priester würden überall Mädchen sammeln und in eine Schule geben. Dort erziehe man sie und mache aus ihnen Priesterinnen, die mit jeder Faser ihres Leibes an die Götter glaubten und bereit waren, zu ihrer Ehre alles zu tun.

»Das ist doch Betrug«, hatte ich damals zornig geantwortet. Der Sklave beugte sich unterwürfig und bat: »König, sieh nie das Äußere, immer nur den Sinn. Glaubst du denn wirklich, daß der Arzt mit dem Wasser heilt, das er über einen Fieberkranken versprengt? Das alles ist doch nur ein Symbol. Tatsache ist, und das mußt du sehen, daß er mit seinen magnetischen Kräften, mit seiner Zauberkraft, dem Fieber befiehlt zu weichen.«

»Er befiehlt dem Fieber?« hatte ich damals staunend gefragt. Seine Antwort war, daß man der Krankheit Befehle erteilen könne. Im Leben sei vieles nur Schein, nur Umhüllung, eine oft mehr als notwendige Verkleidung. Die Menschen bräuchten diesen Schein teilweise sogar als Schmuck; denn sie lebten aus dem Geist. Mit überzeugender Stimme endete er dann: »Befiehl deiner Seele, und du kannst vieles bewirken.«

Ich brauchte einige Zeit, bis ich wieder im Leben stand. Dann kam der Abend und mit ihm die Dunkelheit. Der Mittelhof leuchtete im Licht der Fackeln.

Ich hatte kaum meinen Platz auf der Tribüne eingenommen, als mehrere nackte Männer in die Mitte des Hofes traten. Der älteste von ihnen steckte drei kurze Speere mit den Spitzen nach oben in die Erde und schläferte dann mit Hilfe sonderbarer Handbewegungen den jüngsten ein. Nun nahmen ihn zwei der Männer und legten ihn so auf die Speerspitzen, daß die eine seinen Kopf, die zweite den Rücken und die dritte die Beine stützte.

Der Schlafende war steif wie ein Brett, lag so auf den Spitzen, als könnten diese ihn nicht verletzen. Nun machte der Älteste eine geheimnisvolle Bewegung mit der Hand, es war, als wische er etwas weg, und zog den Speer an sich, der mit seiner Spitze die Beine gestützt hatte. Nach einer Weile nahm er auch den Speer, auf dessen Spitze der Rücken lag, und schließlich zog er auch den Speer weg, auf dem der Kopf ruhte.

Das alles geschah vor über tausend Zuschauern. Der Schlafende schwebte ohne irgendeine Stütze waagerecht in der Luft. Dann kam wieder der älteste der Männer, strich mit den Händen so über und unter den Leib des frei Schwebenden, als schiebe er unsichtbare Stützen weg.

Als ich einen hinter mir stehenden Minister, von dem ich wußte, daß man mit ihm über solche Dinge sprechen konnte, fragte, was er davon halte, meinte er, daß das alles natürlich nur Zauberei sei.

»Man hat den Jüngling verzaubert?« fragte ich ungläubig.

»Nein, Euer Würden, uns.«

»Uns?«

Der Minister wich der Antwort aus und erzählte, daß er einmal in Ägypten gesehen hatte, wie ein Zauberer ein Seil in die Luft warf. »Es blieb wie ein Stock stehen, König«, sagte er nachdenklich.

Als ich ihn wieder ungläubig anstarrte, erzählte er weiter, daß an diesem Seil ein Junge hochkletterte und unsichtbar in den Wolken verschwand. »Kein Mensch, König, kann sich unsichtbar machen, kein Seil kann an die Wolken gelangen und dort Halt finden. Es gibt nur eine Erklärung, Euer Würden: Der Zauberer hatte die Kraft, alle Zuschauer zu täuschen. Da es ebenfalls unmöglich ist, daß ein Mensch frei in der Luft schwebt, gibt es nur die Antwort, daß der Alte uns den Glauben aufzwang, den Jüngling schweben zu sehen.«

Ich sah nun auf den Tanzplatz. Priesterinnen nahten singend, einige spielten auf der Lyra. In kultischem Reigen umgaben sie den Heiligen Schrein.

Dann kam es wieder zu Darbietungen, die mich ob ihrer Eigenart verwirrten. Fast nebenbei nahm ich wahr, daß alle Minister anwesend waren, auch die Richter und Schatzmeister, die Oberaufseher des Getreidehauses, des Viehhauses, der Kleiderkammer, des Hauses der Sklaven, die Gold- und Silberbewahrer, und all die anderen im Palast tätigen Würdenträger und wichtigen Beamten.

Während Artisten ihre Übungen vorführten, fragte Sarah, die unruhig hinter mir saß und mich beobachtet hatte:

»Warum streitest du immer mit dem Oberpriester?«

»Wir haben bald ausgestritten«, besänftigte ich sie.

»Wieso?«

»Weil ich ihn fortjagen, ins Meer peitschen oder von einem Berg in den Abgrund werfen werde.«

»Das bedeutet Kampf mit allen Priestern, Kampf bis zum letzten Tag deines Lebens. Tu' das nicht, Minos. Die Priester kennen alles, was einst war, was jetzt ist und wissen, was auf Erden und im Himmel sein wird. Sie kennen die verborgensten Gedanken der Menschen und lenken die Herzen wie der Wind die Blätter am Baum. Minos, ohne sie wirst du nie wissen, was die Götter wollen, wie du ihnen dienen kannst und welchen Weg du gehen mußt, um dein Kreta glücklich zu machen.«

»Das muß mir eine Hebräerin sagen, die nur an einen Gott glaubt.« Ich verzog meine Lippen. »Wo war eigentlich dein Gott, als dein Vater von einer Schlange gebissen wurde? Wo war dein Gott, als du Sklavin wurdest? Hast du nicht – bis du zu mir kamst – viele Nächte, sehr viele sogar, immerzu gebetet, daß er dir helfe? Du bist noch immer eine Sklavin, obwohl du einmal frei warst; dein Gott half auch dir nicht.«

Ich schwieg, sah zu, wie ein Artist Feuer schluckte, dann den Kopf einer Kobra über sein Gesicht hielt und langsam in seinen Mund steckte.

»Um dir eine Antwort zu geben«, sprach ich versonnen weiter: »Ich will die Priester nicht verstoßen, weil auch ich die Hilfe der Götter brauche. Nur sollen sie, bitte, verstehe das«, fast jähzornig wiederholte ich, »bitte, versteh das, den ihnen gebührenden Platz einnehmen und dort bleiben. Sie sollen die Seelen betreuen, die Armen trösten, den Kranken Hoffnung geben und die Menschen zu den Göttern führen. Was verstehen sie schon von Saat, Ernte, dem Handel und der Politik?«

»Sie haben doch auch Felder«, unterbrach sie mich, und in ihrer Stimme war Frage und Antwort.

»Laß das«, rügte ich. »Es ist einer Sklavin nicht gestattet, den Herrn in seinen Gedanken und Worten zu unterbrechen. Ich weiß, daß viele Priester einen guten Verstand haben, auch anständig im Herzen sind, doch sollten die anderen, die Machtsüchtigen, Priester bleiben und nicht Ränkeschmiede werden.«

Ein Würdenträger sprach mich an. »Euer Gnaden«, begann er bescheiden.

Ich nickte und sah ihn wohlwollend an.

»Es ist dir, edler König, bekannt«, sprach er stockend weiter,

»daß du wohl als Priester geweiht wurdest, jedoch noch nicht die letzten Geheimnisse kennst.«

Ich überlegte, was er meinte, was er eigentlich in dieser versteckten Mahnung andeuten wollte. Dann erinnerte ich mich, daß auch Manolis schon einmal darüber sprach.

»Es stimmt«, antwortete ich. »Ich bin König und damit für mein Gebiet der Stadtgott.« Fast spöttisch lächelte ich ihn nun an. »Ich bin also Stadtgott«, wiederholte ich, »darf aber trotzdem nicht die Aufgaben eines Ober- oder Erzpriesters ausüben. Dann ist das doch alles Unsinn, ein beschämendes Spiel?«

»König, würdiger Gebieter«, antwortete er andächtig und teilnahmsvoll, »du mußt daher, weil du andere Aufgaben hast, einen höheren Priester bestimmen, der für dich die königlichen Riten ausführt.«

Wieder erinnerte ich mich daran, daß Manolis mir fast mit den gleichen Worten meine Grenzen als Stadtgott gezeigt hatte, begann zu sinnieren, sah die guten, sah aber auch die schlechten Gedanken. »Du meinst damit, daß ich in allem, was ich tue, den Priestern unterstellt bin. Dann wäre ich nur ein Schatten, eine Puppe, die so zu tanzen hat, wie es die jeweiligen ›Verwalter‹ der Religion«, sagte ich ironisch und betonte jedes Wort, »gerade wollen?«

Ich sah wieder auf den Hof. Die Darbietungen wurden flach, und so gab ich mich erneut meinen Gedanken hin. Bei einer Visitation hatte ich einen Silberreiher beobachtet, der aus einem Hain voll blühender Mandelbäume aufflog. Entzückt sah ich damals, wie der große weiße Vogel plötzlich zwischen den glänzenden Blättern und den herrlich duftenden Blüten auftauchte und dann über mir kreiste. Als ich ihn mit den Augen begleitete, flog er hin zu den Dikte-Bergen. Besuchte er dort die Göttinnen? Hatte nicht auch Britomartis, die ›Süße Jungfrau‹, in einer Höhle ihre Heimat?

Wir auf dem Festland kannten sie als Artemis; hier auf Kreta wurde Britomartis von den jungen Mädchen und den jungen Jägern sehr verehrt.

Eine Stimme sagte in mir feierlich: »Das Heiligtum der Britomartis darf man nur barfuß betreten!«

Während meine Augen den Darbietungen im Hof folgten, waren meine Gedanken wieder in jenem Tal, in dem ich den Silberreiher gesehen hatte. Die Straße war damals heiß und staubig gewesen. Eine Labsal wurde dann eine nahe, kühle Schlucht, in der das Wasser lustig plätscherte, in der alles grün und die Luft vom Duft vieler Blüten geschwängert war. Als ich mit meinen Begleitern durch diese Schlucht ritt, waren wir von allen Seiten von Bergen umgeben. Im Südwesten fielen sie steil zur Küste ab, die sich dort wild und zerklüftet zeigte. Mehrmals hatten wir kleine Gebirgsbäche gekreuzt, die sich durch die Felsen drängten. An den Hängen lagen Dörfer mit kleinen, kärglichen Häusern. Alle hatten Schafe und Ziegen, die mühsam ihre Nahrung suchten.

Meine Gedanken gehörten sofort wieder der Gegenwart, als ich jetzt am Rande des Hofes Riana sah. Ihre Hände leuchteten im Licht einer Fackel.

»Hände...«, sang und klang es in mir, als wäre meine Seele die Saite einer Harfe, über die zärtliche Fingerkuppen strichen.

Ich begann wieder zu grübeln. Liebte ich die Hände Rianas? Meine Gedanken suchten, dann wußte ich es. In den Händen Rianas zeigte sich ihre Persönlichkeit, barg sich ihr Charakter.

Neue Gedanken kamen. Verdankte es der Mensch nicht seinen Händen, daß er sich aus einem primitiven Urwesen zu seiner führenden Stellung in der Natur erhoben hatte? Der Geist war der Führer, die Hände seine Werkzeuge, und mit ihnen schuf der Mensch seine Kultur, seine Sonderstellung unter all den Geschöpfen der Erde. Immer sind die Hände die Werkzeuge des Geistes.

Es war am nächsten Nachmittag. Riana begleitete mich bei einem Besuch der Hafenarbeiten in Herakleia. Manolis hatte gebeten, mitfahren zu dürfen, weil er dort das Heiligtum inspizieren wollte.

Wir trafen uns dann mit ihm wieder zur vereinbarten Zeit an der Stelle, von der aus die Mole als schützender Damm in das Meer hinausgebaut wurde.

Der beginnende Abend tauchte die Wasserfläche in Gold. Sie wirkte so anmutig, daß wir uns von einem Fischer hinausrudern ließen. Bald setzte er das Segel, und wir trieben dahin, uns war es, als befänden wir uns in einem Traum. Ich hatte die Hand Rianas erfaßt, und Manolis hatte die Höflichkeit, so zu tun, als sähe er nicht, daß sich seine Oberpriesterin einem Mann zuwandte.

»Was ist das?« fragte plötzlich der Fischer und richtete sich auf und sah zum Horizont.

Wir standen auch auf, suchten. Riana war es, die rief: »Dort, dort schwimmt etwas!«

Der Fischer steuerte darauf zu. Wir erkannten bald, daß im Meer das Wrack eines Segelschiffes trieb. Wir sahen geborstene Planken, den Mast mit dem zerfetzten Segeltuch. Wieder war es Riana, die rief und mit der Hand auf eine Stelle deutete: »Dort liegt ein Mensch!«

Es verging fast eine Unendlichkeit, bis wir das Wrack erreichten. Dann sahen wir es. Ein Mädchen, wohl um die zwölf Jahre, klammerte sich krampfhaft an eine Planke, die aus dem Wasser ragte. Es schien halbtot zu sein, die Beine hingen schlaff herab, die Augen sahen uns ausdruckslos an, nur die Hände schienen noch Leben zu haben, hielten ihren Körper an der Planke fest.

Der Fischer steuerte vorsichtig das in den Wellen auf und ab tanzende Wrack an. Manolis beugte sich weit auf die Seite, ich hielt ihn, daß er nicht in das Wasser fiel, er löste die verkrampften Hände des Mädchens und zerrte es zu uns ins Boot. Es lag wie tot zu unseren Füßen, zeigte keinerlei Leben. Meine Leibwache hatte vom Strand aus gesehen, daß wir Hilfe brauchten, ruderte uns mit mehreren Booten entgegen.

Manolis war kaum auf festem Boden, als er meinen Soldaten befahl, das Mädchen an den Füßen hochzuhalten, so daß es mit dem Kopf nach unten hing. Er selbst drückte in kräftigem Rhythmus Bauch und Rippen zusammen, um aus ihrem Leib das geschluckte Wasser herauszupressen.

Als sich das Mädchen immer noch nicht rührte, legte er es mit dem Rücken auf den Boden. Dann nahm er aus einem Holzkästchen, das in seinem Überwurf steckte, einen großen bronzenen Ring, der fast eine Handbreit Durchmesser hatte.

Er faßte ihn an einer Stelle, die an beiden Seiten kleine Wülste zeigte, hielt ihn fest in der Hand und begann, mit ihm über den Körper des Mädchens zu streichen, in jede Richtung nach einem bestimmten Plan Linien zu ziehen.

Ich und Riana sahen, wie sich Manolis stark auf sein Tun konzentrierte, er all sein Denken auf das Mädchen richtete. Dann hielt er den Ring eine Weile an den Scheitel des Mädchens, zog ihn langsam über ihr Gesicht bis hin zum Herzen, hielt dort etwas an, zog ihn dann weiter zum Magen. Kurz betete er und wiederholte dann dieses Streicheln über die Arme bis hin zu den Händen und schließlich über die Beine bis hin zu den Füßen.

Schon als er den Ring über das Herz hielt, hob sich die Brust des Mädchens etwas, und beim weiteren Streichen begann es regelmäßig zu atmen und kam langsam zu sich.

Als Manolis den Ring wieder über ihr Herz hielt, öffnete das Mädchen seine Augen, sah uns an, erhob sich und warf sich ohne Übergang vor Manolis auf die Knie und umarmte seine Füße. Dann sprach es mit Worten, die wir nicht verstanden.

Riana war es, die eine Brücke schuf. Sie deutete auf sich und sagte mehrmals eindringlich: »Riana!« Dann wies sie auf mich und sagte: »Minos!«

Das Mädchen verstand diese Gestik, lächelte und deutete nun auf sich und flüsterte: »Mena!«

»Was machen wir mit ihr?« fragte ich.

Riana blickte kurz auf Manolis, sagte dann bewußt, fast befehlend: »Ich nehme sie zu mir. Wir haben in der Schule, in der die Priesterinnen für den Kult erzogen werden, mehrere Kinder. Mena wird sich dort wohl fühlen, und ich werde sie unter meinen besonderen Schutz stellen.«

Auf dem Rückweg lag Mena in einer Sänfte, Manolis und Riana fuhren mit in meinem Wagen.

»Was ist das für ein Ring?« fragte ich den Oberpriester. »Was hat er für eine Kraft?«

Manolis wand sich, als erleide er Schmerz. »König, edler Minos«, sagte er ausweichend, suchte die Worte, »du hast noch nicht die letzten Weihen erhalten, darfst daher auch nicht unsere letzten Geheimnisse kennen.«

Mein Zorn brach hoch. Wütend antwortete ich: »Und ich als König werde damit zum Dummkopf gemacht. Nein«, schrie ich, wollte weitersprechen, doch warf sich Riana an mich, versuchte mich mit Küssen zu beruhigen und bat mich, die Dinge mit reinen Sinnen zu sehen.

»Denke ich denn unrein?« entgegnete ich verwirrt.

»Viele Menschen haben ihre Geheimnisse, die sie hüten, nur dann weitergeben, wenn sie den Betreffenden für reif halten. So hat der Töpfer sein Geheimnis, der Gießer, der Künstler. Besonders dieser hat seine Ausdrucksform, seine Eigenheit in den Farben und in der Technik.« Sie lächelte ein wenig, sagte dann mit Schalk: »Vielleicht hat sogar mancher Steuereintreiber sein Geheimnis, wenn es ihm gelingt, die Tribute ohne Streit von den Bauern und Handwerkern einzuziehen. Es gibt auch in der Liebe Geheimnisse. Man spricht nicht darüber, sie sind Besitz dieser Liebenden. Und das ist gut so. Der Kult, auch der Tanz, haben ihre Geheimnisse, die verborgen sein müssen, weil sie vielleicht anderen Menschen nicht guttun. Sehe es so, Minos.«

»Und dieser Ring ist ein Geheimnis, das ich nicht erfahren darf?«

Manolis sah mich und dann Riana lange an.

»Riana kennt den Ring, seinen Sinn und seine Kraft. Ich gebe ihr die Erlaubnis, daß sie mit dir darüber spricht.« Er blickte nun Riana eindringlich an, sprach nicht, doch befahlen seine Augen.

Als wir Manolis in Knossos vor dem Priesterhaus abgesetzt hatten, führte mich Riana in einen kleinen Hof. Ein Springbrunnen plätscherte, Blütensträucher tauchten uns in Zärtlichkeit. Wir saßen auf einer Bank und hielten uns die Hände.

»Minos«, begann Riana zögernd. »In jedem Lebewesen steckt eine Kraft, die wir Lebenskraft nennen. Diese Lebenskraft kann stark sein, wenn man sie schützt und fördert; sie kann schwach sein, wenn man ihr schadet. Der kranke Mensch ist schwach, weil ihm die Lebenskraft fehlt.«

»Kann man sie stärken?«

Sie nickte. »Das ist es, Liebster. Es gibt sichtbare und unsichtbare Quellen. Es gibt sogar künstliche Kraftspender. Die Lebenskraft ist ein Glücksgefühl. Man kann dieses steigern, wenn man Wein trinkt oder sonst ein Reiz-, ein Stärkungsmittel zu sich nimmt. Eine Kraftquelle ist auch die Religion, der Glaube an die Götter. Wenn ein kranker Mensch ihre Hilfe erbittet, erhält er sie. Je stärker er bittet und damit an die Hilfe glaubt, um so eher wird er wieder die Möglichkeit haben, das zu meiden, was seine Lebenskraft schwächt, und das zu tun, was sie stärkt.«

»Und was hat der Ring damit zu tun?« fragte ich kritisch.

»In uns ist ein Mysterium. Vielleicht wird man es einmal entdecken und beweisen können. In manchen Bergwerken schürft man Erz, das eine Kraft enthält, mit der es andere kleine Metallstücke anziehen kann. Es gibt Fische, die mit ihrem Schwanz in der Verteidigung eine Kraft aussenden, die lähmen und sogar töten kann.« Sie schwieg, suchte neue Beispiele, sprach dann weiter: »In uns ist eine Lebenskraft, eine Energie. Sie ähnelt jener Kraft, die bestimmte Erze haben. Oder ist in uns eine Energie, wie in dem Fisch, der mit seinem Schwanz Schläge geben kann, die den Menschen fast lähmen? Manolis hat eine Kugel aus Kristall. Mit ihr kann er den Menschen in einen Zustand versetzen, in dem dieser seinen Geburtsort genau beschreiben kann, obwohl er ihn schon als kleines Kind verlassen hat.«

»Und so hat dieser Ring auch eine Kraft?« fragte ich.

Riana schwieg, senkte den Kopf, grübelte, hob ihn dann wieder und blickte mich an. »Es gibt Menschen, die heilende Hände haben. Sie streichen mit ihnen über den kranken Körper. Er entspannt sich, eine Verkrampfung löst sich, und der Schmerz, der aus dieser Verspannung entstand, verschwindet. Dieser Ring ist wie eine heilende Hand. In ihm fängt sich die schwache Lebenskraft eines Kranken, wird verstärkt und durch das Streichen um ein Vielfaches wieder zurückgegeben.« Sie sah mich zärtlich an. »Der Wein belebt, die heilende Hand gibt Kraft, und der Ring bündelt die Kraft, die er empfängt, gibt sie zurück. Probiere es einmal an dir aus, Liebster. Du hast Kopfschmerzen, oder ein Muskel tut dir weh. Streiche nur mit einem Finger über die schmerzende Stelle. Wenn du den Punkt gefunden hast, in dem sich der Schmerz besonders äußert, du ihn mit der Fingerkuppe drückst, kannst du wenige Atemzüge später ohne Schmerz sein. Ich sah einmal einem Bauern zu, der einen kranken Ochsen mit dem Rücken eines Messers strich. Dieses starke Streichen nahm die Krankheit. Und so strich Manolis mit dem metallenen Ring, beruhigte, und durch den Kreis, den der Ring bildet, gab er wieder Energie, wieder Lebenskraft zurück. Das ist es«, sagte sie schlicht und hielt meine Hand, als wäre ich es, der ihr jetzt Kraft geben müsse.

Nach einer Weile fragte ich nachdenklich: »Warum ist der Ring dann ein Geheimnis, das verstehe ich nicht. Macht Manolis aus einer selbstverständlichen Sache Magie, um zur gegebenen Zeit als Mann mit magischen Kräften auftreten zu können? Dann ist dieses sogenannte Geheimnis doch Täuschung und damit Betrug.«

»Nein, Liebster, eher größte Weisheit. Es gibt Medizinen, die den Kranken helfen: Bekämen sie Gesunde, würden sie sterben. Dieser Ring braucht in seiner Anwendung bei Kranken Erfahrung und großes Einfühlungsvermögen.«

»Er hilft also Menschen, die nahe dem Tod sind?«

»Das ist es, Liebster. Man muß wissen, ob der Betreffende krank oder gesund ist, muß das Mysterium dieses Ringes zutiefst erkannt haben. In Händen Unberufener kann er großen Schaden anrichten, vielleicht sogar töten.«

»Töten?« fragte ich und verzog spöttisch meine Lippen.

»Ja, Minos«, sagte sie ernst. »Der Ring, wenn er falsch über den Körper geführt wird, kann den Kraftstrom, der das Herz bewegt, so stören, daß der Betreffende stirbt. Der Ring hat noch ein Geheimnis«, flüsterte sie. »Er kann bei richtiger Anwendung niedere Kräfte in eine schöpferische Kraft umwandeln. Er strahlt immer jene Kraft aus, die in ihn hineingelenkt wird. Wenn ein schlechter Mensch, ein Betrüger, den Ring in die Hand bekäme, würde er seine eigenen negativen Kräfte, die sich ja im Ring vermehren, verstärken und damit noch schlechter werden. Er könnte dann zum Zerstörer werden. Denkst du in diesen Ring die Liebe hinein, wirst du Liebe geben und selbst voll von Liebe sein. Verstehst du nun, Liebster, warum die eingeweihten Priester ihre Geheimnisse sehr hüten, sie nur an besonders ausgebildete Priester weitergeben? Der Arzt bedarf einer Ausbildung, auch der Gießer, auch der Keramiker. Und, was ich noch sagen muß: der Ring nimmt nicht nur die winzige Kraft des Kranken auf und gibt sie verstärkt zurück, sondern der Priester, der mit ihm arbeitet, sendet seine eigene Kraft, seine Ausstrahlung mit. So wurde das Mädchen mit Lebenskraft aufgeladen, und seine Erschöpfung verschwand. Manolis gebrauchte den Ring richtig, gab mit ihm jene Kraft, die notwendig ist, um etwas Gutes, also Segenbringendes zu bewirken.«

Nach einigem Sinnieren fragte ich: »Manolis gab also auch eine Kraft in den Ring?«

»Ja, seinen Willen.« Sie lächelte mich an und sagte schalkhaft: »Manche Menschen wissen gar nicht, daß sie einen Willen haben. Frage einmal einen gebildeten Menschen, einen Beamten zum Beispiel, wie es möglich ist zu gehen. Er wird dir sagen, daß er seine Beinmuskeln zusammenzieht, die einmal das eine und dann das andere Bein vorwärtssetzen. Aber was zieht seine Beinmuskeln zusammen?«

»Der Wille«, sagte ich.

»Stimmt. Wenn du etwas willst und dann auch tust, gibst du der in dir lebenden Kraft einen Auftrag. So sollten die Menschen einiges tun, um ihren Willen zu verbessern, sollten ihn stärken und erziehen. Dann gibt es, eng vermählt mit der Willenskraft, die Gedankenkraft. Wir sollten auch sie pflegen und hegen, sollten versuchen, sie in das Gute und Reine zu lenken. Und das ist die Aufgabe der Priester und Priesterinnen. Da die Kraft unserer Gedanken göttlich-schöpferisch ist, ist das Ziel, das sie sucht – Gott.«

Es war Abend. Ich hatte mehrere höhere Beamte eingeladen, wollte mit ihnen die Schaffung eines Bewässerungssystems durch Windräder besprechen. Die ersten Versuche hatten beste Ergebnisse erbracht.

Nach der Besprechung allgemeiner Probleme sprach ich von den Windbrunnen und sagte, daß ich Hunderte schaffen werde, die Felder nun bald gute Ernten ergeben würden.

Ein Beamter, dem ich wohl gesonnen war, hob die Hand.

Als ich ihm die Sprecherlaubnis erteilt hatte, lobte er meine Bewässerungspläne, ging dann erregt auf und ab, blieb stehen und sah mich mahnend an.

»Minos«, sagte er. »Edler König«, sprach er weiter, »diese Idee ist gut, ist sogar sehr gut, nur ist sie wie ein Wagen ohne Räder.«

»Wie meinst du das?« fragte ich verblüfft.

Der Beamte zögerte.

»Sprich nur«, sagte ich und sah ihn gütig an.

»Die Bauern schaffen diese größeren Ernten nicht. Jeder hat nur zwei Hände. Ich kenne Äcker, die schon jetzt nicht ausreichend bestellt und versorgt werden können, weil der Bauer nur seine zwei Hände hat. Minos«, wandte er sich an mich, ging wieder erregt hin und her, »wir brauchen mehr Sklaven. Was ist ein Schiff ohne Seeleute? Was nützt eine Goldgrube, wenn sie nicht ausgebeutet werden kann? Was nützt diese tolle Bewässerungsmethode mit den Windbrunnen«, er senkte betrübt den Kopf, »wenn die Äcker nicht sofort in Ernten umgewandelt werden? Euer Gnaden, das Volk bittet dich um Hilfe. Und diese Hilfe kannst du schnell geben, wenn du sofort mehrere Schiffe aussendest, damit sie uns Sklaven bringen.«

»Sklaven, Sklaven, Sklaven«, bohrte es in mir. Konnte ich mich noch dieser Forderung entziehen?

Ich erhob mich, befahl Kladissos zu holen, und als er dann vor mir stand, gab ich ihm alle Vollmacht. Prokas, meinen persönlichen Berater, ernannte ich zum Sklavenminister. Als ich ihm diesen Titel verlieh, lächelte er herb. Er als Freund wußte, wie schwer es mir fiel, Menschen in Libyen Leid zuzufügen.

»Sei gütig«, bat ich. »Sei barmherzig«, sagte ich. »Regle du die Verteilung, sorge dafür, daß sie als Menschen behandelt und nicht zum Tier erniedrigt werden.«

Wenige Tage später segelten die Schiffe los. Schon der erste Segler hatte Erfolg, brachte über einhundertfünfzig Sklaven.

Lag es an dem Priester, der in der Goldgrube sein Leben für mich gegeben hatte, daß ich Prokas anwies, diese Arbeitskräfte besonders den Bergwerken zuzuteilen?

Silber hatte in Ägypten den doppelten Wert wie Gold, und so handelten wir nun verstärkt mit Silber, lieferten aber auch Kupfer, Blei und verschiedene Halbedelsteine.

Dann kam das zweite und das dritte Schiff. Prokas teilte die Sklaven den Werften zu, und in vier Häfen baute man gleichzeitig Schiffe.

Die Sklaven, die von weiteren Schiffen gebracht wurden, setzte Prokas in der Landwirtschaft ein.

Im Handel wurden die Sklaven bald zu einer Art Währung. Besonders Frauen und junge Mädchen waren beliebte Tauschartikel.

Die Ernten wurden gut. Schon wenige Monate später boten die Märkte Nahrungsmittel der verschiedensten Art an. Es gab Fleisch, Korn, Gemüse, Früchte. Ging ich verkleidet durch den Markt, sah ich überall Lachen und frohe Gesichter. Ein Bauer, der in kleinen Körben verschiedene Hülsenfrüchte anbot, sah mich würdevoll an. »Herr, du freust dich«, sagte er schlicht.

»Ja«, antwortete ich. »Ich schuf Freude und erfuhr, daß sie zu mir zurückkommt.«

Als ich wieder im Palast war, meldete mir ein Diener, daß der Gesandte der Phönizier gekommen sei und bat, mich sprechen zu dürfen.

Interessiert eilte ich in den Thronsaal; denn ich hatte vor seinem Volk Achtung. Das Land war ein wichtiger Rohstofflieferant für uns, und ich konnte nun neben Nahrungsmitteln auch weitere Waren anbieten.

Bei der Vorstellung des Gesandten dachte ich daran, daß vor rund vierzig Jahren, als die Erdbeben begannen, viele Kreter auswanderten. Sie flohen teils in den Peloponnes, teils auf die Inseln, hatten aber auch in Phönizien eine neue Heimat gefunden. In dem Maße, wie damals Kreta unterging und sein Einfluß im östlichen Mittelländischen Meer erlosch, begann Phönizien die Häfen und Handelswege zu beherrschen und damit aufzublühen. Kreta dagegen verwelkte und ging dann in der großen Flut unter. Die bedeutendsten Handelsstädte der Phönizier wurden nun Ugarit, Byblos, Sidon und Tyros.

Ich fand zu dem Gesandten sofort Vertrauen, da er wache

Augen und ein gütiges Gesicht hatte. Rapanu war sehr alt, und so bat ich ihn, sich zu setzen.

»Ich bin einer solchen Ehre nicht würdig«, sagte er bescheiden. »Du bist weise, edler Minos. Deine Gesetze erregen weithin Bewunderung. In den fast zwanzig Jahren, die du nun hier auf Kreta regierst, gelang es dir, vieles wiederaufzubauen.«

»Du bist sehr höflich«, antwortete ich und dankte ihm für diese Worte. »Es gibt aber immer noch Gebiete, die durch die Vulkanasche so vergiftet wurden, daß sie oft kahl sind. Wir werden«, sprach ich nachdenklich weiter, »noch viele Jahre brauchen, bis alle Äcker wieder gute Ernten bringen.«

»Du hast auch gute Handwerker«, lobte er. »Deine Keramiker arbeiten unermüdlich; auch deine Gerber, Weber und Färber liefern Erzeugnisse, die weithin begehrt werden.«

»Ich habe mir vorgenommen, die Straßen und Wege zu verbessern, will auch verstärkt Schiffe bauen.« Werbend sagte ich, daß sich in den Magazinen der Häfen das Handelsgut mehre, Kreta bereits verschiedene Ölsorten, Weine, Gewürze und Medikamente liefern könne.

»In Amphoren bieten wir nun Oliven- und Fischkonserven an. Die Säcke der Händler enthalten Getreide, Hülsenfrüchte und Mandeln. Ich kann sogar wieder Bretter und Balken liefern. Unsere Keramik wird sehr geschätzt, wir kommen bald mit der Fertigung nicht mehr nach. Die Waffenschmiede erleben auch eine Blüte, denn es scheint in vielen Städten bald zum guten Ton zu gehören, daß man kretische Schwerter, Dolche, Helme, Schilde und Werkzeuge benützt. Weithin begehrt man auch den Schmuck der Goldschmiede.«

Der Phönizier lächelte wohlwollend. »Man kleidet sich in vielen Küstenländern sogar nach kretischem Vorbild. Sedment, ein Bekannter, ist Minister beim Pharao Thutmosis. Er ist seit Jahren ein Verehrer deiner Insel, errichtete sich ein Haus nach eurer Art und schmückte es mit den schönsten Erzeugnissen deiner Heimat. Jetzt bereitet er seine Grabstätte vor, und auch sie wird einst mit Erzeugnissen deiner Handwerker prunken.«

Nach einem kleinen Imbiß sprach der Gesandte wieder, und

ich beobachtete seine lebhaften schwarzen Augen, die von Geist und Witz blitzten.

Rapanu sprach von seinen Göttern, erzählte von den Menschenopfern und der Tempelprostitution. Seine Worte wirkten wie eine magische Kraft auf mich; denn wir verstanden uns in Rede und Gegenrede, als ob wir Brüder wären.

Wir diskutierten bis spät in die Nacht, kamen immer wieder auf den Handel und die Schiffahrt zu sprechen.

»Eure Segler sind schneller als die unseren. Was auch zu deinen Erfolgen mit beiträgt, ist, daß du jedem Schiff Soldaten zuteilst, so daß sie ungehindert von Seeräubern ihre Waren an die Zielorte bringen können. Ich höre immer wieder, daß kleinere Schiffe sich deinen Seglern anschließen, bei ihnen Schutz suchen und finden. Mancher Kapitän berichtete mir, daß sich viele Seeräuber in ihre Schlupfwinkel zurückziehen, wieder Fischer und Bauern werden.«

Nachdem wir weitere wichtige Fragen, die unsere Handelsniederlassungen aufwarfen, geklärt hatten, sagte der Phönizier schmeichelnd, daß ich nun nicht nur König von Kreta, sondern der Herrscher aller Meere sei.

Ich lachte, verneinte heftig. »Wir üben keine Seeherrschaft aus, wenn es auch manche so sehen. Weißt du, wir wollen handeln, errichten überall Verkaufsstellen, sind für euch, die ihr auch geschickte Händler seid, bestimmt eine große Konkurrenz. Wenn wir auf mancher Insel und in mancher Stadt besonderen Erfolg haben, liegt es an der Tüchtigkeit des betreffenden Händlers. Viele setzen ihre Brüder und Söhne als Agenten ein. Diese lassen sich in den Handelszentren nieder, nehmen sich aus ihrer neuen Heimat Frauen.« Ich schmunzelte und meinte dann, daß kretische Männer Geschmack hätten und sich bestimmt die schönsten Frauen wählen würden. »Dazu kommt Fleiß, Kraft, Mut – und schon bildet der kretische Händler in seinem Gebiet einen Machtfaktor. Das ist es. Dazu kommt natürlich auch die Tatsache, daß unsere Schiffe und Seeleute besser als die der Ägypter sind. Ägypten hat es nie geschafft, in den Ländern des Mittelländischen Meeres mit seinen Händlern Fuß zu fassen. Wir besetzen nicht die Inseln bis hin an eure Küste«, verteidigte ich mich, »sondern beschützen sie und errichten auf ihnen Handelsstützpunkte.«

Ich lächelte vor mich hin.

»In dir ist Freude?« fragte der Gesandte.

Wieder schmunzelte ich etwas. »Was vor wenigen Jahren noch undenkbar war, wird jetzt zur Alltäglichkeit. Meine Schiffe bringen aus Ägypten sogar langhaarige Affen mit. Viele Familien glauben jetzt, ihren Wohlstand damit dokumentieren zu müssen, indem sie diese als Haustiere halten.«

Immer wieder kam der Phönizier auf meine angebliche Seemacht zu sprechen. Neidete er mir den Erfolg im Handel?

»Weißt du«, sagte ich nach einer Weile bedächtig, »wir betrachten das Meer als Brücke zu anderen Völkern. Mit Hilfe meiner Windbrunnen gelingt es mir, die fruchtbaren Ebenen weithin zu bewässern. Wir betreiben geglückt Ackerbau, züchten Vieh, nützen die Wälder, sind seßhaft und lieben unsere Heimat. Wir wollen keine Eroberer sein, suchen den Wohlstand, weil er uns viele Freuden ermöglicht. Dann tanzt man bei uns gerne. Es ist für mich immer wieder ein Erlebnis zu sehen, wie beseelt sich die Menschen hier dem Tanz zuwenden.«

Als der Gesandte von den verwirrenden Praktiken der phönizischen Priester erzählte, wandte ich ein, daß ich bei meinen Priestern auch die Befürchtung habe, daß sie Kräfte besäßen, die mich in meiner Entscheidungsfreiheit hemmen könnten.

»Weißt du, Rapanu«, sagte ich eindringlich, »ich habe meine Gesetze stets mit meinem Herzen und mit lauterem Gewissen gemacht. Aber das genügt mir nicht, ich will sie noch vollkommener gestalten.«

»Edler König«, antwortete er bedächtig. »Der Weg eines jeden Menschen ist vorgezeichnet, keiner kann seinem Schicksal entgehen. Wenn du aber, trotz deiner Ablehnung, dir das geheime Wissen der Priester zunutze machen würdest, könnte es dir gelingen, noch edler zu entscheiden, weil du die Hintergründigkeit der Menschen erkennst. Das seelische Gleichgewicht, das die Vorbedingung für deine Gerechtigkeit sein soll, schaffst du nur, wenn du dich mit dem Weltall vereinst.«

»Die Götter helfen mir«, entgegnete ich zuversichtlich.

»Ihre Gunst erlangst du wiederum auch nur mit Hilfe des geheimen Wissens. Jeder Mensch hat Tag für Tag mit bösen Mächten zu kämpfen und du als König sogar besonders oft.« Er schloß die Augen, als träume er. Dann sprach er weiter, sah mir dabei tief in die Augen: »Edler Minos, wir alle stehen auch im Gesetz des Leidens, und das haben wir mit Würde anzunehmen, da es ohne Leid keine Reife und kein dauerhaftes Glück gibt. Auf dich kommt noch viel Leid zu, die Sterne sagen es mir. Dieses Leid wird der Prüfstein deiner Seele sein, und du wirst noch besser erkennen, was gut und böse, was rein und unrein ist. Du wirst dabei lernen, die Weisheit von der Torheit zu unterscheiden.«

Mir war es immer mehr, als sei der Gesandte mein Bruder. Während wir uns bei einem festlichen Mahl gegenübersaßen, begann ich, ihn nach seinem Leben zu fragen. »Du kommst aus Phönizien«, sagte ich gedankenverloren.

Der Gesandte zögerte etwas, verneinte dann. »Mein König Hattusilis[6], die Götter mögen ihn behüten, ist Hethiter.«

»Ich dachte, du seist Phönizier?« fragte ich erstaunt. Der Alte lächelte weise. »Meine Heimat ist Ugarit, der Geburt nach bin ich also Phönizier. Doch hat Arnuwandas, der Vater des Königs, so viel Gutes für uns getan, daß wir uns gerne seiner Herrschaft beugten und in dem großen Volk der Hethiter nicht die Eroberer, sondern unsere Freunde sehen. Ich diene aus Überzeugung und Dankbarkeit dem hethitischen Volk.« Er sah mich wieder eindringlich an. »Die Seevölker werden immer mehr zur großen Gefahr. Vielleicht wird es schon in wenigen Jahren zu einer Entscheidung kommen. Es wäre also gut, König, wenn unsere Völker zusammenstehen würden.«

Nach einer Weile fragte ich nachdenklich: »Ihr gebraucht eine andere Schrift?«

Der Gesandte nickte. »Von den Babyloniern übernahmen wir die Keilschrift. Wir entwickelten sie jedoch weiter und vervollkommneten sie«, sagte er stolz.

»Du kommst aus Ugarit«, wiederholte ich seine Aussage.

»Eigentlich aus Hattusas. Der Hafen dieser Stadt ist für unseren Handel sehr wichtig, und so weile ich oft in besonderer

Mission dort. Weißt du«, sagte er stolz, »daß Ugarit schon vor der großen Flut engste Kontakte mit Kreta hatte?«

Wieder schwiegen wir, aßen, tranken, gaben uns gute Worte. Dann fragte ich: »Gibt es in Ugarit auch einen Palast?«

Der Alte suchte die richtigen Worte und antwortete dann sachlich: »Ja. Er bedeckt eine große Fläche, hat sieben Eingänge und über siebzig Räume. Was Ugarit hervorhebt, ist, daß es auch eine Schreibschule hat, in der das Wissen für die Priester und Beamten niedergeschrieben und damit weitergegeben wird.«

»Eine Schreibschule«, wiederholte ich und begann sofort wieder zu grübeln. »Ist das eine phönizische oder hethitische Schule?« fragte ich interessiert.

»Diese Frage ehrt dich, edler Minos, zeigt, daß du es verstehst, Unterschiede zu erkennen. Diese Schule ist Beispiel der Verschmelzung der Völker mit ihren Sprachen. So werden die Schüler sehr kritisch ausgewählt; denn sie müssen nicht nur die Grammatiken, sondern auch die verschiedensten Schreibweisen erlernen. Wir pflegen natürlich unsere phönizische Muttersprache, aber auch die der Hethiter. Akkadisch ist die Sprache der Länder im Zweistromland für die Religion und den diplomatischen Verkehr; ägyptisch ist für uns ebenfalls sehr wichtig, denn es ist die Sprache unseres wichtigsten Handelspartners.«

»Ihr schreibt in eurer Schule wahrscheinlich wie auch wir meist auf Tontafeln. Und das ist gut«, sagte ich ernst.

Als er mich fragend ansah, meinte ich, daß diese, weil sie meist unvergänglich sind, noch in tausend und mehr Jahren von dem Geist der Hethiter und Phönizier berichten würden.

»Und von den Mykenern«, antwortete er sofort.

»Hoffentlich im Guten?« scherzte ich.

»Ja und nein ... Die Sippen der Mykener haben große Festungen, viele Straßen, Brücken und riesige Kuppelgräber erbaut. Für diese Arbeiten brauchten sie Sklaven. Ich weiß nicht, woher du, edler König, die Arbeitskräfte für den Ausbau der Häfen, die Renovierung und Erweiterung der Paläste in deinem Kreta bekommst. Deine Verwandten drüben auf dem Festland, deine Väter also, verzeih' mir diese Feststellung, sahen im Sklavenhandel ein sehr einträgliches Geschäft. Aber auch deine Piratenschiffe kamen oft zu uns und entführten Einwohner in die Sklaverei.«

»Ich habe nur in Libyen . . .«, verteidigte ich mich.

Er nickte und meinte, daß ich ja auch einen Bruder hätte.

Wir unterhielten uns über viele Dinge, und plötzlich sah er mich wieder durchdringend an und fragte: »Habt ihr Mykener auch eine Schreibschule?«

»Ich weiß es nicht genau, möchte es jedoch annehmen. Die völlige Übereinstimmung aller mykenischen Tontafeln nach Zeichenformen und Schreibregeln beweist, daß die verschiedenen Herrschaftszentren miteinander in regem Schriftverkehr standen, es also eine Schule gegeben haben muß, in der die Zeichenformen und Schreibregeln gelehrt wurden.« Ich grübelte, suchte Beispiele, sprach dann weiter: »Die beiden Selbstlaute ›langes O‹ und ›kurzes E‹ wurden von den Priestern geschaffen, damit die heilige Leier des Apollon für jede einzelne der sieben Saiten einen Vokal hatte. Alpha war der erste der achtzehn Buchstaben. Was ich für wichtig halte, ist«, meinte ich stolz, »daß das griechische Alphabet eine Vereinfachung der kretischen Hieroglyphen ist.«

»Dann konnten die Kreter eher schreiben?« staunte der Gesandte.

»Es gibt hier eine Überlieferung, die darauf hinweist, daß das erste griechische Alphabet vor rund vierhundert Jahren unter kretischem Einfluß in Ägypten entwickelt wurde.« Wieder suchte ich Gedanken und Worte, sprach dann weiter: »Es gibt Hinweise, daß das phönizische Buchstabenalphabet aus einem Lautsystem besteht, das bei uns auf dem Festland schon lange bekannt war und von den drei Schicksalsgöttinnen als religiöses Geheimnis gehütet wurde, und daß es in enger Verbindung zum Kalender steht.«

Es war bereits späte Nacht, als wir uns verabschiedeten und den Warenaustausch genau durchgesprochen hatten.

Die Sonne vergoldete schon seit dem frühen Morgen die Stiergehörne an den Häusern. Seit Stunden waren die Gassen und Plätze von Neugierigen belebt.

Riana wurde in einer prunkvollen Feier zur königlichen Priesterin erhoben. Ich ehrte sie dadurch, daß ich ihr bei den Feierlichkeiten am Heiligen Schrein als Gabenträger diente. Dann geleitete ich sie an der Spitze einer festlichen Prozession in den Thronsaal und bat sie ehrerbietig, auf dem Thron Platz zu nehmen; denn durch diese Erhebung war sie nun vor den Göttern meine Frau.

Alle waren wir ergriffen; denn sie sah weihevoll aus. Ihre Augen leuchteten, als sei jede Faser ihres Leibes von der Großen Göttin erfüllt, als sei sie selbst die Große Mutter.

Es war eigenartig. Durch das Ritual waren wir uns wohl nähergekommen, aber trotzdem einander ferner denn je. Hier im Palast war sie nun die königliche Priesterin, durfte aber das Haus, in dem sie wohnte, nur noch in Begleitung mehrerer Priesterinnen verlassen.

Ich beobachtete Manolis fast ununterbrochen. Er war es gewesen, der mich auf den Gedanken gebracht hatte, Riana zur Priesterkönigin zu erheben. So sehr ich mich auch fragte, was er damit für Interessen verfolgte, fand ich keine ihn belastenden Argumente. Da der Kult in vielen Dingen den Priesterinnen vorbehalten war, konnte es zu Entscheidungen und Handlungen kommen, die ihm bestimmt oft nicht recht sein würden. Ich fragte mich, ob der Oberpriester mit der Erhebung Rianas mich für ihn wohlgesonnener stimmen wollte? Oder gab es in den Mysterien, in bestimmten Heiligtümern, Dinge, die Manolis gefährlich wurden und deren Mißstände und Folgen er nun Riana zuschieben wollte? Sollte die Erhebung Riana schaden und an ihrer Beseitigung mithelfen?

Lag es an diesen Fragen oder am Vollmond, daß ich an diesem Abend keinen Schlaf fand? Ich wälzte mich auf meinem Lager hin und her. Dann erhob ich mich, ging unruhig durch mein Zimmer, schwor, Manolis zu töten, wenn die Erhebung Rianas nur den Zweck verfolgen sollte, sie ihm dadurch gefügig zu machen.

Als die Sonne mein Schlafzimmer in ihren Schein tauchte, war ich so von Bitternis erfüllt, daß es mir unmöglich war, nur die geringste Kleinigkeit zu essen. Um meine Unrast zu betäuben, fuhr ich nach Herakleia, dem Haupthafen meines Palastes. Ich wollte persönlich prüfen, ob die Arbeiten dort zügig weitergingen. Für den Handel brauchte ich besonders diesen Anlegeplatz, weil er gleichermaßen günstig für den Warenaustausch mit den Ländern nördlich, westlich und östlich von Kreta lag.

Nachdem ich mich vom Fortgang des Ausbaus überzeugt hatte, setzte ich mich auf einen der behauenen Felsblöcke, die am Strand in dichten Haufen lagen und die einmal die schützende Mole zu bilden hatten, die wie ein gebogener Finger in das Meer reichen und damit den Hafen sichern sollten.

Immer noch quälte mich eine seltsame Unruhe, und ich brauchte einige Zeit, bis ich den Jungen sah, der in der Nähe kniete und einen Tintenfisch gefangen hatte. Er schlug ihn, wie eine Wäscherin das Tuch, auf die Felsen. Langsam starb der Fisch. Dann drückte ihn der Junge auf die Steine, rieb und walkte ihn, bis sich die dunkelgraue Farbe absonderte und in den auslaufenden Wellen mit dicken Blasen versank. Immer wieder tauchte der Junge den Fisch ins Wasser und rieb ihn auf den Steinen.

Ich grübelte. Der kleine Kreter mochte neun oder zehn Jahre alt sein, konnte schon diesen Fisch fangen und damit seinen Eltern zu einer guten Mahlzeit verhelfen.

Ich sah ihm fasziniert zu. Dann hörte ich die Rufe der Träger und Fuhrleute, der Händler und Käufer. Da meckerten Ziegen, dort klagten Schafe und gackerten Hühner. Der plötzlich vom Meer aufkommende frische Wind tat mir gut. Er belebte mich, und ich nahm gierig die Gerüche des Hafens auf. Es roch nach gebratenen Fischen, nach duftenden Kräutern, aber auch nach faulem Schlamm und nach allem möglichen Unrat.

Als ich laute Stimmen hörte, bemerkte ich einen Händler, der empört zwei Lastträger anschrie. Eine Amphore mit ätherischen Ölen, die der Körperpflege dienen sollten und die für ihn bestimmt ein Vermögen bedeutete, war auf den Boden gefallen, lag dort in Scherben, und der Inhalt erfüllte nun die Luft weithin mit herrlichen Düften.

Gedankenverloren sah ich die welligen Hügelzüge der nahen Insel. Nach Westen zu drängte sich Land in das Meer. Ich stand auf und wanderte entlang den Mauern, die ich hatte errichten lassen, um die Piraten besser abwehren zu können.

Es war später Abend, als ich wieder in Knossos war. Verwundert sah ich, daß mein Leibsklave, mit dem ich sehr zufrieden war, weglief und sich vor mir verbarg. Dann kam Sarah den Korridor entlang, der zu meinen Räumen führte, bemerkte mich, starrte mich erschrocken an und lief, als habe sie große Angst, davon.

Im Hof stand Manolis. Sarah rannte an ihm vorbei, rief ihm etwas zu, und schon duckte er sich und ging rasch in das Heiligtum.

Mich ergriff eine sonderbare Angst. Was war geschehen, was wollte man mir verheimlichen?

Durupi trat in mein Zimmer. Sie war vor gut einer Woche gekommen und hatte freudestrahlend berichtet, daß ihr Bruder einverstanden sei, daß sie meine Nebenfrau werde. Da sie ein froher Mensch war, mochten sie alle. Jetzt sah sie elend aus, wirkte, als wäre sie krank.

Ich starrte sie fragend an, und mit tränenerfüllter Stimme schluchzte sie: »Ich kann es nicht, ich kann es nicht. Warum muß ich, gerade ich es sein, die dir einen solchen Schmerz zufügt?«

»Was ist geschehen?« fragte ich erregt.

»Riana, die Oberpriesterin, die du so sehr liebst, kam zu mir und wollte dich sprechen. Ich sagte, daß du in Herakleia wärst. Sie schien in großer Not zu sein, wirkte müde, und so bot ich ihr mein Lager an. Mehrmals schaute ich nach, ob sie gut schlafe, machte sofort wieder die Türe zu, wenn ich sah, daß sie die Augen geschlossen hatte. Als ich nach mehreren Stunden in das Zimmer trat, um sie zu wecken, lag sie eigenartig gekrümmt auf dem Bett. Ich ging zu ihr; dann sah ich sie ...«

»Wen?«

»Die Schlange«, wimmerte sie.

»Und?« stöhnte ich.

»Riana war von ihr gebissen worden und ist daran gestorben. Wir haben sie im Heiligtum aufgebahrt.«

Mir war es, als breche eine Welt, meine Welt, zusammen. Ich

weinte und trank, trank und weinte, das Weiterleben schien mir sinnlos zu sein. Mehrmals war mir, als umstünden mich Menschen und sprächen mich an. Ich sah und hörte sie nicht. Immer wieder rief ich: »Nein, nein!«, und krallte mich in die Ledergurte meines Lagers.

Der Wein schenkte mir dann einige Stunden Schlaf. Als ich aufstand, eilte sogleich Manolis auf mich zu. »König, edler Minos«, klagte er. »Wir alle sind untröstlich. Ich sorge für eine festliche, eine königliche Bestattung. Bestimme du den Platz, wo wir sie zur letzten Ruhe betten sollen.«

Meine Gedanken waren bei dem Schiff, das mich nach Kreta gebracht hatte. Trug es nicht den Namen Tholos?

»Ja«, sagte ich nach einer Weile, »Riana soll mit königlichen Ehren in einem Tholos bestattet werden.«

Ich ließ alle Minister zu mir kommen. Als sie und Manolis dann vor mir standen, befahl ich: »Im Falle meines Todes ist mein Leichnam im Tholos von Acharna[7] zu bestatten. Dort soll sofort eine Nebenkammer errichtet werden, und in ihr ist Riana, als königliche Priesterin, mit den ihr zustehenden Ehren beizusetzen.«

Ich starrte vor mich hin, als fehle mir die Kraft weiterzusprechen. Dann sagte ich leise: »Mauert die Kammer dann zu, auf daß keiner die Tote sehen und damit entehren kann.«

Bevor ich zur Türe ging, um den Saal zu verlassen, sah ich Manolis und meinen Ministern zwingend in die Augen, um meiner Anordnung allen Nachdruck zu verleihen.

Dann dachte ich wieder darüber nach, wer es wohl gewesen sein mochte, der mir erneut mit einer Giftschlange einen Menschen genommen hatte, an dem ich sehr hing. Konnte es sein, daß man eigentlich Durupi hatte töten wollen, und Riana nur durch Zufall den Tod fand? Diese Frage belastete mich so, daß ich Durupi rufen ließ. Ich wollte wissen, ob alles, auch Leben und Tod, so dem Zufall unterworfen war, daß eine Giftschlange nur »versehentlich« einen Menschen in das Reich der Finsternis werfen konnte?

Der Oberrichter half mir, Durupi zu verhören. Ärgerlich wurde ich, als er anfangs den Verdacht äußerte, daß vielleicht sie die Schlange in ihrem Bett verborgen hatte, alles nur eine Tat aus Eifersucht gewesen sei. Nach fast einer Stunde wußten wir, daß die Schlange Riana zugedacht gewesen war; denn man hatte sie erst kurz vor der Mittagszeit in Durupis Bett versteckt. Da Durupi am Tag nie ihr Lager benutzte, wäre das Tier in der folgenden Zeit kaum unter den Decken geblieben, sondern herausgekrochen und ins Freie entflohen.

»Wer wußte, daß Riana dein Bett benutzen wird?« stellte ich die Schicksalsfrage.

Durupi überlegte lange, antwortete dann leise: »Zuerst ich, mahnte dann die Diener und Sklaven, daß sie mein Zimmer nicht betreten sollten, weil Riana müde sei und sich etwas ausruhen wolle.« Nach einigem Grübeln sagte sie: »Dann wußten es auch alle Frauen im Haus, also auch die aus deinen Gemächern.«

Obwohl wir mehrere Stunden alle verhörten, waren wir zu keinem Ergebnis gekommen. Verwirrt und verstört ging ich zu Pasiphae, wollte ihr den Tod Rianas mitteilen, doch sagte mir ihre Sklavin, daß die Herrin in den Vormittagsstunden nach Phaistos gefahren sei, um General Tauros zu besuchen, der ihr den Sommerpalast in Pelkin[8] zeigen wollte.

Warum störte es mich nicht, daß meine Frau sich immer mehr diesem Mann anschloß, warum war ich sogar etwas erleichtert?

Es war schon fast Abend, als ich mit einigen höheren Beamten nach Acharna fuhr. Das Tholosgrab befand sich auf dem Phourni; als Kuppelgrab war es einst aus konzentrischen Steinkreisen erbaut worden, die sich nach oben zu verjüngten. Der Dromos, der Eingang, war von Ost nach West orientiert. Eine große Gruppe von Sklaven war dabei, in die Felsen südlich der Grabanlage eine Nebenkammer zu schlagen.

Manolis hatte die feierliche Bestattung Rianas für den nächsten Tag vorgesehen.

Als ich wieder im Palast war, befahl ich, mir zwei kleine Amphoren Wein zu bringen. Während ich zu trinken begann, sprach ich vor mich hin, wiederholte es immer wieder: »Wer hat Riana getötet? Wo habe ich den Täter zu suchen? Warum mußte auch sie an einer Giftschlange sterben?«

Je mehr ich trank, um so lauter sprach ich, schrie dann diese Fragen, die mich zutiefst quälten, vor mich hin. Da mir niemand antwortete, wurde ich wütend und fand erst Frieden, als ich betrunken auf den Boden sank.

Es war eine lange Kolonne von Fahrzeugen, Reitern und Pilgern, die sich zum Phourni, der Nekropole von Acharna, bewegte.

Die Straße und den schmalen Weg hinauf zur Totenstätte säumten viele Schaulustige. Der Oberrichter, der auch den Bau der Nebenkammer überwacht hatte, ließ nun die Totenfeier einleiten.

Priesterinnen tanzten, Musikanten spielten, die Klagefrauen schrien.

Dann wurde ein Stier herbeigeführt, gefesselt und auf den Tisch gelegt. Die für das nun folgende Opfer notwendigen Geräte und Kultwerkzeuge lagen bereit. Es waren der Dolch, das Messer, das Beil und das Gefäß für das Auffangen des Blutes.

Zuerst wurde der Stier mit einem Beil betäubt; dann schnitt ihm ein Priester mit dem Messer den Hals durch. Neben dem Opfertisch stand ein Mann, der leise die Flöte blies. Feierlich wurde dem geschlachteten Stier der Kopf abgetrennt.

Nun erklang von vielen Seiten Musik, die jetzt eine magische Funktion hatte. Wieder blies ein Mann die Flöte, sie war das bevorzugte Musikinstrument bei Stieropfern.

Feierlich geleitete man mich nun in die Nebenkammer. Sie enthielt einen Larnax, einen Tonsarkophag. Priesterinnen hatten Riana bereits hineingebettet.

Es gefiel mir, daß ihr Kleid mit Perlen und anderem Schmuck benäht war. Ihr Haar war mit einer Spirale geschmückt, an den Armen trug sie Reifen und an den Fingern Ringe.

Nachdem man unter feierlichen Gesängen den Deckel des Larnax aufgelegt hatte, stellte man in der südöstlichen Ecke der Kammer zehn Bronzegefäße auf, welche Nahrung für die Reise ins Jenseits enthielten. Unter dem Sarkophag, der auf vier Füßen stand, befanden sich drei weitere Bronzegefäße. An die Westwand stellte man mehrere Tonkrüge mit edlem Wein.

Ich war sehr ergriffen, als die Priesterinnen sich von Riana verabschiedeten, ihr zuwinkten und dann Perlen, goldene Halsketten und zwei Goldringe auf den geschlossenen Larnax legten.

Eine weitere Ehrung für Riana war, daß Priester den Eingang zur Grabkammer eigenhändig zumauerten und in eine Höhlung der Wand den noch blutenden Stierkopf einfügten.

Ich wußte, daß man dieses Stieropfer nur einer Gottheit darbrachte, man damit Riana zur Göttin erhob. Der abgetrennte Kopf des geopferten Stieres sollte für die Tote und die Götter das vollbrachte Opfer symbolisieren.

»Man ehrt die Priesterkönigin sehr«, tuschelten in der Nähe zwei Frauen.

»Wie meinst du das?« fragte eine andere.

»Alle tragen die Kleidung in den Farben, die an einem Ehrentag sein müssen.«

»Ja...?«

»Siehst du es nicht? Die Priester sind in Weiß, die Krieger in Rot, die Bauern und Viehzüchter in Schwarz und die Handwerker in Grün.«

Ich spürte, daß ich in den folgenden Wochen für meine Umgebung immer mehr zur Qual wurde. Lag es daran, daß ich viel trank, ich oft jähzornig war und dadurch vielfach ungerecht urteilte?

Tag und Nacht quälte mich die Frage, wer Riana so gehaßt haben konnte, daß er sie tötete. Wer hatte durch ihren Tod Vorteile?

Eigentlich nur Durupi und Sarah.

Wenn ich nicht schlafen konnte, sprach ich immerzu mit Riana. Mir war es, als stünde sie schemenhaft vor mir. Ich sah ihre Augen, ihr Haar und ihre Lippen. In meinen durch den starken Wein hervorgerufenen Wahnbildern begann ich, mit ihrem Traumbild zu sprechen, so, als stünde sie leibhaftig vor mir. Ich glaubte, ihre erhobenen, besänftigenden Hände zu sehen, und hörte, wie sie mahnend auf mich einsprach. Als ich sie einmal fragte, wie Manolis als Mensch sei, hatte sie gütig geantwortet: »Er ist Kreter und liebt Kreta. Alles, was hilft, Kreta wieder das Glück zu bringen, nützt und liebt er. Alles, was Kreta schaden könnte, haßt er. Sein Ziel ist, Knossos zur Zentrale für die gesamte religiöse Erneuerung zu machen. Überall sollen die Heiligtümer und Kulthöhlen wieder instand gesetzt werden und dem Dienst an den Göttern dienen. Er reist viel, besucht alle Dörfer und Städte, übersieht keinen Händler, Handwerker, Bauern und Hirten. Wo er auch ist, wirbt er für die Götter, verspricht alles, um aber oft, wenn er sein Ziel erreichte, wenig oder nichts zu halten.«

»Wie meinst du das?« hatte ich sie gefragt.

»Da sagt er zu einem Bauern, daß er für ihn täglich opfere, wenn er seine Tochter den Priesterinnen oder seinen Sohn dem heiligen Dienst übergebe. Dort nimmt er Witwen den Acker weg, der für sie die Sicherung des Lebens bedeutete, verspricht ihnen zu helfen, reitet dann jedoch Wochen später grußlos vorbei, ist nicht einmal mehr bereit zu danken.«

Ich erinnerte mich an viele Gespräche und Mahnungen. Mehrmals hatte sie mir gesagt, daß der Oberpriester gerne König von Knossos und Kreta wäre.

In mir wuchs immer stärker eine solche Unruhe, daß ich nach der Beisetzung Rianas viele Tage und Wochen durch den Palast wanderte, mit Beamten, Dienern und Sklaven sprach.

Um mich abzulenken, sah ich den Töpfern zu, staunte, wie schnell es ihnen gelang, aus einem Klumpen Ton eine herrliche Schale zu formen.

Ich wußte, daß es neben den Keramikern, den Metall- und Holzhandwerkern auch sehr geschickte Lederarbeiter gab. Sie fertigten die Lederwaren, von den Schilden und Radbeschlägen angefangen und beim Takelwerk und den Schmiedebälgen endend. All die vielen Häute, die man in Kreta im Überfluß von den Ziegen, Schafen, Rindern und Stieren bekam, wurden geschickt verarbeitet. Zum Einfetten und Stampfen verwendete man Olivenöl. Sehr wichtig für die Lederfertigung war das Alaun, das man in den Tallaioi-Bergen, im Norden des Ida-Gebirges, gewann.

Dann besuchte ich die Werkstatt der Siegelmacher. Ich wußte, daß in einer aus fast lauter Analphabeten bestehenden

Bevölkerung das Siegel sowohl als Unterschrift, aber auch als Ausweis diente. Mit der Entfaltung des Handels waren die Gemmen mehr und mehr gefragt. Vor der großen Flut hatten die kretischen Steinschneider eine hohe Qualität erreicht. Mein Interesse war, daß die Siegelgravierer wieder jene Ware herstellten, die weithin begehrt war. Ich sah zu, wie die Handwerker mit Rohstoffen wie Marmor, Breccie, Quarz, Jaspis, Achat, Hämatit, Karneol und sogar mit Halbedelsteinen wie Amethyst oder Bergkristall arbeiteten. Um dem Siegel den letzten, den kretischen Schliff zu geben, fügten die meisten Gravierer noch eine Besonderheit hinzu: Sie rieben es mit dem Polierschiefer blank und fädelten es dann durch das Aufhängeloch an einen Lederriemen.

Wenige Tage später ritt ich wieder zur Prüfung mehrerer Orte in die Berge. In einer Schlucht begegneten mir ein Mann und eine Frau. Der Mann führte seinen schwerbeladenen Esel, an dem eine Ziege angebunden war. Die Frau trug eine Hacke auf der Schulter und ging, wie es das Gesetz in Kreta befahl, hinter dem Mann mit einigen Schritten Abstand. Die Menschen haben hier ihren eigenen Rhythmus, dachte ich, als ich mich umwandte und den beiden nachblickte. Sie schreiten bedächtigen Schrittes und trotzdem zielstrebig dahin. Kein Erwachsener rennt, nur die Kinder sind es, die es immer eilig haben.

Wieder grübelte ich vor mich hin und sann darüber nach, ob die Bauern den Schritt vom Esel oder von der Ziege übernommen hatten.

Als ich in einem kleinen Dorf Rast machte, bat mich ein alter Bauer in sein Haus. Ich wußte, daß die Gastfreundschaft heilig war und man eine solche Zuwendung nie ablehnen durfte.

Ich stand in einem fensterlosen Raum; etwas Licht bekam er nur durch die Türöffnung. An einer Wand sah ich zwei kleine Schemel und einen Tisch. Auf der anderen Seite gab es einen gemauerten Herd. Das Bett war ein Strohsack auf einer Unterlage von Schilf und Holzbrettern.

Der Alte legte bedächtig, fast weihevoll, zwei Scheite so auf einen offenen Herd, daß nur die Enden brannten. Dann wärmte er über der kleinen Flamme in einem Topf Gemüse, in das er einige Tropfen Öl goß. Als das Gericht gar war, blies er das Feuer sofort wieder aus; denn Holz war immer noch kostbar und mußte gespart werden.

Ich aß mit dem Alten, lobte das Mahl. Zum Nachtisch bot er einige Sesamkörner, und ich genoß ihm zuliebe lächelnd die Süße, die sich über Gaumen und Zunge ausbreitete.

Als ich auf die Straße trat, sah ich mehrere Gruppen von Männern, die von bösen Vorzeichen sprachen und meinten, daß es wohl bald wieder ein furchtbares Erdbeben oder sogar, wie es die Priester andeuteten, eine alles verheerende Sturmflut geben werde. Ein uralter Kreter rief düster: »Vielleicht zerreißen die Götter wieder die Insel Kalliste.«

Ein Händler berichtete aufgeregt, daß er eine Horde von Aussätzigen mit zerfressenen Gesichtern und fingerlosen Händen gesehen habe, die ihm ihre gräßlichen Stümpfe mit Flehen entgegenstreckten.

Als ich wieder im Palast war und voll Sorge darüber nachdachte, was ich tun könne, daß die Dörfer zurück zum Glück fänden, umgaben mich Stimmen, die mich bis hin zum Thronsaal begleiteten. »Es gab vor dir neunundneunzig Städte!« rief es in mir. »Aber ist es dir gelungen, mehr als zehn wieder zum Leben zu erwecken?«

Namen drangen in mich, klagten: »Kemara, Tarrha, Kadiston, Eltynia, Minoa...!«

Dann stand Manolis vor mir, beschwerte sich, weil ich ihm noch immer keine Sklaven gegeben hatte.

Wenige Atemzüge später meldete der Diener, daß der Oberrichter bäte, empfangen zu werden.

»Was hast du zu sagen?« fragte ich ihn aufmerksam.

»Edler König, ich bin in Sorge. Die Sterne haben eine schlechte Konstellation, und die Götter sind uns seit damals, als die große Flut kam und der Lavastaub vom Himmel fiel, noch immer nicht gut gesonnen. Ich weiß nicht«, klagte er, »vielleicht liegt es an den Priestern...?«

»Sprich!« befahl ich beunruhigt.

»Vor wenigen Tagen geschah ein ungewöhnliches Ereignis,

das zugleich an mehreren Orten stattfand. Nur die Götter können die Menschen so in Verwirrung bringen.«

»Erzähle schon«, drängte ich.

»In einem Dorf ermordete ein Bauer sein Weib und alle seine Kinder, ertränkte sich dann anschließend im Heiligen Teich. Ähnliche Dinge geschahen auch in Acharna, Thilissios, Kamares und anderen Orten.«

»Waren diese Menschen krank?«

Der Beamte stockte. »Nein, ich glaube, sie konnten ihr Schicksal nicht mehr ertragen.«

»Kann das meine Schuld sein?« fragte ich bedrückt.

»Wieso, Euer Würden?«

»Weil sie hohe Abgaben entrichten müssen. Ich brauche diese aber, um das einzutauschen, was ich benötige, um weitere Städte zu errichten und Straßen zu bauen. Vielleicht würden die Bauern weniger hungern, wenn sie geringere Steuern hätten? Mit über dreißig Schiffen beschaffte ich mir Sklaven, doch brauche ich diese in den Bergwerken, gab sie auch den Töpfern und Gerbern, daß sie mir Waren für den Handel herstellen. Hätte ich den kleinen Bauern Sklaven gegeben, ginge es ihnen bestimmt besser. Alle Sklaven eines Schiffes gab ich den Werkstätten, die mir nun in großer Menge Windbrunnen herstellen. Auch die großen Güter bekamen Sklaven...«

»Würdiger Gebieter, du bist weise, wir alle wissen das«, lobhudelte er.

Ich schlug mit der rechten Hand ärgerlich durch die Luft, als wolle ich diese schleimigen Worte wie eine lästige Fliege verscheuchen.

»König«, sprach er zögernd weiter. »Was noch dazu kommt, ist, daß immer mehr Menschen Selbstmord begehen.«

Ich grübelte vor mich hin, wußte keine Antwort. »Gibt es noch mehr solche unguten Dinge?« fragte ich. »Sage die Wahrheit. Von den Priestern erfahre ich nicht viel, sie sind verärgert, weil ich ihnen keine Sklaven gab.«

»Die Menschen werden überall unruhig. Immer öfter kommt es vor, daß sie sich empören«, erzählte er. »Es ist, als ergreife eine Krankheit das Volk.«

»Sprich nicht so pathetisch«, rügte ich. »Sei wahr, ich weiß es, du weißt es auch: Die Priester sind mit mir unzufrieden und hetzen das Volk auf. Besonders Manolis ist es, der die Lüge verbreitet, daß ich die kretischen Götter ablehne und jeden bestrafe, der noch an sie glaubt.« Kurz schwieg ich und sah dann den Beamten fast forschend an. »Wenn ich von dir die Wahrheit fordere, muß ich auch selbst wahr sein. Die Anschuldigungen des Oberpriesters sind meist Lüge, doch enthalten sie auch manche Tatsache. Wir Mykener verehren Zeus als unseren obersten Gott, hier verherrlicht man Zagreus. Es sind die gleichen Götter, sie tragen nur verschiedene Namen. Mein Bestreben ist, die griechische und kretische Götterwelt zu vereinen. Ich gebe zu, daß mir dieses Umdenken schwerfällt.« Ich ging erregt auf und ab. »Wenn ich die griechischen Stämme mit den Kretern vereinen will, wenn ich beide zu einem Volk machen möchte, muß ich auch die Götterwelt vereinheitlichen. Und hier machen die kretischen Priester nicht alle mit. Sie wehren sich, und das ist ein Hemmnis. Es ist genauso, als wenn sich die Töpfer gegen die Drehscheibe wenden würden. Es ist, als ob man an den Webstühlen die Webgewichte abschaffen würde und wieder ungefüge Steine nähme. Es ist, als ob die Bauern die mühsam geschaffenen Zisternen wieder einreißen würden, um ihr Wasser aus sumpfigen Tümpeln zu holen. Warum wehren sich die Priester gegen eine einheitliche, eine gemeinsame Götterwelt? Warum erfinden sie in ihrem Machtbegehren neue Mysterien und verführen damit das Volk? Was soll dieser sinnlose Streit? In der ganzen Götterwelt würde sich außer den Namen nichts ändern. Die Mondgöttin ist weiterhin die Große Mutter.«

»Ja, König«, antwortete er fast ängstlich, »die Priester sind mit dir unzufrieden. Es mag sein, daß sie das Volk gegen dich aufhetzen, aber . . .«

»Beschönige nichts«, ermunterte ich ihn weiterzusprechen, »die Tatsachen sind nicht zu verleugnen!«

Der Oberrichter nickte nachdenklich, zeigte Betrübnis, als wäre es seine Schuld, daß sich das Volk immer stärker gegen mich wandte.

»In den Kupfergruben bei Elyros, Hyrtakos, Kantanos und Pelkin empörten sich vor wenigen Tagen die Arbeiter. In den Ida-Bergen erschlug eine Gruppe Bauern einen Beamten, der die Steuer eintreiben wollte. Ich könnte dir eine lange Reihe von Orten nennen, wo man die königlichen Magazine überfiel und die Verwalter tötete. In einer Goldgrube bei Kydonia prügelten die dort arbeitenden Gefangenen die Aufseher und flohen dann.«

»Konntest du schon die Ursachen dieser Empörung feststellen? Eines wissen wir ja schon: Die Priester hetzen das Volk auf. Was gibt es noch für Gründe?«

»Ich kann zwei nennen«, meinte er und sah mich wieder voll Sorge an.

»Zwei?«

Der Oberrichter nickte. »Das Volk hungert in vielen Tälern noch, dazu kommt, daß die Beamten zu oft unehrlich und bestechlich sind. Überall ist Betrug.« Er seufzte. »Viele Menschen sind gezwungen zu stehlen, zu lügen und zu betrügen, um ihr Leben fristen zu können.«

»Was kann ich tun?« fragte ich unglücklich.

»Die Schuldigen müssen bestraft werden, doch damit hast du noch immer nicht den Hunger besiegt. Edler Minos, die Bauern brauchen deine Hilfe. Viele arbeiten wie die Tiere und verdienen doch nicht den nötigen Lebensunterhalt.«

»Was soll ich tun?« fragte ich erneut.

Der Oberrichter zuckte hilflos mit den Schultern. »Wir brauchen ganz schnell Sklaven, die den Bauern helfen. Und«, er sah mich fast schmerzlich an, »du mußt die Abgaben senken, sie sind zu hoch.«

»Ich will doch Kreta zu einem mächtigen Land machen, das weithin die Meere beherrscht«, rief ich.

»Und deine Bauern verhungern«, antwortete er leise. »Es gibt nur einen Ausweg. Wenn du dich, edler König, nicht beeilst, kann es vielleicht schon zu spät sein. Schicke noch einmal alle verfügbaren Schiffe auf Sklavenjagd. Gelingt es dir erneut, viele Sklaven zu fangen, wird Kreta nächstes Jahr nicht mehr hungern.«

»Ich kann doch nicht noch mehr Menschen ins Unglück stürzen, nur um Kreta glücklich zu machen?« rief ich entsetzt.

»Der Entscheid liegt bei dir, König«, antwortete er ernst. »Bedenke jedoch, daß der hungrige Ochse sich auf den Boden legt und nicht fähig ist zu arbeiten, das hungrige Pferd taumelt und kann keinen Wagen oder Pflug ziehen. Auch ein hungriger Mensch vermag nicht zu arbeiten, er kann höchstens noch mit dem letzten Rest seiner Kraft zeigen, wie übel es ihm ergeht.«

Ich trat auf ihn zu und sagte hart: »Deine Aufgabe ist es, dafür zu sorgen, daß die Gesetze eingehalten werden. Ein Staat ohne Moral ist schnell eine Beute der Wölfe, und das schlimmste Tier auf Erden ist immer noch der Mensch.«

»Wen soll ich bei einer Gesetzesübertretung bestrafen, Euer Würden?« fragte er und sah mich nachdenklich an. »Den Bauern, der den betrügerischen Steuereinnehmer erschlug? Den Steuereinnehmer, der wohl seine Pflicht erfüllte, sie jedoch zu wörtlich nahm und wahrscheinlich auch seine persönlichen Interessen hatte? Soll ich die Gefangenen bestrafen, die aus Hunger revoltierten, oder die Aufseher, die in ihrem oft krankhaften Machtbewußtsein die Arbeiter prügelten und folterten.«

»Das überlasse ich deinem richterlichen Empfinden«, antwortete ich und befahl, als der Oberrichter gegangen war, den Beamten zu mir, der mit einer Gruppe bester Handwerker die Windbrunnen fertigte.

»Hoffentlich haben unsere Brunnen Erfolg, die Bauern werden unruhig. Ich meine, daß diese Windräder fast ein Wunder sind. Wenn ich dir noch mehr Sklaven zuteile, könnten wir weithin die Ebenen bewässern und zu schnellen Ernten kommen.«

»Euer Würden«, antwortete er und sah mich ängstlich an. »Diese Windbrunnen sind wirklich fast ein Wunder, nur...«

»Was?« fragte ich und wurde unruhig.

»Sie erfordern schon nach wenigen Tagen, wenn sie ununterbrochen Wasser pumpen, Reparaturen. Immer sind einige Arbeiter unterwegs, um die Schäden auszubessern.«

»Was für Schäden?« fragte ich kritisch.

»Zuerst baute ich sie aus einfachem Holz, wußte dann bald,

daß das nicht genügte. Aus den Bergen beschaffte ich mir dann hartes Holz. Doch auch hier nützten sich die Räder, das hölzerne Getriebe ab. Diese Zahnräder, die die Windkraft in eine Pumpenergie umsetzen, verbrauchen sich zu schnell. Jetzt verwende ich für das Getriebe Bronzeräder, doch sind auch sie zu weich. Ich bräuchte ein härteres Metall als Bronze. Man wird, davon bin ich überzeugt, ein solches Metall einmal besitzen. Werden wir das erleben? Vielleicht müssen noch einige Jahrhunderte vergehen, bis man dieses harte Metall erfindet. Bis dahin«, er seufzte, »muß ich versuchen, mit einem Getriebe aus Bronze zurechtzukommen. Das bedeutet, König, daß mir Grenzen gesetzt sind, um solche Windbrunnen herzustellen.«

»Gibt es einen Ausweg?«

Der Beamte überlegte. »Ja und nein. Ich bräuchte eine gutgeschulte Gruppe bester Handwerker, die ich überall dahin schicken kann, wo das Getriebe der Windbrunnen kaputtging.« Er schwieg, sah mir fragend in die Augen. »Ja, König, ich brauche mehr gute Handwerker.«

Als der Beamte gegangen war, ließ ich Kostas kommen und besprach mit ihm das Problem, solche Handwerker zu bekommen. Seine nüchterne Antwort war, daß man sie schnell bekäme, wenn ich eine gute Entlohnung zusicherte.

Sofort bestellte ich den Schatzmeister zur Besprechung. »Eben war Kostas bei mir. Wir brauchen – weil die Windbrunnen sich im Getriebe sehr verschleißen – eine größere Menge bester Handwerker. Welche Mittel stehen zur Verfügung, kann ich sie so entlohnen, daß sie mit Freude arbeiten?«

Der Beamte trat verlegen von einem Fuß auf den anderen, wich meinen Blicken aus und sagte dann zögernd: »Im Augenblick sieht es schlecht aus; in den Speichern, Lagern, Ställen und Vorratsgruben ist fast nichts. Viele Kreter sind nicht in der Lage, ihre Abgaben pünktlich zu entrichten. Die Steuereinnehmer treffen immer öfter auf offene Abwehr.«

»Wie hoch sind die Steuereinnahmen?«

»Ehrlich gesagt, edler König, sie sind geringer als die Ausgaben für deinen Hofstaat. Hier im Palast ist Luxus, Sattheit und draußen, besonders in den Tälern, herrscht oft noch große Not.

Hier werden Lebensmittel vergeudet, wird immer wieder gefeiert, der Wein ist frei verfügbar, und in vielen Dörfern hat man nicht einmal das nötige Wasser, um zu besseren Ernten zu kommen. König«, sagte er hart, »in den Abfallgruben des Palastes verderben viele sinnlos fortgeworfene Lebensmittel, mit denen ganze Dörfer vor dem Hunger bewahrt werden könnten.«

»In der Schatzkammer stehen doch Truhen mit Gold, Platin und Silber? Ich weiß, daß manche bis zum Rand mit edlen Steinen gefüllt sind.«

»Es gibt nichts mehr, König«, flüsterte er scheu. »Deine Ausgaben sind so groß, daß ich all das Gold und Silber, sogar die Edelsteine in Zahlung geben mußte.«

»Und das Platin?«

»Brauchten wir als Geschenke an die Heiligtümer. Du weißt, edler Minos, daß wir bei den großen Festen den Göttern zu opfern haben. An dem Tag, König, an dem du die Heilige Hochzeit gefeiert hast, mußte ich, um dich zu ehren, den Heiligtümern reiche ›Spenden‹«, er betonte das Wort sehr, »darbringen.«

»Haben wir den Heiligtümern immer schon Geschenke gemacht?« fragte ich erstaunt.

Der Schatzmeister nickte. »Ja, Minos, das ist eine alte kretische Sitte. Früher, ich meine die Zeit vor der großen Flut, haben die kretischen Könige, um sich die Gunst der Götter zu sichern, die Priester mit fürstlichen Gaben bedacht. Es gibt Aufzeichnungen, daß man ganze Städte an bestimmte Heiligtümer verschenkt hat. Das Heiligtum bei Amnissos bekam zum Beispiel alljährlich ein Schiff, zwanzig Stück Vieh, fünfzig Vorratskrüge mit Korn, fünfzig Amphoren mit gutem Wein und dazu noch zehn Sklaven. Ein anderes erhielt an die hundert Krüge mit Honig, Öl und Weihrauch, dazu stets einen Barren Gold und drei Barren Silber. Die Zahl der damals gespendeten göttlichen Figuren liegt bei über fünfzehnhundert, und fast ebenso groß war auch die Zahl der kostbaren Steine. So war es auch Sitte, daß die Blütenkränze zu den verschiedenen Festen in den Heiligtümern grundsätzlich vom König gestiftet wurden.

Allein in diesem Jahr waren es einmal über hunderttausend. Da die Priester auch Nahrung benötigten, schenkte man ihnen oft Äcker und Anteile von Ernten.«

»Was?« rief ich empört. »Man schenkte einer Handvoll Priester Städte und Schiffe, Vieh und Korn, Wein und Sklaven? Gut, das alles war einmal! Aber ist es nicht noch heute Tatsache, daß sie einen Teil der Steuern und Tribute fordern, dazu so viele Spenden erhalten, daß sie riesige Schätze angehäuft haben müssen? Sie werden immer reicher«, ich schüttelte verständnislos den Kopf, »und unser Staat wird immer ärmer.«

»Euer Würden«, unterbrach er mich. »Wir dürfen nicht vergessen, daß die Priester die Armen und Kranken unterstützen, daß sie Ärzte ausbilden, um die Menschen zu heilen, daß sie auch Diener und Sklaven haben, die ernährt werden müssen. An den Festen braucht man Öl für die vielen Lampen, braucht man besondere Kleidung, um die Kulte feierlich begehen zu können. Die Altäre und Priesterhäuser, die Heiligen Haine und Höhlen bedürfen der Pflege, die Heiligen Straßen der Reparatur.«

»Die Armen«, hetzte ich, »werden dafür aber auch sehr für die Interessen der Priester ausgenützt, haben meist kostenlos die Kultstätten zu reinigen, Wasser zu bringen und sind bei allen Festen ein dankbares Publikum. Die Armen«, rief ich zornig werdend, »sind für die Priester das, was die Schafe für die Bauern sind.«

Ich sah auf den Schatzmeister und sagte: »Ich danke dir und weiß nun, daß ich arm, vielleicht gar am Ende bin und daß es mir nicht gelang, Kreta wieder aus dem Chaos, das die große Flut brachte, herauszuführen.« Als ich dann wieder in meine Gemächer zurückgekehrt war und gierig nach der Amphore mit Wein griff, huschte Sarah herein. Sie wollte mich wohl trösten und aufheitern, denn sie streifte sich schon, während sie auf mich zuging, das Kleid von den Schultern.

»Nein«, murrte ich, »laß mich in Frieden.«

»Soll ich dir das Mädchen schicken, die junge, ich meine die Schwammtaucherin, die zuletzt in deine Gemächer kam?«

»Nein!« rief ich. »Nein, laß mich in Ruhe!«

Ich schob sie aus dem Zimmer, ging wieder zu der Amphore, um meinen Kummer in Wein zu ertränken. Als ich sie gerade an die Lippen setzen wollte, meldete die Wache Manolis, den Oberpriester.

Alles in mir empörte sich, ich wollte ihm böse Worte geben, dachte sogar daran, ihn abzuweisen. Einige Zeit brauchte ich, um mich zu beruhigen und ihn rufen zu lassen.

Manolis fiel vor mir auf die Knie, drückte mehrmals überhöflich die Stirn auf den Boden und spielte so beschämend den Demütigen, daß ich ihn beinahe mit den Fäusten aus dem Zimmer gejagt hätte.

»Was ist?« herrschte ich ihn unhöflich an.

»Du weißt, würdiger Gebieter, daß es in vielen Orten Empörungen gibt. Die Bauern und Handwerker, sogar die Gefangenen und Sklaven revoltieren. Von der Küste bis weit hinein in die Berge und Täler ist Aufruhr.«

»Was ist wohl die Ursache?« fragte ich scheinheilig.

»Ich weiß es nicht, es gibt – meine ich – keinen Menschen auf Kreta, der dich nicht schätzt und liebt, der nicht bereit wäre, sich für dich zu opfern. Überall wird dein Name gesegnet . . .«

»Laß diese Phrasen und spiele mir kein Theater vor«, antwortete ich hart. »Das Volk wird von den Steuereinnehmern ausgebeutet, und auch ihr Priester seid um keinen Deut humaner. Wehe dem Pächter, der nicht in der Lage ist, euch seine Pacht zu entrichten; da seid ihr genauso grausam wie die Aufseher und die anderen Beamten. Manolis, ich sage dir offen, daß du mich schwer enttäuschst. Seit dem Tag, an dem ich dir nicht den gewünschten Anteil an Sklaven gab, hetzt du gegen mich. Warum stellst du dich nicht an meine Seite, um Kreta zu retten? Wenn ich etwas falsch gemacht habe, dann sei so ehrlich und sage mir das. Ich hätte einen Menschen, einen Kreter, nötig, mit dem ich meine Sorgen besprechen kann und der mir gute Ratschläge gibt, Ratschläge, die dem Wohl aller Kreter dienen. Es gab eine Zeit, in der ich hoffte, daß du dieser Mann sein würdest.«

Ich rannte wie ein gefangenes Tier hin und her und sprach nach einer Weile in ruhigerem Ton weiter: »Es stimmt, ich wollte das Leid und die Not, die Angst und die Wünsche von den Gequälten selbst hören. Deswegen wehrte ich mich gegen deine Zensur und folgte nicht deinen Ratschlägen. Ich wollte, daß die Schuldigen bestraft werden und man mit den Unglücklichen Nachsicht hat, ihnen Gerechtigkeit gibt. Das alles kann doch nicht falsch gewesen sein?«

»Das Volk ist unzufrieden, König . . .«

Ich unterbrach ihn. »Es sind doch viele Kreter wieder glücklich. Der Handel floriert, viele verdienen an ihm, auf den Märkten gibt es Gemüse, Obst, Fleisch.«

»Das sich nur jene kaufen können, die im Wohlstand leben. Jene, deren Felder noch kleine Ernten geben, hungern. Fünfzig Hungernde können ihre Umwelt vergiften. Bedenke, schon eine einzige Giftschlange kann ganze Dörfer ausrotten. Du gabst Arbeit und Nahrung. Die Bauern arbeiten jedoch zuviel. Wer früher von Sonnenaufgang bis Sonnenuntergang auf den Feldern war, der muß heute eine Stunde vor Sonnenaufgang beginnen und kann erst eine Stunde nach Sonnenuntergang seine Arbeit beenden. Und obwohl er mehr und härter arbeiten muß, wird er nicht satt, weil die Abgaben zu hoch sind. Du baust Städte und Straßen, hilfst den Handwerkern und siehst nicht, verzeih mir diese Anschuldigung, daß viele Bauern noch in Not sind. Früher war es Sitte, daß die Menschen an jedem zehnten Tag die Zeit hatten, um die Gräber zu besuchen und dort mit den Schatten der Ahnen zu sprechen. Heute ist das nicht mehr möglich. Früher wurden die Arbeiten an den Straßen, öffentlichen Plätzen, an den Zisternen und in den Wäldern als Steuer angerechnet, heute hat man das alles unentgeltlich auszuführen und soll dazu noch Steuern bezahlen. König, das ist nicht gut.«

»Wie kann ich es ändern?« fragte ich betrübt. »Ich will doch Kreta zu einem Machtfaktor im Mittelländischen Meer machen. Der Wiederaufbau fordert viele Opfer. Sieht du es anders?«

»Befiehlst du, daß ich antworte?«

»Ja, ich befehle es.«

»König, gib den Menschen wieder jeden zehnten Tag frei.

Befehle, daß sie nur noch von Sonnenaufgang bis Sonnenuntergang zu arbeiten haben; erlaube jedoch, daß sie für die Götter weiterhin umsonst arbeiten.«

»Dann habt ihr Priester wieder Sonderrechte. Seid ihr denn wichtiger als der Staat? Mein Kampf um ein wiedererstehendes, mächtiges Kreta geht alle Kreter an. Du hast Augen, um zu sehen, Ohren, um zu hören. Schau hinaus, horche, wir sind wieder etwas. Wir müssen gemeinsam diesen Weg weitergehen, du als Priester und ich als König.«

Manolis bewegte mehrmals seine Lippen, suchte die Worte. »Verstehe mich, edler Minos«, sagte er. »Wenn sie weniger arbeiten, haben sie mehr Zeit, um den Göttern zu dienen. Nur diese können ihren Herzen den Frieden geben. Wenn die Götter täglich immerzu Gebete empfangen, werden sie sich wieder Kretas erbarmen. Die Götter strafen und heiligen, nehmen und geben. Wir, die Priester, die wir die Brücke zu den Göttern zeigen sollen, müssen noch mehr das Gebet und das Opfer fordern...«

Ich unterbrach ihn empört: »Und das soll den Hunger besiegen? Das sind doch alles Phrasen«, schrie ich, »die an der Wahrheit vorbeigehen, und das ist der Streit um Zagreus und Zeus, an dem du nicht unschuldig bist.«

»Minos, sehe die Dinge richtig. Wir pflegen und heilen, wir lehren die Kinder, zeigen den Bauern, wie man die Äcker besser bestellt und wie man Vieh züchtet. Wir wollen die Menschen bilden. In jenem Maße, in dem wir sie auch wieder zu den Göttern führen, sehen sie das Licht und werden in ihm frei. Ein Bauer, der sich mit den Göttern verbindet, wird in seinem Tun begnadeter sein, als einer, der im Herzen den Haß trägt. Es ist keine Erfindung der Priester, daß ein religiöser Mensch, der seine Erkrankung in die Hand der Götter legt, eher gesund wird. Es ist keine fromme Lüge, wenn ich sage, daß der Arbeiter, der die Götter im Herzen hat, im Bergwerk mehr Erz findet als jener, der seelenlos und stumpf wie ein Tier im Gestein schürft. Kreta, glaube es mir, König, ist nur so wieder zum Glück zu führen.«

Er starrte mich an, als wolle er prüfen, ob ich für das, was er noch sagen wollte, die nötige Ruhe habe. Fast war es mir, als nicke er innerlich, weil er anscheinend ein weiteres gutes Argument gefunden hatte.

»Ein Mensch, der sich freut, arbeitet besser. So unternahm ich auf Äckern, die einem Heiligtum gehören, mehrere Versuche. Zehn Arbeiter oder Sklaven, die den Boden harkten, ließ ich einen Musikanten zuteilen, und er hatte die Anweisung, die Arbeiter zu erheitern. Die Männer arbeiteten bei Musik besser und wurden nicht so rasch müde.«

»Stimmt das?« fragte ich erstaunt.

»Ja. Ich habe den gleichen Versuch auch bei Gerbern, Färbern und Töpfern gemacht. Alle arbeiteten sie freudiger.«

»Ihr könnt euch diesen Luxus leisten; denn ihr bekommt ja von allen Seiten Spenden.«

»Warum stellst du dich immer gegen uns Priester?« fragte er kritisch und sah mich gehässig an.

»Weil ihr mir nicht helft. Ihr seid es, die die Zusammenarbeit erschwert. Warum stehen mir nicht wenigstens die weisen und anständigen Priester zur Seite? Warum erlauben es die Götter, daß einige machthungrige Priester die Menschen so ausnützen?«

»Minos«, antwortete er steif, »du darfst nicht die Worte und Begriffe verwechseln. Du weißt, daß viele Priester selbstlos den Göttern und damit den Menschen dienen. Es gibt, bedenke das, würdiger König, starke und schwache Menschen, es gibt daher auch starke und schwache Priester. Erkenne, Minos, ich bitte dich darum, daß es uns Priestern nach dem Chaos, das der großen Flut folgte, doch gelang, in vielen Menschen das Licht des Glaubens an die Macht der Götter wieder anzuzünden.«

Er sah einige Zeit wieder nachdenklich vor sich hin und sprach dann weiter: »Die Leuchter können schmutzig sein, das Öl kann stinken, trotzdem geben sie das Licht, ohne das unter den Menschen Finsternis und Wildheit herrschen würde.«

Ich verstand, was der Oberpriester damit meinte, und antwortete: »Ich will ja nicht, daß das göttliche Licht gelöscht wird. Die Priester sollen weiterhin Hort des göttlichen Glaubens sein und die Seelen der Menschen betreuen. Doch sollten sie, und da trennen sich unsere Vorstellungen, dem Staat geben, was ihm zusteht, und dürfen kein Staat im Staate sein. Wie die religiösen Gesetze für alle Menschen gelten, müssen auch die staatlichen Gesetze für alle wegweisend sein. Es darf nicht üblich werden, Manolis«, sagte ich anklagend, »daß ein Priester wegen eines Vergehens nicht vor Gericht gestellt wird. Es kann keine Sonderrechte geben, ganz gleich, ob es sich um Beamte oder Bauern, Handwerker oder Priester handelt. Jeder Kreter will glücklich sein. Die Wege zu diesem Ziel sind so verschieden, wie die Menschen unterschiedlich sind. Jeder hat seine eigene Vorstellung vom Glück. Ich als König habe mich darüber zu stellen, habe gerecht zu sein und darauf zu achten, daß es keine Bevorzugung oder Benachteiligung gibt.«

Es war schon fast Abend, als ich erschöpft in einen Sessel sank und die Gespräche des Tages in meinem Denken ordnete.

Wie ein Dürstender trank ich aus der Amphore. Der Wein brachte mir Zuversicht und Kraft. »Ich werde Kreta trotzdem glücklich machen«, sprach ich beschwörend vor mich hin. »Kreta, ich rette dich!« rief ich stolz.

In diesem Augenblick kam mir die bestürzende Erkenntnis, daß es auch in der Umgebung von Knossos bereits Revolten gegeben hatte, von Priestern angezettelt, deren Anführer offenbar mit meinen Gesetzen nicht einverstanden waren.

»Ida-Höhle!« rief es in mir.

Schon etwas betrunken grübelte ich. »Ida?« Dann wußte ich es; jedesmal wenn ich keinen Ausweg fand, wenn ich Rat brauchte, wurde ich zum Pilger, wanderte die letzte Strecke als Pilger zu dieser Höhle, ging wie ein armer Bauer.

»Ida!« sprach ich, vom Wein benebelt, vor mich hin. Ich stöhnte; meine Gedanken überstürzten sich. Dann fragte ich wieder: »Ida?« und suchte nach einer Antwort, starrte ins Leere. Ich sah Berge, Täler und irgendwo in der Ferne den Eingang zur Höhle.

Am nächsten Tag besuchte ich die Ida-Höhle. Wie meist hielten die Wagen im Dorf Anogia, von dort aus ritten wir weiter. Hoch in den Bergen gabelte sich der Weg, und nun wanderte ich, ging den Weg als Betender und Bittender. Wieder sah ich die Ida-Ebene, die man »Kambos tis Nidhas« nannte und die den Ebenen von Omalos, Lassithi und Askifou sehr ähnelte, obwohl jede ihren eigenen Charakter hatte.

Wir näherten uns der steilen Felswand, an deren Fuß sich der Eingang zur Höhle nach Osten zu öffnet.

»Zeus, Zeus...!« murmelte ich vor mich hin. Ein Diener, der vor Jahren mein Pferd führte, hatte mir erzählt, daß Zeus hier aufgewachsen sei. Ich hatte damals genickt, war stolz, daß er bereits von Zeus und nicht von Zagreus sprach.

Links vor dem Höhleneingang war der Altar, an dem ich mein Opfer darbrachte. Dann erst wagte ich es, das Allerheiligste zu betreten.

Schon nach wenigen Augenblicken umgab mich geheimnisvolles, mystisches Dunkel. Es war, als lebten die Felsen, als besäßen sie Gesichter und Stimmen. Ich blieb vor einem Felsspalt stehen, mir schien, als ob dort ein Wesen sei, das die Doppelflöte spielte. Ich erschauerte, denn nun waren um mich Schalmeien und Rohrflöten. Wo waren aber die Stein-, Bronze- und Holzplatten, die geschlagen wurden, um die Götter herbeizurufen? Die Töne vereinten sich zu einem seltsamen Rhythmus; bald würden die Kureten erscheinen.

Dann meinte ich, Schatten zu sehen. War es Diktynna, die Berggöttin mit ihrem göttlichen Kind, oder erschien mir Zeus mit seinen Nymphen?

»Diktynna!« rief ich ergriffen. »Du bist die Herrin des Heiligen Berges.« Mein Inneres lehnte sich auf und ich rief: »Zeus, Zeus!« Während ich seinen Namen immer wieder beschwörend vor mich hin sprach, ging ich weiter, kniete an der heiligen Stelle nieder und begann, mit ihm zu sprechen.

Ich kauerte wie ein Pilger, gab mich dem Rauschen, Wispern und Singen hin. Allmählich breitete sich tiefer Friede in mir aus, und ich fand Antwort auf viele quälende Fragen.

Als ich wieder in Knossos war, fragte ich die Sterne: »Was ist Weisheit?« Und nach einer Weile: »Sind meine Gesetze gerecht?«

Gedanken kamen und erregten mich. »Ja«, flüsterte ich ergriffen, »in der Ida-Höhle erhielt ich auf die Frage nach dem

Sinn meines Lebens Einsicht in die Geheimnisse, die mich umgeben.«

Als sich die Fragen wieder häuften und mich zu erdrücken drohten, griff ich zur Amphore und begann zu trinken.

War ich betrunken, weil die Wände meines Zimmers schwankten, sich teilten und vor meinen Augen die Ida-Höhle erschien? Ich sah Stierschädel, Opfergaben und flackernde Öllämpchen; Pilger erschienen, die sich immer wieder ehrfürchtig verneigten und glücklich waren, Zeus ihr Leid anbieten zu dürfen.

Zeus? Hatte er mir, wenn ich ihn darum bat, nicht immer wieder seine Hilfe zuteil werden lassen? Hatte ich bei ihm nicht oft schon die letzte Antwort erfahren?

Während ich über diese Fragen nachgrübelte, fühlte ich dieselbe sonderbare, geheimnisvolle Weihe in mir, der ich bei jedem Besuch in dieser Grotte sogleich verfiel. Beglückt erkannte ich, daß ich, wenn ich vom Ida zurück nach Knossos kam, immer gute Gesetze erließ.

Gute Gesetze? fragte ich mich. Ich wußte, daß sie klar waren, edel und den Menschen dienten. Waren sie aber wirklich gut?

Sie halfen wohl den Menschen, sich zu erkennen, sich zu überwinden und auf ehrlichem Wege das Glück zu suchen. Genügte das jedoch?

Ich saß erschöpft in einem Sessel und grübelte wieder vor mich hin. Plötzlich erwachte ich aus meinen Tagträumen, denn ganz nahe rief jemand laut meinen Namen: »Minos!«

Ich richtete mich auf, sah mich um. Nirgends war ein Mensch. »Minos!« rief es wieder.

Nun erhob ich mich und ging suchend durch das Zimmer. Ich war allein im Raum.

Als ich mich wieder setzte, rief die Stimme erneut: »Minos!«
»Ja«, antwortete ich.

»Achte und ehre die Götter, beachte ihre Zeichen. Wisse, daß du ohne ihre Hilfe nichts erreichst. Die größte irdische Macht ist für sie weniger als Staub und Schatten. Opfere den Göttern, Minos, auf daß die Folgen deiner Fehler nicht deine Seele vergiften!«

Ich lauschte, wartete, ob die Stimme weiterspräche. Als ich erneut meine Räume durchsuchte, erkannte ich wieder, daß sich außer mir kein Mensch im nahen Umkreis aufhielt.

Wer hatte zu mir gesprochen?

Dann erinnerte ich mich an den Besuch des Heiligtums, in dem ein Mann laut geschrien hatte, weil er mit kochendem Pech gequält worden war. Aber das alles war nur Schein und Lüge gewesen, sollte mich zur Demut vor den Priestern zwingen. War die Stimme, die ich soeben gehört hatte, auch wieder Schein und Lüge?

Als ich benommen vom Wein den Korridor hinaufging, begegnete mir Sarah. Mir war, als sehe ich sie in einem neuen Licht, als erkenne ich sie erst jetzt. Sie war eine Mischung aus zielbewußtem Streben und einem bis ins krankhafte gesteigerten Machtwahn und Egoismus. Jede Bewegung ihrer Hände, jeder Schritt ihrer Füße zeigte, daß sie nicht die geringste Eignung zur Sklavin hatte.

Ich sah ihr an, daß sie mich gesucht hatte; denn sie lief sofort auf mich zu und sagte erregt: »Minos, ich hatte geschlafen, wurde von einer Stimme geweckt, die sagte, daß du auf einem falschen Weg seist, dich damit in eine große Gefahr begibst. Eindringlich rief mir die Stimme auch zu, daß du die Weihe zum Erzpriester abgelehnt hast und dabei böse Worte gebrauchtest.«

»Merke dir, jeder Hund, der sich fürchtet, bellt laut«, entgegnete ich ihr ungehalten. »Warum erlaubst du dir als Sklavin, mich zu kritisieren, vertrittst damit die Interessen des Oberpriesters und nicht meine? Du weißt doch, daß ich Kreta dienen will. Um das Volk wieder glücklich zu machen, muß ich vielen Betrügereien ein Ende setzen.«

»Du bist nicht vorsichtig genug, Minos«, mahnte sie. »Die Priester sind sehr stark und vielleicht sogar mächtiger als du. Das ganze Land wird sich empören, wenn die Priester verbreiten, daß du nicht an die Götter glaubst, die für viele die einzige Hoffnung sind. Wenn du ihnen diese nimmst, zerbrechen sie, und ein Funke genügt schon, eine Flamme zu entfachen, die dich und Knossos verbrennen könnte.«

»Was redest du für dummes Zeug. Ich will doch nicht die Götter entwerten, ich möchte nur die griechische und kretische Götterwelt vereinen. Aus der Großen Göttin wurde einst Zagreus und aus ihm Zeus. Es sind doch die gleichen Gestalten, in denen wir Gott sehen.«

»Wenn man den Hungernden sagt, daß du an ihrem Leid schuld bist, wenn du den Leidenden sagst, daß nur dein Zeus richtig und der Glaube an Zagreus falsch ist, wird man dich töten. Es geht hier nicht um die Wahrheit, Minos, nicht um deine Wünsche, sondern um die Not, die viele Kreter erdulden. Du hast es selbst gesagt: Not kennt kein Gesetz. Der einfache Mensch glaubt das, was man ihm einredet. Der Mensch ist verführbar. Wenn die Priester eindringlich sagen, daß nur der Glaube an den alten kretischen Gott Zagreus die Rettung ist, wird man jene Priester erschlagen, die von Zeus sprechen. Ich höre immer öfter von schrecklichen Dingen...«

»Ich weiß, man empört sich an vielen Orten. Daran sind aber nur die Priester schuld.«

»Glaubst du das wirklich, Minos? Machst du es dir nicht zu leicht? Gut, du hast den ehrlichen Willen, den Kretern zu helfen. Gehe diesen Weg weiter, sei jedoch wachsam. Eine Giftschlange kann, selbst wenn sie erschlagen wurde, immer noch einen unvorsichtigen Sieger verwunden.«

»Was weißt du von Giftschlangen?« fragte ich aufhorchend. »Was weißt du von den Giftmorden?«

Sie wich der Antwort aus, trat einen Schritt zurück und lächelte dann abweisend: »Nur das, was man bei den Dienern und Sklaven spricht. Wahrscheinlich hast du Feinde, Minos. Doch wer hat keine?«

Als ich wieder in meinem Zimmer war, konnte ich lange nicht einschlafen. Ich wußte, daß zwischen mir und den Priestern ein Kampf begonnen hatte, in dem es keine klaren Fronten gab. Ich war allen sichtbar, meine Gegner konnten mich treffen, ohne jedoch selbst gesehen zu werden. Gegen wen sollte ich meine Krieger einsetzen? Gegen Priester, die, wenn ich ein Heiligtum betrat, vor mir zu Boden fielen und die Köpfe senkten? Gegen die Sterne, die kündeten, daß ich noch nicht die letzte Wahrheit gefunden hatte?

Eine Stimme in mir übertönte alles Mahnen und Wispern, sagte hart: »Was kümmert dich ein Feind, der unfaßbar ist wie Schlamm, der durch die Finger der Faust quillt? Alle Schurken werden deine Gerechtigkeit fürchten, alle Betrüger dir zürnen und dich in ihrem Grimm der Gottlosigkeit anklagen. Werde hart. Erteile Befehle, und jene, die sie nicht befolgen, erkenne als deine Feinde. Schicke Häscher zu ihnen und bringe sie vor Gericht.«

Ich bemerkte von Tag zu Tag mehr, daß das Volk begann, sich in zwei Parteien zu spalten. Die einen waren meine Anhänger und damit Feinde der Priester; die anderen waren meine Gegner und damit deren Freunde. Sie erschlugen die Aufseher, Schreiber und Beamte, empörten sich immer wieder und schworen mir den Tod, weil ich durch meine Gottlosigkeit böse Mächte herbeiziehe.

Fuhr ich zu einer Visitation und besuchte meine Dörfer, riefen sie oft: »Weg mit Minos, dem Verräter; weg mit diesem Fremden, der unsere Götter beleidigt. Kreta soll den Kretern gehören! Tötet den Fremden aus Griechenland!«

Ich wußte, daß die Korruption eine Eiterbeule in meinem Herrschaftsbereich war. Große Sorge machte mir auch mein Bruder Sarpedon in Malia. Er stellte sich jetzt offen gegen mich, die Überfälle seiner Krieger nahmen überhand. Um den Unmut der Kreter, der sich auch gegen mich richtete, weil ich wie mein Bruder Mykener war, zu mildern, überfiel ich Malia und zwang Sarpedon und seine Anhänger, das Land zu verlassen. Meine Leibgarde führte ihn auf einen Segler, dessen Kapitän mir mit seinem Leben dafür haftete, daß er ihn in Kilikien, in Kleinasien absetzte.

In meine Befriedigung, daß ich nun König von ganz Kreta war, mischte sich Trauer; denn ich, der die Gewalt verabscheute, hatte zu diesem Mittel greifen müssen, um das Land zu retten.

So entfernte ich die dem Trunk und dem Würfelspiel ergebenen Offiziere, beseitigte auch jene, die die Söldner quälten. Wurde ich vor zuviel Härte gewarnt, antwortete ich ernst: »Wenn das Schiff kentert, ist es nicht an der Zeit, mit den Ruderern zu rechten.«

Wieder begann ich zu sinnieren. Ich war der Staat. War er nicht etwas Prächtigeres als die Tempel in Theben, etwas Größeres als die Cheopspyramide, etwas Ehrwürdigeres als die Fundamente der Sphinx?

Ja, ich war der Staat und hatte mich trotzdem noch nie so klein gefühlt wie in diesem Augenblick.

Nachts konnte ich nicht schlafen, fiebrige Träume quälten mich. Einmal erschien mir der Staat als ein unermeßliches Labyrinth, geformt aus gewaltigen Mauern, die nicht zu durchbrechen waren. Dann dachte ich an die Macht der Priester, die ebenfalls einen Staat und damit eine ungeheure Macht bildeten.

Es war eine schwere Nacht, und immerzu stellte ich mir die Frage, ob ich bisher nicht blind gewesen war, ich erst heute das Augenlicht gewonnen hatte, um mich von meinem Unverstand und meiner Nichtigkeit zu überzeugen.

Stimmen begannen in mir zu wispern, wurden immer lauter und eindringlicher. Eine rief: »Du hast Städte errichtet, Häfen gebaut, Straßen angelegt und eine große Flotte geschaffen. Du hast beste Kontakte nach Ägypten, nach Phönizien; sogar im Zweistromland ehrt und schätzt man deine Händler.« Eine andere rügte: »Was ist das schon? Noch immer hungern viele Kreter. Es gibt Äcker, die noch keine Frucht tragen.« Leise, damit um so eindringlicher, sprach es in mir: »Die kretischen Künstler sind wieder berühmt. Es scheint, als ob jetzt weithin die Länder ihre Erzeugnisse wie Kostbarkeiten annehmen würden.«

»Was ist der Staat?« begann ich zu grübeln. »Ist er ein beständiger Bau, so unendlich und stark wie die Pyramide, oder ist er ein Sandhügel, den jeder Herrscher, wie es ihm gefällt, auf- oder umschütten kann?«

»Wenn das so ist«, sagte ich laut, »dann will ich eine Ordnung schaffen, die unumstößlich, unzerstörbar ist.«

Es war noch früher Morgen, als Sarah in mein Zimmer trat. Sie weinte und klagte: »Die Priester können mich nicht mehr leiden, behandeln mich schlecht, weil ich zu deinen Nebenfrauen gehöre.« Betrübt starrte sie mich an. »Was sind das für

Menschen? Sie heucheln Enthaltsamkeit und besitzen trotzdem mehrere Frauen.«

Als sich auch innerhalb des Palastes Unruhe ausbreitete, verlegte ich meine Wohnräume in den Westflügel und brachte in der Nähe die mir ergebenen griechischen Söldner unter. Im ersten Stock quartierte ich die Leibgarde ein. Die Priester, die ihre Räume auch im Westflügel des Palastes hatten, verblieben dort, doch vertiefte sich die Kluft zu ihnen, indem ich die höheren Priester nicht mehr zu den Mahlzeiten einlud, sie mir auch sonst nur noch wenig Gesellschaft leisten durften. Als man mir zutrug, daß ihre Ernährung bescheidener wurde, freute ich mich.

Wohl sagten mir Diener, daß ich vorsichtig sein sollte; denn die Priester seien die Vertreter der Götter, und wenn ich die Priester gut speiste, erwiese ich damit auch den Göttern meine Ehrfurcht.

Sogar meine Freunde zogen sich zurück; der eine schützte eine Krankheit vor, der andere, daß er dies oder jenes dringend zu erledigen habe. Der Schatzkämmerer war treu und unterstützte mich. Er gab mir den Rat, den Göttern in ihren Heiligtümern weiterhin Blumengebinde und wohlriechende Öle zu spenden.

Durch einen Zufall hörte ich, daß die Priester offen erwogen, ob es nicht besser wäre, Unterkünfte neben dem Heiligen Schrein zu beziehen, weil sie von dort aus mehr Einfluß auf die Gläubigen nehmen und zu größeren Spenden kommen könnten.

Ich ordnete in vielen Bereichen Sparmaßnahmen an. Es gab zum Beispiel Minister, die in ihren Frauengemächern über zwanzig Frauen hatten. Besorgt stellte ich fest, daß sich die Bewohner des Palastes von Tag zu Tag mehrten. Ich wußte, daß das Volk oft noch hungerte und daß man glaubte, bei mir Arbeit und damit Nahrung zu finden. Aber ich konnte es nicht zulassen, daß die Ausgaben, die ich einzuschränken suchte, sich durch die Zunahme der Palastbewohner katastrophal erhöhten.

Der Oberschreiber meldete mir, daß im Palast über hundert

Witwen mit ihren Kindern und der entsprechenden Dienerschaft wohnten, die ich zu ernähren hatte. Zornig befahl ich dem Oberaufseher des Hofes, nunmehr verstärkt darauf zu achten, daß im Palast nur noch jene wohnen durften, die für mich arbeiteten. Wer arbeitet, soll auch essen, also von der Palastküche verpflegt werden. »Es darf nicht mehr sein«, wütete ich, »daß Witwen ihre Schwestern und Brüder, wiederum mit Kindern und Dienerschaft, aufnehmen und diese – weil man in Kreta in der Sippe lebt – auf meine Kosten ernährt werden.«

Das war zuviel, und meine Sparmaßnahmen wurden immer härter. Es mehrten sich die Fälle, wo Witwen zu Sarah kamen, sie anflehen, ihnen zu helfen, weil der Oberaufseher den Onkel oder die Tante aus ihren Räumen verwiesen habe. Auch zu mir kamen immer öfter klagende Frauen und baten um Gnade.

Bot sich Sarah an, mein Lager zu teilen, begann sie meist schon bei der ersten Umarmung, für diese oder jene Frau zu bitten. Nach kaum einer Woche war ich dieser »Liebe« so überdrüssig, daß ich ihr das Betreten meiner Räume verbot. »Ich kann dein Geschwätz nicht mehr ertragen«, rief ich ihr nach. »Was bist du nur für ein Mensch, der sich seelenlos hingibt und dabei Unsinn plappert?«

Meine Nebenfrauen sahen und hörten alles, ich wußte, daß die Wände Ohren hatten. Als ich Sarah des Zimmers verwiesen hatte, kam kurze Zeit später Durupi, nahm mich an der Hand und führte mich mit einigem Stolz in einen Raum, dessen Wände mit sattem Rot und kühlem Türkis bemalt waren. In den Ecken standen exotische Pflanzen, an den Wänden hingen hübsche Stoffe.

Während mir eine Sklavin Wein und kleine Kuchen anbot, erklang aus einem Nebenzimmer Musik, es waren die nasalen Töne einer Flöte und das Klagen einer Lyra.

Mit Verblüffung blickte ich auf Durupi, die nun nur noch Schleier trug und mit graziösen Schritten in schönen Figuren einen Reigen tanzte, in dem sie in einem bestimmten Rhythmus den Oberkörper und den Bauch bewegte.

»Das ist ein Bauchtanz«, erklärte mir eine ältere Sklavin, die eine Schale mit Früchten auf den Boden stellte.

Als ich sie staunend ansah, sprach sie weiter: »Euer Würden, dieser Tanz galt früher der Fruchtbarkeit, diente zur Vorbereitung auf die Geburt eines Kindes.«

Ich bewunderte Durupi, die in diesen Augenblicken ihren Bauch kreisen und hüpfen ließ.

Die ältere Sklavin flüsterte mir zu, als verrate sie ein Geheimnis: »Die Frauen im Harem der Fürsten und Könige in Anatolien und Phönizien führen diesen Tanz auf, um ihren Herrn oder auch seine Gäste zu unterhalten. Dieser Bauchtanz, König, ist urweiblich.«

Dann nahm mich Durupi wieder an der Hand, zog mich auf ihr Lager, und als wir uns umarmten, sagte sie mahnend: »Minos, Liebster, sei vorsichtig. All jene, die du aus dem Palast jagst, werden nun auch deine Feinde sein.«

Epilog

Hunderte von Verrätern umgaben mich, nur wenige Menschen glaubten noch daran, daß ich das Land retten könne. Immer wieder suchte ich Zeichen, fand jedoch keine.

Ich schuf Gesetze, doch wußte ich, daß es Naturgesetze gab, nach denen auch ich mich zu richten hatte. Aus der Bewegung der Blätter an einem Baum oder Strauch erkannte ich, von welcher Seite der Wind wehte. Der Wasserstand in den Zisternen zeigte mir, ob der Boden genügend Nässe barg. Ich wußte, daß die Nacht auf den Tag folgte und daß nach sieben mageren Jahren oft wieder sieben fette Jahre kommen können. War es nicht ein uraltes Gesetz, daß den Zeiten des Niedergangs eine Epoche des Aufstiegs folgte?

Als die Unruhen in den Dörfern immer größer wurden, erfuhr ich fast stündlich, daß viele der Anführer Betrüger und Phantasten waren, sie die Bauern belogen, täuschten und von unendlicher Habgier besessen waren. Gewalt bestimmte jetzt das Schicksal vieler Menschen.

Mit Reichtum konnte sich jeder Lump Gefolgsleute, ja sogar Söldner erkaufen und sich selbst einen klangvollen Titel verleihen. Wer sich nur zehn Männer leisten konnte, wurde auf diese Weise »Hauptmann«, die doppelte Zahl machte ihn bereits zum »Obersten«. Und jeder Dummkopf, wenn er nur reich genug war, um hundert Mann zu bewaffnen, konnte sich »General« nennen.

In den Städten stolzierten immer öfter Nichtstuer wie herausgeputzte Esel herum und pochten auf das Recht ihrer Führerschaft. Ich hörte Berichte, daß es bereits zu heftigen Auseinandersetzungen zwischen diesen neuen Führern kam. Man stritt sich schon jetzt um die Beute, die in den Heiligtümern zu erwarten war, um die Schätze, die man bei mir im Palast zu finden hoffte. Man balgte sich schon jetzt um meine Ländereien; ja man verteilte sogar bereits meine Nebenfrauen und Sklavinnen.

Die Angst und Unruhe der Menschen machten sich Schwindler zunutze. Auf den Märkten wurden Amulette als Glücksbringer angeboten und von vielen gekauft. Groß war die Zahl jener, die zu den Wahrsagern und Hellsehern gingen.

In den Tavernen erzählten die Kapitäne und Händler die widersprüchlichsten Geschichten von Aufständen. Zugleich gab es Berichte, daß bei Gournia ein Heiligtum von den Bauern zerstört worden sei und die gleichen Bauern wiederum die Opferstätte gegen meuternde Krieger geschützt hätten. Jedes Schiff, das in Amnissos und Herakleia eintraf, brachte erneut die verwirrendsten Meldungen.

So ernst die Lage war, mußte ich mir doch das Lachen verkneifen, als ein Beamter aufgeregt erzählte, daß es in Kydonia einen Offizier gäbe, der aufständische Söldner um sich sammle und seinen Anhängern hohe Orden verleihe. Ein anderer Beamter berichtete, daß sich in manchen Orten einfache Bauern zu Statthaltern gemacht und als erste Amtshandlung alle Beamten, die zu mir standen, zu Sklaven degradiert hatten. »Euer Gnaden«, sagte er betrübt, »die Sklaverei beraubt den Menschen um die Hälfte seines Menschseins.«

Ich erinnerte mich, daß meine Schiffe unterwegs waren, um weitere Sklaven zu fangen. Sehr grübelte ich darüber, ob ich das Recht hatte, den Sklaven einen Teil ihres Menschseins zu nehmen, das nur, weil ich Straßen, Häfen und Städte baute, um Kreta wieder zu einem mächtigen Reich zu machen.

Um Antwort auf die vielen Fragen zu bekommen, die mich quälten, schnallte ich einen großen Korb auf den Rücken und ging verkleidet in die Dörfer, um zu betteln: »Barmherzige Seelen, schenkt einem Diener der Weisheit etwas!« seufzte ich in vielen Gassen.

Am häufigsten gaben mir die Frauen; da erhielt ich eine

Handvoll Gerste, dort einige Oliven. Es kam jedoch auch vor, daß man die Hunde auf mich hetzte und mich mit Schmutz und Steinen bewarf. Als ich in einer Scheune auf einem Schilfbündel übernachtete, hörte ich ein Liebespaar sich hereinschleichen; sie flüsterten sich Zärtlichkeiten zu und liebten sich ohne Scheu.

Ich begann zu grübeln. Wenn Könige in der Herrschaft wechselten, wenn das Reich von Empörungen und Kriegen überschüttet wurde, fielen die Menschen immer in eine Gier, in eine seelische Panik, wollten übermäßig essen, übermäßig trinken und übermäßig lieben.

»Sie sind wie Bäume«, sprach ich vor mich hin, »wollen ohne Rücksicht auf Regen und Dürre wachsen.« Sollte man also den Menschen erlauben, tanzen und singen, weinen und lachen zu dürfen, wann sie wollten, nur um mit ihnen Frieden zu haben?

Als ich einschlief, arbeitete in mir der Gedanke weiter, daß das Glück eines Reiches, der ganze Ablauf der Geschichte darauf beruhe, daß sich viele Menschen freuten, und das Reich vergehen mußte, wenn zu oft die Tränen flossen.

In einem Bergdorf, wo ich am nächsten Tag um milde Gaben bat, unterbrachen gegen Abend die Bauern ihre Arbeit und eilten auf den Sammelplatz. »Ein armer Priester kommt«, riefen sie einander zu.

Dann sah ich ihn. Der alte Mann war blind, ein Junge führte ihn von Haus zu Haus. Oft blieb der Priester stehen, der Bub spielte eine traurige Melodie auf seiner Flöte, und in den Pausen sang der Alte wie ein Seher, wie ein Wissender, mit in die Ferne gerichteten, toten Augen leise vor sich hin: »Wir haben den Göttern zu danken. Wir haben auch den gerechten Herrschern zu danken. Ihr alle wißt, daß die Sonne jeden Morgen im Osten aufgeht und jeden Abend im Westen untergeht. Die Männer zeugen, die Weiber gebären, wir alle atmen die Luft, die uns die Götter senden. Doch bedenkt, Gläubige, daß alle, die geboren werden, ohne Ausnahme einmal wieder an jenen Ort zurückkehren, aus dem alles Leben kommt. Gebt eurem Leben einen Sinn. Erweist den Göttern Achtung und Tugend. Gläubige, macht euch frohe Tage. Bietet euren Frauen Salben,

Weihrauch und den Gliedern Blumenkränze, bekränzt die Leiber der Frauen, die in eurem Herzen wohnen. Lacht, singt und spielt. Werft die Sorgen von euch und begebt euch in die Freude.«

»Blumenkränze für die Glieder . . .«, spottete ich leise.

Eine Stimme widersprach in mir. »Nichts ist langweiliger als ein ruhiges Meer. Erst wenn der Sturm die glatte Fläche pflügt, wenn eine Welle sich überschlägt und man glaubt, jede Schaumkrone wolle sich in unendliche Abgründe stürzen, erst wenn auf den Wogen die Lichter der Sterne spielen und in den Tiefen die Stimmen fragen und flüstern, dann wird das Meer schön.«

Als ich wieder im Palast war, begegnete mir als erste Sarah. Sie rang nach Atem, als sie mir zurief: »Ich hätte überall da, wo ich glücklich war, einen golden Becher vergraben sollen. Würde ich einmal arm werden«, spottete sie, »bräuchte ich nur diese Plätze aufzusuchen und wäre wieder reich!«

»Hast du Angst, arm zu werden?« fragte ich unruhig.

»Ja«, seufzte sie. »In mir ist große Sorge, sie nimmt mir oft den Schlaf.«

Dann sah ich eine Gruppe von Priestern, die heftig diskutierte. Ich ging zu ihnen und fragte, warum sie sich stritten.

Einer antwortete leise, als sei er ein Verräter, daß es am nächsten Tag eine Erscheinung am Himmel geben werde.

Ich staunte und trat einen Schritt zurück. »Eine Erscheinung?« fragte ich verblüfft. Dann schüttelte ich mißbilligend den Kopf und meinte: »Was ist das schon? Es wird Tag, es wird Nacht, die Sonne kommt und geht.«

»Euer Gnaden«, mahnte ein älterer Priester. »Das ist ein Zeichen, und es bringt meist Unglück.«

Manolis, der hinzugetreten war, sagte stolz: »Die Menschen werden nun erfahren, daß über uns die Götter herrschen, sie dem Himmel und der Erde befehlen. Wenn sie morgen erschüttert werden, in Angst geraten, sehen sie ihre Ohnmacht und die Stärke der Götter. Viele Menschen sind wie unmündige Kinder, müssen erst geschlagen werden, um die Wahrheit begreifen zu können.«

»Und was ist die Wahrheit?« fragte ich kritisch und fühlte, daß in mir wieder der Zorn hochwuchs.

»Daß wir ein Nichts sind, weniger als ein Schatten. Um in diesem Leben etwas zu sein, brauchen wir die Hilfe der Götter.«

»Und du, Manolis, meinst, daß das Volk diese Erscheinung braucht, um wieder demütig zu werden?«

»Ja, König. Die Menschen nehmen alles, was geschieht, als Selbstverständlichkeit, als Alltäglichkeit hin, wie den Mond und die Sterne.«

Um nicht wieder unkluge Worte zu sagen, wandte ich mich ab, hörte jedoch, wie der Oberpriester gefragt wurde, wie lange die Erscheinung dauern und wie sie aussehen werde. Aus der Ferne vernahm ich noch die Antwort: »Am Tage wird es Nacht. Sie beginnt am Mittag und dauert eine Zeit, die man braucht, um tausend Schritte zu gehen.«

Als ich am nächsten Tag auf die Terrasse ging, um den Himmel zu beobachten, sah ich nackte, bewaffnete Gestalten von allen Seiten die Gassen hin zum Mittelhof schleichen oder die Mauern erklettern. Die Offiziere alarmierten ihre Soldaten. Schon glaubte ich, daß es zu einem Kampf kommen würde, doch verbrüderten sich beide Parteien nach wenigen Worten. Der Anführer der Nackten war ein riesiger Schmied. Seine Waffe war ein großer Hammer. Damit rannte er zum Heiligtum, in dem sich die Priester aufhielten. Wütend donnerte er gegen das Tor. »Macht auf!« rief er. »Wir wollen uns überzeugen, ob ihr nicht Verrat an unserem König übt.«

»Mein Sohn«, entgegnete ihm Manolis und trat furchtlos auf ihn zu, »falle aufs Antlitz und bitte die Götter um Vergebung, da du es wagst, an einer heiligen Stätte eine Waffe zu tragen.«

»Bitte du die Götter, daß sie dich schützen«, schrie der Schmied und schlug mit dem Hammer nach ihm.

Der Priester schleuderte ein kleines Gefäß in das Gesicht des Angreifers, eine Flüssigkeit schien seine Augen zu ätzen, er wankte, röchelte, griff mit beiden Händen an den Hals und fiel mit zuckenden Armen auf den Boden.

»Rächt Adapa!« riefen einige im Chor. »Wir brechen das Tor auf«, schrien sie.

Manolis hob beide Arme zum Himmel. Als sich die Menge beruhigt hatte, rief er laut, so daß man es weithin hörte: »Götter! Unter euren Schutz stelle ich die heiligen Orte. Straft die Lästerer, die die Hand erheben ...«

Während die Männer noch auf ihn sahen, ertönte irgendwoher eine Stimme, fremd und dröhnend, als käme sie aus den Tiefen des Meeres oder aus dem Dunkel einer Höhle: »Wenn die Kreter jenen etwas antun, die mir dienen, wenn sie nur eine der heiligen Stätten schänden, werde ich sie verfluchen, und Finsternis wird über sie kommen.«

Ich glaubte zu träumen, wischte mir mehrmals über die Augen. Tatsache war, daß, während die Stimme wie aus weiter Ferne kommend klang, die Sonne sich langsam verfinsterte. Als die Stimme verstummte, war Nacht. Anstelle der Sonne stand eine schwarze Scheibe am Himmel, die ein flammender Ring umgab.

Ein Schrei des Entsetzens ging durch die Menschen, die das Heiligtum und das Haus der Priester stürmen wollten. Erschrocken standen sie, warfen die Waffen fort, streckten die Hände hoch, baten um Vergebung, und nicht wenige fielen auf die Erde nieder und wimmerten vor Angst. Auch die Krieger waren in Panik geraten. Ihre Reihen lösten sich auf, viele warfen ebenfalls ihre Waffen weg und begannen vor Angst zu schreien.

Als die Finsternis langsam wich, war der Mittelhof fast leer, doch lagen weithin verstreut Lanzen und Äxte, große Steine und Balken, mit denen man die Tore zu den Räumen der Priester hatte aufbrechen wollen. An den Einmündungen der Gassen, die von allen Seiten zum Mittelhof führten, lagen Verletzte und Tote.

»Götter!« rief Manolis, und wieder schallte seine Stimme weit über den Hof. »Verzeiht ihnen, erbarmt euch ihrer, zeigt den Unglücklichen wieder euer Antlitz.«

Im selben Augenblick leuchtete die Sonne hell auf, und mir war, als habe es nie diese Erscheinung gegeben, die so mächtig war, daß sie die Sonne vom Himmel verbannen konnte.

Ich hörte von allen Seiten Weinen und laute Gebete. Die Menschen strömten wieder in den Mittelhof, begrüßten die

Rückkehr der Sonne mit freudigen Rufen. Unbekannte fielen einander in die Arme, und von allen Seiten rutschten sie nun auf Knien zum Heiligtum, um dessen Mauern zu küssen.

Einige Tage später erfuhr ich, daß auch an anderen Orten, von Amnissos angefangen und bei Kydona endend, die Priester ihre Feinde gelockt hatten, um dann den Fluch der Götter, die ewige Verdammnis auf sie zu schleudern; überall hatten sie den Untergang dieses gottlosen Kreta beschworen. Dann sei auch dort die Finsternis gekommen, in der die Menschen in panischer Angst zu Boden fielen und um Vergebung baten. Die Priester hätten dann die Barmherzigkeit der Götter verkündet, worauf das Tageslicht wieder zurückgekehrt sei.

Ein Sklave, der mir sehr ergeben war, versuchte mir, weil ich unruhig durch die Korridore wanderte, gute Worte zu geben. »Euer Würden«, sagte er gütig, »seid vorsichtig, die Priester haben schlechte Absichten!«

Ich nickte dankend.

Erneut erkannte ich, daß sie eine Macht auf Kreta waren, die ich zuwenig in meine Berechnungen einbezogen hatte. Ich wußte auch, daß Manolis durch die geschickte Ausnützung der Sonnenfinsternis fast unangreifbar geworden war, während ich wie ein Krieger ohne Waffen dastand, zur Verteidigung nur meine beiden Hände hatte, die zum Nichts wurden, wenn es galt, Hunderte von Aufrührern abzuwehren.

Die vielfältigsten Gedanken beunruhigten mich. Ich war ein schlechter Diplomat gewesen, hatte immer wieder die Priester übergangen, sie zu oft beleidigt und lächerlich gemacht.

Was mich beeindruckte, ohne daß ich es zugeben wollte, war, daß es unter ihnen Menschen gab, welche die Bewegung der Gestirne verfolgen konnten und daß sie vielleicht noch vieles mehr wußten. War es ihnen möglich, auch das Schicksal der Menschen, der Völker und Länder, zu erkennen? Erfuhren sie vielleicht sogar die Schwächen und konnten diese dann für ihre Interessen nützen?

Das Volk feierte überall den glücklichen Ausgang der Finsternis. Von allen Seiten strömten sie zu den Heiligen Stätten, versammelten sich auf Plätzen und in Straßen.

Es war, als wenn ein Rausch alle Menschen bezwingen würde. Sie feierten nun fast täglich Feste. Es gab immer mehr Spiele, Prozessionen, die einer Sinnenfreude dienten, in den Dörfern kam sogar der Wunsch auf, die Straßen mit Fackeln, Musik und Tänzen zu beleben. Man drang in die Häuser der Nachbarn ein und zog die Schlafenden zu Trinkgelagen auf die Gassen. Auch bei mir im Palast feierte man immer etwas. Es schien, als ob sich in den Höfen und Korridoren die Offiziere, Beamten, Priester, Artisten, Sänger und Tänzerinnen verbrüderten. Besonders in den Nächten fanden Orgien statt, bei denen sich unter die Harfentöne das Lärmen der Betrunkenen und das ekstatische Lachen der Frauen und Mädchen mischten. Fast jeden Abend, wenn die vom Wein berauschten Höflinge das Bewußtsein verloren hatten, verließ ich heimlich den Palast und lief in der Kleidung eines Bauern durch die Straßen.

Wo ich ging oder stand sah ich Menschen, die keine Disziplin, Höflichkeit und Moral mehr kannten, nur noch Lustbarkeit suchten.

Ich saß im Viertel der Handwerker auf dem Rand einer Zisterne und starrte vor mich hin. Ein Priester sah mich, gab mir einen Gerstenfladen und einen Becher Milch. »Bist du krank?« fragte er mich dann. »Schau um dich, es ist die lieblichste Zeit des Jahres. Die Nächte sind lang und sternklar, die Tage kühl, die Erde ist weithin mit Blumen und Korn bedeckt. Das Wasser ist klarer als Kristall, und wenn du dein Herz öffnest, hörst du überall ein Singen, Zwitschern und Summen. Erwache!« mahnte er fürsorglich.

»Meine Seele ist krank«, flüsterte ich, »mich umgeben Hunderte Verräter, wo ist ein Mensch, der mir hilft?«

»Du sprichst wie Minos, unser König.«

»Was hast du gegen ihn?«

»Er ist ein kriegerischer König; das Volk aber verabscheut die Kriege. Es will lieber goldene Reifen tragen als das Schwert. Es will«, der Priester dachte nach, sagte dann: »gut leben und nicht für Häfen und Straßen, weitere Schiffe und Handelsstationen hungern. Es will lachen und nicht weinen. Minos, die Götter mögen ihn beschützen, soll für gute Sänger und Tänzer sorgen und nicht all die Sklaven und Gefangenen in die Bergwerke schicken. Kupfer kann man nicht essen.«

Als ich wieder zum Palast zurückging, bemerkte ich an vielen Stellen Söldner, die mit den Feiernden sprachen.

Ich sah es überall. Die Händler nützten die vollen Gassen und Straßen, gingen zu den Kriegern und Bauern, den Handwerkern und anderen Schaulustigen mit Körben, die voll von Gerstenfladen waren. Sie trugen Krüge und lederne Säcke, in denen sich Wein befand, und boten jedem ohne Bezahlung ihre Waren an. Wenn man sie fragte, warum sie alles umsonst abgäben, antworteten die einen, daß ich, Minos, der Spender sei, andere aber sagten geheimnisvoll: »Esset und trinket, die ihr die Götter ehrt; wer weiß, ob wir nicht schon morgen wieder wegen unserer Gottlosigkeit bestraft werden.« Diese waren die Händler der Priester.

Mehrmals meldete man mir, daß sich Agenten unter das Volk mischten und immer wieder unter der Verpflichtung zur größten Verschwiegenheit verbreiteten, ich wolle die heiligen Stätten zerstören und alle Priester vertreiben.

Es war, als breite sich eine Krankheit aus. Da hetzte man gegen mich, während man andernorts Bettler und niedere Priester erschlug, da sie mich anklagten und mir den Tod wünschten. Das Chaos vergrößerte sich durch Besessene, die nackt durch die Straßen liefen und, während sie ihre Körper bis aufs Blut peitschten, schrill riefen: »Wehe Kreta! Der Unglaube hat überhandgenommen! Bald werden wir alle wieder bestraft werden!«

Als ich vorsichtig, als habe ich mich zu verbergen, auf den Mittelhof sah, zögerten die Menschen trotz des Weins, den ich gespendet hatte, etwas zu unternehmen. Die Bauern blickten auf die Handwerker, die Hirten auf die Händler. Alle schienen darauf zu warten, daß etwas geschehe.

Ich wußte, daß die Begeisterung und Angst dem Wein der Amphore ähnelten: Je mehr man vergoß, desto weniger wurde er. Und nur der konnte sich satt trinken, der zur rechten Zeit seinen Becher hinhielt.

Ich verbot daher den Befehlshabern meiner Söldner, gegen

den Pöbel vorzugehen. Als mich der Kommandant meiner Leibgarde voll Sorge anblickte, sagte ich beruhigend: »Ein erfahrener Segler kämpft weder gegen die Strömung noch gegen den Wind, sondern gestattet beiden, ihn in die von ihm gewählte Richtung zu tragen.«

So sicher ich mich auch gab, wurde ich unruhig, als man mir meldete, daß große Gruppen von Bauern, mit Äxten und Knüppeln bewaffnet, von allen Seiten auf Knossos zustreben würden. Andere Berichte sprachen wieder davon, daß viele Menschen auf die Straßen gingen und klagten, daß bald die Welt untergehe.

Zwei Söldner brachten mir Pona, einen Minister, dem ich bisher alles Vertrauen gegeben hatte. »Er wiegelt die Menschen auf«, sagten sie, »er betrügt, stiehlt und ist böse.«

Der Minister wollte etwas sagen, aber der erste Schlag meiner Peitsche ging über seine Wange, schlug in sie eine blutige Rinne. Mit dem zweiten Schlag zeichnete ich seine Stirn und verletzte dabei ein Auge.

Mit einem schrillen Schrei warf er sich auf das Gesicht und krallte sich mit beiden Händen aufheulend in den Boden.

»Dreht ihn um, ich will ihn sehen«, befahl ich.

Die Soldaten rissen den Minister auf den Rücken. Er zog sofort wie ein Kind die Beine an und versuchte, sein Gesicht mit beiden Händen zu schützen.

»Du bist ein Schwein«, sagte ich hart. »Du als Kreter hast Kreta verraten. Um deine Betrügereien zu tarnen, sagst du, daß auf meinen Befehl die Rationen der Gefangenen und Sklaven in den Bergwerken gekürzt werden. Wie bist du dumm, unendlich dumm, Pona. Gerade jene, die uns die Hoffnung geben, Erze zu bekommen, mit denen wir in Ägypten und Phönizien Sklaven beschaffen konnten, ließest du hungern. Hunger ist immer ein schlechter Lehrmeister und bringt selten Gewinn.«

»Ich verlange ein Gerichtsverfahren«, ächzte der Minister. Während ich wieder die Peitsche schwang und mich benahm, als wolle ich ihn töten, wisperte in mir die Mahnung, daß sich auch ein König dem Gesetz zu unterstellen habe. Dann war in mir mein Wahlspruch, den ich oft und oft gesagt hatte: »Ihr sollt an meine Gerechtigkeit glauben!«

Mir war es, als erwache ich aus einem bösen Traum. »Bringt ihn ins Gefängnis«, befahl ich den Soldaten.

Keine Stunde darauf schleppte mir ein Offizier einen gefesselten Priester vor meinen Thron. Man hatte ihn in den Küchenräumen festgenommen, weil er versuchte, Gift in mein Essen zu mischen.

Dann sah ich die riesige Menschenmenge, die zum Mittelhof strömte. Die Vordersten trugen Schwerter, dann kamen Männer mit Äxten, Beilen und Keulen. Weithin hörte ich ein tausendstimmiges, unverständliches Geschrei. Es klang wie ein Orkan, und die wogende Masse brandete wie das entfesselte Meer heran.

»Kreta den Kretern!« riefen sie. Andere schrien: »Weg mit den Eindringlingen aus Griechenland!«

Ich stand wie gelähmt, nahm wahr, daß sich der heranströmenden Menge immer mehr Menschen anschlossen, die mitbrüllten und ebenfalls aufgeregt mit den Händen gestikulierten.

Einige Beamte und Diener traten ihnen entgegen, als sie versuchten, in den Palast einzudringen. Sie redeten auf die Menge ein, taten alles, um sie zu beruhigen.

Ich fühlte deutlich, daß die Situation zum Zerreißen gespannt war, und schon im nächsten Augenblick mußte die Welle des geifernden Hasses auf die Beamten branden.

Schon warf sich das Volk mit tierischem Geheul auf sie, schlug, stach und prügelte blindwütig auf die verhaßten Palastbewohner ein, trat und sprang auf die Stürzenden. Ich hörte deren schrille Schmerzensschreie, die im Wutgebrüll der Meute untergingen.

Nahe war mir jedes Gesicht, ob es einem Angreifer oder einem Verteidiger gehörte. Zutiefst erschütterte mich die Tatsache, daß nicht nur der Pöbel, nicht nur der Abschaum aus den Gossen einer Stadt sinnlos wütete, sondern sich alle Schichten des Volkes beteiligten.

Als ich am Abend durch den Saal ging, wohin man die Verletzten der Kämpfe dieses Tages gebettet hatte und wo sie von den Ärzten und Dienern versorgt wurden, sah ich nur blutende Leiber. Teilweise waren ihre Rücken bis hinauf zum Genick blauschwarz, dazwischen blutverkrustet, wo die Peitschenhiebe die Haut zum Platzen gebracht hatten. Die Striemen der Schläge zeigten sich auch auf Armen und Brust, auf Gesichtern und an Beinen. Ich sah sogar Fußsohlen, die wie aufgerissen wirkten.

Dann erinnerte ich mich an die Aussage eines alten Heerführers, der vor Jahren einen Aufstand in den Bergdörfern niedergeschlagen hatte: »Der Pöbel ist keine Truppe, der man befehlen kann. Wenn er marschiert, zieht er dahin wie Schlamm und ist selten aufzuhalten!«

Irgendwie stimmte das, aber so ziellos die Empörer anstürmten, wußten sie doch, was sie wollten. Sie kamen von allen Seiten, waren wie gierige Ratten.

An diesem Abend legte ich mich früh nieder und schlief sofort ein. Wie so oft, träumte ich chaotisch. Tagsüber plagten mich die Traumstimmen, jetzt waren es die Träume selbst, die mich quälten. Träumte ich wirklich?

Mir war, als ertöne ganz nahe ein Knall. Dieses häßliche Geräusch stammte von der Geißel eines Sklavenführers, der neben mir ging und den Sklaven, die meine Sänfte trugen, je nach Laune auf den Rücken schlug. Dann war mir, daß ich nicht in einer Sänfte saß, sondern auf einem Gefährt mit Kufen lag.

Als der Sklavenführer einen der Sklaven besonders grausam schlug, wollte ich aufspringen, doch konnte ich kein Glied bewegen, weil ich vom Hals bis zu den Fußspitzen fest und eng eingeschnürt war.

Nach einer Zeit merkte ich, daß ich wie eine Mumie in Binden gewickelt war. Meine Hände lagen auf der Brust gekreuzt, die Beine jedoch parallel. Ich konnte nur vorwärts und aufwärts blicken.

Vor mir waren die Rücken der Sklaven, die den Schlitten zogen. Über ihren Köpfen hinweg zeigte sich allmählich, zuerst aus der Ferne und dann immer näher kommend, ein Dorf. Ich erkannte es sofort; es war Acharna.

Nun nahmen mich die Sklaven und trugen mich auf ihren Schultern hinauf zum Tholos, in dem ich einst Riana königlich bestattet hatte.

War es das laute Schreien der Klagefrauen, das mich weckte? Ich erwachte plötzlich, erkannte die Gegenwart und trotzdem tönte das Klagen der Frauen.

Ein tiefes Ahnen entstand in mir. Ich fröstelte und spürte, daß dieser Traum Böses bedeutete. Kam der Tod auf mich zu?

Als ich mich mit meiner Leibgarde keine Stunde später zu den Ruinen der alten Palastanlage durchkämpfte und wir uns der Halle des neuen Palastes näherten, erkannten wir, daß die Aufrührer in einem kleinen Hof Gefangene eingesperrt hatten. Wir brauchten einige Zeit, um sie zu befreien, und es war schauerlich zu sehen und zu hören, wie die Menschen in ihrer Angst die Nerven und den letzten sittlichen Halt verloren hatten. Flüche und Verwünschungen erreichten uns. Gebete, Schreie der Wut und des beginnenden Irrsinns mischten sich zu einem tobenden Wirrwarr von Gefühlsausbrüchen, wie ich sie noch nie erlebt hatte.

Menschen, die an und für sich harmlos waren, wüteten vor Verzweiflung, schlugen einander, und die flackernde Todesangst führte sie fast zur Raserei.

Es war spät in der Nacht, als die Kämpfe vorübergehend erlahmten. Ich war so erschöpft, daß ich glaubte, in eine grenzenlose Tiefe zu fallen und in die Ewigkeit zu sinken.

Als wir uns in einem Kultraum auf den Boden setzten, sahen wir einander mit trübseligem Lächeln an, waren froh, daß wir noch lebten, wußten aber auch, daß dieser Kampf mit seinem ungewissen Ende noch einige Zeit weitergehen würde.

Ich hatte einmal gesehen, wie eine Katze mit einer Maus spielte. Immer wenn die Maus versuchte zu entfliehen, hing sie bereits wieder in den Pfoten der Katze, der dieses Spiel Vergnügen zu bereiten schien. Viele Stunden war die Maus noch am Leben. Das völlig verbissene und bereits dem Tod geweihte Tier hatte keine Kraft mehr davonzulaufen, sondern quälte sich nur noch auf den verstümmelten Beinchen ziellos hin und her. Die Katze benahm sich, als finde sie das ungleiche Spiel immer noch unterhaltsam. Ich wollte damals eingreifen und die Maus töten, um dem widerlichen Anblick ein Ende zu bereiten. Aber was hülfe das, dachte ich mir, jenen vielen tausend Mäusen, die in diesem Augenblick der gleichen Bedrängnis ausgeliefert waren?

Ich grübelte. Traf das nicht auch, in ähnlicher Form, auf die Menschen zu? Viele gerieten in Not, in tödliche Bedrohung, und befanden sich im Zustand einer gequälten und zu Tode gehetzten Maus.

Als es wieder Tag war, bekämpften wir von den Dächern aus die Angreifer. Ich selbst lag hinter einer zusammengebrochenen Wand und wurde von Säulen geschützt, schoß von hier aus meine Pfeile auf die Empörer.

Die Kämpfe verlagerten sich nach Nordosten. Eine Gasse war freigeworden; ich wollte mich soeben erheben, meine Arme strecken und die Beine bewegen, als ich Geschrei und laute Hilferufe hörte. Ganz in der Nähe kreischten Frauen und Mädchen in höchster Not.

Wenige Atemzüge später nahte eine Gruppe johlender Menschen, stürzte sich auf die Wirtschaftsgebäude und Lebensmittelmagazine. Ein wilder Haufen balgte sich um Wein und Olivenöl. Die Plünderer – oder waren es bereits Eroberer? – warfen Körbe und Krüge um, Flüssigkeiten vermengten sich mit Mehl, Körnern, Früchten und gesalzenen Fleischstücken zu einem häßlichen Brei.

Dann sah ich auf einem Haufen getrockneter Feigen, Kräutern und Gewürzen den toten Körper einer Frau liegen. Sie war fast nackt und offenbar mehrmals vergewaltigt und dann getötet worden.

Wieder nahte eine johlende Horde. Viele waren betrunken, zwei Kinder blieben bei der Toten stehen, gafften und unterhielten sich grinsend.

Ein Junge, kaum vierzehn Jahre alt, zog eine Sklavin an den Haaren herbei, wollte sie vergewaltigen, wußte jedoch nicht, wie er die sich Wehrende in seine Gewalt bekommen konnte. Plötzlich ließ er sie los und rannte weinend davon.

Ich hatte anfangs geglaubt, daß sich bei dem Aufstand zwei

Fronten bilden würden. Jene, die zu mir standen, und jene, die mich haßten. Bei den Kämpfen gewann ich jedoch immer stärker den Eindruck, daß die Aufrührer mehr die Vernichtung als die Eroberung zum Ziel hatten.

Alle trampelten sie dahin, waren Masse, Enge, putschten sich gegenseitig auf und waren in dieser Gemeinsamkeit glücklich; sie schlugen und erschlugen, zerstörten, rafften und waren stolz, daß sie Macht besaßen, meinten, daß sie nun etwas seien und dies nach Belieben beweisen und genießen dürften. Wohin ich sah, zertrümmerte man edle Möbel und herrliche Gefäße, verdarb sinnlos Lebensmittel.

Entsetzt stellte ich fest, daß in mir eine fast grausame Neugier aufkam. Was war das eigentlich, was ich hier erlebte? Hatte das noch etwas mit Freiheit oder Rache zu tun? Erhob sich in diesen Stunden nicht das Fleischliche im Menschen gegen den Geist, den man ihm aufzwingen wollte?

Ich sah erneut Kinder, die sich wie wilde Tiere auf Menschen stürzten, sie anfielen und bestialisch töteten. Sie fragten nicht, ob es sich um Freund oder Feind handelte, ließen ihrer Wildheit freien Lauf, überfielen in kleinen Gruppen auch Frauen und wußten nicht recht, was sie mit ihnen anfangen sollten. Es kam zu schlimmen, zu grausamsten Exzessen, die mich erschauern ließen.

Vieles wäre mir verständlich erschienen, wenn es sich bei diesen Ausschreitungen um revolutionierende Sklaven gehandelt hätte, doch waren es freie Menschen, die sich ohne Hemmungen der Zügellosigkeit in der verschiedensten Form hingaben.

Ich spürte, daß wir der vielfachen Übermacht nicht mehr lange gewachsen waren. Gegen Abend lagerten sich im Mittelhof bunte Horden. Sie hockten überall, hatten kleine Feuer entfacht, über denen verwahrlost aussehende Frauen kochten. Viele Plünderer nahmen sich kaum Zeit zu essen, sondern waren wie Aasgeier beschäftigt, die geraubten Sachen anzusehen.

Als es wieder Tag wurde, schlichen von allen Seiten Menschen wie Ameisen in den teilweise abgebrannten, zerstörten Palast. Sie krochen, huschten, flüsterten, versuchten, in die Keller zu den Vorräten zu gelangen.

Erneut hörte ich die Hilferufe von Frauen. Irgendwo hatte es zu brennen begonnen. Der Wind trieb die Flammen zu uns, und die Hitze wurde so groß, daß ich gezwungen war, mit der kleinen Gruppe, die mich noch umgab, ein anderes Versteck zu suchen.

Als wir uns durch die Ruinen einen Weg bahnten, kam uns zwischen den teilweise brennenden Balken ein wüster Haufen entgegen. Ich blieb erschrocken stehen.

Von einer anderen Seite nahte das Keuchen, Toben und Poltern eines Kampfes. Waren es die Soldaten aus Amnissos und Herakleia, die jetzt gegen die Empörer vorgingen?

Wer war ich noch? Wer waren die anderen? War es nicht zwecklos, sich zu verbergen und auf Hilfe zu hoffen? Ich wußte, daß die Leibwache und meine griechische Kampfgruppe mir helfen würden, doch gab es sie überhaupt noch? Warum entehrte man die Gefallenen, indem man ihnen die Köpfe abschlug und sie, auf Lanzen aufgespießt, wie Siegeszeichen mit sich trug?

Wir schlichen vorsichtig durch Korridore, Keller und Ruinen. Dann hörten wir Gelächter; einige betrunkene Frauen torkelten uns entgegen. Sie sahen zugleich furchterregend und lächerlich aus, benahmen sich, als seien sie die großen Gewinnerinnen des bevorstehenden Sieges.

Staunen ergriff mich. Der Aufstand konnte ein Teil der Weltgeschichte sein. War nicht alles, was hier geschah, lebendige Welt, lebendige Geschichte?

Als wir in einen Keller flüchteten, weil schon wieder eine große Gruppe grölender Aufständischer die Gasse herauftorkelte, sah ich erst nach einiger Zeit, daß sich darin viele Mädchen und Frauen befanden. Einige erkannten mich, obwohl ich mein Gesicht geschwärzt hatte und die Kleidung eines Bauern trug.

Wenige Minuten später erschienen am Eingang betrunkene Männer. Die Mädchen, teilweise noch Kinder, versteckten sich ängstlich hinter Körben und Wollballen. Ein naher Brand loderte jedoch so plötzlich auf, daß viele in seinem Schein standen.

Die Männer drängten herein und warfen sich wie Tiere auf die Frauen, als verkörperten sie den Feind. Bettelte da und dort ein Mädchen um Gnade oder um den Tod, trat man es mit Füßen und peitschte es aus. Bald hatten nur noch wenige die Kraft zum Widerstand. Und so ergaben sie sich, und es war schauerlich anzusehen, was sie erleiden mußten und wie sich das Grauen, das sie erlebten, in ihren Gesichtern widerspiegelte. Viele sahen im Tod eine Erlösung.

Die Männer begannen nun, den Keller zu durchsuchen. Um mich zu schützen, stellte ich mich tot; aber ich schämte mich. Hatte ich als König nicht die Aufgabe, die Frauen und Mädchen zu retten, den Betrunkenen entgegenzutreten und nötigenfalls dafür zu sterben? Durfte ich überhaupt noch leben?

Plötzlich wankten zwei junge Männer herein, die sich vor Trunkenheit kaum noch auf den Beinen halten konnten. Eine ältere Frau, welche die beiden offenbar kannte, wies sie zurecht. Einer von ihnen verzog daraufhin nur hämisch den Mund und versetzte der Frau einen Tritt in den Unterleib. Nun lachten und johlten beide, als hätten sie soeben einen köstlichen Spaß erlebt. Der zweite zog seinen Dolch und begann, der Frau die Kleidung vom Leib zu schneiden. Lange Zeit blieb sie dann, nackt und aus vielen Schnitten blutend, stehen und sah starr um sich, bis sie ohnmächtig zu Boden sank.

In einer Ecke des Kellers lag ein verwundeter Offizier. Jeder der Aufständischen, der vorüberging, gab ihm einen Tritt oder spuckte ihn verächtlich an. Dann kamen einige schmutzige, übelriechende Kerle. Wie durch einen Schleier sah ich, daß sie den Offizier zu einem Feuer zogen, über dem ein Kessel hing. Einer der zerlumpten Männer stocherte in der Glut; sofort züngelten die Flammen hoch, so daß bald darauf das Wasser im Kessel zu kochen begann.

Nun trat einer der Männer in die Mitte, sah prüfend auf die Frauen, die ihn ängstlich anstarrten. »Urteilt selbst«, sagte er, »sehe ich nicht wie König Minos aus?«

»Wahrhaft. Sehr ähnlich. Wie aus dem Gesicht geschnitten!« waren die Antworten.

»Er ist mein Vater. Dieses Schwein hat einmal aus Langeweile, nur so im Vorbeigehen, ein Mädchen mißbraucht und dann sitzengelassen. Dieses Mädchen war meine Mutter, und mein sogenannter Vater hat sich nicht einen Atemzug um mich gekümmert.«

Lächelnd, voller Hohn, ergriff er nun das Handgelenk des verwundeten Offiziers. »Seht euch mal diese Hände an. Sie sind so zart wie die eines Mädchens. Schaut euch dagegen meine Hände an, sie sind voller Schwielen, und an meiner linken Hand fehlen zwei Finger, auch der Daumen ist kaputt. Wißt ihr, daß dieses Schwein der Leibgarde mit seinen Mädchenhänden oft seine Soldaten gepeitscht hat?«

Johlten die Frauen aus Angst oder um Beifall zu zollen?

»Freunde«, sprach der Mann weiter. »Dieser Affe hier sah zu, wie wir hungerten, während man im Palast trank und fraß.«

Keine der Frauen zeigte Mitleid. Alle nickten zustimmend, als der Mann schrill verkündete, daß der einfache Mensch für die Offiziere der Leibgarde nur ein unreines Tier sei.

»Macht diese weibischen Hände unschädlich!« rief ein Bauer, den ich bisher nicht gesehen hatte.

»Zieht das Schwein aus. Dieser Kerl kam nackt zur Welt und soll sie ebenso nackt wieder verlassen«, schrie ein kindliches Mädchen hysterisch; es schwankte dabei vor Schmerz und war dem Sterben näher als dem Leben, hielt sich nur noch mühsam an einem Pithos aufrecht.

Eine Gruppe Aufständischer stürzte sich auf den am Boden liegenden Offizier. Entsetzt stellte ich fest, daß sich sogar zwei Frauen beteiligten, um dem Angehörigen der Leibgarde die Uniform vom Leib zu reißen. Dann hob man den Verletzten hoch und stellte ihn mit seinen bloßen Füßen neben dem Feuer auf den Boden.

Nun kam der Mann, der behauptete, daß ich sein Vater sei, zog den Offizier zum Wasserkessel und tauchte mit einer raschen Bewegung dessen beide Hände in das kochende Wasser.

Viele Frauen stöhnten vor Grauen. Das Antlitz des Gemarterten wurde leichenblaß, seine Augen öffneten sich weit und dicke Tränen rannen über die Wangen.

Es war plötzlich still geworden. Man hörte nur noch das tiefe

Atmen von Menschen und das Brodeln des kochenden Wassers.

Dann nahm der Mann ein Messer aus der Tasche, machte mit ihm einen Schnitt oberhalb der rechten Hand des Offiziers und begann, langsam die gequollene, blasige Haut abzuschälen. Das Blut sickerte in dicken Tropfen in den Wasserkessel.

Der Offizier gab keinen Schmerzenslaut von sich. Mein sogenannter Sohn zog die Haut aus dem Kessel, zeigte sie uns und rief: »Seht, ich habe ihn gehäutet!«

Die Frauen klagten und wimmerten; einige Männer nickten anerkennend.

Ich schloß die Augen vor der Not des Gemarterten, atmete fast dankbar auf, als ich an den dumpfen Schlägen erkannte, daß man ihn tötete und damit von seinem Leiden erlöste. Wie aus weiter Ferne hörte ich eine helle Stimme: »Er verstand zu sterben!«

Eine tiefe Männerstimme sagte ehrfürchtig: »Er war ein Kreter, lebte tapfer und starb tapfer!«

Ich vernahm das alles wie im Traum. Wieder nahte Waffengeklirr. Ich hörte Rufe, Worte und griechische Kommandos, wußte, daß jetzt die Soldaten aus Amnissos gekommen waren, um den Aufstand niederzuschlagen.

Eine riesige Last wich von meinem Herzen, und glücklich lief ich ihnen entgegen, atmete wie erlöst auf, als ich mykenische Uniformen sah. »Es ist höchste Zeit, daß ihr kommt!« rief ich. »Es geht um Kreta!«

Wenige Augenblicke später war es, als wenn ein Schatten vor die Sonne gleite. Dumpfes Grollen hob an, und schon begann die Erde zu beben. Die Mauern der Häuser rissen, wankten, viele neigten sich und stürzten ein. Da und dort sprangen die Türen aus den Rahmen und fielen polternd auf die Straße.

Von allen Seiten kamen Menschen, Freunde und Feinde, und rannten zitternd vor Angst umher. Viele von ihnen schrien und klagten: »Das ist die Strafe der Götter, weil wir die gottlosen Mykener in unser Land ließen.«

Dann war Ruhe, das Beben hatte nur Sekunden gedauert, aber trotzdem starke Schäden angerichtet. Immer noch hetzten

Menschen durch die Straßen. Dann bebte die Erde erneut, der Boden schwankte.

Als das unheimliche Grollen wieder verstummte, erkannte ich, daß mit den Aufständischen Hunderte von zerlumpten Bettlern in den Palast eingedrungen waren. Ausgehungert hatten sie wie Wölfe nach Lebensmitteln und nach Wein gewühlt. Alle waren mit Schleudern, Sensen, Prügeln und mit an langen Stöcken befestigten Messern bewaffnet.

Tagsüber verbargen sie sich. Im Schutz der Nacht schwärmten sie aus, und am Morgen verschwanden sie in den Kellern und Ruinen, wo sie auf den Sieg der Aufständischen warteten. Meine Soldaten versuchten vergeblich, sie zu vertreiben. Wo immer man sie auch fortjagte, sammelten sie sich sofort wieder wie die Aasgeier in einem anderen Gebäude, warteten dort und umschlichen dann erneut mit feindseligen Blicken die Häuser, in denen entweder gekämpft wurde oder bereits die Empörer wohnten.

Ein Offizier fing ein Dutzend von ihnen ein, zog sie aus, band sie an Bäume und ließ sie von Soldaten auspeitschen. Ihre Schmerzensschreie gellten durch die Gassen. Dann gab man sie frei und jagte sie als warnendes Beispiel zu ihren Kumpanen zurück.

»Ich glaube kaum, daß das die Gauner wirklich abschrecken wird«, sagte der Offizier mutlos. »Sie leben seit Jahren wie Tiere am Rande des Verhungerns, haben jetzt davon gehört, daß es die Möglichkeit gibt, Magazine und Vorratskeller zu plündern. Sie sind nun das, wozu sie ihr Elend geformt hat.«

Wieder bebte die Erde, der Boden schien sich zu öffnen, und ich brach mit mehreren Soldaten, denen ich mich angeschlossen hatte, in den darunterliegenden Keller ein. Wir brauchten einige Zeit, bis wir uns unter dem Staub und den Trümmern, die auf uns gefallen waren, wieder zurechtfanden. Als wir uns aufrichteten und uns nach Verletzungen untersuchten, drangen aus einem Seitenraum Männer mit Streitäxten auf uns ein und schlugen uns nieder. Sie sprachen kein Wort, keuchten nur wie Schlächter, die schnell töten wollten. Ein Hieb spaltete mir die linke Schulter, ein zweiter zertrümmerte mir den rechten Arm.

Ich stürzte, lag in meinem Blut. Ein Soldat warf sich über mich, um mich zu schützen, aber er wurde sofort erschlagen.

Dann war Stille. Ich hörte es; irgendwo tropfte Wasser, langsam aber stetig, in regelmäßigem Abstand. Oder war es gar Blut?

Dann vernahm ich ein schreckliches Stöhnen und Gurgeln. Ich erkannte erst nach einer Weile, daß dieses Klagen und Röcheln von mir kam.

Die Sonne begann, durch die geborstene Kellerdecke zu scheinen; es wurde heller um mich.

Plötzlich sah ich Pasiphae, die mit einer Sklavin im Keller jeden Verletzten und Toten besah und dann suchend weiterging.

»Pasiphae!« röchelte ich.

Da erblickte sie mich. Ich bat mit Gesten um Hilfe.

Sie nickte starr, bewegte sich puppenhaft steif und ging wie träumend auf mich zu. Herrisch winkte sie der Sklavin. Dann standen beide neben mir.

»Ich habe soeben Sarah den Lohn gegeben, den sie verdiente«, sagte sie mit eiskalter Stimme. »Alle, die glaubten, in dir den herrlichsten Mann der Welt sehen zu müssen, tötete ich.« Ihr Gesicht verzerrte sich, glich auf einmal einer schrecklichen Fratze. »Es war für mich eine große Freude, als ich sah, wie du am Tode Aisas und Rianas littest.«

Sie knurrte wie ein tollwütiger Hund. »Es tut gut, dich leiden zu sehen. Und nun sollst du vor Angst winseln. Ich werde dich zerstören, vernichten und zertreten. Du sollst«, jetzt schrie sie wie eine Wahnsinnige, »vor Grauen zittern und elend sterben.«

Mit einer Handbewegung befahl sie der Sklavin, das Körbchen zu öffnen, das sie so sorgsam trug, als enthalte es wertvollste Keramik.

Gekonnt griff die Nubierin hinein und nahm eine Sandviper heraus, hielt sie mit sicherem Griff hinter dem Kopf. Das Tier war stark, versuchte sich der Hand zu entwinden, und der Leib peitschte erregt hin und her, senkte sich auf mich, war nun Werkzeug des Todes.

Als sich die Viper immer wütender wand, machte die Sklavin mit ihr einige heftige, kreisende Bewegungen, schleuderte sie mehrmals um die eigene Achse.

Die Nubierin beherrschte das Tier vollkommen. Sie erfaßte mit der rechten Hand die Schwanzspitze und hielt die Viper nun weit von sich.

Die Schlange zappelte mit dem Kopf nach unten, und Pasiphae befahl in grausamem Spiel, wie nahe der Kopf über meinem Gesicht zu tanzen hatte.

»Tiefer!« herrschte sie, und über meinen Lippen züngelte erregt der geöffnete, fauchende Rachen. Ich sah die gespaltene Zunge, die Giftzähne und das grausame Glitzern der schmalen Augen.

»Ja...so...!« stöhnte Pasiphae wie im Rausch, als die Sklavin die Schlange so tief senkte, daß der Kopf meine Wangen, Lippen und Augen berührte. Dann prallte der Rachen in mein Gesicht. Den ersten Biß bekam ich in die Oberlippe, den zweiten in die Nase.

Ich warf mich zur Seite, versuchte den Zähnen der Viper zu entgehen.

Aus meinem Mund rann Blut.

»Ah!« stöhnte ich erschrocken und krallte mich mit beiden Händen in eine neben mir liegende Leiche. »Oh, Kreta!« seufzte ich. Dann schwanden mir die Sinne.

Als ich wieder zu mir kam, stöhnte ich meinen Schmerz in die Erde. »Poseidon, hilf mir!« betete einer schrill in meiner Nähe. Ein anderer röchelte: »Zeus, hilf mir, ich war bereit, in dir unseren Zagreus zu sehen!«

Ich hatte die Augen geschlossen, um all das Leid nicht zu sehen. Dann fühlte ich Kühle auf meiner Stirn, Hände halfen mir. »Oh!« stöhnte ich und öffnete mühsam die Augen. Neben mir kniete Manolis, weinte, versuchte mir die Qual, in der ich mich befand, zu lindern.

»König«, lallte er mühsam. »Das alles wollte ich nicht; denn ich liebe wie du Kreta.«

Wieder kühlte er meine Stirn und Wangen. »Verzeih mir, edler Minos, daß ich auch nur ein Mensch war.«

Ich brauchte lange Minuten, bis ich erkannte, daß man ihm die Augen ausgestochen hatte.

»Du fandest mich trotzdem«, sagte ich dankbar und leise.

»Die Liebe führte mich.«

»Liebe?«

»Ja, König, die Liebe zu unserem Kreta.« Sein Gesicht senkte sich auf mich, plötzlich durchzuckte ihn ein tiefer Schmerz, und er stürzte auf meine Brust. Ich spürte seine letzten Zuckungen, und dann war er tot.

Um mich war Wimmern und Seufzen. Mancher Verwundete schrie in seinen Schmerzen.

»Still!« befahl ich auf einmal. Als sie weiterklagten, rief ich erneut: »Still, lauscht!«

Jetzt hörten wir deutlich, daß über uns ein Vogel sang. Er jubilierte, und jeder Ton aus seiner Kehle drang zum Himmel.

»Hört!« stöhnte ich und rang nach Luft. Ich wollte weitersprechen, doch gelang mir nur noch ein Flüstern. »Er erzählt uns von seinen Reisen über Wälder und Inseln, über Olivenhaine und Obstgärten, über weiße Dörfer und Ruinen berühmter Städte. Hört!« keuchte ich, weil mich erneut ein unendlicher Schmerz zerriß. »Jetzt singt er von Griechenland. Dieser Vogel ist Griechenland.« Dann schwieg ich, damit alle dieses Lied hören konnten.

Als ich erneut aus einer Ohnmacht erwachte, rief ich wieder: »Kreta!« und rang nach Atem. Ein Blutschwall ließ mich nur noch gurgeln: »Kreta, ich liebte dich, ich wollte dir Glück bringen. Mögen es die Götter zulassen, daß du dich einmal mit Griechenland vereinst. Die kretische und mykenische Kunst soll sich so vermählen, daß aus ihr eine Epoche des Schönen entsteht. Aus der Verschmelzung von Kreta und Griechenland kann – wenn die Menschen dazu die Kraft haben – ein Denken geboren werden, das dereinst die Welt befruchten muß, weil es das Gute und das Reine immer als Vorbild ansieht.«

Ich rang wieder nach Atem, ein neuer Blutschwall erstickte mich fast. Und so begann ich zu beten: »Zeus, bitte, hilf Kreta. Hilf, daß es zu einem Licht wird, das weithin die Welt erleuchtet. Hier in Kreta verschmolzen die Götter der Pharaonen mit dem griechischen Bewußtsein. Die Religion wurde damit menschlich. Laß aus diesem Bund eine neue Welt entstehen, laß Kreta zur Wiege neuer Erkenntnisse werden.«

Nahten sich mir Göttinnen? War es Riana, die mich am Tor zum Reich der Toten erwartete?

Stimmen sangen mir von Kreta, kündeten davon, daß die Gesetze, die ich erließ und daß die kretische Kunst, die ich so sehr schätzte, unvergänglich weiterleben würden.

»Kreta!« stöhnte ich und wurde dann von Göttinnen emporgetragen.

Fußnoten

1

1 Thera (Santorin)
2 1 Talent ca. 27 kg
3 1 Stadion ca. 185 m
4 1 Fuß ca. 31 cm
5 Archanes
6 Agia Triada
7 1 Daktylos = 0,0193 m
8 Sitia
9 Jerapetra
10 Rhethymnon
11 Johannisbrot
12 Thera (1447 v. Chr.)

2

1 Archanes
2 Thera (Santorin) = 1447 v. Chr
3 Thera (Santorin)
4 Hyksoszeit ca. 1710–ca. 1545 v. Chr.
5 Archanes
6 Thutmosis III. ca. 1483–ca. 1448 v. Chr
7 Amenophis II. ca. 1448–ca. 1423 v. Chr.
8 Rhethymnon
9 Heraklion
10 Sitia
11 Agia Triada

3

1 Thera (Santorin)
2 16 m
3 10 Stockwerke
4 Malia
5 Sitia
6 Gortys
7 Heraklion

4

1 Gortys
2 1 Fuß = 30,36 cm
3 Aghia Triada bei Phaistos
4 ca. 27 kg
5 ca. 30 m
6 Gortys
7 Triada
8 Palaikastro

5

1 Thutmosis IV. ca. 1423–ca. 1408 v. Chr
2 Amenophis II.
3 1 Fuß = 30,36 cm. 20 Fuß = ca. 6 m
4 ca. 10 m
5 ca. 14 m
6 ca. 350 m
7 ca. 100 m
8 Lendas
9 Kali Limenes
10 Amenophis II.
11 Thutmosis III.
12 30,83 m

6

1 etwa 30 m Höhe
2 ca. 78 000 Liter
3 ca. 54 000 Liter
4 24 000 Liter
5 Itanos
6 Palaikastro
7 Agia Triada

7

1 Charia
2 3–4 m

8

1 3 m
2 Destillat aus Traubentrester, ähnlich dem Raki, der meist selbst hergestellt wird
3 Thutmosis I.
4 Thutmosis III., Sohn von Thutmosis II.
5 1. Mai 1490 v. Chr.
6 Hattusilis II.
7 Archanes
8 Agia Triada

Glossarium

Agora	Griechischer Marktplatz, Mittelpunkt der Stadt
Amenophis II.	Pharao in Ägypten (ca. 1448–ca. 1423 v. Chr.). Wahrscheinlicher Zeitgenosse des Vulkanausbruchs auf Thera/Santorin und der ungeheuren Zerstörungen. In seine Zeit fiel auch der Exodus der Israeliten (ca. 1447 v. Chr.)
Amenophis III.	Pharao in Ägypten (ca. 1408–ca. 1380 v. Chr.). Wahrscheinlicher Zeitgenosse des Unterganges der kretischen Paläste und Herrenhäuser um ca. 1400 v. Chr.
Amoriter (Amurru)	Semitisches Nomadenvolk. Gründete 1894 v. Chr. die 1. Dynastie von Babylon
Amphore (Amphora)	Krug mit engem Hals und zwei Henkeln. Wurde als Vorratsgefäß für Wein, Öl, Honig, Getreide, Fische usw. verwendet. Auch griechische Maßeinheit: 1 Amphora = 19,44 l
Astarte	Fruchtbarkeitsgöttin der Phönizier und anderer semitischer Völker. Wurde meist als langhaarige, nackte Frau dargestellt.

	Der Astarte entsprechen die assyrisch-babylonische Ischtar, die ägyptische Isis, die kleinasiatische Kybele und die griechischen Göttinnen Aphrodite und Artemis
Bronzezeit	Vorgeschichtliche Kulturperiode zwischen Neolithikum (Jungsteinzeit) und Eisenzeit. Geräte und Waffen wurden vorwiegend aus Bronze hergestellt. In Ägypten und auf Kreta begann die Bronzezeit schon um 2500 v. Chr., in Europa erst um 1800 v. Chr.
Churriter	Volk aus der östlichen Türkei, das um 1600 v. Chr. nach Mesopotamien und Syrien vordrang und das mächtige Reich von Mitanni gründete. Vermutlich führten die Churriter den pferdebespannten Streitwagen im Vorderen Orient ein
Dromos	Eingangsweg zu einem Kammer- oder Kuppelgrab
Dynastie	Herrschergeschlecht (z. B. die ägyptischen Dynastien)
Eimer	Maßeinheit (= 68,60 l)
Eisenzeit	Kulturperiode nach Stein- und Bronzezeit, in der Werkzeuge und Waffen vorwiegend aus Eisen hergestellt wurden
Fresko	Malerei mit Kaseinfarben auf feuchtem Wandputz. Die Freskomalerei tritt auf Kreta um 1600 v. Chr. ohne eigentliche Vorstufen auf den Plan. Die Hauptfarben

	sind außer Weiß und Schwarz, Rot, Blau und Gelb. Bekannte Darstellungen: »Kleine Pariserin« und »Prinz mit der Federkrone«. Älteste Wandmalereien Europas in Kreta
Furche	Griechische Maßeinheit (plethron). 1 Furche = 100 Fuß = 30,83 m
Fuß	Maßeinheit. Heiliger Fuß auf Kreta = 30,36 cm
Geometrischer Stil	Frühzeit der griechischen Kunst im Anschluß an die kretisch-myken. Epoche. Der Stil wird von einfachen, klaren »geometrischen« Ornamenten auf den Gefäßen bestimmt
Hebräer	(hebr. »Jenseitige«, d. h. östlich vom Jordan Wohnende), semitisches Nomadenvolk, das im 15. Jh. v. Chr. nach Palästina kam. Im Alten Testament die Israeliten
Hieroglyphen	(griech.: heilige Bildzeichen), Bilderschrift, wahrscheinlich schon vor 3000 v. Chr. in Ägypten entstanden. Es ist noch ungeklärt, ob zwischen den ägyptischen Hieroglyphen und der ältesten mesopotamischen Bilderschrift ein Zusammenhang besteht
Hyksos	(»Herrscher der Fremdländer«), semitisches Volk, vermutlich Churriter, die von 1710–1545 v. Chr. Ägypten beherrschten. Die Überlegenheit der Hyksos beruhte auf den schnellen Streitwagen, die sie nach Ägypten mitgebracht hatten

Idol	Weihegabe in stilisierter Menschengestalt aus Ton, Stein, Bronze usw.
Isis	Ägyptische Göttin der Fruchtbarkeit, Schwester und Gemahlin des Osiris
Kamares	Fundort der Kamares-Keramik. Diese Vasen und Gefäße aus mittelminoischer Zeit (2000–1700 v. Chr.) bestehen aus feinstem Ton, der teilweise besonders dünn, in sogenannter Eierschalenkeramik, verarbeitet worden ist. Charakteristisch sind weiße, gelbe und rote vegetabilische und Spiralmuster auf dunklem, vor allem schwarzem Grund. Die Kamares-Höhle befindet sich auf der Südseite des Ida-Gebirges/Kreta.
Kanaaniter	(Kanaanäer), vorisraelitische Bevölkerung Palästinas, die sich aus verschiedenen semitischen Volkselementen zusammensetzte. Von den Kanaanitern übernahmen die Israeliten viele Kultbräuche. Nachdem die Kanaaniter von den Israeliten aus Palästina verdrängt wurden, lebten sie in den syrischen Küstenstädten als Phönizier (Phöniker) weiter
Keilschrift	Mesopotamische Schrift des 3.–1. Jahrtausends v. Chr. Die Schriftzeichen wurden mit einem gespaltenen Rohr in feuchten Ton gedrückt und erhielten so ihre charakteristische Keilform. Die Keilschrift geht auf die Bilderschrift von Uruk, die älteste bekannte Schrift, zurück. Mit ihr wurden die sumerische, akkadische, assyrische, elamische, hethiti-

	sche, altpersische Sprache usw. geschrieben
Keramik	Sammelbezeichnung für Produkte der Töpferei. Man unterscheidet zwischen Grobkeramik (Ziegelsteine, Tonröhren, Kacheln) und Feinkeramik (Kunstgegenstände, Geschirr). Nach ihrer Beschaffenheit teilt man sie auf zu Töpferwaren, Steingut, Porzellan und Fayence. Erste Keramikschöpfungen des Menschen im Neolithikum; zunächst plastische Tonarbeiten, Idole in menschlicher Gestalt, dann Gefäße. Verwendung der Töpferscheibe auf Kreta ab 2200 v. Chr., in Europa ab 400 v. Chr. Die Griechen entwickeln die Keramik zu höchster technischer und künstlerischer Vollkommenheit. Das örtlich unterschiedliche Rohmaterial, der Formenreichtum der Gefäße, der Dekor und die weitere Behandlung machen die Keramik zu einem wichtigen Bestimmungsmittel für die Archäologie
Kernos	Gefäß mit mehreren Vertiefungen, in denen Früchte und andere Opfergaben dargebracht wurden
Krater	Mischkrug für Wasser und Wein. Meist ein großes, zweihenkeliges Gefäß aus Ton, Bronze oder Marmor. Verschiedene Formen
Krypta	Unterirdischer Grabraum
Larnax	Minoischer Sarkophag aus Ton

Megaron (griech. Halle), längliches Haus mit Eingang und Vorhalle an der Schmalseite und Hauptraum, in dem sich die Feuerstelle befindet. Aus dem Megaron entwickelten sich die ersten griechischen Kultbauten

Mine Gewichtseinheit (60 Minen = 1 Talent = ca. 27 kg)

Minoisch Vorgriechische Kultur Kretas, benannt nach König Minos. Die minoische Kultur gliedert sich in folgende Perioden: Vorpalastzeit (FM I bis FM III) von 2600–2000 v. Chr., ob es schon ein Königtum gab, ist nicht bekannt. Alte Palastzeit (MM I bis MM III) von 2000 bis 1700 v. Chr., man nennt diese Epoche auch »Zeit der alten Paläste«. Eine Hieroglyphenschrift und dann eine Silbenschrift, die sogenannte Linear-A-Schrift, waren im Gebrauch. Um 1700 v. Chr. wurden alle Paläste zerstört. Neue Palastzeit (MM III bis SM II) von 1700–1400 v. Chr., man nennt diese Epoche auch »Zeit der neuen Paläste«. Die Linear-B-Schrift zeugt von dem Einfluß der Mykener. 1447 v. Chr. Ausbruch des Vulkans auf Santorin/Thera. 1423 v. Chr. Besetzung Kretas durch die Mykener. Um 1400 v. Chr. Zerstörung der Paläste und Herrenhäuser, nur Knossos wird wieder aufgebaut, doch leben dort – nach Evans – Unwürdige. Nachpalastzeit (SM III) 1400–1100 v. Chr., auch genannt »Zeit nach den Palästen«. Kunst und Handwerk werden primitiver, Kreta war nur noch eine mykenische Kolonie

Mumie	Durch natürliche oder künstliche Austrocknung vor Verwesung geschützte menschliche oder tierische Leiche. Bei der künstlichen Mumifizierung werden Eingeweide und Gehirn aus dem Leichnam entfernt, gesondert beigesetzt und der Körper einbalsamiert. Die Mumifizierung war den Ägyptern schon im 3. Jahrtausend v. Chr. bekannt
Mykenisch	Nach der Stadt Mykene (Griechenland) benannte Kulturepoche. Blütezeit etwa von 1580–1150 v. Chr. Nach den Funden heißt die Anfangsstufe der griechischen Kultur die mykenische Kultur, und unter Mykener nennt man alle in dieser Zeit lebenden Griechen
Obelisk	Hoher, schmaler, vierkantiger, nach oben verjüngter Steinpfeiler mit pyramidenförmiger Spitze. Im alten Ägypten ein Kultsymbol des Sonnengottes, oft mit Hieroglyphen versehen. Die meisten und größten Obelisken entstanden während der 18. und 19. Dynastie (16.–13. Jh. v. Chr.)
Obsidian	Vulkanisches Glas, schwarz, dunkelgrau bis dunkelbraun. Wichtiger Werkstoff des Neolithikums (Jungsteinzeit) für Klingen, Schaber, Pfeilspitzen usw., durch seine Härte dem Feuerstein überlegen
Oktopus	Tintenfisch, gehört zu der Ordnung der zweikiemigen Kopffüßer mit acht Armen und vielen Saugnäpfen. Beliebtes Dekorationselement auf der Keramik

Papyrus	Papierstaude, aus deren markigem Innengewebe im Altertum die Papyrusrollen als Schreibmaterial gewonnen wurden. Der Papyrus wurde um 3000 v. Chr. in Ägypten erfunden und erst im 1. Jh. n. Chr. vom Pergament verdrängt. Das deutsche Wort »Papier« geht auf das ägyptische Wort »Papyrus« zurück
Phäaken	Aus der Odyssee bekanntes Seefahrervolk
Phallus	Männliches Glied, das im Phalluskult als Sinnbild der Fruchtbarkeit und Zeugungskraft Verehrung genoß; weit verbreiteter Kult u. a. im alten Ägypten (Osiris) und in Griechenland (Dionysos-, Demeter-Kult). Dem Phalluskult entsprach auch der Lingam-Kult
Phönizier (Phöniker)	Semitisches Volk, beherrschte bis ca. 1000 v. Chr. als Handelsleute und Seefahrer das ganze Mittelmeer und gründete zahlreiche Kolonien. Die Phönizier sind identisch mit den Kanaanäern, bewohnten die Küstenebenen des Libanon und von Syrien. Um 1200 v. Chr. erfanden sie die Buchstabenschrift, aus der sich unser Alphabet entwickelte. Die phönizische Sprache stand dem Hebräischen nahe
Piktographie	Bilderschrift, Vorstufe der Keilschrift. Sie entstand in Sumer. Die Tontafeln aus Uruk zählen zu den ältesten Schriftdenkmälern

Pithos (Mehrzahl Pithoi)	Größeres, tönernes Vorratsgefäß für die Lagerung von Öl, Getreide usw. Pithoi wurden auch zur Totenbestattung verwendet
Pyramiden	Grabwohnungen altägyptischer Könige mit quadratischer Grundfläche. Am bekanntesten ist die Cheops-Pyramide. Die Pyramiden entwickelten sich aus den Mastabas der ägyptischen Frühzeit. Die Stufenpyramide von Sakkara war eine Zwischenform, die an die mesopotamische Zikkurat erinnert. Die größten und bekanntesten Pyramiden wurden in Gizeh erbaut
Rhyton	Trink- oder Trinkopfergefäß, meist in Form eines Hornes oder Tierkopfes aus Ton, Metall oder Stein. Mit dem Finger hielt man eine zweite Öffnung am unteren Ende des Rhyton geschlossen. Gab man die Öffnung frei, so floß der Wein in den Mund des Trinkenden oder in die Opferschale
Sarkophag	Monumentalsarg aus Stein, Holz, Ton oder Metall. Bei den Ägyptern verwendete man bemalte oder reliefierte Steinsarkophage. Im antiken Kreta kannte man die Larnaxes, die Terrakotta-Sarkophage in Truhenform. Bei den Etruskern waren Terrakotta-Sarkophage mit vollplastischer Darstellung des Verstorbenen üblich
Skarabäus	Nachbildung des von den Ägyptern als heilig angesehenen Pillendrehers (Mist-

käfers), der im alten Ägypten als Symbol der Sonne galt. Der Skarabäus wurde gern als Amulett getragen und seit dem Mittleren Reich auch als Siegel verwendet. Als Material dienten Fayence, Stein oder Halbedelstein

Sphinx — Im Altertum mythisches Mischwesen; bei den Ägyptern liegender Löwe mit Männerkopf, bei den Griechen geflügeltes weibliches Wesen. Selten die Darstellung mit Widderkopf. Der älteste bekannte Sphinx ist der von Gizeh mit dem Kopf des Königs Chepren. Sphinxe wurden auch als Wächter an Tempeleingängen aufgestellt. In Syrien verwandelte sich der männliche Sphinx in eine weibliche Sphinx, die mit Flügeln versehen im griechischen und römischen Kulturkreis weit verbreitet war

Stadion — Griechische Längeneinheit (184,98 m), 1 stadion = 6 plethra.
1 plethron = 30,83 m; 1 plethron = 100 Fuß; 1 Fuß = 0,3083 m

Stalagmit — Stehende emporwachsende Kalkabscheidung (Tropfgestein)

Stalaktit — Hängende Kalkabscheidung (Tropfgestein)

Stamnos — Der Amphore ähnliches, dickbäuchiges Vorratsgefäß (Weingefäß) mit kurzem Hals und zwei Henkeln am Gefäßkörper

Statuette	Kleines Standbild. Die Statue zeigt meist ein freistehendes, plastisches Bildwerk eines Menschen oder Tieres
Talent	Gewichtseinheit (ca. 27 kg)
Temenos	Heiliger Bezirk, wird meist von Einfriedungen begrenzt. Im Temenos befand sich das Heiligtum
Terrakotten	Kleinplastiken aus gebranntem Ton
Tholos	Bauwerk mit rundem Grundriß, vor allem große runde Kuppelgräber
Thutmosis IV.	Pharao, ägyptischer Zeitgenosse der Besetzung Kretas durch die Mykener (1423–1408 v. Chr.)
Zikkurat	Mesopotamischer Stufentempel (Tempelturm). Treppenaufgänge führten von Stufe zu Stufe

Kretische Orte mit ihren antiken Namen

Heutige Namen	Antike Namen
Agia Galini	Soulena
Agia Roumeli	Tarrha
Agia Triada	Pelkin (Selinou)
Agii Deka	Gortyn
Agios Nikolaos	Kamara
Amnissos	Amnissios
Anogia	
Aradena	Aradin
Archanes	Acharna
Armeni	
Axos	
Bali	Astale
Chania	Kydonia
Chersonissos	
Damoni	Lamon
Elounda	Olous
Gortys	Larissa
Gournia	
Heraklion (Iraklion)	Herakleia

Ierapetra	Hierapytna
Itanos	Erimoupolis
Kali Limenes	Lasaia
Kap Koutri	Phalarsana
Karteros	Thenai
Kato Zakros	
Katsonisi	Panas
Knossos	Knossios
Kouloukonas	Tallaia
Kounavi	Eltynia
Kredos	Kindrios
Lendas	Lebena (Levin)
Lissos	
Loutro	Phoinikous
Lyttos	Lyktos
Malia	Omali
Marathi	Minoa
Matala	Matalonia
Meselevi	Olevos
Meskia	Rhizenia
Meskla	Kereia
Palaichora	Kalamyde
Palaikastro	Heleia
Phaistos	
Polyrrhenia	
Pressos	
Rodopou	Tityros
Rodovani	Elyros
Rogdia	Kytaion
Rotasi	Rhytiassos
Rhethymnon	Rhithymna

Sitia	Setaia (Itia, Etia)
Sougia	Syba (Syia)
Temenia	Hytakos
Tsoutsouros	Einatos
Tylissos	Thilissios
Xirokampos	Ampelos
Zakros	

Band 12050

Josef Nyáry
LUGAL

Ein farbenprächtiger Roman über das Weltreich Mesopotamien

Sargon von Sumer und Akkad herrschte im Jahr 2400 v. Chr. über eines der ersten Weltreiche. Er trug den Titel LUGAL und ernannte sich selbst zum Gott.
Daramas, oberster Feldherr des Landes, erzählt Sargons Geschichte. Ränke und blutige Racheakte begleiten seinen Weg zur Macht. Frauen buhlen um die Gunst des Herrschers. Doch mitsamt seinem Hofstaat erweist er sich des hohen Amtes unwürdig. Geblendet von Machtgier, getrieben von Leidenschaft und Gewalt, steuern alle auf ihr unausweichliches Schicksal zu...

Eine überzeugende Wiederbelebung assyrischen Lebens

Als Band mit der Bestellnummer 11916 erschien:

Tiglat Assur wir von seinem Halbbruder Assarhaddon, dem König der Assyrer, verbannt. Sein Weg führt ihn durch das Land der Chaldäer, das dekadente Ägypten, die Städte der Phöniker und ins jungfräuliche Sikelia – bis der König ihn an den assyrischen Hof zurückruft. Als Feldherr soll er das gewaltige assyrische Heer gegen Theben führen ...

HISTORISCHER ROMAN

Lebendige Vergangenheit –

Spannung und Abenteuer –

Ein Streifzug durch die Geschichte

25224	MIKA WALTARI	Sinuhe, der Ägypter
25225	THOMAS HOOVER	Karibik
25226	PHILIPP VANDERBERG	Der Pompejaner
25227	JOSEF NYARY	Die Vinland-Saga
25228	GHISLAINE SCHOELLER	Lady Jane
25229	NICHOLAS GUILD	Der Assyrer
25230	CHRISTIAN BALLING	Der Ritter der Könige
25231	T. N. MURARI	Der Sahib
25232	HANS EINSLE	Ich, Minos, König von Kreta
25233	JUDITH MERKLE RILEY	Die Vision
25234	BOB MARSHALL-ANDREWS	Der Palast
25235	JEAN-MICHEL THIBAUX	Die brennenden Seelen